北京古籍叢書

趙其昌　主編

明實録北京史料

第二册

目　　録

宣德十年（1435）

1　**正月壬午**　上卽皇帝位，頒詔大赦天下。

（英宗正統實録卷1　第8頁　1.5.0009）

2　**正月癸未**　營建大行皇帝陵寢於天壽山。敕太監沐敬、豐城侯李賢、工部尚書吴中、侍郎蔡信督工，成國公朱勇、新建伯李玉、都督沈清及内府諸衙門錦衣衛發軍匠人等十萬人興役。

（英宗正統實録卷1　第14頁　1.9.0018）

3　**正月丙戌**　朝鮮國王李祹遣陪臣申概奉表貢馬及方物慶賀。賜宴并綵幣〔校記：廣本作綵帛〕等物。

（英宗正統實録卷1　第14頁　1.10.0019）

4　**正月庚寅**　琉球國中山王尚巴志遣通事李敬……俱來朝貢馬及方物。賜宴并綵幣等物有差。

（英宗正統實録卷1　第16頁　1.12.0022）

5　**正月丁酉**　朝鮮國王李祹遣陪臣金益精奉表貢馬及方物慶賀。……賜宴并綵幣等物有差。

（英宗正統實録卷1　第21頁　1.15.0030）

6　**正月戊戌**　北京國子祭酒具泰（按：疑具為貝之誤，參本編第83條）奏：欲將監生所作課業倣書按季送翰林院考較，年終奏繳文册數目。從之。

（英宗正統實録卷1　第21頁　1.16.0031）

7　**正月辛丑**　順天府府尹李庸奏：直隸霸州等州、東安等縣逋民二萬七千一百五十九户，乞行禁約，有久不復業并主藏者明治以罪。上以寬恤之詔初下，姑緩之，令其復業自新。

（英宗正統實録卷 1　第 23 頁　1.18.0035）

8　二月癸卯朔　勑行在五軍都督府及兵部：比因營造差調，官軍不暇操練，人已停役。爾等其整飭兵旅，以時訓練，務在行伍整肅，戎器鋒利，毋事因循，庶副委之重。

（英宗正統實録卷 2　第 2 頁　2.2.0039）

9　二月癸卯朔　遣郎中李約、員外李儀賫勑諭朝鮮國王李祹，曰：朕初嗣大寶，嘉與天下安於清静。王國朝貢，一循舊制，非常貢之物，悉皆悉（按:館本悉下有止字，是也）之。因賜祹金織文綺綵幣等物。

（英宗正統實録卷 2　第 2 頁　2.2.0039）

10　二月丁未　復給通州左、右、神武中、定邊四衛在京操備旗軍行糧。先是，外衛官軍從役京師每人月支行粮四斗，後以四衛去京甚邇，不復支給，至是軍士以艱窘自陳，故復給之。

（英宗正統實録卷 2　第 3 頁　2.2.0040）

11　二月戊申　遣順天府官祭先農之神及宋丞相文天祥。

（英宗正統實録卷 2　第 3 頁　2.3.0041）

12　二月辛亥　順天府宛平縣民奏：舊種地土，先為營造以築夫營，即今空閒，又蒙分派粮税，遭年虚納。上命行在户部覈實除之。

（英宗正統實録卷 2　第 8 頁　2.7.0049）

13　二月壬子　賜在京文武羣臣及軍民人等白金、絹布、鈔錠：公六十兩，侯伯駙馬五十兩。一品二品四十兩，三品二十兩，四品五品遞減五兩，六品至九品递減二兩，雜職三兩。故侯伯之家及未承爵者各十兩，將軍、旗校、軍匠人等各二兩，優給幼官及老疾軍官并紀録幼軍各於其例減半。辨事官、監生、生員、人材、典吏、陰陽、醫士、樂人、各絹一疋，在京廂民、工匠、厨役、僧道、雜役人等各布一疋。營造山陵軍匠人鈔一百貫、乾魚三斤。在外聽選公差及四夷朝貢人員各賜鈔有差。

（英宗正統實録卷 2　第 9 頁　2.7.0050）

14　二月甲寅　　復以罪囚充通州各衛倉斗級。先是，行在户部侍郎王佐言：通州各衛倉用軍斗收粮，其弊多端，請以法司論斷徒流罪囚充斗級。宣宗皇帝既從之，已而詔法司論罪依律科斷，遂復用斗級。至是行在户部以佐言為便，請復行之。

行在五軍都督府言：在京七十七衛官軍士校尉總旗二十五萬三千八百，除屯田守城外，其十一萬六千四百俱内府各監局及在外差用。今各營練操僅五萬六千，選用不敷，況今工部人匠數多，足任役使，乞將各監局役占官軍退回各營操練。從之。

順天府奏：所屬州縣民貧多竄，乞將惜薪司擡柴貼夫四十名、河西務堡添設接遞夫八百名與減除，以紓民困。於是減去貼夫二千名，其添設接遞夫盡革罷。從之。

（英宗正統實録卷 2　第 10 頁　2.8.0052）

15　二月乙卯　　上將移居大内，命工修葺乾清宫并東華門内各殿宇。

（英宗正統實録卷 2　第 10 頁　2.9.0053）

16　二月丙辰　　順天府府尹李庸奏：洪熙元年暫起工匠户丁七十餘名赴巾帽局助工，近蒙詔書放免。今内官王賢奏，欲仍取赴局，恐戾前詔。上令如詔，不許内官違擾。

（英宗正統實録卷 2　第 11 頁　2.9.0053）

17　二月庚申　　少傅兵部尚書兼大學士楊士奇等言：自古國家宗廟之制，惟商周唐宋四朝可考，商七廟，周與唐宋俱九廟，今國家盡奉先之孝，禮宜從厚，當作九廟，永為定制。上從之，命工部擇日修建。後以議不諧而罷。

（英宗正統實録卷 2　第 12 頁　2.10.0056）

18　二月甲子　　命直隸隆慶州儒學學正劉鑑復任。時鑑任滿，乏科舉例，當謫戍雲南。其生徒言鑑訓誨有方，但以新設之學未臻成效，乞留復任。事下行在吏部，覆奏，故有是命。

（英宗正統實録卷 2　第 13 頁　2.11.0057）

19　二月乙丑　命太子太保成國公朱勇、新建伯李玉提督大營五軍、三千等營官軍操練。先是，命英國公張輔、寧陽侯陳懋及勇、玉同督操練，既留輔、懋議政事，故止命勇、玉。

（英宗正統實録卷 2　第 13 頁　2.11.0058）

20　二月戊辰　琉球國中山王尚巴志遣使臣南來米結等奉表謝恩，供方物。賜宴并綵幣等物。

（英宗正統實録卷 2　第 14 頁　2.12.0059）

21　二月戊辰　省禮部等衙門諸冗費。初，上卽位，有敕，凡事皆從減省。行在禮部尚書濙等議，欽天監曆日五十萬九千七百餘本，省為十一萬九千五百餘本；太醫院藥材九萬八千百餘斤，省為五萬五千四百餘斤；光禄寺糖蜜果品減舊數三之二，其添造醃臘雞鵝豬羊二萬七千隻、子鵝二千隻、酥油四千斤盡行革罷。厨役六千四百餘名，揀選老疾者悉皆放回。湖廣江西等處薦新茶芽〔校記:寶訓作芽茶〕七千五百餘斤，省回四千斤。在京各寺法王、國師、剌麻六百九十餘名，減數存留，餘者令回原寺住坐。放回雲南阿〔按:館本、寶訓阿作呵〕吒力朶弓薄五十餘名，取回木邦等處催辦金銀内官，革去會同館辦事官，南北兩監監生入監年淺者放回依親讀書，歲貢生員自正統元年為始，府學一年一貢，州學二年一貢，縣學三年一貢。上悉從所議。

革上林苑監所轄冰鑑、川衡、典察左、右、前、後六署，惟存嘉蔬、蕃育、良牧、林衡四署。從行在户部奏請也。

行在户部奏：洪熙初，以順天府順義縣田三頃賜少師吏部尚書蹇義。今義卒，宜仍以前田與其男尚寶司丞。從之。

（英宗正統實録卷 2　第 14 頁　2.12.0059）

22　二月己巳　行在户部言，在京都税等司局巡欄數多，慮恐擾人。命減去三百六十餘名。

順天府宛平縣民奏：永樂間用臣等户内田地七頃餘為木廠，今已空閒，為守者占用，負累虛納粮草。令行户部覆實，仍給各人〔校記：廣本人作户〕佃種。

（英宗正統實録卷 2　第 15 頁　2.13.0061）

23　二月辛未　命武進伯朱冕、都督沈清提督神機官軍操練。

行在户部言，在京牛羊等房俱用浩繁。命減去各房牛三千餘隻，令軍民領養耕種，羊二千〔校記:廣本二作三〕餘隻，聽光禄寺取用，及歲供〔按:館本供作貢〕蠟綿硃茶等物俱減其半，以省冗費。

行在工科給事中鮑亮夫奏：通州倉厫已完，其用席覆者止百餘間，今工部奏留軍匠修蓋，請停罷為便。上以倉厫不可缺，命即完之。

（英宗正統實録卷 2　第 15 頁　2.13.0061）

24　三月癸酉朔　上以造山陵及修殿宇匠夫勤勞，人賜藁魚二斤，鈔十錠，鞡鞋一雙。

（英宗正統實録卷 3　第 1 頁　3.1.0063）

25　三月癸酉朔　放朝鮮國婦女金魚（按:疑魚為黑之誤）等五十三人還其國。黑等自宣德初年取來，久留京師。上憫其有鄉土父母之念，特遣中官送回。且諭其國王，悉遣還家，勿致失所。

（英宗正統實録卷 3　第 1 頁　3.1.0063）

26　三月丙子　行在户部奏：居庸關路當衝要，而米荳缺乏。請於京倉出米五百石，山口倉出荳二百石，令昌平縣丁壯運赴本倉收貯備用。從之。

行在工部奏：見修在京倉厫未完，欲借漕運軍一千名助工，請督運官減所運糧，先遣至京。從之。

（英宗正統實録卷 3　第 1 頁　3.1.0063）

27　三月丁丑　復大興縣主簿趙文通職。初，錦衣衛校尉廉得文通因徵斂自私下獄，文通懼刑誣服。至是概以詔例出為民，文通陳冤狀。上以文通為校尉所訐，無有訟之者，特復其官。

（英宗正統實録卷 3　第 2 頁　13.0064）

28　三月戊寅　　放教坊司樂工三千八百餘人為民。先是，諭禮部臣曰：兩京教坊司樂工過多，虛費月糧，何益於事？其擇堪承應者量留應用，凡老病及不堪者悉發為民。至是行在禮部具數以聞。悉放之。

（英宗正統實録卷 3　第 2 頁　3.2.0065）

29　三月辛巳　　巡撫河南行在兵部右侍郎于謙奏：工部以營建山陵起取河南人夫一萬七千名，緣河南連歲災傷，人民艱食，乞減半取之。以上（按:疑以上為上以之誤）陵將完，河南人夫至亦不及事矣，令速止之。

（英宗正統實録卷 3　第 4 頁　3.3.0068）

30　三月癸未　　減順天府所僉天財庫諸處夫役。先是，府尹季（按：館本季作李，李下有庸字）奏所屬州縣人民乏食，逃移者衆，見在人户應當諸處夫役數多，乞與分豁。上命行在户部量減其數，以休民力。至是踈放二千六百四十餘人。

（英宗正統實録卷 3　第 5 頁　3.4.0069）

31　三月甲申　　行在光禄寺奏：本寺歲用□（按：館本□作厨）料糖蜜諸物已經奏減，其粳米厨料及牲口料食，未蒙定奪，宜減如例。從之。歲凡減粳米三萬〔校記:廣本三作一〕一千石，糯米一萬一千石，粟米四萬餘石，粟稻穀各一萬一百石，他物各減有差。

（英宗正統實録卷 3　第 5 頁　3.4.0070）

32　三月乙酉　　安南國遣陪臣黎炳〔按:館本炳作柄〕等，滿剌加國王西哩麻哈剌者遣其弟剌殿把剌……俱來貢駝馬方物器皿。賜綵幣等物有差。

（英宗正統實録卷 3　第 5 頁　3.5.0071）

33　三月己丑　　順天府順義、香河、永清諸縣各奏：去歲水澇，人多缺食，所在倉糧賑濟不敷。皇上命行在户部遣官，於他州縣官倉糧多者給濟之。

（英宗正統實録卷 3　第 7 頁　3.6.0074）

34　三月癸巳　　賜營造山陵夫匠人鞋一雙，藁魚三斤。

（英宗正統實録卷 3　第 8 頁　3.7.0075）

35　四月壬寅朔　　勑諭滿剌加國王西哩麻哈剌者曰：王者〔按：館本者作在〕先朝，躬來朝貢，已悉爾誠。朕嗣承大統，小大〔校記：舊校改小大作大小。寶訓與館本作小大〕庶務，悉遵祖宗成憲。今已勑廣東都司布政司，厚具廩餼，駕大八〔校記：寶訓大八作八大〕櫓船送王還國，并遣古里、真臘等十一國使臣附載同回。王宜加意撫卹，差人分送各國，不致失所，庶副朕柔遠之意。

（英宗正統實録卷 4　第 1 頁　4.1.0081）

36　四月壬寅朔　　順天府通州奏：去歲水澇，人民缺食，本州倉糧賑濟不敷，請發神武中衛倉糧給濟，俟秋成償官。事下行在户部，覆奏從之。

（英宗正統實録卷 4　第 2 頁　4.1.0082）

37　四月癸卯　　命蘇門答剌國王宰奴里阿不（按：館本不作必）丁男阿卜賽亦的〔校記：廣本亦作赤，下同〕嗣為國王。先是，以公務遣中官王景弘往其國，宰奴里阿必丁遣弟哈尼者罕等來京朝貢，且奏耄年不能事事。上嘉宰奴里阿必可（按：館本可作丁）素尊朝廷修職貢，而阿不賽亦的乃其家嗣，應襲王爵，故有是命。宴賚哈尼者罕等加厚。

（英宗正統實録卷 4　第 2 頁　4.2.0083）

38　四月乙巳　　朝鮮國王李祹遣陪臣盧閈等奉表貢馬及方物慶賀。賜綵幣等物。

（英宗正統實録卷 4　第 2 頁　4.2.0084）

39　四月丙辰　　命行在户部撥董家務等處官牛三百餘支給民耕

種，省芻豆之費也。

（英宗正統實録卷 4　第 4 頁　4.4.0087）

40　四月戊午　詔免順天府所屬十一州縣逃户負欠秋糧穀草。

（英宗正統實録卷 4　第 4 頁　4.4.0087）

41　四月辛酉　修葺長陵、獻陵，始置石人、石馬於御道東西。

（英宗正統實録卷 4　第 5 頁　4.4.0087）

42　四月辛酉　造江米巷石橋。

（英宗正統實録卷 4　第 5 頁　4.4.0088）

43　四月癸亥　順天府奏：宛平縣有古河。近年水決隄岸，或時泛溢為害，宜令有司起夫疏通，以息水患。從之。

（英宗正統實録卷 4　第 7 頁　4.6.0092）

44　四月丁卯　上諭行在禮部尚書胡濙曰：今當穀麥長茂之時，而畿甸之間天久不雨，又聞遠近間有水潦蝗蝻，深軫朕懷，宜遣大臣於在京廟觀祈禱。仍分遣道士詣天下嶽鎮、河瀆祈豐稔，無稽無忽〔校記：廣本無忽作毋忽〕。

（英宗正統實録卷 4　第 9 頁　4.7.0094）

45　四月戊辰　山東、河南、順天府、直隸、保定、真定、順德、淮安等府各奏蝗蝻傷稼。上命監察御史、給事中馳驛往捕。

（英宗正統實録卷 4　第 10 頁　4.8.0096）

46　五月癸酉　遣官祭山川城隍及房山縣龍潭等神。時天久不雨，房山民言其縣北七十里龍潭，歷宋元以來禱雨即應，故遣官祭之。

（英宗正統實録卷 5　第 1 頁　5.1.0097）

47　五月丁丑　以趙府諸王所遺在京田園六十三所入官，牛皆給民耕種，幼軍工匠校尉皆令復役。由監察御史勘實具數以聞也。

（英宗正統實録卷 5　第 3 頁　5.3.0101）

48　五月壬午　行在工部奏：巾帽局造靴韈諸物，該用木柴八萬三千八百餘斤，雜草二萬九千五百餘斤，欲仍催徵，恐戾詔條。上命如詔，勿徵。

（英宗正統實録卷 5　第 5 頁　5.4.0104）

49　五月丙戌　詔安南國曰：我皇考皇帝，以至仁大德純承丕業，率循憲章，恢宏政化。方期家國永底雍熙，不幸今年正月初三日賓天，遺命眇躬嗣承大統，於初十日卽皇帝位，以明年爲正統元年。大赦天下，咸與維新。故兹詔示，想宜知悉。

（英宗正統實録卷 5　第 6 頁　5.5.0105）

50　五月己丑　薦宣宗章皇帝陵號曰“景陵”。

（英宗正統實録卷 5　第 8 頁　5.6.0108）

51　五月己亥　陞行在翰林院待詔趙琬爲北京國子監司業。

（英宗正統實録卷 5　第 9 頁　5.8.0112）

52　五月己亥　罷文明、惠河閘官吏，減文明門〔校記：舊校删門字〕至通州六閘夫。初，永樂間欲通漕舟直至京城，置此六閘，俱設官，徵取江西、湖廣、河南民二千三百餘人爲閘夫，逃者過半。至是吏部侍郎趙新言，閘夫逃避，所司逮捕，累及無辜。事下行在工部，覆奏：止將在役者七百五十餘人存留，其老疾者故遣，逃者俱勿追。文明、惠河二閘，既展入城中，宜罷其官吏。從之。

（英宗正統實録卷 5　第 10 頁　5.9.0113）

53　六月壬寅　行在工部奏：在京各廠所積蘆席、蘆葦、石灰、木炭之類，給用已盡，今又移置甲字等庫，修葺内府，費用浩大，請徵河間、順德、大名、廣平四府三千人夫赴工採辦。上以民方〔校記：廣本方作未〕蘇息，不從。

（英宗正統實録卷 6　第 2 頁　6.2.0117）

54　六月甲寅　命行在工部造景陵祭器。

（英宗正統實録卷 6　第 5 頁　6.4.0121）

55　六月丙辰　韃子打刺帖木兒來歸，貢馬。賜衣服等物。

（英宗正統實録卷 6　第 5 頁　6.4.0122）

56　六月辛酉　　奉宣宗章皇帝梓宮葬於景陵。

（英宗正統實録卷 6　第 6 頁　6.6.0124）

57　六月辛酉　　占城國遣使逋沙怕茹該等奉金葉表文及方物來貢。賜綵幣等物有差。

（英宗正統實録卷 6　第 6 頁　6.5.0124）

58　六月己巳　　鎮守密雲都指揮僉事馬驥奏：密雲中衛、後衛遣中軍往古北口防邊，多有新補役者，俱無器械。上命行在工部量數給與，凡給弓箭、盔甲、刀槍等物一萬五千件有餘。

（英宗正統實録卷 6　第 7 頁　6.6.0126）

59　七月壬戌　　設景陵祠祭署，置奉祀、丞〔按：館本作奉祀祀丞〕各一員。

（英宗正統實録卷 7　第 2 頁　7.1.0128）

60　七月癸酉　　行在户部奏：山陵訖工，賞賜官軍夫匹（按：匹爲匠之誤）絹匹、胡椒，若俟關填勘合然後給賞，必致遲誤，宜先移文本部，委官於内府各庫關運給賞。從之。

（英宗正統實録卷 7　第 2 頁　7.2.0129）

61　七月乙亥　　遣爪哇國使臣從人哈災等還。初，永樂中，哈災等隨使臣馬嘿占入貢，值其國亂，遂留京師。至是遣還，給道里費。

（英宗正統實録卷 7　第 3 頁　7.3.0131）

62　七月丙子　　行在兵部奏：在京三千、五軍、神機營缺馬二萬五千三百餘疋，遼東、寧夏等處缺馬六千五百餘匹，請于北京行太僕寺関一萬〔校記：廣本一作二〕二千餘疋，南京太僕寺所管州縣選一萬疋給與。從之。

（英宗正統實録卷 7　第 4 頁　7.3.0132）

63　七月丁丑　　順聖川養馬内官撒英奴等奏：本川孳生馬駒欲依例選良者四五百疋送京調習。從之。

（英宗正統實録卷 7　第 4 頁　7.3.0132）

64　七月己卯　　修桑乾河橋，通州、直沽要（按：疑要爲耍之誤）兒渡口等處隄岸。

（英宗正統實録卷 7　第 5 頁　7.5.0135）

65　七月庚辰　　以順天府宛平縣草場地四十餘頃給與都督阿只十奄等爲牧放之所。

（英宗正統實録卷 7　第 6 頁　7.5.0136）

66　七月丁亥　　行在禮部尚書胡濙等奏：比奉勅旨，省冗費以安養軍民，今京師諸寺〔校記：廣本作今京師寺〕法王、國師、番僧尚有四五百人，其供費浩繁，宜量數存留，餘悉遣回本土。上以爲然，令俟來歲議行。

（英宗正統實録卷 7　第 9 頁　7.7.0140）

67　七月戊子　　作靈濟宫。

（英宗正統實録卷 7　第 9 頁　7.7.0140）

68　七月辛卯　　泰寧衛指揮僉事苦列台和寧王孫妻速木答里遣千户把禿俱來朝貢馬，願留京居住。賜衣服等物。

（英宗正統實録卷 7　第 9 頁　7.7.0141）

69　七月戊戌　　陞……順天府府尹李庸爲行在工部左侍郎兼掌府事。

（英宗正統實録卷 7　第 13 頁　7.11.0147）

70　七月戊戌　　巡関監察御史王祐奏：山海沿邊操備官軍月給口糧，俱于林南倉関支，相去二三百里，不勝艱苦。上命行在户部議，遂於遵化倉召商納米中塩以便官軍，淮、浙、長蘆塩每引米五斗，山東、河東（按：疑東爲南之誤）、福建、四川、廣東塩每引二斗，俱不拘資序給之。

（英宗正統實録卷 7　第 14 頁　7.11.0148）

71　七月戊戌　　直隸、保定、真定、順德、河間……等府各奏去歲天雨連綿，河水泛漲，所屬州縣田禾渰没無收。上命行在户部遣官覆視，除其租税。

（英宗正統實録卷 7　第 14 頁　7.12.0149）

72 八月癸卯 命行在翰林院侍讀學士李時勉、侍講高穀爲順天府鄉試考官，賜宴於本府。

（英宗正統實録卷 8 第 1 頁 8.1.0151）

73 八月癸卯 北京國子監助教董威、阮應良自陳老疾，乞致仕。上以教育人才正須老成，不聽其去。

（英宗正統實録卷 8 第 1 頁 8.1.0152）

74 八月丙午 減光禄寺廚役四千七百餘人。初，洪武中光禄寺廚役八百名，永樂中兩京共三千名，後增至九千餘名。至是減者量留五千人供役。

（英宗正統實録卷 8 第 2 頁 8.1.0152）

75 八月戊申 遣官祭宋丞相文天祥。

（英宗正統實録卷 8 第 2 頁 8.2.0153）

76 八月丙辰 行在禮科給事中李讓言五事。……一，壩上等處草場所用馬草，小民送納艱難，各處驛馬瘦損倒死，重科害人有司欽給馬匹倒死買補，亦爲民擾。乞將壩上等處所養馬疋量爲減省，給與缺馬驛分應給官員，以寬民力。一，近訪得在京光禄寺收受在外府州縣粟豆米糯〔校記：廣本米糯作糯米〕納户顧人運入倉，多被廚役人等盜取，致令納户假貸陪補，喪家蕩産，乞每月輪差御史給事中各一員巡視關防。……上令該部會議行之。

（英宗正統實録卷 8 第 6 頁 8.4.0158）

77 八月戊午 命長陵衛副千户錢鎰復父指揮僉事職。初，鎰父通任錦衣衛指揮僉事，洪熙間調長陵衛，及卒，鎰襲爲副千户，至是援例請復父職，故有是命。

（英宗正統實録卷 8 第 7 頁 8.6.0161）

78 八月己未 薊州等處總兵官都督同知王彧奏：擦崖子百户孟山、東勝左衛指揮張琳，不行嚴督軍士瞭守，以致達賊至関，殺傷軍人，請治罪。上以山、琳罪不可恕，倶罰俸半年，令於本関架礮，其死者妻帑倶給與米布。

（英宗正統實録卷 8 第 8 頁 8.6.0162）

79　八月丁卯　行在工部奏：修安定等門城樓，欲撥旗軍協助及撥官匠赴紫荆関支用松木。上以旗軍工匠修在京通州倉厫及造山陵殿宇、作靈濟宮，始畢工休息，城樓姑緩之。

（英宗正統實録卷 8　第 9 頁　8.8.0165）

80　九月庚午　給居庸等驛甲軍月糧。時甲軍盛朴古等奏：臣等祖父於洪武間謫戍各驛，送迎使客，止給冬衣布花，不給月糧。彼時使客稀少，易爲存活。卽今添設萬全都司衛所，使客絡繹，臣等伺役，晝夜不得休息，乞照軍士例，給月糧贍養。從之。

（英宗正統實録卷 9　第 1 頁　9.1.0167）

81　九月庚午　免德勝関富户〔校記：富户下脱原籍户丁徭役，時翟原奏，本関富户十四字〕王禮保等一千四百五十七户〔校記：廣本翟原作翟元〕，俱係〔校記：廣本係作以〕各布政司府州縣取來填實京師，歲久貧乏，乞免原籍户下徭役供給。奏下，行在户部議免二丁。從之。

（英宗正統實録卷 9　第 1 頁　9.1.0167）

82　九月癸酉　置六科庋閣文書之所於承天門外。

（英宗正統實録卷 9　第 2 頁　9.2.0169）

83　九月乙亥　北京國子監祭酒貝泰言：朝廷設國子監，聚天下之英賢，資百司之任用，廩養豐厚，勸勵勤至，故凡在甄陶者咸思有以補報。近年行在禮部奏准，監生五十歲以上者會官揀退爲民，是時年有及五十者，雖得選留，然候至歷事之日，又在揀退之年。窮經浩首，莫酬志願。教養恩厚，未答涓埃。與其待老放閑，熟若簡賢就職。況臣聞在外府州縣儒學多缺教官，乞命該部將此等監生考其學行，可爲師範者，除授教職，如此則無淹滯之患矣。上從之。

（英宗正統實録卷 9　第 3 頁　9.2.0170）

84　九月丙子　命行在光禄寺厨料悉取給於外府。時順天府在城老人李英等奏：往時隨駕内官監孳牲食用糠麩，皆取給於行在光禄寺，近令臣等供應。且臣等歲供光禄寺廚料及内府諸物，已爲困竭，今增是課，尤不堪命。事下行在户部，議：糠麩仍令京府供，而廚料宜悉令外府供。從之。

（英宗正統實録卷9　第3頁　9.3.0172）

85　九月辛巳　行在户部奏：各處捕魚官員奉詔取回，今光禄寺缺魚供用，宜令附近順天等府如例辦納。上曰：息民節納，當今急務。其緩之。

（英宗正統實録卷9　第4頁　9.3.0172）

86　九月辛巳　行在户部奏：薊州永平諸衛官軍俸糧，俱仰給於林南、東店倉，緣諸倉糧米海運艱苦，今彼處歲熟，欲將各處上納京庫綿布量運五萬匹赴薊州收貯，折作俸糧，庶免來年海運之勞。從之。

（英宗正統實録卷9　第4頁　9.4.0173）

87　九月乙酉　行在光禄寺掌寺事侍郎李郁奏：本寺見在牲畜數多，喂養不敷，欲於京城廂市坊店之家寄養，俟肥腯取用。上以民畜官物必至厲民，不聽，令送内官監收養。

（英宗正統實録卷9　第5頁　9.5.0175）

88　九月壬辰　儹運糧儲總兵官及各處巡撫左侍郎與廷臣會議軍民利益及正統元年合行事宜上聞。……一，正統元年運糧四百萬石，京倉收十之四，通州十之六。……上以所議皆當，從之。

（英宗正統實録卷9　第9頁　9.7.0179）

89　九月甲午　行在鴻臚寺左少卿張隆奏：臣先與鎮守薊州等處總兵官都督王彧議，沿邊人馬歲費糧料二十二萬石有奇，宜令軍民於林南、東店二倉轉運六萬八千石赴邊倉備用。今彧以軍方修築城堡，請令丁民獨運。上以邊儲國家重務，仍令軍民兼運。

行在兵科給事中鄧崙奉使大同回，言軍情三事。……一，永寧、隆慶諸衛官軍〔校記：廣本官軍作邊軍〕俸糧，每月於宣府、通州関支，相去近者百餘里，遠者三四百里，山坡崎嶇，挽運艱苦，糧米不能悉致，多將低價貿易市鈔（按：館本市作布，抱本作市，誤），以此軍食不足。請於宣府糧多倉分轉運赴糧少衛，分收貯支給，仍運京倉米於隆慶衛供應爲便。……行在户部集議，……永寧、隆慶諸衛俸糧，移於附近懷來、昌平諸倉関支……上悉從之。

（英宗正統實録卷 9　第 10 頁　9.8.0182）

90　九月丁酉　　順天府奏：十月初一日例於本府儒學行鄉飲酒禮，緣宜齋戒，請移於初二日舉行。從之。

（英宗正統實録卷 9　第 11 頁　9.9.0184）

91　十月癸卯　　順天府房山縣、直隸河間府、滄州、静海、獻縣民人魏祥等奏：各人原領孳牧騎操馬匹，近皆倒死，今歲歉民艱，乞寬期買補。上皆從之。

（英宗正統實録卷 10　第 10 頁　10.3.0190）

92　十月甲辰　　賜營造山陵夫匠胡椒，人二兩。

順天府奏：先因外夷來降，令舖户營辦雜用器皿一千三百餘件，價鈔二百八十七萬一千一白餘貫。上命給償之。

（英宗正統實録卷 10　第 4 頁　10.3.0190）

93　十月己酉　　建長陵神功聖德碑。遣衛王瞻埏祭告太宗文皇帝、仁孝文皇后。遣少保兼工部尚書吴中祭司土、司工之神。

（英宗正統實録卷 10　第 5 頁　10.4.0192）

94　十月癸丑　　日本國遣使臣中誓等來朝，貢馬及方物。賜宴并賜紵絲、紗羅、絹布、銅錢有差，仍命賫勑及白金、文錦、紵絲、表裏、紗羅等物歸賜其國王及妃。

（英宗正統實録卷 10　第 6 頁　10.5.0194）

95　十月丙辰　　發潼関衛官軍在京操備者一千二百人還原衛操守。

（英宗正統實録卷 10　第 8 頁　10.7.0197）

96 十月戊午 有民匠詐稱校尉，傳旨擒琉璃厰内官李椿，籍其家。事聞，命梟首厰前示衆。

（英宗正統實録卷 10 第 8 頁 10.7.0198）

97 十月庚申 朝鮮國王李祹遣陪臣南智等奉表，貢馬及方物，賀萬壽聖節。賜宴并綵幣等物。

（英宗正統實録卷 10 第 9 頁 10.7.0198）

98 十月庚申 行在工部奏：請修天地壇殿廡、牆垣。上以山川壇、具服殿俱不可緩，命并修之。

（英宗正統實録卷 10 第 9 頁 10.7.0198）

99 十月辛酉 行在户部奏：順天、保定、順德、真定四府所屬州縣，春夏旱蝗無收，乞以秋糧折豆便民。從之。

（英宗正統實録卷 10 第 9 頁 10.8.0199）

100 十一月甲戌 賜山陵董工官員及見役軍匠人等紵絲、表裏、鈔錠、布絹、胡椒等物有差。

（英宗正統實録卷 11 第 3 頁 10.3.0205）

101 十一月丁丑 勑諭行在兵部臣曰：比聞順天直抵山東府州縣，歲歉民難，其所養馬匹，倒死虧欠，今追陪者〔校記：廣本今作令，陪作賠〕俱緩其期，候來歲秋成之後買補。卿等仍戒約典馬官，宜體朝廷寬恤之意，善加撫綏。

（英宗正統實録卷 11 第 4 頁 11.3.0206）

102 十一月己丑 朝鮮國王李祹遣陪臣李思儉貢馬及方物，賀明年正旦。賜宴并綵幣等物。

（英宗正統實録卷 11 第 6 頁 11.5.0210）

103 十一月壬辰 朝鮮國王李祹奏：建州衛都指揮李滿住等稔惡不悛，屢誘忽剌温野人擾本國邊境，願行天討，以慰徯來之望。上以勑復之曰：此小寇耳，不足煩師〔校記：館本、寶訓作煩師遠征〕，王宜自飭兵備以懾之。

（英宗正統實録卷 11 第 7 頁 11.6.0211）

104　十一月丁酉　陞行在通政司右通政李暹爲通政使，提督京倉糧儲。

（英宗正統實録卷 11　第 8 頁　11.7.0213）

105　十二月庚子　行在禮部尚書胡濙等奏：北京國子監供應膳夫，額定三百名，比因役滿數缺，欲行刑部都察院徒罪囚人内撥補。從之。

（英宗正統實録卷 12　第 2 頁　12.2.0217）

106　十二月壬寅　行在兵部奏：大興左衛軍人二百有奇，原係四川、交阯、雲南、貴州土民，宣德中拘虜至京收伍，今多老疾，不堪差用，請發回本土，守備邊関。上以遠人正宜矜恤，若再發回，必致有失。姑存之，但令所司善加憮卹。

（英宗正統實録卷 12　第 2 頁　12.2.0217）

107　十二月丁未　提督倉場行在通政司右通政李暹奏：在京花園并象房、草場、衛所，草束出納繁夥，防範須嚴。請每處設辦事官二員、千百户二員，率軍餘十人看守。從之。

（英宗正統實録卷 12　第 3 頁　12.3.0219）

108　十二月庚申　行在錦衣衛指揮使王節言：舊例，天下解京囚犯，凡遇歲中〔校記:廣本中作終，是也〕皆寓近縣，過來年上元方聽入獄。仁宗皇帝勅法司勿止其來，但於大祀後奏之。宣宗皇帝既如先志，又命主者待給以聞〔校記：廣本給作結，疑誤〕，今宜遵此例。從之。

（英宗正統實録卷 12　第 7 頁　12.6.0225）

109　十二月　是歲……漕運京師僣運過糧四百五十萬石。

（英宗正統實録卷 12　第 8 頁　12.7.0227）

正統元年（1436）

110　正月戊辰　琉球國中山王尚巴志遣使者伍是堅等來朝，

貢馬及方物。賜宴綵幣等物有差。

（英宗正統實録卷 13　第 1 頁　13.1.0229）

111　正月丙子　以《大統曆》頒賜琉球國中山王尚巴志，付其使臣伍是堅齎回。

（英宗正統實録卷 13　第 2 頁　13.2.0231）

112　正月辛巳　御製洪恩靈濟宮碑文，曰：蓋聞天地之大德曰生，凡覆載之間，有生之類，洪纖高下，天之心皆欲俾之遂其性、得其養，不失其所而又生聖智英傑以俾助。夫造化之功，故靈神之奇勛偉績，代有著焉。君天下者體天之心，嘉神之德，列諸祀典，用展祈報，亦代有載焉。我皇曾祖太宗文皇帝臨御，嘗夢二神人言，南處海濱，來輔國家。上異之，明日適有禮官言閩中靈濟二真君事，正符所夢，遂專使函香迎請神像至於北京，而於宮城〔校記：廣本中本宮作京，抱本誤作官〕之西南作洪恩靈濟宮，以奉祀事，因神舊號，加以徽稱。惟神至仁，有禱輒應，降禍弭災，捷如影響，所協宸衷，不可殫述。歲時薦祭，式豐以嚴。皇祖仁宗昭皇帝、皇考宣宗章皇帝率循舊章，咸隆祗禮。朕承天序統御大寶，上荷聖祖母太皇太后、聖母皇太后恩德之隆，願洪福於萬年；下念四海庶邦林林總總屬望之深，願咸躋於庶富，顧非德其奚能！惟神明之永（按：館本等永作允）賴，仰體先志，增崇祠宇，以寅奉威靈，導仰祥慶。復加神號曰“九天金闕明道達德大仙顯靈溥濟清微洞玄冲虛妙感慈惠護國庇民崇福洪恩真君”、“九天玉闕宣化扶教上仙昭靈溥濟高明弘静冲湛妙應仁惠輔國佑民隆福洪恩真君”。惟神之先，厥有原本。蓋出顓頊之後，封國於徐，屢有功於夏商周之世。至偃王修行仁義，得國人心，致後嗣之繁，歷漢暨唐，功德累著。至神伯仲，皆南唐義祖忠武皇帝之子，伯封江王，仲封饒王。並天賦異常，具仁聖之資，全忠孝之行。而潛心大道，精其實奧，俱奉命守金陵，勛德兼盛，民咸感悦。後俱奉命率師入閩，愛民之心，至與天謀，民用慕戴，歸者如雨。閩人建生祠於金鰲峯之北，圖像致敬如嚴父焉。一日謂衆曰：來歲吾與汝別，然不忍汝違，及期相繼化去。未幾神降於人，言並奉上帝，命列職斗宫，以佑下土。於是閩人益虔祀禮，而禱無弗應。祠下有潭，遇旱，禱者出，赤蛇而雲隨起，潭面甘雨如注，歲則大熟。演溪霖潦暴溢，民庶倉皇，望祠致懇，忽有役夫如雲，操畚锸疏瀹，水不為患，而竟失役夫所在。宋熙寧中，閩人劉彝知桂州禦蠻寇，韓世忠戰大儀鎮，吴玠戰和尚原，皆得神助以捷。若拯民以水火，延民之嗣續，奇效尤數，悉具紀載，皦然著明。蓋神儲天地之精，稟五行之秀，故生有至德，没著明靈，握氣機贊玄化，為國家生民殄遏邪沴，茂集祥禧，愈遠而愈盛也。朕因書修祠之成，并書神之世系及其功德之大者，刻諸貞石，以示久遠，而係以詩云：二儀之精，五緯之英。來為哲人，往為神明。並曄聯輝，金玉石季。篤孝於忠，惠澤當世。乘飈駕雲，言歸帝鄉。功賛化育，位參魁衡。頫矜下民，顧諟弗已。袪災捍患，凝祥降祉。金鰲之峯，肇初有祠。靈化昭宣，有祠京師。皇矣三聖，寅奉惟一。惟靈之揚，允若皦日。予承大寶，祗率典常。爰飭膺事，妥迓福祥。實祚之隆，佑家暨國。至理之興，溥被民物。宫城之西，靈宇巍然。皇圖神化，同千萬年。

（英宗正統實録卷 13　第 4 頁　13.4.0235）

113　正月癸未　　以獻陵、景陵二衛倉歸并長陵衛倉，革罷官吏。

（英宗正統實録卷 13　第 6 頁　13.6.0239）

114　二月戊戌　　勑諭琉球國中山王尚巴志、日本國王源義教曰：我國家統有天下，薄海内外，罔不臣服。列聖相承，無間遠邇，一視同仁。爾為國東藩，世修職貢，益永益虔。王遣使來朝，獻馬及方物，禮意勤至。朕承嗣祖宗大寶，期與四海羣生同樂。雍熙矧王，篤於事大，良可嘉尚。使者還，特賜王及妃白金、綵幣以答還意，王其欽崇天道，仁卹有民，永保藩邦，以副朕望。

（英宗正統實録卷 14　第 1 頁　14.1.0248）

115　二月己亥　　勑太監李德〔校記：寶訓德作得〕：今命爾與通政使李暹提督在京太倉并象馬牛羊等房倉場，巡視通州直抵臨清、徐州、淮安等處一應倉糧。爾宜用心革弊，毋令隱漏及下人生事，虐害納户，務在事妥人安，庶副朕之委任。

修羽林等二十五衛倉廒共五百二十三間。

（英宗正統實録卷 14　第 3 頁　14.2.0250）

116　二月乙巳　　遣順天府官祭宋丞相文天祥。

（英宗正統實録卷 14　第 5 頁　14.4.0253）

117　二月丁未　　定通州五衛倉名。在城中者為大運中倉，城内東者為大運東倉，城外西者為大運西倉。從通政使李暹等言也。

（英宗正統實録卷 14　第 5 頁　14.5.0256）

118　二月己酉　　直隸隆慶州永寧縣知縣張宣奏：永樂間人民荒落，雖立縣分，未設學校。近者，築完城垣，又將永寧、隆慶二衛移入城内，軍民子弟頗知向學。乞設儒學，作養人才。事下行在禮部，覆奏，從之。

（英宗正統實録卷 14　第 4 頁　14.6.0257）

119　二月壬子　　減通州等五衛軍斗一百六十餘名。時通州衛訴本衛軍多投占，僉用不敷故也。

（英宗正統實録卷 14　第 7 頁　14.7.0259）

120　二月丁巳　　琉球國中山王尚巴志遣陪臣程安等并海西安直那木塔山等衛賽罕等俱來朝，貢馬及方物。賜宴并賜綵幣等物有差。

（英宗正統實録卷 14　第 12 頁　14.10.0266）

121　二月辛酉　　行在光禄寺卿郝郁奏：所屬鷄豚之屬數少，供應不敷，欲令順天等八府給價收買應用。上以畿内人民艱難，可於在京養牲所取給。如更不敷，於内府各監局給用之。

（英宗正統實録卷 14　第 14 頁　14.12.0270）

122　三月丁卯朔　　爪哇國遣使貢方物……賜宴并綵幣等物有差。

琉球國使臣漫泰來結剌等言：初到福建時，止具國王進貢方物以聞，有各人附齎海螺殼九十，海巴五萬八千，一時失於特陳，有司以為漏報之數，悉送入官，因乏齎裝，懇乞給價。上命行在禮部悉如例給之。

（英宗正統實録卷 15　第 2 頁　15.1.0276）

123　三月戊辰　　陞遵化衛指揮使陳亨為都指揮僉事，鎮守密雲。先是，鎮守密雲都指揮僉事馬驥有疾，奏乞代回。兵部推亨歷練老成，故擢任之。

（英宗正統實録卷 15　第 2 頁　15.2.0277）

124　三月己巳　　陳鹵簿、傳臚，賜舉人周旋等一百人進士及第、出身有差。

（英宗正統實録卷 15　第 3 頁　15.2.0278）

125　三月壬申　　行在户部奏：各處漕運將至，倉厫無空閒者，請預給在京官吏、軍校人等夏季三月俸糧。從之。

（英宗正統實録卷 15　第 3 頁　15.3.0279）

126　三月甲戌　　修通州等衛倉一百四十三間。

（英宗正統實録卷 15　第 4 頁　15.3.0280）

127　三月丁丑　　朝鮮國王李裪遣陪臣南宫啟等來京謝恩，貢方物……賜宴并賜綵幣等物有差。

（英宗正統實録卷 15　第 5 頁　15.4.0282）

128　三月己卯　　順天府大興縣民地五十畝，使（按：館本使作被）行在錦衣衛指揮林觀、千户朱喜占種，至是民户（按:館本户作婦）訴：係故夫祖業，家道貧窮，乞賜給還。上命行在户部覆實還之。

（英宗正統實録卷 15　第 7 頁　15.6.0285）

129　三月庚辰　行在大理寺右少卿陳鹵（按：館本鹵作卤），考察順天府所屬州縣官勤慎并酷刑怠事者疏聞。上命行在吏部更加詳察而去留之。

（英宗正統實録卷 15　第 7 頁　15.6.0285）

130　三月壬午　迤北阿魯台下達子兀郎阿歹來歸。賜衣服、房屋等物，安插居住。

（英宗正統實録卷 15　第 8 頁　15.6.0286）

131　三月甲申　命行在工部尚書李友直提督京倉糧儲，行在大理寺右少卿陳恭改行在通政司右通政，提督供應柴炭，行在工部郎中韓冀陞行在大理寺右少卿，提督大木廠。

勑南京守備太監王景弘等於官庫支胡椒、蘇木共三百萬斤，遣官送至北京交納，毋得沿途生事擾人。

（英宗正統實録卷 15　第 9 頁　15.8.0289）

132　三月乙酉　命順天府通州武清縣縣丞陶銓復職。銓先以冗員裁革，邑民伏闕言：銓持身廉潔，賦役均平，乞留復任。上從之。

行在工部奏：修在京并通州倉及造三百萬石倉，已摘撥運糧軍士及通州左等衛軍餘協助，乞勑行在右軍都督府左都督陳懷同本部尚書李友直董役。從之。

（英宗正統實録卷 15　第 10 頁　15.9.0291）

133　三月丁亥　命知州王睿管順天府東安縣事。先是，睿任東安縣知縣，以大臣會舉陞四川合州知州，縣民三千餘人保睿廉正愛民，不忍捨去。故有是命。

（英宗正統實録卷 15　第 11 頁　15.9.0291）

134　三月戊子　少保兼户部尚書黄福言四事。……一，田賦之制，自古有之，未有有田而無賦者。近見南北京畿之内并各邊境水陸田地，權豪勢要占為己業，宜差官從實踏勘，悉令報數起科。奏下行在户部，言：即今凡事務從減省，若有差人出外，未免擾動軍民，待一二年後議行。從之。

河南右參政孫原貞奏：北京富户，舊係江南起取者，多有逃故等項，遞年僉補不完。乞令法司，今後有犯死罪官吏、糧長、大户，免其運磚，令抵富户當差，候其數足，仍依原擬發落。從之。

（英宗正統實録卷 15　第 12 頁　15.10.0293）

135　三月戊子　命豐城侯李賢督運口外糧。先是，監察御史施慶奏：永寧、隆慶、懷來諸衛軍糧，俱於宣府関給，路遠不便。監察御史吴誠亦奏：居庸関守関軍糧俱在北京通州等倉支給，往復艱難。事下行在户部，覆奏：請撥軍夫於京倉関糧十萬石，運赴各衛收貯支用。上從之，命賢督運。

（英宗正統實録卷 15　第 12 頁　15.10.0294）

136　三月甲申　增設天地壇、山川壇壇户各十户。從行在太常寺請也。

（英宗正統實録卷 15　第 15 頁　15.13.0299）

137　四月丁酉朔　巡按直隸監察御史史鑑奏：順天大興等縣附近果園，宜令上林苑監仍舊領管，遠者令保定府易、固安等州縣領管，其在東安等縣三處，亦令上林苑監領管。上命各該官司將果園用力培植，果品時進，無得欺蔽，責有於無。

（英宗正統實録卷 16　第 1 頁　16.1.0303）

138　四月辛丑　直隸保定府清苑縣奏：本縣旱蝗無收，人民艱難，逃移者九百七十三户，糧草無從追徵，乞暫停止。事下行在户部覆實。從之。

（英宗正統實録卷 16　第 2 頁　16.2.0306）

139　四月壬寅　行在工部奏：……日本等國，宣德年間分給信符及編置批文勘合底簿，今改元例應更給。從之。

（英宗正統實録卷 16　第 2 頁　16.2.0306）

140　四月壬子　行在禮部右侍郎王士嘉奏：順天府所屬州縣

缺食飢民，流離困苦，乞令有司量給口糧賑濟。其黄山等廠及運柴炭不急之役，宜暫停。仍令所在有司於名山大川及應祀神祇祈降雨澤。事下行在户部等衙門覆實。從之。

（英宗正統實録卷 16　第 6 頁　16.5.0312）

141　四月甲寅　　鎮守薊州、永平、山海等處總兵官都督同知王彧言：先已奏准於所轄地方，長城内每三里設一墩架礮，遇賊薄城，舉火發礮，庶使不能潛越。今墩臺二百餘座已完，請給合用信礮。上命行在工部與之。

（英宗正統實録卷 16　第 7 頁　16.6.0314）

142　四月戊子　　安南國權署國事黎麟，以宣宗〔校記：廣本宗下有章字〕皇帝賓天,遣使黎龍〔按:館本等龍作籠〕等進香。以上新登寶位，尊聖祖母為太皇太后，聖母為皇太后，各遣使進表及方物稱賀。賜宴并賜綵幣等物。

（英宗正統實録卷 16　第 9 頁　16.7.0316）

143　四月甲子　　琉球國中山王尚巴志遣使來朝，貢馬及方物。賜宴并賜綵幣等物有差。

（英宗正統實録卷 16　第 12 頁　16.10.0322）

144　五月己巳　　行在户部奏：通州、天津等衛軍士冬衣布花，俱於京庫関領，回衛給散，往復甚難。宜將山東等布政司、直隸府州縣運到夏税等項折徵綿花，量撥各衛收貯，以備賞賜，庶得軍民兩利。從之。

（英宗正統實録卷 17　第 2 頁　17.2.0327）

145　五月壬申　　罷修兩京氷池氷窨。先是，禮部奏：今年藏氷欲照舊例於内府関領夫牌鎖鑰，起夫修理池窨。上問行在禮部尚書胡濙等曰：南京每歲何處用氷？濙等奏：南京祭祀止有孝陵、懿文陵及歷代帝王廟三處。秋祭之時，該用氷四十桶。上以南京内官監已有藏氷，令関用之。仍令兩京氷池氷窨，俱不必起夫修理，用氷俱於内官監取給，庶不擾民。

（英宗正統實録卷 17　第 4 頁　17.3.0330）

146　五月甲戌　占城國王遣使逋沙帕濟閣等，賷金葉表文來朝賀及貢方物。賜宴并賜綵幣等物有差。〔校記：館本無此段文字，廣本抱本存。參英宗實録校勘記 0064 頁〕

（英宗正統實録卷 17　第 5 頁）

147　五月丁丑　減在京諸寺番僧。先是，番僧數等，曰大慈法（按：疑慈下奪王字），曰西天佛子，曰大國師，曰國師，曰禪師，曰都綱，曰剌麻，俱係光禄寺支待。有日支酒饌一次二次（按：館本無二次二字）三次又支廪餼者，有但支廪餼者。上卽位之初，勑凡事皆從減省，禮部尚書胡濙等議，已減去六百九十一人，相繼回還本處，其餘未去者，命待正統元年再奏。至是，濙等備疏慈恩、隆善、能仁、寶慶四寺番僧當減去者四百五十人以聞。上命大慈法王、西天佛子二等不動，其餘願回者聽，其酒饌廪餼令光禄寺定數與之。

（英宗正統實録卷 17　第 6 頁　17.5.0333）

148　五月丁亥　十三道監察御史李輅等言十事：一，文武百官每日朝參及遇節行禮，多有不循禮法，縱横往來，嘻笑自若。或囑託公事，議論是非，或於外朝見辭官員，班内與親識講說事情，及至立班多不依品級，攙越班次。又有將帶家小在朝房住坐者。乞從監察御史鴻臚等官，俱奏究治。一，内府各衙門守衛官軍，縱令無牌面旗校、軍匠人等穿走，甚至挑行李酒食等物出入，略無忌憚。其守衛官軍有帶牌回家及在家遊蕩者，門下止有二三人，或立或卧。又有不俟交班輒去者。乞差御史廵視究問。一，上直將軍多有懸帶金牌私自回家宿歇，因而糾合盜賊遇開朝門混同競入。乞行都察院禁約，錦衣衛時常點視。一，五軍各衛所管事官員，止是清晨到衙，畫押公座，隨卽回家。其首领官不敢舉覺，以致文案盈積，事務廢弛，甚至在外挾妓飲酒、賭博遊蕩。乞嚴加禁約。如仍前故違，許首領官指實奏聞。一，近年在京官員，多有政事無聞、聲譽不佳、年老殘疾、尸位素餐者，甚至奔競希求進用者。除堂上官及近侍官取自上裁黜陟，其餘乞考試能否，奏聞黜陟。一，在京文武百官，多有僭服麒麟等項花樣，有五品亦繫金帶，又有五品以下令人引道，虛張聲勢，越禮犯分。乞聽御史鴻臚寺等官，俱奏治罪。一，監察御史凡遇巡按，必引於御前點差。近年各衙門錢糧造作一應事務不能完者，輒其（按：其疑為具之誤）奏擬差代為理辦，甚非所以重風憲也。乞勑今後果有緊関重事必須御史督理者，具實奏請，不許仍前差委。一,五城兵馬，不務巡視街衢、捕獲姦盜、點視更舖、緝訪事情，却仍令方兵（按:據館本方為弓之誤）在街羅織生事，强取米果、蔬菜等物。乞令錦衣衛巡視逮治。一，北京國子監教官，多有學術虛空，不堪儀範，以致學規廢弛，生徒失業。乞會官考察。及廟廡堂房風雨損壞，乞撥人修理。一，京司寺觀，有逃軍、囚匠人等私自簪剃為僧道者，有因不睦六親、棄背父母、夫男、公然削髮為尼者，又且不守清規，每遇節令朔望於寺觀傳經說法，誘引男婦，動以千計，夜聚曉散，傷風敗俗。乞勑都察院禁約。上命廷臣會議，頗采用之。

（英宗正統實録卷 17　第 9 頁　17.7.0337）

149　五月庚寅　　占城國正副使逋沙怕濟閣等陛辭。命賫敕諭其王曰：能敬天事上，在我祖宗臨御之時，恭修職貢，益久益虔。朕今嗣位，王又遣使朝貢，眷兹勤誠，良可嘉尚。近者，暹羅國使臣奏，宣德四年，本國差使臣同番伴男婦一百餘口，駕船載方物入貢，至王國新州港口，被國人拘留。宣德六年，朝廷下西洋官軍二十餘人，乘船值風飄到王國地方，亦被拘收。勅至，王即將原留暹羅國人口方物及下西洋官軍，盡數放回，使彼此人民各得遂其父母妻子完聚之願，王亦長享安樂。否則天地鬼神必有所不容者，王其省之，體朕至懷。仍賜王及妃粧花、絨線、織金紵絲、紗羅、綵段各有差。

（英宗正統實録卷 17　第 11 頁　17.9.0341）

150 五月甲午 行在工部奏：鎮守密雲都指揮僉事陳亨言：密雲中、後二衛，闕損兵器，漫不知數，若俟奏聞，恐妨邊用。請以北京戊字庫弓箭并各局盔甲先令齎去，其餘仍候勘實，隨數給送。從之。

（英宗正統實録卷 17 第 14 頁 17.12.0347）

151 六月丁酉 修左右闕門及左右長安門，以年深瓴甋損壞故也。

（英宗正統實録卷 18 第 1 頁 18.1.0349）

152 六月戊戌 光禄寺奏：歲收應天府龍江河泊所送納薧魚，並兼支銷（按：據館本兼為無之誤），年久多腐，驗視堪中魚一千八百斤，請送國子監師生會饌支用。從之。

（英宗正統實録卷 18 第 2 頁 18.1.0350）

153 六月己亥 行在禮部尚書胡濙奏：會同國子監祭酒貝泰、司業趙琬，考得本監博士助教等官江奏（按：據館本奏為奉之誤）等七員俱老疾，楊質等五員學行迂疎，不勝表率。上命老疾者致仕，不勝表率者罷為民。

（英宗正統實録卷 18 第 2 頁 18.2.0351）

154 六月壬辰 陞順天府香河縣知縣曹銘為本府通判，仍理縣事。先是，銘在縣九年任滿，縣民詣闕，言銘公勤廉恕，撫字（按：疑字為字之誤）有方。保留復任，陞正六品俸，至是請定職名，故有是命。

（英宗正統實録卷 18 第 4 頁 18.3.0354）

155 六月乙巳 作公生門於長安左右門外之南。

（英宗正統實録卷 18 第 4 頁 18.4.0355）

156 六月乙巳 南京裝運胡椒、蘇木馬快船一百艘至京。上命留五十艘備用，非奉勅旨不得應付，以次更代，故為留難者罪之。

（英宗正統實録卷 18 第 4 頁 18.4.0355）

157　六月丙午　行在户部奏：切見各處屯種衛所下屯軍人，百不遺一，生之者少，食之者衆，是致歲用不敷。宜移文各衛，遵洪武、永樂間定制，在邊者三分守城，七分屯種；在内者二分守城，八分屯種。每名如新例，止徵餘糧六石，交納附近官倉。仍命各處總兵鎮守巡撫官并都按二司巡按御史提督比較，庶幾邊有實儲，軍無匱乏。從之。

（英宗正統實録卷 18　第 5 頁　18.4.0355）

158　六月辛亥　爪哇國遣使臣列牙者等……來朝，貢馬及方物。賜宴并賜綵幣等物有差。

（英宗正統實録卷 18　第 7 頁　18.6.0359）

159　六月乙卯　行在兵部左侍郎柴車奏：遠人來歸，朝廷爵之賚之，願居京者聽，然虜性譎詐，叛服靡常。今長脱脱木兒者，永樂初其隨部長把都帖木兒來歸，未幾叛去，殆今幾三十載，又復來歸，安知異日之不叛也？況京師糧儲，漕運不易。請因其初來，錫賚之，就遣分處江南衛所，居以室廬，養以廩禄，俾各得其所。且無同類交引，庶終其身無他念。事下兵部議。王驥等謂：永樂間來降達官柴永正等，俱在真正（按：疑正為定之誤）等府居住，乞如其例，遣官送至河間、德州等處，命所在有司撥房屋、給器用、授田地，俾其耕牧生息，誠為便利。今後凡有來降者，請照此例。從之。

（英宗正統實録卷 18　第 9 頁　18.7.0362）

160　閏六月戊寅　爪哇國使臣馬用良自陳：先任八諦來朝，蒙賜銀帶，今為亞烈乞賜金帶，其八諦南巫等乞賜銀帶。上以爪哇國恪修貢職，久而弗怠，與之。

（英宗正統實録卷 19　第 4 頁　19.3.0374）

161　閏六月壬午　上諭行在禮部臣曰：山陵祭祀，哀戚存焉。服飾華麗，豈禮所宜？朕自今後每遇孝陵、長陵、景陵行禮之日，與百官俱具淺色衣服，如洪武、永樂例。

（英宗正統實録卷 19　第 6 頁　19.5.0378）

162　閏六月壬午　　行在禮部右侍郎王士嘉奏：順天府所屬州縣蝗蝻傷稼，官員考滿者請暫留督捕。事下行在吏部，覆奏，從之。

（英宗正統實録卷 19　第 7 頁　19.6.0397）

163　閏六月癸未　　命駙馬都尉井源往北京行太僕寺、永康侯徐安往太僕寺印記馬、騾駒七萬餘匹。

（英宗正統實録卷 19　第 7 頁　19.6.0397）

164　閏六月丁亥　　太子太保成國公朱勇等奏：五軍各衛歲辦草束一百七十萬，今又派七十二萬，乞量減其數。上命行在户部計料足用則已，毋過勞軍士。

（英宗正統實録卷 19　第 8 頁　19.7.0381）

165　閏六月己丑　　公、侯、伯及行在五府、六部議廵撫侍郎于謙所奏外衛赴京操備官軍分為三班事，謂：在京選操官已十萬餘，遇警足用。今國家歲費錢穀，動以數百萬計，皆仰給於江南，軍民連歲輸轉，不得休息。請以附京衛所官軍仍令操備。其河南等都司及南直隸衛所，悉免調，庶外衛足兵，糧餉不費、而漕運之困亦可少舒。上以京師居重馭輕之地，不准所議，姑仍其舊。

（英宗正統實録卷 19　第 9 頁　19.7.0382）

166　閏六月己丑　　爪哇國使臣高乃生奏：蒙國王差貢方物，原船被風漂去。臣願自備物料，乞命所司給人匠修船以回本國。從之。

（英宗正統實録卷 19　第 9 頁　19.8.0383）

167　閏六月庚寅　　行在光禄寺奏：供給使臣缺少豬肉，乞山東有司支銀買用。上以減省之詔方下，而復擾民，可乎？命以牛羊肉代之。

（英宗正統實録卷 19　第 9 頁　19.8.0383）

168 閏六月辛卯 安南國權署國事黎麟遣陪臣陶公僎等來朝，進表文方物。賜綵幣等物。

（英宗正統實録卷 19 第 10 頁 19.8.0384）

169 閏六月壬辰 爪哇國使財富八致滿榮自陳：初姓洪，名茂仔，福建龍溪縣民，取魚為業，被番倭虜去，脱走於爪哇，改今名。遣進方物來京，願乞復業。上命有司給脚力、口糧，送還本家。

（英宗正統實録卷 19 第 10 頁 19.9.0385）

170 閏六月癸巳 遣古里、蘇門答剌、錫蘭（按：蘭應為蘭）山、枯（按:疑枯為柯之誤）枝、天方、加冀（按:疑冀應為異之誤）勒、阿丹、忽魯謨斯、祖法兒、甘巴里、真臘十一國使臣葛卜滿都魯牙等同爪哇使臣郭信等回國。遣（按:疑遣為勑之誤）爪哇國王楊惟西沙曰：王自我先朝修職弗怠，朕今卽位，王復遣使朝貢，誠意具悉。宣德時有古里及真臘等十一國，各遣使朝貢未回，今王使回，特賜海船與各使同還。王其加意撫恤，分遣還各國，庶副朕懷遠之意。仍命葛卜滿都魯牙等十一使齎勑諭其王。

（英宗正統實録卷 19 第 10 頁 19.9.0385）

171 閏六月癸巳 選北京行太僕寺牡駒三千匹牧于御馬監。

（英宗正統實録卷 11 第 11 頁 19.9.0385）

172 七月乙未 命行在工部左侍郎李庸修郎（按：郎應作狼）窩口等處隄。先是，大雨浹旬，水溢渾河狼窩口及蘆溝橋，小屯廠、西湖東笆口、高梁等閘，隄岸皆決，命庸治之。至是庸奏請工匠千五百人，役夫二萬人。上從所請，且諭之曰：此皆要害，汝其盡心理之，必完必固，毋徒勞民。

（英宗正統實録卷 20 第 1 頁 20.1.0388）

173 七月丙申 改武成左衛為獻陵衛，武成右衛為景陵衛，以守護陵寢。

（英宗正統實録卷 20 第 1 頁 20.1.0388）

174　七月丁酉　行在户部奏：在内府天財庫鈔匠有連逮者，例發他所工役，以致鈔匠不敷。請勑法司，自今犯流罪而下者，俱的決發本庫罰工為便。從之。

（英宗正統實録卷 20　第 2 頁　20.2.0389）

175　七月己亥　宥行在羽林前衛都指揮僉事李英罪。英守備薊州，役占、賣放官軍。事覺，下法司，鞫罪當絞，總兵官王彧具英所部保章以聞。上特令運磚復職，速往備邊。

（英宗正統實録卷 20　第 2 頁　20.2.0389）

176　七月癸卯　順天、真定府各奏：淫雨連綿，河隄衝決，傷害穡稼……上命行在户部遣官覆視以聞。

（英宗正統實録卷 20　第 3 頁　20.2.0390）

177　七月癸卯　修永寧衛、隆慶州等處城垣。

（英宗正統實録卷 20　第 3 頁　20.2.0390）

178　七月甲辰　修長陵、獻陵、景陵垣墻橋道。

（英宗正統實録卷 20　第 3 頁　20.2.0390）

179　七月丁未　陞直隸河間府知府姜濤為順天府尹，從行在吏部會官舉也。

（英宗正統實録卷 20　第 3 頁　20.3.0391）

180　七月丁未　行在刑部致仕尚書趙羾卒。羾字雲翰，山西夏縣人……太宗皇帝嗣位，命使交阯，却其金寶之餽。使還，陞刑部右侍郎，尋轉工部，再轉禮部，未幾陞本部尚書，賜宴華蓋殿，徹御筵饌羞以遺其母。戊午〔校記：舊改作戊子〕勑詣北京卜仁孝皇后山陵。壬辰，督開創隆慶、保安、永寧諸州縣，撫安新集之民。丁酉，改兵部尚書，明年丁内艱，起復專理塞外兵政。壬寅北征，羾給餽餉不絕。仁宗皇帝嗣位，改刑部尚書。宣德庚戌，以疾致仕，至是卒。遣官諭祭，命有司治喪葬。

（英宗正統實録卷 20　第 4 頁　20.3.0391）

181　七月庚戌　順天府推官徐郁言四事：一，國朝尊崇聖賢，寵及來裔，或蔭封爵，或復徭徭，甚盛典也。惟宋襲封衍聖公孔端友，扈從南渡，今其子孫流寓衛州，與民一體服役。他如宋儒周敦頤、程顥、程頤、司馬光、朱熹子孫，亦皆雜為編户。乞令所在有司訪求其後，蠲其徭役，擇及俊秀而教養之。祠墓傾圮，官為修葺，庶君子德澤悠久而不替。一，建立義倉，本以濟民饑（按：館本無饑字），縣止一二所。民居星散，賑給之際，追呼拘集，動淹旬月，不免餓莩。乞令所在有司增設倉社，仍取宋儒朱熹之法，參酌時宜，定為規畫，以時斂散，庶荒歲有備而無患。一，户口食塩，令市民輸鈔，鄉民納米，非舊制也。而貪官豪吏，徵斂不經，小民愈加困乏。乞勅該部，悉遵舊制，一概收鈔，庶人民免於窮迫，而鈔法亦流通矣。一，法司及各衙門送供□（按：館本□作明字）及工滿等項人來本府，有云給引照回者，有云送發程遞者，其遞解之人索財物、奪衣食，甚至婦女被其姦占，身體被其箠楚，幸而至家，不勝其苦。宜令各司除有罪應鞫者程遞外，餘皆給引，仍行有司嚴禁解人，庶還家者得免凌虐而獲安全。上以所言甚切，命所司速行之。

（英宗正統實録卷 20　第 4 頁　20.4.0393）

182　七月辛亥　　行在吏部言：在京居賢等坊草場大使、副使考課之例未定，今議照倉官例，收草十萬束之上者陞一級，不及數者本等叙用，則勤惰者如所勸懲矣。從之。

（英宗正統實録卷 20　第 5 頁　20.4.0394）

183　七月癸丑　　行在光禄寺卿郝郁等奏：順天府昌平等縣園户所植桃李等果，例應進用者，今時成熟，宜從本寺差官二員，督同各縣委官採取，庶免侵尅。上以差官不免擾民，不從。

（英宗正統實録卷 20　第 6 頁　20.5.0395）

184　七月丁巳　　上將命二（按：疑二為工字之誤）以是月庚申修獻陵，八月壬午修景陵，預遣衛王瞻埏詣陵祭告，遣少保工部尚書吳中祭后土及天壽山之神。

（英宗正統實録卷20　第6頁　20.6.0397）

185　七月庚申　　鎮守密雲都指揮僉事陳亨奏：沿邊自黄門至開連口地方，七百餘里，關隘多而軍力少，宜調營州左屯衛備邊輪班官軍指揮許忠等三百四十人，來守其地。上令農隙之時往守，俟來年春仍舊更番操備。

（英宗正統實録卷20　第7頁　20.6.0398）

186　七月辛酉　　琉球國中山王尚巴志遣長史梁永保等、爪哇國王楊惟西沙遣使臣亞烈高乃生等俱來朝，貢馬及方物。賜宴并綵幣等物有差。

（英宗正統實録卷20　第7頁　20.6.0398）

187　七月壬戌　　成山侯王通子琮奏：臣父得罪，産悉没官，今祖母陳故，骨無所歸，乞將昌平縣東及西山下祖墳二所給賜歸葬，庶得少盡人子之心。上許之。

（英宗正統實録卷20　第8頁　20.7.0399）

188　八月丙寅　　給密雲等衛馬四百十九匹。

（英宗正統實録卷21　第2頁　21.1.0404）

189　八月丙寅　　行在光禄寺少卿李酘（按：館本酘作畛）奏：順天、保定、真定府州縣民，原領山西布政司買長生（按：館本生下有牛字）羊十二萬餘隻，春秋二季每羊取毛二斤輸京，迨今歲久，死耗者多，其羊與毛遞年買補，乞將見在者送本寺牧養，死耗者悉免，以甦民困。繼今牛羊缺用，止給官價於出産去處收買。其各處歲辦走獸飛禽，不惟沿途疲於供給，抑且野性難於馴養。自今惟鹿與天鵝貢生者，其餘悉估價輸鈔便宜。事下行在禮部，覆奏，從之。

（英宗正統實録卷21　第2頁　21.1.0404）

190　八月丁卯　　鎮守密雲都指揮僉事陳亨奏：密雲都衛城垣損壞，白河新築堤岸亦決，請起旁近軍民夫協力修築。從之。

（英宗正統實録卷21　第2頁　21.2.0405）

191　八月丁卯　夜有黑雲二道，東西竟天，良久散。

（英宗正統實録卷 21　第 2 頁　21.2.0405）

192　八月甲戌　遣順天府官祭宋丞相文天祥。

（英宗正統實録卷 21　第 5 頁　21.4.0410）

193　八月乙亥　命修葺甲字等庫及東西廣備庫。

（英宗正統實録卷 21　第 6 頁　21.5.0411）

194　八月丙子　修通州城垣、壩道。

（英宗正統實録卷 21　第 6 頁　21.5.0411）

195　八月辛卯　命在京批驗茶引所大使帶收東大市街塌房鈔課，從順天府尹姜濤奏請也。

（英宗正統實録卷 21　第 10 頁　21.8.0418）

196　九月癸卯　交阯人潘鉄成奏：臣以交阯頭目永樂中歸化，在錦衣衛帶管食糧，今命於南京入籍。臣久霑聖化，一旦遠違天日，情甚不堪。上命於順天府附籍。

（英宗正統實録卷 22　第 8 頁　22.7.0434）

197　九月乙巳　安南國遣陪臣陶公僎等奉表，供金銀器皿等物……賜宴并綵幣等物有差。

（英宗正統實録卷 22　第 9 頁　22.8.0435）

198　九月辛亥　命行在工部歲造狐帽、毛襖各二萬。先是，南北兩京各造一萬，至是以南京庫無物料，乃命行在工部併造之。

給……永寧等衛哨備、夜不收旗軍狐帽、毛襖三千四百八十有餘，從都指揮楊洪等奏請也。

（英宗正統實録卷 22　第 13 頁　23.11.0442）

199　九月壬子　鎮守薊州等處總兵官都督同知王彧奏：沿邊操備守關官軍缺少衣甲，請於遵化鐵廠給鐵，先補造五千八百四十二副。從之。

（英宗正統實録卷 22　第 14 頁　22.11.0442）

200　九月丁巳　順天府宛平縣民訴：在京二縣雜役繁重，而供惜薪司役夫一千三百餘人，終歲不得休息。事下行在工部，覆奏：請量畿内各府人户多寡，均分其役，河間、永平、順德三府供役一年，大名、廣平二府供一年，順天府供一年，更番以代。從之。

（英宗正統實録卷22　第16頁　22.13.0446）

201　九月庚申　遣行在兵部右侍郎李郁為正使、行在通政使司左通政李亨為副使，持節齎印往封權安南國事黎麟為安南國王。初，宣宗皇帝既令黎利權署國事，利歿麟嗣，事朝廷益恭。至是，上以陳氏支裔既絶，不若正麟位號，順而撫之。下群臣議，悉以為宜。於是命郁等往封之，詔其國人曰：朕祗膺天命，統御下民，覆載之間，咸圖康靖。矧爾安南國，密比疆埸，其權署安南事黎利子麟，繼承以來，克勤克慎，事上撫下，罔有怠違。今特封為安南國王，授以印章，俾永綏爾一國之人，以副朕一視同仁之意。

（英宗正統實録卷22　第17頁　22.15.0449）

202　十月癸亥朔　行在户部主事李賢言：竊惟太學者，天下貢士所萃，乃育賢成材之地。故天下之士所以賢、所以才，胥此焉出，其賢才所以盛、所以衰，胥此焉係。則夫生民之休戚、風俗之美惡、國家之安危、信乎皆關此。洪惟太祖高皇帝，聖神文武，平一天下，定鼎金陵，首崇是道。方是之時，宫殿城池未盡完也，百府諸司未盡創也，佛寺道觀未盡興也，乃建太學於國都，宏其規模，極其壯麗，凡其所以教士之法，戒士之條，居士之所，養士之具，無不詳審，周密完備。又慮表率之職，實難其人，務選天下學明行修、德尊望重、海内所向慕、士夫所依歸、足以師表一代、名蓋當時者，然後命為祭酒，加以寵榮，崇以師道，以振文風，以增士氣。其愛惜諸生，如慈母之顧嬰兒，貴之若席上之珍，恩惠極隆，無以加尚。於是天下之士，入大學者

（按：館本無者字），居無不正，習無不端，衣無不具，食無不足，無饑寒之亂心，無邪僻之墮行。其所事者，治禮義，明人倫，窮修己治人之方，務致君澤民之術。故當時賢才俊傑之士，濟濟輩出，布列中外。大綱一正，萬目畢張，自古太平之盛，未能或之先也。《易》曰:"聖人養賢,以及萬民"。其斯之謂歟！永樂初年，駕臨北京，太學之設，因元之舊，凡百規制，未暇增新。洪熙、宣德以來，因循未舉，至是教戒居養之道，頹然廢弛，不遑介意。師儒之職，率皆庸常，學行荒疎，無所矜式。雖有遺規，不過承虛名為文具踵因循應故事而已，夫豈有一毫警省之心哉！於是天下之士人太學者，蔑教戒之嚴，無居養之正，置禮義為外物，輕廉耻如錙銖，雜處於軍民之家，混住於營巷之地，與市井之人為伍，與無籍之徒相接，同其室而共其食，啖其夫而淫其妻，易君子之操，為鄙夫之行，改士夫之節，為穿踰之心。所習如此，一旦居官，不過志於富貴而已，尚何望其尊主庇民、建功立業者乎？夫近朱者赤，近墨者黑，居處所置，無怪其然也。嗚呼！天下之士，修之於庠序而壞之於太學，賈誼所謂可為太息者也。今陛下春秋鼎盛，纘承大統，凡一舉措，不可不慎。舉所當舉，則天下之人，莫不懽心；措非當措，則天下之人，聞之解體。可不慎歟！我國家建都北京以來，有廢弛而不舉者，有創新而不惜者，所廢弛者莫甚於太學，所創新者莫多於佛寺。舉措如是，臣以為舛也。然成事不說，廢者當舉。若重修太學，雖極壯麗，亦不過佛寺一所之費，况佛寺不下百餘，無益於朝廷，太學雖止一處，有益於國家。伏願皇上，興廢舉墜，乞勅該部，計料興工，一新太學，作養秀才，重選師儒，厚加眷注。果能此道，將見數年之後賢才濟濟，文風大振，生民於是乎安，而天下於是乎治，我太祖養賢及民之效，復見於今日；太平之盛，不期自至，而國家社稷永賴其福矣！上嘉納之。

（英宗正統實録卷 23　第 1 頁　23.1.0453）

203　十月甲子　行在禮部尚書胡濙等奏：四夷館舊習夷字及新習者六十四人，俱照例會官考試出身次第為三等。上命一等冠帶為譯事官，逾年再試得中授職，其二等三等及有新習者，亦逾年再試。遂著為令。

（英宗正統實録卷23　第3頁　23.2.0456）

204　十月甲戌　造通州白河浮橋以為馬快船及預備運甎船為之。

（英宗正統實録卷23　第6頁　23.5.0461）

205　十月庚辰　禁京城外掘土治窰者。初，武驤諸衛擅於西直門外河次掘窰，御史劾罪之，以為京城外自永樂來置陶冶俱有定方，其西北俱堪輿家當忌。至是上命行在都察院出榜禁約：京城西北俱不得掘土，其東南許出城外五里，天地、山川壇許去垣外三里。違者罪之。

行在光禄寺請發軍人於行在工部廠運柴炭三百四十萬斤，赴寺供用。上從之，且命行在工部自今貯柴炭於東安門外空地，以便給用，毋勞軍士。

（英宗正統實録卷23　第8頁　23.7.0465）

206　十月辛巳　少傅兵部尚書兼華蓋殿大學士楊士奇等言：北京軍官俸米俱在南京，多是各衛差人代關，中有浮蕩者荒淫費用，比至北京散還各官，十分之中僅得一二，誠為未便。上命行在户部會官詳議：合遣堂上官一員往南京專理俸給，同南京户部委官并監察御史會算清切，依時價糶賣。物貨運赴北京，户部仍差〔校記：館本差前有請字〕給事中監察御史依原糶之數給散。或照副都御史周銓等所言，將浙江、江西、湖廣、南直隸、兩廣、福建起運税糧，每米麥一石折銀二錢五分，煎銷成錠，委官齎送赴京，依原收價直放支。候豐收糧賤之時，民有願於南京納本色者，聽從其便，官員仍於南京関支。上曰：明年俸糧如前議，遣官浙江等處折收銀解京，計可支一年卽給散，此皆一時權宜，不為常例。

（英宗正統實録卷 23　第 8 頁　23.7.0466）

207　十月丙戌　行在兵科給事中鄧崙奏：皇城四門設置官軍，輪流守衛，凡官員人等出入無牙牌者附寫水牌，以防奸僞。且惟機密重務，許諸司徑入内府陳奏，其餘皆由通政司及鴻臚寺封進，此舊制也。往因守衛不嚴，已嘗揭榜曉示。比者，諸司陳奏，不顧舊制，輙入内府，得旨徑送該科，似此何以防範姦僞？乞勑該司申嚴禁令，仍將前榜懸於各門，永為遵守。上命禮部、兵部議行。

（英宗正統實録卷 23　第 10 頁　23.8.0467）

208　十月戊子　……朝鮮國王李祹遣陪臣金效貞奉表，貢馬及方物，賀萬壽聖節。俱賜宴并綵段等物有差。

（英宗正統實録卷 23　第 11 頁　23.9.0469）

209　十月辛丑　命太監阮安、都督同知沈清、少保工部尚書吴中率軍夫數萬人修建京師九門城樓。初，京城因元舊，永樂中雖略加改葺，然月城、樓舖之制多未備，至是始命修之。

（英宗正統實録卷 23　第 12 頁　23.10.0471）

210　十一月壬寅　詔免順天府并直隸各府被災州縣草束，其户口鹽糧准令納鈔。

（英宗正統實録卷 24　第 3 頁　24.2.0476）

211　十一月癸卯　賜朝鮮國王李祹《大統曆》，命其使臣南宫啟齎回。

（英宗正統實録卷 24　第 3 頁　24.2.0476）

212　十一月己酉　命在京官軍俸糧於通州支給。時行在（按：館本脱在字）户部奏，糧儲輸京城者十之四，輸通州者十之六，以便漕輓，然京城倉有餘而糧不足，通州糧有餘而倉不足，請令在京軍於通州轉運赴京。上以轉運重勞軍士，令就於通州支給。

（英宗正統實録卷 24　第 6 頁　24.5.0482）

213　十一月癸丑　　行在兵部奏：三千、五軍、神機等營并山海等處官軍缺馬二萬七千八百餘匹，請令行太僕寺如數給與。從之。

（英宗正統實録卷 24　第 7 頁　24.6.0484）

214　十一月丁巳　　修張家灣通濟倉。先是，管糧道政使李暹奏欲移置張家灣通濟倉於通州。行在户部、工部議如所請，令漕運總兵官都督僉事王瑜量遣軍（按:據館本軍前有運糧二字）三千人興役。至是瑜奏：臣所领運糧船三（按：館本三作二）萬有奇，今兩處交納，河道稍得疏通，若遇（按:館本遇作併）於一處，不免阻塞。况通濟倉雖有捐弊（按：捐弊為損敝之誤），易為修葺。若欲移之，則其所費數倍，三千人必不能辦，請仍舊修葺為便。從之。

（英宗正統實録卷 24　第 9 頁　24.8.0487）

215　十一月辛酉　　復遵化縣舊鐵冶。冶自永樂間開設，上即位，詔書停罷。至是行在工部奏復之，仍添設主事一員提督。

（英宗正統實録卷 24　第 11 頁　24.9.0490）

216　十二月壬戌朔　　先是，都督蔣貴部領在京官軍二千五百人赴甘肅，人給以馬及鞍，鞍不及造，以操軍所乘借之，至是行在工部請市村（按:村為材之誤）民間造鞍以償。上命内府給償與操軍，使自辦，毋擾於民。

（英宗正統實録卷 25　第 1 頁　25.1.0491）

217　十二月癸亥　　順天府香河縣署縣事通判曹銘言：京畿之間多外郡人民及官軍陞調他所遺下人口，俱無繫籍，宜令順天府五城兵馬司并諸衛互相覺察，俾歸故鄉或占籍京府，則姦民無所容矣。且言（按：館本且為又）被災之民，徭役不息，多致流徙，宜復其徭役。事下該部，覆奏，從之。

（英宗正統實録卷 25　第 1 頁　25.1.0492）

218　十二月丁卯　　詔免隆慶等衛償官戰馬二百六十餘匹。

（英宗正統實録卷 25　第 2 頁　25.2.0493）

219 十二月戊辰 朝鮮國王李祹遣陪臣李蓁等齎表文來朝……貢馬駝及方物，賀明年正旦。賜宴并賜綵幣等物有差。

（英宗正統實録卷 25 第 2 頁 25.2.0494）

220 十二月乙亥 給金牌信符送老撾軍民宣慰使司頭目混倫回還。先是（按：館本無是字），雲南總兵官沐晟已遣人送混倫等回，至其境，聞老撾土官卒，國人與八百國仇殺，晟請給信符護送。□□□□□□□□□□□□□□□□□□（按：據館本信符以上十八字為行在禮部尚書胡濙等因言，雲南車里等衙門）信符今改元已行造换，請俱付來使齎往，就督其未輸常貢方物，仍取先朝原賜信符。從之。

（英宗正統實録卷 25 第 5 頁 25.4.0497）

221 十二月丙子 行在工部奏：天下歲造軍士衣鞋，運納東西廣備庫。邇者，點視所貯短窄、紕薄、不堪用者十三四萬，其典守官吏人等宜究問，以戒將來。上以罪在赦前，姑宥之。但令各備以償官，自今令御史同部屬監收，以革其弊。仍令司禮監及户部都察院委官檢視，具數移貯甲字等庫，改廣備庫為倉厫。

（英宗正統實録卷 25 第 5 頁 25.4.0498）

222 十二月甲申 駙馬都尉焦敬令其司副李杲於文明門外五里建廣鯨店，集市井無賴，假牙行名，詐税商販者錢積數十千。又於武清縣馬駒橋遮截磁器、魚、棗數車，留店不遣。又令閽者馬進於張家灣、溧陽閘河諸通商販處詐收米八九十石，鈔以千計。事覺，下刑部，杲等俱引伏。尚書魏源上其罪，請執敬治之。上曰：姑赦敬，杲等徵其臟，人杖八十，釋之。

（英宗正統實録卷 25 第 10 頁 25.8.0506）

223 十二月丙戌 北京司鑰庫左副使龔政奏：廣惠庫檢鈔人夫，該順天府及大興、宛平二縣委見任官率領應役，近以辦事官代之，人心不服，姦弊日滋，仍令府縣官率領為便。從之。

（英宗正統實録卷 25 第 11 頁 25.9.0507）

224　十二月　　是歲……漕運京師儹運過糧四百五十萬石，各處運納糧一百四萬三千六百八十五石。

（英宗正統實録卷 25　第 14 頁　25.12.0514）

正統二年（1437）

225　正月壬寅　　擢行在太常寺等衙門博士方勉、評事張哲、侯爵行人楊永、序班孫睿、張庸、趙倫、斷事張文昌、知事康榮、照磨張禮、判官胡信、縣丞鄺傑、教授上官民瞻、教諭韓揚、鄭顒、訓導鄭觀、曹泰、成規、齊韶、王巍、陸儔、唐震俱為監察御史、北京國子監等衙門助教。

（英宗正統實録卷 26　第 3 頁　26.3.0519）

226　正月癸卯　　行在光禄寺少卿劉禎奏：郊祀太牢請於順天等府選易肥腯純全者為用。從之。

（英宗正統實録卷 26　第 4 頁　26.3.0520）

227　正月丙午　　遣少保兼工部尚書吴中、右侍郎邵旻祭告平則、西直等門及城壕之神，以城樓、樓壕圮壞，欲改作修治也。

（英宗正統實録卷 26　第 5 頁　26.4.0522）

228　正月癸丑　　鎮守居庸關都指揮僉事高迪奏：去歲六月大雨損壞關門水門及敵臺墻垣，至今修理未完，人力不足。事下行在工部，覆奏：請令後軍都督府所轄衛所遣軍二千人助修。從之。

（英宗正統實録卷 26　第 7 頁　26.6.0525）

229　正月癸丑　　直隸保定府蠡縣奏：去歲水决鐵埽、王家等口，傷民田稼，請及今農暇令茂山等衛軍餘屯種縣境内者與民協力修築，以防水患。從之。

（英宗正統實録卷 26　第 7 頁　26.6.0525）

230　正月丙辰　　命都督、都指揮等官子弟入京學讀書。從山西左參政王來奏請也。

（英宗正統實録卷 26　第 7 頁　26.6.0426）

231　正月丁巳　　遣行在工部尚書李友直祭告潞河之神，以隄岸衝决欲興工修理也。

頒賜萬全都司及隆慶、保安、永寧等州縣儒學《為善陰隲孝順事實》、《五經》、《四書》、《理性大全》各一部。從僉都御史李儀奏請也。

（英宗正統實録卷 26　第 7 頁　26.7.0526）

232　正月丁巳　　北京司鑰庫左副使龔政等奏：近年各處上納門攤户口食盐諸色鈔，多被姦民貿易，宜令所司包裹嚴密，用印封號，遣官解赴行在户部轉送該庫，庶革前弊。從之。

（英宗正統實録卷 26　第 8 頁　26.7.0527）

233　正月庚申　　以修葺京城樓，命旗軍助工者月增米一斗，軍匠增三斗，民匠月給米五斗，餘丁匠給三斗（按：館本作五斗），俱月給盐一斤。

（英宗正統實録卷 26　第 8 頁　26.8.0529）

234　二月壬戌　　造行在光禄寺應用器皿七千六百四十餘件。

（英宗正統實録卷 27　第 2 頁　27.2.0533）

235　二月己巳　　行在工部奏：天下工匠蒙放遣休息者三千七百餘人，俱刻期使自來赴工。今過期不至者二千九百餘人，請令所司械送赴京。從之。

（英宗正統實録卷 27　第 4 頁　27.4.0537）

236　二月壬申　　浙江市舶提舉司提舉王聰奏：琉球國中山王遣使朝貢，其所載海巴、螺殻亦宜具數入官。上謂禮部臣曰：海巴、螺殻夷人資以貨殖，取之奚用？其悉還之。仍著為令。

（英宗正統實録卷 27　第 6 頁　27.5.0539）

237　二月癸酉　　以運河要兒渡决，勅五軍各營發軍一萬、工部發畿内夫一萬往築之。

（英宗正統實録卷 27　第 6 頁　27.5.0540）

238　二月乙亥　行在欽天監監正皇甫仲和等奏：南京觀星臺設渾天儀、璿璣玉衡、簡儀圭表之類，以窺測七政行度、凌犯、遲留、伏逆。北京於齊化門城上觀測，未有儀象。乞令本監官一人往南京，督匠以木如式造之，赴北京較北極出地高低，准驗然後用銅鑄造，庶占象不失。從之。

（英宗正統實録卷 27　第 6 頁　27.5.0540）

239　二月丁丑　給永寧等衛備禦官軍（按：疑軍後奪馬字）三百六十餘匹。

行在工部左侍郎李庸奏：狼窩口隄岸累修累决，勞民無已。今修築已完，恐猶有後患，請建龍神廟於隄上以鎮之，且令宛平縣復民二十户，自石景山至蘆溝橋往來廵視。遇水薄隄壞，輒加修治，若水勢泛急，則速馳報，庶易修葺。從之。

（英宗正統實録卷 27　第 8 頁　27.7.0534）

240　二月乙卯　修德勝門内海子岸。

（英宗正統實録卷 27　第 9 頁　27.7.0544）

241　二月甲申　以修長陵遣衛王瞻埏詣陵行祭告禮，遣少保行在工部尚書吴中祭后土及天壽山之神。

遣行在工部左侍郎李庸祭渾河神，以河岸衝决，興工修築也。

（英宗正統實録卷 27　第 10 頁　27.8.0546）

242　二月乙酉　給神機營及獨石等處官軍馬一千五百匹。

省海印寺收鈔官屬。時監察御史李�奏：在京九門及諸處收鈔，已有内官同御史主事、錦衣衛、五城兵馬司官并舖户人等收受，送赴海印寺，又有太監御史等官、監生、校尉、庫子、舖户共三百餘人磨算，送赴内府天財庫，又有内官御史、給事中、主事并舖户三百五十人收檢。此一事經歷三所，不無重復，請合九門及諸處收鈔官屬以所收鈔逕送天財庫收受，省海印寺官員人等。

事下行在户部，覆奏請如所言。從之。

（英宗正統實録卷 27　第 11 頁　27.9.0547）

243　二月丙戌　都督沈清修理京城濠塹既完，請榜揭示，以禁居人汙毀。從之。

（英宗正統實録卷 27　第 11 頁　27.9.0548）

244　二月庚寅　順天府武清縣民安忠妻傅氏，一産三男。命有司給賜如例。

（英宗正統實録卷 27　第 12 頁　27.10.0550）

245　三月癸巳　行在户部奏：在京衛所旗軍，多因管軍頭目虐害，以致逃徙。及至勾取，又被解人沿途剥削，比至京，例該送問罰工，仍復逃回。有司被其勾擾，衛所不得其用。請自今以後，逃軍一次二次者記罪，免其工作，發原衛着役，三犯不悛者，依律處決，仍勾户丁調發外衛充軍。從之。

行在工部奏：昨以都督王瑜言，將修葺張家灣通濟倉。遣匠視之，十壞八九。臣見京城及通州尚有空倉可以貯糧，如稍不足，則于大運西倉傍增造為便。上勑行在户部、工部、都察院、錦衣衛各遣官一員，往察利害以聞。

（英宗正統實録卷 28　第 2 頁　28.1.0554）

246　三月乙未　行在兵部奏：在京衛所勾補軍士，多無房屋居住及被官旗侵害，乞勑行在工部，相撥空地起盖營房，然亦不能濟目前之急，宜差監察御史、給事中各一員，督五城兵馬，于原分定衛所地方，將新到軍士暫于軍民等家借住，給與月糧。修整營房。仍令原委官員（按:館本無員字）不時巡視。敢有私役科差者，具奏問罪。仍移文在外都司衛所，一體存恤。上以所言切當，命卽行之。

（英宗正統實録卷 28　第 3 頁　28.2.0556）

247　三月丙申　爪哇國王楊惟西沙遣使臣亞烈來哲等來朝，貢馬、胡椒、蘇木、烏爹泥等物。賜宴并綵幣。

土魯番城都綱佛先、舍人南忽力等奏願居京自効。命佛先等安插在京寺院，日與饘廩，南忽力等隸錦衣衛，給房屋什器月糧。

（英宗正統實録卷 28　第 3 頁　28.3.0557）

248　三月丙午　爪哇國使臣亞烈來哲奏：臣在永樂、宣德中以通事來朝，累蒙恩賜銀帶。今國王陞臣亞烈，乞賜金帶，并為其通事黄敬等請給銀帶。命如例予之。

（英宗正統實録卷 28　第 7 頁　28.5.0562）

249　三月丁未　行在僧録司奏兩京勅建寺多僧少，欲將大功德等寺自宣德年間以後收養行童，不拘原額，請給度牒。上命行在禮部試之。既而尚潑等官試中僧童丁源等四千三百六十六人，頗通梵語，俱准給之。

（英宗正統實録卷 28　第 7 頁　28.6.0564）

250　三月庚戌　行在工部奏：要兒渡口修隄已完，又新開河，人甚便之。乞令武清縣復民三十家，常巡視其隄，毋致傾壞，且立神廟以鎮之。上從其請，賜神號為"通濟河之神"。

（英宗正統實録卷 28　第 9 頁　28.7.0566）

251　四月庚申朔　行在户部奏：光禄歲用蜂蜜一萬五千斤，請移文各處買辦。上恐擾民，令於内官監支用。

（英宗正統實録卷 29　第 1 頁　29.1.0573）

252　四月丁卯　命少保兼工部尚書吴中、右侍郎邵旻祭德勝、安定二門之神，以修城也。

（英宗正統實録卷 29　第 3 頁　29.2.0576）

253　四月戊辰　勅太監李德、都督陳懷、尚書李友直曰：京城及通州倉，所繫甚重，爾等提督修葺，必令完固，可以經久，毋苟且偏徇，毋重勞擾。

（英宗正統實録卷 29　第 4 頁　29.3.0577）

254　四月辛未　巡撫南直隸行在工部侍郎周忱奏：北京軍官

俸粮，命將浙江等處税粮折納布絹銀兩解京應用，緣已徵米起運。而蘇、松、常三府見貯粮一百一十二萬七千八百四十六石，以俟北京俸粮支用。今正當農時，民望糶賣接濟。乞命官及時糶賣輕賫，差人解京。從之。

（英宗正統實録卷29　第5頁　29.4.0580）

255　四月壬申　　太監僧保、金英等恃勢私創塌店十一處，各令無賴子弟霸集商貨，甚為時害。事聞，上命錦衣衛同監察御史治之。御史孫睿、千户李得奏：將貨物存者給主，賒負者令錦衣衛徵究。有旨，從之。睿、得以示指揮馬順於外朝，順以其事冗累已，擲還，睿怒，詈之。指揮徐恭、劉源亦争論喧閙。恭杖得二十。睿、得奏訴，上特宥源，下順、恭于獄。都察院坐順、恭紊亂朝政，當斬，順、恭各訴枉。上命逮睿與辯，睿復枉告順擅杖死火者張谷等。法司論順仍當斬，恭當流，睿當徒。獄具，命俱繫之。

（英宗正統實録卷29　第6頁　29.4.0580）

256　四月丙子　　上諭右都御史陳智等曰：天壽山祖宗陵寢所在，比聞有無賴者，敢剪伐其樹木，而所司恬然不顧，爾等即揭榜禁之。復命錦衣衛遣官校巡視，敢有犯者，械來治以重罪，遷其家屬戍邊。遂遣工部偕欽天監官環山立界，界外聽民樵採。仍勅官校巡視者毋徇私受賄以縱盗，毋假威生事以害民，違者亦罪不宥。

（英宗正統實録卷29　第6頁　29.5.0581）

257　四月己卯　　初，行在户部奏：去年山東、河南、順天等府蝗，已命官督捕，今恐復生。上命衛所、府州縣設法捕之。既而蝗果復滋蔓，於是復命户部差主事等官馳驛督捕。

（英宗正統實録卷29　第9頁　29.7.0585）

258　四月甲申　　命故通州衛指揮同知江原子璿、永清左衛指揮使蔡廣子瑛……俱襲職。獻陵衛指揮僉事袁獅子榮、大興左衛指揮僉事劉享子順、羽林前衛指揮僉事范謙子俊、燕山右衛指揮僉事李端子貴，俱襲職。

（英宗正統實録卷 29　第 10 頁　29.8.0587）

259　四月乙酉　行在吏部奏：順天府宛平縣知縣管裕聞母喪，當還家守制。縣民四百餘人伏闕奏稱：裕公勤正直，知民疾苦，人皆悦服，不忍捨去，乞留裕復任。從之。

（英宗正統實録卷 29　第 11 頁　29.8.0588）

260　五月甲午　端午節，賜文武百官扇及宴。

（英宗正統實録卷 30　第 4 頁　30.3.0596）

260　五月丁酉　琉球國中山王尚巴志遣陪臣義魯節制等貢馬及方物。賜宴并綵幣、表裏等物。

（英宗正統實録卷 30　第 4 頁　30.4.0597）

261　五月庚戌　順天府府尹姜濤奏：昨修靈濟宫，市民物應給十二萬貫。上命御史一人監給，且曰：凡市物民間，所司即給直，毋遲緩以困民。

（英宗正統實録卷 30　第 8 頁　30.7.0603）

262　五月癸丑　安南國遣陪臣蔡士明等貢金銀器皿，占城國遣使臣逋沙帕麻州奉金葉表文，貢方物。……賜宴并綵幣、表裏有差。

（英宗正統實録卷 30　第 9 頁　30.8.0605）

263　五月乙卯　給三千、五軍、神機等營官軍馬一千八百餘匹。

（英宗正統實録卷 30　第 10 頁　30.8.0606）

264　六月癸亥　琉球國中山王尚巴志奏：本國各官冠服，皆國初所賜，年久朽弊，乞賜新者。又奏：本國遵奉正朔，而海道險阻，受曆之使，或半載一載方返。事下行在禮部，覆奏。上以冠服可令本國原降者造用，《大統曆》其命福建布政司給與之。

（英宗正統實録卷 31　第 1 頁　31.1.0610）

265 六月甲子 行在禮部奏：琉球國貢馬矮小，宜還本國，令選高大者以充後貢。上以遠人慕義入貢，不必計物優劣，聽其自貢。

（英宗正統實録卷 31 第 2 頁 31.2.0611）

266 六月丁卯 鎮守密雲都指揮陳亨，擅率軍出郊圍獵，致虎傷軍，又占所部棗樹八百餘（按:館本無餘字）株以圖利，巡撫御史奏劾之。上命姑記其罪，罰俸半年。

（英宗正統實録卷 31 第 3 頁 31.2.0612）

267 六月癸酉 逮鎮守居庸關都指揮僉事高迪。時行在刑部尚書魏源奏：迪竊官物、占官軍、役官馬牛，且挾妓酣飲，以怠邊事。故有是命。

（英宗正統實録卷 31 第 5 頁 31.4.0616）

268 六月乙亥 順天府通判曹銘言：洪武間賓興賢能，不拘多寡，洪熙以來，始立解額。今海宇熙洽，人材迭出，若依解額，恐有遺失。乞開科嚴選，不拒額數，庶賢才不遺，國家得人。從之。

（英宗正統實録卷 31 第 6 頁 31.5.0618）

269 六月丙子 以京庫絹給宣府官軍，折今年九月至十二月俸。

（英宗正統實録卷 31 第 7 頁 31.6.0620）

270 六月甲申 廣東瓊州府知府程瑩奏：占城國每歲一貢，水陸道路甚遠，使人往復，勞費甚多，乞令依暹羅國等例，三年一貢。至是占城國使臣逋沙怕麻叔等陛辭，上命齎勅諭其國王曰：王能敬順天道，恭事朝廷，一年一貢，誠意可嘉。比聞王國中軍民艱難，科徵煩重，朕視覆載一家，深為憫念。況各番國俱三年一貢，自今以後，宜亦如之，事不煩而下不擾，王其體朕至懷。并齎錦綺賜王及妃。

（英宗正統實録卷 31 第 9 頁 31.8.0623）

271　七月壬辰　陞隆慶衛指揮同知李景為署都指揮僉事，鎮守居庸關。

（英宗正統實録卷 32　第 2 頁　32.2.0627）

272　七月癸巳　爪哇國遣使臣亞烈張文顯……來朝，貢馬及方物。賜宴并綵幣、衣服等物有差。

（英宗正統實録卷 32　第 2 頁　32.2.0627）

273　七月乙未　以順天府宛平縣西鄉（按：館本縣後有京字）民地六十餘畝造故定國公徐景昌墳。命有司除其税糧。

（英宗正統實録卷 32　第 3 頁　32.3.0629）

274　七月丙申　時達官、軍校、勇士人等居止畿甸，多占民田地，及相聚騎射，強掠民財。監察御史成規以為言。上詔錦衣衛同五城兵馬司分捕之，犯死者於犯所梟首，徒流者發邊衛充軍，并罪其頭目；若地方被刧奪而官校縱容者，亦治其罪。

（英宗正統實録卷 32　第 3 頁　32.3.0629）

275　七月甲辰　太子太保成國公朱勇乞假往懷柔縣展墓。許之。

（英宗正統實録卷 32　第 6 頁　32.5.0633）

276　七月丙午　遣尚書李友直祭通濟河之神，侍郎李庸祭蘆溝橋河之神。以開築功成也。

（英宗正統實録卷 32　第 6 頁　32.5.0633）

277　七月戊申　湖廣安鄉縣縣丞黃瑣言：安鄉河泊所，永樂間以鈔准課，會修北京庫，令更准以銅、鐵、硃、漆。所課非土産，不便，乞如舊准鈔。事下行在工部，覆奏以為更課之令既下，若復之，恐皆援例，許以本土之物充課為宜。從之。

（英宗正統實録卷 32　第 6 頁　32.5.0634）

278　八月甲子　修八里橋。自京至通州往來之路，其地平廣，車可兼行，今為水所敗，故令修之。

修薊州玉田縣五里橋、雙舖橋，以其西抵京畿，東接遼東，往來之道也。

（英宗正統實録卷 33　第 2 頁　33.1.0640）

279　八月庚午　　遣順天府官祭宋丞相文天祥。

撒馬兒罕等處使臣馬黑木禿敏禿等陛辭。命齎勅及綵段表裏，歸賜其頭目兀魯伯曲列干等。

（英宗正統實録卷 33　第 3 頁　33.2.0642）

280　八月辛未　　給神機營官軍馬二十（按：館本十作千）匹。

（英宗正統實録卷 33　第 3 頁　33.3.0643）

281　八月壬申　　京城鳴玉坊草場火，燒草一萬五千三百餘束。行在户部請令官吏人等陪補。上特免之。

（英宗正統實録卷 33　第 4 頁　33.3.0644）

282　八月癸酉　　……撒馬兒罕并戎地別失巴里地遣苦出打剌罕等來朝，貢馬駝。賜綵段、紗絹等物有差。

（英宗正統實録卷 33　第 4 頁　33.4.0645）

283　八月乙亥　　命武安侯鄭能董修在京通州倉，代左都督陳懷也。

行在工部奏：齊化門外積楠杉等木三十八萬，而日方運者日至，覆庇不密，多為風雨所壞，乞發軍夫修理廠房，且監守之，庶不虛費財力。上是其言，詔發人夫一萬，以安遠侯柳溥總〔校記：廣本總作董〕其事。

（英宗正統實録卷 33　第 5 頁　33.4.0645）

284　八月壬午　　免山東濟南等府并順天、廣平、真定、淮安、揚州等府所屬州縣正統元年水災糧草，糧三十三萬九千九十七石有奇，草二百萬一百二餘束。

（英宗正統實録卷 33　第 7 頁　33.6.0649）

285　八月丙戌　　北京太僕寺并行太僕寺奏：孳生馬、騾駒八萬四百八十餘匹，當遣官印烙。上命駙馬都尉王誼、保定伯梁瑶往任其事，賜勅戒之。

（英宗正統實録卷 33　第 8 頁　33.7.0651）

286　九月癸巳　　順天府武清縣奏：七月二十二日大雹雨，禾稼損傷，民無所仰。上命行在户部覆實以聞。

（英宗正統實録卷 34　第 3 頁　34.2.0658）

287　九月甲午　　勑行在兵部及三千、神機、五軍等營曰：比循歲例，放馬於草場，命爾等督軍士牧養，爾乃略不究心，以致饑損，及至校閲之際，一聞金鼓之聲，輙驚駭失次。脱有警急，何以應用？兵部又不舉奏，厥罪惟均，姑從寬貸。今後草場放馬之時，務要適其水草，節其饑飽，每三日一演習之。必閑其進止，習其馳逐，使人馬相得，不至辟易。敢有仍前牧養不如法、操習不以時者，必罪不宥。

（英宗正統實録卷 34　第 3 頁　34.3.0659）

288　九月丙申　　給遼東等處邊軍及居庸關等驛馬五千四百餘。

（英宗正統實録卷 34　第 4 頁　32.4.0661）

289　九月丁酉　　以東安門外官房為順德長公主府，命内官監工修葺之。

（英宗正統實録卷 34　第 4 頁　34.4.0661）

290　九月庚子　　命五城兵馬指揮司及都税司等衙門同坊市度量衡。從順天府奏請也。

（英宗正統實録卷 34　第 5 頁　34.4.0662）

291　九月壬寅　　改通濟廢倉為通州四衛草場。從提督京倉通政使李暹奏請也。

（英宗正統實録卷 34　第 5 頁　34.4.0662）

292　九月癸酉　　遣少保工部尚書吴中祭司工之神，以營建京城樓堞也。

勑監察御史李點視居庸関等處城堡軍馬。

（英宗正統實録卷 34　第 5 頁　34.5.0663）

293　九月壬子　　順天府固安縣奏：八月八日雨雹傷稼。

（英宗正統實録卷 34　第 9 頁　34.8.0669）

294　十月癸亥　　太子太保成國公朱勇言：三千大營及五軍營馬隊官軍原領戰馬騎操，有人健而馬弱者，亦有馬健而人不稱者。臣與兵部侍郎鄺埜議，乞將各營馬隊官軍一一揀選，務使人馬相副，分為等第操練，以俟調遣。從之。

（英宗正統實録卷 35　第 4 頁　35.3.0678）

295　十月甲子　　以修京城門樓、角樓并各門橋畢工，遣官告謝司工之神及都城隍之神。

（英宗正統實録卷 35　第 4 頁　35.3.0678）

296　十月丙寅　　陞順天府通州知州楊衡為本府治中，仍理州事，支從四品俸。衡九年任滿，考稱當遷，州民言其清慎，保留復任。廵按監察御史張善覈實以聞，故有是命。

（英宗正統實録卷 35　第 5 頁　35.4.0680）

297　十月丁卯　　併永寧、隆慶左二衛倉為一。初，二衛倉監收糧料，經歷副使（按：館本副前有倉字）俱係衛指揮管轄，遇有虧弊，畏避莫敢言，至是山東布政司右參政劉璉請併為一倉，改鑄印信，從永寧縣統屬知縣公同監收。從之。

行在户部奏：麗正等門已改作正陽等門，宣課司等衙門仍冒舊名，宜改從今名。仍移行在禮部更鑄印信，行在吏部改書官制。從之。

（英宗正統實録卷 35　第 6 頁　35.5.0681）

298　十月甲戌　　命太子太保成國公朱勇選軍。先是，勇奏：五軍營原操馬步官軍調遣各邊備禦并逃故者，共缺二萬五千有奇，乞命官於五軍屬衛及親軍衛分并河南、山東、大寧三都司官軍内選補。至是，兵部請以命勇。從之。

（英宗正統實録卷 35　第 8 頁　35.7.0686）

299　十月戊寅　　朝鮮國王李裪遣陪臣李渲等齎表，貢馬及方物，賀萬壽聖節。賜宴并綵幣等物有差。

（英宗正統實録卷 35　第 9 頁　35.8.0678）

300　十月癸未　行在通政使司右通政李畛言三事。……一，通用（按:疑用字為州字之誤）原設潞河、通津二驛，官吏夫牌人等因而互相推調，乞併作一驛，增設驛丞二員，以便往來答應。事下户部，覆奏。從之。

（英宗正統實録卷35　第13頁　35.11.0693）

301　十一月戊子　給三千、大營、五軍、神機營及府軍前等衛官軍馬一萬一千九百餘匹。

（英宗正統實録卷36　第1頁　36.1.0697）

302　十一月庚寅　給賜達官阿羅咎等通州漷縣魯村荒田九十一頃有奇。

（英宗正統實録卷36　第3頁　36.1.0698）

303　十一月辛卯　宥行在工部尚書李友直、右侍郎李庸、順天府府尹姜濤罪。友直、庸朝退至左掖門，與濤語，有所囑託，濤不從，庸怒叱之，因忿争鬨然。給事中御史所劾。上皆宥之。

（英宗正統實録卷36　第2頁　36.2.0699）

304　十一月戊戌　建州左衛都督猛可帖木兒子童倉奏：臣父為七姓野人所殺，臣與叔都督凡察及百户高早化等五百餘家潛住朝鮮地，欲與俱出遼東居住，恐彼朝鮮國拘留，乞賜矜憫。上勑朝鮮國王李祹，俾將凡察等家送至毛憐衛。復勑毛憐衛都指揮同知郎卜兒罕，令人護送出境，毋至侵害。

（英宗正統實録卷36　第4頁　36.3.0701）

305　十一月辛丑　增南京太醫院醫士五十人、順天府醫士二十五人。從行在禮部尚書胡濙等奏請也。

（英宗正統實録卷36　第5頁　36.4.0704）

306　十一月丁未　命故中軍都督僉事陳敬子龍襲為府軍前衛指揮使。府軍衛指揮同知吳貴子旻、金吾左衛指揮僉事潘敬兄原、通州衛指揮僉事徐友弟源俱襲職。

（英宗正統實録卷36　第6頁　36.5.0705）

307　十二月戊午　　朝鮮國王李裪遣陪臣柳（按：館本柳下有季字）聞等進表，貢方物及馬，賀明年正旦。賜宴并綵幣等物。

（英宗正統實録卷 37　第 1 頁　37.1.0710）

308　十二月丁卯　　曉刻霜霧（按：館本霧作附木）如雪，竟日不消。自卯至巳，昏霧四塞。

（英宗正統實録卷 36　第 4 頁　37.4.0715）

309　十二月辛未　　太子太保成國公朱勇等奏：奉命選拔三千、大營、五軍、神機等營精鋭官軍十五萬一千有奇，欲將續選行在錦衣衛等七十二衛官，與之相間編伍訓練，然於内有守陵、守衛、上直者，乞為處之。上命守陵、守衛各存其半供役，上直旗校隸錦衣衛官督操，其餘俱聽訓練備用。

（英宗正統實録卷 37　第 5 頁　37.4.0716）

310　十二月壬午　　順天府宛平縣齊家莊廵檢司廵檢賈英奏：考滿任内所獲軍囚數少，當謫戍邊。緣本司近通西山僻路，上下關口俱有戍守，以故捕獲不多。事下行在吏部，覆奏。上曰：謫戍太重，此情可矜，姑宥，復職。

（英宗正統實録卷 37　第 10 頁　37.9.0725）

311　十二月　　是歲……漕運京師攢運過糧四百五十萬石。各處運納糧六十六萬六千六百一十石。

（英宗正統實録卷 37　第 12 頁　37.10.0727）

正統三年（1438）

312　正月甲午　　神機營把總指揮僉事龐得縱卒納賄，怒其總旗不附己，輒假以伐薪公用困辱之，總旗不得已，鬻月糧軍裝買薪代輸，無所繼，自經。事覺，有司論贖罪，還職調衛。上以得貪酷，害人至死，不可以常律斷，命於教場枷號一月，發遣戍邊。

（英宗正統實録卷 38　第 3 頁　38.2.0734）

313　正月丙午　遣少保工部尚書吴中祭朝陽門之神，侍郎李庸祭東直門之神。以將營建城樓故也。

（英宗正統實録卷 38　第 7 頁　38.6.0741）

314　正月辛亥　撥五軍、神機等營官軍一萬四千，修葺京師朝陽等門城樓。

（英宗正統實録卷 38　第 9 頁　38.8.0745）

315　正月癸丑　順天府遵化縣奏：本縣永盈倉兼貯冀（按：疑冀為薊之誤）州平谷縣、豐潤、玉田縣、遵化、東勝右、忠義中、薊州鎮朔、營州中、右二屯、興州左、前二屯衛軍民屯糧九萬餘石，今倉厫損敝，乞令各州縣衛協力修葺。從之。

（英宗正統實録卷 38　第 10 頁　38.9.0741）

316　二月乙卯朔　勅行在户部左侍郎王佐曰：今命爾同内官李德等於在京及通州倉分監督倉官人等公同收支糧米，往來提督象、馬、牛羊等房及各倉場收受蒭蒝，務要關防嚴密，出納分明，除奸革弊，不許隱瞞透漏。爾宜體朕愛恤軍民之心，禁止下人，毋得因而生事，刁蹬虐害納户人等。凡有事務須用區畫得宜，庶副朕之委任。

（英宗正統實録卷 39　第 1 頁　39.1.0749）

317　二月丁巳　闢安定門外地為訓（按：館本軍前有練字）軍士之所。

（英宗正統實録卷 39　第 1 頁　39.1.0750）

318　二月戊午　行在工部左侍郎李庸，先任順天府尹，并今陞（按：館本陞作任）侍郎，九載考滿，行在吏部以聞。上命復職。

（英宗正統實録卷 39　第 2 頁　39.1.0750）

319　二月庚午　上諭行在工部臣曰：比禁番（按：館本番為

畚，是也）土入城，以此城中人多掘坑塹，自今其令距城二三里外取土，戒城門毋禁。

（英宗正統實録卷 39　第 4 頁　39.4.0755）

320　二月甲戌　命行在工部左侍郎李庸督造兵器。先是，上勅工部曰：兵者國之大事，不可不豫。日者，邊境屢言兵器不足，爾其會五府兵（按：館本兵為六，是也）部、錦衣衛及司禮監於平（按:館本平作曩）時内府各監局所省軍匠，揀其強壯者備操，餘悉令於軍器局、鞍轡局協造兵器，物料咸取給京庫。工部其遣官一人專督之，三月一具數以聞。務須撫恤工匠，均其勞逸，使毋過費，毋苟作。至是工部言，得軍匠赴局者五千七百七十餘人。上命庸與太監山壽等協理之。

（英宗正統實録卷 39　第 6 頁　39.5.0757）

321　二月己卯　琉球國中山王尚巴志遣長史梁永（按：館本永作求）保、暹羅國王悉里麻哈賴遣副使羅漸信等各奉表來朝，貢馬及方物。賜宴并賜襲衣、綵幣等物有差。

（英宗正統實録卷 39　第 8 頁　39.7.0762）

322　三月己丑　暹羅國使臣羅漸信等回，命齎勅并紵絲、文錦、紗羅等物，歸賜其國王及妃。

（英宗正統實録卷 40　第 2 頁　40.2.0771）

323　三月癸巳　以建朝陽、東直二門城樓，遣少保兼工部尚書吴中、侍郎邵旻祭司工之神。

（英宗正統實録卷 40　第 3 頁　40.3.0773）

324　三月戊戌　上命行在兵部臣曰：今後該調衛官員，南京及江南直隸俱調北京附近衛所，北京直隸并江北直隸、山東俱調山海、宣府等衛所……著為令。

（英宗正統實録卷 40　第 4 頁　40.4.0775）

325　三月己亥　朝鮮國王李祹遣弟惠寧君祉及陪臣權踶等來朝，貢馬及方物。暹羅國王悉里麻哈賴遣把總奈苾臨等來朝，貢孔雀及方物。賜宴并賜綵幣等物有差。

（英宗正統實録卷 40　第 5 頁　40.4.0776）

326　三月己亥　　夜四鼓地震，五鼓地復震。

（英宗正統實録卷 40　第 5 頁　40.4.0776）

327　三月庚子　　夜地震。

（英宗正統實録卷 40　第 5 頁　40.5.0777）

328　三月壬寅　　行在工部尚書李友直以浚治通濟河畢工，輒放遣其夫四千七百餘人，不以聞，及聞將築白河堤，乃自請罪。於是給事中御史劾其專擅，及言尚書吴中、侍郎李庸、邵旻等黨蔽之罪。上命下友直於獄，中等姑宥之。

（英宗正統實録卷 40　第 6 頁　40.5.0778）

329　三月癸卯　　北京國子監助教李洪言三事：一，國學乃養育天下賢才之所，粤自肇建北京，南北分為二監。例以南人入南監，北人入北監，原人情所居，固適風土之宜。論用人任事，實有繁簡之異，切照北京内外諸司所用監生，俱於北監選取，不惟北人精通書算者少，抑且在監人數差遣不敷。乞勅該部，今後南人歲貢，願入北監者許之，則賢才遂觀國之心，京師獲多賢之用。一，師儒人才之表率，育賢興化，實此之由。昔在洪武中，本監學官，悉如常朝官例，給賜牙牌懸帶，所以崇國學而重儒臣者也。其後被言官所論革去。乞照洪武中例，仍賜懸帶，庶俾文教增重，禮儀周至。一，國子監所用膳夫，有各州縣糧僉者，有為事囚充者。其間糧僉者歷年既久，因得隱蔽差役，囚充者亦有刺字竊盗，一概混處國學。乞勅該部，自後以糧僉充者，悉準諸司皂隸，例令其一年一代。以事發充者，其係竊盗刺字〔校記：廣本作刺字竊盗〕之徒，宜責輸役他所，不得概發本監，溷污學宫。上命行在禮部議行之。

（英宗正統實録卷 40　第 7 頁　40.6.0779）

330　三月甲辰　　晝地震，至暮復震。

（英宗正統實録卷 40　第 8 頁　40.7.0781）

331　三月戊申　行在工部奏，順天府言：通州白河自正統元年水溢決孩兒等口，傷民田稼，請令把總都指揮同知劉斌及通州發夫築塞之。上從其請，且曰：河決非細事，再踰年乃言之，何緩也？工部言：今年三月始得順天府實報。上曰：下順天府府尹姜濤、通州掌州事治中楊衡等于獄。

（英宗正統實録卷 40　第 10 頁　40.8.0784）

332　三月庚戌　命在京文武官吏軍校預支四月五月俸糧。時通州各衛倉廩充濫，缺倉收受新糧，行在户部以為言，故有是命。

（英宗正統實録卷 40　第 11 頁　40.9.0786）

333　三月壬子　興安伯徐亨奏：臣奉命與侍郎王佐、邵旻等經營京倉，欲增造一百三十間。臣相城内府軍前衛倉旁有空地，實新建伯李、王太監昌盛、吴誠所有，謹圖其地形以進。上命卽其地為之。

（英宗正統實録卷 40　第 12 頁　40.10.0787）

334　四月乙卯　增造行在軍器局廠房二百二十間。

（英宗正統實録卷 41　第 2 頁　41.2.0791）

335　四月辛酉　陞北京行太僕寺寺丞崔奎為本寺少卿。奎九年任滿，自陳歷官年久，且有守城功，故有是命。

（英宗正統實録卷 41　第 3 頁　41.3.0793）

336　四月甲子　除順天府大興縣菜户三十四户月納鈔課四千八百三十三貫，以所種菜地被沙淤壓。從行在户部奏請也。

（英宗正統實録卷 41　第 4 頁　41.4.0795）

337　四月乙丑　行在工部言：今繕治京師城河已完，恐人牧牛馬堤上或疏（按：館本疏作蒔蔬）菜諸物，致易損壞。上命守城門官軍及五城兵馬相兼巡邏。都察院遣御史一人，察其巡邏不謹者罪之。

（英宗正統實録卷 41　第 7 頁　41.6.0799）

338 四月丁卯 除北京安定門外教場占用民田地税糧五十四頃八十畝有奇。

（英宗正統實録卷 41 第 9 頁 41.7.0802）

339 四月庚午 行在户部奏：山東、山西、河南布政司并順天府、真定等府停徵逃户芻糧不下三百餘萬，恐悮軍餉。請將正統三年以後未復業逃民所負，令各有司挨究種地人户，分收子粒草束輸納，毋得私擅停減。仍移文巡撫、巡按官，嚴督各司府縣〔校記：廣本府下有州字〕用意招撫復業。從之。

（英宗正統實録卷 41 第 10 頁 41.8.0804）

340 四月癸酉 陞順天府涿州知州朱巽為本府治中，仍理州事。

（英宗正統實録卷 41 第 10 頁 41.9.0806）

341 四月甲戌 通州等衛荒蕪屯田軍民占種三百四頃九十八畝，不納税糧，行在户部請移文所司照例起科。從之。

（英宗正統實録卷 41 第 12 頁 41.10.0807）

342 四月己卯 北京國子監助教翁瑛男世資援例請入監讀書，行在禮部尚書胡濙等以聞。上命從之。既而謂濙等曰：國學育賢之地，豈宜濫進？若此，入監者務俾科目出身，勿容諸司歷事，以國（按：館本國作圖）僥倖，繼是有請者，令入原籍學科貢。於是官員子弟入監已歷事者六人，皆復監肄業。

（英宗正統實録卷 41 第 13 頁 4.11.0810）

343 五月乙酉 建太倉於京城之東□（按：館本□為北）。監察御史鄭顒奏：張家灣宣課司崇文門分司〔校記：分司廣本作宣課司，疑誤〕，每遇商貨販到，積至數多方差内官錦衣衛官抽盤，不無停滯損壞。張家灣宜專委内官抽分，崇文門宜用本門收鈔内官監管。其順天府都税司并塌房客鈔，宜令順天府置簿，按季填報，以憑稽考。上命但責成所司，勿致停滯，不必專委内官。餘如其請。

（英宗正統實録卷 42 第 1 頁 42.1.0813）

344　五月庚寅　先是，監察御史李在修奏：提督漕運總兵王瑜及巡河管洪閘官不能禁戢下人。上命巡河官陳實。至是，巡河官大理寺右少卿徐儀、通政司右通政王孜、工部郎中鄧誠、員外郎郭誠、山東布政司參議孫子良等各杖罪。上以吐其實，宥之。勅瑜等曰：比聞運糧軍旗不守法度，故將船隻橫攔河道，阻滯民船，或逞兇毆人，奪去篙櫓等物；或以整船為由，輒箠縛人，勒要財物，該管軍職，坐視不理。勅至，爾等即嚴督該管官員，鈐束軍旗，不許仍蹈前非。如違，一體治罪不宥。

（英宗正統實録卷 42　第 3 頁　42.2.0816）

345　五月癸巳　遷甲乙丙丁等庫於内府。初，上以各庫在外，出納不便，久欲遷移，不果。至是始遷之。

（英宗正統實録卷 42　第 3 頁　42.3.0817）

346　五月己亥　爪哇國王楊惟西沙遣使臣亞烈麻叶……來朝，貢馬。賜宴并賜綵幣等物有差。

（英宗正統實録卷 42　第 5 頁　42.4.0820）

347　五月壬寅　爪哇國使臣亞烈麻叶等回，令齎勅及綵幣、表裏，歸賜國王及王妃。

（英宗正統實録卷 42　第 6 頁　42.5.0822）

348　五月壬寅　造大通橋閘成，行在工部請撥丁夫監守，且以隸附近慶豐閘官。從之。

（英宗正統實録卷 42　第 6 頁　42.5.0822）

349　五月丙午　燕山左衛指揮使馬誠侵欺軍士折糧銀。事覺，刑部以誠貪黷，不宜論以常律。上命兵部前枷號三月，謫戍威遠。

（英宗正統實録卷 42　第 7 頁　42.6.0823）

350　五月庚戌　詔放免錦衣等衛軍匠四百七十四名，以其老疾也。

會昌伯孫忠奏：順天府永清縣民占種莊田、毆擊家人，訴本縣官不為理，乞并治之。上命行在户部覆實以聞。户部言：忠先賜給莊田一十六頃五十二畝，多係逃民納糧田地。今民復業者三户，止種己地二頃七十七畝，如舊納糧，其毆忠家人併縣官推故不理，俱應治罪。上俱宥之。

（英宗正統實録卷 42　第 8 頁　42.7.0825）

351　六月丙辰　　遣給事中楊（按：館本楊作湯）鼎、行人高寅使安南國，齎勅諭國王黎麟曰：朕恭承天序，統御萬方，一體天心，以圖綏靖。曩者，廣西守將奏，爾下思郎州土官農原洪，攻殺安平州人民，虜男婦二百二十餘人，搶燒牛羊房屋，又占峒村民二百二十户；又奏，爾邊人率衆刼掠思陵州霸村。虜婦四十餘人，搶燒牛羊房屋，此豈爾未聞歟？抑爾號令不能行於彼歟？今特遣官諭爾：其今農原洪及守邊頭目悉歸前後所侵地方人畜，具奏來聞，宥其前過。自今恪遵禮法，各守疆界，如其不悛，必正其罪。毋曲蔽之，以為己過。

（英宗正統實録卷 43　第 1 頁　43.1.0830）

352　六月戊午　　爪哇國使臣亞烈馬用良、通殷、南文旦奏：臣等本皆福建漳州府龍溪縣人，因漁于海，飄墮其國。今殷欲與家屬同來者還其鄉，用良、文旦欲歸祭祖、造祠堂，仍回本國。上命殷還鄉，冠帶閑住，用良、文旦但許祭祖，有司給口糧脚力。

（英宗正統實録卷 43　第 2 頁　43.2.0831）

353　六月己未　　順天府宛平縣言：本縣旌善、申明二亭，年遠廢弛，其基址皆淪為民居，今有課税局，已經裁減者，請即其處為之。上從其請。

（英宗正統實録卷 43　第 3 頁　43.3.0833）

354　六月壬戌　　行在工部言；近者，修德勝等門城樓，將在京各廠局物料支給殆盡，明春當修正陽門城樓，乞發後軍都督府軍千名，給與口糧。令於蔚州、保安等處山場，採木編筏，自渾河運至，貯小屯廠，以備支用。從之。

（英宗正統實録卷 43　第 4 頁　43.4.0835）

355　六月己卯　增給軍器等局老弱軍匠月糧人五斗，餘丁、匠人四斗。時軍匠老弱退出外局成造軍器者，月糧止給三斗。餘丁、匠人赴内監局工者，雖無月糧，尚有常食，赴外局者並無常食，至是，各訴食用不給。上命行在户部量為增給，遂有是命。

（英宗正統實録卷 43　第 12 頁　43.10.0847）

356　七月乙未　命行在户部左侍郎王佐仍提督京儲。

（英宗正統實録卷 44　第 5 頁　44.4.0856）

357　八月乙卯　勑諭爪哇國王楊惟西沙曰：王屢遣使臣亞烈麻吽來京朝貢，具見尊事朝廷美意。比者，來使占徵，回至福建莆陽驛〔校記：廣本莆作蒲〕，飲酒酣醉，肆其狂横，執刀殺死數人，復自殺其身。如此凶暴之人，豈可為使？特遣諭王，今復遣人，其慎擇之。

（英宗正統實録卷 45　第 5 頁　45.2.0867）

358　八月戊午　修理京城門樓、河橋工畢。遣少保兼工部尚書吴中、工部侍郎李庸、邵旻分詣各門，祭司土（按：館本司土作司工，是也）之神；順天府府尹姜濤祭北京城隍之神。

（英宗正統實録卷 45　第 2 頁　45.2.0868）

359　八月戊午　蠲京城外菜地税鈔。初，宣德宣（按：德後宣字衍）間，以鈔法不通，命税菜地，至是，人以艱苦狀聞。上曰：先帝以此輩阻滯鈔法，故徵其税，今鈔法既通，宜悉蠲之。後有怙終阻法者，必罪不貸。

（英宗正統實録卷 45　第 3 頁　45.2.0868）

360　八月己未　賜朝鮮國王李裪冠服。初，太宗皇帝賜本國王九章冕服，惟遠遊冠、絳紗袍未賜。至是，裪遣弟祉奏請。上命行在禮部製烏紗遠遊冠、玄圭、絳紗袍、王（按：王應為玉之誤）佩、赤舄及常侍（按：館本侍作時）視事冠服，與之。

（英宗正統實録卷 45 第 3 頁 45.3.0869）

361 八月辛酉 是日晚順天府科場失火，焚東南席舍并對讀所，延及廳事而止。府尹姜濤暨御史時紀等上章請罪，上特宥之，命於本月十五日為始再試。

（英宗正統實録卷 45 第 4 頁 45.4.0871）

362 八月壬戌 遣順天府官祭宋丞相文天祥。

（英宗正統實録卷 45 第 5 頁 45.4.0871）

363 八月甲戌 朝鮮國王李裪遣使臣洪汝方、琉球國中山王尚巴志遣使臣義魯結制等各齎表文來朝，貢馬及方物。賜宴并賜綵幣（按：館本綵幣後有等物二字）有差。

（英宗正統實録卷 45 第 9 頁 45.8.0879）

364 九月壬午 長陵衛餘丁竊賣長陵水溝鐵窗事覺，行在都察院擬杖戍邊。上以其竊陵寢中物，特命梟首示衆。

（英宗正統實録卷 46 第 1 頁 46.1.0886）

365 九月乙酉 行在工部尚書李友直卒。友直字居正，直隸清苑〔校記：廣本清苑下有縣字〕人，太宗皇帝在潛邸，將舉兵靖難，北平布政使張昺知其謀，會其僚欲奏發之，時友直為庫吏，密以告於太宗，得擒斬昺等，友直以功授北平布政司右參議。既建北京，改布政司為行部，陞左侍郎。時初作宫殿，營繕務毁（按：館本毁為殷），減（按：館本減為咸）命友直董之，遂改為行在工部左侍郎。仁宗皇帝臨御，陞北平行部尚書，奉命代祀西嶽及周諸陵。既還，言關中困狀，深見嘉約（按：疑約為納之誤）。宣宗皇帝嗣位，改行在工部尚書，凡朝廷有大興作，悉以委之。至是卒。諭祭（按：館本諭前有遣官二字），命有司治喪葬。

（英宗正統實録卷 46 第 3 頁 46.2.0888）

366 九月戊子 行在工部左侍郎李庸奏：臣奉命督造軍器，緣軍匠逃故者多，工力不贍，乞命有司械逃者赴京，故者勾丁補役。從之。

（英宗正統實録卷46　第4頁　46.3.0890）

367　九月壬辰　　行在禮部奏：會官試得四夷館諸曉回回等字官并監生子弟冀舞等三十二人，第為三等。請定其賞罰。上命一等有官者，月加折鈔米一石，無官者與冠帶；二等三等月減折鈔米一石，使知自勵。

（英宗正統實録卷46　第5頁　46.4.0891）

368　九月癸巳　　行在工部奏：遵化鐵冶，先有軍民兼助煽煉，復因詔免，令造軍器，請如舊添撥，第民減其半。上命軍亦減半。

（英宗正統實録卷46　第5頁　46.4.0892）

369　九月丙申　　設直隸隆慶衛收糧經歷一員。從所司奏請也。

設順天府良鄉縣豐濟倉，置大使一員。

（英宗正統實録卷46　第6頁　46.5.0893）

370　九月壬寅　　增修試院房屋。從行在禮部尚書胡濙奏請也。

（英宗正統實録卷46　第7頁　46.6.0895）

371　九月癸卯　　修西中門及鑾駕庫盔甲、刀、弓、箭，以其年久損敝故也。

（英宗正統實録卷46　第7頁　46.6.0896）

372　九月乙巳　　占城國王占巴的賴遣使臣逋沙怕麻禿等，暹羅國王悉里麻哈賴遣通事奈麻沙……來朝貢，奉表貢馬及象牙、犀角等方物。賜宴并賜錦金、文綺等物有差。

（英宗正統實録卷46　第9頁　46.7.0898）

373　九月丁未　　以修西中門工畢，遣少保兼工部尚書吴中祭司工之神。

（英宗正統實録卷46　第9頁　46.8.0899）

374　十月壬子朔　　榜葛剌國遣使臣下而耶眉等來朝，貢麒麟、白鸚鵡、紅鸚哥、白鳩等物。賜宴并賜織金襲衣、綵幣有差。

（英宗正統實録卷47　第1頁　47.1.0905）

375 十月甲寅 行在工部奏：京師倉廒修造已多，無粮可貯，且軍士已半放回。今興安伯徐亨等復請量地計料，宜俟粮多工足之日。上不從，命見在軍工造完之。

（英宗正統實録卷 47 第 2 頁 47.2.0907）

376 十月丁巳 行在禮部尚書胡濙等奏：比者，榜葛剌國遣使以麒麟、白鸚鵡〔校記：廣本鵡作哥〕等物詣京朝貢，斯皆皇上德被萬方，仁及庶類，是以遠人慕義，航海來獻，誠國家億萬年太平之徵也。請率在廷文武羣臣進表，行慶賀禮，仍命天下文武五品以上衙門悉以表稱賀。從之。

順天府府尹姜濤奏：先因鈔法阻滯，京城各門出入大小裝載物貨車輛，俱納鈔貫，後雖減免，驢騾車猶納鈔八十一貫，牛車二十貫，小車四貫。今鈔法流通，乞免小車納鈔。從之。

（英宗正統實録卷 47 第 3 頁 47.3.0909）

377 十月戊午 占城國使臣逋沙怕麻秃……等辭歸。命齎勅并織金文綺、絨錦諸物，歸賜其國王及妃。

（英宗正統實録卷 47 第 4 頁 47.4.0911）

378 十月戊午 修崇文門外三里河橋，築張家灣上（按：館本上作土）橋，以年久損壞、民病涉故也。

（英宗正統實録卷 47 第 5 頁 47.4.0911）

379 十月壬戌 暹羅國使臣奈麻沙等陛辭，賜勅諭其國王悉里麻哈賴曰：往者，王遣使臣奈三驛等赴京朝貢，人船為風飄至占城港口，被其拘收，既而奈三驛潛附小舟來京具告。無幾何時，爾國復遣使臣坤思列弗來朝，適與占城國使臣逋沙怕濟等俱至，即令禮部詰實，已勅占城國王悉還所留。近禮部奏：該占城國咨前歲遣正副使朱離你那等往須文剌那，亦為爾國賊人坤須末奈等拘留人船等物，欲爾還其所掠，彼亦還爾所留。已又降勅責彼，令將原留人船表文差人送京。今特遣勅諭王，即大索坤須末奈等，將原虜占城人船財物悉縱遣之，使各安其生，用副朕一視同仁之意。

（英宗正統實録卷 47　第 5 頁　47.4.0912）

380　十月壬戌　　太子太保成國公朱勇等言：守衛軍士盔甲、爪刀皆損敝，請易新者。命給之，凡四千九百七十餘件。

（英宗正統實録卷 47　第 6 頁　47.5.0813）

381　十月丁卯　　行在禮部奏：榜葛剌國通事陳得清訴，去家年遠，囊槖蕭索，乞賜錦衣，以禦冬寒。上以遠人，當厚撫之，卽命行在禮部勿拘常例，賜與錦衣及諸禦寒之具。

（英宗正統實録卷 47　第 7 頁　47.6.0916）

382　十月己巳　　行在工部奏：工匠逃者一千六百九十餘人，不懲治無以警奸惰者，請令有司械赴京師。從之。

（英宗正統實録卷 47　第 8 頁　47.6.0916）

383　十一月癸未　　朝鮮國王李裪遣陪臣李蓁等奉表，貢方物，賀萬壽聖節。賜宴并賜綵幣等物有差。

（英宗正統實録卷 48　第 1 頁　48.1.0923）

384　十一月丁亥　　國子監祭酒陳敬宗言：舊制，監生視在監年月淺深以次發諸司歷事，比來有因事故予告者，輒遷延累歲，伺撥歷之期，方行復見。往往入監雖先，在監實淺，苟循常例，實長奸惰。請計其肄業月日多寡，以為淺深。其予告者，於原限之外，如有過〔校記：廣本過作故〕違，並同虛曠，則勤者早得從政，而怠者有所懲勸矣。夫監生所以必待其年久資深而後授之以政者，蓋欲其漸涵滋久，增長識見，實祖宗之良法。近者，復有願就教〔按：館本教作褋〕職之例，不拘資歷，倖途一啟，紛然競〔按：館本競作兢〕逐，至有朝遂太學暮隸銓曹者，是直監學為入仕之捷徑而已，士風卑陋，誠非細故。請痛加禁止，照舊取發。養育薰陶，務期大任，庶抑奔競之風，以收實才之用。上是其言，命行在禮部行之。

（英宗正統實録卷 48　第 3 頁　48.3.0927）

385　十一月庚戌　少保工部尚書吴中奏：本部奉旨造衛恭王墳如滕懷王式，工匠於長陵等三衛量遣。今王墳擇地去長陵等衛遠，守陵官軍，恐未易動，請於三衛在京操備者債（按：館本債為倩）二千人及後軍都督府、順天府衛府儀衛司并採辦柴炭夫各以一千人分班修之。上曰：操練者不宜動，餘如所請。

（英宗正統實録卷48　第9頁　48.7.0936）

386　十二月乙卯　以葬衛恭王遣官祭右（按：疑右為石之誤）景山之神。

（英宗正統實録卷49　第2頁　49.1.0940）

387　十二月乙卯　行在工部奏：内庫歲貯胖襖、袴鞋等件，備邊軍及工匠之賞，今給賜已多，見存者少，請於山東布政司及直隸蘇州等府造辦輸京。從之。

（英宗正統實録卷49　第2頁　49.1.0940）

388　十二月辛酉　給萬全隆慶衛弓三百，箭九千，信砲六百五十。

（英宗正統實録卷49　第4頁　49.3.0944）

389　十二月乙丑　朝鮮國王李祹遣陪臣李名得等奉表，貢馬及方物，賀明年正旦。賜宴并賜綵幣等物有差。

（英宗正統實録卷49　第5頁　49.4.9046）

390　十二月丁卯　先是，行在兵部奏：在京新京（按：館本京為軍）各衛，專委官員在恤，今往往逃亡，皆其不能存恤所致，宜勘實治罪。監察御史張勗等奉旨勘實，具逃亡軍數并掌印官、存恤官姓名以聞。上以掌印官姑從寬貸，存恤官若新軍逃亡逾二百人罰俸五月，逾百人者罰俸三月，不及百人者罰俸二月。如更蹈前失，俱治罪不宥。

（英宗正統實録卷49　第5頁　49.5.0947）

391　十二月　是歲……漕運京師儹運過糧四百五十萬石，各處運納糧六十三萬六千二百二十石。

（英宗正統實録卷49　第11頁　49.9.0956）

正統四年（1439）

392　正月辛巳　榜葛剌國使臣下而郴眉等一十四人，以正旦節賜宴失於入謝，鴻臚官劾之。上曰：夷人不必究治。

（英宗正統實録卷 50　第 1 頁　50.1.0959）

393　正月丁亥　朝鮮國王李祹遣陪臣尹延命等奉表，貢方物，謝恩……賜宴并綵幣等物有差。

（英宗正統實録卷 50　第 2 頁　50.2.0961）

394　正月癸巳　立春。順天府官進春，文武羣臣行慶賀禮。賜宴。

（英宗正統實録卷 50　第 3 頁　50.3.0963）

395　正月乙巳　行在工部左侍郎李庸以軍器局去歲冬季所造盔甲等器六萬四千有奇，已給神機營及運赴總兵官任禮給邊軍畢，具數以聞。上曰：比聞所造多不如法，其於兵仗局務取一件為式，每三月一次，令給事中御史閲其所造。敢有不如法及侵盗者，必罪不宥。

（英宗正統實録卷 50　第 8 頁　50.7.0971）

396　正月戊申　給直隸密雲中、後二衛備邊夜不收軍士行糧。

（英宗正統實録卷 50　第 8 頁　50.7.0972）

397　二月戊午　遣順天府官祭宋丞相文天祥。

（英宗正統實録卷 51　第 3 頁　51.3.0977）

398　二月庚申　增置懷來等處倉。初，邊倉不足，命工部主事趙欽視之，至是欽歸報懷來衛、隆慶右衛舊倉輸積已滿，見有閒曠之地可以置倉。上以邊儲重事，命欽往同署都指揮僉事張孟喆增置之。

（英宗正統實録卷 51　第 5 頁　51.4.0979）

399　二月癸亥　行在户部奏：直隸遵化縣倉開中河東、山東、福建、廣東、四川鹽，每米二斗支鹽一引，有虧於官，每引請添一斗。從之。

（英宗正統實録卷 51　第 6 頁　51.5.0981）

400　二月乙丑　鎮遠侯顧興祖奏：臣等總督擺堡運糧，與都督譚廣、武進伯朱冕等遵依勅諭：在京官軍自通州運至懷來，分九堡，每堡四千餘人（按：館本四千下有六百二字）；宣府官軍自懷來運至萬全左衛，分七堡，每堡止三千餘人；大同官軍自萬全左衛運至大同，分十堡，每堡止一千七百餘人。人數多少不等，接運不敷。況懷來無倉可貯，恐致損失。請以在京續添官軍三萬四千三百餘人於懷來迤北，分六堡，將宣府大同官軍分十一堡，如此則自通州至大同二十六堡之間人力均一，事不遲悮。上可其奏，命行在户部遣人馳諭之。

（英宗正統實録卷 51　第 7 頁　51.6.0984）

401　二月辛未　增設府軍左、府軍右、金吾前三衛倉。時行在户部奏：河冰既開，餽運將至，府軍左等三衛無倉收受，東直門内已創倉厫一百五十七間，請置為三衛倉，銓官鑄印，僉點軍斗。故增設焉。

（英宗正統實録卷 51　第 9 頁　51.7.0986）

402　閏二月甲申　監察御史鄭顒奏：在京操備馬軍，不係牧放時月，亦將馬匹於順天保定府地方，指以牧放為由，通同彼處無籍之徒生事害人。乞勅兵部會同五軍都督府官計議禁約。從之。

（英宗正統實録卷 52　第 2 頁　52.2.0994）

403　閏二月乙酉　行在禮部奏：會試取中副榜舉人有年及二十五以上者二百三十三人，請送吏部除授教職，年未及者五十八人，例送監及依親讀書。從之。

（英宗正統實録卷 52　第 3 頁　52.2.0994）

404　閏二月己丑　朝鮮國王李裪遣陪臣崔士儀等、安南國王黎麟遣陪臣阮廷歷等俱來朝，貢馬及金銀器皿、方物。賜宴并賜綵幣等物有差。

（英宗正統實録卷 52　第 4 頁　52.4.0997）

405　閏二月己亥　　太子太保成國公朱勇奏：居庸等關，雖設烽堠〔校記：舊改熢作堠〕，近多坍塌，恐虜寇乘隙為患。上命錦衣衛指揮及監察御史各一人往各關隘同總兵鎮守官整飭之。勇又奏：紫荆關隘口數多，欲令砌塞，緣守備官軍止百餘人，宜照永樂年間添設官軍五百五十餘人。上命行在兵部遣官同大寧都司砌塞，其添撥官軍查例以聞。

給薊州、永平、山海等衛所官軍馬二千五百匹，以總兵官都督同知王彧奏請也。

（英宗正統實録卷 52　第 8 頁　52.7.1003）

406　閏二月癸卯　　修御馬倉。

（英宗正統實録卷 52　第 10 頁　52.8.1006）

407　閏二月戊申　　行在兵部尚書兼大理寺卿王驥等奏：五軍各營操備官軍，今後領馬騎操，必移文本衛，造册送部并北京行太僕寺。其外衛赴京操備官軍，宜行該府造册關領，庶有稽考。從之。

（英宗正統實録卷 52　第 10 頁　52.8.1006）

408　閏二月戊申　　行在禮部尚書胡濙奏：三月初二日殿試貢士，合請執事官。上命少師工部尚書兼謹身殿大學士楊榮、少保禮部尚書武英殿大學士楊溥、少保工部尚書吴中〔校記：廣本保下有兼字〕、行在吏部尚書郭璡、行在户部尚書劉中敷、行在兵部尚書兼大理寺卿王驥、行在刑部尚書魏源、行在都察院右都御史陳智、行在禮部左侍郎兼翰林院侍講學士王英、行在大理寺左少卿程富、行在翰林院學士錢習禮、行在通政司左參議虞祥為讀卷官，餘執事如例。

（英宗正統實録卷 52　第 11 頁　52.9.1007）

409 三月壬子 上親閲舉人所對策，賜施槃等九十九人進士及第、出身有差。

（英宗正統實録卷 53 第 6 頁 52.5.1017）

410 三月戊午 榜葛剌國遣使臣那定、滿加剌國遣使臣未加者剌吒滿達利、琉球國遣使臣梁永……俱來朝，貢馬及方物。賜宴并賜綵幣等物有差。

（英宗正統實録卷 53 第 6 頁 53.5.1018）

411 三月辛酉 給三千、五軍等營并府軍前等衛官軍馬一萬五千匹，以太子太保成國公朱永（按：館本永作勇）等奏請也。

兵仗局内官奏：成造軍器匠役不敷，乞於在京四十七衛撥取幼軍餘丁習學。上諭工部臣曰：軍器營造有輪班匠，此奏不過欲擾人利己耳，其勿聽。

（英宗正統實録卷 53 第 9 頁 53.7.1022）

412 三月乙丑 命直隸隆慶衛指揮同知袁泰奏：近奉後軍都督府移文，選官軍三百人領馬於居庸關常川操備。緣本衛官軍數少，先撥四百九十人備禦永寧，乞量發回守關為便。上以居庸關切近京師，如缺軍守備，法司以罪人應謫戍者編伍足之，調撥者不必動。

（英宗正統實録卷 53 第 10 頁 53.8.1024）

413 三月丙寅 命榜葛剌國使臣那定、滿剌加國使臣未加者（按：館本者下有剌吒滿達利等陛辭命各等十字）齎勅并織金文綺、錦段等物歸賜其王及妃。

（英宗正統實録卷 53 第 10 頁 53.8.1024）

414 三月辛未 上以久不雨，遣官徧禱在京寺觀、祠廟、神祇。

（英宗正統實録卷 53 第 12 頁 53.10.1027）

415 四月戊寅朔 安南國王黎麟遣陪臣黎伯琦等奉表，貢方物謝罪。先是，其國思郎州土官農源洪等寇掠太平府安平州、思陵州，竊據二峒二十一村。朝廷遣給事中湯鼎等齎勅諭麟，麟乃遣伯琦等來謝罪。

（英宗正統實録卷 54　第 1 頁　54.1.1033）

416　四月乙酉　伽木隆地面已故國師朵兒只監藏徒弟温卜什夏堅藏……來朝，貢馬及方物。賜宴、綵幣、絹鈔有差。

（英宗正統實録卷 54　第 3 頁　54.3.1037）

417　四月丁亥　勅諭安南國王黎麟曰：得奏，王拘原洪父子究問，及將占管擄掠悉行退還，旲（按:館本旲為具）見王之循禮守法；又奏安平州土官知州趙仁敬（按：館本敬作政）等攻占地方，虜掠人畜，已令總兵官安遠侯柳溥及廣西三司查勘明白具奏定奪。自今王宜戒飭守邊之人，各守疆界，毋妄生邊隙，自取禍愆。

初，建州等衛都指揮李滿住等奏：都督凡察、指揮童倉等，為（按:館本為作聽）朝鮮召引叛去。有詔追索。朝鮮國王李裪上奏自明，并陳述累朝安邊詔勅。上賜勅諭之曰：得奏，李滿住等虛捏奏情及曾有勅諭，聽令童倉、凡察等仍在境城地面居住等因，具悉。朕惟天之父子世守禮，永等忠誠。童倉、凡察等，既在彼安生樂業，不必搬移，更應宜戒飭其安分守法，勿作非為，以累王之令德。

（英宗正統實録卷 54　第 4 頁　54.3.1038）

418　四月庚寅　張家灣通濟倉草場火，凡燒二十三萬束有奇。

（英宗正統實録卷 54　第 5 頁　54.4.1040）

419　四月戊戌　命大鄉縣（按:館本鄉為興，是也）鄉民徙居城市者鹽糧納鈔。舊制：鹽糧鄉民納米，居城市者納鈔。後徙鄉民以實京師，而納米如故。至是，其民自陳，始令納鈔。

（英宗正統實録卷 54　第 8 頁　54.7.1045）

420　四月辛丑　行在通政使司左通政陳恭〔校記：廣本恭作泰〕奏：京師採薪，多出山後，今大寧都司欲盡塞官座等嶺、沙峪等口，則採薪不通，且山後有居民四里，隸籍淶水縣，往來路阻，亦為不便。事下行在工部，議請塞其山口無關者，有關則置排柵，令夜閉晝啟，薪夫及居民有文驗則聽其來往，庶邊防嚴而人亦便。從之。

（英宗正統實録卷 54　第 8 頁　54.7.1045）

421　四月甲辰　　榜葛剌國左副使宋允奏：舊來番船，遇險衝碎，乞造與新船，并賜勅護持。上以允中國人，能招致外國，俱從之。

（英宗正統實録卷 54　第 8 頁　54.7.1046）

422　四月丙午　　修造京師門樓、城濠、橋閘完。正陽門正樓一，月城中、左、右樓各一。崇文、宣武、朝陽、阜成、東直、西直、安定、德勝八門各正樓一，月城樓一。各門外立碑（按：疑碑為牌之誤）樓，城四隅立角樓。又深其濠，兩涯悉甃以磚石。九門舊有木橋，今悉撤之，易以石。兩橋之間各有水閘，濠水自城西北隅。環城而東，歷九橋九閘，從城東南隅流水（按：疑水為出之誤）大通橋而去。自正統二年正月興工，至是始畢。煥然金湯鞏固，足以聳萬國之瞻矣。

（英宗正統實録卷 54　第 9 頁　54.8.1047）

423　五月庚戌　　遣行在工部尚書吴中祭司工之神，以修造京師門樓、城壕、橋閘、街道坊牌工畢也。

（英宗正統實録卷 55　第 1 頁　55.1.1049）

424　五月庚戌　　順天府府尹姜壽（按：順天府尹有姜濤，疑壽誤）等奏：本年二月初九日行在會試天下舉人，其買辦物料鈔共五十七萬七千八百餘貫，請於内府天財庫并通州商税課鈔内關出給散。從之。

（英宗正統實録卷 55　第 2 頁　55.1.1050）

425　五月壬戌　　大雨雹。

（英宗正統實録卷 55　第 6 頁　55.5.1057）

426　五月壬申　　大雨，京師水溢，壞官舍民居三千九百九十區，溺男婦二十有一人。富者僦屋以居，貧者露宿，長街（按：館本街前有安字）皆滿。先是，京師久旱，至是大雨驟降，自昏達旦，城中溝渠未及疏濬，城外隍池新甃狹窄，視舊減半。又新作橋閘，次第壅遏，水無所泄，故有是患。

（英宗正統實録卷 55　第 8 頁　55.7.1062）

427　六月壬午　　命工部侍郎邵旻董修錦衣等衛倉。

小屯廠西隄為渾河水所決，通州至直沽隄閘三十一處為雨潦所決，詔發附近丁夫修築，以工部侍郎李庸董之。

（英宗正統實録卷 56　第 2 頁　56.2.1067）

428　六月甲申　　行在工部請於正陽等門外設減水河，并疏城中溝渠，以利水道。從之。

（英宗正統實録卷 56　第 3 頁　56.2.1068）

429　六月癸巳　　順天府涿、通、霸、薊四州并所屬縣，直隸真定府晉州，保定府安、祁二州，新城、新安、定興、雄四縣，河南開封、衛輝、彰德三府各奏：自五月至今，淫雨河漲，漂民居舍禾稼。上命行在户部遣官覆視以聞。

（英宗正統實録卷 56　第 5 頁　56.4.1071）

430　六月乙未　　京師地震。

上以京畿前有大水，壞屋溺人，命工部右侍郎邵旻、都察院右僉都御史曹翼同給事中擇京城内外高爽之地及廠房，以居官吏軍民之無屋者。户部右侍郎吴璽、順天府尹姜濤存問被水之家，給米一石，溺死者加鈔五百貫。

（英宗正統實録卷 56　第 5 頁　56.4.1072）

431　六月丁酉　　以京畿大水，遣官祭告昊天上帝、后土、皇地祇曰：朕（按：館本朕作祁鎮）叨承大統，弗德惟多。今歲自春及夏，災沴數見，潦旱薦臻〔校記：廣本薦作洊〕，下累人民，困苦愁歎。咎徵之作，實自眇躬。内省於心，豈勝惶悚。謹攄悔過之誠，仰祈天恩貸宥。弭災錫福，惠保下民。無任競惕祈恩之至。

（英宗正統實録卷 56　第 5 頁　56.4.1072）

432　六月辛丑　　修德勝門内外土城及甕城為雨所壞者。

（英宗正統實録卷 56　第 9 頁　56.9.1081）

433　六月癸卯　　裁省正陽門及沿河收鈔監察御史并户部主事。

（英宗正統實録卷 56　第 10 頁　56.9.1081）

434　六月甲辰　　鎮守居庸關署都指揮僉事李景奏：久雨不已，壞居庸關一帶山口、城垣九十餘處、橋二十二座，乞撥軍民夫協力修理。事下行在工部，覆奏，欲令順天府屬縣人民應役。上以京城人民役使已過勞，豈可復遣？宜令附近隆慶、永寧、懷來等衛僉夫修築。

（英宗正統實録卷 56　第 10 頁　56.9.1082）

435　七月戊申　　行在户部言：順天府薊州及遵化縣、直隸保定府易州、淶水縣，各奏境内蝗傷稼，宜馳文令巡按監察御史嚴督軍民衙門撲捕。從之。

（英宗正統實録卷 57　第 2 頁　57.2.1085）

436　七月乙卯　　命順天府修元世祖廟。

（英宗正統實録卷 57　第 4 頁　57.3.1087）

437　七月丁巳　　行在户部奏：近奉勑令塌房車輛鈔貫俱減半徵收，其漷縣、臨清、濟寧、徐州、淮安、揚州經過船隻，每舡一百料者納鈔一百貫，雖累次減免，每船止納四十貫，然六處徵收不無重復。宜革去徐寧二處，取回收鈔官員。從之。

（英宗正統實録卷 57　第 4 頁　57.3.1088）

438　七月壬戌　　朝鮮國王李祹遣陪臣閔義生、琉球國中山王尚巴志遣使者阿普禮是等賫表來朝，貢馬及方物。賜宴并賜金織襲衣、綵幣等物有差。

（英宗正統實録卷 57　第 5 頁　57.4.1090）

439　七月癸亥　行在户部奏：近奉勅免北京菜園田地畝納鈔，其南京并浙江等都司及直隸衛所軍職官員菜園鈔宜一體蠲免。從之。

（英宗正統實録卷 57　第 6 頁　57.5.1091）

440　七月庚午　行在禮部言：撒馬兒罕使臣劄法兒等續貢玉石，雜以碎惡，所給價值宜損前之半。上以遠人來貢，嘉其誠耳，物之美惡奚足計為。命視前給直，毋減。

（英宗正統實録卷 57　第 10 頁　57.8.1098）

441　七月癸酉　修北京會同館。

（英宗正統實録卷 57　第 11 頁　57.9.1100）

442　七月甲戌　琉球國中山王尚巴志奏：本國自洪武迄今，恭事朝廷，數荷列聖憫念，給賜海舟載運。近使者巴魯等貢方物赴京，為海風所壞，緣小邦物料工力俱少，不能成舟，乞賜一海舟付巴魯等領回，以供往來朝貢。事下行在禮部，覆奏，謂今節省冗費，以甦民力，若復造舟，不免勞擾民。上命福建三司於見存海舟内擇一以賜，如無，則以其所壞者修葺與之。

（英宗正統實録卷 57　第 13 頁　57.11.1103）

443　七月乙亥　行在禮科給事中劉海言：北京國子監見在（按：館本在作存）肄業及歷事諸司監生二千五百餘人。其中有年五六十歲者，有久病殘疾者〔校記：館本病殘疾三字缺〕，有貌陋而學無進益者，乞勅各衙門堂上官躬詣國子監通集揀選，其不堪任用者黜罷為民，庶人材有選擇之精，糧廩無虚耗之費，而國家得實材之用矣。事下行在禮部，請如所言。上從之。仍如南京國子監亦如例揀選。

（英宗正統實録卷 57　第 13 頁　57.11.1103）

444　八月丙子朔　久雨，白溝、渾河二水溢，決順天府保定縣及保定府安州隄五五（按：館本隄下一五字）十餘處，有司乞借附近丁夫協力修理。從之。

（英宗正統實録卷 58　第 1 頁　58.1.1105）

445　八月丁丑　修北京國子監。

（英宗正統實録卷 58　第 1 頁　58.1.1105）

446　八月壬午　先是，雨水決河西務隄岸，發順天府寶坻等縣民夫修築。至是行在大理寺右少卿李畛奉勑存問被災州縣。具疏請罷修不急隄堰，徵回督工官員。從之。

（英宗正統實録卷 58　第 3 頁　58.2.1108）

447　八月丙戌　遣順天府官祭宋丞相文天祥。

（英宗正統實録卷 58　第 3 頁　58.3.1109）

448　八月丁亥　省直隸保安、隆慶二州同知判官并撫民同知各一員，以巡撫右僉都御史睿盧言二州民稀事簡故也。

（英宗正統實録卷 58　第 3 頁　58.3.1109）

449　八月戊子　巡按直隸監察御史蕭鑾奏：順天等六府水澇民饑，今雖賑濟，恐官糧不敷。乞遣官設法勸借，以備冬春接濟。命行在户部速移文右少卿李畛，如鑾所奏行之。

（英宗正統實録卷 58　第 4 頁　58.3.1110）

450　八月庚寅　巡按福建監察御史成規言：琉球國往來使臣俱於福州停住，館穀之需，所費不貲。比者，通事林惠、鄭長所帶番梢〔校記:廣本梢作稍，疑誤〕人從二百餘人，除日給廩米之外，其茶鹽醯醬等物出於里甲，相沿已有常例，乃故行刁蹬勒折銅錢。乃今未及半年，已用銅錢七十九萬六千九百有餘，按數取足，稍或稽緩，輒肆詈毆。雖蠻夷之人不足與較，而憑陵之風漸不可長，已行福州等福縣（按:館本福作府，無縣字），止得（按:館本得作將）例該供給之物按日支與，不許私以銅錢準當。但煩瑣多端，終非久計。乞令該部定議，於人支日廩之外加少許，聽令自辦。其林惠等不能禁戢，坐視紛紜，請執治之，以肅夷情。事下行在禮部，以為於例止日給廩米，凡一切之費，宜悉罷之。其通事人員不行禁戢，請治其罪。上以遠人，姑示優容，但令移文戒諭之。如果不悛，必治不宥。

（英宗正統實録卷 58　第 7 頁　58.5.1114）

451　八月己亥　　京師地震。

（英宗正統實録卷 58　第 11 頁　58.9.1122）

452　八月乙巳　　命順天府昌平縣知縣楊璉復職，陞從六品俸。璉秩滿去任，縣民詣闕，奏其居官平恕，乞留之。行在吏部言：璉考稱當增俸而復其任。從之。

（英宗正統實録卷 58　第 12 頁　58.10.1124）

453　九月丁未　　行在户部會廷臣并運糧等官議奏：正統五年合運糧四百五十萬石，内林南東店收二十萬石，其餘支運糧俱於通州倉收兑。運糧六分，京倉收四分。通州收税運糧二百八十萬七千四百三十五石，支運糧一百六十九萬二千五百六十五石，俱於淮安、徐州、德州、臨清倉闗支……上是其議，悉從之。

（英宗正統實録卷 59　第 2 頁　59.1.1128）

454　九月己酉　　琉球國遣使臣李敬、占城國遣使臣逋沙怕濟闍……俱來朝貢及方物。賜宴并賜綵幣等物有差。

（英宗正統實録卷 59　第 2 頁　59.2.1129）

455　九月壬子　　改修舊禮部為廠房，以館外夷使臣。

（英宗正統實録卷 59　第 3 頁　59.3.1131）

456　九月戊午　　修北京孔子廟。

（英宗正統實録卷 59　第 4 頁　59.4.1133）

457　九月辛酉　　給修通濟河并固安隄軍夫口糧人二斗。

行在都察院右僉都御史張純奏：蒙差往霸州等州、漷縣等縣撫恤饑民，除將修築河口工役放免并該徵糧草停徵外，其缺食下户并復業人户計口給糧賑濟，支過官糧一萬一千八百九十餘石，賑濟過〔校記：廣本無過字〕饑民一萬二千三百三十六户，男婦三萬二千七百五十三口。招回逃民二千一百三十餘户，男婦五千六百八十口，勸借過民户雜糧一千四百六十餘石，俱已支濟飢民。

其有未敷者，乞令行在户部許臣借撥倉糧，以甦民困。上以民饑如此，為人上者所宜深念，其有未敷者户部給之，具數以聞。

宥行在工部左侍郎李庸罪。時西山及蘆溝河以東有鑿山伐石之禁，蓋慮傷泄風水。庸造蘆溝橋固安隄，欲取土於所禁之地，都御史陳智等按舉其違制罪。上特宥之。

（英宗正統實録卷 59　第 5 頁　59.4.1134）

458　九月甲子　　行在户部言：甲字等庫先設在外，今移入内府，遇各處解到物料，宜於六科領給勘合，填數照進交納。從之。

（英宗正統實録卷 59　第 6 頁　59.5.1136）

459　九月癸酉　　修天地壇齋宫殿宇及金水河岸。

（英宗正統實録卷 59　第 8 頁　59.7.1139）

460　九月乙亥　　行在工部左侍郎李庸奏：奉勅修河道，今工悉完，天氣近寒，軍夫宜疏放休息。從之。

（英宗正統實録卷 59　第 9 頁　59.7.1140）

461　十月丁丑　　工部右侍郎李庸奉命修通濟河并固安等隄，逼取平谷等縣民白金。事覺，逮下錦衣衛獄，鞫之皆實。上特宥庸，但罪其同行官吏分贓者。

（英宗正統實録卷 60　第 1 頁　60.1.1141）

462　十月壬午　　行在户部奏：萬全都司衛所見儲糧料不足支給，欲如永樂間營造例，將在京及通州、漷縣等州縣文武官員軍民之家車輛取勘見數，支與口糧，令通州并在京倉每車關糧二十石，運赴少糧衛所交收。上可其奏，命車輛免半年納鈔。

（英宗正統實録卷 60　第 2 頁　60.2.1144）

463　十月壬午　　順天府大興縣請修平津閘，河間府青縣請築衛河隄岸。俱從之。

（英宗正統實録卷 60　第 3 頁　60.2.1144）

464　十月丁亥　　造渾天儀，璇璣玉衡簡儀。

（英宗正統實録卷 60　第 4 頁　60.3.1146）

465 十月庚寅 行在兵部奏：比因叛虜十七人越關出塞，命錦衣衛指揮同知劉源同鎮守密雲都指揮陳亨等統軍追捕，前後擒殺止十四人，而官軍被傷者十七人，射死者一人，今（按：館本今作人，疑誤）源等欲論功陞賞。上以虜首未獲，而所擒殺者僅足以償其放逸之罪，命所司從輕陞賞，仍給射死軍人家屬米三石。

（英宗正統實録卷 60 第 5 頁 60.4.1147）

466 十月乙未 江西道監察御史李匡等言：皇城各門守衛官軍，所以嚴禁，防禦奸細，當於未明時先行守直，以待辨色入朝。比來管領頭目不行用心鈐束，以致部位散漫，門禁不嚴。乞命御史一員或二員每日點視，庶官軍人等知所警畏，門禁不致怠弛。從之。

（英宗正統實録卷 60 第 5 頁 60.5.1149）

467 十月戊戌 有竊瓦剌貢使銀者，獲之，命斬於會同館以狥。行在都察院請於門館外及貢使往來所經道中揭榜諭衆。從之。其後又以在京軍民與瓦剌貢使交易，恐其透誘（按：館本誘作漏）中國虛實，悉罪之，所得馬匹、貂皮俱追入官。

（英宗正統實録卷 60 第 6 頁 60.5.1150）

468 十月辛丑 行在大理寺右少卿李畛奏：順天府并直隸河間、保定、順德、真定、廣平、大名府所屬州縣人民缺食，臣遍歷優恤，勸借麥種及時播種。其被災無收田地凡五萬六千二百餘頃，該徵銀二萬一千一百三十餘石，草五百萬九千一百七十餘束，綿花二萬一千八百三十餘斤，乞賜蠲免。上命行在户部悉免之。

（英宗正統實録卷 60 第 9 頁 60.7.1154）

469 十一月丙午 上以旱澇相仍，命山海至密雲地方軍民缺食者聽採湖山榛菓、柴薪、魚蝦之類以自給。仍戒權勢毋得專利。

（英宗正統實録卷 61 第 1 頁 61.1.1159）

470 十一月甲寅 朝鮮國王李祹遣陪臣李思儉等奉表，貢馬及方物，來賀萬壽聖節。賜宴并賜綵幣等物有差。

（英宗正統實録卷 61 第 2 頁 61.2.1161）

471 十一月戊午 賜朝鮮國王正統五年《大統曆》一百本，命來使李思儉齎與之。

（英宗正統實録卷 61 第 2 頁 61.2.1162）

472 十一月戊午 增朝陽門外大木廠軍夫口糧。先是，直隸薊州諸衛并順天府所屬州縣軍夫在廠供役守木，自永樂中以來，每名月支口糧四斗，後例減一半。至是，軍夫言食用不敷，乞仍舊關給。行在户部以聞，故有是命。

（英宗正統實録卷 61 第 3 頁 61.2.1162）

473 十一月癸亥 行在户部奏：順天府固安縣饑民二千二百六十餘户，縣倉乏糧賑濟，請令於附近涿州常盈倉支給，仍暫免各户見當科差買辦，以甦其困。從之。

（英宗正統實録卷 61 第 4 頁 61.4.1165）

474 十一月壬申 順天府奏：越靖王墳園用宛平縣民田三頃九十九畝，請除其税糧。從之。

（英宗正統實録卷 61 第 8 頁 61.6.1170）

475 十一月癸酉 行在鴻臚寺右少卿焦循，以聖節習儀於朝天宫，坐肩輿直抵中門，為吏所拒，循怒撻吏。吏訴之都察院，劾循放肆不敬，請治其罪。上宥之。

（英宗正統實録卷 61 第 8 頁 61.7.1171）

476 十二月乙亥朔 修建乾清宫，以是日經始，遣少保兼工部尚書吴中祭司工之神。

修北京行太僕寺。

（英宗正統實録卷 62 第 1 頁 62.1.1173）

477 十二月戊寅 勑諭巡撫南北直隸行在都察院右僉都御史張純、大理寺少卿李畛曰：今命爾純於順天、保定、河間、永平四府，爾畛於真定、順德、廣平、大興（按：館本大興作大名，是也）四府所屬州縣往來巡視民瘼。其間有田禾被災、人民缺食者，就令所司支糧賑濟。如官無見糧，或發附近州縣倉，或勸借於大户殷實之家，爾宜從長斟酌。被災之家，科差糧草，盡行停免，聽其營運生理。如開年春作之時，貧民缺食、少種子、牛具者，務要籌畫勸借，官為給散，令其因時布種。仍嚴督府州縣及撫民官員，常常巡視撫恤，不許生事擾害，俾各安生，庶副朕惓惓軫念斯民之心。凡所行之事，果有違礙及當行而不敢專者，一一具奏定奪。不許推托，坐視民患。其府縣官及撫民官果有貪酷不才或罷輭無能、不堪任事者，體審明白，即起送赴京，別選賢良，以圖安養。爾其夙夜盡誠，恪勤無怠。

（英宗正統實録卷 62　第 4 頁　62.3.1178）

478　十二月癸未　賜……順天府府尹姜濤封贈誥命。時各官具疏乞恩，上特與之。

（英宗正統實録卷 62　第 5 頁　62.5.1181）

479　十二月癸未　北京國子監監生任得等五百三十三名奏坐監年深，被年淺監生攙越取用。事下行在禮部，覆奏：今後清軍、寫誥、寫本、歷事監生，令國子監挨次選撥。如有不守禮法、奔競攙越倖進之徒，依律究治。從之。

（英宗正統實録卷 62　第 6 頁　62.5.1181）

480　十二月甲申　朝鮮國王李裪遣陪臣柳守剛齎表文，貢馬及方物，來賀明年正旦節。賜宴并賜綵幣等物有差。

（英宗正統實録卷 62　第 6 頁　62.5.1182）

481　十二月戊子　少師兵部尚書兼華蓋殿大學士楊士奇等言四事：一，畿内被災缺食，人民多趨京城外（按：館本外字前有内字）乞丐，城市人家亦多艱難不足周急（按：館本急作給）。加以連日寒凍，死者頗多。請命户部於各城門内或寬閑處所，官出倉糧，作飯或粥。遇有饑餒，咸與接濟。仍令監察御史分巡提督。若饑民夜無停宿之處，俱收巡警舖内安歇；遇有死者，相視埋瘞，則民存歿，皆感聖恩。一，各衙門見役夫匠，亦有因凍餒死者，乞特旨除緊急工程外，其餘暫命停止，待春月赴工，少寬恤之。一，法司今監繫輕罪囚人，乞早與問斷發落，免致凍餓死亡。一，前已差錦衣衛指揮使倪正、劉寬及監察御史分路巡捕刼盗。緣所分去處相遠，照管不周，近日去城百里，卽有騎馬殺人刼財者，京城内外亦有暮夜剥人衣服者。乞再命錦衣衛官率領旗校各分地方晝夜巡捕，以除民患。上從其言，有（按：館本有前有命字）司速行之。

（英宗正統實録卷 62　第 7 頁　62.6.1184）

482　十二月乙未　　行在都察院右僉都御史張純奏：順天府通州漷縣民艱食，已發倉糧五百九十四石，驗口賑濟，尚未充足。縣庫貯有脏罰鈔物，乞給貸糴米食用。又縣民有驢騾車者，皆備倩運糧口外，乞暫停止，俟春暖再運。事下行在户部，議以脏罰多衣服雜物，給民恐不得時用，欲令附近武清、天津等衛倉糧内關給。車户已多領給勘合關糧，啟行在道，難於中止。但有未關者，可暫停運。從之。

（英宗正統實録卷 62　第 9 頁　62.8.1187）

483　十二月戊戌　　巡按直隸監察御史李匡奏：比者，行在户部奏準，將在京并通州漷縣等縣官員軍民之家驢騾車輛關糧運實口外缺糧衛倉。是雖備邊良策，然今歲水旱相仍，人民饑饉，其有車之家營生僅足日給，若令出口，動經旬月，家人何所仰食？驢騾在途，缺乏秣飼，多致倒死，小民寧不嗟怨！乞勅該部計議，如邊糧未至急缺，暫可停止，俟來年麥秋裝運，不然必須别晝遠謀，使軍民兩便。事下行在户部，覆奏：以為今所令軍糧車户多出官家及軍餘，民人僅八之二，豈得概稱貧難？況已皆免納課鈔半年，又各給與口糧借債，裝運止於二次。今又每車減運二石，及此農閒時月，儹運完備，本部給與文憑，聽其生理，亦未至於甚勞。從之。

（英宗正統實録卷 62　第 10 頁　62.9.1189）

484　十二月　　是歲……漕運京師糧四百二十萬石，各處運納糧六十一萬五千一百二石。

（英宗正統實録卷 62　第 13 頁　62.11.1193）

正統五年（1440）

485　正月辛亥　　行在都察院右僉都御史張純奏：順天、保定、河間、永平四府所屬霸州、文安、保定、固安、房山等州縣饑民一萬餘户，而各州縣糧儲少積，乞將附近衛分倉糧賑濟之，庶有再蘇之望。行在户部議：令於武清、天津等衛并涿州常盈倉内量給賑濟。從之。

巡按直隸監察御史蕭啟言：順天、河間等府河累決，而有司築隄廣不踰四五尺，或薄隄取土成坑塹，故水稍□（按：館本□作悍）輒決為民患。請令工部遣官一員督所司及時興役，戒毋近隄取土，隄須堅且厚，雜植樹其上以固之。縣置二老人時時巡邏，庶畿内無水患。……上可其奏，遣聽選主事李良督修順天等府隄。

（英宗正統實録卷 63　第 3 頁　63.2.1197）

486　正月壬子　　初，永樂間營造各廠所餘木，工部委官提督旗校軍夫看守苫蓋，凡四千餘人〔校記：廣本作四千五百九十餘人〕。至是軍夫悉為該管内使役占，木植暴露，至有朽者，廠地廢為蔬圃。上廉知之，命都察院出榜禁約，仍遣御史巡視，不許占役。其所遺田地，悉撥還順天府，給民耕種，照例起科。違者重罪不宥。

（英宗正統實録卷 63　第 3 頁　63.3.1199）

487　正月甲寅　上諭行在户部臣曰：去歲畿甸及山東、山西、河南蝗，今恐遺種復生為患，卿等速移文令所司設法捕滅，毋致滋蔓。

時神機等營官軍有不入教場，本隊操練，或潛於城外騎射馳突，踐民田禾，索取柴草，相聚為非者。兵部以聞。上命都察院出榜禁約，仍遣御史等官巡捕。

（英宗正統實録卷63　第4頁　63.3.1200）

488　正月丁巳　命在京官吏旗校預給今年二月三月俸糧，俱於通州五衛倉關支，以各倉糧米充溢，缺倉收受新糧。從行在户部左侍郎王佐奏請也。

（英宗正統實録卷63　第5頁　63.4.1201）

489　二月乙亥　占城國王占巴的賴遣使臣逋沙帕濟閣等奉表來朝，貢紫象、方物。賜宴（按：館本宴作晏）并賜綵幣等物有差。

（英宗正統實録卷64　第1頁　64.1.1215）

490　二月己卯　行在都察院右僉都御史張純言：保定（按：館本定下有府字）人饑，乞暫罷其採運柴炭者三千九百七十一人。事下行在工部，覆奏：京師柴炭日用所急，役不可罷，第可令所司月給糧食之，俟秋成然後已。從之。

（英宗正統實録卷64　第2頁　64.2.1217）

491　二月庚辰　以營建宮殿，發各監局及輪班匠三萬餘人、操軍三萬六千人供役。

（英宗正統實録卷64　第3頁　64.3.1219）

492　二月壬午　進士張諫言：僧道之數，已有定額，近因希圖請給，數千百衆奄至京師，非寄跡寺觀，即潛住民間。黄冠緇服，布滿街市，究其所學，無益於國。而所食悉出於農，且今饑饉之年，尤宜痛加裁抑。甚者，其中亦有犯姦及為盜賊者，耗損民財，傷敗風化，莫此為甚。乞令錦衣衛五城兵馬司挨查（按：

館本查作察），除原隸在京寺觀者仍舊存留，其餘悉令勒回本土。如是雖不能遽弭天災，而亦可以少甦民困矣。事下，行在禮部議：僧道依太宗欽定額數給度，其恃頑潛隱民間者并罪窩家。從之。

（英宗正統實録卷 64　第 4 頁　64.3.1220）

493　二月甲申　勅行在都察院右僉都御史張純、大理寺右少卿李畛曰：先因畿内八府州縣田禾被災，人民缺食，特令爾等往來巡視，區畫賑濟。今東作將〔校記：廣本將作時〕至，慮乏耕牛，已令户部行移有司支給官錢收買。爾宜體朕愛民之心，提督各該有司官員設法撫郵。凡有流移之民，着〔按：館本着作省，誤〕令各還鄉里，趁時耕種。如或缺少種子牛具者，亦宜措辦勸借給與，務令不失農業，庶有秋成之望。蓋民之饑困者皆苟且度日，不計久遠，惟在爾與親民之官提撕而振起之。若漫不加意，則負朝廷委任之重，爾其敬之勉之。

給京師饑民飯。先是，上從少師兵部尚書兼華蓋殿大學士楊士奇奏，命行在户部於在京兩處原設飯堂增米煮飯，以待饑者，兩月，仍遣御史給事中等官往來提督。至是，行在兵科給事中劉益奏：臣等巡視飯堂，趨食者日以千計，瀕死之人，蒙恩全活，不可勝數。今兩月之期將滿，而京師米價高貴，乞仍前賑濟〔按：館本濟作郵〕，俟米價稍賤，却如舊數。上命復增賑恤一月。

給營造京軍月糧五斗、鈔四錠、鹽一斤，外衛來操者增糧一斤。

（英宗正統實録卷 64　第 5 頁　64.4.1222）

494　二月庚寅　改山東按察司副使蔡錫為順天府丞。錫先在宣府總兵處贊理軍機文書，以冗員召回，適府丞缺員，故有是命。

（英宗正統實録卷 64　第 8 頁　64.6.1226）

495　二月辛卯　命左都督沈清、少保兼工部尚書吴平提督官軍匠作人等營建宫殿，諭之曰：爾等宜體朕愛養軍民之心，必加意撫恤，均其勞逸。毋凌虐、毋急迫、毋科擾，使樂於趨事，則人不怨而事易〔按:館本易作宜，誤〕集，庶副委任之重。又戒把總管軍官、又工匠作頭人等，毋掊克糧賞，毋假公營私，毋受財故縱及生事害人。違者許諸人陳愬，必罪不宥。

（英宗正統實録卷64　第8頁　64.7.1227）

496　二月甲午　琉球國中山王尚巴志遣長史梁求保等奉表來朝，貢馬及方物。賜宴并賜綵幣等物有差。

（英宗正統實録卷64　第10頁　64.8.1230）

497　二月甲午　增設行在羽林左、府軍後、虎賁左、金吾後四倉，各置官儹，仍撥軍斗各十名收糧，其倉厫以舊天財庫空房三十五連為之。

（英宗正統實録卷64　第10頁　64.8.1230）

498　三月乙巳　通州張家灣軍餘邵斌等九人，各立郎頭、鐵臉、閆王、太歲、先鋒土地等名號，往來上下馬頭，欺侮良善，赫騙財物，肆惡恃强，莫敢誰何。行在錦衣衛奉命擒付三法司鞫之，獄具，當贖罪寧家。上曰：斌等情犯深重，豈可以常律處之，皆決杖一百，與妻孥械戍邊，再犯及逃處死。

（英宗正統實録卷65　第2頁　65.1.1238）

499　三月戊申　建奉天、華蓋、謹身三殿，乾清、坤寧二宫，是日興工。遣駙馬都尉、西寧侯宗瑛等告天地、太廟、社稷。太宗皇帝營建宫闕尚多未備，三殿成而復災，以奉天門為正朝，至是修造之。發見役工匠操練官軍七萬人興工，其材木諸料俱舊所採辦儲者，故事集而民不擾。

（英宗正統實録卷65　第3頁　65.2.1240）

500　三月辛酉　行在刑部右侍郎何文淵奏：五城兵馬指揮司所送竊盗，多因巡捕校尉在於街市遇見擒獲，就於各家搜檢財物，拷逼虚招，不無寃濫。宜行前項，官司今後捕獲竊盗，須有失主認脏送問。從之。

（英宗正統實録卷 65　第 4 頁　65.4.1243）

501　三月乙卯　　占城國使臣逋沙怕濟閣等陛辭。命賫勅及織文綺等物，歸賜其國王及妃。

（英宗正統實録卷第 65　第 6 頁　65.5.1245）

502　三月丙辰　　行在都察院右僉都御史張純奏：臣等奉勅往順天、保定等四府巡視民瘼，訪得各處貧民有因荒歉〔按：館本歉作斂〕缺食、無力養親，不得已將幼穉子女鬻斗斛之粟、活旦暮之命者。今已蒙恩賑濟，困而復甦，則父子天性又起眷戀之情。而契責已成，無復歸來之理。由是哀號不已，控訴無由，以為災沴之興，實由人事。已行有司〔按：館本有司作存問〕設法，取贖安州等處貧民鮑昇等所鬻子女三十九人，給令完聚。乞勅所司少加恩典，以為人子養親者勸。上覽之感歎，命復其家二年，有親者仍人賜米二石為贍養費。

（英宗正統實録卷 65　第 6 頁　65.5.1246）

503　三月戊午　　守衛官奏：長安右門朝官門籍不報者五人。內有太常寺丞戴慶祖、王一居。上以二人職掌祭祀，不可累以小過者，宥之。餘命錦衣衛鞫問。

（英宗正統實録卷 65　第 8 頁　65.7.1250）

504　三月庚午　　琉球國中山王尚巴志遣使步馬結制等奉表來朝，貢馬及方物。賜宴并賜綵幣等物有差。

（英宗正統實録卷 65　第 14 頁　65.12.1259）

505　三月庚午　　命增給修固安隄民夫口粮人三斗。

（英宗正統實録卷 65　第 14 頁　65.12.1259）

506　四月癸酉　　宥景陵神宮監太監陳英、內使僕林罪。初，英匿御馬監小廝陳嘉役于家，林挾私忿發之，且誣英娶妻。法司逮問，獄具固禁之。至是有詔録囚，法司列英等情狀以聞。故宥之。

（英宗正統實録卷 66　第 3 頁　66.2.1264）

507 四月丙子 行在户科給事中王弼言：各處布絹綵綿等物應進内府甲字等庫交納者，已有經收内官及監收御史給事中主事辨驗收受。今西安門上直官軍復行揀選，納户被其擾害，宜所禁革。從之。

（英宗正統實録卷 66 第 4 頁 66.3.1265）

508 四月癸未 行在都察院右僉都御史張純賑濟順天并直隸保定、河間、永平四府饑民，發官粮、勸借民粮共三十三萬一千七百餘石；大理寺少卿李畛賑濟直隸真定、大名、廣平四府饑民，發官粮、勸借民粮共一十九萬一千六百八十餘石，勸借牛具種子給民耕種，具數以聞。上嘉之。

興安伯徐亨言：邇者，議改東直門内西庫為燕山前衛倉及修葺羽林前衛倉之壞者，皆未有匠役？請令工部發匠興之。從之。

（英宗正統實録卷 66 第 5 頁 66.4.1268）

509 四月丙戌 給神機營官軍馬二千一百七十四，從行在後軍左都督沈清奏請也。

（英宗正統實録卷 66 第 6 頁 66.5.1270）

510 四月癸巳 裁省通洲白河、通積二抽分竹木局副使各二員、攢典各一人，以給事中朱良言其事簡故也。

（英宗正統實録卷 66 第 10 頁 66.8.1276）

511 四月戊戌 口外永寧、開平、龍門、懷來、隆慶、左右保安等衛并龍門千户所軍餘老幼各訴饑窘，總兵官譚廣以聞。上欲以邊粮賑〔校記：廣本賑下有濟字〕之。行在户部言：邊粮僅足備用，且軍餘賑濟無例。上曰：軍餘亦人耳，可視其困弗救乎？其發懷來衛、長安嶺、赤城堡倉豆賑之。

（英宗正統實録卷 66 第 11 頁 66.9.1278）

512 五月壬寅朔 順天、廣平、河間、順德四府蝗。

（英宗正統實録卷 67 第 1 頁 67.1.1281）

513 五月癸卯 宥順天府尹姜濤、府丞蔡錫罪。舊例，順天府置簿，發在京宣課等司，日録客商姓名、投税貨物、該納税鈔數目，季終稽驗。濤等弗爲嚴督，以致各司官吏侵欺作弊。事覺，右都御史陳智等劾濤等罪。上命姑貸之，不許再犯。

（英宗正統實録卷 67　第 1 頁　67.1.1282）

514　五月丙午　國子監司業趙琬以監生聶琮違學規，杖之致死。給事中、御史交章劾琬及祭酒貝泰、監丞汪賓黨比罪，法司擬琬運石還職，泰、賓宜逮治。上曰：琬如所議，泰等姑宥之。

（英宗正統實録卷 67　第 3 頁　67.2.1284）

515　五月癸亥　近於大有倉發視有二廒虫蛀浮面尺許，又有三廒蒸腐浮面成塊，乞將其米按月支用，而新收歲用粟立六萬二千餘石抵蓄積之數。行在户部覆奏，從之。

（英宗正統實録卷 67　第 9 頁　67.7.1294）

516　五月丁卯　減通州衛開荒田粮。初，永樂間通州荒地許軍民開種，正統二年始每畝徵粮一斗，既而連年災傷，追征無措。至是軍民俱奏各欲退還前田，故減輕起科，每畝第徵五升。

（英宗正統實録卷 67　第 10 頁　67.8.1296）

517　六月丁丑　免去歲災傷田土粮草鈔貫。順天、保定、真定、大名、順德、蘇、常、淮安八府粮三十九萬六千一百七十一石，草四百六十七萬二千一百八十六束。在京蔚州左等二十二衛，在外通州左等十八衛所粮二萬一千二百五十七石，草九十一束，鈔七萬二千六百貫。

（英宗正統實録卷 68　第 3 頁　68.2.1304）

518　六月丙戌　命行在户部於花園并通州衛草場輪月收（按：館本收作放）支土（按：館本土爲上）直將軍餧馬草束。

（英宗正統實録卷 68　第 6 頁　68.5.1309）

519　六月辛卯　渾（按：館本渾作運）河水漲，決龍王廟南石隄。詔遣侍郎李庸往治之。

（英宗正統實録卷 68　第 8 頁　68.7.1313）

520　六月甲午　　勑諭北京國子監祭酒、司業等官貝泰等曰：夫太學者，國家成賢育才之地。昔我祖宗臨御，教之用之，咸有定規。朕嗣統以來，一切庶政，咸循舊章，諸司亦皆修職。爾北京國子監官，不務敬慎，隳弛學規，玩愒歲月。洪武、永樂中，六堂諸生，咸有季試，考等高下，以伸勸勵。今南監賞（按：館本賞作尚）循舊規，北監廢而不舉。其間爲師能勤講授，爲弟子能勤問學，大則計之，什不二三。此非師長之惰慢乎？尤有甚者，莫知（按：館本知作之）顧義，惟利是與，有入監數月或一二年即得撥司辦事者，有坐監十餘年不得出身者。又與諸司交通，凡辦事一人有闕即被干求者得之。借曰爲勢所逼，何爲不執以奏？師之所行如此，何以表勵學者？朕惟天地之量，姑皆曲宥不問。自今宜洗心滌慮，改過自新，凡洪武、永樂監學常行之規，不許隳廢。撥歷事者必依資次，不許攙越。辦事者亦須公當，不許狥私。但有私相囑託者輙便聽從，不行奏聞者，必罪不恕。繼今務明聖賢之道，正已以淑生徒，毋背義苟利，以壞名禍已。如復不悛，悔將無及。

（英宗正統實録卷 68　第 8 頁　68.7.1313）

521　六月甲午　　巡按直隸監察御史李匡奏：順天、真定、保定三府民，永樂中嘗（按：館本嘗作常）領在官牛羊一十三萬三千七百五十六隻，逮今死亡已盡，每遇光禄寺徵取，皆市以納。且市價湧貴，民不能堪。時真定府知事衛景岩亦以是爲言。下行在禮部，議：三府民所領牛羊，歲久宜有亡失，况今歲荒民貧有流移者，自今光禄寺所需祀享牛羊，宜移處令給公帑錢市用。從之。

（英宗正統實録卷 68　第 11 頁　68.9.1317）

522　六月己未　　行在翰林院侍講劉球奏：天雨連綿，宣武街西河決漫流，與街東河會合，二水泛溢，渰没民居。請修築以消其患。仍會計議於城外宣武橋西等處量作減水河，以洩河中諸水，使無壅滯。命行在工部右侍郎邵旻會同太子太保成國公朱勇勘視。旻等報球言實，具修築事宜以聞。上從之。仍命欽天監正皇甫仲和等審視作減水河利否。和言：宣武門西舊有凉水河，其東城河南岸亦有舊溝，皆可疏通，以洩水勢，不利作新。上復是其言。

（英宗正統實録卷 68　第 11 頁　68.9.1318）

523　六月丙申　　行在工部言：大明門以西，地勢卑下，雨潦所集，以是民皆徙居，留者無幾。近日取土者又相尋不絶，遂成坑塹，其留者亦不能安。且今將徙置兵部衙門，宜預填築以俟興役。從之。

修順天府漷縣中馬頭等處河隄。

（英宗正統實録卷 68　第 12 頁　68.10.1319）

524　七月壬寅　　順天、保定、河間、歸德、廣平并浙江金華、衢州、山東兖州諸府自六月迨今霪雨連綿、河江泛溢。

（英宗正統實録卷 69　第 6 頁　69.5.1332）

525　七月戊午　　命順天府及直隸諸府民虧欠官馬者悉令於本處納米償官。

（英宗正統實録卷 69　第 12 頁　69.10.1342）

526　七月戊午　　曉刻四方有濃霧，至辰漸散。

（英宗正統實録卷 69　第 12 頁　69.10.1342）

527　七月己未　　漠北韃靼暖虎力來朝，奏欲居京自効。上命爲副千户，隸錦衣衛，賜金織襲衣、綵段、銀鈔、牛羊、房屋、器皿，安插居住。

（英宗正統實録卷 69　第 13 頁　69.11.1343）

528　七月癸亥　　曉刻四方濃霧，至午漸散。

（英宗正統實録卷 69　第 14 頁　69.11.1344）

529　八月庚午朔　　先是，北京國子監生撥歷〔校記：廣本歷下有事字〕多弊，有勅戒諭祭酒貝泰等。至是泰自陳伏辜，因請遵舊制，定年限。三法司寫本分巡一年出身者，於應該歷事内取用；兵部户部清軍寫誥、天財庫辦事三年出身者，於入監五年内取用。印綬監清黃、續黃仍歷事三年，其五年於入監三年内取用。從之。

（英宗正統實録卷 70　第 1 頁　70.1.1349）

530　八月壬申　命侍郎邵旻董修德勝等門城垣。初以指揮陳友督工，友坐視不加意修，輒復壞，遂抵友罪而命旻董之。

（英宗正統實録卷 70　第 1 頁　70.1.1350）

531　八月戊寅　遣順天府官祭宋丞相文天祥。

（英宗正統實録卷 70　第 3 頁　70.3.1353）

532　八月己卯　爪哇國通事八式昭陽等回國，遇颶風船毁，頭目曾奇等五十六人溺死，惟昭陽等八十三人仍留廣東。命市舶提舉司給口粮撫養住坐，候有本國便船附之以歸。

（英宗正統實録卷 70　第 4 頁　70.3.1354）

533　八月庚辰　直隸保定府八月十一日各大雨雹，深尺餘，傷民稼穡。事聞，上命行在户部遣官覆視。

（英宗正統實録卷 70　第 5 頁　70.4.1356）

534　八月壬午　朝鮮國王李祹遣陪臣崔致雲并沙州衛指揮保童等俱來朝，貢方物。賜宴并綵幣等物有差。

（英宗正統實録卷 70　第 5 頁　70.5.1357）

535　八月癸未　修郭（按：疑郭爲漷之誤）縣南營等處隄。

（英宗正統實録卷 70　第 6 頁　70.5.1357）

536　八月丙戌　行在錦衣衛指揮僉事王息奏：先世居朝鮮國海洋磨鐵嶺，今朝鮮使臣金振卽息親兄。息家有姊年七十五，久别，欲求與振相見并延欵諸使。從之。

（英宗正統實録卷 70　第 6 頁　70.5.1358）

537　九月庚子朔　敕諭朝鮮國王李祹曰：比者，爾奏凡察誘姪童倉逃住〔校記：廣本住作往〕建州，慮其與李滿住同謀生釁，侵擾本國。朕遣敕諭凡察等仍還鏡城，守父境土。如其回還，王宜解釋舊怨，寛以撫之。仍敕守邊軍民，毋使侵擾。朕慮其疑懼不還，已敕李滿住等嚴加戒飭，不許纖毫以犯。若其不順天道，不遵朝命，自生釁端，天災人禍，必不免矣。王爲朝廷東藩，宜體朕至懷。復諭建州左衛都督凡察等曰：朝鮮國王與爾等皆朝廷臣子。往者，以爾等遷徙不常之故，累諭李祹善待爾等。祹皆奉朝命，不敢有違。爾等既奉敕居境城，今乃無故擅自遷徙，致祹疑慮，皆爾〔校記：廣本爾下有等字，是也〕之過，今已悉置不問。敕至，爾等即领部屬人等頭畜，復還境城居住牧放。仍與朝廷永敦和好，毋懷小忿，輒有侵軼。朕已再遣敕諭祹，令其仍善待爾等。如爾等不願回還境城，願與李滿住同處，亦聽其便，不許故生釁端，侵軼隣境，以取罪愆。

（英宗正統實録卷 71　第 1 頁　71.1.1369）

538　九月壬寅　御製觀天之器，銘曰：粤古大聖，體天施治。敬天以心，觀天以器。厥器伊何，璿璣玉衡，璣象天體，衡審天行。歷世更代，垂四千祺（按：館本祺作禩。校記：寶訓祺作祀）。沿襲著作，其制寖備。即器而觀，六合外儀。陽經陰緯，方位可稽。中儀三辰，黄赤二道。日月暨星，運行可考。内儀四遊，横簫中貫。南北東西，低昂旋轉。簡儀之作，爰代璣衡。制約用密，疏朗而精。外有渾儀，反而觀諸。上規下矩，度數方隅。别有直表，其崇八尺。分至氣序，考景咸得。縣象在天，制氣在人。測驗推步，靡忒毫分。昔作今述，爲制彌工。既明且悉，用將無窮。惟君勤民，事天首務。民不失寧，天其予顧。政純于仁，天道以正。勒銘斯器，以勵予敬。

（英宗正統實録卷 71　第 2 頁　71.2.1371）

539　九月甲辰　修正陽、崇文二門城垣。

（英宗正統實録卷 71　第 4 頁　71.4.1375）

540　九月丙午　上諭行在户部臣曰：去歲北京直隸諸府旱澇

灾傷，軍民饑窘，官曾給粮賑貸。比聞今歲頗有（按：館本無有字）收，有司遽責還官，非寬恤下人之道。爾户部卽遣人馳令各府，悉止勿收。如已收入倉者，仍給還食用。其往年賑貸未還者，亦宜停徵，俱待來年豐熟。府縣具奏處置，不許故違。

（英宗正統實録卷 71　第 5 頁　71.4.1376）

541　九月丁未　　曉刻四方濃霧，至巳漸散。

（英宗正統實録卷 71　第 6 頁　71.5.1377）

542　九月辛亥　　修河西務及直沽等處河隄。

（英宗正統實録卷 71　第 6 頁　71.5.1378）

543　九月壬子　　有監生訴淹滯言：比年例，監生率以坐堂月日多寡爲年之淺深，其入監月日雖居先，而依親日多、坐堂日少者，頗以爲年淺置之後，因此監生往往改易月日，而官不之察，先後倒置，姦弊不勝。乞付法司查究。事下行在都察院，右都御史陳智等劾奏行在禮部及北京國子監官不嚴查究罪，請治之。上命姑識禮部官罪，國子監官俱住俸三月。

（英宗正統實録卷 71　第 6 頁　71.5.1378）

544　九月乙未　　勅諭建州左衛都督凡察等曰：鄉（按：館木鄉爲卿字）已勅爾等回朝鮮境城居住。今總兵鎮守官又奏，爾等已離朝鮮鏡城，同原叛土軍馬哈剌等四十家來至蘇子河，家口粮食艱難。今已勅遼東總兵官曹義等，安插爾等於三土河及婆猪江迤西冬吉（按:館本吉作古）河兩界間，同李滿住居處。爾等若果粮食艱難，卽將帶回男婦口數，從實報與總兵鎮守官，从實接濟，聽爾自來關給。其土軍馬哈剌四十家，已赦其前逃叛之罪，仍令各帶家口，回三萬衛着役，照舊關與月粮養贍，不許再犯。爾等既改過復歸，須要始終一心，敬順天道，不許復懷二三之意。尤宜約束所部，謹守朝廷法度，自在耕牧，安分生理，永享太平之福。毋仍侵犯隣境，以取罪愆。

（英宗正統實録卷 71　第 9 頁　71.8.1383）

545　十月戊寅　給三千、大營、五軍等營官軍馬八千九百六十一疋。

（英宗正統實録卷 72　第 3 頁　72.3.1393）

546　十月戊寅　命修香河縣白河隄。從知縣張嵩言河水衝決民田被渰故也。

（英宗正統實録卷 72　第 4 頁　72.3.1394）

547　十月庚寅　行在户部奏：光禄寺歲用香油，分派數處税粮折納芝蔴於通州并大興、宛平二縣分散油户造油供用。今諸處商興販香油者止納税鈔，諸行都税司每香油三十分抽取一分供用，免其納鈔。上不許。

（英宗正統實録卷 72　第 7 頁　72.6.1400）

548　十月甲午　先是，上命行在户部檢視各王芻牧地，至是具其頃畝、方向及原據民人莊宅、田地共三千餘頃，圖列以聞。上命以一百八十八頃給郕王祁鈺，餘撥神機、三千等衛營，令其芻牧，所奪民地悉給還之。

（英宗正統實録卷 72　第 9 頁　72.7.1402）

549　十月丙申　給密雲中等衛及渝（按：館本渝作榆）河驛馬五百十四匹。

（英宗正統實録卷 72　第 10 頁　72.8.1404）

550　十月己亥　朝鮮國王李裪遣陪臣君炯賫表及方物來賀萬壽聖節。賜宴并賜綵幣等物有差。

（英宗正統實録卷 72　第 10 頁　72.8.1404）

551　十一月丙午　巡按直隸監察御史李匡奏：順天府密雲縣龍慶倉官吏張玘、陳貴等犯罪，例應解京問擬復職。緣玘等經收粮料五萬三百八十餘石，恐誤防守。乞不爲常例，就發密雲納米贖罪，完日守支錢粮。從之，

（英宗正統實録卷 73　第 4 頁　73.3.1410）

552　十一月丁未　以大興、宛平二縣缺粮賑濟，命法司問罪

囚俱納米贖罪，于二縣預備倉收貯。雜犯死罪七十石，流罪五十五石，五徒各以五石遞減，杖每一十，二石，笞每一十，一石五斗。

（英宗正統實録卷 72　第 5 頁　73.4.1412）

553　十一月壬子　頒賜朝鮮國正統六年《大統曆》。

（英宗正統實録卷 73　第 7 頁　73.6.1415）

554　十一月丙辰　以運奉天殿棟梁至，遣成國公朱勇、禮部尚書胡濙、工部尚書吴中祭司工并正陽午門之神。

（英宗正統實録卷 73　第 9 頁　73.7.1418）

555　十一月庚申　以營建宫殿，守備南京襄城伯李隆等徵軍民工匠二百餘人赴役北京。

（英宗正統實録卷 73　第 10 頁　73.8.1420）

556　十一月己丑　勅諭朝鮮國王李裪曰：得奏，凡察等逃居建州李滿住所。慮其生釁擾邊，朕即遣勅諭凡察等仍還鏡城。如其懷疑不還，聽與李滿住同處，但不許侵犯王之邊境，蓋以小人去就不足爲重輕也。今凡察等奏，將率衆還，爲王軍馬追逐搶殺，内有一百七十餘家，阻當不放。朕惟凡察疑懼不還，此小人之心，無足恠者。而使其父子、兄弟、夫婦離散，情則可憫，此或下人所爲，王不知也。勅至，可遣人覆實。果有所遺人民一百七十餘家，即遣去完聚。如凡察妄言，或其人在彼不欲去者，王善加撫恤，俾遂其生，亦用奏來。并諭建州左衛都督凡察、指揮董山曰：比爾凡察奏，本衛印爲七姓野人搶去，朝廷給與新印。後董山來朝奏，已贖回舊印。凡察來朝又請留新印，已如所言。令凡察暫掌新印，與董山同署衛事，遣人進繳舊印。今爾凡察又奏，舊印傳自父祖，欲俱留之。朕惟朝廷自祖宗建立天下諸司，無一衛二印之理，此必爾二人以私意相争。然朝廷法度已有定制，爾等必當遵守。勅至，爾凡察仍掌舊印，爾董山護封如舊，協心管事，即將新印遣人進繳，不許虚文延緩，以取罪愆。爾等又奏，所轄人民及開原女直馬哈剌等從朝鮮國回，内一百七十餘家爲朝鮮所留，土人百户高早化等四十一家被毛憐衛都指揮郎卜兒罕等所留。朕已遣勅諭朝鮮國王及毛憐衛都指揮郎卜兒罕等，今（按:今疑爲令之誤）悉還所留，不許阻（按:館本阻作沮）遏。第恐各人已安于彼，不願回還，爾等當從其便，勿令失所。特諭知之。

（英宗正統實録卷 73　第 11 頁　73.9.1422）

557　十二月庚午　　行在工部左侍郎李庸言：固安隄、通濟河皆已建祠設像，而祠典未秩，稱謂無名。請命禮官定議封號，太常歲修時祀。事下行在禮部議。尚書胡濙等言：洪武中以嶽〔按：館本嶽作獄，誤〕鎮、海瀆封爵不經，止稱爲某嶽某瀆之神，一洗相沿之陋。今固安通濟無緣復襲繆典，至欲秩祀太常，則永樂中開濬濟寧通漕爲萬世利，其祠廟尚未有常祀。今崇報之典不應有加于彼，請但于朔望令耆老土人供奉香火，其固安堤稱爲“瀘溝河之神”，通濟河稱爲“通濟河之神”，於禮爲當。從之。

（英宗正統實録卷 74　第 2 頁　74.2.1431）

538　十二月甲申　　朝鮮國王李祹遣陪臣鄭麟趾等奉表，貢方物謝恩。李名晨等奉表貢馬，賀明年正旦。賜宴并賜綵幣等物有差。

（英宗正統實録卷 74　第 6 頁　74.5.1437）

559　十二月戊子　　增鄉試會試取士額。先是，祭酒陳敬言：比者，解額有定，副榜數少，以至天下教官類多缺員。吏部遂建議兼考監生補除教職，往往僥倖選列，不稱師範。竊以爲縱科舉取人之濫，猶愈於監生考試之精，請量寬解額，專取之于副榜，庶幾誨導得人，賢才無滯。於是行在禮部議，增會試爲百五十人，順天府近已增至八十人，其應天、浙江等處各增舊額有差。上定爲應天府百人，浙江、福建皆六十人，江西六十五人，河南、廣東皆五十人，湖廣五十五人，山東、四川皆四十五人，陝西、山西皆四十人，廣西三十人，雲南二十人，其監生學業無愧者仍除教職。

（英宗正統實録卷 74　第 7 頁　74.6.1440）

560　十二月乙未　　行在工部奏：今成造宫殿而各處工匠恃頑逋逃，屢催不至，皆有司怠慢之故，請移文各處械送問罪。有司敢仍前怠慢者，一體懲治不宥。從之。

（英宗正統實録卷 74　第 12 頁　74.10.1448）

正統六年（1441）

561　正月丙午　　以三殿立木遣官祀司工之神。

（英宗正統實録卷 75　第 2 頁　75.2.1445）

562　二月甲戌　　初，京師多盗。法司集議，奏請腹裏衛所旗軍、餘丁、力士犯搶奪、偷盗、掏摸、盗官畜産律該徒流絞罪者，俱杖一百，南人發廣西，北人發遼東邊衛充軍。原係邊衛逃來爲盗者，俱照年限守墩哨瞭。三犯竊盗，免死充軍，逃回者照前地方發極邊衛所常川瞭望。從之，出榜曉諭。至是，大理寺右寺正李從智言：榜文禁約〔按：館本等約作納，誤〕止於在京，未嘗通行天下，又無不分榜例前後一體發遣之語，今法司問遣，例後者亦如例前，在外者不殊在内，有乖朝廷仁政之施。上以其疏示法司。刑科給事中廖莊言：從智所言固善，不知盗律本以得財多寡再三爲〔按：館本爲作重，廣本抱本作爲〕罪之輕重，今若一概發遣邊衛，不但有乖革心改過之化，且行之既久，衛所見在軍士數少，差操不無重複，役使不得休息，盗賊不免愈生。臣愚以爲乞罷此例，有如屢犯不悛，法司具奏取裁。奏入，上復命法司酌量適宜以聞。尚書魏源、都御史陳智等言：宣德間旗軍人等犯盗調發邊衛，遵行十餘年，盗息民安。近因請旨裁革，不逾一年致盜〔校記:廣本盜下有賊字〕蜂起。從智所言固難准，而莊之論亦違律條所載盜賊編發充軍事意，仍依法司集議所定行之爲便。上曰：然。

（英宗正統實録卷 76　第 4 頁　76.3.1485）

563　二月丁丑　浚京城西南河。

（英宗正統實録卷 76　第 5 頁　76.4.1487）

564　二月己卯　行在禮部言：廣東都司南海衛等衛門指揮僉事等官曹忠等，送占城國進貢象犀赴京，一犀死於道，當治忠等不謹之罪。上特宥之。

（英宗正統實録卷 76　第 6 頁　56.5.1489）

565　二月壬辰　朝鮮國王李祹遣陪臣金乙賢奉表謝恩，進方物。賜宴并賜綵幣等物有差。

勅諭朝鮮國王李祹曰：王爲國東藩，恭事朝廷，簡在朕心，用圖寧用。往年凡察棄其本土逃居鏡（按：館本鏡作境。下同）城，後得罪於王而復逃回，朝廷憐其播遷困苦，赦宥前過，加之撫綏，給粮接濟，不失所矣。王近奏言，凡察同李滿住謀，欲俟王之使臣回國，引領野人邀掠於路。朕已遣人賫勅嚴加戒約。今聞其境來朝者言，凡察約其黨類，將以今歲掠王之境，不于四月卽九月，朕又遣勅戒之。然狼子野心，未可必其信從否，特勅王知，不可忘備。如彼革心自止，亦棄其前過，勿與校也。

勅諭建州左衛都督僉事凡察曰：近聞爾懷挾舊怨，欲於今年四月或九月間去朝鮮搶掠，未知虛實。朕惟我祖宗臨御之時，授爾官職，令於本土管領部屬。爾後逃居朝鮮境城、及得罪於朝鮮，又自鏡城逃回。往來播遷，訖無寧日，朝廷憫爾困苦，差人撫取來邊安插，給粮賑濟。又勅朝鮮，聽爾回還，不究前過。爾當感恩知報〔校記：廣本報作過〕，以圖長遠，豈宜復謀搶掠？前者，朝鮮國王奏，本國逃民童者音波説:李滿住同爾謀議，欲候朝鮮使臣回時，引領野人於東北站搶刼。已勅爾等不許妄爲。今又聞爾所謀如此，豈遵奉朝命之道？朝鮮為國之東藩，爾受朝命，守禦邊境，皆朝廷臣子，豈可潛謀刼掠？朝鮮聞爾等所謀，亦必有備，不可圖也。且凡忘恩肆惡之人，不有人禍，必有天殃。爾等若果有此謀，而須改過為善。如爾部下之人，假爾之名為非，爾宜嚴加戒飭，毋為爾累。若部下聽爾鈐束，不致非為，爾仍與董山輪次來朝，恩賚之典，必不爾吝。

復勑諭建州衛都指揮李滿住、兀者衛都指揮使剌塔、嘔罕阿衛都指揮僉事乃胯，勸諭凡察，勿令為惡，亦戒滿住等勿濟其惡。

（英宗正統實録卷 76　第 15 頁　76.13.1505）

566　二月丁酉　　朝鮮國王李裪奏：近日凡察等奏臣追殺其部落，又阻留一百七十餘家，蒙朝廷勑臣放與完聚，臣聞命兢惶不知所措。伏念小邦，遭遇聖朝太祖高皇帝改臣國號，復臣鐵嶺一帶地土，太宗文皇帝賜臣父以九章冕服，賜臣母以冠服，宣宗章皇帝賜臣以御緌（按:館本緌作縧）環寶帶，賜臣世子珦以冠服玉帶，今聖上賜臣以九梁遠遊冠服，又蒙列聖褒獎戒諭之勤。至於陪臣下走，皆蒙賞賚之厚、賜宴之榮。軍士小民，或逋逃或被委，或漂海轉至上國之境者，隨遣之還。凡可以寵待小邦者，無所不至。臣累世感激而未嘗少忘者也。彼凡察舊居鏡城阿木河，卽太祖高皇帝賜復之地，其親兄猛哥帖木兒等被深處弓狄哈攻刼，不能自存。臣祖憫之，授以萬户職事，為創公廨，給以婢僕、衣粮、鞍馬，撫綏備至。臣父又陞以上將軍職事。後被七姓野人等攻殺之，并殺其子阿古，悉焚掠其房屋財物。凡察等俱各失所，臣撫恤之，一如先臣撫恤其兄。既得所矣，忽於近歲先以耕農打圍為由，移居本國邊陲東良地面，後乃潛逃與李滿住同處。此時臣不及知，安有追殺之事？其在此留住者，或因婚姻懷土不去，或同類被開諭而還，非臣阻之也。李滿住昔居婆豬江，在臣國邊方，隨其所索，米、粮、鹽、醬，並皆給與，恩惠不少，後屢引忽剌温殺掠臣邊不已。今凡察與之同惡，又謀引忽速温乃誇及哈音看察音等，侵掠臣邊，約日同發。廼復誣臣前事，妄瀆朝廷，其背恩作惡一何甚哉！臣父祖及臣荷聖朝寵遇之隆，獲守其國，臣民亦被同仁之化，各安其生，而彼凡察、滿住，人面獸心，天地間一種醜類也。敢懷兇狡，必欲逞忿於臣。臣邈居外服，不能自明於黈纊之下，臣實痛之。夫臣子有懷，達之君父，而無隱情之至也。伏望諒臣荷寵於聖代，憫臣受侮於小人，特令凡察等遄還舊居，庶小國邊民獲免寇賊之患，永感盛明之德，臣不勝幸甚。上覽奏復勅禂曰：朝鮮自王之祖考暨王，事我祖宗以至于今，數十年間，恭謹之誠，久而益篤。肆朝廷禮待素加常等。彼凡察、李滿住輩，朝廷不過異類畜之，饑窮來歸，則矜憫而芻豢之。所不絕之者，亦意彼得所止，則或者不肆鼠竊於王之境，非有厚彼之施也。彼之負王煦育之德，朕既屢勅諭之，其獸心確焉不移。蓋其志已離，勢難複合，強之複合，終不為用，不若姑聽之耳。其所遺（按：館本遺作遣）人口在王國者，王加厚撫綏，勿致失所，彼知感德，自無異志。比聞凡察有侵軼王邊之謀，朕已遣勅嚴戒之，及戒李滿住、乃胯等皆不許作過，猶慮獸心非可，故必亦有勅諭王備之。自今王惟加謹邊防，其還與否不必計也。

（英宗正統實録卷 76　第 18 頁　76.15.1510）

567　三月辛丑　　山西（按：館本西作東）昌邑縣為事縣丞陶克敏奏：臣交阯人，於黎利寇叛之際挈家來歸，朝廷憫臣微勞，命以官職。近者坐法，當職徙極邊，伏望聖恩俯垂矜惻。上曰：遠人歸順，不可繩以常法，其令於通州為民。

（英宗正統實録卷 77　第 2 頁　77.2.1517）

568　三月壬寅　　御馬監故太監劉順家人奏：先臣存日，欽賜并自置莊田、塌房、果園、草場共二十六所，其薊州草場等十所，計地四百六十八頃謹進入官，餘十六所乞留與臣供祀。從之。

（英宗正統實録卷 77　第 2 頁　77.2.1518）

569　三月己酉　　順天府昌平縣民趙福貴等十七人盜採山陵木，例當徒。上命分枷各處山口，揭榜號令，以戒將來。

（英宗正統實録卷 77　第 4 頁　77.3.1520）

570　三月甲寅　　新建三殿以是日巳時上梁，遣禮部尚書胡濙祭告司工之神。

（英宗正統實録卷 77　第 7 頁　77.5.1524）

571　三月庚申　　起復順天府宛平縣知縣馬俊。俊聞父喪將去任，部民三百餘人奏其御下〔按：館本作涖下〕寬平，乞留復任。故有是命。

（英宗正統實録卷 77　第 8 頁　77.7.1527）

572　三月辛酉　　給萬全、隆慶左等衛官軍馬二百七十七匹。

（英宗正統實録卷 77　第 8 頁　77.7.1528）

573　三月甲子　　監察御史章珪等下獄。初，有旨：做工犯人起土填街。申丙亨等二十七人因便掘土於天地壇禁地。行在刑部以珪等係巡視等官，俱合究治。上命如律罪之，仍枷號丙亨等於掘土之處。

（英宗正統實録卷 77　第 9 頁　77.8.1529）

574　四月壬申　　建州左衛都督凡察等以朝鮮國王李裪奏其欲糾連野人謀刼貢使，蒙降勅戒諭，遣人詣京奏曰：臣荷國厚恩，享受爵禄，安敢為非？如其所示，罪當萬死。上曰：凡察似有悔過之意，然狼子野心未易料度。復賜之勅，俾恪守禮法，修睦隣好。命總兵官都督曹義遣人賫往諭之，并廉其情僞事勢以聞。

（英宗正統實録卷 78　第 4 頁　78.3.1536）

575　四月丙子　　朝鮮國王李裪遣陪臣李渲進表，貢方物，謝恩，并貢獻太皇太后、皇太后。賜宴并賜織金紵絲、襲衣、絹布、靴襪等物。

（英宗正統實録卷 78　第 5 頁　78.5.1539）

576　四月辛巳　巡按直隸監察御史程富逮順天府大興等縣吏，責其不復生員，不植桑棗。吏久不至、富奏劾府尹姜濤占悋不發。以奏詞不謹，為行在通政司所駁，右都御史陳智等請俱正其罪。上曰：富為風憲不謹，學校農桑，濤之首務，為（按：館本為作而）漫不知省，俱當究治。今姑記其罪，若更蹈前非，不再貸。

（英宗正統實録卷 78　第 7 頁　78.5.1541）

577　五月壬寅　開設京衛武學，除教授一員，訓導六員。先是，太子太保成國公朱勇等奏準選驍勇都指揮官紀廣等五十一員、熟閑騎射幼官趙廣等一百員。至是，上命置學授官以訓誨之。

（英宗正統實録卷 79　第 3 頁　79.3.1559）

578　五月壬子　命造宣武門東城河南岸橋，修江米巷玉河橋及堤。

（英宗正統實録卷 79　第 8 頁　79.7.1567）

579　**五月甲寅**　北京會同舘大使姬堅等奏：大慈恩等寺分住國師、禪師、剌麻、阿木葛等三百四十四人，占用舘夫二百一十三人。有放回辦納月粮、放牧馬匹及供應馬者，及至外國四夷使臣到館，乏人供應，不得而僱覓市人代之。乞取回在寺館夫，議定多寡之數而與之。國師、禪師每員二人，覺義、都綱每員一人，剌麻十人共一人，務令恒在寺供應，不許疎放。今後朝貢，番僧剌麻止在本舘安歇聽賞，不許私自擅入各寺混雜生事。上曰：大國師班丹劄失、阿木葛每員與十人，剌麻十人與二人，具著為令。

（英宗正統實録卷 79　第 10 頁　79.9.1571）

580　五月乙卯　初以營建宮殿取南京工匠，至是工畢遣回。詔每人賞鈔伍錠，給以便船。

（英宗正統實録卷 79　第 12 頁　79.10.1574）

581　五月乙丑　徙張家灣至河西務沿河民舍三百十三家，以礙運船率（按：館本率作牽）路過也。

（英宗正統實録卷 79　第 15 頁　79.13.1579）

582 六月己巳 以修社稷壇宇廚庫，遣官祭社稷之神。

（英宗正統實録卷 80 第 1 頁 80.1.1582）

583 六月己巳 朝鮮國王李祹遣陪臣柳李聞等奉表，貢方物，謝恩。賜宴并賜綵幣等物有差。

（英宗正統實録卷 80 第 1 頁 80.1.1582）

584 六月丁丑 鎮遠侯顧興祖、安鄉伯張安等官捕蝗事竣還京。大寧（按:館本寧作同）都司、薊州、永平亦奏捕滅已盡。上曰：畿甸多蝗，朕日夜為憂，今秋殄絕，民其少瘳乎。

（英宗正統實録卷 80 第 7 頁 80.6.1591）

585 六月己卯 占城國王占把的賴薨，其孫摩訶賁該以王遺令遣王孫述提昆等奉表來朝，貢方物并乞恩嗣位。

（英宗正統實録卷 80 第 7 頁 80.6.1591）

586 六月庚辰 賜占城國王孫述提昆等襲衣、靴襪、綵幣、鈔絹有差。

（英宗正統實録卷 80 第 7 頁 80.6.1592）

587 六月庚辰 行在山西道監察御史劉克彦言：近命臣往順天府所屬捕蝗，所過涿州等十一州縣穀麥皆有傷損，猶未為害。惟房山縣地僻蝗多，麥苗殆盡。其民饑乏傷損，仍復採樵燃炭，以供驛傳之費。又有軍校廚役、園户守廠諸項差占，官馬驢牛令老幼婦女代養，頻年饑饉，終日愁苦。臣所親歷目覩，若非朝廷曲加恩惠，必皆轉死溝壑。請勅該部將坐派軍需、應徵夏税、賠補馬匹等事悉為停免，柴炭等項夫役，亦量減免，使其稍得休息，及時布種黑荳、蕎麥，以為秋成之望。然後於邊山之處，深掘壕塹，以防明年飛蝗遺種復生，庶可無害。上是其奏，命該部即行之。

行在户部奏：御馬監、光禄寺并象馬牛房草束，俱取辦於山東、河南并直隸府州縣。緣今順天等府蝗旱，穀草少收，先嘗奏准行在後軍都督府并本部差官摘選運粮軍，採刈秋青草，運至在京、通州及花園草場收貯。今年七月至十一月應運草六十二萬束，請就令運赴近便水次壩上等八馬房收積備用。從之。

（英宗正統實録卷 80　第 7 頁　80.6.1592）

588　六月丙戌　　行在國子監祭酒貝泰致仕。泰金華人，由鄉貢任教諭、國子助教，陞司業，以大臣薦，陞祭酒。善教。洪熙間命魏國公、定國公入監讀書，寵賜優厚。至是以老疾丐（按：丐為乞之誤）休。從之。

（英宗正統實録卷 80　第 11 頁　80.10.1599）

589　六月庚寅　　時取到逃匠皆帶刑具罰工。上以天氣酷熱，令脱去之。

（英宗正統實録卷 80　第 15 頁　80.12.1604）

590　七月壬寅　　行在兵部左侍郎鄺埜等言：京衛武學教授紀振請立學規。下臣等議，臣等會同少師兵部尚書華蓋殿大學士楊士奇等議，武學雖隸兵部，亦屬御史提調，其都督以下子弟，選才器頗優、家道相稱者四十人（按：館本作百四十人），通前所選幼官一百人，均分六齋肄業。其所選幼官，或有選除襲替，則依舊選補。其堂名"名倫"，六齋名"居仁""由義""崇禮""弘智""惇信""勸忠"。一，幼官及武職子弟所讀之書，《小學》《論語》《孟子》《大學》内一本，《武經》《七書》《百將傳》内一本。每日總授不過二百字，有志者不拘，必須熟讀。三日一温，就於所讀書内取一節，講說大義，使之通曉。春夏秋月，每日辰時初刻入學，至未時末散，冬月申時散。一，都指揮紀廣等五十一員，俱已年長，難以讀書，惟令五日一集聽講。其會講之日，教授、訓導咸在，内班一員以《大誥》《武臣歷代臣鑑》《百將傳》及《古今名臣嘉言善行》内采一段，升座講說。務在坦直，明白易曉。各官齋班，祗揖立聽。有未曉者，許其請問，再為解說。務使粗知大義，講罷祗揖而散。其幼官子弟，亦隨後聽講。一，幼官子弟，日寫倣紙一張，率以百字為度，有志者不拘。一，幼官子弟有事請假，先自訓導以達教授。明立假簿，量事繁簡緩急，定與期限，依限赴學。一，都指揮紀廣等升堂聽講，執弟子禮。不係聽講之時，相見各以禮待。其幼官以下，常在學肄業者，必行師弟子禮。一，都指揮紀廣等聽講之日，遇有公差及當操之日，皆須報知本學，明註簿籍，事畢仍前會講。幼官內有領隊管隊官，如遇操練之時，分作兩班下教場，三日一換，亦須報知本學，明註簿籍，操畢仍前赴學，不該操者依舊赴學。一，本學置紀過簿一扇，都指揮等官，有犯學規者，學官以言訓飭，不從者明書其過。三次不改，具呈總兵官處隨宜懲戒。其餘幼官子弟有犯，量情責罰。一，提督御史下學，悉依憲綱禮儀其勉勵。官員子弟須稽考勤惰，量加警飭，毋致廢弛。一，教官、幼官及武職子弟廩餼，每人月給食米一（按：館本一作三，是也）斗。上曰：可，其令教官用心誨之。

（英宗正統實録卷 81　第 4 頁　81.3.1614）

591　七月丙午　　詔占城國曰：昔我祖宗，恭天明命，君主天下。海內海外，四方萬國，無間遠邇，一視同仁。咸欲使之安其分、遂其生，故各建統屬，以主其治。朕祗嗣大寶，亦循舊章。故占城國王占巴巴（按：衍一巴字）的賴，爰自先朝，以迄今日，恭事朝廷，勤修職貢，逾久逾篤，始終一誠。聿兹云亡，宜有繼續。其孫摩訶賁該，敦厚慎恭，賢類其祖，上能事大，下能保民。今特遣正使給事中舒曈、副使行人吴惠齎勅封摩訶賁該為占城國王，以主國事。爾大小頭目人等，其遵朕命，盡心輔翼，惇行善道，俾凡國人，咸蒙太平之福，庶幾副朕仁覆一統生民之意。遂命其來使述提昆逋沙齎勅諭摩訶賁該，敬效臣職，恭修朝貢，善撫國人，和睦鄰境，并以織金紵絲、紗羅賜王及其妃。

（英宗正統實録卷 81　第 6 頁　81.5.1618）

592　七月丙午　　順天府尹姜濤奏：本月鄉試，例取舉人八十名。近者，浙江等布政司并應天府舉人，俱視常例有增，惟順天府仍舊。然本府與應天府俱有監生并各處儒士吏典應試，乞准應天府例增二十名。從之。

（英宗正統實録卷 81　第 7 頁　81.6.1619）

593　七月丁未　命監察御史陳永、李儼、王通捕蝗於順天諸郡邑。初，已命御史邢端、劉克彦、陳璞、史濡，至是克彦、璞、濡有他屬，故以永、儼、通代之。

（英宗正統實録卷 81　第 9 頁　81.7.1622）

594　七月乙卯　勅建州左衛都督僉事凡察及建州衛都指揮李滿住等曰：爾奏，朝鮮國王李祹將爾叔指揮逢吉等所屬人民一百八家拘留不遣。又稱，各不願回還，乞朝廷差人往彼分豁。已勅朝鮮〔校記：廣本鮮下有國字〕，將所留爾處人口，願回還者發還完聚。朝鮮復奏，各人在彼居住年久，結為婚姻，不願回還，已諭爾等知之。今爾等奏，乞朝廷差人往彼分豁。此言可行。至云如彼不與，候明年率衆往取，此言非理。此蓋由爾等昧於天道，不順人情，欲生釁端，自取危亡，朕深憫之。勅至，爾等謹遵法度，約束部屬，毋犯〔校記：廣本犯作侵〕朝鮮。待其使臣來朝，審其實情，必為爾等從公處之。若不遵朕言，擅動人馬，自作不靖，必有天殃人禍。爾等其慎之，慎之！

（英宗正統實録卷 81　第 11 頁　81.10.1627）

595　七月辛酉　總督粮儲都督僉事武興言：湖廣都司德安守禦千户所漕舟，遭風破壞。其撈曬糧米二千九百九十餘石，雖堪食用，不耐久積。乞將湖廣都司所屬衛分該納京倉糧内摘撥一萬九千九百四十六石於通州倉納，撙出脚錢補納撈曬米數，仍將前米給與本都司各衛旗軍食用，准作次年該給口糧。從之。

（英宗正統實録卷 81　第 14 頁　81.12.1632）

596　八月乙丑朔　順天府、直隸真定府、山西平陽府所屬州縣各奏：春夏不雨，田禾旱傷，租税無徵。上命行在户部覆視以聞。

（英宗正統實録卷 82　第 1 頁　82.1.1635）

597 八月辛未 命行在翰林院學士錢習禮、編修薩琦為順天府鄉賜考官，賜宴於本府。

（英宗正統實録卷 82 第 2 頁 82.2.1637）

598 八月甲戌 京衛武學教授紀振言：京衛武學之名，意義重複，且侯、伯、都督子弟皆在焉，謂之京衛不足以該，乞更名為京都武學。又言：武臣子弟冠方巾，與醫士、樂工無別，一依儒學諸生之制。又言：武生宜兼習經書，請給《五經》、《四書》、《性理大全》，以便講習。事下行在禮部，言：武學子弟，諸衛為多，名曰京衛，於義無嫌。武生雖入學讀書，兼欲習肄武藝，冠服之制，不必盡同儒生，惟書籍宜令内府給與。從之。

（英宗正統實録卷 82 第 3 頁 82.2.1638）

599 八月丁丑 命休息在京工匠一月。

（英宗正統實録卷 82 第 5 頁 82.4.1642）

600 八月己卯 宥通州流罪民米哲寧家，以其年七十也。

（英宗正統實録卷 82 第 7 頁 82.5.1644）

601 八月辛卯 修上林苑監。

（英宗正統實録卷 82 第 12 頁 82.10.1653）

602 九月甲午朔 奉天、華蓋、謹身三殿，乾清、坤寧二宫成，遣官祭告天地、太廟、社稷并嶽鎮、海瀆諸神。

（英宗正統實録卷 83 第 1 頁 83.1.1657）

603 九月壬寅 巡按直隸監察御史陳永言：順天府所屬州縣蝗，民貧食艱，而房山尤甚。其採柴夫三百餘人，每人月柴四百斤，赴京輸運，疲勞不堪。請量減以甦其力。詔減一百斤。明年春仍舊。

給居庸關、榆河等驛馬七十三疋。

（英宗正統實録卷 83 第 3 頁 83.3.1661）

604 九月丁未 詔建直隸隆慶衛儒學。先是，因陝西僉事林時所請，已除官降印而未有廟宇堂齋，指揮胡綱以為言，遂命建之。

（英宗正統實録卷 83　第 4 頁　83.3.1662）

605　九月乙卯　太師英國公張輔奏：臣父母墳塋在蘆溝橋西南，乞賜祭掃。從之。

（英宗正統實録卷 83　第 5 頁　83.4.1663）

606　九月丙辰　命於西河西隄建房一百五十間，以館迤北使臣。

（英宗正統實録卷 83　第 5 頁　83.4.1663）

607　九月丙辰　巡按直隸監察御史邢端奏：順天府所屬宛平等七縣并隆慶等衛所俱蝗，黍穀被傷，懷柔等縣又被雨雹，軍民無半歲之儲。乞將鹽粮免徵。上命行在户部遣人驗視以聞。

（英宗正統實録卷 83　第 5 頁　83.4.1663）

608　九月庚申　米昔兒地面王速魯檀阿失剌福等遣使臣寫亦打力等……俱來朝，貢駝馬及諸方物。賜宴并賜綵幣、襲衣有差。

（英宗正統實録卷 83　第 6 頁　83.5.1665）

609　十月甲子朔　米昔兒地面使馬速兀把都兒奏：守天方地面王遣其男賽亦得阿力同使臣賽亦得哈三帶奇異方物進貢，至哈剌地面被賊殺死賽亦得哈三，傷賽亦得阿力右手，刼其貢物、衣服、行李。上命禮部、兵部審視明白，計議以聞。

（英宗正統實録卷 84　第 1 頁　84.1.1667）

610　十月乙亥　行在禮部言：米昔兒等處地面極遠，今初來朝貢，未有賜例。先是，撒馬兒罕地面初來朝貢時，賜例過厚。今宜視其例少損之，賜王速魯檀那失剌福綵幣十表裏，紗、羅各三疋，白氁絲布、白將樂布各五疋，洗白布二十疋。王妻綵幣視王減十之六，紗羅減三之一，白氁絲布、白將樂布各減五之二，洗白布減其半。使臣一如撒馬兒罕使臣例。黑樓地面舊時朝貢，止賜其使，今宜視米昔兒例又損之。其頭目阿剌兀倒剌把都兒綵幣、紗羅、諸布，一如米昔兒王妻例。使臣視舊，稍損之，賜綵幣六表裏、印花絹四疋，折鈔絹五疋。其餘地面到京使臣并存留甘州打剌舍臣等，俱各如其例賜。上從之。米昔兒卽密思兒，黑樓卽哈烈，番語轉而然也。

（英宗正統實録卷 84　第 3 頁　84.3.1671）

611　十月乙亥　順天府薊州軍民奏：正統五年以來，負欠孳牧騎操馬匹，已因災沴許待次年秋後償官，不意今秋苗稼又為蝗蝻所害，乞待明年秋後通行買補，免致拘迫逃竄。從之。

（英宗正統實録卷 84　第 4 頁　84.3.1672）

612　十月丁丑　枷行在户部尚書劉中敷、侍郎吴璽、陳常。中敷等慮京城草束不足，請以御用牛馬分牧民間。上以其奏示言官。言官交章劾中敷等變亂成规，遂下獄。廷議應斬。命枷示長安門外。

（英宗正統實録卷 84　第 5 頁　84.4.1674）

613　十月戊寅　命行在左侍郎王佐理本部事。佐先差巡視通州一帶倉儲，至是，以尚書劉中敷等坐事，故有是命。

（英宗正統實録卷 84　第 5 頁　84.4.1674）

614　十月己卯　朝鮮國王李裪遣陪臣高得宗等奉表，賀萬壽聖節，貢方物。賜宴并賜金織襲衣、靴韈、綵幣、表裏、絹布有差。

（英宗正統實録卷 84　第 6 頁　84.5.1675）

615　十月乙丑　以三殿二宫成，賜太監阮安、僧保各金五十兩，銀一百兩，紵絲八表裏，鈔一萬貫。都督同知沈清陞修武伯，食禄一千石，子孫世襲。少保工部尚書吴中陞少師，尚書如故。各賜紵絲五表裏，鈔五千貫。太僕寺少卿馮春、楊青俱陞工部左侍郎，各賜紵絲二〔校記:廣本二作五〕表裏，鈔二千貫。所正工作人等各賞絹鈔有差。

（英宗正統實録卷 84　第 8 頁　84.7.1679）

616 十月庚寅 先是，上以畿内府州縣田畝災傷，人民饑窘，分遣廷臣巡撫覈實。至是具報被災田地凡二萬二千六百餘頃。上命悉蠲其税。

（英宗正統實録卷 84 第 9 頁 84.8.1681）

617 十月辛丑 米昔兒等地面使臣賽亦得阿力辭。命賚勅及綵幣，賜其王速魯擅阿失剌福、怯失迷兒地面王速魯檀宰奴阿必丁、哈烈地面阿剌把都兒、馬兒綽地面頭目迭力迷失沙合里舍、土魯番地面頭目巴剌麻兒、答失里憐真地面頭目薛烈答魯花。

（英宗正統實録卷 84 第 10 頁 84.9.1683）

618 十月壬辰 陞行在通政司右參議朱孔易（昌按：疑易為陽之誤。參本編 748 條）為順天府府丞於内府書辦。

（英宗正統實録卷 84 第 11 頁 84.9.1684）

619 十一月甲午朔 改給兩京文武衙門印。先是，北京諸衙門皆冠以“行在”字，至是，以宫殿成，始去之，而於南京諸衙門增“南京”二字，遂悉改其印。

（英宗正統實録卷 85 第 8 頁 85.6.1699）

620 十一月戊戌 免順天府、直隸保定等五府所屬州縣并大寧都司諸衛災傷粮草子粒。凡免粮一萬七千一百六十餘石，草六十一萬四千四百四十餘束，夏税并屯田小麥六千五百三十餘石。

（英宗正統實録卷 85 第 10 頁 85.8.1700）

621 十一月庚子 移通州遞運所於潞河水馬驛之傍。以驛遞相遠，不便使客故也。

（英宗正統實録卷 85 第 11 頁 85.9.1702）

622 十一月辛丑 命朝鮮使臣高得宗齎《大統曆》一百本及醫方、藥味歸賜其國王。

（英宗正統實録卷 85 第 11 頁 85.9.1702）

623 十一月癸卯 上以京畿多盗，命都察錦衣衛各遣官擒捕。

仍命都察院揭榜禁約官校擾民。

（英宗正統實録卷 85　第 13 頁　85.11.1705）

624　十一月己酉　　併北京二牧馬千户所為一所（按：館本無為一所三字）。

（英宗正統實録卷 85　第 15 頁　85.12.1708）

625　閏十一月丁卯　　京城安定門火。

（英宗正統實録卷 86　第 2 頁　86.1.1716）

626　閏十一月戊辰　　命户部官於揚州、滁縣等處收鈔者每歲一替，收糧并各馬房監收草料者三歲一替。時各官差出，年久不替，漸至擾人。刑科給事中楊信民以為言，故有是命。

命直隸保定等七府被災户口鹽糧俱准順天府例納鈔。

（英宗正統實録卷 86　第 2 頁　86.2.1717）

627　閏十一月甲戌　　命修安定門。

（英宗正統實録卷 86　第 5 頁　86.4.1721）

628　閏十一月甲戌　　大風有聲，揚沙蔽天。

（英宗正統實録卷 86　第 5 頁　86.4.1722）

629　閏十一月丙子　　陞翰林院學士李時勉為國子監祭酒。時祭酒缺員，吏部舉時勉歷練年深，學行俱優，故有是命。

（英宗正統實録卷 84　第 5 頁　86.4.1722）

630　閏十一月戊寅　　迤北使臣都督阿都赤卒于會同館。上命禮部比漢官都督例行喪禮，賜文祭之，命有司具棺斂。其先世有墓在崇文門外，遂附葬焉。

（英宗正統實録卷 86　第 6 頁　86.6.1725）

631　閏十一月己卯　　奉御尹良差守安定門，占部軍出辦月錢，竊官草以供私騎。事覺，法司坐贖絞還職。上命錮禁之。

（英宗正統實録卷 86　第 7 頁　86.6.1726）

632　閏十一月壬辰　　賜朝鮮陪臣成念祖……等宴，并賜綵幣等物有差。

（英宗正統實録卷 86　第 10 頁　86.10.1733）

633　十二月癸巳朔　朝鮮國陪臣成念祖等……辭。命賚勅并綵叚表裏，各歸賜其王。

（英宗正統實録卷 87　第 1 頁　87.1.1735）

634　十二月甲午　欽天監監正皇甫仲〔校記：廣本仲作中〕等奏測日定時等事。初，隸順天府陰陽學掌行。近者，府尹姜濤等奏：請改於本監，其定時掛牌、銅壺等物多闕，甚有抵换，非原造者，當於本學官員人等名下追備（按：館本備作賠），其敝壞不堪者，欲行工部照數修補應用。從之。

（英宗正統實録卷 87　第 1 頁　87.1.1735）

635　十二月甲午　兵部奏：大營三千、五軍、神機等營及府軍前等衛官軍，缺馬二萬三千四百餘疋，宜令行在太僕寺官往直隸保定等七府、山東濟南等三府選民間牧馬二萬五千匹送京給與。從之。

（英宗正統實録卷 87　第 1 頁　87.1.1735）

636　十二月丙申　命通政使李暹提督在京并通州各倉場，以侍郎王佐回部理事故也。

（英宗正統實録卷 87　第 1 頁　87.1.1736）

637　十二月戊戌　朝鮮國王李祹奏：本國僻在東陲，語音與中國異，凡遇聖諭，使臣至國必資通譯乃克知之。邇者，遼東鐵嶺衛軍李相，被虜至國，頗識文墨，語音純正。合無賜留本國，訓習語音，以通上國之情。上賜勅諭之曰：比奏欲留李相，足見王之謹於事大，誠心可嘉，特允所奏，諭王知之。

（英宗正統實録卷 87　第 2 頁　87.2.1737）

638　十二月戊戌　給薊州、永平等處備邊官軍馬二千八百餘匹。

（英宗正統實録卷 87　第 3 頁　87.2.1738）

639　十二月甲辰　巡按直隸監察御史程富言：地靈則人傑，古有是言。順天府之永清縣學，置非善地，致科目乏人。其山川壇風氣殊美，請易之，庶賢才輩出。上曰：賢才之出，在教養有方，而係於地耶？不允。

（英宗正統實録卷 87　第 5 頁　87.4.1742）

640　十二月己酉　增設東直門牛房倉副使一員。

（英宗正統實録卷 87　第 7 頁　87.6.1745）

641　十二月癸丑　勅薊州等處總兵官都督同知王彧等曰：得鎮守密雲都指揮僉事陳亨奏，十二月十八日達賊五十餘人入扒頭崖寨，射傷軍一人，又于牛心山掠去一人。朕嘗屢勅邊將威嚴兵備，乃肆情媮惰，以致失機。其守寨官已如律究治，及勅陳亨等出兵追捕。爾等宜鑒此失，嚴督各城堡墩臺，晝夜瞭備，仍率兵出境，相機擒殺，果立功勛，不吝陞賞。

（英宗正統實録卷 87　第 9 頁　87.8.1749）

642　十二月庚申　陞户部左侍郎王佐為本部尚書，通政司李暹為户部左侍郎，暹仍提督各倉場糧草。

（英宗正統實録卷 87　第 13 頁　87.11.1755）

643　十二月　是歲……漕運京師米豆四百二十萬石，各處運納糧米六十一萬五千一百二十石。

（英宗正統實録卷 87　第 13 頁　87.11.1756）

正統七年（1442）

644　正月戊寅　巡撫直隸監察御史周銓奏：鎮守密雲都指揮僉事陳亨，縱所部出境射獵，致達賊殺三十餘人，攻劫頭崖寨，虜掠孳畜，乞治其罪。上命金吾左衛帶俸署都指揮僉事陳海往代亨。徵亨下獄，罪當斬。命宥死，戍威遠衛。

户部左侍郎李暹奏：臣奉命監督在京及通州各倉場出納糧草，數目浩繁，簿籍填委，緣無印信鈐記，恐有奸弊，一時猝難稽考。查得大同宣府等提督粮草官，俱有欽給関防，乞命禮部如例鑄給。從之。

（英宗正統實録卷 87　第 4 頁　88.4.1765）

645　正月癸未　命吏部左侍郎魏驥往順天、永平二府，通政司右參議王錫往鳳陽、淮安、揚州三府，大理寺右少卿賀嗣往真定、保定二府，光禄寺寺丞張如宗往河間、順德二府，大理寺左寺丞仰瞻往廣平、大名二府，賜勅諭之曰：朕念南北直隸府州縣，去歲蝗虫遺下種子，今春恐復為患。特簡命爾等分巡其處，遇有種子，提督軍衛有司及早掘取，毋令生發。如有生發，隨即撲滅。爾等深體朕懷，必廉必勤必公。用人之際，務體下情，均其勞逸，不許自求安閑，指使官員，苟且行移，以應故事。於民不能有濟，爾則〔校記:廣本則作即〕有罰。如有貪暴不律及縱容下人擾害軍民，則爾罰匪輕。欽哉。

（英宗正統實録卷 88　第 6 頁　88.5.1768）

646　正月丁亥　命修南海子北門外橋。

（英宗正統實録卷 88　第 9 頁　88.8.1773）

647　二月乙未　禁内府軍匠毋得於天地壇西北掘土，此後務欽天監相度地宜，然後取之。從南城兵馬司奏也。

（英宗正統實録卷 89　第 2 頁　89.2.1783）

648　二月庚子　減提調通州左等八衛採草指揮一員。先是，宣德中兑換運糧軍十三千五百人採運秋草，因奏選指揮二員提調，至是已有成規。户部左侍郎李暹奏請減省一員，俾事體歸一。從之。

（英宗正統實録卷 89　第 4 頁　89.3.1786）

649　二月壬寅　安南國王黎麟遣陪臣阮田等奉表來朝，貢金銀器皿等物。賜宴并賜綵幣等物有差。

（英宗正統實録卷 89　第 5 頁　89.4.1788）

650　二月丁未　西城兵馬指揮司奏：阜財坊有石虎藏小廟中，

廟傍人鍾原等樹幟焚香，禮虎以為神，謂有疾者摩虎即愈，惑衆取財。今原已械送法司，而廟中祈禱者猶紛紜不已。上命錦衣衛舁虎棄之，禱者乃息。

（英宗正統實録卷 89　第 9 頁　89.7.1794）

651　二月辛亥　　朝鮮國王李裪遣陪臣李秀𡻕等奉表及方物來賀宮殿成。賜宴并賜綵幣等物有差。

（英宗正統實録卷 89　第 10 頁　89.8.1796）

652　二月壬子　　造會同館及觀星臺。

（英宗正統實録卷 89　第 10 頁　89.8.1796）

653　二月辛酉　　車駕至天壽山。

（英宗正統實録卷 89　第 14 頁　89.12.1804）

654　三月癸亥　　車駕發天壽山。

（英宗正統實録卷 90　第 1 頁　90.1.1805）

655　三月甲子　　車駕至京城。

（英宗正統實録卷 90　第 1 頁　90.1.1805）

656　三月乙丑　　國子監祭酒李時勉奏：本監舊有祭器、樂器、祭服、進士冠服，既無庫藏收貯，兼無庫役看守，恐致踈失。乞命〔校記：廣本命作令〕順天府於丁粮相應人户内僉點二名，來監看守。又本監已停會饌，而魚塩之屬猶供本色，有時買辦不敷，難於散給。乞命該部停止，逐月依時價關鈔，以給諸生。從之。

（英宗正統實録卷 90　第 1 頁　90.1.1805）

657　三月己巳　　安南國使臣黎賨（按：館本賨作賓。又疑黎賨當作阮田）陛辭。命賨勑并皮弁、冠服、金羅襲衣等物，歸賜其國王黎麟。勑曰：朕祇奉天命，主宰下民。薄海内外，皆朝廷赤子，咸與使之安生樂業，不失其所（按：館本所作性）。惟我先皇帝體天之心，偃兵息民，與天下休息，特命爾父權署國，以撫一方之衆。朕承先志，遂封爾〔校記：廣本爾下有為字〕安南國王，俾繼承爾父，亦皆體天愛民之仁也。往年廣東廉州府欽州民黃金廣等，為爾國人所誘，昧其是非，妄稱貼浪、如昔二部（按：館本部作都）地方，舊屬安南，詭言惑爾父，遂於本州又葛村立衛置軍，凡脅從者二百八十一户，侵軼疆境，誘脅人民。此必出爾下人所為，非爾父子所知也。夫二百八十一户，於此非有損，於彼非有益，但信義之重，天不可欺。勅至，其即遣黃寬等二百八十一户仍令欽州管屬，其罪亦宥不問。爾所立衛，悉革如舊，庶幾敬天事大之道，爾亦享福於無窮。欽哉。

（英宗正統實録卷 90　第 2 頁　90.2.1807）

658　三月庚午　故占城國王占巴的賴孫述提昆朝貢歸，卒於途，有司斂葬以聞。遣官祭之。

（英宗正統實録卷 90　第 4 頁　90.3.1810）

659　三月辛未　國子監祭酒李時勉言五事：一，聖朝〔校記：廣本聖朝作朝廷〕科貢之設，皆欲得人，以資任用，未嘗有輕重之分也。比由教官九年考滿，以舉人有無多寡為黜陟，遂重科舉而輕歲貢。凡遇開科，各處必擇邃於文學者應舉。至於歲貢，第以次起送，不復論其學之淺深，及貢入監，考其文義，十無一二可取。各衙門取撥歷事，多不諳書算，又有貌陋老疾者，虛費朝廷作養。乞今後歲貢生員，務選資質端重，通曉文義、書算者充貢，其愚劣、貌陋、老疾者，悉黜為民。教官考滿，歲貢皆中科舉，雖不及數亦本等用，科貢俱中者陞用，科貢俱不中者降用，如此則科貢俱重，而人才輩出。一，撥歷監生，永樂間俱以入監年月為先後，厥後祭酒陳敬宗奏准以坐監年月論深淺，而兩監爾年仍以入監年月為先後。以此丁憂省祭之徒，在家延住七八年者有之，十餘年者有之，詐稱丁祖父母或繼母嫡母憂，有司朦朧保結。比至入監，即得取撥。倣效成風，不可遽止。乞今後惟依實作監年月淺深，以次取撥。其丁憂省祭之類，俱不作數。如此，庶勤惰有所勸懲，虛詐無由倣效。一，歲貢中式生員，分撥南北二監肄業，已有定例。緣本監各衙門取撥辦事歷事數多，監生不敷。兼在監諸生，多年老諳書算、乞今後歲貢生員，四十以下告願讀書者，存留本監，以備取撥。一，醫學所以療疾全生，不為不重。本監雖有官醫二名，每遇監生患病，着（按：館本着作省，誤）令醫治，緣無官給藥料，多有艱難，不能措辦。乞勅太醫院量給藥餌，陸續送監收貯，監生有病，令醫者對證修治。一，近年有俗儒，假托恠異之事，飾以無根之言，如《翦燈新話》之類。不惟市井輕浮之徒争相誦習，至於經生儒士，多捨正學不講，日夜記憶（按：館本憶作意），以資談論。若不嚴禁，恐邪說異端，日新月盛，惑亂人心，實非細故。乞勅禮部，行文内外衙及提督學校僉事御史并按察司官，巡歷去處，凡遇此等書籍，即令焚毁，有印賣及藏習者，問罪如律，庶俾人知正道，不為邪妄所惑。詔下禮部議，尚書胡濙等以其言多切理可行，但欲取太醫院藥於本監治病，原無舊例，難從。上是其議。

（英宗正統實録卷 90　第 4 頁　90.4.1811）

660　三月壬申　占城國遣使臣逋沙怕僉等奉表朝貢。賜宴并賜金織羅襲衣、綵叚表裏諸物有差。

（英宗正統實録卷 90　第 6 頁　90.5.1813）

661　三月壬申　工部言：今造作方殷，而匠之逃者三千餘人，屢徵弗至。乞令所司專遣官追械赴京。從之。

（英宗正統實録卷 90　第 6 頁　90.5.1814）

662　三月丙子　上御奉天殿，策試舉人姚夔等一百五十一人。

（英宗正統實録卷 90　第 7 頁　90.6.1816）

663　三月戊寅　上親閱舉人所對策，賜劉儼等一百五十一人進士及第、出身有差。

（英宗正統實録卷 90　第 9 頁　90.8.1819）

664　三月壬午　詔琉球國曰：昔我祖宗，恭〔校記：廣本恭作膺〕天明命，君王天下，無間遠爾〔校記：舊校改爾作邇〕，一視同仁。海外諸國，建君長以統其衆。朕承大寳，祇奉成憲，用圖求寧。故琉球國中山王尚巴志，爰自先朝，恭事朝廷，勤修職貢，始終如一。既兹云亡，宜有承繼。其世子尚忠，敦厚恭慎，克類前人。上能事天（按：館本天作大），下能保民。今遣正使給事中余忭、副使行人劉遜，賫勅封尚忠為琉球國中山王，以主國事。爾大小頭目人等，其欽承朕命，盡心輔翼，惇行善道。俾凡國人，咸樂太平，庶副朕仁覆蒼生之意。并勅尚忠曰：爾遣長史梁永（按:館本永作求）保奏，爾父王尚巴志歿。良深悼念。特遣使命爾為琉球國中山王，以主國事。爾宜篤紹爾父之志，益堅事上之誠，敬守臣節，恭修職貢，善撫國人，和睦鄰境，庶幾永亨太平之福。仍賜忠并妃皮弁、冠服、金織羅襲衣及金織綵叚、羅布等物。

（英宗正統實録卷 90　第 10 頁　90.9.1821）

665　三月乙酉　太僕寺奏：寺署卑隘不稱，請俟建六部完，以舊兵部為寺。許之。

（英宗正統實録卷 90　第 13 頁　90.11.1825）

666　三月戊子　以造觀星臺成，遣工部右侍郎張琦祭司土之神。

（英宗正統實録卷 90　第 14 頁　90.11.1826）

667　三月戊子　薊州遵化縣蝗。命順天府委官捕之。

（英宗正統實録卷 90　第 14 頁　90.12.1827）

668　三月乙丑　占城國使臣逋沙怕僉陛辭。命賫勅并金織紵絲、紗羅、絨綿賜其國王及妃。

（英宗正統實録卷 90　第 14 頁　90.12.1827）

669　四月辛卯朔　給事中楊信民奏：通州直抵南京，沿途委官收糧、收鈔，住居日久，不免役用軍民，起造房屋，侵種民田。乞俱如巡按監察御史例，一年一替。奏下户部，議：揚州等處收鈔官，宜如所奏，其附近通州等處收糧並各馬房監收草料官，仍三年一替。從之。

（英宗正統實録卷 91 第 1 頁 91.1.1829）

670 四月甲午 命建獻陵、景陵宰牲亭。

（英宗正統實録卷 91 第 1 頁 91.1.1830）

671 四月丁酉 琉球國中山王世子尚志遣使臣達福期等進表，貢馬及方物。賜宴並賜綵幣等物有差。

（英宗正統實録卷 91 第 3 頁 91.2.1832）

672 四月癸卯 建宗人府、吏部、户部、兵部、工部、鴻臚寺、欽天監、太〔按：館本太作大，舊校改作太〕醫院於大明門之東，翰林院於長安左門之東。初，各衙門自永樂間皆因舊官舍為之，散處無序。至是，上以宫殿成，命卽其餘工以序營建，悉如南京之制。其地有民居妨礙者，悉徙之。

（英宗正統實録卷 91 第 4 頁 91.4.1835）

673 四月乙卯 國子監丞汪賓以貪暴枷示監門。賓欲諸監官救己，數以危言懼之。祭酒李時勉恐賓誣陷無罪，具陳賓同前祭酒貝泰污濫狀，且言諸監官無如賓之玷師儒者，而自伏蒞任以來失舉奏罪。上雅知時勉廉正，置不問，而下所奏於法司。賓獄具，謫戍威遠。

（英宗正統實録卷 91 第 7 頁 91.6.1839）

674 四月戊午 增置户部主事五員，分督在京通州等衛倉厫收放糧斛。從户部左侍郎李暹奏請也。

（英宗正統實録卷 91 第 7 頁 91.6.1840）

675 五月庚申朔 勅諭建州右衛掌衛事都督同知凡察曰：比因爾遺下鏡城人口，與朝鮮各執一詞，積久不已。朕慮爾等構怨日深，特勅錦衣衛指揮僉事吴良等齎勅諭朝鮮國王李祹，令拘前項人口對衆而審，果願還爾處者，卽付領回，願留朝鮮者亦聽在彼安住。今吴良等回奏，同爾頭目歎赤及朝鮮委官，審得童阿哈里等八十五名，俱稱世居朝鮮，父母墳塋皆在，又受本國職事，不願回還。其餘有已故者，有先徙遠處者，有原非管屬不識其名者，俱審實明白，皆非朝鮮拘留。爾自今宜上順天理，下體人情，安分守法，用圖長遠享福。

又勑諭建州衛掌衛事都督僉事李滿住曰：爾前屢奏，朝鮮軍搶去十一人，欲回未得。今朝鮮國王李祹奏，前項人口一人已故，其見在十人就付爾頭目卜剌瓦領回遼東都司，聽候給還完聚。

又諭朝鮮國王李祹曰：覽奏具悉，所遣回李滿住處十人已送付建州，其凡察所索之人，既不願回，聽其所便。蓋安土重遷，人人同情，況其親之墳墓所在，王之撫綏加厚，不忍違去，亦是良心。已嚴戒凡察，不許復索之矣。然豺豕之心難必，王其飭邊臣備之。

（英宗正統實録卷 92　第 7 頁　92.6.1854）

676　五月壬戌　　勑諭朝鮮國王李祹曰：聞附近鴨緑江一帶東寧等衛，密邇王境，其中多有過犯之徒，或逃至王國，或被國人誘脅去者。此皆反復小人，不可信用。自今但有至者，不問漢人女直，即差人擒解來京，庶幾不貽爾國中之累。

（英宗正統實録卷 92　第 9 頁　92.8.1857）

677　五月戊辰　　順天府……各奏蝗蝻生發。上曰：民以稼穡為生。今蝗蝻為災，民將何依？爾文督責有司，捕燎盡絕。

（英宗正統實録卷 92　第 10 頁　92.9.1859）

678　五月辛未　　命南京造遮陽船三百五十艘給官軍，由海道運糧赴薊州等倉收貯。

（英宗正統實録卷 92　第 11 頁　92.9.1860）

679　五月甲戌　　國子監祭酒李時勉言：凡寫誥勑（按：館本誥下無勑字，是也）等項，監生選坐堂年深者，次及年淺者，已是定例。今中書舍人宋懷等，以年深監生寫字麄拙，欲不拘資次選用，具奏已准。臣聞往時監生坐堂，或一年或半年，或二三月，輒請託各衙門取以歷事，僥倖出身。用是奔競蜂起，賄賂公行，弊莫甚焉。自立定例，此弊乃革，諸生方安心肄業。今若從懷等所奏，則弊紛紛，一旦復起，亂朝廷之成憲，壞諸生之心術，臣之教法不得行矣！自古輕薄之徒，好言生事，背公狥私，變更國法，類多若此。臣往在翰林，竊恨此事。今蒙恩典教，知而不言，言而不盡，是不忠也。乞仍遵前例，以塞請託之路，杜賄賂之門，抑奔競之風，庶朝廷之成憲可守，臣之教法可行，諸生可專業有成，以資任用。且中書舍人，本以寫誥為職業，近年專委監生，是廢棄其職業矣！況監生乍書未熟，不能無誤，乞令寫誥已滿監生拔（按：拔疑為授之誤）之職事，專一寫誥，久慣熟便〔校記：廣本熟便作便熟〕，可無誤事。

（英宗正統實録卷 91　第 13 頁　92.11.1863）

680　五月乙酉　　治朝陽門裏南北二街。街接京倉，漕夫運糧之道也，故修治之。

（英宗正統實録卷 92　第 18 頁　92.15.1871）

681　六月癸卯　　户部議：順天府大興縣主簿洪振所言四事。一，在京富户逃故，宜行原籍取勘。果消乏者，許別僉解補。死絕並全户充軍、年老無依放回者，准令除豁。一，各處起發並為事為民逃故者，宜將見在户併作四屯。死絕並全户充軍者，除豁原撥地畝，許人承種納税。逃者不獲，解户丁補役。一，住坐匠先雖撥地與之，然多窵遠、沙淤、窪鹻，不堪耕種，虚包糧草，負欠艱難，宜為分豁及減半徵收。一，各處官吏軍民，有因事故改調，遺下子弟，家在京潛住，為非致罪，宜令兵馬司挨究，許於大興、宛平〔校記：廣本平下有二字〕縣附籍當差。如係軍匠，聽繼役，有欺隱者治罪。軍衛亦不許多占。餘丁宜退出本縣，入册〔校記：廣本册作籍〕當差。上曰：所議皆是，京城户口當清，匠户亦當優卹，其有所撥田土，免其糧草一年，餘令所司速行之。

（英宗正統實録卷 93　第 3 頁　93.3.1879）

682　六月戊申　　朝鮮國王李祹遣陪臣李邊等貢方物。賜宴並賜綵叚、表裏、絹布、衣服、靴韈有差。

（英宗正統實録卷 93　第 5 頁　93.4.1882）

683　六月戊申　　漕運右參將都指揮僉事湯節言：自通州張家灣抵朝陽等門四十餘里，每夏運糧者多傷暑渴，請所司三里置一水缺（按：疑缺為缸之誤），仍置柳道傍，以供休息。上是其言。

（英宗正統實録卷 93　第 5 頁　93.4.1882）

684　六月丙辰　　少師兼工部尚書吴中卒。中字思正，山東武城縣人……太宗靖難迎駕有功，屢陞至右都御史。肇建北京，陞工部尚書……三殿成，進少保。至是卒，年七十一。……累朝營建山陵、宫殿，中皆與有勞。

（英宗正統實録卷 93　第 7 頁　93.6.1885）

685　六月丁巳　　勅諭朝鮮國王李祹曰：得遼東總兵鎮守官奏，東寧衛軍朴都千（按:館本千作干，下同）你，永樂三年二月間携妻任氏並男朴嵩伊、朴邦伊逃往王國别東村鴨緑江邊居住，被張千户收籍為民。後朴都千你病故，任氏復同男朴嵩伊妻子五人，隨本處千户江定春於别旦堡守備。今任氏念次男朴隆伊在原衛，同男朴邦伊等大小男婦十七人，於今年正月十五日晚，乘鴨緑江凍合潛還，遺下男朴嵩伊男婦五人在江定春處。勅至，王即挨究朴嵩伊等到官，審實明白，遣人送還遼東總兵鎮守官，給任氏完聚，遂得遂母子之情。惟王秉禮守法，朕所素知，但慮下人不能體王之心而隱蔽之。王其體朕至意。又勅祹曰：得奏，知力拒達達事，良用嘉悦。王之忠誠，朕所素知，初非特今之罪也。蓋迤北達達名脱脱不花者，權臣脱歡立之為主，雖假以虚名，實奪（按：館本奪作專）其權。前歲脱歡已死，其子也先繼領其衆，擅權如故。每歲脱脱不花及歡父子，皆遣人來朝貢馬，朝廷亦常〔校記：

廣本常作嘗〕遣使往彼答賜禮物，與之通好，實則謹飭邊備，防之甚嚴。王之所言，必是此種部落。今後如彼再有人來，但堅此誠。若其虛張大言，只應嚴固邊備。亦慮野人女直中或有小人，因此為鼠竊者，不可不戒也。使回，特賜王綺幣表裏，至可領也。

（英宗正統實録卷 95 第 8 頁 93.7.1887）

686 七月癸亥 久雨，水決武清縣筐兒港、漷縣中馬頭、小家（按：館本家作蒙）〔校記：廣本作濛〕村、河西務、工（按：館本工作上）馬頭隄岸共二十二處。詔修其易為功者，其功力繁多者計費以聞。

（英宗正統實録卷 94 第 2 頁 94.2.1891）

687 七月丁卯 命鎮守密雲等處署都指揮僉事陳海於密雲後衛巡哨。以成國公朱勇言係沿邊關隘故也。

（英宗正統實録卷 94 第 4 頁 94.3.1894）

688 七月甲戌 户部尚書王佐等奏：漕運官軍有遭風破舟糧米漂流者，欲令獨償，人不堪命。請今後有一衛數舟遭風者，委官覈實會計所漂之數，量其多寡，改撥於通州及天津上納。用省僦車之費，以補漂流之數。則人不獨因（按：館本因作困，是也），而糧儲足矣。從之。

（英宗正統實録卷 94 第 5 頁 94.4.1896）

689 七月丙子 琉球國中山王世子尚志遣使者吉且坦等來朝，貢馬。賜宴，並賜綵叚表裏、布有差。

（英宗正統實録卷 94 第 6 頁 94.5.1897）

690 七月己卯 京城南之十里河，舊有土橋，傾圮殊甚。校尉由（按：館本由作田）廣請自募緣，改為石橋，以便往來。從之。

（英宗正統實録卷 94 第 7 頁 94.6.1899）

691 七月庚辰 給密雲等處衛所官軍馬八百匹。

（英宗正統實録卷 94 第 7 頁 94.6.1900）

692 八月癸巳 建中、左、右、前、後五軍都督府、太常寺、通政司、錦衣衛各衛於大明門之西，行人司於長安右門之西。以是日興工，遣工部尚書王卺祭司工之神。

（英宗正統實録卷 95 第 1 頁 95.1.1906）

693 八月丁酉 開設直隸隆慶州永寧縣醫學。

（英宗正統實録卷 95 第 2 頁 95.3.1909）

694 八月戊戌 命回回頭目撒必等俸糧俱於京倉支給。初，户部奏准，在京俸糧於京倉通州各給半歲，時撒必等差往雲南，故有是命。

（英宗正統實録卷 95 第 3 頁 95.3.1909）

695 八月乙卯 命修理天地壇、太廟、社稷壇樂器。

（英宗正統實録卷 95 第 9 頁 95.8.1919）

696 八月乙卯 給薊州、永平、山海等處馬二千匹。

（英宗正統實録卷 95 第 9 頁 95.8.1920）

697 八月丁巳 朝鮮國王李祹奏：比者，承賜勑諭，附近鴨録江一帶東寧等衛，率多過犯逃匿或被人誘挾至者，無分漢人女直，即擒解發回。臣蒙聖訓切至，感激罔極，挨訪發遣還者計一千二百七十五人。自兹以往，復有至者，不敢容留，以欺上國。

（英宗正統實録卷 95 第 9 頁 95.9.1921）

698 九月戊午朔 朝鮮國王李祹遣陪臣韓松等奉表來朝，貢馬及方物。賜宴並賜金織紵絲襲衣、綵叚、表裏、絹鈔有差。

（英宗正統實録卷 96 第 1 頁 96.1.1923）

699 九月己未 修禮部公署。

（英宗正統實録卷 96 第 1 頁 96.1.1923）

700 九月癸亥 命故通州衛指揮僉事張太平弟能……俱代職。

（英宗正統實録卷 96 第 2 頁 96.1.1924）

701 九月己巳 直隸保定府定興縣耆民七百八十餘人疏陳：

本縣知縣張麟廉能，被刁民誣其貪酷，法司以為未實，欲廉之。上曰：百姓保麟，必其有德政及民者，其宥之。

（英宗正統實録卷96　第5頁　96.4.1929）

702　十月戊子朔　命皇城東安門倉添設副使一員，專出納光禄寺草束。

（英宗正統實録卷97　第1頁　97.1.1939）

703　十月辛卯　給密雲等處關寨銅銃五百把，火藥、木馬等物稱是。從鎮守都指揮僉事王通奏請也。

（英宗正統實録卷97　第2頁　97.2.1941）

704　十月甲午　朝鮮國王李祹遣陪臣崔士康等貢方物。初，瓦剌密令女直諸部誘脅朝鮮，祹拒之，而白其事於朝。上嘉其忠誠，以敕獎諭，並賜之綵幣。至是，遣士康等奉表謝恩。

（英宗正統實録卷97　第4頁　97.4.1944）

705　十月丙申　管理柴炭左通政陳恭奏：比因營繕衙門，於惜薪司供應薪二百萬斤，工部奏，令臣如數採補。臣惟易州山場歲辨柴炭已九千四百餘萬，復以此加之，民實不堪，乞暫優免。後果不足用，令陸續補納。又言：惜薪司外廠，四圍逼軍民之家。有無知者，按（按:館本按作接）廠作房，故嘗致火，宜擇隙地徙之。其柴須少積以備用，餘置之宣武門等外廠，庶無他虞。上命逼廠居人，天寒毋徙，餘悉從之。

（英宗正統實録卷97　第6頁　97.5.1947）

706　十月庚子　命户部主事劉湛往懷來、隆慶等處總督運糧。從巡撫大同、宣府右僉都御史羅亨信言也。

（英宗正統實録卷97　第7頁　97.6.1950）

707　十月乙巳　太皇太后崩。遣誥内外文武羣臣。

（英宗正統實録卷97　第8頁　97.7.1952）

708　十月乙卯　巡撫大同、宣府右僉都御史羅亨信奏：比聞瓦剌貢使至京，官軍人等亡賴者以弓易馬，動以千數。其貢使得弓，潛内衣篋，踰境始出。臣思虜居常利此器，今中國人貪其貨賄，反與易之，寧不資其威力？請勑機要重臣密廉在京弓人，究市弓以易馬者治之，及俟貢使就道，於居庸關詰檢。仍勑萬全並山西行都市，俱以此禁治所部官軍人等。事下都察院，右僉都御史王文等言：亨信所奏，已有著令，請再行錦衣衛遣官校巡視及行守居庸關者，俟其回詰檢。上曰：不必請檢，俟回時再具以聞。

（英宗正統實録卷 97　第 12 頁　97.10.1957）

709　十一月丁巳朔　朝鮮國王李祹遣陪臣鄭中徵奉表貢方物，賀萬壽聖節。賜綵幣等物。

（英宗正統實録卷 98　第 2 頁　98.2.1963）

710　十一月戊午　祀武成王太公望於後軍都督府。初，中府西北有廟，祀武成王以下十三人，至是新建五府於大明門之右，遂營廟於後府，祀之。

（英宗正統實録卷 98　第 2 頁　98.2.1964）

711　十一月壬戌　建刑部、都察院、大理寺於宣武〔校記：廣本武下有門字〕街西，詹事府於玉河堤東。

（英宗正統實録卷 98　第 5 頁　98.4.1967）

712　十一月丙寅　宣府左衛軍有馬（按：馬係為之誤）胡寇所掠脱歸者，夜越猫山寨邊牆以入。鎮守薊州、永平等處總兵官都督同知王彧劾指揮李海守備不嚴。上命巡按御史責海死罪狀，罰俸半年。

（英宗正統實録卷 98　第 7 頁　98.6.1971）

713　十一月庚辰　以大行太皇太后將合葬獻陵，命興安伯徐亨、工部右侍郎張琦往營之。

（英宗正統實録卷 98　第 10 頁　98.9.1977）

714　十二月己丑　爪哇國王楊惟西沙遣使臣馬用良、占城國王摩訶賁該遣姪且楊樂催等奉（按：館本奉作捧）表慶賀，貢方物。

賜宴並賜綵幣等物有差。

（英宗正統實録卷 99　第 1 頁　99.1.1985）

715　十二月甲午　　是日曉刻，霜霧濃厚，至巳乃消。明日復然。

（英宗正統實録卷 99　第 3 頁　99.3.1989）

716　十二月丙午　　造獻陵誠孝皇后祭器。

（英宗正統實録卷 99　第 4 頁　99.3.1990）

717　十二月辛丑　　朝鮮國王李祹遣陪臣任從善等來朝，貢馬。賜宴並賜綵幣等物有差。

（英宗正統實録卷 99　第 5 頁　99.4.1991）

718　十二月壬寅　　朝鮮國王李祹遣陪臣趙惠等貢馬，賀明年正旦。賜宴並綵幣等物有差。

（英宗正統實録卷 99　第 5 頁　99.4.1992）

719　十二月甲辰　　賜朝鮮國王李祹《正統八年曆》百本，命陪臣任從善與之。

（英宗正統實録卷 99　第 7 頁　99.6.1996）

720　十二月乙巳　　安南國遣陪臣阮叔惠等來朝，貢方物。賜宴並綵幣等物有差。

（英宗正統實録卷 99　第 9 頁　99.7.1998）

721　十二月丙午　　造獻陵明樓。

（英宗正統實録卷 99　第 9 頁　99.8.1999）

722　十二月辛亥　　順天府東安、武清等縣，直隸河間府靜海縣俱奏歲歉艱食，所負官馬乞俟來年秋成後買償。從之。

（英宗正統實録卷 99　第 12 頁　99.10.2004）

723　十二月癸丑　　修宣武門阜財坊水關橋。

（英宗正統實録卷 99　第 13 頁　99.11.2005）

724　十二月甲寅　　琉球國遣使臣明泰等捧表慶賀，貢方物。賜宴並賜綵幣等物有差。

（英宗正統實録卷 99　第 13 頁　99.11.2005）

725　十二月　是歲……漕運北京儹運過糧四百五十萬石，各處運納糧一百一十百（按：館本無一十百三字）二十七萬六千一百三十一石。

（英宗正統實録卷 99　第 15 頁　99.13.2009）

正統八年（1443）

726　正月辛酉　順天府言：居庸關為北邊衿喉之所（按：館本無所字）〔校記：廣本之下有地字〕，輸積多而倉不足，宜頗增置，請令所屬輸糧州縣協力為之。上曰：可。

（英宗正統實録卷 100　第 1 頁　100.1.2011）

727　正月丁卯　命禮部左侍郎魏驥、刑部右侍郎薛希璉、通政司參議王錫、大理寺左寺丞仰瞻、光禄寺丞張如宗分往順天府及直隸永平、河間、保定、廣平、大名、真定、順德、鳳陽、揚州九府及徐、滁二州，巡視蝗蟲種子。

（英宗正統實録卷 100　第 3 頁　100.2.2014）

728　正月己巳　上諭户部尚書王佐等曰：邇者，民間所畜官馬來京交納，芻秣無所資。爾等即於京場附近處量數支與草束，俟印烙完日已之。

（英宗正統實録卷 100　第 3 頁　100.3.2015）

729　正月癸酉　得匿名文書於大明門外，大意指法司問擬不公，囚犯寃屈，宜因郊肆赦。所言多狂悖。上以示法司。刑部尚書魏源等言：近日鞫讞，罔不敬謹，此必犯囚設計，覬覦恩典，請邏捕以杜奸欺。從之，乃戒源等盡心慎罰，不可徧徇，以廢國憲。

（英宗正統實録卷 100　第 6 頁　100.5.2019）

730　正月乙亥　安南國王黎麟子濬遣陪臣黎傳等來朝，貢金銀器皿、方物。賜綵幣等物有差。

（英宗正統實録卷 100　第 7 頁　100.6.2021）

731　正月丙子　旗手衛言：衛署與〔校記：舊校與上補舊字〕通政司錦衣衛相隣，比今工部以其地建五府，遷衛於東南城下，署事不便。通政司後有閒曠地，請以為衛署。上諭工部以地與之，令自建造。

（英宗正統實録卷 100　第 7 頁　100.6.2022）

732　正月戊寅　朝鮮國王李祹以太皇太后喪，遣陪臣李孟畛赴京進香。賜綵幣、鈔、絹及襲衣等物有差。

（英宗正統實録卷 100　第 8 頁　100.7.2023）

733　二月戊子　户部尚書王佐等奏：河南、山東諸衛來京操備（按：館本無備字）〔校記：廣本抱本操下有備字，是也〕官軍，每月給行糧四斗，近撥天壽山工作，又增口糧二斗。按舊例，操備兼工作官軍止給五斗，今多三斗，瞥軍官俱宜有罪，多關米宜償官。上曰：軍士在山供役辛勤，每月於京操行糧四斗外增口糧二斗，已往多關之數，俱令無償。

（英宗正統實録卷 101　第 1 頁　101.1.2031）

734　二月庚子　鎮守居庸關署都指揮僉事李景奏：臣先因姪嵩年幼，借職為隆慶衛指揮同知，今嵩（按：館本嵩作嵩）出幼，乞退還其職。上曰：守關急於用人，其以景為隆慶衛指揮僉事，仍署都指揮僉事事，鎮守居庸關。嵩令襲其父原職。

（英宗正統實録卷 101　第 7 頁　101.6.2041）

735　二月丙午　户部右侍郎李暹奏：通州至京城崇文門外，道不坦夷，行者弗（按：館本弗作勿）便。州民陳經言，近河有古道。請自官失（按：館本官失作食官夫）四十五人修築之。事下工部，議宜從所言。上曰：可。

（英宗正統實録卷 101　第 10 頁　101.8.2046）

736　二月戊申　朝鮮國王李祹遣使貢方物。賜宴并綵幣等物有差。

（英宗正統實録卷 101　第 10 頁　101.8.2046）

737　二月戊申　命度南北二京及各布政司諸觀道童二千八百九十五人，各布政司及西番諸寺行童一萬四千三百人。

（英宗正統實録卷 101　第 10 頁　101.8.2046）

738　三月戊午　户部奏：密雲中衛城垣坍塌，嘗命鎮守署都指揮僉事王通提督修理，興工數年，遷延未就。乞定期限，責其成功，庶不虛費貲糧。上命限一歲修完，稽緩不宥。

（英宗正統實録卷 102　第 2 頁　102.2.2053）

739　三月癸亥　安南國王遣陪臣阮叔惠等貢方物。賜綵段、衣服、鈔錠、靴韈有差。

（英宗正統實録卷 102　第 4 頁　102.3.2056）

740　三月庚午　命工部右侍郎王永和督修京倉。

（英宗正統實録卷 102　第 7 頁　102.6.2061）

741　三月辛未　命增國子監生饌米。先是，祭酒李時勉言：監生月給糙米三斗，不敷食用，請給白米。户部言：宜每斗增給米□（按：館本□作二）升。從之。

（英宗正統實録卷 102　第 7 頁　102.6.2062）

742　三月己卯　以營建獻陵工畢，遣侍郎張琦祭后土之神，與（按：疑與為興之誤）安伯徐亨祭天壽山之神。

（英宗正統實録卷 102　第 11 頁　102.10.2069）

743　三月庚辰　安南國使臣阮廷璽等還。賜綵段、鈔、絹有差。

（英宗正統實録卷 102　第 12 頁　102.10.2069）

744　四月丁亥　革順天府遵化縣蘆兒嶺巡檢司，從巡按監察御史王受奏請也。

（英宗正統實録卷 103　第 1 頁　103.1.2076）

745　四月戊子　欽天監春官正王巽言：京師多盜，宜如南京築外城，置官軍守門。事下，工部請嚴禁盜之令，不必築城，恐過勞費。上是其言。

（英宗正統實録卷 103　第 2 頁　103.1.2076）

746　四月己丑　占城國王摩訶賁該遣通事羅榮同王姪且楊樂催等齎捧金葉表文謝恩，貢舞牌旗、黑象等方物。賜宴并賜綵幣等物有差。

（英宗正統實録卷 103　第 2 頁　103.2.2077）

747　四月己丑　國子監祭酒李時勉以年至七十，乞致仕。上以時勉學行淳正，為諸生矜式，不允其去。

（英宗正統實録卷 103　第 2 頁　103.2.2077）

748　四月庚寅　順天府府丞朱孔陽自稱年及七十，例應致仕，而其年實八十矣，俱宜論罪。上優貸之，令任事如故。

（英宗正勞實録卷 103　第 3 頁　103.3.2079）

749　四月甲午　朝鮮國王李相（按：館本相作裪）遣陪臣權孟孫等齎表謝恩，貢海青、白鷹及方物。賜宴并綵幣、襲衣等物。

（英宗正統實録卷 103　第 4 頁　103.4.2081）

750　四月乙未　工部右侍郎黎澄年七十，應致仕，上疏乞留用。上憐其交阯遠人，從之。

（英宗正統實録卷 103　第 5 頁　103.4.2082）

751　四月丁酉　建司禮監衙門畢，遣工部尚書王巹告謝司上（按：館本上作工）之神。

（英宗正統實録卷 103　第 5 頁　103.4.2082）

752　四月丁酉　安南國故王黎麟嫡子濬遣陪臣黎傅等，齎捧國人表文請封及貢方物。賜宴并賜綵幣、龍（按：疑龍為襲之誤）衣等物有差。

（英宗正統實録卷 103　第 5 頁　103.4.2082）

753　四月戊戌　修武伯沈清卒。清直隸滁州人，由燕山前衛百户累功陞指揮同知。永樂間督工内府營造。……正統四年，以修蓋京都城樓、濠橋，陞左都督，五年督修奉天、華蓋諸宫殿。

（英宗正統實録卷 103 第 5 頁 103.5.2083）

754 四月辛丑 漕運總兵官都督武興奏：南京水軍左等衛官軍，兑運粮七千二百六十餘石，皆因風浪碎舟，漂流無存。請將原定京糧扣數，改於通州輸納，存省耗費脚錢，陪補漂流糧數。從之。

（英宗正統實録卷 103 第 7 頁 103.6.2036）

755 四月壬寅 命鎮遠侯顧興祖管神機營，定西侯蔣貴管五軍左哨，操練軍馬。

（英宗正統實録卷 103 第 8 頁 103.7.2087）

756 五月乙卯 順天府霸州文安縣奏：春夏不雨。直隸保定府清苑縣奏：四月雨雹，傷稼。

（英宗正統實録卷 104 第 2 頁 104.1.2098）

757 五月丙辰 黜國子監老疾鄙猥監生陳義等一百二人為民。

（英宗正統實録卷 104 第 2 頁 104.2.2099）

758 五月壬戌 勅諭占城國王摩訶賁該曰：首者，王以受封并賜祭，遣姪且楊樂催等奉表及方物詣闕謝恩，具見敬謹之心，已命所司宴賞遣還。王自今宜益敦敬天事大之禮，保卹下人，副朕一視同仁之意。所奏欲復安南國原侵地方，然自王之祖父，兩世不復，此故有其故。今王新嗣封，以睦鄰保境為先。彼此相争，實非國人之福。朕以恩信安勸庶邦，王其體朕至意，審而處之。而命且楊樂催賫綵幣及所求良馬歸賜王及妃，至可領也。

（英宗正統實録卷 104 第 4 頁 104.3.2102）

759 五月癸亥 占城國通事羅榮奏乞冠帶。從之。

（英宗正統實録卷 104 第 4 頁 104.4.2103）

760　五月甲戌　遣光禄寺少卿宋傑、兵科〔校記：抱本科下有都字〕給事中薛謙為正副使持節册封故安南國黎麟子濬。勅曰：爾父受封以來，能仰戴先朝，恭修識貢，朕用嘉之。遽聞訃音，良為悼惜。今特封爾為安南國王，以奉宗祀，以撫國人。爾向務善修德，信用耆舊，親近賢良，敬以事大，仁以恤下。毋慢毋驕，庶圖寧永，以副朝廷眷命之隆。復詔諭其國人，同心輔濬，用〔校記：廣本用作以〕保境土，永迓熙平之福。

（英宗正統實録卷 104　第 7 頁　104.6.2108）

761　五月戊寅　雷震奉天殿鴟吻。

（英宗正統實録卷 104　第 11 頁　104.10.2115）

762　五月壬午　遣工部尚書土（按：土應作王）巹、左侍郎張琦分祭司工之神，以營建刑部、都察院、大理寺、詹事府畢工也。

陞工部虞衡司郎中王佑為本部右侍郎，仍理各廠工匠。

（英宗正統實録卷 104　第 14 頁　104.12.2119）

763　六月己丑　平治朝陽門外道途。

（英宗正統實録卷 105　第 7 頁　105.6.2132）

764　六月庚寅　鎮守薊州、永平等處總兵官都督王彧等奏：新橋、海口一帶，路徑遼遠，墩臺數多，官軍數少，且缺馬騎操。上命調興州右屯等衛官軍一百六十九人，給馬一百五十匹與之。

（英宗正統實録卷 105　第 8 頁　105.7.2133）

765　六月癸巳　禮科都給事中胡清言：比者，國子監祭酒李時勉，以監生居憂二三次以上者中間多有虚僞，奏准居憂月日俱不作坐監之數，遂先入監者坐此不得出身，年益衰邁，徒切嗟嘆，失忠孝臣子立身之大節。不幸父母或祖父母物故，為子并嫡孫居憂承重，豈得已哉！苟屢人之虚冒，遂并實居憂者，概作虚曠，臣恐競進之徒，於將撥之際，匿喪不舉，是廢孝矣，豈不所慮者小而所失者大耶！乞勅該部，今後監生居憂并省祭公故不過期者，俱作坐監月日。事下禮部議。尚書胡濙等請如清言，第托故過期者，雖有文據，亦不准冒居祖父母嫡繼母憂者。府縣官虛文掩飾者，許提調學校御史僉事并按察司官體實究問。上是其議，命著為令。

（英宗正統實録卷 105　第 9 頁　105.7.2134）

766　六月壬寅　修南海子紅橋、德勝關外土橋、東直門内大小橋。

（英宗正統實録卷 105　第 12 頁　105.10.2140）

767　六月戊申　勅諭朝鮮國王李祹曰：近浙江都司海門衛，擒獲倭寇七名解京。審係爾國臘州官莫連公木判官下部屬，駕船下海捕魚，遇大風雨，漂至海門桃渚千户所長跳沙灣地方，被官軍連船擒獲。所言如此（按：館本如下無此字），但慮各人飾詞脱免，然風濤之患，理或有之。已令所司，日給糗糧羈候。勅至，王即查勘是否國中之人，明白奏來區處。

（英宗正統實録卷 105　第 14 頁　105.12.2143）

768　六月己酉　渾河水溢，決固安縣賈家里、張家口等隄。詔隣近郡縣協力修築之。

（英宗正統實録卷 105　第 14 頁　105.12.2144）

769　七月甲寅朔　勅鎮守薊州等處總兵官都督同知王彧等曰：今兀良哈三衛頭目回衛，今齎勅諭其大頭目，挨捕犯邊賊人解京，每遇冬節或年節、或朕生旦，遣頭目三五人來朝。若奏邊報，則不拘時月。部屬頭目遇節欲進馬者，許其附進。然兀良哈切近邊進，反復不常，爾等宜與内官林春整飭武備，但遇擾邊，相機剿捕，以清邊患。

（英宗正統實録卷 106　第 1 頁　106.1.2147）

770　七月戊子　國子監祭酒李時勉坐伐文廟樹，枷于監門。監生李貴等千餘人詣闕訴（按：館本訴作請）〔校記：廣本抱本請作訴，是也〕時勉衰老，且言其教諸生有方，乞貸之，俾終其教。有石大用者，請代枷。上乃釋之。初，中官王振詣監，時勉不為之屈，振故因而罪之。

（英宗正統實録卷 106　第 2 頁　106.2.2150）

771　七月癸亥　　國子監助教李繼言：今宮殿告成，百司鼎建，朝廷政令之所焕然一新。惟太廟因元之舊，痺陋不稱，而土木肖像，亦非古制。請擇地改建，洗陋規以宏新制。時方議欲新監學，繼探知，故逆言之。上曰：建學之事，朝廷自有處置，何用繼言。

（英宗正統實録卷 106　第 4 頁　106.3.2152）

772　七月戊辰　　爪哇國遣使臣李添福等貢方物。賜襲衣、紵絲、紗羅表裏有差。

（英宗正統實録卷 106　第 6 頁　106.5.2156）

773　七月丙子　　命修天地壇大祀等門，具服殿、天庫、神庫、宰牲亭、鐘樓、鸞架庫等處。

（英宗正統實録卷 106　第 7 頁　106.6.2158）

774　七月丙子　　民有盜砍天壽山樹木者，獲之。法司論贖徒。上命枷於山口示衆。

（英宗正統實録卷 106　第 8 頁　106.6.2158）

775　七月己卯　　勑太子太保成國公朱勇等：頃者，京城内外所獲盜賊，多各營操備官軍。蓋因爾等平日撫恤不至，鈐束不嚴，管軍頭目，尅減軍糧，科斂財物，以致軍士窘迫，不得已而相繼為盜。爾等之罪，姑恕不問。繼自今把總管隊及該衛所頭目，不許私役一軍，私斂一物。敢有違者，重罪不宥。爾等受朕委託，操練軍馬，本以禦侮安民。而軍士乃為盜賊，其咎安在？尚宜持廉秉公，正身率下，必使宿弊盡革，軍政肅清，庶副委任。

（英宗正統實録卷 106　第 8 頁　106.7.2159）

776　七月辛巳　勑爪哇國王楊惟西沙曰：比歲遣人朝貢，足諒勤誠。然朕念爾國為費不易，每一遣使，必造船、修器械、具餱糧，煩勞特甚。況所帶人從，輒數百人，比至廣東，起撥夫船，往復運送，亦甚煩擾。且海外諸國，皆三年一貢。自今王宜體朕軫恤軍民之心，三年一次遣人來庭。其使臣須擇謹厚純實者，量帶從人僅足操舟之用，庶彼此各得其便。朕以至誠，懷柔庶邦。王敬天事大，貴在忠誠，不必以煩數為禮。兹因使臣亞烈、李添福〔校記：廣本無福字，誤〕等回，令賫勑諭國王，并賜王及妃綵幣，王其欽承之。先是，廣東右參政張琰言，爪哇國朝貢頻數，供億浩繁，勞敝中國以事遠夷，非計，宜省節之。上善其言。至是使還，故諭及之。

（英宗正統實録卷 106　第 9 頁　106.8.2161）

777　七月壬午　以修國子監，命監生暫講肄於故都察院。

（英宗正統實録卷 106　第 11 頁　106.9.2163）

778　八月乙酉　以營建國子監，遣工部尚書王卺祭告先師孔子。

（英宗正統實録卷 107　第 1 頁　107.1.2165）

779　八月壬寅　廣東都、布、按三司奏：占城國公幹人船回，委官盤出象牙小梳坯三百七十七個，牙笏坯二枝，牙筯坯八十雙，俱係番物，欲連人解京。其掌船百户陸善等告稱自用己財貿易，未敢定奪。上曰：皆徵（按：館本徵作微，是也）物也，其給還之。

（英宗正統實録卷 107　第 7 頁　107.6.2175）

780　九月己未　修完奉天殿鴟吻。

（英宗正統實録卷 108　第 4 頁　108.3.2186）

781　九月庚申　修通州普濟閘。

（英宗正統實録卷 108　第 4 頁　108.4.2187）

782　九月甲戌　朝鮮國王李祹遣陪臣鄭苯等來朝，貢方物。

賜宴及綵幣、表裏、襲衣等物有差。

（英宗正統實録卷 108　第 8 頁　108.6.2192）

783　九月甲戌　給神機營馬五百匹有奇。從鎮遠侯顧興祖奏請也。

（英宗正統實録卷 108　第 8 頁　108.6.2192）

784　九月庚辰　遼東軍旗戴弗名等八人為達賊所虜，轉賞與兀良哈，得脱，至朝鮮。國王李裪給與路費、衣糧，送至京。上命賜裪綵幣八表裏，遣敕獎諭。

（英宗正統實録卷 108　第 11 頁　108.9.2197）

785　十月壬午朔　上御奉天門，諭都院臣曰：南海子先朝所治，以時遊觀，以節勞佚。中有樹藝，國用資焉。往時禁例嚴甚，比來守者多擅耕種，其中且私鬻所有，復縱人芻牧。爾其卽榜諭之，戒以毋故常是蹈，違者重罪無赦。於是毀近垣民居及夷其墓，拔其樹甚衆。

（英宗正統實録卷 109　第 2 頁　109.2.2200）

786　十月庚戌　造光禄寺養牲房。

（英宗正統實録卷 109　第 3 頁　109.3.2203）

787　十月壬辰　添設密雲縣縣丞一員，專管糧儲。時密雲縣奏：本縣地臨邊境，所管龍慶、古北口二倉，密雲、古北口二驛，相離路遠，監收糧儲不便，乞添設一官。故有是命。

（英宗正統實録卷 109　第 4 頁　109.3.2204）

788　十月甲午　順德長公主壙占順天府宛平縣民地二頃五十畝，命有司除其税。

（英宗正統實録卷 109　第 4 頁　109.4.2205）

789　十月甲辰　徙通州和合驛。驛舊濱河，以河岸頽壞，侵近驛舍，故徙之。

（英宗正統實録卷 109　第 8 頁　109.7.2211）

790　十月丁未　修國子監大成殿聖賢牌位、祭器。

（英宗正統實録卷 109　第 9 頁　109.7.2212）

791 十一月甲寅 命京衛武學教授紀振復任。振九年秩滿，改除江西吉安府儒學教授。命方下，而武學生馮凱（按：館本作潘楷）〔校記：廣本楷作階〕等言：振學行端方，誨迪有法，乞留復任。上特從之。

（英宗正統實録卷 110 第 1 頁 110.1.2215）

792 十一月甲寅 兵部奏：大營三千、五軍、神機等營及府軍前衛官兵共缺馬九千餘疋，請選取南北二太僕寺馬給與。從之。

（英宗正統實録卷 110 第 2 頁 110.1.2216）

793 十一月乙卯 朝鮮國王李裪遣陪臣李叔疇（按：館本疇作時）等奉表，貢馬及方物，萬（按：疑萬前奪賀字）壽聖節。賜宴并賜綵段、絹布有差。

（英宗正統實録卷 110 第 2 頁 110.1.2216）

794 十一月戊午 頒正統九年《大統曆》一百本于朝鮮國，命來使李叔時（按：館本時作疇）领回給之。

（英宗正統實録卷 110 第 2 頁 110.2.2217）

795 十一月己未 户部奏：密雲、薊州、遵化、山海、永寧（按：館本寧作平，是也）見在糧儲數少，慮調兵支用不敷，議召商於密雲縣古北口倉、遷安縣灤陽驛倉納糧，中河南、山東、福建、廣東、海北鹽每引米麥豆二斗五升。從之。

（英宗正統實録卷 110 第 2 頁 110.2.2217）

796 十一月己巳 增置密雲縣古北口倉，以倉少不足儲糧故也。

（英宗正統實録卷 110 第 5 頁 110.4.2222）

797 十二月癸未 朝鮮國王李裪遣陪臣元裹齎捧表文，貢馬及方物，賀明年正旦。賜宴并賜綵幣、襲衣等物。

（英宗正統實録卷 111 第 1 頁 111.1.2229）

798 十二月丁亥 敕緣邊諸將：即今草枯冰凍，正胡寇出没之時，比又得偏頭、居庸二関報境外煙火及砲聲。爾等宜晝夜防慎，出兵剿殺，務使軍威奮揚，賊寇殄滅。

（英宗正統實録卷 111　第 2 頁　111.2.2231）

799　十二月戊子　　命太常寺：静慈仙師墳園，凡遇時節，依例祭祀。復勅户部、順天府曰：今静慈仙師墳園已完，其原看金山墳二十户，見在者六十名，及先逃回瀞、東安二縣五十三名，俱令於墳園邊原撥官地内居住種作，看守墳園，供應洒掃等事，一應糧差，悉皆優免。凡遇牆垣、祠宇損壞，聽看守墳官提督修理。永清公主墳園一體看守。敢有奸懶逃躲者罪之。

（英宗正統實録卷 111　第 2 頁　111.2.2231）

800　十二月癸巳　　巡按直隷監察御史孫鼎奏：直隷通州旱災，糧三千四百六十九石，草八千六百九十九包，無從徵收。上命户部驗視蠲之。

（英宗正統實録卷 111　第 5 頁　111.4.2235）

801　十二月乙未　　以營建静慈仙師墳園畢，遣官告謝〔校記：廣本謝作祭〕金山之神。

（英宗正統實録卷 111　第 5 頁　111.4.2236）

802　十二月丁酉　　營建國子監訖，遣祭酒李時勉致告先師孔子，工部尚書王卺告謝司土之神。

（英宗正統實録卷 111　第 6 頁　111.5.2237）

803　十二月戊申　　陞吏部郎中夏衡為順天府府丞，仍於内閣書制敕，以九載任滿故也。

（英宗正統實録卷 111　第 9 頁　111.8.2243）

804　十二月　　是歲……漕運京師米豆四百五十萬石。

（英宗正統實録卷 111　第 9 頁　111.8.2244）

正統九年（1444）

805　正月丁巳　給神機營官軍馬八百六匹。

（英宗正統實録卷 112　第 2 頁　112.1.2248）

806　正月乙丑　設順天府大城縣僧會司，置僧會一員。

（英宗正統實録卷 112　第 4 頁　112.4.2253）

807　正月乙亥　朝鮮國王李祹以襲封遣陪臣柳守剛等奉表及方物，謝恩。賜宴及金織衣、綵幣、表裏等物。

（英宗正統實録卷 112　第 8 頁　112.7.2259）

808　正月丁丑　太常寺請造静慈仙師祭器。從之。

（英宗正統實録卷 112　第 10 頁　112.9.2263）

809　正月戊寅　朝鮮國王李祹奏：故父恭定王冠服，年久汙垢不潔，乞賜新者，以備服用。從之。

（英宗正統實録卷 112　第 10 頁　112.9.2263）

810　二月乙酉　迤北達子鬼里來歸，願居京自効。賜金織紵絲襲衣、銀鈔、綵段表裏、房屋、器皿。

（英宗正統實録卷 113　第 2 頁　113.1.2268）

811　二月丁亥　遣錦衣衛指揮王山帶領官校往古北口関，伺候軍前擒獲賊徒，押解來京。

（英宗正統實録卷 113　第 3 頁　113.2.2270）

812　二月辛卯　命修武伯沈清管神機營左哨官軍操練。

（英宗正統實録卷 113　第 4 頁　113.3.2272）

813　二月壬辰　宥太醫院院判欽謙罪。初，有匠者鬻藥長安門外，謙怒其非所屬，收，杖之七十，垂死〔校記：廣本作杖之垂死〕，其妻訴狀。上責謙療愈，弗愈卽償死。至是謙以愈聞。宥之，命鬻藥者充太醫院醫士。

（英宗正統實録卷 113　第 5 頁　113.4.2274）

814　二月甲午　暹羅國王谷戎有替下遣使臣坤沙羣等奉表朝貢。賜宴并紵絲、羅絹、襲衣等物有差。

（英宗正統實録卷 113　第 6 頁　113.5.2276）

815　二月己亥　廣東潮州府民濱海者，糾誘傍郡〔校記：廣本郡作近〕無賴五十五人，私下海通貨爪哇國，因而叛附爪哇者二十二人，其餘俱歸，復具舟將發，知府王源獲其四人，以聞。上命巡按御史并收獲者鞫狀，果有踪跡，嚴錮之，具奏處置。

（英宗正統實録卷 113　第 7 頁　113.6.2278）

816　二月癸卯　天文生陳伯武松（按：館本松作私，疑是）言：觀星臺券門下，車馬往來，震動風水。今聖駕將幸國子監，若得過臺一視，依南京移置殿前為便。校尉得其語以聞。命枷之臺下，以戒妄言者。

（英宗正統實録卷 113　第 10 頁　113.9.2283）

817　二月庚戌　琉球國中山王尚忠遣使梁求保奉表來朝，貢馬及方物。賜宴并紵絲襲衣、綵幣有差。

（英宗正統實録卷 113　第 12 頁　113.10.2285）

818　三月辛亥朔　上幸國子監。

（英宗正統實録卷 114　第 1 頁　114.1.2287）

819　三月癸丑　御製重建太學碑曰：皇天仁愛下民，必簡命聖人，君之、師之。聖人得位，則兼君師之事，如伏羲、神農、黄帝、堯、舜、禹、湯、文、武是已；不得乎位，則專師之事，以立教垂範，孔子是已。兼君師者，道施於當時；專師事者，教被於後世。然非得孔子立教，則雖前有伏羲、神農、黄帝、堯、舜、禹、湯、文、武，世莫知之矣！故曰自生民以來，未有盛於孔子。孔子之功，萬世之功也。孔子所謂教，其道仁義、道願（按：館本願作德，是也），其事父子、君臣、尊卑、内外，其器《易》、《書》、《詩》、《春秋》、《禮》、《樂》，皆本天也。凡為天下國家者，誠能純用孔子之道，則天地以位，萬物以育。彼其名為用孔子之道而效不至，焉者？信用之弗篤，加有異衛邪說間之也。我國家自太祖高皇帝、太宗文皇帝暨我皇祖、皇考，聖聖相承，恭天成命，顒顒焉一惟孔子之道是尊。於凡旋政敷教，取人理民，一惟孔子之道是用，不雜他術。自國都至於四方郡邑，海隅邊徼，靡不建學設教，崇祀先師。海外番國及蠻夷酋長，皆慕仰惠化，遣子入學。蓋歷世以彌尊尚孔子，未有如我祖宗之世之盛者也。朕以凉德，祗承天序。欽惟古昔之大典，祖宗垂統之盛心，夙夜孜孜，圖惟善繼。北京故有學，在宮城之艮隅，庳隘弗稱，乃〔校記：廣本乃下有于字，是也〕正統八年秋，命有司撤而新之。左廟右學，高廣覩深。所以奉明靈〔校記：廣本明靈作靈明〕、居來學，凡百所需，靡不悉備。材出素具，役不及民。明年春成，朕躬釋奠於先師，循古典也。退卽學之彝倫堂，命儒臣講經，公卿大夫及百執事之臣、逢掖之士、兵衛之帥，拱侍而聽，殆以萬計。已而有司請如故事，紀其成於碑。嗟夫！孔子之道為天下國家者，不可一日以闕，學校之教於化民育才者，不可一日以怠。矧京師首善之地，所係之重且大乎！敬書諸貞石，示昭我後人，俾咸務欽承用丕顯皇明治化之盛，與天地日月相為悠久云。

（英宗正統實録卷 114　第 3 頁　114.3.2291）

820　三月庚申　勑暹羅國王谷戎有替下曰：王敬天事大，玆遣使臣坤沙等遠來朝貢，且奏原降本國鍍金印及勘合底簿，俱燬於火，請再頒給。朕念王國僻處遐方，素能謹遵朝命，特從所請，令所司造完，及塡勘合底簿，付坤沙羣等齎回與王。自今宜益祗順天心，堅秉臣節，愛民保境，用副朕懷。

（英宗正統實録卷 114　第 7 頁　114.6.2297）

821　三月丙寅　命修蘆溝橋、通州白河富河橋。

（英宗正統實録卷 114　第 11 頁　114.9.2304）

822　三月丁丑　蠲朝陽門外舊木廠地租稅，令神機營、五軍、大營、圍子手、錦衣衛、府軍前守衛團糟飼馬於其地。

（英宗正統實録卷 114　第 15 頁　114.13.2311）

823　四月庚辰朔　上以雨澤愆期，遣太師英國公張輔等官遍告於寺觀城隍及大小青龍之神曰：朕憂念民艱，靡遑寧處，特遣祭告。尚祈神化昭彰，早降甘澍，以慰民望。

（英宗正統實録卷 115　第 1 頁　115.1.2313）

824　四月戊子　勑諭朝鮮國王李祹曰：王嗣國東藩，保障邊境，克體爾先王敬天事大之心，秉公（按:館本台作恭）攄誠，久而彌篤。肆朝廷加意眷待，不替益隆，可謂君臣一心，始終靡間者也。王茲復遣陪臣辛引孫等，械送擒獲犯邊倭賊失利〔按：館本利作剌，廣本作次〕沙也門等五十七人來獻，足見王遵奉朝命、體國安民之意〔校記：廣本意作心〕，亦以見王守邊得人而有禦暴之功。然此賊詭詐狡險，狐鼠為心。尚慮殘黨竄伏，竊圖報復。王自今益宜誡約守邊頭目，嚴加隄備。遇賊出没，即乘機擒勦〔校記：廣本擒勦作勦捕〕。仍差人馳報遼東總兵等官防慎，務俾（按:館本俾作彼）賊黨殲滅，邊境肅清。彼此人民，輯寧惟永，庶副朕一視同仁之意。遂賜王粧花絨錦段六〔校記：廣本六下有疋字〕，織金紵絲、麒麟等段四，各色紵絲共一十六，綵絹二十，令引孫齎去，并賜引孫等宴及絹布有差。

（英宗正統實録卷 115　第 4 頁　115.3.2318）

825　四月辛卯　太保成國公朱勇等言：今欲建馬坊于朝陽門外，請遣官領旗軍於易州等處採取柴木。上曰：所遣官軍其嚴約束之，毋擾民傷稼，違者必罪不宥。

（英宗正統實録卷 115　第 6 頁　115.5.2322）

826　四月丁酉　琉球國王尚忠遣陪臣梁回等來朝，貢方物。賜宴并綵幣等物有差。

（英宗正統實録卷 115　第 9 頁　115.7.2326）

827　四月戊申　安南國王黎濬遣陪臣何甫等來朝，貢金銀器皿、方物。賜宴并綵幣等物有差。

（英宗正統實録卷 115　第 11 頁　115.9.2329）

828　四月己酉　工部請令蘆溝橋巡檢司巡邏蘆溝橋及固安隄，毋令損壞。從之。

（英宗正統實録卷 115　第 12 頁　115.10.2331）

829　五月甲寅　安南國王參濬遣陪臣程昱來朝，貢金銀器皿及方物。

直隸保定府新安縣言：縣城南古有長溝河，西通徐、曹二河，東連雄縣、直沽，近為沙土淤塞者數里，請丁夫疏濬。從之。

（英宗正統實録卷 116　第 2 頁　116.2.2335）

830　五月戊午　琉球國使臣梁回進貢還，奏乞一海船，以便歲時朝貢。從之。

（英宗正統實録卷 116　第 3 頁　116.3.2337）

831　五月己巳　琉球國王尚忠遣通事蔡讓等、占城國王摩阿貴該遣使臣笑留該等俱來朝，貢馬及方物。賜宴并綵幣等物有差。

（英宗正統實録卷 116　第 8 頁　116.7.2345）

832　五月壬申　朝鮮國王李裪遣陪臣黃裕等來朝，貢馬及方物。賜宴及綵幣、表裏（按：館本無表裏二字）等物有差。

（英宗正統實録卷 116　第 10 頁　116.9.2349）

833　六月己卯朔　禮科給事中余忭、行人劉遜奉使琉球還，以船順帶琉球使臣梁回等三十名來京，并受黃金、沈香、倭扇之惠。校尉廉其事以聞，下錦衣衛獄鞫實。上命杖而宥之。

（英宗正統實録卷 117　第 1 頁　117.1.2357）

834　六月庚辰　雷雨，大風拔樹。

（英宗正統實録卷 117　第 1 頁　117.1.2358）

835　六月丙戌　占城國使回，齎勅及綵幣賜其國王及妃。

（英宗正統實録卷 117　第 4 頁　117.3.2362）

836　六月己丑　免順天府霸州定（按：疑定前奪保字）縣去年

被災糧米六十七石，穀草五千三百餘束。

（英宗正統實録卷 117　第 4 頁　117.4.2363）

837　六月丙申　勅巡視薊州等處關隘。其密雲地方，山勢平坦，煙墩離遠，宜增設墩臺六十三座，益軍守哨。從之。

（英宗正統實録卷 117　第 8 頁　117.6.2368）

838　六月戊戌　京民有受財教唆捏寫詞狀誣告平人者。刑部奏：雖稱教唆，不係越訴。上命充軍，後有犯者，悉準此例。

（英宗正統實録卷 117　第 9 頁　117.7.2370）

839　七月戊申朔　順天府昌平、順義二縣各奏徭役繁重，欲以柴夫與霸州十三州等縣均分，庶勞逸不偏。從之。

（英宗正統實録卷 118　第 1 頁　118.1.2375）

840　七月丁巳　命工部侍郎李賁董修京倉。

（英宗正統實録卷 118　第 3 頁　118.3.2379）

841　七月丙辰　京師仰山寺僧今（按：館本今作金）和尚，自稱王太監門僧，詐罪人金銀四百兩，例贖還俗。刑部尚書金濂言：其污佛氏之清規，玷忠良之名節，鬼神共怒，陰譴昭彰，難以例論。上是之，命充鐵嶺衛軍。

（英宗正統實録卷 118　第 7 頁　118.6.2385）

842　七月己巳　給直隸隆慶等衛官軍馬一百二十八疋。

（英宗正統實録卷 118　第 9 頁　118.8.2389）

843　七月己巳　户部奏：京師土城沿河空地七十一頃有餘，俱内官并平鄉伯家占據，軍民僧人，一概倣效欺隱。請逮治之，并追其糧。上曰：姑宥其罪。軍民所種者，如例輸納芻糧。内外官占種者，令撥御馬監種〔按：館本監下無種字〕苜蓿養馬。今後坐守官擅撥與人，與者、受者俱罪之。

（英宗正統實録卷 118　第 9 頁　118.8.2389）

844　七月庚午　琉球國遣使臣伍是佳美等貢馬及方物。賜綵段布有差。

（英宗正統實録卷 118　第 10 頁　118.8.2390）

845　七月丁丑　朝鮮國王李祹遣陪臣楊厚等奉表貢馬及方物。賜宴并綵段、絹布有差。

（英宗正統實録卷 118　第 11 頁　118.9.2392）

846　閏七月戊寅朔　順天、應天并直隸真定、保定、大名、廣平、順德、河間、山東濟南、河南開封、衛輝、懷慶、湖廣岳州、浙江嘉興、湖州、台州諸府各奏，江河泛溢，堤防衝決，渰没禾稼（按：館本舊改稼作稼），租税無徵。上命户部遣官覆視以聞。

（英宗正統實録卷 119　第 1 頁　119.1.2396）

847　閏七月庚辰　陞……刑科給事中王鐸為順天府府丞。俱以吏部舉陞也。

（英宗正統實録卷 119　第 2 頁　119.2.2397）

848　閏七月辛巳　工部右侍郎王佑言：臣奉勅與太監阮安往視水决河岸。自蒲溝（按:館本溝下有兒字）至漷縣二十餘處，其耍兒渡尤甚，乞發丁夫、物料修築為便。從之。

（英宗正統實録卷 119　第 3 頁　119.2.2398）

849　閏七月丙戌　……永寧等處亦奏，久雨壞城垣、墩臺，其地近在天壽山後，當即修治。俱從之。

（英宗正統實録卷 119　第 6 頁　119.5.2403）

850　閏七月庚寅　順天府大興縣民阮藍奏：請自修通州八里河木橋。……從之。

（英宗正統實録卷 119　第 7 頁　119.6.2406）

851　閏七月己亥　命順天等府并浙江等布政司：今後鄉試畢，將試院内物件，發在城分收貯管守，俟下科取用，不許各官侵欺入己、及重科取於民。因山東按察司按察使張鵬言也。

（英宗正統實録卷 119　第 9 頁　119.9.2409）

852　閏七月壬寅　雷震奉天殿鴟吻。

（英宗正統實録卷 119　第 10 頁　119.9.2411）

853 閏七月壬寅 順天府固安縣知縣李鐸索所部財，宜黄縣丞表玘因公科斂，下錦衣衛鞫問，送法司論罪，俱當贖徒為民。上命謫戍邊衛，以警其餘。

（英宗正統實録卷 119 第 10 頁 119.9.2411）

854 閏七月甲辰 河南都指揮僉事林祥奏：原領河南官軍在京，例半年一班，寒暑不均，往復不便。乞照舊例，一年一换。從之。先是，在京内官軍人等，侵種良牧署草場及土城〔校記：廣本城下有内字〕外沿河内外舊西琉璃窯等處官地凡數百頃，俱未起科。至是，遣官經量，悉令納税。

（英宗正統實録卷 119 第 11 頁 119.9.2412）

855 八月丁未朔 勑太保成國公朱勇等并武（按：武應為五之誤）軍、三千、神機等營曰：朕念軍士艱窘，命有司給銀兩以優恤之，而管軍頭目，却以置備軍裝為名，因而棓（按：館本棓作掊）克〔校記：寶訓克作尅〕之。爾等不禁戢，甚者又假公事以斂科，役操軍以種田，揆厥所由，罪必有在。已命御史察糾，亟改前非，無貽後悔。

（英宗正統實録卷 120 第 1 頁 120.1.2417）

856 八月戊申 朝陽門外倉成，名大軍倉。銓大使一員，副使三員，隸後軍都察（按：察疑為督之誤）府，以貯操備馬料豆。

（英宗正統實録卷 120 第 1 頁 120.1.2417）

857 八月甲寅 命翰林院侍讀周叙、侍講王一寧為順天府考試官，賜宴於本府。

（英宗正統實録卷 120 第 4 頁 120.3.2421）

858 八月辛未 直隸涿州奏請胡良等四橋，縣（按：館本橋下亦有縣字，疑為衍文）固安縣奏請築小屯廠等堤。從之。

（英宗正統實録卷 120 第 9 頁 120.7.2430）

859 九十己亥 都察院録京衛指揮千百户二百二十人受賄放軍。上曰：此屬論罪俱當死，姑宥之，再犯不免。

（英宗正統實録卷 121 第 5 頁 121.4.2440）

860　十月丁卯　　陞順天府府尹姜濤為户部左侍郎，光禄寺少卿王賢為順天府府尹。

（英宗正統實録卷 122　第 6 頁　122.5.2452）

861　十月庚午　　謫順天府大興縣知縣蘇敬戍邊。初，大興民以争田訟於縣，敬令老人蕭永往視之，永聽囑不直。敬杖永致死。事覺，刑部罰敬，後滿復職，吏部請黜為民。上曰：蘇敬為牧民官，不施教化而專尚威刑，杖人至死，牧民之心安在？其謫戍威遠衛，以為嗜刑殘民者之戒。

（英宗正統實録卷 122　第 8 頁　122.7.2455）

862　十一月乙酉　　朝鮮國王李祹遣陪臣安崇善等齎表貢方物，賀萬壽聖節。賜宴及綵幣、表裏等物有差。

（英宗正統實録卷 123　第 2 頁　123.2.2461）

863　十一月乙酉　　太保成國公朱勇等奏：大營及三千、五軍〔校記：抱本無五軍二字，疑誤〕等營官軍騎操馬，今卽於各馬房飼養，宜遣招遠伯馬亮等十二人更番提督，臣亦不時巡視，庶使人皆盡心，馬無耗損。從之。

（英宗正統實録卷 123　第 2 頁　123.2.2461）

864　十一月己丑　　滿剌加國遣使臣宋那的剌耶等……來朝，貢馬及方物。賜宴及綵幣、表裏、鈔絹等物有差。

（英宗正統實録卷 123　第 3 頁　123.3.2463）

865　十二月甲寅　　朝鮮國王李祹遣陪臣進表及方物，賀明年正旦。……賜宴，賜綵幣等物有差。

（英宗正統實録卷 124　第 3 頁　124.2.2472）

866　十二月丙辰　　置官房於彰義門，收商税課鈔。從正陽門宣課奏請也。

（英宗正統實録卷 124　第 4 頁　124.4.2475）

867　十二月丙辰　　景陵神宫監右少監阮菊，擅伐陵樹百餘株私用。事覺，法司論罪應斬。從之。

（英宗正統實録卷 124　第 4 頁　124.4.2475）

868　十二月己未　　勅諭在京各營管軍人等曰：國家兵備，軍馬爲重，曩因軍士養馬多不盡心，致有損失，特命於馬房飼養。即今天氣陰寒，新正在邇，朕憫念軍士辛勤，悉令各還原處，俟來春操練時月，仍入馬房點視，務在馬匹肥腯，軍裝齊備。違者該管官皆治罪不宥。

（英宗正統實録卷 124　第 5 頁　124.4.2476）

869　十二月甲子　　勅三法司、工部曰：今天氣隆寒，新正在邇，朕念囹圄中無知犯法者衆，饑寒可憫。除真犯罪死及官吏犯贓外，其餘雜死者以下，遞減二等發落，不許淹滯。笞杖罪悉宥免。諸匠役除緊関工程外，其餘不急之役并在京做雜工囚犯，俱令歇家休息，明年二月初一日仍舊上工，囚犯計日准工。所司務奉公守法，俾人受實惠，毋狥私作弊，以取罪愆。

（英宗正統實録卷 124　第 9 頁　124.8.2483）

870　十二月　　是歲……漕運北京儹運過糧四百四十六萬五千石。

（英宗正統實録卷 124　第 13 頁　124.11.2490）

正統十年（1445）

871　正月辛卯　　朝鮮國王李祹遣陪臣閔伸、琉球國中山王尚志遣使臣梁回等……來朝，貢馬及方物。賜宴并綵幣、金織襲衣等物有差。

（英宗正統實録卷 125　第 5 頁　125.4.2499）

872　正月己亥　　改舊太倉名京都太倉，春秋遣户部堂上官致祭太倉之神。

（英宗正統實録卷 125　第 8 頁　125.6.2504）

873　正月庚子　　免順天府及山西被災州縣糧草。

（英宗正統實録卷 125　第 10 頁　125.8.2508）

874　正月癸卯　修南海子北門外紅橋，以其爲火焚也。

（英宗正統實録卷 125　第 11 頁　125.9.2510）

875　二月庚戌　琉球國中山王尚忠遣使者亞羅佳其等賫捧表文來朝，貢馬及方物。賜宴并綵幣、襲衣等物。

（英宗正統實録卷 126　第 2 頁　126.2.2514）

876　二月壬子　太常寺奏：本寺犧牲例於光禄寺關領糠麩喂飼。今光禄寺缺乏，請取給於順天府。上曰：取給京府則傷民矣。皇城四門軍厨積有糠滓，其令給之。

（英宗正統實録卷 126　第 3 頁　126.3.2515）

877　二月丁巳　京師地震。

（英宗正統實録卷 126　第 5 頁　126.5.2519）

878　二月己未　順天府府丞朱孔易（按：疑易爲陽之誤，參本編 748 條），以上嘗召之至文華殿觀宸翰，命書“龍鳳龜麟”四字，至是并書《心箴》一篇進呈。賜鈔一千貫。

（英宗正統實録卷 126　第 5 頁　126.5.2519）

879　二月甲子　滿剌加國遣使臣謨者那、錫蘭山國遣使臣耶巴剌謨的里亞等賫捧表文來朝，貢馬及方物。賜宴并綵幣、金織襲衣等物有差，仍命來使賫勅并綵幣、表裏歸賜其國王及妃。

（英宗正統實録卷 126　第 8 頁　126.7.2523）

880　二月乙丑　給薊州、永平、山海等處官軍馬九百四匹。

（英宗正統實録卷 126　第 8 頁　126.7.2523）

881　二月丙寅　給備禦永寧等處官軍馬五百四十八匹。

（英宗正統實録卷 126　第 8 頁　126.7.2524）

882　二月辛未　勅諭西寧侯宋瑛、寧陽侯陳懋、尚書金濂、副都御史丁璿等曰：朕今躬詣天壽山，謁察祖宗陵寢，特命爾等居守京城，提督各門官軍。嚴加關防，慎勿怠忽。遂命公、侯、駙馬、伯、五府、六部、都察院等衙門、大師英國公張輔等扈從。

（英宗正統實録卷 126　第 10 頁　126.8.2526）

883　二月壬申　上祭告奉先殿，遣官祭皇城門并玄武、德勝二門之神。是日車駕發京城，駐驆沙河，遣工部尚書王巹祭沙河之神。

（英宗正統實録卷 126　第 10 頁　126.8.2526）

884　二月癸酉　駐驆陵下，遣禮部尚書胡濙祭告天壽山之神。

（英宗正統實録卷 126　第 10 頁　126.9.2527）

885　三月乙亥　駕還，駐驆沙河。

（英宗正統實録卷 127　第 1 頁　127.1.2529）

886　三月甲申　建獻陵衛及府軍忠義等衛倉。

（英宗正統實録卷 127　第 3 頁　127.3.2533）

887　三月丁亥　滿剌加國使臣謨者那、錫蘭山國使臣耶巴剌謨的里亞等乞賜紗帽及鈒花金銀帶。從之。

（英宗正統實録卷 127　第 5 頁　127.4.2535）

888　三月丁酉　勑諭朝鮮國王李裪曰：曩者，倭賊出没王境，王已生擒失剌沙也門等解來。今復獲其餘黨沙彌歹剌，遣陪臣唐孟賢械之送至京。益見王忠誠衛國之心，良用嘉悦。然蠢爾倭寇，憑負海島，鼠竊狗偷，罔有悛心。王其嚴守備，以保民生。若復寇邊，朝廷必命官軍勦滅之。或復侵軼王境，王宜調遣將臣，擣其巢穴，盡俘其類，用寧邊患，則王之功烈將匹休於古之賢藩，而垂令譽於無窮矣！王（按：館本王後有其字）欽承之。

（英宗正統實録卷 127　第 9 頁　127.7.2546）

889　三月壬寅　滿剌加國使臣謨者那等奏：請賜國王息力八密息瓦兒丟八沙護國勑書及蟒龍衣服、傘蓋，庶伏天威，以報國人之心。又云：國王欲躬親來朝，所帶人物數多，乞賜一巨舟，以便往來。上命所司造與之。

（英宗正統實録卷 127　第 12 頁　127.10.2548）

890　四月甲寅　命拆（按：疑拆爲析）臨清、德州、河西務倉三分之一改爲通州及在京倉。時各倉皆空閑，而通州、京倉皆不足故也。

（英宗正統實録卷 128　第 4 頁　128.3.2555）

891　四月乙卯　命工部右侍郎王佑同太監尚義董修大功德禪寺。

（英宗正統實録卷 128　第 4 頁　128.3.2556）

892　四月乙丑　併順天府通州北關遞運所於通州遞運所，從監察御史陳鑑言也。

（英宗正統實録卷 128　第 6 頁　128.5.2559）

893　四月丙寅　安南國王黎濬遣陪臣陶公僎等朝，貢金銀器皿、犀角、象牙、沉香等物。賜宴并鈔、文綺、金織羅〔校記：廣本無羅字〕襲衣等物有差。

（英宗正統實録卷 128　第 6 頁　128.5.2560）

894　四月丁卯　順天府通州言：社稷、山川二壇，逼近民居，穢汙瀆慢，乞使（按：館本使作更）徙他地。從之。

（英宗正統實録卷 128　第 7 頁　128.6.2561）

895　四月戊辰　大雨雹。

（英宗正統實録卷 128　第 7 頁　128.6.2561）

896　四月庚午　給三千、五軍等營巡邊官軍馬四百八十一匹。

（英宗正統實録卷 128　第 7 頁　128.6.2561）

897　四月壬申　户部左侍郎姜濤卒。濤山西忻州人……正統元年陞順天府尹，正統八年陞户部左侍郎，在任有治才。至是卒。

（英宗正統實録卷 128　第 8 頁　128.7.2563）

898　五月庚辰　以在京居賢、崇教二坊草場築倉收糧。

（英宗正統實録卷 129　第 2 頁　129.2.2568）

899　五月甲申　給神機營并萬全都司官軍馬五百六十二匹。

（英宗正統實録卷 129　第 3 頁　129.3.2569）

900　五月甲午　國子監祭酒李時勉復上疏乞致仕。上不允。

（英宗正統實録卷 129　第 7 頁　129.6.2575）

901　五月戊戌　占城國王摩訶賁該遣使臣巴寵等奉金葉表文來朝，貢方物。賜宴并織金羅襲衣、綵段、表裏等物有差。

（英宗正統實録卷 129　第 7 頁　129.6.2576）

902　五月戊戌　泰寧侯陳瀛奏：所遣部卒居長安右門朝房，卒病死于其中。監察御史胡貫因言：長安左右門朝房，諸文武官近來往往縱吏携家入居，且畜養鷄豚等物，甚不敬，請概治其罪。事下錦衣衛查究，得瀛及監察御史盛珂等官名以聞，請鞫其狀。上命姑宥之。

（英宗正統實録卷 129　第 7 頁　129.6.2576）

903　六月癸卯朔　故永平大長公主府中使青山言：主墳在順天府玉泉山，近有石匠數十竊取山石，恐宣洩風氣，請治其罪。從之。

（英宗正統實録卷 130　第 1 頁　130.1.2581）

904　六月戊申　免山西平陽、太原、直隸河間、真定諸府存留并起運保定、密雲夏税小麥，仍免諸處屯軍子粒之半。以有司言歲旱無徵也。

（英宗正統實録卷 130　第 2 頁　130.2.2583）

905　六月丁卯　濃霧四塞。

（英宗正統實録卷 130　第 10 頁　130.8.2595）

906　六月戊辰　京師城垣，其外舊固以磚石，向（按：館本向作内，是也）惟土築，遇雨輒頽毁。至是命太監阮安、成國公朱勇、修武伯沈榮、尚書王巹、侍郎王佑督工修甓之。

（英宗正統實録卷 130　第 10 頁　130.8.2596）

907　六月戊辰　占城國王摩阿〔校記：廣本阿作訶〕賁該遣正使巴籠（按：館本籠作龍）、副使逋沙怕等賫捧表箋來朝，貢方物。賜宴并金織襲衣、綵幣等物有差。仍命賫勅及絨錦、織金紵絲、紗羅、良馬等物歸賜國王及妃。

（英宗正統實録卷 130　第 10 頁　130.8.2596）

908 七月癸酉 以興工修理京都城垣，遣官祭告太廟。

（英宗正統實録卷 131 第 1 頁 131.1.2599）

909 七月戊寅 工部奏：取工匠在逃者萬人，恐有司怠緩，欲責以解行期限。上曰：限豈可責耶！但延緩過甚者，必以法治之。

（英宗正統實録卷 131 第 2 頁 131.2.2601）

910 七月己卯 命在京把總管操署都指揮同知蔣斌實授都指揮同知，往鎮陝西河州衛。

（英宗正統實録卷 131 第 3 頁 131.2.2602）

911 七月己卯 順天府通州三河縣知縣孫理，先以父喪去任，至是服闋至京。會本縣知縣缺，縣民數十人詣闕，奏保理謹慎善撫民，乞留復職。上命吏部從其請。

順天府南石渠草場火，焚草二萬三百一十五束。户部請責償於典守者。上命免之。

（英宗正統實録卷 131 第 3 頁 131.2.2602）

912 七月戊子 撒馬兒罕等處兀魯伯苦列干王等遣使臣伯顏答巴失等來朝，貢馬、駝、金線豹、玉石等物……賜宴及綵幣、表裏、襲衣、紗絹有差。

（英宗正統實録卷 131 第 6 頁 131.5.2608）

913 七月癸巳 通州義勇右衛倉火，焚燬米穀一萬八千五百四十石有奇，提督倉場户部右侍郎焦宏自陳罪，且請罪典守者。上悉宥之。

（英宗正統實録卷 131 第 8 頁 131.7.2612）

914 七月辛丑 增置順天府通判一員，專督匠役。從本府奏請也。

（英宗正統實録卷 131 第 10 頁 131.8.2614）

915 八月戊申 命築治通州抵京師一帶道路。

（英宗正統實録卷 132 第 4 頁 132.3.2622）

916　八月庚戌　給大營、三千、五軍等營馬二千九百六十四。

（英宗正統實録卷 132　第 4 頁　132.4.2623）

917　八月甲子　爪哇國人蒲達剌、達魯加、密沙剌私駕舟商於暹羅國，被獲械京，既而達魯加被蒲達剌刀傷致死。刑部以誤死者爲密沙剌，而以蒲達剌爲達魯加，發（按：館本發前有問字）牧象。事覺，尚書金濂等自劾。上宥濂等罪，命都察院執其屬官鞫之。

（英宗正統實録卷 132　第 9 頁　132.8.2631）

918　九月己卯　修順天府學及宋丞相文天祥祠。

（英宗正統實録卷 133　第 4 頁　133.3.2644）

919　九月乙酉　巡按直隸監察御史尹禮言：山海至密雲一帶，關口數多，地勢隔遠，雖有參將等官鎮守，然止坐屯一隅，緩急猝難應援。乞勅參將宗勝自九月爲始，率領官軍往來提督大喜峯口等關，其寺子峪至豬頭圈營，責副總兵（按：館本副作付，兵後有官字）孫傑就近巡督，庶邊防有守，不誤事機。從之。

（英宗正統實録卷 133　第 7 頁　133.6.2649）

920　九月乙未　給居庸關等驛馬一百四十匹。

（英宗正統實録卷 133　第 11 頁　133.9.2656）

921　九月丁酉　命户部右侍郎張睿同内官阮忠等巡視提督在京及通州直抵臨清、徐州、淮安倉粮，并在京象、馬、牛、羊房屋、倉場粮草。

（英宗正統實録卷 133　第 11 頁　133.10.2657）

922　九月己亥　户部右侍郎焦宏奏：通州等五衛，每歲冬衣布花皆各衛與本部委官收放，文卷無印信，不便。請設官專理，庶出納分明。上從之，命設通濟庫，置官，降印記，隸通州管轄。

（英宗正統實録卷 133　第 12 頁　133.10.2658）

923　十月癸卯　書諭撒馬兒罕地面王兀魯伯曲烈干曰：王遠

處西陲，恪修職貢，今復遣使臣伯顔答八失等以方物來貢。眷此勤誠，良足嘉尚。使回，特賜王并妻及王子阿不都剌阿卽思巴哈都見（按:館本見作兒）等綵幣、表裏，以示朕優待之意，至可領之。仍別勑，頒賜金玉器皿及龍頭柱杖、玉事件、細馬鞍、各色紵絲衣料等物，俱命伯顔答八失等齎與之。仍命伯顔答八失爲指揮僉事。

（英宗正統實録卷 134　第 2 頁　134.2.2661）

924　十月丙午　　上畋于南海子。

（英宗正統實録卷 134　第 3 頁　134.3.2663）

925　十月戊申　　設順天府通濟庫，置大使一員。從户部主事翁世資言也。

（英宗正統實録卷 134　第 3 頁　134.3.2663）

926　十月戊午　　命工部右侍郎王永和督修京城倉。

（英宗正統實録卷 134　第 7 頁　134.6.2670）

927　十月乙丑　　工部奏：近右侍郎王祐奏准，各處逃匠令所司親解赴京。然奸惰之徒，到工未久隨卽逃去。請今後解匠官吏俱留京管工，待工滿一體放回，庶匠不敢逃，工程易完。上不允，但令今後匠有三次逃者發充武功中衛軍，仍令當匠。敢蹈前非，殺之不宥。

（英宗正統實録卷 134　第 11 頁　134.9.2676）

928　十月丁卯　　朝鮮國王李裪遣陪臣朴堧來朝，奉表貢馬及方物，賀萬壽聖節。賜宴并金織衣、綵幣、表裏等物有差。

（英宗正統實録卷 134　第 11 頁　134.9.2676）

929　十一月癸酉　　順天府順義縣民袁大等奏：河水埔塌田地三十餘頃，不堪耕種。命撥韓貴等還官地畝與種，補辦粮草。

（英宗正統實録卷 135　第 2 頁　135.2.2681）

930　十一月丙子　　賜朝鮮國王李裪正統十一年《大統曆》一百本，命來使朴堧等領回給之。

（英宗正統實録卷 135　第 2 頁　135.2.2682）

931　十一月癸未　　陞户科給事中王弼爲順天府府丞。以吏部推舉故也。

（英宗正統實録卷 135　第 3 頁　135.3.2683）

932　十一月戊子　　户部言：燕山左衛指揮家人賈英等於東安縣史家屯開墾田地二千（按:館本千作十）餘頃，保定衛指揮家人袁真等於清苑縣墾荒無（按:疑無爲蕪之誤）官地二十五頃，初例每畝納鈔三十貫。今告艱難，乞如民田起科，每畝納粮三（按:館本三作五）升三合五勺。從之。

（英宗正統實録卷 135　第 6 頁　135.5.2687）

933　十一月丙申　　命錦衣衛指揮僉事陳端捕盗於順天、保定二府。時京師内外多盗故也。

（英宗正統實録卷 135　第 9 頁　135.7.2692）

934　十一月丁酉　　看花匠不戒於火，延焚御花房二所，例當拘役贖徒。上命斬之，不必覆奏。

（英宗正統實録卷 135　第 9 頁　135.7.2692）

935　十二月癸卯　　朝鮮國王李裪遣陪臣洪師賜……等來朝，貢馬及方物。賜宴并紵絲襲衣、綵段、絹布有差。

（英宗正統實録卷 136　第 1 頁　136.1.2696）

936　十二月甲寅　　户部言：浙江、河南、山東、順天、大名等府州縣桑絲折絹，有紕薄不堪用者，雖已追補，其官吏宜治罪。上曰：所納既完，姑宥之。但移文，令〔校記：廣本令下有名字〕省過。若再不用心，不恕。

（英宗正統實録卷 136　第 6 頁　136.5.2703）

937　十二月　　是歲……漕運京師儹運過米豆四百四十六萬五千石，各處運納糧一百一十一萬五千三十三石。

（英宗正統實録卷 136　第 12 頁　136.10.2714）

正統十一年（1446）

938 正月丁丑 勅工部曰：今歲事方新，宜與民同樂。在京見役諸色匠作，除緊用工程外，其餘不急之役俱令休息，二月初一日仍舊上工。囚犯計日准工，所司務公守法，俾人受實惠。

（英宗正統實録卷 137 第 2 頁 137.2.2719）

939 正月庚辰 户部尚書王佐言：每歲春初，差官分往山東、河南、南、北直隸，督軍民官捕蝗。今歲宜差在京堂上官。上曰：凡事有備無患，而能體恤民之心，預戒蝗患，誠可嘉也。宜如爾言行之。

（英宗正統實録卷 137 第 3 頁 137.3.2721）

940 正月甲午 命修太廟。

（英宗正統實録卷 137 第 9 頁 137.8.2731）

941 二月癸卯 亦力把里等處地面也密力虎者王等遣使臣賽夫（按:館本夫作失）剌等來朝，貢馬、駝及方物。賜宴并金襲衣等物有差。仍命賽夫剌賚勅并綵幣、表裹等物，歸賜其王及王母等有差。

（英宗正統實録卷 138 第 3 頁 138.3.2738）

942 二月戊申 遣順天府官祭先農之神。

（英宗正統實録卷 138 第 3 頁 138.3.2739）

943 二月庚戌 琉球國中山王尚忠遣使臣阿普斯古等來朝，貢馬駝及方物。賜宴并綵幣、表裹等物有差。

（英宗正統實録卷 138 第 4 頁 138.3.2740）

944 二月辛酉 以異氣現于華蓋殿金頂及奉天殿鴟吻之上，上遣官昭告于昊天上帝、后土皇地祇曰：屬以眇躬，祇承大統。仰膺眷命，邦家底寧。兹者，上天垂象，異氣現于華蓋殿金頂及奉天殿鴟吻之上，此蓋天心眷愛，特示昭警。省躬自咎，寢食靡寧。祇懼憂惶，罔知攸措。顒祈大德，俯賜矜憐。潜消沴氣，啟迪愚衷，修明庶政。俾家國〔校記：廣本家國作國家〕永寧，民物康阜，不勝惓切懇祈之至。謹用昭告，伏惟鑒知。

禮部尚書胡濙等奏：請出給僧道度牒。上命在外府州縣悉遵永樂間定額，惟南京度僧五百人，北京度僧一千人。

（英宗正統實録卷 138　第 16 頁　138.5.2743）

945　二月癸亥　勅諭五府、六部、都察院、大理寺等衙門官曰：朕嗣承祖宗大統，祇體天心，撫綏黎庶。夙夜惓惓，罔敢怠忽。兹當春陽和暢、萬物發生之時，尚慮軍民未盡得所。特推寬恤之典，用廣好生之德。合行事宜，條列於後。爾等職專庶務，與國同體。凡有可興利除弊、便益軍民者，悉具奏，以副朕體天恤人之意。……一，各處赴京輪班人匠，自正統十一年以前遞年失班者，俱免罰役，止當正班。一，在京各衙門見追贓罰等項物件，未完者具實聞奏。一，在京見役并辦事吏典，果有人物鄙猥、寫字粗拙及有疾貧難者，各衙門堂上官審送吏部驗實，放回為民。一，在京人匠、醫士、厨役等項，果有殘疾及年七十以上、不堪應役者，放免寧家。應僉補者，所司僉補。

（英宗正統實録卷 138　第 6 頁　138.5.2744）

946　三月庚午　順天府固安縣奏：吴家口隄岸決壞，渾河及黑洋淀水俱從此衝，其勢瀰漫，不能閉塞。決岸之西南，有地距水源里許。可鑿溝以洩其勢，庶水落而工力可施。

（英宗正統實録卷 139　第 1 頁　139.1.2754）

947　三月甲戌　車駕至天壽山。

（英宗正統實録卷 139　第 3 頁　139.2.2756）

948　三月丙子　上駐驆陵下。

（英宗正統實録卷 139　第 3 頁　139.2.2756）

949 三月丁丑 上祭長陵、獻陵、景陵。扈從文武群臣陪祀。

（英宗正統實録卷 139，第 3 頁 139.2.2756）

950 三月庚辰 車駕至京城。

（英宗正統實録卷 139 第 3 頁 139.2.2756）

951 三月庚辰 命工部右侍郎王佑督工，修大覺寺。

（英宗正統實録卷 139 第 3 頁 139.2.2756）

952 三月辛巳 遣修武伯沈榮祭京都城隍之神，工部尚書王卺祭司工之神。以興工修理城垣故也。

（英宗正統實録卷 139 第 3 頁 139.3.2757）

953 三月癸未 順天府大興縣知縣馬聽（按：館本聽作聰，下同）言：京城内外有造諸色僞銀以紿人者，貧民被其紿，往往窘忿致死。又有號風流漢子者，專以賄博致錢酬花。酒費失意，費無所出，遂去為盗。又有醉卧于道者，往往凍死。其貪饕固無足惜，但死有可憫。凡此皆風化所係。臣請概命錦衣衛五城兵馬嚴警察之。敢有僞造銀者重罪之。其鍜銀必張舖臨通衢，毋得於私僻處，爐頭毋得有梅礬、玉田沙。官軍、民家、娼妓院，不得有雙陸、骨牌、紙牌、骰子。道有醉卧者，冷〔校記：廣本冷作令，是也〕舖火夫舉置舖内，伺其醒，枷示之。章下，法司謂聽言可從。造僞銀者宜發充邊衛軍。賭博者運粮口外。但枷示醉人非舊典，不可行。上示（按：館本示作是）之。

（英宗正統實録卷 139 第 4 頁 139.4.2759）

954 三月甲申 修理太廟、社稷壇畢工。上祭告奉先殿。遣工部尚書王卺祭司工之神。

（英宗正統實録卷 139 第 5 頁 139.4.2760）

955 三月辛卯 撒馬兒罕使臣還至甘州，聞亦力把里與其王子讐殺，恐為邀刼，告乞暫留甘州，俟路通而還。總兵官寧遠伯任禮以聞。從之。

（英宗正統實録卷 139 第 7 頁 139.6.2763）

956 三月壬辰 命南北二京各都司衛所屯軍差占者，仍舊給與月粮。其該納子粒正粮免征，餘粮依例比較。仍命按察司同都司官覆實，果單丁差占者，其屯田撥與有丁之家耕種。

（英宗正統實録卷139　第7頁　139.6.2763）

957　三月癸巳　暹羅國王遣利波羅麻那惹智剌，遣正副使李三鐸買等來朝，貢方物。賜宴并綵幣、襲衣、靴帽等物有差。

（英宗正統實録卷139　第7頁　139.6.2764）

958　四月壬寅　爪哇國遣使貢白鸚鵡、火鷄各一。賜宴并襲衣、綵幣等物有差。

（英宗正統實録卷140　第1頁　140.1.2770）

959　四月己未　暹羅國使臣柰三鐸買等陛辭。命賫勑及絨錦、綵段、表裏等物，歸賜其王及妃。

（英宗正統實録卷140　第7頁　140.6.2779）

960　四月甲子　安南國王黎濬、琉球國中山王尚忠各遣陪臣來朝，貢馬及金銀器皿、方物。賜宴并綵幣有差。

（英宗正統實録卷140　第8頁　140.7.2781）

961　五月己巳　禮部奏：蘇門答剌國人靄淹告，有叔宋允於正統元年詣京朝貢，被爪哇國番人打昔等謀殺之，其妻眉妹打歪訴於官，蒙依律問罪矣。今眉妹打歪并使女人等見在廣東〔校記：廣本東作西〕寓居，無族屬之親、服食之資，度日艱窘，零丁無依，欲行廣東都布按三司，令其起送復國。從之。

（英宗正統實録卷141　第1頁　141.1.2783）

962　五月癸酉　鎮守密雲署都指揮僉事王通奏：臣先任山東大嵩衛，後選在京管操，俸粮仍在大嵩衛關支。緣臣家口在京住坐，乞於在京關支便益。從之。

（英宗正統實録卷141　第2頁　141.2.2785）

963　五月甲戌　國子監祭酒李時勉復上疏言：臣草茅賤質，樗散微材，十六而遊泮庠，從師講學。三十而登進士，釋褐影纓，選入翰林，首被文皇之隆眷，使居秘閣，縱觀至聖之遺書，既十年而擢屬秋官，又二載而召預文事。自兹七年，膺禄秩之益崇。歷事三朝，沐恩榮之愈厚。叨荷聖皇之寵顧，除臣掌教之清班，受職涖官，所當竭力，反躬度德，實匪具才。譬猶下乘之駑駘，空費上槽之菽乘。況今臣行年七十之上，而疾病交侵。居官三紀之餘，而涓埃莫報。昨者，敷陳愚悃，懇乞歸休。皇上垂念老臣，未賜俞允。而老臣亦戀明主，敢遂間安。第以枯朽之資，不堪委任之重。昔也徒持文墨，議論曾何益于朝廷。今焉幸當教育賢才，期有禆于聖化，瞻日月感會風雲，正宜堅葵藿之誠心。可惜迫桑榆之暮景，形骸潦倒，精力衰頹。尋常于庶務之施行，或記一而忘十。朝夕于諸生之訓誨，每語後而遺前。言則氣不續聲，行則筋不束骨。臨政多怠，慮事不精，雖使罄犬馬之微勞，終莫報乾坤之大德。殊有妨于賢路，竟無補于明時。伏望聖慈，特垂優命，俾臣得以棲身畎畝，全三尺之微軀，長當擊壤康衢，祝萬年之聖壽。上覽奏，嘉嘆久之，仍不允其去。

（英宗正統實録卷 141　第 3 頁　141.2.2786）

964　五月丁丑　　欽天監奏：簡儀無度數，又地基卑下。每窺測日星，為四面臺宇所蔽。圭表置露臺，光皆四散，影無定則。壺漏屋低，夜天池促，難以注水調品時刻。乞將簡儀修刻黄道等度數，其地基增高之，圭表壺漏如南京，蓋晷影堂三間，以便窺測調品。從之。

（英宗正統實録卷 141　第 5 頁　141.4.2789）

965　五月庚辰　　錫蘭山國使臣耶巴剌謨的嘿啞朝貢還，至廣東布政司病故。命有司祭之。

（英宗正統實録卷 141　第 6 頁　141.5.2791）

966　五月戊子　　先是，有衛卒樂馬駒者，請自以石修馬駒河橋。工部言橋樑恐非匹夫所能辦，馬駒言已運石。上許之。凡過往車輛，馬駒皆索米若柴以助用。久之，有誣馬駒以犯姦，欲縛赴官者，得其白金五百兩，釋之。已而人又欲訐其事，馬駒仰藥死。上命刑部執欲訐者鞫之。工部追理所遺財貨，仍畢其工。

（英宗正統實録卷 141　第 8 頁　141.7.2795）

967　五月壬辰　　順天府宛平縣富户聞眷〔按:館本眷作春〕等，先因避役逋亡，至是自首。上命宥罪充役，再逃不宥。

（英宗正統實録卷 141　第 11 頁　141.9.2800）

968　五月癸巳　　順天府良鄉縣奏：泥河北隣蘆溝橋渾河，地名大寧，肆坡累為水決，乞發丁夫修築。事下順天府，按視言宜先疏河，然後築堤。從之。

（英宗正統實録卷 141　第 12 頁　141.10.2801）

969　六月戊戌　　亦力把里等處地面也密力虎者王遣使臣馬黑麻等來朝，貢玉石、馬駝及銀青鼠皮。賜宴并綵幣、襲衣等物。

（英宗正統實録卷 142　第 1 頁　142.1.2805）

970　六月辛丑　　命工部修造奉先殿供用器皿（按：館本無皿字）。

（英宗正統實録卷 142　第 4 頁　142.3.2810）

971　六月壬寅　　琉球國中山王尚志（按:館本志作忠，是也，参本編 1008 條）遣使臣伍是佳美等賫捧表文來賀今年正旦，貢馬及方物。賜宴并綵幣、襲衣等物有差。

（英宗正統實録卷 142　第 4 頁　142.3.2810）

972　六月丙午　　安南國王黎濬遣陪臣既叔惠等來朝奏事，貢方物。賜宴并綵幣、襲衣等物有差。

（英宗正統實録卷 142　第 5 頁　142.5.2813）

973　六月辛亥　　命修京城北垣。遣工部右侍郎王永和祭司工之神，成國公朱勇祭告京都城隍之神。

（英宗正統實録卷 142　第 7 頁　142.6.2815）

974　六月癸丑　　命亦力把里使臣米兒馬黑蠻、哈撒俱為百户，忽劄力等温把密使臣兀兒罕丁、牙兒千使臣亦可哈麻、哈密使臣同知阿哈麻、大使迭兒必失俱為所鎮撫。

（英宗正統實録卷 142　第 7 頁　142.6.2815）

975 六月丙辰 夜地震，有聲。

（英宗正統實録卷 142 第 8 頁 142.7.2817）

976 六月癸辛 勅諭占城國王摩訶賁該曰：近者，安南國王黎濬遣陪臣程真等朝貢到京，奏王欺其孤幼，曩已侵其升、革（按：館本革作華，是也）、思、義四州，今又屢次率兵，攻圍其化州，殺掠其人畜、財物。王與安南俱受朝廷封建年久，疆城各有定界。豈可興兵搆怨，有乖睦隣保境之意。古人云：君子不以其養人者害人。王自今宜深體此意，秖循禮分，嚴飭守邊頭目，慎同封守。毋仍恣肆、侵欺隣境，貽患生靈，自取禍殃。況天道福善禍淫自有常理，王其欽承之。并諭安南國王黎濬：亦宜嚴加備禦，毋挾私報復，庶彼此相安，副朕一視同仁之意。

（英宗正統實録卷 142 第 9 頁 142.7.2818）

977 六月甲子 久雨澤，河水泛固安縣賈家等里屯、張家等口隄。命有司修築之。

（英宗正統實録卷 142 第 9 頁 142.8.2819）

978 七月丁卯朔 户部奏：比歲兩京文武官俸給，每十月十一月〔校記：廣本作十一月十二月〕准令折絹。緣比時寒凍，難於練染，不得及時服用，乞於七八月支為便。從之。

（英宗正統實録卷 143 第 1 頁 143.1.2821）

979 七月己巳 占城國王摩訶賁該遣使臣制班等奉表貢象及方物，賜宴并綵段、絹布等物，仍命制班等賫勅及紵絲、紗羅，歸賜其國王及妃。勅曰：王國每歲遣使臣來朝，足見敬天事上之誠。但涉歷海道，風濤不測，使臣人從往來甚難（按：館本難作艱），已嘗憫念。遣勅令照安南等各番國例，三年一貢。今復每歲遣使來朝，況船灣泊亦無定處，彼此俱未便利。審使制班等云，爾先王已逝，前勅不存，王嗣爵未久，亦（按：館本亦作未）知此事。今特頒勅諭王（按：館本王作臣）知之。王自今宜每三年一次，遣使臣來貢。務令使臣於廣東市舶提舉司河下或瓊州府海口港次灣泊，庶官司開闢接取便當，亦免盜賊侵擾之患。又嘗遣令王國中將先所拘留暹羅國使臣人伴一百二十一人，差人護送赴〔校記：廣本赴作北〕京。迄今歲久，俱無奏報發遣。此亦爾先三時，未知王嘗問否。勅至，王宜體朕恤人之心，即一一挨究，照數發回，使人各得還其鄉里，以遂父母妻子團圓之樂。如此則天必鑒佑，使王及國人皆獲善報，永享太平之福。否則天鑒孔昭，惡報亦不爽。其王省之。

（英宗正統實録卷 143　第 1 頁　143.1.2822）

980　七月辛未　　順天府、應天府及直隸河間、保定……各奏：今年五月六月天雨連綿，渰没田苗，漂流居民廬舍、畜産。户部遣官覆視以聞。

（英宗正統實録卷 143　第 3 頁　143.2.2824）

981　七月甲戌　　京都太倉大寧中衛倉火，六科給事中十三道監察御史共劾提督侍郎張睿等罪。上命宥之。所焚粮米亦□（按：館本□作免）償。

（英宗正統實録卷 143　第 4 頁　143.3.2826）

982　七月己卯　　以修理都城東垣工畢，遣成國公朱勇祭〔校記：廣本祭下有告字〕京都成隍之神，工部尚書王卺祭司土之神。

（英宗正統實録卷　143　第 5 頁　143.4.2828）

983　七月癸巳　　兵部奏：武學讀書幼官辛玉等告稱，家無人丁，每遇歇操入學，倩人牧養官馬，要照都指揮紀廣等例五日聽講，并欲取勘京衛優給官未曾出幼、不養馬操練者，入學讀書。上曰：年五十以上者操練聽講，五十以下者令入學讀書。兵部覆：選精壯俊秀幼官并軍職應襲兒男送武學。

（英宗正統實録卷 143　第 9 頁　143.8.2835）

984　八月丁未　　建通州八里（按：館本里下有莊字）橋，命工部右侍郎王永和督工。

（英宗正統實録卷 144　第 3 頁　144.3.2841）

985　九月丁卯　　户部奏：内帑各色絹布不多，請出白絹一萬疋、白布四萬疋，令京城工匠染色備用。上曰：民可資其力，不可傷其財，當用物料，悉官給之。

（英宗正統實録卷 145　第 1 頁　145.1.2849）

986　九月辛未　　後軍都督府奏：所轄大寧、萬全二都司并直隸諸衛所官軍俸粮折鈔及胡椒、蘇木，每歲委官赴京庫關領，所委者多將官物在京糜費，耽嗜酒色，經歲不回，以致官軍不得實用。乞勑户部各遣辦事官一員，定與限令，其同委官運赴各該管粮官處分給為便。從之。

（英宗正統實録卷 145　第 3 頁　145.2.2852）

987　九月丁丑　　夜雷電。

（英宗正統實録卷 145　第 4 頁　145.4.2855）

988　九月辛巳　　有僧四人私建佛寺於彰義門外，監察御史林廷舉等奏付法司，坐當杖，充邊衛軍。從之。

（英宗正統實録卷 145　第 6 頁　145.5.2858）

989　十月丁酉　　暹羅國王思利波羅麻那惹智剌遣使臣坤普論直等、爪哇國遣使臣馬用良等、占城國王摩訶賁該遣族兄左東提朋并使臣逋沙怕占持等各來朝，貢方物。賜宴并綵幣、表裏等物有差。

（英宗正統實録卷 146　第 2 頁　146.1.2868）

990　十月癸卯　　兵部尚書鄺埜等奏：比奉勑旨，命臣會官集議禦虜方略。……密雲地方，密邇京師，而古北口尤為切要，共有官軍三千九百人，分守關營墩堡八十三處，古北口止二百二十四人。乞將密雲中等衛在京操軍發回守口。

（英宗正統實録卷 146　第 4 頁　146.3.2872）

991　十月乙巳　　免大營、三千、五軍、神機等營倒死騎操馬一萬一千一百匹有奇，給大營、三千、五軍、神機等營馬一千三百五十匹有奇。

（英宗正統實録卷 146　第 6 頁　146.5.2875）

992 十月壬子 命法司論斷：罪囚有力者於通州運米赴龍門、開平二衛上納贖罪。從户部奏請也。

（英宗正統實録卷 146 第 7 頁 146.6.2878）

993 十月甲寅 命選隆慶左、右并懷來衛屯軍於馬營備東（按：館本東作冬）。

（英宗正統實録卷 146 第 7 頁 146.6.2078）

994 十月丙辰 朝鮮國王李祹遣陪臣金何等來朝，貢馬及方物，賜宴并綵幣、表裹、襲衣、靴韈、鈔、絹等物有差。

（英宗正統實録卷 146 第 8 頁 146.7.2879）

995 十月戊午 朝鮮國王李祹遣陪臣李堅期等奉表貢馬及方物，賀萬壽聖節。賜宴并綵幣、表裹等物有差。

（英宗正統實録卷 146 第 8 頁 146.7.2879）

996 十一月辛未 免直隷通州左衛被災屯粮三百餘石。

（英宗正統實録卷 147 第 3 頁 147.2.2888）

997 十一月辛未 修理舊禮部為試院，計屋八千貳間。

（英宗正統實録卷 147 第 3 頁 147.2.2888）

998 十一月辛巳 爪哇國遣使八智麻抹來朝，貢方物。賜宴及綵幣、表裹等物有差。

（英宗正統實録卷 147 第 7 頁 147.6.2895）

999 十一月壬辰 勅諭朝鮮國王祹曰：前得遼東都司奏，王國移文稱，今年四月有野人突入王境，殺虜人口、頭畜而去。及聞李滿住等所管之人，屢對王國之人言欲報復，此必滿住等含忍所為等因，已勅遼東總兵鎮守官差官往女直野人地面挨追者都督別里格等，將所搶王國（按：館本國作曰）男婦十人送至遼東，給與衣粮優養。其別里格等來京備奏，比先女直者兒兀歹等在建州居住，宣德八年被王國軍馬搶殺甚衆。内搶男婦十口，見在王國，所遺幼小今已長成，委是報復前讎。今謹遵朝命，送還朝鮮人口，請朝廷一體差人往王國挨取見在人口給還，免致彼此讎怨等情，朕已撫慰〔校記：廣本慰作諭〕別里格等回衛俟候。兹將彼挨還人口付王國使臣李堅期領回，給親完住。王宜於境内挨查女直者兒兀歹等家男婦十口，送遼東總兵等官處，給還其親。非特遂彼骨肉之情，王之邊境亦得永寧。王素重德義，為賢藩屏，敦崇和睦，保境卹鄰，用造下人之福，副朕一視同仁之心。

（英宗正統實録卷 147　第 9 頁　147.8.2899）

1000　十二月壬寅　京城大雨、雷電，翼日乃止。

（英宗正統實録卷 148　第 3 頁　148.2.2906）

1001　十二月甲辰　朝鮮國王李祹遣陪臣安止捧表來朝，貢方物，賀明年正旦節。賜宴并綵幣等物有差。

（英宗正統實録卷 148　第 4 頁　148.3.2908）

1002　十二月戊申　安南〔按：館本南作國，誤〕國王黎濬遣臣（按：臣為陪之誤）臣阮宗、爪哇國遣陪臣陳麻勿等貢方物。賜宴并綵幣、衣服等物有差。

（英宗正統實録卷 148　第 6 頁　148.5.2912）

1003　十二月壬子　免順天府屬縣并在京金吾等衛、直隸鎮朔、大寧都司、營州後屯等衛被災粮一千九百一十九石，草二十一萬八千十四束。

（英宗正統實録卷 148　第 7 頁　148.6.2913）

1004　十二月　是歲……漕運北京儹運過糧四百三十萬石，各處運納糧九十六萬六百一十二石。

（英宗正統實録卷 148　第 11 頁　148.9.2919）

正統十二年（1447）

1005　正月丙子　爪哇國辦事八智、李斌奏：蒙本國王遣來朝貢，被已故使臣陳麻勿將智、斌及通事柰靄等銅錢、錫蠟拘占，及欲自備船回國。上命移文廣東三司，拘陳麻勿家屬，驗實追還。其回國船聽自備。

（英宗正統實録卷 149　第 2 頁　149.2.2924）

1006　二月癸巳朔　減京城并通州店房税鈔。先是，以鈔法不通，凡店房計間月税鈔五百貫，後減至一百貫五十文。至是民言鈔貴，遂減至四十貫。

（英宗正統實録卷 150　第 1 頁　150.1.2935）

1007　二月戊戌　迤西回回迭力必失隨尾瓦剌使臣入貢，既還，至榆河驛逃歸，願在京居住。上命為頭目，給鈔布、襲衣、柴米、房屋。

（英宗正統實録卷 150　第 3 頁　150.3.2939）

1008　二月甲辰　琉球國中山王尚忠遣使臣程安奉表來朝，貢馬及方物。賜宴并賜綵幣、襲衣等物有差。

（英宗正統實録卷 150　第 5 頁　150.4.2942）

1009　二月丁未　琉球國中山王世子尚思遠以其父忠薨逝，遣長史梁球奉表請襲爵，貢馬及方物。賜宴并綵幣、襲衣等物有差。

（英宗正統實録卷 150　第 6 頁　150.5.2944）

1010　二月庚戌　彌陀寺僧奏：本寺原種宛平縣土城外地十八頃有奇，近蒙户部委官踏勘，令臣輸税。然臣空寂之徒，乞賜蠲免。上曰：僧既不能輸税，其地令没官。

（英宗正統實録卷 150　第 7 頁　150.6.2946）

1011　二月壬子　命户部右侍郎張睿專巡視京師倉場。先是，巡視倉場者兼理部事，至是户部郎中何支言倉場事緊，宜專官理之，故有是命。

（英宗正統實録卷 150　第 8 頁　150.6.2946）

1012　三月甲子　駐蹕陵下，遣禮部尚書胡濙祭告天壽山之神。

（英宗正統實録卷 151　第 1 頁　151.1.2957）

1013 三月己巳 車駕駐蹕沙河。

景陵衛倉火。

（英宗正統實録卷 151 第 1 頁 151.1.2957）

1014 三月庚午 文武百官、軍民、耆老人等、四夷朝貢使臣，迎駕於都門外，拜呼萬歲。上還大內。

（英宗正統實録卷 151 第 1 頁 151.1.2958）

1015 三月戊寅 太僕寺奏：金吾等衛及順天府、山東濟南等府，正統十一年孳生馬騾駒三萬四千五百四匹。

（英宗正統實録卷 151 第 6 頁 151.5.2965）

1016 三月壬午 安南國王黎濬遣陪臣阮宗、朝鮮國王李陶（按：疑陶應作祹）遣陪臣李穰等奉表貢金銀器皿、沉香、象牙諸方物。賜宴并綵幣、表裏、金織襲衣等物有差。

（英宗正統實録卷 151 第 7 頁 151.6.2968）

1017 三月癸未 國子監祭酒李時勉致仕。時勉在國子監餘六年，諸生服其教而成者甚多。先是，累求去，不遂。及是，以中貴用事，不能諂事，求去益切。既得命就道，朝臣及國子生出餞都門外者幾三千人。

陞翰林院侍讀蕭鎡為國子〔校記：廣本子下有監字〕祭酒。

（英宗正統實録卷 151 第 7 頁 151.6.2968）

1018 三月丁亥 遣給事中陳博、行人萬祥往琉球國諭祭故中山王尚忠，并持節封王世子思達，賜勅諭之曰：爾比遣長史梁球等奏，爾父王尚忠亡歿，良深悼念。特封爾為琉球國中山王，繼承爾父，主理國事。爾宜篤紹先志，益堅事上之誠。敬守臣節，恪修職貢，簡任賢良，善撫國人。和睦隣境，以保國土，庶幾永享太平之福。欽哉。仍以皮弁、冠服及綿锦、紵絲、羅段等物賜之。復詔諭其國大小頭目人等：盡心輔翼，惇行善道，各循禮分，毋或潛踰。俾凡國人，同樂雍熙，副朕一視同仁之意。

（英宗正統實録卷 151 第 9 頁 151.8.2971）

1019　四月辛丑　命户部輸銀一萬兩於密雲、遵化二處，糴粮上倉，以備軍餉。

（英宗正統實録卷 152　第 3 頁　152.3.2977）

1020　四月辛丑　户部奏：御馬監并壩上馬於武清縣諸處草場牧放，其管馬内使等官并養馬官軍三千五百九十四人，請如例給口糧。從之。

（英宗正統實録卷 152　第 3 頁　152.3.2977）

1021　四月癸卯　撒馬兒罕回回哈肥子來歸，奏願居京自効。命為頭目，隸錦衣衛，給賜布、鈔、房屋、器皿。

（英宗正統實録卷 152　第 5 頁　152.4.2980）

1022　四月己酉　蘆溝河東有鑿山伐石之禁，太師英國公張輔縱家奴即其地闢煤窰。都察請罪輔。上特宥之。

（英宗正統實録卷 152　第 6 頁　152.5.2982）

1023　閏四月壬戌朔　修高梁橋閘。

（英宗正統實録卷 153　第 1 頁　153.1.2993）

1024　閏四月甲子　遣太保成國公朱勇、工部侍郎王佑祭京都城隍泊工之神。以修都城北垣畢工也。

（英宗正統實録卷 153　第 1 頁　153.1.2993）

1025　閏四月丙子　賞密雲中衛軍劉廈兒等二十六十〔校記：廣本十作人，是也〕銀布有差。以葦子峪斬獲虜寇首級功也。

（英宗正統實録卷 153　第 3 頁　153.2.2996）

1026　閏四月己卯　刑部尚書金濂言：民以玉觀音像施智化寺僧，求囑事，僧不肯，乃追取所施，甚廹。論罪當杖，但其情重，難以常律處。上是之，特命發民充鐵嶺衛軍。智化寺，大監王振所建者也。

（英宗正統實録卷 153　第 5 頁　153.4.2999）

1027　閏四月己卯　陞工部營繕所所副蒯祥、陸祥俱為工部主事。以蒯善攻木，陸善攻石，管匠修城有勞也。實授金吾右衛帶俸署都指揮僉事陳良為都指揮僉事，陞濟陽等衛指揮同知陳貴、陳善為指揮使指揮僉事，謝信、趙鑑、段斌為指揮同知。以管軍修城有勞也。順天府帶俸經歷張忠亦自修城有勞，乞陞官。上怒曰：陞賞出自朝廷，豈臣下可干邪！命下獄鞫之。法司奏當贖杖還職。上曰：忠發身石匠，其罷官仍就原役。

（英宗正統實録卷 153　第 5 頁　153.4.2999）

1028　閏四月丁亥　命工部右侍郎修東嶽廟、城隍廟。

（英宗正統實録卷 153　第 8 頁　153.6.3004）

1029　五月辛卯朔　琉球國中山王世子尚思達遣通事蔡讓等來朝，貢馬及方物。賜宴并綵幣、表裏等物有差。

（英宗正統實録卷 154　第 1 頁　154.1.3007）

1030　五月丙申　爪哇國使臣陳麻勿卒。遣官賜祭。

（英宗正統實録卷 154　第 2 頁　154.1.3008）

1031　五月丁未　外供用庫草場火。提督侍郎張睿劾管草内使不謹罪。上命有司究治之。

（英宗正統實録卷 154　第 6 頁　154.5.3015）

1032　五月戊申　遣工部右侍郎王佑祭司工之神。以修東嶽廟興工也。

（英宗正統實録卷 154　第 6 頁　154.5.3015）

1033　六月己巳　户部奏：順天府及大興、宛平二縣都稅司等衙門官吏俸糧，俱於本府倉關支。今本府稅糧各起運開平等處交納，存留者不敷支用，欲照五府、六部例，於潛運糙、粳米内摘撥收支。從之。

（英宗正統實録卷 155　第 3 頁　155.3.3027）

1034　六月壬申　占城國使臣在栗提朋至廣東南雄府淩江驛，以疾卒。命有司致祭。

（英宗正統實録卷 155　第 4 頁　155.3.3028）

1035　六月庚辰　太保成國公朱勇奏：五軍、三千等營把總管操都指揮等官，俱係推舉試驗得中者。比來兵部用補在外都司員缺。乞仍留在營管事，其各都司有缺於別項帶俸都指揮選用，庶兩得人。從之。

（英宗正統實録卷 155　第 6 頁　155.5.3031）

1036　六月己丑　占城國使臣逋沙怕占持……等來朝，貢馬及鐵甲等物。賜宴并綵幣、表裏有差。

（英宗正統實録卷 155　第 8 頁　155.7.3035）

1037　六月己丑　修南海子北門大紅橋。

（英宗正統實録卷 155　第 8 頁　155.7.3035）

1038　七月己亥　故占城國王占巴的賴姪摩訶貴來遣使臣逋沙怕占特等奏：臣先王抱疾之初，以臣為世子，欲令嗣位。時臣年尚幼，未能治事，遜位舅氏摩訶賁該。後摩訶賁該屢興兵伐安南國，安南國王遣將統兵抵占城舊州古壘等處，殺虜百姓殆盡，摩訶賁該被擒。國中臣民以臣先王之姪，在昔已有遺命，請臣代位，以掌國事。臣辭之再四，不得已，乃於府前治事，其王位未敢自專。伏乞特降賜明詔，以慰遠人之望。上從其請，遣給事中陳宜為正使、行人薛幹為副使，持節册封摩訶貴來為占城國王。賜勑諭：以謹守臣節，恪修職貢，善撫國人，睦隣保境，庶幾永享福澤，同樂太平。并賜摩訶貴來及其妃以粧花織金絨錦、紵絲、紗羅等物。又詔諭其國大小頭目人等，俾輔翼之。

（英宗正統實録卷 156　第 2 頁　156.2.3040）

1039　七月辛丑　鎮守密雲署都指揮僉事王通等奏：夜不收軍人被賊虜去，仍復放回，言也先駐劄不遠。請遣將率軍追捕。上勑責之曰：爾等訓練無法，致夜不收為賊所獲。然此時兀良哈賊，故復遣回。若為瓦剌所獲，豈不漏泄事情，為患非小。既無謀略，又欲妄奏掩罪，論法本難容恕，姑記罪不問。繼自今晝夜防慎，如再踈失，必以軍法從事。

命直隸永平等府、山東濟南等府取馬二萬匹赴京備用。

（英宗正統實録卷 156　第 4 頁　156.3.3042）

1040　七月戊午　爪哇國遣使貢紅綠白三色鸚鵡。賜宴并綵幣等物有差。

（英宗正統實録卷 156　第 8 頁　156.7.3049）

1041　八月癸亥　命修闕左門裏貼黄房屋。

（英宗正統實録卷 157　第 2 頁　157.2.3053）

1042　八月癸亥　爪哇國使臣亞烈馬用良等朝貢至京奏：所駕海舟被風蕩石破，乞行廣東都布二司量給物料，僉撥夫匠造舟領駕回國。從之。

（英宗正統實録卷 157　第 2 頁　157.2.3054）

1043　八月辛未　暹羅國王思利波羅麻那惹智剌遣使臣坤普論直等奉表，貢方物。賜宴并綵幣、表裏、金織襲衣等物。仍命坤普論直齎勅并綵幣、表裏，歸賜其王及妃。

（英宗正統實録卷 157　第 4 頁　157.4.3057）

1044　八月甲戌　御馬監監丞李保住先奏：武清等縣草場地被人侵占。上命御史等官覆勘，有先撥與軍民耕種納粮者，又有原係工部柴場非草場地者，其餘官舍軍民人等侵種草場地一百四十五頃有奇。上曰：舊種地納粮者仍舊種納，種柴場地者亦聽起科，其餘侵占草場地悉退還官。後有犯者，決罪不恕。

（英宗正統實録卷 157　第 5 頁　157.4.3058）

1045　八月乙亥　命造房四十餘間於内府，以貯五倫等書板。從工部奏請也。

（英宗正統實録卷 157　第 6 頁　157.5.3059）

1046　八月己卯　命修長陵、獻陵、景陵所用硃紅三牲案匣、戧金龍壺等器皿，共二千餘件。從祠祭署奏請也。

（英宗正統實録卷 157　第 6 頁　157.5.3060）

1047　八月甲申　重建京城東嶽廟成。御製碑文曰：朕惟天生萬物，必資五行四時之佑，而後能成生長收藏之功。君主萬民，必嚴五嶽四瀆之祀，而後能成惠養奠安之政。是故聖王之制，祭祀能禦大菑則祀之，能捍大患則祀之。觀於舜陟帝位，與夫巡守四方，必望秩于山川。武王大正于商，必告所過各山大川之類是也。而況君為百神之主，國之大事，祀又為之首乎？於乎君必祀神以禮，則神為君於民，所欲與聚，所惡勿施，不獨禦大菑捍大患而已！神必庇民以惠，則君為民於神，辨方秩祀、築宮肖像，而獨望而祭之、過而告之而已。此東嶽廟所以建於都城也歟？天下之嶽有五，而泰山居其東。民之所以〔校記：廣本以作欲，是也〕莫大於生，而東則生之所從始。故《書》稱泰山曰“岱宗”。以其生萬物為德，為五嶽之尊也。廟而祀其神於都城之東，示欲厚民生也。國家祀典於凡山川之神，春祈秋報，卽享祀於郊矣！然惟天子得以親之，而非民庶所得瀆也。士女車徒〔校記：廣本徒作從〕，來尸來宗，得以盡其禳禬之私於歲時者，獨非有所望於廟乎？乃詔有司治故地於朝陽門外，規以為廟。中作二殿，前名“岱嶽”，以奉東嶽泰山之神，後名育德，俾作神寢。其前為門，環以廓廡，分置如官司者八十有一，各有職掌。其間東西左右，特起如殿者四，以居其輔神〔校記：廣本神作臣〕之貴者，皆肖像如其生。又前為門者二，傍各有祠以享其翊廟之神，有舘以舍其奉神之士。廟之廣深凡若干畝，為屋總若干楹，壯偉宏麗。蓋始於正統十二年五月十八日，而落成於八月十五日。材出公之素備，工用役之常賦，而民無有知者。歲時致以香幣〔校記：廣本幣作帛〕，冀神運生生之機於無窮，亦順民所欲之一也。乃勒祝神之辭於石曰：自昔帝王，建國分方。封嶽為五，以奠厥疆。神各受職，入陰出陽。運機膚寸，賛化被〔校記：廣本被作彼，是也〕蒼。有若岱宗，峻臨陽谷。出雲敷雨，不疾而速。何枯不春，何焦不沃。私帝之仁，錫民之福。其在五嶽，專職發生。蒼龍青旂，八極游行。或長或養，資其孽萌。凡百有就，實肇茲靈。秩視三公，嶽孰為首。曰惟泰山，獨鐘神秀。徂徠新甫，峙其左右。咸効乃長，以相以佑。神煦其澤，雖曰自東。民之沐之，四海攸同。望祭有典，豆籩既豐。神之享之，惟鑒予恭。都人小大，皆感神惠。巖巖莫瞻，衷情曷慰。予允念茲，乃詔工氏。為神築宫，城之震位。上以祠神，下以順民。民為〔校記：廣本為作以，是也〕神式，神與民親。佑其孝弟，弭其菑屯。副其禱禳，昭神之仁。有堂翼然，有像儼若。神之臨之，如在岱嶽。匪徒庇民，衛我郊郭。疵癘弗興，兵祲不作。人理其陽，神司其陰。陰陽表裏，同此一心。生生之道，惟神是諶。以為神職，神可不任。宜暘而暘，宜雨而雨。神之在山，則應下土。惟惡是奪，惟善是予。神之在廟，則翊予度。

工部奏：修東嶽、城隍二廟完，請撥廟户以供灑掃。從之。

（英宗正統實録卷 157　第 9 頁　157.6.3062）

1048　八月乙酉　禮部奏：暹羅國使臣坤普論直等言，所貢碗石一千三百八十斤，非本國所産，皆往西洋易來，其獲亦難。乞循正統二年例，每斤價鈔二百五十貫。續稽得正統九年本國使臣坤沙羣等貢碗石八千斤至京，本部以其非貴重之物，奏每斤給價鈔五十貫。每鈔二百貫折支絹一匹，通計絹二千匹，上減半給之。今坤普論直乞欲循正統二年例，未敢輕定。上曰：碗石中國素有，非奇物也。每斤給鈔五十貫，自後其免貢之。

（英宗正統實録卷 157　第 9 頁　157.8.3065）

1049　九月庚寅朔　禮部奏：暹羅國正使坤普論直冠帽并鈒花金帶，年遠未曾製換，及副使、通事、幹事、火長、總管人等未蒙冠帶，乞照例换給。從之。

（英宗正統實録卷 158　第 1 頁　158.1.3070）

1050　九月壬寅　禮部奏：暹羅國使臣坤普論直等告：本國正統九年進貢通事李靄，負國王財本，不肯回國，將家屬附爪哇國使臣馬用良船逃去。今又跟隨爪哇使來，在於廣東。上命廣東三司，拘馬用良并柰靄審實，以柰靄付坤普論直领回。

（英宗正統實録卷 158 第 5 頁 158.4.3075）

1051 九月辛亥 暹羅國使臣坤普論直等陛辭。賜勅諭其國王思利波羅麻那惹智剌曰：王敬天事大，撫輯一方，修職奉貢，久而益虔。兹遣使齎金葉表文，以方物來貢，并以原降印章進繳，誠意可嘉。今使回，特賜王及妃綵幣、絨錦，以答至意。王宜益堅守臣節，保境恤民，用圖寧久，副朕眷待之意。

禮部奏：會同館收養朝鮮國飄海軍洪承龍等十三人，告天寒無衣。命給與胖襖、袴、鞋各一。

（英宗正統實録卷 158 第 9 頁 158.8.3083）

1052 九月乙卯 以修京都都城隍廟畢，遣禮部尚書胡濙祭告都城隍之神，工部右侍郎王佑祭司土之神。

（英宗正統實録卷 158 第 10 頁 158.8.3083）

1053 十月癸酉 初，宣德中建大功德寺，占田六頃有奇，税糧未除，累民包納，至是十八年矣。被累者敷奏，覈勘既實。上命除之。

（英宗正統實録卷 159 第 5 頁 159.4.3098）

1054 十月己卯 順天府大興縣民張禮，掘地獲銅錢七萬三千進獻。上命禮部給鈔償之。

（英宗正統實録卷 159 第 6 頁 159.5.3100）

1055 十月庚辰 撒馬兒罕回回哈只等來歸。上命隸南京錦衣衛，月支米二石，賜鈔布、紵絲、襲衣并房屋、床榻、器皿等物。

（英宗正統實録卷 159 第 7 頁 159.5.3100）

1056 十一月庚寅 朝鮮國王李祹遣陪臣成勝等奉表及方物，賀萬壽聖節。賜宴并金織紵絲襲衣、靴襪有差。

（英宗正統實録卷 160 第 1 頁 160.1.3107）

1057 十一月壬辰 重建城隍廟成，御製碑文曰：朕惟自古國家建立宗廟、社稷、朝市之位，必營城池以為之固。周公相成王，作洛，築王城于澗、瀍之間，為周匹休之地，亦所以安輯萬民、臨制四方而聳朝會之觀於天下。以是知雖文武盛德大功，而其久安長治之圖，不能外乎此也。我國家自祖宗肇建兩京，皆置城池，以永萬億年之定命於天，蓋與成周之意若出於一。朕承大統，夙夜惓惓，惟以繼述為心。邇以京都城垣猶有未盡治者，乃命撤其故而新之，甃以堅甓，於是四周表裏，確然完固，庶幾天造地設之所成矣！夫成之雖由於人，而主之必資於神。神以主是為其職，人必因是崇其號。故其神曰“城隍”，蓋古今所同也。舊有城隍廟在都城西南隅，固陋甚矣。朕念弗稱其所主也，城完之日，令更造焉。中作正堂，後為神寢。堂之前為正門，自堂左右至門，翼以周廊，如官司之職掌，以案名者十二。廊東西中特起如堂者二，名左、右司。正堂以祠城隍之神，而旁以居其輔相者，各以序置。門之外為重門，東西置鐘、鼓樓，其後各有舍，以棲其守護之人。蓋總為屋以間計者一百九十，其地以丈計者深七十一，廣四十一有奇。材出於官之素具，工役於力之常供，一無所預於民，成不挾旬而功倍於累月。孟子所謂不日成之，或庶幾焉！又謂以佚道使民，雖勞不怨。況無所事於使而民得其完固之安，則樂可知，而不怨又不足言矣！《中庸》曰：“致中和，天地位焉，萬物育焉”萬物之育固本於吾心之中和，非有所待於外。至於善惡是非隱於民，有非人所能知。菑害疾疫生於下，有非人所能禦，於是始有待於神之力焉？神能公其善惡是非之隱而不爽，恤其菑害疾疫之生而不倦，則為得其職矣！神得其職，則人之祠之也，雖侈其宮，而位列如官府，宰治衆庶，夫豈為過也哉。自國都以至於天下郡邑，莫不各有其祠，秩視其土之吏，而春秋則就享祀之，示幽明一致也，京都城隍又豈非其神之統歟！其秩視亦可以推矣。廟既落成，乃碑，而系之以銘曰：大明立國修垣墉，臨制四海古所同。保固社稷表無外，壯麗山河那有窮。兩京弘建直南北，萬年洪業肇祖宗。湯池鑿地臨海險，金壁列雉造天雄。自此而内為朝市，曹司邸第樓臣工。自此而外為郊郭，閭閻田里居民農。誰其主此辨方位，爰有神奠坤維中。典守職任既顓壹，守護防衛惟嚴恭。羣情真僞隱莫究，鑒察是否須明聰。人心好惡紛難徇，予奪淑慝仗正忠。陰陽表裏實關係，彼此感應宜靈通。資神弼我所未逮，故兹相方為築宫。阜安民物本朕志，宣達麗澤由神躬。神之可倚信不爽，神之可託心至公。凡民疾疫有禱禬，期副虔懇甦瘵痌。捍禦菑患民康豫，調順雨暘臻稔豐。誘彼愚昧趨德善，保我家國躋盛隆。五兵偃戢塵弗起，四境平治績愈崇。惟兹建祠我非過，時乃昭神享當功。崇墉巖巖神所附，安如磐石永如嵩。

（英宗正統實録卷 160 第 2 頁 160.1.3108）

1058 十一月辛亥 鎮守延安等處都督僉事王禎奏官軍缺馬，兵部請選順天府民間所養馬一千八百餘匹給與。從之。

（英宗正統實録卷 160 第 8 頁 160.7.3119）

1059 十一月癸丑 哈密忠順王例瓦答失里遣脱脱卜花，及撒馬兒罕使臣捨黑馬黑麻等，貢馬六十三，駝二十七，速來蠻松都魯思玉石二萬斤、青鼠皮三萬張。賜宴及襲衣、靴襪。

（英宗正統實録卷 160 第 8 頁 160.7.3119）

1060 十一月癸丑 户部奏：明年各處户口食鹽價直宜如減例徵收，順天、應天府徵米，隆慶、保安州徵鈔。……從之。

（英宗正統實録卷 160 第 8 頁 160.6.3120）

1061 十一月甲寅 欽天監監正彭德清言：欽蒙造鑄銅儀，委夏官正劉信考較測驗，得北京北極出地度數、太陽出時刻與南京不同。南京北極出地三十六度，北京出地四十度强。南京冬至日出辰初初刻，入申正四刻，夜刻五十九。夏至日出寅正四刻，入戌初初刻，晝刻五十九。北京冬至日出辰初一刻。入申正二刻。夜刻六十二。夏至日出寅正二刻，入戌初一刻，晝刻六十二。各有長短差異。今官禁及官府漏箭皆南京舊式,不可用。上令内官監改造。

（英宗正統實録卷 160 第 9 頁 160.7.3120）

1062 十一月丙辰 有卒竊一雉於南海子門外。命追雉一百。卒以貧訴，乞當别罪。不允。

（英宗正統實録卷 160 第 10 頁 160.8.3122）

1063 十二月甲戌 修青龍橋減水閘。

（英宗正統實録卷 161 第 5 頁 161.4.3132）

1064 十二月戊寅 朝鮮國王李祹遣陪臣金銚奉表，貢馬及方物，賀明年正旦。賜宴并紵絲、襲衣、綵幣。

（英宗正統實録卷 161 第 6 頁 161.5.3133）

1065 十二月 是歲……漕運京師米豆四百三十萬石，各處運納糧九十五萬八千九十石。

（英宗正統實録卷 161 第 8 頁 161.7.3137）

正統十三年（1448）

1066 正月庚子 勅通政司參議鄒來學曰：曩聞薊州林南等倉、山海等衛所、永平等府（按：館本作府等）州縣、喜峰等関口，收支粮草作弊侵略者多，屯田亦被豪勢侵占欺隱，有名無實。遵化、薊州鄰山之地産榛實，豪勢者亦據之，而與小民争利。今特命爾往莅其事。如有奸頑怙終不改者，拘問懲治。爾宜廉潔公勤，凡事從宜區畫，務使兵〔按：館本兵作軍〕〔校記：廣本抱本寶訓軍作兵〕民利便，粮餉充盈，庶副委託之重。

禁口北一路不許將弓箭軍器與虜使交易，違者處死。

（英宗正統實録卷 162 第 3 頁 162.3.3145）

1067 正月壬寅 琉球國中山王世子尚思達遣使臣者闍班那、

哈密忠順王倒瓦答失里遣使臣鬼里赤、亦力把里等，地面亦迷力火者王遣使臣宰奴丁、海西塔山等衛野人女直指揮永的、建州等衛（按：館本無等衛二字）女直指揮名歹年加、遼東安樂州達官指揮若失帖木等俱來朝，貢馬駝、銀鼠及方物。賜宴并賜綵幣、表裏、絹、布、紗錠等物有差。

（英宗正統實録卷 162　第 4 頁　162.4.3147）

1068　正月壬子　四川長河西番人及琉球國番伴相毆會同館門外，有重傷者。事聞，上命毆至死者，抵死。

（英宗正統實録卷 162　第 7 頁　162.6.3151）

1069　二月己未　修大興隆寺。寺初名慶壽，在禁城西，金章宗時所創。太監王振言其朽敝。上命役軍民萬人重修，費物料鉅萬。既成，壯麗甲於京都内外數百寺。改賜〔按：館本賜作錫〕今額，樹牌樓，號“第一叢林”，命僧作佛事。

（英宗正統實録卷 163　第 2 頁　163.2.3157）

1070　二月丁卯　有僧詈太保成國公朱勇于北安門外，收送法司鞫之，實真寧王府典仗麻清詐狂病，棄職為僧于京，論贖杖還官。上命遣充遼東衛邊軍。

（英宗正統實録卷 163　第 5 頁　163.4.3161）

1071　二月癸酉　忠義前衛倉火，燒毀米近千石。户部奏侍郎張睿不用心巡視，宜治罪。上以火發非人所為，不置問。

（英宗正統實録卷 163　第 7 頁　163.6.3166）

1072　二月壬午　車駕發京城，駐驆沙河。

癸未　駐驆天壽山。

甲申　駐驆陵下，遣禮部尚書胡濙祭告天壽山之神。

乙酉　上祭長陵、獻陵、景陵，扈從文武羣臣陪祀。

（英宗正統實録卷 163　第 11 頁　163.9.3172）

1073　三月丙戌朔　駐驆天壽山。

丁亥　　車駕還。駐驆沙河。

（英宗正統實録卷 164　第 1 頁　164.1.3173）

1074　三月庚寅　　朝鮮國王李祹以賜還其漂海人民，遣使奉表謝恩，貢方物。賜宴并綵幣等物有差。

（英宗正統實録卷 164　第 2 頁　164.1.3174）

1075　三月壬辰　　以漕運粮至京師，詔官軍人等如例於太倉先関俸粮三個月，空廒以俟收受新粮。

（英宗正統實録卷 164　第 3 頁　164.2.3176）

1076　三月癸巳　　免順天府、直隸河間府、四川重慶府所屬州縣被災無徵税粮七萬五千三百餘石。

（英宗正統實録卷 164　第 3 頁　164.2.3176）

1077　三月乙巳　　賜朝鮮國陪臣李思任、哈密等處使臣都督脱脱兒卜花等宴。

（英宗正統實録卷 164　第 7 頁　164.6.3184）

1078　三月癸丑　　大僕寺卿崔奎奏：京衛及順天府、山東、河南州縣去年孳生騾馬駒（按：館本作馬驪駒）五萬二千六百八十二匹。

（英宗正統實録卷 164　第 10 頁　164.8.3188）

1079　四月己巳　　安南國王黎濬遣陪臣何甫等奉表貢金銀器皿及象牙、犀角〔按：館本角作□，舊校改□作角〕諸方物。賜宴并綵幣、表裏、金織襲衣等物有差。

（英宗正統實録卷 165　第 5 頁　165.4.3197）

1080　四月丁丑　　修北上門外小河西岸。

順天府古北口邊倉雨水倒塌。上命密雲衛量撥軍民夫修理。

（英宗正統實録卷 165　第 7 頁　165.6.3201）

1081　四月癸未　　朝鮮國王李祹遣陪臣安進等奉表貢馬及方物。賜宴并金織襲衣、綵幣、表裏等物有差。

（英宗正統實録卷 165　第 9 頁　165.7.3204）

1082　五月庚寅　安南國使臣潘伯禩奏：父寧宣德間來朝貢，歿於會同館，遺骨寄朝陽門外土工家，今欲取回。今命通事及東城兵馬司挨尋給與。

（英宗正統實録卷 166　第 2 頁　166.2.3209）

1083　五月己亥　勅諭安南國王黎濬曰：得奏，備稱遣頭目黎克復約會廣西三司枸土官男趙南傑、農敬等，審實所争地方，明白將供村等十一村撥還龍州，奔村等六村撥與下思郎州，仍對衆立界限遵守等因，具見王敬事朝廷之意。但慮以下守邊之人，歲月既久，或有罔知大體，因懷私忿輒肆侵擾。王宜嚴飭該管頭目人等，自今謹守法度，勿或侵越，自取罪戾，庶不累王之德。及稱廣源州合石奥奄布等峒材三司，雖已辯明未曾撥還，該部查無廣西三司奏〔校記：抱本奏後原有到字，後點去〕，已令移文查勘。俟其奏至，朕以至公處之。王又奏，請朝廷命官踏勘廣州、欽州所屬地方等情。悉從王命，命巡撫御史及廣東三司委官踏勘。王宜即差大頭目來邊，公共處置。務在彼此利便，永息紛争。王其欽承之。時安南又與占城國迭相侵擾，濬嘗遣其將掠占城邊境至洲港口，屠其民，執國王摩訶賁該以（按：館本以作而）歸。上已遣使册立王姪摩訶貴來為王，俾掌國事。至是遂并勅濬推恩釋怨，遣人送摩訶賁該還國，毋構怨貽患生靈。

（英宗正統實録卷 166　第 4 頁　166.3.3212）

1084　五月辛丑　上以久旱，遣太師英國公張輔、太保成國公朱勇等官祭告在京寺觀祠廟及大小青龍之神、西南龍宫山龍潭之神。

（英宗正統實録卷 166　第 6 頁　166.5.3215）

1085　五月辛丑　免在京菜户納鈔。仍戒令後有阻滯鈔法者，令有司於所犯人每貫追一萬貫入官，全家發戍邊遠。

（英宗正統實録卷 166　第 6 頁　166.5.3215）

1086　五月壬子　通政〔按：館本政作州。誤〕司右參議鄒學奏：遵化縣倉厫少，客商運至鹽粮數多，請修舊倉廢棄者三十五間以貯。從之。

（英宗正統實録卷 166　第 9 頁　166.8.3221）

1087　六月癸丑　命撒馬兒罕地面使臣捨黑馬黑、麻子禿、買禿等三人為副千户，乃只木丁等五人為百户，阿黑馬黑麻等七人……俱為所鎮撫。

（英宗正統實録卷 167　第 5 頁　167.4.3232）

1088　六月乙亥　命修大興縣平津大、中、小三閘及越河土壩。

（英宗正統實録卷 167　第 7 頁　167.6.3235）

1089　七月乙酉朔　京師飛蝗蔽天。

（英宗正統實録卷 168　第 1 頁　168.1.3243）

1090　八月己未　給神機營官軍馬四百二十八匹。

（英宗正統實録卷 169　第 2 頁　169.2.3259）

1091　八月壬戌　府軍衛卒趙旺等自西洋還，獻紫檀交章葉扇、失勅〔校記：廣本勅作剌〕勒紙等物。初，旺隨太監洪保入西洋敗，漂至卜國，隨某國俗為僧，後聞其地近雲南八百大甸，得間遂脱歸。始西洋發碇時舟中三百人，至卜國僅百人，至是十八年，惟旺等三人還。上賜之衣鈔，令為僧於南京報國寺。

（英宗正統實録卷 169　第 3 頁　169.2.3260）

1092　八月己卯　巡按直隸監察御史陳鑑言：今風俗澆浮，京師為甚。寇攘竊發，畿甸為多。此愚者以為迂緩不急之務，而知者所深慮也。臣推其故有五：其一，軍民之家事佛過盛，供養布施傾貲不恡。其二，營辦喪事，率至破家，惟夸觀視之美，實非送死之益。其三，服食靡麗，侈用傷財。其四，倡優為蠹，滛無〔校記：廣本滛下有蕩字〕極。其五，賭博破産〔校記：廣本産下有十常二字〕八九。凡此數者，前此未嘗不禁，但禁之不嚴，齊之無禮，日滋月熾，害治非細。請下有司，申明國初條件，參以前代禮制，務使其簡而易知，畏而不犯，則盗賊可以消弭，而風俗可以還淳。禮部尚書胡濙等以為所言者已嘗屢有禁令，無庸别作施行。事遂止。

（英宗正統實録卷 169　第 7 頁　169.6.3267）

1093　八月壬午　占城國王婭摩訶貴來遣使臣逋沙怕布坡等奉金葉表，貢舞象、方物，并附奏曰：陪臣制班等回自京師，祇奉勑旨，憫念小國，令依前詔，三年一貢。撫諭諄勤，感激無任。但昔先王捐館之時，嘗有遺囑，令臣繼承先志，盡忠天朝，無虧歲貢。今臣始承之治事，未稟朝命，一則傾仰朝廷之德，二欲不廢先王之令，故寧受違詔之愆，再奉今年之貢。伏惟聖明，鑒臣此意，至于前勑所索西洋失陷官軍、暹羅流寓人從，一一根尋，並無踪跡，無所〔校記：廣本所作從，是也〕發遣。臣摩訶貴來，死罪死罪，謹具奏聞。

（英宗正統實録卷 169　第 9 頁　169.7.3270）

1094　九月乙酉　修北中門裏金水河。

（英宗正統實録卷 170　第 1 頁　170.1.3273）

1095　九月戊子　兵部奏：在京在外各衛所軍伍，自正統十三年四月以前，造册送部轉發清勾軍士共六十六萬六千八百有奇。今清軍御史盛琦等，止清出六萬一千二百人。其未清出之數較之已清出者，殆十倍之，其間挨無姓名籍貫者尤多。比者，本部郎中吴寧建言，欲將挨無名籍者，經五次回申卽與開豁，然恐有司因而作弊，今擬以十次為限。從之。

（英宗正統實録卷 170　第 2 頁　170.1.3274）

1096　九月戊子　内使金榮等三人變其衣帽，潛出禁門，至密雲縣青洞口内剃髪為僧，被緝事人擒獲。錦衣衛鞫實以聞。上命誅之。

（英宗正統實録卷 170　第 3 頁　170.3.3277）

1097　九月辛卯　遣工部尚書石璞祭司工之神。以興工修砌南沙等河故也。

（英宗正統實録卷 170　第 4 頁　170.3.3278）

1098　九月壬寅　命工部右侍郎王永壽建沙河等處石橋。時昌平縣奏，沙河等處當天壽山及居庸関道，舊橋用木，每歳秋架春折，徒勞民力，况聖駕謁陵，官軍經行皆不便。乞如清河甃之以石，庶得堅久。故有是命。

（英宗正統實録卷 170　第 8 頁　170.6.3284）

1099　九月壬子　賜占城國使臣逋沙怕布坡等宴，并金織紵絲、襲衣、綵幣等物有差。仍命齎勅并絨錦、綵幣等物，歸賜其王及妃。

（英宗正統實録卷 170　第 8 頁　170.7.3286）

1100　十月丁巳　大興隆寺工完，賜督工太監尚義紵絲一表裏、鈔一千貫，工部右侍郎王永和紵絲一表裏、鈔五百貫，内官黎賢、主事蒯祥、把總、作頭、工匠、官軍各賞鈔有差。

（英宗正統實録卷 171　第 3 頁　171.2.3290）

1101　十月庚辰　調在京五軍、神機等營官軍二萬征福建賊。

（英宗正統實録卷 171　第 8 頁　171.7.3300）

1102　十一月壬辰　朝鮮國王李裪遣陪臣奉表貢方物，賀萬壽聖節。賜鈔幣等。

（英宗正統實録卷 172　第 5 頁　172.4.3307）

1103　十一月乙未　吏部聽選司務江昱言：蒙工部差往直隸河間等府起取失班匠運甎赴京，臣惟匠之失班多以貧窘，今令運甎，情似可憫。若以直隸山東、河南等府衛州縣囚該納米、炒鐵贖罪者，視罪之輕重定甎之多寡，令自備船自臨清運赴張家灣，獄囚無淹，甎亦易完。事下，工部尚書王巹言：除炒鐵者勿動，餘悉如其言。上曰：在京法司罪囚，有力者皆令運甎，緣河之甎仍令失班人匠運。直隸、山東、河南府衛州縣囚路途遠，搬運艱辛，其已之。

（英宗正統實録卷 172　第 6 頁　172.5.3309）

1104　十一月庚子　賜朝鮮國陪臣李邊哥、吉河等衛野人指揮失得等一百七十餘人宴。

（英宗正統實録卷 172　第 7 頁　172.6.3311）

1105 十二月甲子 户部奏：近移文天下府州縣將遠年逃亡户奏聞，除其租賦，所遺地畝召人承種。今順天府通州遷民逃亡七十二户，抛下賦税每年累及里甲包納，所司匿不以聞。因民自陳，始得其實。府尹知州等官，俱當治罪。上曰：姑記其罪，俱罰俸二月，再犯不宥。

（英宗正統實録卷 173　第 5 頁　173.4.3328）

1106 十二月乙丑 順天府尹王賢奏：宋丞相文天祥，故元時塑以儒士像，今宜令考究宋時丞相冠服改塑。從之。

（英宗正統實録卷 173　第 5 頁　173.4.3328）

1107 十二月乙丑 朝鮮國王李裪遣陪臣李先齎捧表文，賀明年正旦，貢馬及海青等物。賜宴并賜綵幣、表裏、襲衣等物有差。

（英宗正統實録卷 173　第 6 頁　173.5.3329）

1108 十二月 是歲……漕運北京儹運過糧四百萬石，各處運納糧七十九萬四千六百七十石。

（英宗正統實録卷 173　第 13 頁　173.11.3342）

正統十四年（1449）

1109 正月乙未 廣東雷州府徐聞縣男婦四人為人掠賣于安南國，至是挈〔按：館本挈作絜，誤〕家泛海來歸。上命給廩，送還其家。

（英宗正統實録卷 174　第 4 頁　174.3.3348）

1110 四月戊戌 户部奏：近日金盞兒甸馬房草場火，燒畧盡，蓋〔校記：廣本蓋作乃〕由堆垛太高，是以難於救護。請自今堆草垛毋過十萬。又舊制每草一束計十（按：館本作十五）斤，近者奸民所納每束二三斤者有之，乞令提督侍郎并巡倉御史等禁革。從之。

（英宗正統實録卷 174　第 4 頁　174.4.3349）

1111　二月甲寅　免順天府并山東、青州等府所屬去年被災地畝糧一十八萬五千七百餘石，草二十八萬七千餘束。

勅太監阮安、陳鼎行視自通州抵南京漕運水路。

（英宗正統實録卷 175　第 2 頁　175.1.3362）

1112　二月乙卯　遣工部右侍郎王永壽祭司土之神。以造榆河等處永福、永寧等橋工畢也。

（英宗正統實録卷 175　第 2 頁　175.2.3363）

1113　三月己未　命工部造鹵簿大駕。遣本部尚書石璞祭司工之神。

（英宗正統實録卷 175　第 3 頁　175.2.3364）

1114　二月己未　給通州左等衛餘丁充斗級者口粮。從監察御史甘澤奏請也。

（英宗正統實録卷 175　第 3 頁　175.3.3364）

1115　二月癸亥　户部奏：比者，奏准出官庫布帛，令京師軍民專業者染成五色，上納被用，其該用原料俱于官庫支給。今官庫藍靛不敷，請給價鈔，市之民間。上曰：市之則擾民，其待官靛上納，給之。

（英宗正統實録卷 175　第 5 頁　175.4.3368）

1116　二月乙丑　忠義前衛倉火。

（英宗正統實録卷 175　第 6 頁　175.5.3370）

1117　二月甲戌　給神機營官軍馬三千一百六十四匹。

（英宗正統實録卷 175　第 11 頁　175.9.3378）

1118　三月辛巳朔　琉球國中山王尚思達遣使臣梁同等奉表來朝，貢馬及方物。賜宴并賜金織紵絲襲衣、綵段表裏等物有差。

（英宗正統實録卷 176　第 1 頁　176.1.3389）

1119　三月癸未　宥户部尚書王佐等罪。先是，佐等以在京各馬房歲用穀草皆河南、山東并北直隸人民上納，今彼處連年水旱蝗災，供給不敷，與内官阮忠、侍郎張睿等議，請以通州花園見堆秋草相兼飼馬。御馬監丞李保住劾佐、忠、睿等擅改舊制。至是，命六部都察院集議，以為佐等奏用秋青、嫩草兼穀草飼馬，今多枯黄陳浥者，當論其罪。上曰：户部職掌國計，宜遵舊制。永樂、宣德間豈無災傷？在京馬俱飼以國（按：疑國為園之誤）草。今佐等輒以雜草湊用，法本難恕。姑宥之。再不遵奉舊制，不宥。

（英宗正統實録卷 176　第 2 頁　176.2.3391）

1120　三月己丑　　駐驆陵下。遣禮部尚書胡濙祭天壽山之神。

（英宗正統實録卷 176　第 4 頁　176.3.3393）

1121　三月戊申　　撒馬兒罕回回亦剌馬丹等三名來歸，奏願居京自效。命賜紵絲襲衣并銀鈔、絹布、房屋、器皿。

（英宗正統實録卷 176　第 10 頁　176.8.3404）

1122　三月戊申　　太僕寺奏：正統十三年，京衛并順天、直隸、山東、河南各府孳生馬騾駒五萬二千九百三十四疋。

（英宗正統實録卷 176　第 10 頁　177.1.3407）

1123　四月庚申　　革密雲後衛儒學。從鎮守密雲署都指揮僉事王通等奏請也。

（英宗正統實録卷 177　第 5 頁　177.4.3414）

1124　四月壬戌　　給居庸關等驛馬七十六匹。

（英宗正統實録卷 177　第 6 頁　177.5.3415）

1125　四月戊辰　　順天府奏：李府廳事及經歷司照磨所典吏六房皆歲久朽弊，請起所屬州縣民夫修葺。從之。

（英宗正統實録卷 177　第 9 頁　177.7.3420）

1126　五月辛巳　　順天、永平二府所屬州縣蝗。上命户部移文捕之。

（英宗正統實録卷 178　第 1 頁　178.1.3430）

1127　五月甲申　　順天府瀞縣奏：春夏少雨，麥苗枯槁，人民缺食，請以應徵税麥或停徵或折鈔，以甦民困。上命户部議行。

（英宗正統實録卷 178　第 2 頁　178.2.3432）

1128　五月丙戌　　户部奏：順天府所屬州縣夏税，例運口外并御馬監交納。今蝗旱相繼，二麥無收。請以該輸碗豆、紅花子、大麥徵納本色，小麥准納雜豆，俱存本處。其口外粮料以江南折銀一十萬兩運赴宣府，糴買備用。

（英宗正統實録卷 178　第 3 頁　178.3.3433）

1129　五月甲午　　神機營牌刀餘丁，先是月給食米三斗，至是自陳操備之勞。户部覆奏：宜准京軍無室家例，月給六斗。從之。

（英宗正統實録卷 178　第 6 頁　178.5.3438）

1130　五月辛丑　　占城國王摩訶貴來遣使臣逋沙帕布坡……來朝，貢方物。賜宴并綵幣、表裏等物有差。

（英宗正統實録卷 178　第 9 頁　178.7.3442）

1131　六月庚申　　修西海子河岸。

（英宗正統實録卷 179　第 6 頁　179.5.3460）

1132　六月丁卯　　給大營神機、五軍、三千等營官軍馬一萬三千七十八匹。

（英宗正統實録卷 179　第 9 頁　179.7.3464）

1133　七月庚寅　　命在京五軍、神機、三千等營官軍操練者，人賜銀一兩。胖襖、褲各一件，�散鞋二雙，行粮一月作炒麥三斗，兵器八十餘萬。又每三人給驢一頭，為負輜重，把總都指揮人加賜鈔五百貫。

（英宗正統實録卷 180　第 5 頁　180.4.3486）

1134　七月甲午　　遣官祭告太廟、社稷，車駕發京師親征。是舉也，司禮監太監王振實勸成于内，故羣臣合章諫止，上皆不納。命下，踰二日即行，扈從文武、吏士倉卒就道云。

是夕，車駕次唐家嶺。

（英宗正統實録卷 180　第 8 頁　180.7.3491）

1135　七月乙未　　車駕次龍虎臺。夜一鼓，軍中驚。

（英宗正統實録卷 180　第 8 頁　180.7.3491）

1136　七月丁酉　　車駕過居庸關，羣臣請駐蹕，不允。

（英宗正統實録卷 180　第 8 頁　180.7.3491）

1137　七月戊戌　　車駕次榆林站。

（英宗正統實録卷 180　第 8 頁　180.7.3491）

1138　七月己亥　　車駕次懷來城西。

（英宗正統實録卷 180　第 8 頁　180.7.3492）

1139　七月壬寅　　車駕次鷄鳴山，衆皆危懼。上素以諸事付振，至是，振益肆其威。成國公朱勇等有所白，膝行而前。振令户部尚書王佐、兵部尚書鄺埜管老營。佐、埜先行，振怒，令跪于草中，至暮方釋。欽天監正彭德清勸振曰：虜勢如此，不可復前，倘有疏虞，陷天子於草莽。振怒，詈之曰：設若此，亦天命也。翰林學士曹鼐勸振曰：臣下命不足惜，惟主上繫宗社安危，豈可輕進。振終不從。時我師前進，虜寇漸退伏塞外。

（英宗正統實録卷 180　第 9 頁　180.7.3492）

1140　七月癸卯　　車駕次萬全峪。

甲辰　　車駕次懷安城西。

乙巳　　車駕次天城西。

丙午　　車駕次陽和城南。時伏屍滿野，衆益寒心。

丁未　　車駕次聚落驛。

（英宗正統實録卷 180　第 9 頁　180.7.3492）

1141　八月戊申朔　　車駕至大同。

（英宗正統實録卷 181　第 1 頁　181.1.3495）

1142　八月己酉　　駐蹕大同。王振尚欲北行，鎮守太監郭敬密告振曰：若行正中虜計。振始懼。自出居庸關，連日非風則雨，及臨大同，驟雨忽至，人皆驚疑。振遂議旋師。

（英宗正統實録卷 181　第 1 頁　181.1.3495）

1143　八月庚戌　　車駕東還。是夕次雙寨兒。為營方定，有黑雲如傘蓋，覆營上，四外晴明。須臾，雷電風雨交作，營中驚亂，徹夜不止。初，議從紫荊關入。王振蔚州人也，始欲邀駕幸其第，既而又恐損其鄉土禾稼，復轉從宣府行。

（英宗正統實録卷 181 第 1 頁 181.1.3495）

1144 八月辛亥 車駕次滴滴水。

壬子 車駕次洪州方城。

癸丑 車駕次白登。

甲寅 車駕次懷安城西。

乙卯 車駕次萬全峪。

丙辰 車駕次陽和北沙嶺。

丁巳 車駕次宣府。

戊午 車駕次宣府東南。

己未 車駕次雷家站。

（英宗正統實録卷 181 第 1 頁 181.1.3496）

1145 八月庚午 車駕將發宣府，諜報虜衆襲我軍後，遂駐驛，遣忠順侯吴克忠為後拒。克忠力戰敗没，將晚報至。又遣成國公朱勇、永順伯薛綬領官軍四萬赴之。勇、綬至鷂兒嶺，冒險而進，遇虜伏發，亦陷焉。

（英宗正統實録卷 181 第 2 頁 181.1.3496）

1146 八月辛酉 車駕次土木。先是，每夕駐驛必預遣司設太監吴亮相度地勢。至是，振以軍失利懟恚，卽止于土木。地高無水，掘二丈餘亦不得水，其南十五里有河，已為虜所據。絕水終日，人馬饑渴。虜分道自土木旁近麻峪口入，守口都指揮郭懋力拒之。終夜，虜兵益增。

（英宗正統實録卷 181 第 3 頁 181.2.3498）

1147 八月壬戌 車駕欲啟行，以虜騎繞營窺伺，復止不行。虜詐退，王振矯命檯營行就水。虜見我陣動，四面衝突而來，我軍遂大潰。虜邀車駕北行，中官惟喜寧隨行，振等皆死，官軍人等死傷者數十萬。

（英宗正統實録卷 181　第 3 頁　181.2.3498）

1148　八月癸亥　　是日京師戒嚴，羸馬疲卒不滿十萬，人心恟恟。羣臣聚苦（按：館本苦作哭，是也）于朝議戰（按：館本戰後有守字），有欲南遷者。尚書胡濙曰：文皇定陵寢於此，示子孫以不拔之意。侍郎于謙曰：欲遷者可斬。為今之計，速召天下勤王兵以死守之。學士陳循曰：于侍郎言是。衆皆定，而宮中常疑懼。皇太后以問太監李永昌，對曰：陵寢宮殿（按：館本殿作闕）在兹，倉廩府庫、百官萬姓在兹，一或播遷，大事去矣！獨不監（按：疑監為鑑之誤）南宋乎？因指陳靖康事，辭甚切。文（按：文為太之誤）后悟。由是中外始有固志。天下臣民聞車駕之北，莫不痛恨號泣不已云。

（英宗正統實録卷 181　第 9 頁　181.8.3509）

1149　八月乙丑　　皇太后勅成王祁鈺：邇者虜犯邊，皇帝率六師親征，已常勅爾朝百官，尚未班師，國家庶務不可久曠，特命爾暫總百官，理其事。爾尚夙夜祗勤，以率中外，無怠其政，毋忽其衆。欽哉！又勅文武羣臣：凡合行大小事務悉啟王，聽令而行，毋致違怠。

駙馬都尉焦敬等言，車駕未回，恐怕迫近京師。官吏軍民人等有能奮勇設謀、出奇制勝者，俱聽赴官投報。有能擒斬賊人者，能反間濟事者，不次陞賞。城市關廂有潛住聽探消息之人，許錦衣衛五城兵馬挨查處治。王令禮部榜示，多人知之。

（英宗正統實録卷 181　第 10 頁　181.8.3510）

1150　八月丙寅　　令新選餘丁官軍并舊操舍人及報効者，人賜銀一兩、布二疋。守城匠人、守門軍火夫并皇城四門内外官軍，人賜布二疋。順天府起車五〔校記：廣本五作二〕百輛運通州糧，文武京官自九月至明年五月粮預於通州取給，軍人給半年。召有車之家能於通州運粮二十石納京倉者，官給脚銀一兩。在京從五城兵馬、通州從都指揮陳信挨報，令各〔校記:廣本各作有〕司官管運。仍令户部差官二員、御史二員、給事二員沿途巡察，以都御史陳謐、指揮同知馬順、都督同知武興、都指揮楊節等總其事。

兵部言：河南宜取都司并南北直隸衛所先次御史所選備調官軍，其山東南直隸備倭軍士宜選軍士精壯者四千五百，江北北直隸運粮官軍三萬六千，宜俱取赴京操練。福建、浙江賊已多就擒，貴州、湖廣苗賊為害止於一處，宜取總兵官寧陽侯陳懋、靖遠伯王驥等皆回京師。如賊未盡寧息，止留參將等官勦捕。王令皆准所擬，惟王驥姑留彼不取。

（英宗正統實録卷181　第10頁　181.9.3511）

1151　八月丁卯　　司禮監太監金英傳奉皇太后聖旨：今立皇帝庶長子（按:館本子下有見深二字）為皇太子，該衙門便整理合行事宜，宜擇日具儀以聞。令召為事官石亨陞為右都督，掌右軍都督府事，仍管大營操練。駙馬都尉焦敬管神機營，忻城伯趙榮管三千營。

給九門守衛官軍盔甲。

户科給事中李保啟三事：一，戰守之法在用將得當，乞於武臣内及行伍中不拘職之大小貴賤、精選勇猛才智之人，問其方略，試其弓馬，果能通曉，不次擢用。步將騎將各隨所長，戰守攻取各施其謀。一，今虜得利而强，我無利而餒，况新選軍餘舍人，平時率皆嬉遊，來歷艱辛，少有可用。乞差廉幹官員馳往北直隸、山東、河南、山西、陝西各處，操民壯每府五十名，俟其操習可用，選二千名赴京聽調殺賊。一，北虜馬戰。制其行走，宜用車戰。騾車最堅固，而騾車之奔突最疾健。京城内外約有千輛，取為戰車，車列四周，步騎處中，車廂用鉄索連，人校藏神銃於内，俟交陣始發。每車刀牌手五人，乘間下車擊敵。敵退則開索，縱騎兵遂之。啟入，王納之，令該部議行。

鎮守居庸關都指揮僉事孫斌奏：守備懷來署都指揮僉事康能及懷來、龍慶、龍門衛指揮千百户易謙等，各领軍餘絜家棄城來本關避賊，請治其罪。王令諭責能等，宥其死罪。就令在居庸關協斌守備。

東南天鳴，有聲如瀉水。

（英宗正統實録卷 181 第 12 頁 181.9.3512）

1152 八月戊辰 令陞兵部左侍郎于謙為本部尚書。大理寺卿俞士悦為都察院右僉都御史，參贊應城伯孫傑等處軍務，仍理料草。……

令諭守備居庸關都指揮孫斌及沿邊諸將曰：邇者，大駕親征，所有御用器物并龍旗、御馬、駕牌、旗號等物，俱為虜寇所獲，恐持前項器物詐言大駕回還，脅爾門關，切勿輕聽墮其計，卽運謀奮勇相機出奇剿殺。

禮科給事中金達言二事：一，邇者官軍不利，回京其經過關隘不與盤詰，切恐虜隨羣入城，窺覘事情。合令監察御史、五城兵馬并管軍衙門户喻家曉，但有語言蹇滯、面貌可疑之人，卽擒捕到官研審。一，直隸保定等府，為畿甸籓籬之地，各處正官多不得人。乞命吏部查究，平日政績無聞者，令其致仕，速於聽選官内擇剛果能幹者補任。仍選在京文職一人鎮守，便宜行事，以綏生民。

禮科給事中李實言二事：一，正陽等九門，以置砲架銃石，以備固守。緣城壕兩岸樹木森然，不惟妨我用兵，抑且以利敵人。候有聲息之日，令守門官軍斫去。一，新選餘丁民壯人等，俱承平安逸之輩，遽使執持神銃短鎗，恐臨期難措手足。乞嚴選精壯，正軍操練。王俱令所司議行。

（英宗正統實録卷 181 第 13 頁 181.11.3515）

1153 八月己巳 令諭各營大小把總管隊官：邇者，大駕親征胡虜，不意被留賊廷，究其所由，皆由主事者不得其才，所以號令不嚴。勇敢之士莫用其才，忠正之士莫展其志，致有此失，於爾何罪？爾等即將所領官軍回到京者，一一開報，以憑給賞。果有陣亡被傷成殘疾者，令弟男子侄襲，其無傷者仍舊操練，每人再給賞銀二兩、布二疋。時駕陷，官軍脱回者甚衆，懷懼疑不敢報官，故有是令。

（英宗正統實録卷 181　第 15 頁　181.12.3518）

1154　八月己巳　後軍右都督石亨言：京師官旗軍民、匠作人等不下百萬，豈無才智出衆、勇力過人者伏於其間？許令自報，俾臣試驗，果中式者，授以冠帶，賞銀三兩，仍給與器械鞍馬月粮一石，隨軍操用。有功之日，不次陞賞。從之。

令在城守城人匠、火夫并報効新選官舍人等給口粮月三斗。

（英宗正統實録卷 181　第 16 頁　181.13.3520）

1155　八月辛未　令陞都督楊洪為昌平伯，朱謙為右都督。遣右都御史陳鎰往順天府通州等處撫安軍民。陞閘官羅通為兵部員外郎，往居庸關。遣四川按察使曹泰往紫金（按：疑金為荆之誤）關，廣東右參議楊信民往白羊口，會同軍職守備關隘，撫卹軍民。從兵部尚書于謙薦也。

户部言：今歲運粮旗軍已留操備，然各軍初起程時不意久居於此，及至沿途遇淺盤剥，俱自陪辦。況令官覔車輛，車價高貴，既無從出，亦無軍裝號衣。乞令每軍原運三十石以上者内除五石，不及三十石除四石五斗，與作車錢。仍除二石以作衣裝，庶得粮儲亦完，操備不誤。從之。

（英宗正統實録卷 181　第 19 頁　181.16.3525）

1156　八月戊申　王令陳公、孫安、趙政（按：館本政作玫）、楊俊率所領官軍來居庸關外駐劄，為京師聲援。

（英宗正統實録卷 181　第 19 頁　181.16.3526）

1157　八月癸酉　給密雲中等衛官軍馬八百六十八匹。

順天府經歷施茂言：本府連年荒旱，百姓艱難，起輛車五百運通州粮，乞官給脚價銀一兩或五錢。事下，户部請運一萬後再運給脚價一兩。從之。

（英宗正統實録卷 181　第 20 頁　181.17.3528）

1158　八月甲戌　户部言：在城宜令（按：館本令作召）人納草，每穀草一百束官給價銀三兩二錢，禾一百束給銀二兩二錢。毋分官員人民之家，許令報納。於城内立場銓官收放。其義和等馬房宜撥軍一千名，赴南石渠馬房量運官草赴彼堆積。上直騎操等項馬宜折以官銀，每草一束，給銀一〔校記：館本一作二〕分，聽其買用。各處已解來到草，請差官差催，庶不有誤。從之。

令給古北口等關調集軍馬、口糧、草料。

（英宗正統實録卷 181　第 21 頁　181.18.3530）

1159　八月丁丑　琉球國中山王尚思達遣使臣馬權度等貢馬及方物。賜絲段，衣冠等物。仍令權度等賫勅并鈔、紵絲，歸賜其王及妃。

（英宗正統實録卷 181　第 25 頁　181.21.3536）

1160　九月戊寅朔　提督居庸關兵部員外郎羅通言：虜欲送車駕回京，恐其假此率衆齊來。雖居庸〔校記：廣本庸下有關字〕可守，然永寧、懷來、獨石、馬營俱已空虚。大小關口三十六處，可通人馬者七處，宜各添一千人守備。可通人不可通馬者二十九處，各宜〔校記：廣本各宜作宜各〕添一百人守備。仍命大將一員，將三萬分作十營，於關口策應。事下兵部，議：請副都指揮同知楊俊處置及量陞通職，仍舊提督。從之，陞通為兵部郎中。

（英宗正統實録卷 182　第 1 頁　182.1.3537）

1161　九月己卯　令工部於京城堞口俱置門扇〔按：館本扇作扉〕，縛沙欄木於城東西南三面垣上。凡為門扇一萬一千有餘，沙欄長五千一百餘丈。

户部言：永寧等衛、隆慶等州軍民驚疑，越關散住昌平縣，慮其朋合生事，請都察院右都御史陳鎰嚴督撫安。從之。

（英宗正統實録卷 182　第 2 頁　182.2.3539）

1162　九月己卯　禮部言：琉球國使臣蔡寧等朝貢至京，欲以所賜絹疋等物往蘇州〔按:館本州下有府字〕地方，貿易紗羅、紵絲〔校記：廣本無紵絲二字〕回還復國。從之。

（英宗正統實録卷 182　第 2 頁　182.2.3539）

1163　九月辛巳　守備居庸關地方都督僉事孫安往山西鎮守。

令給在京各營官軍馬五千匹。

通州等處撫民右都御史陳鎰言：直隸定邊等衛，北通邊境，今蒙調其軍餘及運粮官軍赴京操備，誠恐缺人守備，乞存留為便。王令軍餘免調，運粮官軍調三分之二。

（英宗正統實録卷 182　第 3 頁　182.2.3540）

1164　九月壬午　令改撥原派開平、永寧二處倉粮一千餘石於密雲縣、龍慶、古北口倉上納。給山海關、古北口等處緣邊選操舍人月粮二斗五升。

（英宗正統實録卷 182　第 4 頁　182.3.3542）

1165　九月癸未　上在迤北，郕王卽皇帝位，尊上為太上皇帝。詔天下。

（英宗正統實録卷 183　第 1 頁　183.1.3555）

1166　九月甲申　陞順天府丞蕒衡為太僕寺卿，中書舍人陳學、王謙、蔣宏、徐瑛俱為翰林院編修，仍於内閣書辦。

（英宗正統實録卷 183　第 6 頁　183.5.3563）

1167　九月戊子　國子監監生姚居言：……朝廷修大興隆〔按：館本興隆作隆興〕寺，侈極莊嚴，京師謠曰：“竭民之膏，勞民之髓，不得遮風，不得避雨”。又將崇國寺楊禪師遵為上師。

（英宗正統實録卷 183　第 10 頁　183.8.3570）

1168　九月己丑　提督居庸關巡守都指揮同知楊俊奏：近奉旨

於土木拾所遺軍器，得盔六千餘頂，甲五千八十餘領，神鎗一萬一千餘把，神銃六百餘箇，火藥一十八桶。命遣人輦運來京。

（英宗正統實録卷 183 第 11 頁 183.9.3571）

1169 九月壬辰 兵部奏：山東直隸運粮官軍俱各在京操練，粮船比舊數少，宜止用都督武興一員總督，都指揮同知湯節存留在京別用。從之。

（英宗正統實録卷 183 第 13 頁 183.11.3575）

1170 九月甲午 琉球國中山王尚思達所遣陪臣馬權等陛辭。賜宴并綵幣、表裏、襲衣，仍命權賫勅并金織綵段、表裏，歸賜其王及妃。

（英宗正統實録卷 183 第 14 頁 183.12.3577）

1171 九月甲午 修黄花鎮關隘。

（英宗正統實録卷 183 第 14 頁 183.12.3578）

1172 九月丙申 勑諭兵部尚書于謙、武清伯石亨等曰：卿等提督操練軍馬，其中頭目多有不勝任者，宜退之別簡其人，以備任用。

（英宗正統實録卷 183 第 16 頁 183.13.3580）

1173 九月丁酉 命都督同知武興管神機營操練。

吏部聽選知縣單守言：佛本胡教，前代事之，俱致禍亂。近年以來，修蓋寺觀，徧滿京師。男女出家，累千萬計。不事耕織，蠹食于民，所以胡風行而人心惑也。況所費木石、銅鐵不可勝計，以有用之財爲無用之費。請拆其木石改造軍衛，銷其銅鐵，以備兵仗；遣其僧尼還俗生理，庶幾皇風清穆，胡教不行。……疏入，命禮部會官議之。

（英宗正統實録卷 183 第 17 183.14.3582）

1174 九月戊戌 陞廣西右參政謝澤爲通政使，提督守備白羊口。

（英宗正統實録卷 183 第 13 頁 183.15.3583）

1175 九月己亥 兵部尚書于謙等劾管三千營忻城伯趙榮不赴營操練，以致軍容不整，紀律全無，士卒諠譁，行伍錯亂，請罪其罪。命法司禁錮榮，以都督僉事孫鏜代領軍務。

（英宗正統實録卷 183 第 19 頁 183.16.3585）

1176 九月庚子 修築龍門口關隘。

通州等處撫民右都御史陳鎰奏：通州把總都指揮僉事陳信，職專遞送官物，修理橋道。卽今正係禦防虜寇之時，宜令鎮守通州地方，提調武清等衛，操練軍馬。從之。

（英宗正統實録卷 183 第 19 頁 183.16.3586）

1177 九月辛丑 陞兵部給事中孫祥、兵部郎中羅通俱爲右副都御史，通守居庸關，祥守紫荆關。

（英宗正統實録卷 183 第 20 頁 183.17.3587）

1178 九月壬寅 武清伯石享奏：五軍各哨缺官。乞賜陞用都指揮同知衛潁管右哨馬步，都指揮僉事范廣管大營圍子手，署都指揮僉事張義管中軍馬步，署都指揮僉事陳友管左哨馬步，都指揮僉事李全管左掖馬步，署都指揮僉事王梁管右掖馬步，指揮使李貴宜陞職管中軍步隊，署指揮同知王淳、指揮同知王英、崔福俱堪陞用。帝允所請，令潁、廣俱署後軍都督府都督僉事，義、友、全、梁俱署都指揮同知，貴、淳、英、福俱署都指揮僉事。

（英宗正統實録卷 183 第 21 頁 183.18.3589）

1179 九月癸卯 給各營官軍馬一萬四千七百三十五匹。

（英宗正統實録卷 183 第 24 頁 183.20.3594）

1180 九月甲辰 命王通爲中軍都督府都督僉事，提督守備九門。通舊封成□（按:館本□作山）侯，坐失交阯，落職爲民，至是起而用之。陞都指揮同知劉信署後軍都督府都督僉事，照舊操練。

添調京軍二千名守古北口，五千名守紫荆關。從兵部尚書于謙奏請言也。

（英宗正統實録卷 183　第 25 頁　183.21.3595）

1181　九月乙巳　陞都指揮同知季鐸爲都指揮使，遣使迤北，賫書奉太上皇帝曰：弟祁鈺再拜，奉書大兄皇帝陛下。邇者，以保宗廟社稷之故，率師巡邊，不意被留虜廷，自聖母皇太皇（按：疑皇爲后之誤）以及弟與羣臣不勝痛恨。我皇太后復念宗社、臣民無主，已立大兄皇庶子爲皇太子，布告天下，以繫人心，以待大兄鴐回。奈何日久宗廟缺祀，國家無主，我皇太后及宗親諸王，皆統帥人馬赴京衛護宗社。同念太子年幼，不能親理國事，臣民無望，命帝（按:疑帝爲弟之誤）卽皇帝位，以慰輿情。在京公侯駙馬伯及文武羣臣萬姓，亦合辭請蚤定大計。及使臣回，亦傳大兄之命，令弟主與宗廟之祭。弟不得已，受命主宰天下，尊大兄爲大上皇帝。弟身雖已如此，心實痛恨不已，仰望大兄蚤旋，誠千萬之幸。近得使書，捧讀再三，且喜且痛。若太師也先，果欲送大兄回，此能上順天道，下順人心，真大丈夫所爲，豈不名揚千古？大兄到京之日，君位之事，誠如所言，另再籌畫。兄弟之間，無有不可，亦何分彼此？但降尊就卑，有違天道。望大兄與也先太師言之，送兄回國，不必多遣人馬，恐各王人馬在京衆大，勢有相犯，不能自已，非弟所能保無恙也。只宜用五七騎來卽可，以全和好。伏望大兄深念祖宗社稷生靈爲重，善爲一辭。天地鬼神，必加保佑。臨楮惓惓，不勝痛恨，伏惟大兄諒（按：館本諒作亮）之。

又與書太師也先曰：邇因太師遣使致書，欲送大兄太上皇帝回京，足見太師上順天道，下順人心。比先朝廷與太師處，皆因下人之言，彼此俱動軍馬。我朝廷爲奸所誤，以致一時生靈受害。先因朕兄不知存否，國家無主，宗室諸王，統率天下軍馬，皆來守護宗社。我聖母皇太后及王公侯伯并臣民皆言，自古生靈不可一日無主，朕當嗣位，主宰天下。又得指揮岳謙、梁貴回京口傳大兄皇帝聖旨，命朕嗣位，以典宗廟之祀。朕不得已，勉尊大命，祭祀天地宗廟社稷，詔告天下，卽皇帝位。尊大兄爲太上皇帝，尊居朕上。太師果能送兄回京，朕有大事，必當稟命而行。若大兄仍居皇帝位，則降尊就卑，是罔天矣。罔天之事，朕豈敢爲？太師必同此心。朕惟太師送兄回京，以全和好，真大丈夫所爲，古今少有，豈無美名播揚千古。但今各處軍馬皆來聚集京師，保護宗社，布列遠近，太師宜少遣數十人送朕兄回京，庶幾衆軍之心不疑，不至相犯，尤見太師保全和好之盛心也。往事彼此俱勿留意，頒去禮物，至可收領，惟太師亮之。

（英宗正統實録卷 183　第 31 頁　183.24.3602）

1182　九月乙巳　賞居庸關等處軍士銀布。

鎮守居庸關都指揮同知趙玫〔按:館本玫作玟〕奏:凡近關地方有粮草者，請運入關。其遠者請遣夜不收往焚之，勿留資寇。從之。

（英宗正統實録卷 183　第 31 頁　183.26.3606）

1183　九月丙午　給神機營等官軍馬二萬三千八百十七匹。

（英宗正統實録卷 183　第 31 頁　183.26.3606）

1184　九月丁卯　武清伯石亨奏：臣〔校記：廣本臣下有願字〕領官軍殺賊，欲募壯士千人，每二三十人爲隊〔按：館本隊作墜。誤〕，往居庸關以西山林高阜處潛伏以俟。乞造銀牌三五百面，書“刼營信牌”四字,遇賊人賞一面,令潛入賊營舉礮。人利重賞，庶不退避。從之。

（英宗正統實録卷 183　第 33 頁　183.28.3609）

1185　十月戊申朔　勑守備居庸、紫荊及沿邊一帶總兵等官：爾等巡視大小關隘，但可通人馬之處，或塞或守。塞則廣積木石，守則鋒利器械。務在措置得宜，有備無患。

（英宗正統實録卷 184　第 1 頁　184.1.3611）

1186　十月己酉　鎮守密雲署都指揮僉事王通奏：達賊在密雲

地方出没不絶，必是欲來犯邊，乞爲增兵守備。兵部議:近已添調官軍三千往守古北口，宜再添調二千往密雲等處，悉令聽通節制。從之。

（英宗正統實録卷 184　第 2 頁　184.2.3613）

1187　十月乙酉　（按：乙酉爲己酉之誤）定運米則例。通州運至京倉，雜犯斬絞三百六十石，三流并杖一百、徒三年者二百八十石，餘四等遞減四十石。杖每一十，八石，笞每一十，四石。通州運至居庸關隆慶衛等倉，雜犯斬絞九十石，三流并杖一百、徒三年七十石，餘四等遞減十石。杖每一十，二石，笞每二十，一石。

（英宗正統實録卷 184　第 2 頁　184.2.3614）

1188　十月壬子　户部奏：兵仗局軍匠原支月粮五斗，今添一斗。火□□（按:館本□□作夫人）等自願報効守城者，亦宜給月粮三斗。口外衛所被賊驚散軍官舍餘見牧五軍等營操備者，俱宜月給口粮三斗。從之。

（英宗正統實録卷 184　第 7 頁　184.6.3621）

1189　十月甲寅　命都督同知劉得新督掌左軍都督府事，兼管三千營操練。

（英宗正統實録卷 184　第 8 頁　184.7.3624）

1190　十月乙卯　勅兵部尚書于謙提督各營軍馬。

分遣諸將同帥兵二十二萬陳于京城九門。總兵官武清伯石亨陳于德勝門，都督陶瑾陳于安定門，廣寧伯劉安陳于東直門，武進伯子朱英陳于朝陽門，都督劉聚陳于西直門，副總兵顧興祖陳于阜城〔校記:廣本城作成〕門，都督指揮李端陳于正陽門，都督劉得新陳于崇文門，都指揮湯節陳于宣武門，皆受石亨節制。勅亨及左副總兵署都督僉事范廣、右副總兵都督武興曰：今之達賊窺視京城，特命爾等統率大軍，屯于九門，或設伏或設險，或守正用軍，或出奇取勝，或護〔按:館本護作獲，誤〕守城池以逸待勞，或供刼營帥以計陷敵，或分兵策應，務出萬全。事定報功，陞賞不吝。

（英宗正統實録卷 184　第 9 頁　184.7.3624）

1191　十月丙辰　兵馬司奏：欲拆毀九門外軍民房屋，以便屯駐。衆情洶洶，爭負行李入城。給事中李震言：搖動人民，不宜拆毀。從之。

勑有盔甲軍士但不出城者斬，是時軍士有盔甲者僅十之一云。

命吏科給事中程信、户科給事中王竑協同都督王通、右副都御史楊善提督軍務，守護京城。

（英宗正統實録卷 184　第 10 頁　184.8.3626）

1192　十月丁巳　勑駙馬都尉焦敬巡視皇城四門，提督官軍，嚴加防慎。

是日，虜衆奉上皇車駕過易州，次良鄉縣。父老進茶果羊酒。

（英宗正統實録卷 184　第 11 頁　184.9.3628）

1193　十月戊午　虜衆奉上皇車駕次蘆溝橋果園，署官以果品進。上皇命袁彬作書三封奉皇太后及弟皇帝及諭文武羣臣，通報虜情，俾固守社稷。遣丘謙同虜使納哈出至彰義門外答語。謙爲軍所殺，納哈出奔回。也先遂列陣至西直門外，皇上御幄止於德勝門外。

工部言：賊入易、淶，紫炭夫皆驚走。造戰車者見缺柴炭，功見大慈恩寺等處歲支柴炭一百八十餘萬，事非急用，可轉給造車爲便。從之。

户部給事中李侃〔校記：抱本侃作保，誤〕言：議者欲燒城外各場草束，蓋慮其爲賊所侵，以持久也。臣切計虜寇輕剽，無持久之心，況天下勤王兵至，寇必遠遁。請勿燒燬。命右都御史陳鑑等禁之。有指賊乘機燒燬者，執問勿宥。

（英宗正統實録卷 184 第 12 頁 184.10.3629）

1194 十月己未 虜衆奉上皇車駕登土城，邀大臣出迎。帝疑其詐，乃陞通政史左參議王復爲右通政、中書舍人王榮爲太常寺少卿，遣復榮出城朝見，進羊酒等物。既見，令復、榮回，復邀于謙、石亨、王直、胡濙〔校記：舊校改濼作濙〕出見。廷議以謙等國所倚仗，不遣。

兵部奏：即今鞍馬軍器給用不敷，宜命禮兵工三部委官督同五城兵馬挨究。凡官吏軍民等家有鞍馬、盔甲、撒袋，俱送赴官，給價償之，敢匿者治罪。從之。

（英宗正統實録卷 184 第 13 頁 184.11.3631）

1195 十月己未 是日天雨雪，大風，雷電，雨。

（英宗正統實録卷 184 第 14 頁 184.12.3633）

1196 十月庚申 遣使賫勅往朝鮮及野人女直衛，分車馬與遼東軍會合殺賊。

（英宗正統卷録卷 184 第 14 頁 184.12.3633）

1197 十月庚申 武清伯石亨、尚書于謙敗虜于德勝門外。初虜以數騎來窺德勝門，謙等伏兵于兩房空房。先遣數騎迎戰，詐敗。虜衆萬餘來追，伏兵起，以神炮火器擊之，虜遂却。

都督孫鏜與虜戰于西直門外，斬其先鋒數人，虜稍却，鏜逐之。虜悉衆圍鏜，鏜力戰，毛福壽、高禮俱往援之，禮中流矢。亨復分兵往援，虜乃引却。

（英宗正統實録卷 184 第 14 頁 184.12.3634）

1198 十月辛酉 命故都督王敬、武興，都指揮王勇往彰義門殺賊。僉都御史王竑往毛福壽、高禮處提督軍務，與孫鏜一處屯兵。若有緊急飛報，王敬、武興、王勇互相應援，不許自分彼此，失誤軍機。

勅都督毛福壽等於京城外西南街巷要路堵塞路口，埋伏神銃短鎗以待策應。

詔京城嚴夜禁，兵部分遣郎中巡督，以防姦細。

王敬、武興與虜戰於彰義門外，俱以神銃列於前，弓矢短兵次之，報效内官數百騎列于後，虜至，以神銃擊却之。報効者争功，自後躍馬而出，陣亂，虜衆乘之，遂敗。虜逐至土城。興中流矢，死。居民皆升屋以磚瓦擲之，虜少止。王竑、毛福壽往援，虜遥見旗幟，乃遁。

勑提督居庸關守備副都御史羅通等：前已勑爾領精騎五千赴京策應，今恐不敷，凡趙文、楊俊所領軍馬，自外至者，爾通與俊悉領前來。

六科十三道劾刑部侍郎江淵等，因見石亨處官軍數多，易于立功，却乃故違詔旨，赴亨營内，以致孫鏜等處缺人協贊。請治其罪，别選剛果有爲者代之。帝命二人速赴鏜所，再違不宥。

是日達賊之未入關者運板木、草束以攻居庸關，官軍用火器擊却之。

（英宗正統實録卷 184　第 15 頁　184.12.3634）

1199　十月壬戌　虜衆奉上皇車駕由良鄉西去，所過州縣大掠。又散遣部屬掠畿内諸府、州、縣。

增置各城兵馬指揮十員。時太子太保兼吏部尚書王書（按：館本書作直）言：城外關廂居民有未遷移者，自相結聚，可以防察奸細，巡捕盗賊。緣各城兵馬員少，管束不周，請暫增十員，分領巡捕。有功一體陞賞，事寧取回别用。從之。

吏部給事中程信言：虜寇逼臨，軍民驚擾。臣等奉命守城，已令各門嚴加守備，所有事宜，條具以聞。一，號令嚴明則軍士用命，且如孫鏜領兵與賊對敵，各路守將正當應援，乃託言分守，坐觀成敗。彼時西北軍馬約有三四千人，前鋒少挫，后伍輒却，致令虜寇乘勢追逐。臣等止憑城督令軍士擊以火器，賊遂奔潰。然退却者既不加誅，前進者又不加賞，號令如此，何以制勝？乞勑總兵等官，分營關外，嚴明號令。虜衆則堅守，虜少則合擊，倘有退縮，處以軍法，如此則號令嚴而軍威振矣。一，京城召募勇敢，固有樂於嚮用者，亦有不願應募者，蓋其意謂有功則受官賞於今日，無功則難免軍於後日。懷此疑懼，隱匿者多。乞勑該部榜諭軍民、官舍、匠役人等，但有勇敢應募、奮力出奇，有功者不次陞擢，無功者事畢聽回。如此則人疑釋，而勇敢無有不至矣。一，竊觀虜勢，始則四散放火，急則驚擾我軍。今見堅守難攻，似有南行之狀，誠恐州縣居民駭散失所。乞調山東、河南等處勤王之師，順關南京運來在途衣甲，於真定、保定、河間所在立營，相機進止。虜近則守拒，虜遠則赴京合兵攻剿，如是則我有犄角之勢而虜失進退之利矣。一，外城既固，内門不可不謹，且如西直等門，雖有二百餘軍分守，各鋪繳閘之外，守門不過五六十人，俱各老弱，又無兵器，倘有内患，倉卒難爲。乞令城内管軍頭目，每門添選二百。刀鎗弓箭，但有其一，亦可守用。如此則有備無患矣。一，西城一帶戍卒，多係上林苑監人夫，原居城外，被賊驚散，守城月餘，行囊懸罄，雖許通州倉分給米三斗，不得下城關支，有至三四日無食者。氣餒力弱，曷以守備？乞令每夫在城給米三斗，庶食足而氣壯，攻捷而守固。命該部速議來聞。

（英宗正統實録卷 184　第 16 頁　184.13.3636）

1200　十月癸亥　　命副都御史王暹、吏部侍郎曹義、禮部侍郎儀銘、工部侍郎張敏、右通政欒惲、大理寺丞薛瑄、太常寺少卿習嘉言、鴻臚寺丞張翔、太僕寺少卿俞綱分守正陽等九門。時虜已宵遁，京師戒嚴，故有是命。

虜至居庸關，都指揮楊俊率官軍八百人進擊，斬獲賊首六級，馬一百二〔校記：廣本二作六〕十二匹，牛、騾四百七十餘隻，追回男婦五百餘口。

命通州（按:館本州後有并字）各衛在（按:館本在作左）城官

吏預給粮十個月。

上林苑監蕃育署奏，鄰居達子乘機爲盗，與達賊三百餘人將署内官物出口，大掠而去。

上皇車駕過易州。

（英宗正統實録卷 184　第 19 頁　184.16.3641）

1201　十月甲子　擢進士鄭和、趙蕃、楊紹、江真，知縣楊壽、劉豫、張禎、董英，監生馮敬、丘逵、韓文、陸禎、陳安，俱爲户部主事，專理京師各門預備粮。以虜寇臨城，户部奏請添置故也。

總督軍務少保兵部尚書于謙奏：都指揮魏興等，昨於西直門外殺賊，不合先行回營。命宥其死，當先殺賊贖罪。

是日虜衆奉上皇車駕出紫荆關。

（英宗正統實録卷 184　第 19 頁　184.16.3642）

1202　十月乙丑　勅守備居庸關少監潘成、副都御史羅通、署都督僉事楊俊：前勅爾俊须兵來京，今賊已遁，爾俊仍在關守備。已勅運銀二萬兩，胖襖二萬副，前赴羅通處給賞官軍。又聞餘寇近關刼掠，此必强盗假爲達賊以掠人者。爾俊其擒勦之。

兵部奏：達賊雖遁，然京師内外、水陸道路、軍民人等憂疑未釋，又有無賴子詐爲達賊，乘機刼掠。令合添除兵馬司官於京城内外用心巡綽。在外若山東、河南等處并南北直隸，宜令鎮守巡撫官禁革姦盗。其有被賊剽掠去處，設法賑濟，無令失所。從之。

出御馬監馬以架戰車。

（英宗正統實録卷 184　第 20 頁　184.17.3643）

1203　十月丁卯　以銀二萬兩，胖襖、袴鞋二萬副給守居庸關口軍士。

（英宗正統實録卷 184　第 22 頁　184.18.3646）

1204　十月庚午　令提督守備九門文職官回任理事。

兵部奏：京城并附近地方安插達官及平日無賴之徒，乘機刼掠，擾害良民，乞令錦衣衛捕盜官捕擒。從之。

（英宗正統實録卷184　第23頁　184.19.3648）

1205　十月辛未　順天府奏：涿、通等州，良鄉、昌平等縣人民，俱被達賊虜掠殺傷逃竄，宜將所選民壯，暫且停止。兵部議，且行監察御史金達體勘，不係被賊處所者仍選。從之。

命懷來等衛所撥守關口并貼守城門官軍每人月給行糧四斗。

（英宗正統實録卷184　第24頁　184.20.3649）

1206　十月壬申　降虜之徧置京城者，因虜入寇，遂編髮胡服，肆抄掠，人目爲家達子。又有驅避難人以附虜者，在在紛然。官軍間有獲之，俱命斬首以徇。

（英宗正統實録卷184　第24頁　184.20.3650）

1207　十月癸酉　勅右副都御史王暹曰：比因虜寇入境，順天府所屬州縣城市、鄉村、屯堡居住軍民人等，被其驚散，至今未復。今命爾往近山一帶昌平等縣、長陵等衛，往來督同衛所府州縣官存恤，如有流移，設法招撫，缺食給糧賑濟。諭以虜寇已被殺敗，逃遁出關，軍民人等各復業安生。仍諭該管官司、旗甲、里老人等，常加撫恤，毋致尅害，務使安全。且令自相勸勉，編成牌甲，但有寇至，奮勇剿殺。有功者重加陞賞，免雜泛徭役三年。餘丁王欽等數人，在通州田羊村揚言虜至以恐民。命俱斬以徇。

（英宗正統實録卷184　第25頁　184.21.3652）

1208　十月甲戌　命修獻陵、長陵供器，以爲達賊所毀也。

（英宗正統實録卷184　第25頁　184.21.3652）

1209　十月乙亥　勅止所調朝鮮及野人女直各衛軍馬。

（英宗正統實録卷184　第26頁　184.22.3653）

1210　十月乙亥　命塞居庸關以西一帶山口，以杜達賊往來。

景陵衛奏：昨者，達賊入營，官軍驚散并刼去印信。詔官軍在一月内回陵看守，不至不宥，印信補造與之。

（英宗正統實録卷 184　第 26 頁　184.22.3653）

1211　十一月丁丑朔　賜朝鮮國王李裪所遣陪臣鄭涉等綵幣等物。以表貢方物，賀上皇萬壽聖節故也。

（英宗正統實録卷 185　第 1 頁　185.1.3665）

1212　十一月戊寅　都察院奏：僉都御史段信、按察使曹參、錦衣衛指揮王虹、監察御史吴中、郭仲曦、王晉等失守居庸、紫荆關，俱應逮問。從之。

（英宗正統實録卷 185　第 2 頁　185.2.3667）

1213　十一月辛巳　畿内順天等八府例命監察御史二員巡按，至是都察院以國家多事，請暫增二員，每員分巡二府。從之。

（英宗正統實録卷 185　第 7 頁　185.6.3675）

1214　十一月乙酉　勑朝鮮國王李裪曰：比者，虜寇侵犯北邊，常徵兵王國。自朕嗣位之初，首敗其衆，已勑王罷兵。但兵之備既不可撤，而馬之用爲尤急，王宜以三萬遣來，少助軍旅之用，就令受直而歸，不致虚負。王宜如勑奉行無忽。

先是，暹羅、爪哇、占城諸國貢使還，例遣官詣廣東及措置沿途飲食供應等事。至是左參政楊信民言：廣東番夷往來，既有内使專統其事，又有鎮守巡按三司等官，令其待宴足矣。乞免差京官遠行陪宴之禮。從之。

（英宗正統實録卷 185　第 9 頁　185.7.3678）

1215　十一月丁亥　陞密雲中衛指揮僉事王（按：館本王作張）興爲署都指揮僉事，協同都指揮僉事王通分守古北口地方，命監察御史張斌協贊軍務。從右僉都御史鄒來學奏請也。

命所在有司修理城垣。

（英宗正統實録卷 185　第 10 頁　185.8.3680）

1216 十一月己丑 免順天、河間二府明年該納藥材、曆日紙劄。

（英宗正統實録卷 185 第 11 頁 185.9.3682）

1217 十一月己丑 太子太保兼户部尚書金濂奏：京城裏外象、馬、牛、羊數多，各場所積草束，近因胡虜入寇，燒燬拋棄殆盡。請召商納草中塩，兩淮塩每引各草十五束、禾草二十二萬（按：館本無萬字，是也）束，兩浙塩每引各草十二束、禾草十七束，長蘆塩每引各草十六束、禾草十束。從之。

（英宗正統實録卷 185 第 12 頁 185.11.3685）

1218 十一月辛卯 勅都督同知王通率兵往天壽山提督三衛官軍守關隘、陵寢。

少保兼兵部尚書于謙等奏：邇者，尚書兼翰林學士陳循等言，楊洪與子俊善戰，俱留京師。臣等切惟宣府者京師之藩籬，居庸者京師之門户，未有藩籬、門户之不固而能免盜賊之侵損者也。今洪、俊并所領官軍既留京師，則宣府、居庸未免空虛，萬一逆虜覘知虛乘入寇，據宣府附近以爲巢穴，縱兵往來剽掠，雖不犯我，京畿能獨安乎？曩自逆虜犯邊，俊望風奔潰，將獨石、永寧等十一城併棄之，遂使邊境蕭然，守備蕩盡，虜寇往來如在無人之境，聞者無不痛恨。幸存宣府一城，有洪以守之，雖不救土木之危以解君之難，然足以爲京師及居庸之應援，接大同之聲勢。今宣府、居庸兵將俱無，是棄之也。彼尚存者不過疲兵羸卒，無主將以統馭之，安能保其不離散乎？事之可憂，若此爲甚。臣等叨掌兵政，事有當言，不敢隱默。況今國家多事，用舍舉措，當合公論，不協則事之成否、利鈍未可期也。乞將臣言付文武大臣及六科十三道，從公會議。洪、俊既留京師，邊務當若何處置？或推選謀勇、老成、廉静、持重武職大臣一員充總兵官，鎮守宣府，能幹、才勇武臣一員守備居庸，其原來官軍亦宜斟酌遣置，庶彼此守備不至失悮。

會兵科都給事中葉盛等亦（按：館本亦下有言字）中國之馭夷

狄，固當保衛京師，尤宜整飭邊關。自虜騎奔遁之後，迄今聲息未寧，往往有復來犯邊之説。虜之復來不來不必問，顧我之有備何如耳！今之極邊險要，莫若大同宣府，切近邊關莫如居庸，其次紫荆、倒馬、白羊。大同、宣府無備，則虜騎直抵邊關矣。邊関失守，則長驅直擣，有不忍言者矣！以往事言之，獨石、馬營不棄，則乘輿何以陷土木？紫荆、白羊不破，則虜騎何以薄都城？卽是而觀，邊關不可不固也。然禦戎固在守邊，而守邊尤在得人。故凡擇良將以重委託，設文臣以資參補，選士馬以備攻守，運粮草以供餽餉，修器械以禦衝突。是數者皆守關要務，而實本於任用得人，又皆今日所急而不可緩者。以京師言之，有武清侯石亨以總兵，少保于謙以總督軍務，允協（按：館本協作愜）輿情，事漸就緒。近復以昌平侯楊洪、都督范廣分理各營，復以近臣之請，以都督楊俊、副都御史羅通守京操練經畫處置矣。以邊關言之，紫荆、倒馬、白羊等關，虜賊退後幾及一月，至今尚未設守。都督顧興祖等，雖承差遣，尚未啟行。是未足以稱皇上安内攘外汲汲遑遑之盛心也！在外惟大同，以郭登鎮守，可謂得人，其他天城、陽和等處，亦皆有人可守。獨宣府切近居庸，實關外重地也，爲大同一帶，應援居庸，切近京師，天險莫比。自昔必争之地，守之者固不可以無人，尤不可以非人。往時楊洪父子、羅通輩分守二處，號稱得人。今洪得既留京師，必求如洪等者以代之，然後足以副重寄而集大功。乞令廷臣從長會議，務合衆情，毋徇偏見。得人者必求其人，未啟行者必促其啟行。何以致器械之不乏，何以使粮草之足用，精選而信用之，熟思而審處之。如此則邊關充實，而賊虜寒心，中國載寧，而大舉可圖矣！帝皆可之。命兵部集廷臣慎選文臣一員、武臣二員以代洪等，仍促興祖等啟行毋緩。

（英宗正統實録卷 185　第 14 頁　185.11.3685）

1219　十一月壬辰　停徵順天、河間、真定、保定四府，隆廣、保安二州鹽粮鈔。以其地被達賊擾害，民不安業故也。

（英宗正統實録卷 185　第 16 頁　185.14.3691）

1220　十一月癸巳　虜之初入寇也，守備懷來署都指揮康能、指揮易謙、温海、指揮僉事范澄，守備永寧城署都指揮僉事黄寧、指揮使周隆、張斌，守備保安城指揮使李實、指揮僉事曹宗玘、焦玘，守備長安嶺關署都指揮僉事魯瑄、指揮僉事陳瑛，俱率家衆遁走。右副都御史羅亨信案舉其罪，能、寧得宥，瑄爲右副都御史羅通舉以立功，玘亡不知處。法司論實棄城爲首，斬。謙、海、澄、隆、斌、玘、宗等從徒，至是遇赦，皆免罪，隆（按：館本隆作降，是也）爲事官，送武清侯石亨處自効。

（英宗正統實録卷 185　第 17 頁　185.15.3693）

1221　十一月丙申　命右僉都御史王竑、都指揮同知夏忠、署都指揮僉事魯瑄鎮守居庸關。

（英宗正統實録卷 185　第 19 頁　185.16.3696）

1222　十一月丁酉　總兵官昌平侯楊洪等陳禦寇三事。一，賊人遠來，其馬漸弱，宜令各處村莊人民所積草束悉搬入附近城内。願納官者給與價銀，路遠及不能搬者就令窖藏，不露蹤跡。使彼馬無草，必不能久。待其疲弊，賊庶乎可滅。一，紫荆關一帶，多有山寨，涿州等處亦有塔宇，前者虜入寇之時，民多就于避難，尋彼（按:疑彼爲被之誤）攻破。今宜移文順天、真定、保定、河間、永平五府及巡撫、巡按等官，相度事情，遇有驚急，即便嚴督州縣，火速將各鄉外居住人民，悉暫搬入附近城内居住，善加存恤。使賊入境，一無所得。一，通州河上在倉粮料，除儹運入城，尚有一千九百餘萬石，卒難搬運。宜將在京并通州旗軍人等丰年粮米，俱各預先関支。其料豆、小麥每石給與脚價銀二分，雇軍民人等運入通州城内官倉收貯，毋使存留城外，資寇遺患。從之。

（英宗正統實録卷 185　第 21 頁　185.17.3698）

1223 十一月己亥 順天府滦縣民奏：送納粮米至密雲木客（按：館本客作家）峪，盡被達賊刼掠，乞除豁。從之。

（英宗正統實録卷185 第22頁 185.19.3701）

1224 十一月辛丑 兵馬司奏：京外多曠宅，請趣民之避虜移居城内者各復舊居，如有逃亡外郡未歸者，暫撥其宅以處口外官軍。都察院議謂：勒民出城恐生變，撥逃亡諸宅以處邊軍亦非宜。遂寢之。

（英宗正統實録卷185 第23頁 185.19.3702）

1225 十一月癸卯 先時，每歲立春，順天府别造春牛、春花送御前及仁壽宫、中宫，凡三座，每座用金銀珠翠等物，爲錢九萬餘，至是以明年春日當復增三座。宛平民相率陳訴，言被兵之後，人户耗減，供辦實難，其春花乞買時宜花充用。從之。

（英宗正統實録卷185 第24頁 185.20.3704）

1226 十一月甲辰 户部奏：順天府、河間、保定、真定等府所屬州縣多經達賊虜掠，以天旱田畝無收。其正統十四年該徵納粮草除已徵在官外，其餘俱乞暫與優免，以安人心。從之。

（英宗正統實録卷185 第25頁 185.21.3705）

1227 十二月戊申 詔更定《大統曆》晷刻。先是，天文生馬軾乞改《大統曆》晝夜時刻。命禮部議。欽天監監丞許惇等奏：于正統間監正彭德清於觀象臺測驗，以北京較之南京，北極出地上高三度，南極入地下低三度，冬至晝短三刻，夏至晝長三刻。逐一考究，奏准改入《大統曆》内，永爲定式。軾起自軍匠，不諳曆數，妄以己意要改舊制，所言難允。帝曰：曆雖造于京師，而太陽出入度數則當以四方之中爲準則，是以堯命羲和仲叔四人分測，驗於四方，以定四時之仲。今京師觀象臺在〔校記：廣本在作乃〕堯幽都之地，太陽出入度數其可以爲準乎？今後造曆宜悉照洪武、永樂間舊式。

（英宗正統實録卷186 第2頁 186.1.3712）

1228 十二月戊申 順天府永清縣達官家密李羅因虜入寇隨之抄掠，且誘民爲亂。命誅之以徇。

（英宗正統實録卷 186 第 2 頁 186.2.3713）

1229 十二月己酉 命安遠侯柳溥掌神機營。

（英宗正統實録卷 186 第 3 頁 186.3.3715）

1230 十二月辛亥 順天府㴔縣運粮三十餘石，山東貴（按:館本貴作德）州運絹七百三十匹，大寧都司、保定等處所運草二萬七千六百餘束，赴京交納，俱被達賊剽掠無遺，奏乞除豁。從之。

（英宗正統實録卷 186 第 4 頁 186.3.3716）

1231 十二月甲寅 勅居庸關、宣府及大同等處諸將曰：自土木師潰之後，也先累言送上皇還京，朕喜以爲實。然三遣使賫書及金寶繒（按:館本繒後有錦字）往迎，不見送來。十月，也先親率人馬犯京師，至土城外，又言送上皇還。朕立遣王復、王榮出迎，虜意遂變，乃知也先欺詐。今聞又以送駕爲名，欲來窺伺〔校記：廣本窺伺作伺覘〕邊境。倘彼復來，爾等其念宗社爲重，固守城池，拒絶勿納。毋墮虜計，以悮國事。如其送上皇來，有喜寧隨行，爾等先誘喜寧入城，即時殺之，梟首示彼，以見拒絶之意。如喜寧不來，必是欺詐，必無上皇，其仍前固守，拒絶勿納。

（英宗正統實録卷 186 第 5 頁 186.5.3719）

1232 十二月乙卯 順天府箭匠周回童言：軍中所用神機短鎗，人執一把不能相繼。臣請爲車一輛，上安四板箱，内藏短鎗二十把，神機箭六百枝。臨用將鎗五把安車上，爲叉以駕之。叉亦可爲禦敵,鎗多可相繼〔校記:廣本繼作機〕而發。車止用四人，一人推，二人傍扶，一人隨爨，其餘人執一鎗，視發輒不繼者，功相十五〔校記：廣本五下有矣字〕。奏入，帝令武清侯石亨試其可用而後造之。

（英宗正統實録卷 186 第 6 頁 186.5.3720）

1233　十二月丁巳　陞都督僉事范廣、衛穎、陶瑾爲都督同知，其指揮使以下官軍六萬六千有奇陞賞有差。以德勝門及涿州等處殺敗達賊并陣亡也。

（英宗正統實録卷 186　第 11 頁　186.9.3728）

1234　十二月戊午　朝鮮國王李裪遣陪臣李名晨等奉表箋赴京奉慰。賜宴并賜紵絲、襲衣、表裏、絲段、絹布有差。

（英宗正統實録卷 186　第 12 頁　186.10.3730）

1235　十二月己未　給五軍等營官軍馬八千四百餘匹，居庸等関官軍馬二千一百餘匹。

總督軍務少保兼兵部尚書于謙奏：比者，宣府等處屢報胡虜出没，恐其窺伺日久，重貽邊患。不可不預爲之備。然在京軍官雖已選定爲三等，若不分將官統領立營訓練，切恐臨敵之際兵不識將，將不識兵，强弱不分，進退不一，難以成功。宜以武清侯石亨爲一營，都督范廣副之；昌平侯楊洪爲一營，都督孫鏜副之，統官軍四萬人；昌平侯柳溥爲一營，都督過興副之，統官軍二萬人；另選驍勇頭目領二三千人爲遊兵。使閑其節制于平居之時，庶得其死力于禦敵之際。從之。

（英宗正統實録卷 186　第 14 頁　186.11.3732）

1236　十二月己未　吏部聽選知縣黎連言四事：……各衛衙門多有未設，有者亦散漫不一。軍人赴點習操，遠者四五十里，近者二三十里，往返饑苦。萬一有警，猝難召集。乞勅文武大臣通議，軍衛在城内若干，在城外若干，量地甲乙爲次，從宜建置公宇，令官軍人等各依地之廣狹、屋之多寡，與近衛民人貿易居住，而於城外數里許别築王城圜繞之，環植榆柳。各軍馬坊，列置其下。俾之星羅棋布，首擊尾應，以操則便，以點則近。遇有警急，則一鼓而萬衆咸集。仍召近衛軍兵，于四圍百里外建大營四所，爲城外翼。又令鄉民監旗鳴鼓，以爲疑兵。則彼虜聞之膽喪氣奪，而尚敢侵侮哉？……章入，命禮部會官議之。

（英宗正統實録卷 186 第 16 頁 186.12.3733）

1237 十二月己未 工部掌科事給事中陳宜奏：爲治莫切於愛民，愛民必先於節用。切照北京大興隆寺等處國師剌麻番僧，逐日光禄寺酒肉供給，所費頗繁。又順天府每遇立春、年節、元宵，預造土牛、門神、桃符、燈紙，分送内外官員，其費甚多。乞今後國師、剌麻人等止給食米柴薪，暫止酒肉供億，順天府不得再造土牛、門神之類分送官員。并一應不急之需，悉宜停止，以甦民困。事下禮部，尚書胡濙等以爲國師、剌麻、番僧供億，令奏處分。至於門神、土牛之屬，誠爲傷財害民，宜通行天下，悉皆禁止。從之。

（英宗正統實録卷 186 第 16 頁 186.14.3737）

1238 十二月甲子 朝鮮國王李祹遣陪臣南智等奉表朝賀，貢馬及方物。賜宴并紵絲襲衣、綵段、表裏等物有差。

（英宗正統實録卷 186 第 20 頁 186.17.3744）

1239 十二月丁卯 朝鮮國王李祹遣陪臣權孟慶等奉表來朝，貢馬及方物，賀明年正旦。賜綵段、表裏等物有差。

（英宗正統實録卷 186 第 21 頁 186.18.3745）

1240 十二月壬申 提督守備居庸關右僉都御史王竑等奏：都指揮趙玫奉命鎮守居庸關，私役官軍出口圍臘，爲賊所殺，又自奪他人牛羊，掩爲追虜所得。命收玫鞫之。三法司言，逆虜之退也，民避難歸者困於饑，不得已或取棄餘粮以食，而巡捕官校多煅煉之爲强盗，非惟罪及無辜，抑亦使避難者疑駭不敢寧家。今宜徵回所遣官校，第以責各處應捕官軍。從之。

（英宗正統實録卷 186 第 31 頁 186.26.3762）

1241 十二月 是歲……漕運京師儹運過粮四百三十萬五千，各處運納糧米一百五十三萬九千八百七十石。

（英宗正統實録卷 186 第 35 頁 186.29.3767）

景泰元年（1450）

1　**正月丁丑朔**　少保兼兵部尚書于謙等言：永寧衛千户湯順等守邊不謹，縱軍出口搬糧，被達賊捉獲，引入腹裹，斫傷軍士。宜執順等并賊所入地千户李英等論罪。帝曰：英已處置，順等姑宥其罪。兵部其移文各邊，但擅自遣軍出口，因而失機誤事者（按：館本無者字）俱不宥。

（英宗實録卷 187　景泰附録 5　第 1 頁　187.1.3770）

2　**正月辛巳**　命官軍三百人運京城粮草赴白羊口給軍。從都督同知劉安奏請也。

命於天壽山之南築城，周圍十二里，以居長陵、獻陵、景陵三衛官軍。并移昌平縣治於内。

（英宗實録卷 187　景泰附録 5　第 4 頁　187.3.3773）

3　**正月壬午**　禁大興隆寺僧不許開正門、鳴鍾鼓，并毁寺前第一叢林牌樓、香爐、旛竿。從巡撫山西右副都御史朱鑑言也。

（英宗實録卷 187　景泰附録 5　第 5 頁　187.4.3775）

4　**正月甲申**　給薊州、永平等處官軍馬一（按：館本一後有千字，是也）匹。

（英宗實録卷 187　景泰附録 5　第 5 頁　187.4.3776）

5　**正月丙戌**　命户部官自良鄉至紫荆關整理軍餉。以都指揮僉事石彪領兵赴大同追勦虜寇也。

（英宗實録卷 187　景附録 5　第 5 頁　187.5.3777）

6　**正月丁亥**　昌平侯楊洪言四事：……一，選軍操練。臣見在京教場，德勝、安定門外兩處，軍士自城南至者往回三十餘里，操練時少，走路時多。宜於九門外各設教場，將官軍選過，精壯一等，輭弱一等，量數揀能幹慣戰都指揮分領，常時操練。臣等時去比較弓馬。倘或有警調用，則管軍者知愛其軍，爲軍者知聽其令……帝曰：……兵部卽計議行之。

（英宗實録卷 187　景泰附録 5　第 7 頁　187.5.3778）

7　正月戊子　琉球國中山王尚思達遣使臣百佳尼、朝鮮國王李裀遣陪臣南智等各來朝，貢馬及方物。賜宴併賜綵幣、表裏、布絹等物有差。及使臣陛辭，各命賫敕并文綺、綵段、表裏，歸賜其王及妃。

（英宗實録卷 187　景泰附録 5　第 7 頁　187.6.3780）

8　正月辛卯　命發官軍于通州運粮三萬石，京城運草八萬束，赴居庸關備用。

（英宗實録卷 187　景泰附録 5　第 9 頁　187.8.3783）

9　正月癸巳　總兵官武清侯石亨奏：五軍、三千、神機三營官軍二十餘萬，見於東西二教場操練，人馬數多，布陣窄狹，難於教演。宜挑選遊兵一萬、哨馬一萬、敢勇一萬，異其號邑，分遣東直、西直、阜城門外空地築場。別選善戰廉幹武臣營領操習，臣等往來比驗勤怠。詔兵部同三營官議行之。

（英宗實録卷 187　景泰附録 5　第 11 頁　187.9.3786）

10　正月乙未　武清侯石亨奏：紫荆關、白羊口等處累遣人守砌，止在内伐木遮榨，其外未及垛塞，以致賊來無阻。乞敕都督王通、總兵官朱謙等調撥官軍，委老成、知識兵事、諳曉道路官分往（按：館本往作住，誤）各關口，相視闊狹，設法作急砌垛欄截。從之。

（英宗實録卷 187　景泰附録 5　第 15 頁　187.12.3792）

11　正月丙申　總兵官武清侯石亨奏：在京官軍馬匹不敷，且瘦弱不堪。乞勅各營總兵等官取勘各軍原領馬匹，除膘壯堪用及雖瘦弱堪以飼牧調理騎操者，如舊額養。果有十分瘦損〔校記:北大本損作弱〕者，揀出送大僕寺，轉發附近未經賊掠州縣有丁力人户餧養。膘壯之日，送京給軍操練。從之。

（英宗實録卷 187　景泰附録 5　第 16 頁　187.13.3794）

12　正月丙申　　少保兼兵部尚書于謙奏：隆慶左衛泥河、北沙窩達賊三十餘人下營，因見都督范廣等巡哨回還，又在彼窺伺爲患。宜勅廣仍統領精鋭官軍前去會同居庸關守備内外官員計議，并勅宣府總兵官朱謙等，量調官軍前後夾攻。仍委都指揮一員，率領輕騎五百，往黄花鎮驢鞍〔校記:北大本鞍作安，疑誤〕口一帶巡哨，以截賊路。從之。

（英宗實録卷 187　景泰附録 5　第 16 頁　187.13.3794）

13　正月戊戌　　少保兼兵部尚書　于謙言:懷來、永寧，内悍京師，外連宣府，若無人守備，則聲息不通，京師非便。乞將總兵官楊洪原帶來官軍二千再添調一千，量給賞賜。令都指揮王林、李綱分領，赴二處操備。仍令都指揮楊信往來提督，務須修理城池，築立墩臺，收刈田禾，預備粮草，探報聲息，隄防賊冦。如遇賊犯邊，少則出兵剿殺，多則飛報宣府總兵等官。從之。

（英宗實録卷 187　景泰附録 5　第 17 頁　187.14.3796）

14　正月己亥　命錦衣衛帶俸都指揮同知馬政協同都督僉事昌英于三千營管操。

（英宗實録卷 187　景泰附録 5　第 18 頁　187.15.3797）

15　正月庚子　　賞懷來、永寧各城新集官軍銀各一兩。

蠲順天等八府軍需三分之一。從巡撫官李登奏請也。

（英宗實録卷 187　景泰附録 5　第 18 頁　187.15.3798）

16　正月辛丑　　户部奏：舊制民間錢粮親自送納，其有無賴包攬者處以重刑，籍沒其家。今在京官舍軍民中多有無賴之徒，於直沽、張家灣、良鄉、盧溝橋諸處，俟候送納之人經過，邀至酒肆或娼優之家，多方引誘包攬代納，粮則用土插和，草則用水澆淋，布絹之堅厚者易以純薄稀鬆，鈔貫之完好者抵以破碎軟爛。及至官司選退，納户畏其聲勢，莫敢誰何，遂至出息償官，所負愈重。錢粮不完，職此之故。今邊務方殷，供給爲重，乞敕都察院申明舊章，仍行五城兵馬并水陸諸路巡檢司嚴加巡視，遇有此等，即擒赴官究治。其送納者惟粮草送付倉場交納，其布鈔等物，俱令經（按：館本經作徑）送本部，驗用該司信鈐記，類送該庫交納。如有頓放軍民之家及容留頓放者，一體論罪。從之。

（英宗實録卷 187　景泰附録 5　第 19 頁　187.16.3799）

17　正月壬寅　先是，命召商於密雲、隆慶倉中納淮鹽者，每引米八斗、豆五斗，或草四十束；於古北口中納者，每引米七斗、豆三斗，或草三十五束。至是，以價高遂損之，其於密雲、隆慶倉中納者，米豆俱減一斗，草減十束。古北口中納者，米減五升，豆減一斗，草減十束。

（英宗實録卷 187　景泰附録 5　第 20 頁　187.17.3801）

18　正月癸卯　巡撫永平等處右僉都御史鄒來學奏：自密雲至山海守邊軍士，月粮一石，除本色八斗，餘二斗折色。自正月至六月，例於附近官司支鈔，自七月至十二月例於京庫關胡椒、蘇木。然每軍歲關胡椒二兩一分，蘇木兩七錢二分，往來關領，動經數月，所得不償所費，乞俱於附近關鈔爲便。又言：邊務方殷，鎧甲不足，乞於遵化鐵冶出鐵二十六萬斤，附近官庫出布五千疋，成造備用。從之。

（英宗實録卷 187　景泰附録 5　第 21 頁　187.17.3802）

19　正月甲辰　少保兼兵部尚書于謙言五事：一，在京各營馬少，乞敕户部申明買馬給授冠帶事例，并行總兵官武清侯石亨催督。軍中有自願買馬者送部給價。仍請給聖旨榜文，令在京官吏軍民有馬願送官者給價。其御馬監并各馬坊見養馬，除預備上用外，餘盡給軍騎操，及行河南，山東布政司并直隸太名府，於所屬存留税粮馬草并折色緑（按：疑緑爲綵之誤）絹内照時價折收。

馬匹給與各州縣原養馬人户收領孳牧，以候取用。……一，紫荆關、白羊口、倒馬關一帶大小缺口，不減數十百處，又有漫山可通人馬地方，已遣官軍砌塞。乞每人與銀二錢，自制器具，趁時修理。

（英宗實録卷 187　景泰附録 5　第 22 頁　187.18.3803）

20　閏正月丁未　　少保兼兵部尚書于謙奏：在京官軍多有陸續在逃者，乞請聖旨榜文曉諭：自今年正月初一日以後在逃者，腹裏軍人發邊衛充軍，守墩瞭哨邊軍全家調發極邊衛分守瞭，官員降三等，終身守邊。但有窩藏官軍者，窩主就發京衛充軍。榜出十日，有能自首，與免本罪。若事發擒拿發遣瞭哨，并自首復還職役未久仍復在逃者，正犯斬首梟示，全家發極邊衛分充軍瞭哨。仍行在外各處一體挨捕。從之。

（英宗實録卷 188　泰附録 6　第 2 頁　188.1.3803）

21　閏正月己酉　　修涿州衛并㶟縣土城。

（英宗實録卷 188　景泰附録 5　第 9 頁　188.8.3821）

22　閏正月庚戌　　户部以天下所輸粮多，請折通州空倉蓋造於京城空地。從之。

（英宗實録卷 188　景泰附録 6　第 10 頁　188.8.3822）

23　閏正月壬子　　少保兼兵部尚書于謙奏：比者，户部請於在京各營，撥兵二萬運草赴宣府。然今邊報屢至，練兵爲重，各營官軍不可差撥，宜取回。先次原撥通州運送（按：館本送作撥）粮草官軍，斟酌强弱勞逸，於各營兑换萬五千人挽運爲便。從之。

修築易州城。

（英宗實録卷 188　景泰附録 6　第 12 頁　188.10.3826）

24　閏正月癸丑　　都督孫鏜舉帶俸都指揮李奇爲三千營把總，昌平侯楊洪言鏜復私恩，下鏜都察院獄。至是，武清侯石亨將巡邊，以京師急於用人，請姑釋鏜。刑部右侍郎江淵亦言鏜剛直驍勇，也先入寇，奮力與戰者惟鏜一人，宜赦〔校記：抱本中本赦作舍〕其小過，激其忠義。從之。

（英宗實録卷 188　景泰附録 6　第 13 頁　188.11.3828）

25　閏正月乙卯　　户部奏：近奉詔書，内外門擲（按：擲爲攤之誤）商税課程，依洪武年間舊額收受，然京城都税等司，設自永樂年間，初無洪武中例，乞依正統間例收受。從之。

（英宗實録卷 188　景泰附録 6　第 14 頁　188.12.3830）

26　閏正月丁巳　　宣府總兵官左都督朱謙言：宣府去居庸關二百四十餘里，原設鷄鳴山、土木〔校記：舊校改水作木〕、榆林三驛，接報軍情。近因遼〔校記：抱本中本遼作達，是也〕賊將土木、榆林驛馬警散，見在居庸關存住。乞將二驛馬盡發懷來城接遞，俟寧静仍回原驛。從之。

（英宗實録卷 188　景泰附録 6　第 16 頁　188.14.3833）

27　閏正月丁巳　　鎮守居庸關内官潘成奏報：泥河兒（按：館本兒作倪）等處達賊出没。乞命都指揮僉事魯瑄（按：館本瑄作先，誤）統領精鋭官軍五百巡哨守備。遇有賊寇，會同鎮守天壽山都督同知王通等，併力截殺。從之。

（英宗實録卷 188　景泰附録 6　第 17 頁　188.14.3834）

28　閏正月壬戌　　錦衣衛指揮僉事宗鐸言三事：一，山海、永平、薊州地方廣闊，關口數多，官軍多老弱不堪。近起取五千赴京，切恐無備，乞勑兵部止之。仍令（按:館本令作僉，疑誤）都督宗勝等統領，在彼操守。一，古北口東西關口俱係要地，原有官軍四千，操守不周　乞於運粮軍内添選精壯三千，關領盔甲、器械、馬匹操備，遇有賊寇往來策應。一，天壽山迤東黄花峪等關口共二十七處，原守官軍多有逃回。宜令兵部催督前去，聽都督王通提督，垛塞關口，嚴謹守備。命兵部議行之。

（英宗實録卷 188　景泰附録 6　第 21 頁　188.18.3841）

29　閏正月甲子　　順天府府尹王賢奏：今年該鄉試。往者，各處取正考試官二員同考試官四員或三員。臣以《五經》宜用考官五員。若他經官帶〔校記:抱本中本帶下有考字，是也〕一二經，則去取文字豈無謬誤？且會試、受卷、彌封、謄録、對讀等官，俱用在京郎中、員外主事，分管俱能通管〔校記：抱本中本管作曉，是也〕。三場中間，豈無受業及同鄉親屬？乞令該部計議，今後在京在外鄉試，取同考試官《五經》務要五員，專經考試，不用帶考，其會試、謄録等官，移文吏部，取聽選官借用。如此則奸弊可革，科目得人。從之。

（英宗實録卷 188　景泰附録 6　第 23 頁　188.19.3843）

30　閏正月乙丑　提督守備居庸關右僉都御史王鉉奏：巡關御史王壁數致軍妻與姦。命執鞫之獄具，發充鐵嶺衛軍。

（英宗實録卷 188　景泰附録 6　第 23 頁　188.19.3844）

31　閏正月庚午　勑少保兼兵部尚書于謙曰：向在德勝、西直、彰義門等處紀殺賊官軍功，多有不明，但事已往，不必查究。今後俱要是寔，不許狥私作弊，致令有功者不得陞賞，無（按：館本無無字）功者詐冒濫受。凡紀功寫字人等，敢有容情濫報者，皆處以極刑，家屬發邊遠充軍。

（英宗實録卷 188　景泰附録 6　第 26 頁　188.23.3851）

32　閏正月甲戌　給懷來、永寧二城神銃各五百，信炮各二百。仍命神機營摘撥慣熟官軍三百人，往二城教演彼處官軍，候操習慣熟回京。

少保兼兵部尚書于謙言四事：一，懷來、永寧先因棄而不守，以致虜騎入寇。今二城官軍已令回還，第恐仍復效尤。宜敕都指揮同知楊信等嚴督守備軍士，敢有棄城走者，即以軍法處治，若内外棄城者必殺不宥。其帶去馬匹無草飼養者，從信計議，每城量留五七百匹，其餘俱送宣府，給無馬官軍。一，各處關口雖已撥官軍守備修築（按：館本築作備），未見完報。宜移文催促修築。其黄花鎮、驢鞍口（按:館本無口字）等處，止有官軍五百，切恐不敷。宜於五軍營撥三百，神機營撥二百，往協同守備。一，在京各營宜令總兵官（按:館本作兵部官）武清侯石亨等揀選精鋭，結成營陣，每營用驍勇正副將各〔按：館本將下無各字〕一員，給與器械操習。如遇賊寇侵〔按:館本侵作相，北大本抱本中本作侵〕犯，相機勦殺，互相策應。一，京城四面，因無敵臺瞭望，寇至不能知其遠近及下營去處　卒難隄備。可於四面離城一二十里處或三十里，築立墩臺，以便瞭望。帝曰：所言甚善。今後内外官但有畏縮棄城者，必殺不宥。築立墩臺其令欽天監踏勘，畫圖來看。

（英宗實録卷 188　景泰附録 6　第 30 頁　188.26.3857）

33　二月丙子朔　　兵部奏：居庸、白羊、黄花鎮等關口守備官兵多在逃，故軍器馬匹俱無查究。宜移文各關口守備文武官，今後每月將官軍實在逃故姓名、器械、馬匹及修砌過隘口丈尺數目俱奏，庶有稽查〔校記：抱本中本查作考〕。

（英宗實録卷 189　景泰附録 7　第 1 頁　189.1.3863）

34　二月己卯　　兵部奏：紫荆、居庸、鴈門一帶等關口，綿亘數千里。舊有樹木，根株蔓延，長成林麓，遠近爲之阻隔，人馬不能度越。近年以來，公私砍伐，斧斤日尋，樹木殆盡，開山成路，易險爲夷，以此前日虜寇不由關口俱漫山而入。乞敕各關守備、内外文武官，嚴加禁約，仍差人巡捕。敢有仍前砍伐者治其罪。從之。

給隆慶衛官軍馬三百匹。

（英宗實録卷 189　景泰附録 6　第 3 頁　189.3.3867）

35　二月癸未　　鎮守保定右僉都御史祝暹奏：欲于真定、河間二府量調民夫於涿州，協同修築城池。其良鄉城池原無基址，宜暫停。事下兵部，言：真定、河間民夫，自合修理本處城池。宜令暹將良鄉城池停修，專會同署都指揮僉事沈英（按：館本英作瑛）提督涿鹿等三衛官軍餘丁并涿州民壯，將本州城池及時修浚。

從之。

（英宗實録卷 189　景泰附録 7　第 7 頁　189.6.3874）

36　二月丙戌　少保兼兵部尚書于謙言：紫荆關、倒馬關、白羊口一帶及保定、易州、涿州城池，俱係要害之處。已奏遣都督同知顧興祖等嚴督官軍設法修砌關口，挑掘壕塹，延久未完。即今邊報不絶，宜再揀選官軍，紫荆增一千五百，倒馬增一千，白羊增五百人。與銀一錢，令置鋤鍤等器，往同原撥官軍修砌挑掘。其易州、涿州二城，每處各增官軍五百，協助原有軍民修理，候事完仍回操備。從之。

命故金吾左衛帶俸都指揮同知（按：館本都指揮同知作都督同知）楊受弟泰襲爲指揮同知、通州衛帶俸署都指揮僉事趙瑄叔敬襲爲指揮使。老疾都指揮僉事白全子春代爲指揮使。

（英宗實録卷 189　景泰附録 7　第 10 頁　139.8.3878）

37　二月戊子　居庸關擒得虜覘者劉玉，乃鎮守獨石内官韓政家人，云也先令玉來窺覘中國軍馬多少，石亨、楊洪有無。命錦衣衛嚴錮之。

（英宗實録卷 189　景泰附録 7　第 11 頁　189.9.3880）

38　二月辛卯　清明節。以修理陵寢祭器未完，暫停行禮。

（英宗實録卷 189　景泰附録卷 7　第 12 頁　189.10.3882）

39　二月辛卯　朝鮮國王李裪遣陪臣李含等貢馬五百匹，奏曰：有勅，以此虜犯邊，令備馬二三萬赴京。臣念世蒙列聖恩澤，至深至厚，敢不盡心奉詔。但敝邦比因隣寇搆隙，邊境不絶，戍守馬匹騎坐馱載踣斃，耗損十居六七，雖收拾中外大小官員有馬之家，未堪依數充辦。臣竊欲措辦五千匹以進。倘有餘力可爲，安敢搆亂欺罔？伏惟聖慈垂憐。帝曰：虜寇今稍息，王又措辦艱難，馬已至者受之，以銀三百兩，紵絲羅各三十疋，絹一百疋償其直。未至者止勿貢。仍賜含等宴並襲衣、綵幣有差。

（英宗實録卷 189　景泰附録 7　第 12 頁　189.10.3882）

40　二月壬辰　户部奏：京師缺草，畿甸人民供給艱難。宜將御馬監見養馬匹揀選堪中者存留，不堪者退出，發附近州縣飼牧。從之。

（英宗實録卷 189　景泰附録 7　第 13 頁　189.11.3884）

41　三月丙午　守備白羊口都督同知劉安等奏：白羊等三十六山口修築俱完。

（英宗實録卷 190　景泰附録 8　第 1 頁　190.1.3898）

42　三月壬子　朝鮮國王李裪遣陪臣趙瑞安等奉表貢馬及方物。賜宴並綵段、表裏、衣服等物有差。

（英宗實録卷 190　景泰附録 8　第 4 頁　190.4.3903）

43　三月壬子　兵科都給事中葉盛奏：畿甸充實而後京師鞏固，京師鞏固而後天下乂寧。順天等八府比年蝗旱相仍，胡虜侵擾。今天久不雨，禾麥無成，人民逃亡（按：館本亡作散）。乞令各處鎮守撫民大臣嚴督官司，務加恩惠。逃者必欲其復業，存者亦令其安生。命户部議行之。

（英宗實録卷 190　景泰附録 8　第 5 頁　190.4.3903）

44　三月癸丑　兵（按：館本兵作六）部言：居庸關宜益兵守備。請於五軍神機營量撥官軍八百人，給以兵甲，付都指揮夏忠等統領協同操守。從之。

（英宗實録卷 190　景泰附録 8　第 5 頁　190.5.3905）

45　三月甲寅　命慣熟牌刀手、交趾舍人陳孝順等五十四人赴神機營教演牌刀，仍命孝順等於錦衣衛寄籍。從安遠侯柳溥奏請也。

（英宗實録卷 190　景泰附録 8　第 6 頁　190.5.3906）

46　三月乙卯　鎮守黄花鎮等處署都指揮僉事魯瑄奏：沿邊軍患病，乞賜醫並藥調治。從之。

（英宗實録卷 190　景泰附録 8　第 7 頁　190.6.3907）

47　三月己未　琉球國中山王尚思達遣使臣馬權度奉表（按：

館本表作衣，誤）貢馬及方物。賜彩幣等物有差。

（英宗實録卷191　景泰附録8　第9頁　190.8.3911）

48　三月庚申　太子太保兼户部尚書金濂等以京師多故，糧用浩大，供給不前，會官集議樽節糧儲便宜十六事以聞：一，在京文職官本色俸米從一品歲減六十石，二品歲減四十八石，正三品歲減二十四石，仍關與折色，候事寧之日照舊關給。一，在處鎮守巡撫等項官該支俸糧，令於鎮守巡撫去處照例關支，或願於原籍關支者聽。一，在京公侯駙馬伯禄米，洪武年間米鈔兼支，近年米麥兼支，即令樽節，亦宜照舊。其文武官員有二俸兼支者，亦令止支一俸，南京文武官員本色俸糧有願分回原籍者聽。一，工部所屬營繕所等衙門官員不無冗濫，宜從本部查選老疾不堪任用者，悉送吏部定奪。其六部都察院等衙門屬官，雖添除數多，緣今邊事未寧，政務繁冗，候事平之曰，另行奏議裁減。一，大德觀廟官顧敬、靈濟宫廟官曾辰孫，俱支食米五石（按：館本石作斗，誤）。今顧敬見任太常寺寺丞，又關本等俸糧。宜將顧敬止關寺丞俸糧，曾辰孫每月支米一石食用。一，在京金吾左等衛，永樂年間因是領養孳牧騎操馬匹，俱各添設馬科〔校記：舊校改科作料，俟攷〕典吏二名。今馬匹見存者少，合通行革去。一，各衙門官吏人等俸糧，各年積出附餘，糧斛務要從實開報，户部以憑盤量，見數正收支銷。一，各衙門歷事監生有家小者，月支米一石，無家小者支米六斗，不無虛費。今後再歷復考並聽候取用者，每月有家小者支與六斗，無家小者支與四斗，其工部取撥收匠監生八十五名、寫本十名，亦宜簡省。一，工部辦事官六員在於長安左右等門收放人匠牌面，每人月支米一石，宜住支。一，在京文職官員該支三分四分俸糧，俱於南京倉糧内支給，宜按季折與銀兩，不願者聽。一，在京各衛所官吏旗軍人等俸糧，俱係首領官該吏並把總識字軍人造報關支，中間有將逃亡事故造於實在項下關支者，有將無家小人役造於有家小項下關支者，又有一處應役而兩處造報關支者，姦弊百端。宜移文各衙門，令彼務從實造報。敢有仍前作弊者，俱發邊衛充軍。一，在京並通州各衛倉，每年各僉收糧軍斗有十名者、十五名者。一年之後，俱令守支，即今在倉不下數千餘名，每月俱與在京征操旗軍一體關糧，不無虛費。宜將各倉軍斗有家小者減支六斗，無家小者減支四斗，餘丁原無糧者照舊不支，候守支盡絶回衛差操之日仍舊關支。一，國子監饌師生既不會饌，饌米亦宜住支。……詔悉從之。

（英宗實録卷190　景泰附録8　第10頁　190.8.3912）

49　三月癸丑　賞京城德勝等門殺賊有功都指揮、指揮、千百户、旗軍人等楊文等六萬六千四百二十八人銀幣、絹布有差。

（英宗實録卷190　景泰附録8　第14頁　190.11.3918）

50　三月丙寅　勑諭安南國王黎濬：朕承天命，主宰華夷，一視同仁，無間遠邇，蓋惟天是法，不敢有違。夫天道至公，毫髮不爽，凡安分順理者，福善之勸必加。而恃強凌弱者，禍淫之懲必及。玆者，占城國王訴王屢肆侵害，俘虜其國人口，共計男婦三萬三千五百，又教誘以不順天道，惟利是求。占城雖可欺，天道不可拂。王於此事有無，朕亦未嘗盡信。勑至，王宜安分守禮，保邦睦隣，前事有則改之，無則加勉。果有所虜占城前項人民，宜悉依數放回本國，使之得以安生樂業，庶幾上順天道，下順人心，彼此兩全和好，永享太平之福。玆因占城使回，授勑賫去。俟王有使至彼，領歸諭王。王其欽承朕命，毋怠。

復諭占城國王摩呵（按：館本呵作訶）貴來：玆得王奏，安南國王屢遣人來侵，虜人口三萬三千五百，且教誘王不順天道，不敬朝廷，惟利是圖，逆天悖理。罪固莫大，王能堅守臣節，不爲所誘，仍來朝貢如舊，其見王忠誠順理之意。天理即天，古稱“順天者昌，逆天者亡”，勢所必至，不差毫髮。勑至，王宜益順天道，以保其昌。別有勑諭安南國王，令王使臣賫回本國。待安南國有使臣至占城付與，並諭王知。

（英宗實録卷190　景泰實録8　第15頁　190.12.3920）

51　三月丁卯　以天久不雨雪，分遣大臣於京都各祠廟寺觀祈禱。從太子太傅禮部尚書胡濙奏請也。

（英宗實録卷190　景泰附録8　第16頁　190.14.3923）

52　四月乙亥　順天府通州等州縣生員劉宣等各援例貢馬十匹。每匹賞鈔二千貫。

（英宗實録卷191　景泰附録9　第2頁　191.1.3934）

53　四月乙亥　巡居庸等關御史白瑛下獄。以知同事御史王璧姦淫不能舉奏，但以告僉都御史王竑也。獄具，瑛坐贖杖還職。

（英宗實録卷191　景泰附録9　第2頁　191.1.3934）

54　四月丙子　少保兼兵部尚書于謙言兵事：……一，在京操練官軍，其間各處調來者多盤費盡絶，往往逃亡，莫能禁止。乞量加恩澤以濟之，庶衆心知感，無逃亡之患。一，各營馬匹瘠弱者多不堪騎操，必得芻豆飼秣斯可備用。欲官倉支給則所積不多，欲官軍出備則無力措辦，欲各處牧放則地方遥遠，急難調用。乞勅户部取勘舊賜官員草場，暫借一年，或收草或牧放，候邊事寧息，仍歸所賜之人。一，天地之大德曰生，聖人之大德曰好生，今天旱不雨，生意未遂，宜恤刑獄，以回天意。乞勅在京三法司、錦衣衛通類輕重罪囚，其間情有可矜、法有可疑者，明白具奏，取自上裁。其監候照勘而罪不至死者，暫發聽候在外，刑獄行三司會同巡按御史詳審辦理，務在平恕得情，不許深文羅織。如此則天意回而和氣應，雨澤降而生意遂矣。疏入，俱從之。

（英宗實録卷191　景泰附録9　第3頁　191.2.3936）

55　四月戊寅　朝鮮國王李祹奏請賜世子冕服。從之。

（英宗實録卷191　景泰附録9　第4頁　191.4.3939）

56　四月己卯　賞古北口東西等關至慕田峪關外燒荒官軍，百户各鈔二百貫，鎮撫都事各鈔一百五十貫，總小旗軍人各鈔一百鈔。

（英宗實録卷 191　景泰附録 9　第 5 頁　191.5.3941）

57　四月庚辰　命通州衛故指揮僉事徐鏞弟友襲職。金吾左衛指揮同知趙廣子勝、指揮僉事龍興子海、金吾右衛指揮僉事田廣子善、燕山前衛指揮僉事李忠子玘、陳義子廣、通州衛指揮僉事陳肅子旺俱代職。

（英宗實録卷 191　景泰附録 9　第 6 頁　191.5.3942）

58　四月癸未　賜懷來等九衛被賊驚疑還衛官軍九千八百五十八人各銀一兩。

（英宗實録卷 191　景泰附録 9　第 13 頁　191.11.3953）

59　四月丁亥　雲南總兵官黔國公沐斌、巡按監察御史左景都、布按三司等官奏：近奉詔，珍禽奇獸不許來獻。今緬甸宣慰司兩次遣使七十四人，貢方物、金銀鑲刀、金銀鍋、馴象、象牙（按：館本作金銀鐲釧象牙）、西洋布等件，欲請朝廷調兵勦殺賊子思機發。緣貴州苗囊生發，東西路梗，屯堡驛舍俱被燒毀，無人接遞。乞將方物暫於布政司收貯，省令來使回還，止留二十人聽侯平日類進。禮部言：前項方物不繫珍禽奇獸，難便拒却以阻遠人進貢之心，宜令總兵等官盡留其來使，待賊情寧息，即便起送。從之。

（英宗實録卷 191　景泰附録 9　第 15 頁　191.13.3957）

60　四月己丑　命京軍運草一十二萬束於懷來衛。從右副都御史羅通奏請也。

（景泰實録録卷 191　景泰附録 9　第 17 頁　191.14.3960）

61　四月辛卯　少保兼兵部尚書于謙言：紫荆、白羊〔按：館本羊作洋〕口、倒馬關及天壽山、黄花鎮隘口修葺將完，而守備之具尚缺。請以外衛有司所造銅鐵銃等火器分給。從之。

（英宗實録卷 191　景泰附録 9　第 17 頁　191.15.3961）

62　四月己亥　　少保兼（按：館本無兼字）兵部尚書于謙奏：易州、涿州、保定、真定、通州俱爲京師藩屏，宜益兵操守，以爲應援。請於五營撥馬步官軍二萬分委都指揮同知石端、都指揮僉事江〔按：館本江作汪〕禮、劉全、署都指揮僉事陳旺、指揮使王信統率，往同各城鎮守官管轄操練。從之。

（英宗實録卷191　景泰附録9　第25頁　191.21.3975）

63　四月辛丑　　户部奏：順天府考（按：考字疑衍）房山、良鄉、昌平、武清、漷、固安等縣，近被韃賊虜掠，人民驚竄，又兼荒旱無收，缺食艱難。宜免其科差，濟以口糧。行移各部，凡科派糠麩、煤炸、榛栗、麥穩、稻皮、檾麻、蘆葦、篾稭、蒲草、荆條、鹿食、黄苴稭、馬連根、活兔、羊、雞、擠乳牛，及各處驛站、遞運所置買馬、驢、牛車，鋪陳什物等件，砍柴、修墳、閘夫、防夫、館夫、膳夫、天財庫等項夫役，暫與停免。中果有急用不可免者，亦須支給官錢買辦，及别縣僉役。候民力稍紓（按：館本紓作舒），照舊派僉。及今各縣將缺食人民從實查報造册，委官管領，赴通州等倉關糧賑濟，候秋成抵斗還官。從之。

（英宗實録卷191　景泰附録9　第26頁　191.22.3975）

64　四月癸卯　　命金吾左衛故指揮僉事章官保子能襲職，通州衛指揮僉事倪震子浩、金吾左衛指揮僉事李旺子禎俱代職。

（英宗實録卷191　景泰附録9　第28頁　191.22.3978）

65　四月癸卯　　給中軍都督府都督同知王通没官家産。通在永樂間封成山侯，宣德初奉命守交阯，擅棄地方，逮繫累年，遇赦免爲庶人。北征失利之後，朝議起爲都督同知，守天壽山。至是奏乞没官家産，故給還之。

（英宗實録卷191　景泰附録9　第28頁　191.24.3979）

66　五月甲辰朔　　帝遣太監尹鳳爲正使、奉御鄭善爲副使，諭祭故朝鮮國王李祹，並持節册封祹子珦爲朝鮮國王。賜敕諭珦：以篤承先志，益堅事上之誠，恪守臣節，永修職貢之敬。簡任賢良，善撫國衆，惇行善道，以保爾邦，庶幾享太平之福於悠久。又詔示其國人。

（英宗實録卷 192　景泰附録 10　第 1 頁　192.1.3981）

67　五月甲辰朔　　户部奏：近撥五軍營馬步官軍二萬於真定、保定、易州、涿州、通州操練，以爲紫荆關諸處應援。仍命總兵官都督同知劉安統領官軍五千於關内外巡守。所用糧料宜預爲備，而保定、易州、涿州糧不給，請差郎中一員，將河南、山東等處運到民糧並直隸鳳陽等處民運糧内共撥一十五萬石，自丁字沽進直抵雄縣諸處，令軍民官司設法每處運五萬石收貯備用。從之。

少保兼兵部尚書于謙言：五軍、中軍等營原操旗軍頭撥月支口糧五斗，二撥四斗五升，三撥四斗。近於河南等都司、南北直隸、大河等衛所調來操備者，頭撥止給四斗，二撥三撥又遞減其五升。夫養兵之法，足食爲先。乞一體支給爲便，從之。

（英宗實録卷 192　景泰附録 10　第 1 頁　191.24.3979）

68　五月乙巳　　給直隸隆慶衛操哨官軍馬一百匹。

帝命兵部促易州等處守備官軍啓行，人賜絹布各一匹。仍敕總兵官劉安及各邊鎮守等官相機戰守策應。給紫荆關銃砲二千，白羊口、倒馬關各一千五百。

設紫荆關、倒馬關、白羊口三守禦千户所。勅都指揮僉事魏忠充左參將，守沿河口迤西。實授署都指揮僉事顔彪爲都指揮僉事，充右參將，守十八盤迤北。陞衛州左衛指揮使叚昇爲都指揮僉事，隆慶衛指揮僉事吴得署都指揮僉事，守備白羊口。俱從内官武艮言也。

（英宗實録卷 192　景泰附録 10　第 3 頁　192.2.3984）

69　五月戊申　　陞寧山衛指揮使王茂、壽州衛指揮使吴瓛俱署都指揮僉事。茂守備白羊口，瓛守備舊路嶺。

總兵官武清侯石亨奏：達賊營雁門關一路，恐侵犯京師。下廷臣議：黄花鎮、驢鞍口外衝西北邊境，内護陵寢京師，宜益兵守備。從之。仍命兵部稽在京軍馬數以聞。

（英宗實録卷 192　景泰附録 10　第 5 頁　192.4.3987）

70　五月庚戌　命故錦衣衛指揮使顔貴弟敬、景陵衛指揮同知韋寬子弘、獻陵衛指揮事僉袁容子廣、燕山右衛指揮僉事劉天福子謙、虎賁左衛指揮僉事張斌子志、武功右衛指揮僉事王瑛兄俊俱襲職，金吾右衛指揮同知雷真子祥、獻陵衛指揮同知陳源子玘俱代職。

太僕寺奏：正統十四年京衛、順天府、山東、河南州縣孳生馬騾駒三萬四千一百七十三匹。

黄花鎮等處關口偵卒四人爲賊獲其二，巡按御史王常劾署都指揮僉事魯瑄提督有失，命自陳。瑄具服。乃宥之。

（英宗實録卷 192　景泰附録 10　第 8 頁　192.7.3993）

71　五月癸丑　敕朝鮮國王李珦曰：近得鎮守遼東總兵等官奏報，開原、瀋陽等處達賊入境，搶掠人畜及攻圍撫順千户所城池。審知各賊乃逮（按:疑逮爲建之誤）州海西野人女直頭目李滿住、凡察、董山剌塔，爲北虜迫脅，領一萬五千餘人來寇，守備官軍追逐出境。又稱欲增人馬再來攻刼。已遣敕遼東總兵等官，整搠軍馬，固守城池，設法擒勦。朕詳李滿住等素與王國有讎，至今懷恨不已。恐其乘機前住（按:疑住爲往之誤）王國地方，哄嚇爲寇，不可不預爲之備。勑至，王宜戒飭邊將，嚴整軍馬，謹慎烽堠，設法防備。倘遇前賊出没潜遁，即便截殺，以除邊患。將士人等有功，一體賞賚。王其圖之、慎之。

（英宗實録卷 192　景泰附録 10　第 12 頁　192.10.4000）

72　五月丙辰　朝鮮國王李珦遣陪臣方致知等續貢馬一千四百七十七匹，以備戰陣之用。賜致知等宴並鈔、綵段、表裏、織金襲衣等物，仍命致知等齎勅並冕服、冠服、白金三百兩、紵絲三千匹、羅三十匹、絹四千四百三十一疋、綿布二千九百五十四疋，歸賜其王及妃。

（英宗實録卷 192　景泰附録 10　第 15 頁　192.12.4004）

73　五月丙辰　　置居庸關公館。

（英宗實録卷 192　景泰附録 10　第 16 頁　192.13.4006）

74　五月庚申　　給天壽山修守並居庸關操備官軍布疋。

（英宗實録卷 192　景泰附録 10　第 18 頁　192.15.4009）

75　五月丙寅　　守備白羊口指揮李信等奏：官軍多疾，乞撥醫領藥來療。從之。

（英宗實録卷 192　景泰附録 10　第 23 頁　192.19.4018）

76　六月癸酉朔　　久雨，決通濟河東西岸。命有司修築之。

（英宗實録卷 193　景泰附録 11　第 2 頁　193.2.4027）

77　六月甲戌　　順天豐潤縣、直隸興州前屯衛蝗生。右副都御史王暹以聞，且言其已遣官督捕。

（英宗實録卷 193　景泰附録 11　第 2 頁　193.2.4027）

78　六月丁丑　　户部奏：比因真定、保定、易州、涿州用運浩大，本部已奏請河南諸處運來民糧一十萬石，起倩軍民運赴諸處均收備用。今請再以河南並直隸民運京糧摘撥三十萬石運至保定、易州均收，及將今年原坐京倉小麥河南布政司四萬石運真定府，山東布政司五萬石改運定州收貯待用。從之。

（英宗實録卷 193　景泰附録 11　第 3 頁　193.3.4030）

79　六月己卯　　命在京官軍運米豆二萬石赴懷來衛倉。

（英宗實録卷 193　景泰附録 11　第 5 頁　193.4.4032）

80　六月辛巳　　順天府涿州遞運所以本所去城遠，請移置城中涿鹿左衛空倉地。從之。

（英宗實録卷 193　景泰附録 11　第 7 頁　193.6.4036）

81　六月壬午　　陞官軍一千九百六人俱一級，賞四千三百九十二人有差。以固安、霸州等處截殺達賊功也。

（英宗實録卷 193　景泰附録 11　第 5 頁　193.7.4037）

82　六月戊子　　武清侯石亨言：雁門關一帶山口雖已築寨（按：

館本寨作塞），賊猶漫山徑過，須斷其半山可行之處。京城四面宜築墩臺，以便瞭望。署都指揮僉事劉鑑言：京師與懷來止隔一山，請自懷來築烟墩直至京師土城，遇事令舉火以報。從之。

（英宗實錄卷 193　景泰附錄 11　第 15 頁　193.12.4048）

83　六月辛卯　　監察御史郭仲曦等奏：天津關齋堂乃要會處，可立一城，其天津關洪水口、大龍門宜各築堡子，以便官軍棲止。小龍門、叚口等一十五口舊用碎小圓石壘砌，皆草率不堅，今可重築。從之。

（英宗實録卷 193　景泰附錄 11　第 17 頁　193.14.4051）

84　六月壬辰　　虜寇七騎散入捧〔校記：抱本，棒作捧，疑誤〕搥峪，白羊口守備都指揮僉事叚昇以聞。事下兵部，言：俸（按：疑俸應作棒）搥峪與白羊口切近，今虜但七騎，而昇擁數千之衆，螻屈關隅，不發一箭，聽其從容往還，宜令昇捕獲以贖前愆。詔移文往責之。

（英宗實錄卷 193　景泰附錄 11　第 17 頁　193.15.4053）

85　六月甲午　　發通州倉糧賑貸上林苑監蕃育署老幼之人。

（英宗實録卷 193　景泰附錄 11　第 19 頁　193.16.4055）

86　六月甲午　　少保兼兵部尚書于謙等言：比者，奉命令臣等具將士軍馬數目、戰守方略以聞。臣會同太監吉祥計議，將各營總兵、把總、坐營頭目並所統官軍，分定京城各門，其正北並西北、西南一帶至爲緊要，分定石亨、楊洪、柳溥、張軏〔校記：橫本軏作輗〕、孫鏜、衛頴、過興、張義、雷通、劉得新、陳友、李全、王英（按：館本英作瑛）、崔福、劉鑑、張通等下營據守。凡分守官軍，每二萬餘作一處，數内約量分一半步軍於土城外下營，外圍用鹿角、車輛、神銃、牌刀、弓箭、將軍大砲、盞口銃、磁砲飛鎗，次列斬馬刀鎗，又馬步相兼應敵。營外多掘壕塹暗溝，分布釘板、鐵蒺藜。其餘步軍精騎，俱於土城内下營，以觀外營對敵事勢，隨宜出步奇或左右夾攻，或前後邀截。其都督範廣與都指揮石彪，各將輕騎爲遊兵，專備出奇策應巡哨截殺。臣謙與吉祥往來各營總督。如遇緊要受敵去處，當先督軍殺賊。其土城垣平處所，剷削陡峻，令彼不得登眺觀望。其正南、東南各門，不係緊要。令侯伯等官守城，於舍人營、騰驤、錦衣等衛與各監局内定撥，一體給與神銃、火器守備。伏乞降旨，許以陞擢，曉以大義，使知進死者榮，而退生者辱，則士氣必振而臨敵可用矣。仍以分守地形、人數繪圖上聞。帝勑謙、亨等曰：自古勇智之士固難，能用其勇與智尤難，若從能言而不能行，觀望畏怯、各思自保（按：館本保後有是字）爲不忠，惡莫大焉。而（按：而爲爾之誤）等務須晝夜級級（按：館本級級作汲汲）奬勵將士，弘濟艱難，大懋功績，有功者重加賞賚。朕必不吝。古云，爲政不在多言，顧力行何如耳。況用兵，邦政之大者，爾等其慎重之。

（英宗實録卷 193　英宗附録 11　第 19 頁　193.16.4055）

87　六月乙未　瓦剌阿剌知院遣完者脱歡参政等五人至懷來，言欲赴京進貢。守備都指揮同知楊信以聞。勑信等以兵送赴京。

（英宗實録卷 193　景泰附録 11　第 21 頁　193.17.4058）

88　六月己亥　陞禮科都給事中李實爲禮部右侍郎，大理寺右寺丞羅綺爲本寺右少卿。以二人被命將使瓦剌故也。

（英宗實録卷 193　景泰附録 11　第 23 頁　193.20.4063）

89　六月壬寅　大同總兵官定襄伯郭登遣人伴送也先使臣哈丹納察罕赴京，到居庸關，提督守備右僉都御史王竑以聞。詔李實順齎厚賞以賚之。遂與俱往，免其至京。

（英宗實録卷 193　景泰附録 11　第 26 頁　193.22.4067）

90　七月癸卯朔　遣禮部侍郎李實、少卿羅綺、指揮馬顯〔校記：廣本馬作馮〕偕瓦剌知院使臣完者脱歡等使迤北瓦剌。遺書其可汗曰：我國家與可汗，自祖宗以來和好往來，恩義甚厚。往年姦臣專擅，減尅使臣賞賜，遂因小物以失大義，邀留朕兄，傷害軍馬。今各邊奏報，可汗尚留邊地，殺掠人民，朕欲命將出師征討，但念人民皆上天之赤子，付朕與可汗者，可汗殺可汗（按：館本殺下可汗作朕）之人，朕亦殺可汗之人，與自殺之無異。夫天之赤子付之主管，今乃互相殺害，其逆天莫大焉。朕所以不恃中國之大、人民之衆輕於戰鬭者，恐逆天也。近得阿剌知院使臣奏言，已將各家軍馬約束回營，是有畏天之意，深合朕心。特命使臣齎書幣以達可汗，其益體朕意，以副天心。

復敕大師也先曰：自爾祖父至爾，我國家所以待遇之恩至矣！曩因小隙，遂致連兵，將臣弗戒，大駕淹留。此特一時之失，不可以爲常理。昨已遣人重齎金帛，奉迎大駕，至三至四，而爾不發不報。以此使命不通，此非朝廷之過。乃者，縱兵四出，殺掠人民。夫彼此人民皆天之赤子，欲其啖飯著衣，長養生息，若有生事，殘害其生，絶其衣食者，是天之仇也。既有天之所仇，豈能享有其富貴？近阿剌之使來言，追止各家兵馬，仍議和好。是能畏天愛民，真大丈夫矣。近邊尚聞有刼掠者，是情與詞異。朕固不惜大戰，但恐害天之赤子，違天之意，特命使臣偕來使往諭此意。太師之念往日之恩，順上天愛民之意，罷兵息戰，以圖永遠之福。

又以勑諭阿剌知院并遣可汗及也先阿剌各白金百兩，織文綺八匹，其知院帖木兒以下給賜有差。

（英宗實録卷 194　景泰附録 12　第 1 頁　194.1.4069）

91　七月癸卯朔　以大興縣三里河菜園地六十三畝房屋十五間賜錦衣衛指揮汪瑛。

（英宗實録卷 194　景泰附録 12　第 2 頁　194.2.4071）

92　七月癸卯朔　築德勝門北双線舖及東直門外望京村墩臺。

（英宗實録卷 194　景泰附録 12　第 2 頁　194.2.4072）

93　七月甲辰　給薊州密雲等關塞及大寧都司盔一千八百二十餘頂，甲四千八百八十餘副，弓四千九百餘張，弦倍之，箭二萬二百枝，長鎗一百根，刀七百九十有奇。

（英宗實録卷 194　景泰附録 12　第 4 頁　194.3.2074）

94　七月丙午　減内府酒醋麪局厨役一百五十名，省冗食之費。從順天府宛平縣耆民（按：館本民作老）奏請也。

（英宗實録卷 194　景泰附録 12　第 4 頁　194.3.4074）

95　七月戊申　瓦剌使臣皮兒馬黑麻、哈丹等貢馬來議和。賜宴并綵幣等物有差。

（英宗實録卷 194　景泰附録 12　第 5 頁　194.4.4076）

96　七月己酉　給昌平侯楊洪所領口外官軍騎操馬五百七匹及通州、涿州、真定、保定、河間、定州等處備禦官軍騎操馬一千七百一十七疋。

（英宗實録卷 194　景泰附録 12　第 6 頁　194.5.4077）

97　七月壬子　賜迤北瓦剌使臣宴。皮兒馬黑麻等與館伴者言：今關外城池凡十四處皆爲我瓦剌所困，事勢危甚。昨者，阿剌知院遣使議和，朝廷尚令人偕往。今我輩乃脱脱不花及也先所命，朝廷必須遣大臣同往，庶事有濟。不然，恐未易了。尚書胡濙等奏其語。命群臣廷議之。尚書王直等以爲黠虜多詐，雖遣使講和，其情未可深信。但今邊報日急，人民缺食，流移者衆，須出權宜以紓危急。宜選廷臣素稱忠直〔校記：廣本善上有而字〕善於詞令者四人爲正副使，與之同往，以答其意，且開諭之，令其上順天心，毋爲民患。帝曰：李實等方行，須其還日，審度事宜處分。

（英宗實録卷 194　景泰附録 12　第 9 頁　194.7.4082）

98　七月戊午　錦衣衛指揮汪瑛奏：乞順天府保（按：館本保作寶）坻、昌平二縣所屬南鄉等處草場一所，水旱田一百五十頃并果園莊屋之類。詔户部給賜之。

（英宗實録卷 194　景泰附録 12　第 11 頁　194.9.4086）

99　七月癸亥　禮部右侍郎李實及也先使臣把禿等至自瓦剌。

時邊關儲積一空，使臣至關，始命光禄寺以大官酒饌詣懷來、居庸接待。又給白金百兩，以備匱乏。實等既至，寧陽侯陳懋、吏部尚書王直等上疏曰：臣等適詢李實，言自出塞北行道中，凡遇羣虜，聞爲議和使臣，皆舉手加額，欣幸其來。及至虜營，也先見之大喜，自言急欲議和，今可汗與阿剌已先還矣，但朝廷迎使夕來，大駕朝發，天日在上，決非妄語。遂令人引至上皇所。上皇言，虜人欲和，自是實情，不須致疑。此中需少物〔校記：廣本少作衣〕作人事，汝歸爲朕取來，朕得南還。就令朕守祖陵或爲庶人，亦所甘心。臣等切詳，虜人悔過議和，實天地宗社之福。皇上德感遠人，使其慚愧息兵，彼此生靈俱免勞苦。宜仍遣實以衣物、禮幣詣虜，迎復上皇，於理爲宜，於事爲當。疏入，報曰：虜人虚詐難測，李實方回，楊善已去，不須更遣使臣。但以迎上皇之意，勑諭也先，付其來使足矣。

（英宗實録卷 194　景泰附録 12　第 14 頁　194.12.4091）

100　七月癸亥　　減順天府良鄉縣税課局鈔十之五。以商旅自去年被達賊驚散之後一向少聚也。

（英宗實録卷 194　景泰附録 12　第 15 頁　194.12.4092）

101　七月癸亥　　宥守備懷來等處都指揮楊信等罪。先是，朝廷遣官軍運粮赴懷來、永寧兩處，勑信及居庸關都指揮夏忠及領軍馬護送，信等護送行十餘里，聞炮聲響，信即奔還懷來，忠亦走歸居庸，委餽運軍士於道。守備居庸關右僉都御史王竑以聞，少保于謙請執信等付法司治之。或令竑拘信等至關，數以畏怯之罪責死狀，仍令防護運糧。帝以境外賊情未寧，姑不問，但令信等防護設法，如誤必罪不宥。

（英宗實録卷 194　景泰附録 12　第 15 頁　194.13.4093）

102　七月丁卯　　瓦剌使臣把禿等還，勑諭其太師也先曰：把禿等至，具悉議和之意。但前已遣楊善、趙榮齎書幣〔校記：廣本無幣字〕至可汗及太師處，專爲迎朕兄太上皇帝。朕念朝廷自祖宗以來，待瓦剌甚厚，一旦因嫌搆隙，以致連兵。太師既能復修舊好，朕亦當勉從所請。繼今益宜上順天意，下順人心，休兵息民，以實前言。把禿等回，特頒賞給，至可領也。所言欲送回大駕，實朕所願。果出誠心，就令楊善等復迎還京。朕當永保和好，太師其深省之。

（英宗實録卷 194　景泰附録 12　第 19 頁　194.16.4099）

103　七月己巳　　是日，都御史楊善等至虜營與也先接見。也先問曰：兩家和好年久，今次如何拘留我使臣，減了賞賜？善曰：太師爾父在永樂年間差使臣〔校記：廣本臣下有來字〕朝貢，不過三四十人，所討物件隨意與之，都不計較，所以長久和好。今差使臣多至三千餘人，或帶來之人爲姦爲盜，潛自藏躲，中國留他何用？使臣到京，虛報數多，朝廷只照見在者賞賜，虛報者不與，不是減了。也先曰者胡語云者，然辭也善。見也先辭色和，因曰：太師爲北方掌軍馬的大將，却聽了小人言，忘了大明皇帝厚恩，便來殺虜人民，上天好生，太師好殺，甚逆天道。今和好如初，可早收回馬軍，免得上天降災。也先笑曰：者者。問：皇帝回去還坐天位否？善曰：天位已定，難再更換也。也先曰：堯舜當時如何來？善曰：堯讓位於舜，今兄傳位於弟，正與堯舜一般。時知院伯顏帖木兒言於也先曰：且將使臣留下，再差人去問，若許朝廷正天位，然後送去。也先曰：初要大臣來迎，今既來又去問，是我失信了，著他迎去。平章昂克問善曰：迎汝皇帝將何禮物來？善曰：若將禮物來迎，人必説太師圖利。今不用禮物，方見得太師有仁義，是好男子。録在史書，萬世人稱贊。也先笑曰：者者。

（英宗實録卷 194　景泰附録 12　頁 22 頁　194.18.4104）

104　七月庚午　　免盧〔校記：廣本盧作蘆〕溝橋宣課司并霸州、固安、良鄉、順義四州縣税課局被賊燒搶課鈔。其大興縣官收穀粟草束被刼，保定縣官民食鹽鈔無從辦納。并免之。

（英宗實録卷 194　景泰附録 12　第 23 頁　194.19.4106）

105　八月甲戌　朝鮮國王李珦遣陪臣鄭發等奉表來朝，貢馬及方物。賜宴并賜綵幣、表裏等物有差，仍命發賫綵幣、表裏歸，賜珦。

（英宗實録卷 195　景泰附録 13　第 3 頁　195.3.4113）

106　八月丙子　給三千營官軍盔三千頂，甲一千五百副，腰刀三千把，長鎗七千餘根，弓一千八百張，箭五萬枝，弦二千條，弓箭袋三千副。

（英宗實録卷 195　景泰附録 13　第 3 頁　195.3.4113）

107　八月戊寅　朝鮮國王李珦遣陪臣李堅等奉表來朝，貢馬及方物。賜宴并賜綵幣、表裏、紗絹等物有差。仍命堅期賫綵幣、表裏歸，賜王。

（英宗實録卷 195　景泰附録 13　第 5 頁　195.4.4115）

108　八月己卯　給五軍營官軍騎操馬二千匹。

（英宗實録卷 195　景泰附録 13　第 7 頁　195.6.4119）

109　八月庚辰　提督守備居庸關右僉都御史王竑有疾。命醫往療之。

（英宗實録卷 195　景泰附録 13　第 8 頁　195.6.4120）

110　八月丙戌　太上皇帝駕還京。帝迎見於東安門，駕入南宫。

（英宗實録卷 195　景泰附録 13　第 11 頁　195.9.4126）

111　八月癸巳　提督守備居庸關右僉都御史王竑有疾。命還京調治。

（英宗實録卷 195　景泰附録 13　第 19 頁　195.16.4140）

112　八月乙未　琉球國中山王尚思達遣使臣梁回等奉表來朝，貢馬及方物。賜宴并賜綵叚、表裏、絹布等物有差。

（英宗實録卷 195　景泰附録 13　第 20 頁　195.17.4141）

113 八月戊戌 户部奏：順天府所屬州縣多被達賊驚擾，該運口外秋糧宜准折米荳存本處官食交收，穀草准折雜草運附近倉場備用，庶畿甸之民至不重困。從之。

（英宗實録卷 195 景泰附録 13 第 21 頁 195.17.4142）

114 八月己亥 築黃花鎮、驢鞍嶺二城。從分守黃花鎮等處都指揮僉事魯瑄奏請也。

（英宗實録卷 195 景泰附録 13 第 23 頁 195.19.4145）

115 九月癸卯 以通州大運西倉在城外，命鎮及巡倉官築城以護之。從户部奏請也。

（英宗實録卷 196 景泰附録 14 第 1 頁 196.1.4148）

116 九月丁未 免順天府所屬二十二州縣去歲達賊擄掠、旱傷田地糧草。凡免夏麥五千五百餘石，秋糧三萬二千四百餘石，草一百六十四萬八千餘束。

（英宗實録卷 196 景泰附録 14 第 3 頁 196.3.4148）

117 九月丁未 給神機營官軍騎操馬一百二匹。

（英宗實録卷 196 景泰附録 14 第 3 頁 196.3.4151）

118 九月戊申 賞居庸關水澗等口截殺達賊有功官軍都督僉事楊俊等一萬二千一百十八人。都督、侍郎、御史賞銀五兩、綵幣二表裏，當先者把總、都指揮銀三兩、綵幣一表裏，把總指揮銀二兩、絹二疋、布二疋，都指揮銀二兩、綵幣一表裏，指揮銀一兩、絹二疋、布二疋，千百户等官絹二疋、布二疋。旗軍人等絹二疋。齊力者把總、都指揮銀二兩、綵幣一表裏，把總、指揮銀一兩、絹一疋、布一疋，都指揮銀一兩、絹二疋、布二疋，指揮絹二疋、布二疋，千百户等官絹二疋、布二疋〔校記：抱本絹二疋下有布二疋三字，誤〕，旗軍人等絹一疋、布一疋。守營無傷者都督銀一兩，絹二疋、布二疋，都指揮絹二疋、布二疋，指揮絹二疋，千百户等官絹一疋、布一疋，旗軍人等布二疋。其被傷及陣亡官軍加本賞之半，舍人、家人、餘丁、民人及夜不收不欲陞者加賞一倍。

（英宗實録卷196 景泰附録14 第4頁 196.3.4152）

119 九月辛亥 賜祭隆慶右衛指揮同知王敬、指揮僉事張澄。敬、澄俱以總兵官楊洪調往獨石策應，至雲川龍門口遇賊陣亡，故遣官祭之。

（英宗實録卷196 景泰附録14 第6頁 196.5.4155）

120 九月壬子 賜京軍差往易州并保定修城守備者每人絹布各一疋，炒米麥二斗。

（英宗實録卷196 景泰附録14 第6頁 196.5.4156）

121 九月辛酉 初，龍門所倉有糧七萬八千六百餘石，賊至不守。至是，路通官軍有出口（按：館本作取口）竊取者。事覺，左侍郎劉璉乞命都指揮楊信撥軍運入懷來、永寧城官倉收貯，以備支用。事下，户部請如其言，仍行宣府總兵官分遣夜不收及行吏部取原經官攢赴開平馬營等處，巡視守候撥運。從之。

（英宗實録卷196 景泰附録14 第10頁 196.9.4163）

122 九月癸亥 置通州太運西倉居通州城外。先是，虜犯京師，監守者無以保障，悉逃去，故令立堡。

（英宗實録卷196 景泰附録14 第11頁 196.10.4165）

123 九月乙巳 給通州修城民夫口糧。

甃直隸易州城。

（英宗實録卷196 景泰附録14 第15頁 196.13.4171）

124 十月癸酉 給懷來、永寧等八衛官軍馬五百七十餘匹。

給天壽山居庸一帶關口官軍衣鞋。

（英宗實録卷197 景泰附録15 第2頁 197.1.4176）

125 十月丁丑 朝鮮國王李珦遣陪臣貢馬及方物。賜宴并綵幣等物。

（英宗實録卷197 景泰附録15 第2頁 197.2.4177）

126 十月戊寅 少保兼兵部尚書于謙言：聞瓦剌也先等所遣

使臣逾三千人。今通好之初，遣人過多，慮有窺伺之意，宜於五軍、神機營選官（按：館本無官字）軍一萬五千，往居庸關布列，以壯軍威，備不虞。及在京三千、大營、圍子手官軍，先一日俱貼班上直，務令整肅，不得諠閙坐卧。違者治罪。從之。

（英宗實録卷 197 景泰附録 15 第 3 頁 197.2.4178）

127 十月庚辰 户部左侍郎劉璉奏：口外保安、永寧二衛，保安、隆慶二州及永寧縣，俱軍民相參，辦納糧差。頃因虜寇驚散，不成官府。今邊境已寧，軍俱回衛，民未復業，倉庫衙門，俱無統屬。乞勑該部責令前項州縣官招撫所部流民復業。奏下户部，言：官已調用，口外流民多係父祖爲事編發者，恐逃回原籍，宜揭榜天下，不拘口外腹裏逃民，俱令有司責限督令復業。有不報（按：館本報作告）官者，事覺，治以重罪，并其隣里俱發口外爲民。從之。

（英宗實録卷 197 景泰附録 15 第 4 頁 197.3.4180）

128 十月甲申 朝鮮國王李珦，遣陪臣貢馬及方物。賜宴并鈔幣等物。

（英宗實録卷 197 景泰附録 15 第 5 頁 197.4.4182）

129 十月乙酉 給大營官軍馬一千五十四。

（英宗實録卷 197 景泰附録 15 第 6 頁 197.5.4183）

130 十月丙戌 命户部給官銀一萬兩，於密雲、遵化二縣分貯糴糧。從巡撫右僉都御史鄒來學請也。

（英宗實録卷 197 景泰附録 15 第 7 頁 197.6.4185）

131 十月丁亥 定古北口中鹽例。每引淮鹽粟米七斗、黑荳五斗，浙鹽米六斗、荳四斗，仍令淮鹽七分、浙鹽三分，相兼中納。

（英宗實録卷 197 景泰附録 15 第 7 頁 197.6.4185）

132 十月乙丑 朝鮮國王李珦以賜其先王祭賻謚號，遣陪臣謝恩，貢馬及方物。賜宴及鈔幣等物有差。

（英宗實録卷 197 景泰附録 15 第 8 頁 197.6.4186）

133　十月己丑　　禮科都給事中金達言二事：……，古者寓兵於農，無事則執耒以耕，有警則荷戈以戰，今之民壯亦猶是已。近因逆虜入寇，令河南等布政司、順天等府，選集民壯，中間一家有選一丁、二丁者。有三丁、四丁者，朝暮在官，隨軍操練，冬夏不息。户内田土乏人耕種，該納糧芻徵收如舊，號寒啼饑，有不能免。乞令春夏之時，各回生理，秋冬之日，團集練閲，則民生得濟而兵事集矣。詔該部議行之。

（英宗實録卷 197　景泰附録 15　第 8 頁　197.6.4186）

134　十月庚寅　　順天府宛平縣縣丞向先奏：宛平、大興二縣軍民匠户，有訐詐之徒，濫結近侍官豪校尉。凡遇科差買辦，其囑託務令准免。執法不從者，被其捏詞付行事校尉，奏之法司，雖知其枉，又畏權勢依（按:臺本依下有文字）加罪。是以凡遇囑託，不敢不從。其弊不可勝言。乞勅都察院禁約。奏下刑部，尚書俞士悦謂宜行錦衣衛禁約。從之。

（英宗實録卷 197　景泰附録 15　第 10 頁　197.8.4190）

135　十月己亥　　兵部言：皇城各門守衛官軍，其間多有老弱殘疾之人，況今虜使來朝，國威所係。宜令各衛自今務選精壯補役，不得仍前因循。違者聽風憲近侍及本部官劾奏執問。從之。

（英宗實録卷 197　景泰附録 15　第 13 頁　197.11.4195）

136　十一月壬寅　　賜朝鮮國景泰二年《大統曆》百本,命來使李思純賫與之。

（英宗實録卷 198　景泰附録 16　第 1 頁　198.1.4187）

137　十一月壬寅　　詔隆慶等外衛所旗軍在三十等營備操者，仍舊在京關與行糧四斗，原衛支月糧一石，以存省京儲。

（英宗實録卷 198　景泰附録 16　第 1 頁　198.1.4198）

138　十一月癸卯　　户部奏：開平、龍門、懷來、永寧等衛所城堡，比因虜寇犯邊，城棄不守，遺倉糧九十餘萬石。今懷來、永寧已有官軍守支，其餘城堡未有處分。請將昌平侯楊洪帶來官軍三千名選忠義將臣一員統領分守，命吏部將各該官攢遣人押往宣府，付侍郎劉璉等斟酌發倉，且閲倉所有糧，具數令掌管。如果無糧難守城堡，就將官攢遣回吏部别用。從之。

（英宗實録卷 198　景泰附録 16　第 2 頁　198.2.4199）

139　十一月甲辰　　給五千、三千、神機等營官軍人絹一疋，計二十四萬七千有奇。

（英宗實録卷 198　景泰附録 16　第 2 頁　198.2.4200）

140　十一月壬子　　朝鮮國王李珦遣陪臣鄭郊全等奉表貢馬及方物。宴并織金襲衣、綵叚、絹布等物有差。

（英宗實録卷 198　景泰附録 16　第 6 頁　198.5.4206）

141　十一月乙卯　　給修守小龍門及隆慶衛官軍衣鞋六千七百件有奇。

（英宗實録卷 198　景泰附録 16　第 9 頁　198.7.4210）

142　十一月丁巳　　賜朝鮮國王李珦及妃權氏誥命，并封其嫡長子弘暐爲世子。

（英宗實録卷 198　景泰附録 16　第 9 頁　198.8.4211）

143　十一月丁巳　　免隆慶、保安二州明年户口食糧鹽鈔。以先被達賊虜掠也。

（英宗實録卷 198　景泰附録 16　第 9 頁　198.8.4211）

144　十一月甲子　　命懷來、永寧官軍馬料自今年十二月爲始於居庸關倉關支。

（英宗實録卷 198　景泰附録 16　第 10 頁　198.9.4213）

145　十一月乙丑　　陞隆慶左衛指揮同知向賢爲都指揮僉事。以其父通死於戰陣也。

（英宗實録卷 198　景泰附録 16　第 11 頁　198.9.4213）

146　十二月壬申　　給事程信等奏：昨日臣等於長安左門外見瓦剌朝貢回還使臣，有在玉河橋東西街搶奪往來人馬者，有被趕逐跌傷者，有被毆幾死者，又有騎馬欲直入長安左門被守衛官軍攔阻往者。臣等觀其在輦轂之下，尚敢恣肆搶奪，則其包藏不庭之心，昭然可見。乞勑該部令通事戒諭及勑兵部并總兵等官嚴加操練軍馬，以備不虞。從之。

（英宗實録卷 199　景泰附録 17　第 1 頁　199.1.4219）

147　十二月甲戌　修平津閘。

築順天府良鄉縣城。

（英宗實録卷 199　景泰附録 17　第 2 頁　199.2.4221）

148　十二月戊寅　賞在京操練并各關守備官軍每人闊白綿布二疋。

（英宗實録卷 199　景泰附録 17　第 3 頁　199.3.4223）

149　十二月戊寅　命順天、河間二府委官覈實所屬州縣軍民被賊驚擾、粮草無徵、即與豁除之命。

（英宗實録卷 199　景泰附録 17　第 3 頁　199.3.4223）

150　十二月己卯　給三千營官軍馬五百一十餘匹。

（英宗實録卷 199　景泰附録 17　第 5 頁　199.4.4226）

151　十二月庚辰　詔軍衛有司：具報京畿殷實之家，令各運官倉粮料赴大同、宣府，三百者給與冠帶，二百五十石者旌爲義民，一百五十石者量免徭役。

（英宗實録卷 199　景泰附録 17　第 5 頁　199.4.4226）

152　十二月甲申　太常寺奏：工部送到長陵、獻陵、景陵祭器。硃紅漆戧金一千九十事，素紅漆三百八十三事，二硃紅漆一百二十三事，金漆九事，硃紅油二百五事，礬紅油四十〔校記：廣本十作千〕四事，明油一百九十二事，銅三百六十事，生銅九十事，熟鐵五十四事，錫二十七事，象牙一百八事，雜物四百七十七事。皆前北虜寇所焚毁，今始補完者也。詔送三陵供用。

（英宗實録卷 199　景泰附録 17　第 6 頁　199.5.4228）

153　十二月乙酉　真定大長公主男王英奏：臣父誼卒，已葬香山。今臣母薨，蒙擇地安葬。緣臣母臨終遺言，令遷柩合葬。

從之。

（英宗實録卷 199　景泰附録 17　第 7 頁　199.6.4229）

154　十二月庚寅　　遣寧陽侯陳懋告于長陵、獻陵、景陵曰：曩因虜賊干犯山陵，兹以修復靈座一新，卜以今日舖設，謹用祭告。

（英宗實録卷 199　景泰附録 17　第 8 頁　199.7.4231）

155　十二月庚寅　　撒馬兒罕地面進貢回回哈三……等來歸。命爲頭目，送南京錦衣衛安插。給賜鈔布、紵絲衣、靴襪、牛羊、柴米、房屋、牀榻等物。

（英宗實録卷 199　景泰附録 17　第 9 頁　199.7.4232）

156　十二月辛卯　　朝鮮國王珦遣陪臣李純之進種馬五十匹。賜宴賞如例。

（英宗實録卷 199　景泰附録 17　第 9 頁　199.7.4232）

157　十二月丁酉　　工部奏：近聞通州抵徐州運河一帶，皆淤塞不通，不預疏濬，恐妨漕運。徐州等處請勑僉都御史王竑、通州等處宜遣在京大臣一員提督疏濬。詔不必遣大臣，其令都察院擇御史廉能者一人往理之。

（英宗實録卷 199　景泰附録 17　第 12 頁　199.10.4237）

158　十二月　　是歲……漕運京師米豆四百三萬〔校記：廣本三作二〕五千石，各處運納糧米九十二萬八千三百五十石。

（英宗實録卷 199　景泰附録 17　第 13 頁　199.11.4240）

景泰二年（1451）

159　正月辛卯朔　　朝鮮國王李珦遣陪臣趙石岡等貢方物。賜宴并綵幣、表裏〔校記：廣本無表裏二字〕等物。仍命岡等齎綵幣、表裏歸賜其王。

（英宗實録卷 200　景泰附録 18　第 1 頁　200.1.4243）

160　正月丁未　先是，召商輸米荳于古北口倉。中鹽客商以則例太重，米荳湧貴，日久無中納者。至是，户部因右僉都御史鄒來學言，請原定淮鹽一引，米荳一石二斗，今減二斗。浙鹽一引，米豆一石，今減三斗。從之。

（英宗實録卷 200　景泰附録 18　第 3 頁　200.3.4247）

161　正月壬子　少保兼兵部尚書于謙等言：良鄉縣係要地，宜修築城堡。且良鄉去涿州不遠，先已遣屬都指揮僉事陳旺率領在京官軍五千往涿州操備，本州又有署都指揮僉事沈英鎮守，官多人擾。臣開旺廉介有爲，調度有方，軍民悦服。宜召英回，止留旺鎮守涿州、良鄉二處，就令修築城堡。從之。

（英宗實録卷 200　景泰附録 18　第 6 頁　200.5.4252）

162　正月癸丑　勑永平、山海、密雲、居庸、白羊、紫荊、倒馬諸關口守備都督同知等官顧祖興等曰：即今春煖凍消，恐修城堡壕塹坍淤塞。爾等其巡視修浚，務在堅厚深闊，經久無虞，不許徒事虛文，以取罪愆。

直隸隆慶等衛指揮僉事等官李本等奏，鎮守居庸關左少監潘成，以錦繡衣締結奸臣喜寧、侵欺官物、私役軍人等事。成自陳本誣之。下巡撫右僉都御史蕭啟覆實，言本、成俱無實。詔啟執本究問。諭成遵守法度，以副委任。

（英宗實録卷 200　景泰附録 18　第 7 頁　200.6.4253）

163　正月甲寅　詔工部臣曰：通州大運西倉，先雖置立土堡，恐弗能堅久，其令右侍郎王永壽往甓之。

（英宗實録卷 200　景泰附録 18　第 7 頁　200.6.4254）

164　正月乙卯　禮部奏：疏（按：疏爲琉之誤）球國使臣察都等朝貢至京訴稱，回程缺船，欲自備物料於福建造船。緣今福建地方被賊，人民艱窘，宜令其候本貢進貢通事李敬等回日順搭回國。從之。

（英宗實録卷 200　景泰附録 18　第 8 頁　200.7.4255）

165　正月戊午　命修玉河東西隄。濬安（按：館本安後有定字）門東城河。

（英宗實録卷200　景泰附録18　第10頁　200.8.4258）

166　正月癸亥　都知監左少監阮忠奏：去冬壩上草場火，由在曠野，是以小人得肆兇狡。今各草場在曠野者尚多。乞於原差巡視倉場御史二人中勑一人專理倉糧，一人專巡草場。從之。

（英宗實録卷200　景泰附録18　第12頁　200.10.4262）

167　正月甲子　兵部奏：各營差官軍運糧十萬石于宣府，俱經過居庸關，路狹且峻，車輛難行。軍士到此多負載上坡，又冰消路滑，車輛擠塞，不得前進。欲移文鎮守僉都御史蕭啟等區畫，令其以次過關，毋令淹滯負累。仍移文署都督僉事雷通并坐堡管糧頭目，將軍士善加撫邺。從之。

（英宗實録卷200　景泰附録18　第12頁　200.10.4262）

168　正月甲子　重建長陵神宮監。以先毀於火也。

（英宗實録卷200　景泰附録18　第13頁　200.11.4264）

169　二月辛未　駕幸太學釋奠先師孔子。命太保寧陽侯陳懋、少保兼兵部尚書于謙、太子太保兼吏部尚書王直、户部尚書兼翰林院學士陳循、工部尚書兼翰林院學士高穀、户部右侍郎兼翰林院學士江淵、翰林院學士商輅、翰林院侍講學士劉鉉，分獻四配、十哲、兩廡禮畢，幸彝倫堂。祭酒蕭鉉、司業趙琬講書畢，駕還宫。

（英宗實録卷201　景泰附録19　第1頁　201.1.4272）

170　二月壬申　以大學禮成，國子監祭酒蕭鎡率諸生上表謝恩。帝御奉天門，賜襲鈔絹、筵宴。故事，幸太學賜講官紵絲、羅衣各一襲，學官紵絲衣一襲，監生鈔五錠。是日特命講官增冠帶、監生增絹一匹。

（英宗實録卷201　景泰附録19　第1頁　201.1.4272）

171　二月己卯　以德勝等門外殺賊陣亡功，陞金吾左衛指揮使趙福子傑汪、張雲子湧、張勝叔福，金吾右衛指揮使楊貴弟勝、王貴子玉，錦衣衛指揮使海貴弟全，俱爲都指揮同知。金吾左衛指揮同知袁勝子寶、耿昇子釗、王英弟雄、顧榮子聰，金吾右衛指揮同知程昭姪雄，羽林前衛指揮同知抗貴子信、李珍弟瑛，錦衣衛指揮同知把興弟泉、通州衛指揮同知王林弟剛，俱爲都指揮僉事。金吾左衛指揮僉事丘源子玉、張忠叔祥、車〔校記：廣本車作連〕通子雲，金吾右指衛揮僉事李傑弟英，羽林前衛指揮僉事張林子弼、王宣子能，俱爲指揮使。金吾左等衛正千户項八十子珍等十一員，爲指揮同知。金吾左等衛副千户管通弟政等十三員，爲指揮僉事。金吾左等衛百户王海子瑰等十七員，爲正千户。錦衣衛試百户王剛子玉爲副千户，錦衣衛所鎮撫完者不花子阿先帖木兒爲正千户。

（英宗實録卷 201　景泰附録 19　第 12 頁　201.10.4289）

172　二月丙戌　鎮守天壽山都督同知王通奏：去歲虜寇入境，侵犯三陵，官軍驚散。今城垣已修完。乞命都察院轉行巡按監察御史五城兵馬司逐一挨究，但係三陵等衛官軍及餘丁家人，俱限本年三月終回籍，若潛遁不回者發口外充軍。從之。

（英宗實録卷 201　景泰附録 19　第 17 頁　201.15.4299）

173　二月辛卯　罷築順天府良鄉縣城。時巡撫右僉都御史鄒來學言：良鄉自經胡馬，又遭旱暵，居民食乏力困。乞暫止不急之役。故罷之。

（英宗實録卷 201　景泰附録 19　第 22 頁　201.18.4306）

174　二月壬辰　琉球國中山王尚思達遣使者王察都、達思鑾長官司故、土官達思剌男乃兒只監粲遣番僧朶内藏、雲南八百、車里、老撾三宣慰使刀招孟禄等來朝，貢馬及方物。賜宴并紵絲襲衣、綵段、表裏、絹紗有差。

（英宗實録卷 201　景泰附録 19　第 22 頁　201.18.4306）

175　二月癸巳　　給居庸關驛馬二十六匹，驢四頭。

（英宗實録卷 201　景泰附録 19　第 23 頁　201.19.4308）

176　二月乙未　　錦衣衛指揮使劉源〔校記：廣本源作原〕奏：内官興安傳奉皇后懿旨，去歲虜寇來犯京師，將士戰死於彰義、西直門等處者甚衆，亦有老疾被其戕害，即今暴骨原野，實切吾心。其令錦衣衛差官率旗校拾之，苫以廠房。日逐計數聞奏，量賞賚之。本衛差千百户石真等率領旗校連日於各戰場共拾五千八百有奇。帝曰：掩骼埋胔，先王仁政之一也，況諸將士殞於王事者乎？其命僧道建齋醮普度，葬於内官享堂之西，每歲以祭厲日祭之，領於上林苑監。其拾骨官人賜銀一兩。旗校半之。

（英宗實録卷 201　景泰附録 19　第 24 頁　201.20.4309）

177　二月丁酉　　户部奏：比因天象垂戒，奉命會五府六部都察院、翰林院計議寬恤條件，臣等謹議七事：一，在京象馬牛房草料，昔止派河南山東并順天等八府供給，後又添南直隸府州縣草束折銀赴京買用。緣順天等府被達賊殘擾，河南、山東災旱相仍。宜除象牛羊及御馬監馱鞍〔校記：廣本鞍作驢〕馬、西馬外，其餘馬乞揀選堪中者量存飼牧，每年四月草料住支，俱放草場，至九月全支草料。其瘦小有病可醫者，派與順天府人民領養，不堪醫用者送光禄寺收用。一，順天府、河間等府州縣土地，多被官豪朦朧奏討及私自占據，或爲草場，或立莊所，動計數十百頃。間接小民納糧地畝，多被占奪，歲陪糧草。宜令該府州縣通查丈量，除奏撥之數外，其占奪者如數退還，多餘者如數起科，徵納糧草。　，壩上馬房各有寄養，正統九年朶顔等衛獲到牛隻草料，俱人民供給。宜令俱送順天府，給與所屬前年被賊小民耕種。一，比有無賴官舍軍民人等，詐稱皇親及内官家人，勢如狼虎，前去河西務至直沽等處，攔截客商貨物，强用車輛搬運入店。稍有不從，輒便毆詈，以致客商失陷財物。宜行禁約。一，武清縣桃花口迤南、楊驛青〔校記：廣本作楊青驛〕迤西、迤北，原係後府并户工部來辨蘆柴馬草場分。邇年因軍民艱難，聽令采用〔按:館本用作辨〕接濟。今有等豪勢之人，據爲己有。宜仍聽軍民采用。一，各處自宣德年間，因鈔法不通，取勘民間買賣舖面及住居房屋作塌房各色納鈔，今多燒毀倒塌損壞。令官司取勘，除免鈔貫。在京在外鰥寡孤獨、年七十以上，及街衢巷口無目男女、叫號乞食者，宜令所司收養濟院，給與衣食。詔御馬監馬不可輕動，宜如舊飼牧牛，其令該衙門具數以聞。餘如議。

（英宗實録卷 201　景泰附録 19　第 25 頁　201.2.4312）

178　二月戊戌　　少保兼兵部尚書于謙等言二事：……一，在京在外見操與守城、守關、運糧、運草等官軍，多有畏避差操逃散潛住。宜量從寬恤。出榜晚（按:疑晚爲曉之誤）諭，在京限兩月，在外限三月，益許具首免罪。若仍恃頑玩法，限外不首者，依律究治。從之。

（英宗實録卷 201　景泰附録 19　第 27 頁　201.22.4314）

179　三月壬寅　　帝親閲舉人所對策，賜柯潛等二百一人及第、出身有差。

（英宗實録卷 202　景泰附録 20　第 2 頁　202.2.4319）

180　三月丙午　　敕五軍等營都督僉事雷通、都指揮使宫興、都指揮同知用全督官軍牧放騎操馬。

（英宗實録卷 202　景泰附録 20　第 4 頁　202.3.4322）

181　三月丙午　　命給天壽山修城樓并通州等處修城軍民匠餘丁月米三斗。

（英宗實録卷 202　景泰附録 20　第 5 頁　202.4.4324）

182　三月甲寅　　鎮守居庸關右僉都御史蕭啟、提督山海關等處軍務右僉都御史鄒來學，俱乞致仕。不允。

（英宗實録卷 202　景泰附録 20　第 7 頁　202.6.4327）

183　三月乙卯　　蠲順天、保定等府所屬州縣歲辨蘆葦、藹稭等物。以民饑也。

（英宗實録卷 202　景泰附録 20　第 8 頁　202.7.4329）

184　三月丙辰　命故駙馬都尉王誼子鉠爲獻陵衛正千户。

（英宗實録卷202　景泰附録20　第8頁　202.7.4329）

185　三月戊辰　移直隸武清衛倉於通州大運西倉廢厰舊基。以户部左侍郎張睿言舊倉厰設在曠野地方，因收糧不便也。

（英宗實録卷202　景泰附録20　第11頁　202.9.4334）

186　四月辛未　琉球國中山王尚思達遣使臣亞間美等奉表來朝，貢馬及方物。賜宴并賜綵幣、表裏、絹紗有差。

（英宗實録卷203　景泰附録21　第2頁　203.1.4338）

187　四月丙子　朝鮮國王李珦遣陪臣韓確等來朝貢馬。賜宴并綵幣、表裏、絹布等物有差。

（英宗實録卷203　景泰附録21　第2頁　203.2.4339）

188　四月丁丑　以懷來衛倉缺糧，命内外法司囚犯於通州領糧運赴懷來交納。雜犯死罪，五十石。三流并徒三年，四十石。餘四等，遞減五石。杖一百，五石。餘四等，遞減一石。笞五十，三石。餘四等，遞減六升。

（英宗實録卷203　景泰附録21　第3頁　203.2.4340）

189　四月丙子　以直隸定興縣荒田七千畝有奇爲茂山衛屯堡。

（英宗實録卷203　景泰附録21　第2頁　203.2.4339）

190　四月辛巳　京城官店、塌房多爲貴近勳戚所有，兵科都給事中葉盛等言：貴近勳戚，高爵厚禄，而又侵利於國，貽害於人。乞將在京官店、塌房盡數勘實，籍記在官，按季收鈔以資軍餉。從之。

（英宗實録卷203　景泰附録21　第4頁　203.3.4340）

191　四月辛巳　直隸密雲中衛軍奏：鎮守署都指揮僉事張興擅役軍旗採木，以造私室及尅減軍粮諸罪。事下法司，請巡按御史案實以聞。從之。

（英宗實録卷203　景泰附録21　第4頁　203.3.4342）

192　四月癸未　少保兼兵部尚書于謙等言：緣邊關隘，環拱京師，請令各鎮守等官及附近軍衛遇警策應。易州策應紫荆關，真定、保定策應倒馬關，白羊口、天壽山、黄花鎮有警則京師策應。

（英宗實録 203　景泰附録 21　第 5 頁　203.4.4344）

193　四月甲申　　命五軍等營撥軍四萬名，支京倉米四萬石，運付懷來衛倉，接濟軍餉。每軍賞銀二錢。從户部奏請也。

（英宗實録卷 203　景泰附録 21　第 5 頁　203.5.4345）

194　四月丁亥　　賞隆慶衛指揮嚴敬等一萬二千一百一十八人銀段、絹布有差。以居庸關等處斬獲達賊功也。

（英宗實録卷 203　景泰附録 21　第 6 頁　203.5.4346）

195　四月己丑　　設順天府霸州、保定縣僧會司，置僧會一員。

（英宗實録卷 203　景泰附録 21　第 7 頁　203.6.4348）

196　五月壬寅　　左春坊左諭德管國子監司業事趙琬奏：進士題名立石大成門下，俾諸生出入皆得瞻仰，誠激勸後學之意。正統間移於大學門外，風雨飄淋，易於損壞，況上有列聖皇上字。乞勑工部造屋數間覆蓋，以圖經久。從之。

（英宗實録卷 204　景泰附録 22　第 2 頁　204.2.4358）

197　五月癸卯　　勑都指揮同知趙玫往密雲代王通鎮守，仍分管古北口迤東地方。

（英宗實録卷 204　景泰附録 22　第 2 頁　204.2.4358）

198　五月丁未　　給五軍等營官軍馬二千五百三十五匹。

（英宗實録卷 204　景泰附録 22　第 5 頁　204.4.4362）

199　五月庚戌　　建上林苑監於文德坊玉河橋之西。

（英宗實録卷 204　景泰附録 22　第 6 頁　204.5.4364）

200　五月辛亥　　在京各衛并順天府軍民二十餘人共訴：家有微資，買賣生理，雖門面可觀，而其實不能自給。今蒙户部責連（按：疑連爲運之誤）邊糧，給以冠帶，乞賜憐憫。詔户部臣曰：朝廷以得人心爲本，邊糧轉運聽其自願，安可強之？

（英宗實録卷 204　景泰附録 22　第 7 頁　204.6.4365）

201　五月癸丑　命錦衣衛運草官軍改運京〔校記：廣本京作軍〕粮一萬石赴雷家站備用。從工部尚書兼大理寺卿石璞奏請也。

（英宗實録卷 204　景泰附録 22　第 9 頁　204.8.4369）

202　五月丙辰　總兵官武清侯石亨（按：據館本亨下有等言）近者，宣府等處屢報聲息，蒙遣楊洪往宣府備之，而大同、懷來居庸等關亦俱係要害。乞令臣亨往大同，臣柳溥往懷來、居庸一帶調遣士馬，以剿殘胡。在京各營軍馬，乞別委將官統理訓練，防護京城，如此藩籬有備，京師無虞。帝曰：頃者，以宣府地方，密邇京師，累報聲息，用是暫命洪往備之。秋後事寧，即令回京。卿等統帥軍馬操守京師，如何俱欲分守邊鎮？不允。

勑五軍、三千、神機等營總兵把總管隊大小官員頭目，令團營官軍五日一下教場伺候調用，其餘官軍十日一次下教場點視。不許私放。有誤調遣。

徙守備小龍門口署都指揮僉事周晟守備天津關。初左參將都指揮魏忠言：天津關去龍門口六十里。本口山高險峻，而天津關路通境外，至爲要緊，宜徙晟等守備，故有是命。

（英宗實録卷 204　景泰附録 22　第 11 頁　204.9.4372）

203　五月丁巳　詔軍民人等：有能於京師倉領米運赴長安嶺者，每石官給脚價銀四錢，赴雷家站者給三錢五分。因犯先於懷來倉上米者，改赴雷家站納。以二處新築城堡俱缺糧故也。

詔商：於京場納草，每一百束官給價銀一兩三錢。

（英宗實録卷 204　景泰附録 22　第 13　204.11.4375）

204　五月甲子　陞忠義左衛帶俸署都指揮僉事指揮同知陳達爲都指揮僉事，鎮守通州。

（英宗實録卷 204　景泰附録 22　第 15 頁　204.13.4379）

205　五月乙丑　鎮守天定（按：疑定爲壽之誤）山都督同知王通奏：新築城完，已移昌平縣倉於内，然無糧守貯，軍士仍赴通州請給不便。奏下户部，請令通於長陵等三衛倩撥官軍四千人，人賞銀一錢，令於京倉領米二萬石運彼備用。

（英宗實録卷 204　景泰附録 22　第 16 頁　204.13.4380）

206　六月戊辰朔　　安南王黎濬遣陪臣貢金銀器皿及方物。賜宴并鈔幣等物。

（英宗實録卷 205　景泰附録 23　第 2 頁　205.2.4385）

207　六月乙亥　　給五軍營官軍馬一百六十匹。

（英宗實録卷 205　景泰附録 23　第 9 頁　205.7.4396）

208　六月乙亥　　給長陵、獻陵、景陵三衛軍器。

（英宗實録卷 205　景泰附録 23　第 9 頁　205.7.4396）

209　六月乙酉　　修天壽山陪祀官齋宿房。

（英宗實録卷 205　景泰附録 23　第 14 頁　205.12.4405）

210　六月丙戌　　以張家灣入官客鹽准給通州等衛官吏俸。

（英宗實録卷 205　景泰附録 23　第 14 頁　205.12.4406）

211　六月丁亥　　命撥京〔校記：廣本京作官〕軍四千修隆慶州城。從總兵官昌平侯楊洪請也。

（英宗實録卷 205　景泰附録 23　第 14 頁　205.12.4406）

212　六月戊子　　詔安南國曰：朕以皇考宣宗章皇帝仲子奉藩京師。比因虜寇犯邊，大兄皇帝親率六師，往正其罪，勑朕居守。不意大兄車駕誤陷虜庭。我聖母皇太后務〔校記：廣本務作冀〕慰臣民之望，屬心朕躬，皇親、公、侯、伯暨在廷文武羣臣、軍民、耆老、四夷朝使，復以天位不可久虚，合辭上請早定大計，皇太后遂命朕君臨天下。時有使自虜還，亦傳大兄皇帝詔旨：宗廟之禮，不可久曠，朕弟郕王，年長且賢，其令正統，以奉祭祀。朕雖避讓再三，柰何僉允莫獲。乃於正統十四年九月初六日卽皇帝位，大赦天下。爰遣使詣虜中，尊大兄皇帝曰“太上皇帝”，以明年爲景泰元年。是年八月，虜奉太上皇帝還京，仍命朕奉郊廟，紹〔校記：廣本紹作續〕承大寶如故。尚咨藩屏之良，永佐雍熙之治，布告王國，咸使知聞。

（英宗實録卷 205　景泰附録 23　第 15 頁　205.12.4406）

213　七月戊戌　遣左給事中喬毅、行人童守宏諭祭故琉球國中山王尚思達，封其叔父尚金福爲中山王。

（英宗實録卷 206　景泰附録 24　第 1 頁　206.1.4413）

214　七月戊戌　户部奏：山東、河南并大名諸處歲運京城馬草，以路遠難致，惟徵銀布赴京易草輸官。然其所爲價重，民頗不堪。今京畿歲登，草甚豐茂，宜令各處減其常價，每草一束折銀三分，類銷成錠，上納京庫。從之。

（英宗實録卷 206　景泰附録 24　第 1 頁　206.1.4414）

215　七月辛丑　順天府府丞王弼坐爲吏所惑，妄免竈户牛車，贖徒復職。

（英宗實録卷 206　景泰附録 24　第 3 頁　206.2.4416）

216　七月庚戌　監察御史趙縉奏：通州大運倉時有損壞，隨即修理，其磚瓦材木，悉取給於軍。請於遞年官積鋪厰材木中取用，其他物料則以墊倉葦席變易修理。葦席不堪用者，令軍士關領燒磚瓦，庶無損於軍。從之。

（英宗實録卷 206　景泰附録 24　第 6 頁　206.5.4421）

217　七月癸丑　給征剿迤北京軍馬四百匹。

（英宗實録卷 206　景泰附録 24　第 7 頁　206.6.4424）

218　七月癸丑　夜，京師地震，自北而南。

（英宗實録卷 206　景泰附録 24　第 7 頁　206.6.4424）

219　七月丁巳　鎮守密雲署都指揮僉事張興坐擅創官舍擾人諸罪，贖徒復職。

（英宗實録卷 206　景泰附録 24　第 9 頁　206.7.4426）

220　七月癸亥　緬甸頭目五者納等三十三人，隨兵部尚書王驥征剿有功，各賜綵段二表裏。從宣慰使卜剌浪馬哈息以速剌請也。

（英宗實録卷 206　景泰附録 24　第 11 頁　206.9.4430）

221　七月甲子　增隆慶州官本色俸米各一石。以州經寇掠也。

（英宗實録卷 206　景泰附録 24　第 14 頁　204.12.4435）

222 八月己巳 賜緬甸軍民宣慰使司陰文金牌信符。

（英宗實録卷 207 景泰附録 25 第 2 頁 207.2.4442）

223 八月庚辰 山西蔚州民吴伯，通諳兵法、天文，逃居京師。永清衛餘丁郭福等亦解陰陽術，藏《金鎖玉闌》〔校記：廣本闌作關〕等書，云己是計都星，當爲軍師。大興縣軍匠房福山有天〔校記:廣本天下有下字，是也〕分，今年八九月虜必入寇，期集敢勇者二三百，待其來假報效名與之戰，卽於沿途收州縣衛所，而南立福山爲常（按：館本常爲帝）。事發，獄具。詔誅之。

（英宗實録卷 207 景泰附録 25 第 9 頁 207.7.4452）

224 八月癸未 給神機營官軍馬七百匹。

（英宗實録卷 207 景泰附録 25 第 10 頁 207.8.4454）

225 九月戊戌 陞通州衛指揮同知王玉爲都指揮僉事。以其祖銘陣亡也。

（英宗實録卷 208 景泰附録 26 第 3 頁 208.3.4469）

226 九月丙午 命順天府房山縣儒學生員傳寧爲國子監生。寧先爲達賊所虜，至是脱回。又以所獲馬獻，於例應賞。寧辭賞而願入監。從之。

（英宗實録卷 208 景泰附録 26 第 4 頁 208.4.4471）

227 十月丙寅朔 南京總督機務兵部尚書靖遠伯王驥等奏：近因清理軍政，查得永樂十九年分調北京官軍，其户丁寄住南京者凡四萬人。緣其不服屯種操練，又不聽原衛管束，往往遊手閒曠，恣肆爲非。況俱在營生長，習知軍旅之事，若令發遣赴北京操守，實爲有益。乞將一丁至五丁者，全家起發，十丁以上有置成産業者五丁，五丁存留屯操，二十丁至三十丁者，如例中半起留，丁多不願留者聽從起遣。庶幾兩京官軍各得其用，屯糧有增，而人無曠閒矣。事下兵部，議如所擬。從之。

（英宗實録卷 209 景泰附録 27 第 1 頁 209.1.4485）

228 十月辛未 給五軍、三千、神機等營官軍馬一萬九百五十餘匹。

（英宗實録卷 209　景泰附録 27　第 4 頁　209.3.4490）

229　十月辛未　　僧録司言：京城諸寺皆奉敕建，各有住持，而御史官往來巡視，點閱紛然，僧流或赴齋會，間有不在者輒被笞辱。以致驚怖不安。乞行停罷。於是令僧録司自約束諸寺，毋匿軍囚奸細之人，其御史給事中、錦衣衛巡視者皆罷之。

（英宗實録卷 209　景泰附録 27　第 4 頁　209.3.4490）

230　十月癸酉　　發通州縣民六百五十人充驛卒。以虜使將至也。

（英宗實録卷 209　景泰附録 27　第 5 頁　209.4.4492）

231　十月乙亥　　給懷來、永寧等處官軍馬七百匹。

（英宗實録卷 209　景泰附録 27　第 5 頁　209.4.4492）

232　十月丙子　　太醫院醫士張鐸奏：京師萬方會同，日用百貨，不免資於商旅。朝廷設立官店，輕收税課，買賣有所負欠，常令御史督責，蓋所以招徠之也。近者理財之官，不知大體，唯務刻剥，如紵絲一疋税鈔至三百五十貫，可直銀七錢，三校（按：疑校爲梭之誤）布每十疋亦至三百五十貫，他物皆然。以本物計之，税鈔先取四分之一。臣恐日久商旅畏避税重，不肯來京，致使百物騰貴。事下户部，太子太保兼户部（按：館本部下有尚字）書金濂等言：臣等初以京師多故，奏令加税，所取不過三十之一。令郎中徐敬、順天府治中劉實重定時估〔校記：廣本抱本估作價，是也〕，致有過重，臣等未及酌量即命行之。今鐸奏如此，宜治敬、實等罪。從之。遂奏更物價店税，上等紵絲每匹不得過七十五貫，他物稱是。

（英宗實録卷 209　景泰附録 27　第 6 頁　209.5.4493）

233　十月己卯　　徙昌平縣治弁（按：疑弁爲并之誤）儒學倉庫等衙門於長陵衛新築土城之内。

（英宗實録卷 209　景泰附録 27　第 8 頁　209.6.4496）

234　十月甲申　　朝鮮國王李珦遣陪臣趙由禮奉箋貢馬及方物，賀皇太子千秋節。賜宴并金織羅衣人一襲，絲幣等物有差。

（英宗實録卷 209　景泰附録 27　第 9 頁　209.8.4499）

235　十月丁亥　　勑諭朝鮮國王李珦曰：近得遼東邊將奏，建州野人女直頭目李滿住，累遣人往王〔校記：廣本王作至，是也〕朝鮮界與婆豬江邊堡官司結約而回。其官司又令十月再至爲之啟王。朕惟建州諸夷，皆是祖宗以來設置衛分，陞授官職，俾各管束人民自在居住，所以眷待之者甚厚。而狼子野心，背義忘恩，乍臣乍叛，譎詐百端。況李滿住等素與王國讐隙，今一旦通好往來，此必假以投順爲名，窺伺王國虛實，然後招引他寇，乘間肆侮，其爲王國之患無疑。宜戒勑邊堡官司。嚴慎隄備。如彼遣人至邊，果無釁端，則惟拒而勿納，有則擒之解京，庶免後患。朕當爲王賞有功者。王其慎之、慎之。

（英宗實録卷 209　景泰附録 27　第 11 頁　209.9.4502）

236　十月甲午　　免順天府昌平縣充軍死絶人户田地夏税四百餘石，秋糧九百四十餘石，馬草一萬七千七百一十餘束。

（英宗實録卷 209　景泰附録 27　第 16 頁　209.13.4510）

237　十一月丙申　　命户部運折糧銀一千兩赴密雲，買草給古北口驛飼馬。以古北口驛火，給軍馬草盡燬故也。

（英宗實録卷 210　景泰附録 28　第 1 頁　210.1.4511）

238　十一月己亥　　先是，廷臣言：在京官軍之家，子孫有素習兵馬，志於立功，一家多至五七人，少至亦二三人。請令選操，可足兵備。詔從其言。得軍餘舍人二十七萬六千九百四十餘名。命陳祥等四百五十三人補伍操練。總兵官武清侯石亨請每人給倉米四斗五升。至是户部以京儲有限，請月給米三斗。從之。

（英宗實録卷 210　景泰附録 28　第 1 頁　210.1.4511）

239　十一月庚子　　命户部主事李叔王仍監督順天府壩上倉場芻菽。舊例，倉場監督官吏，一年更代。叔王在壩上出納頗均，户部右侍郎張睿等請留再督一年。故有是命。

（英宗實録卷 210　景泰附録 28　第 1 頁　210.1.4512）

240　十一月壬寅　　六科給事中、十三道監察御史交章劾奏：總督軍務少保兼兵部尚書于謙、總兵官武清侯石亨、安遠侯柳溥等俱以庸劣，遭際聖明，所當殫智畢慮，仰副聖心。顧乃襲〔校記：廣本襲作因〕故循常，致妨軍政。嚴令不嚴，則上下班之相雜，部位不整，則左右哨之未明，次第全無，紀律何在？是致昨者德勝門外軍馬壅塞，踐死數多。平居之時，尚爾制軍無法，臨事之際，豈能克敵有功？宜將各官明正其罪。帝曰：所論誠當。第今用人之際，姑記之。遂勑謙、亨、溥曰：卽今天氣已寒，其令各營官軍每十日一次下〔校記:廣本下有教字〕場，聽爾等點視簡閱。不得將官軍私役縱放，官軍亦不得將馬擅騎馳驟，以致人馬困弊，有妨調用。昨者德勝門外事已曲法寬貸，今後務須動止有法，進退有方。若仍陷前失，必罪不宥。

（英宗實録卷 210　景泰附録 28　第 2 頁　210.2.4513）

241　十一月癸卯　　鎮守密雲内官張溥、都指揮同知趙玫等遣人出境燒荒，火延關城，人畜、軍器、房舍多被焚。事聞，降勑切責之。

（英宗實録卷 210　景泰附録 28　第 3 頁　210.3.4515）

242　十一月甲寅　　給直隸隆慶衛官軍馬二百八十餘匹。

（英宗實録卷 210　景泰附録 28　第 8 頁　210.7.4523）

243　十二月辛未　　綸榆林、土木、鷄鳴山、永寧四驛馬一百一十匹。

（英宗實録卷 210　景泰附録 28　第 4 頁　210.4.4537）

244　十二月癸酉　　命萬全都司并巡按直隸監察御史：問擬囚犯贖罪者，俱於隆慶倉領米運赴龍門衛，二死罪運四十石，三流并徒三年三十二石，徒二年半二十七石，二年二十二石，一年半十八石，一年十三石，杖一百,十石，以下四等遞減一石，笞五十,四石，以下四等遞減八斗。從管理邊儲郎中李秉請也。

（英宗實録卷 210　景泰附録 2　第 5 頁　211.5.4539）

245　十二月辛巳　命修理居庸關南北餽道。户部以天寒冰結，恐妨糧運也。

（英宗實録卷 211　景泰附録 29　第 8 頁　211.6.4542）

246　十二月乙酉　朝（按：疑朝下奪鮮字）國王李珦遣陪臣李樺等……來朝，貢馬及方物。賜宴并綵幣、表裏等物有差。

（英宗實録卷 211　景泰附録 29　第 9 頁　211.7.4544）

247　十二月丙戌　先是，少保兼兵部尚書于謙等言：胡寇譎詐，而使臣皮兒麻黑察占等時有怨言，慮其乘間入寇。有詔令謙等會議戰守方略。至是謙等言：國之所恃者兵，兵之所賴者將。將得其人則兵無不精，兵精則（按:館本則作而）國威振〔按:館本振作鎮〕而虜寇可平。臣等議，選守軍十萬，分五營團操。每隊五十人，一人管隊，兩隊置領隊官一員，每千人把總官一員，三五千人置把總都指揮一員。其管隊、把大小總官各量其才器謀勇授〔按:館本授作謀，廣本抱本作授〕之。使之互相統屬，兵將相識，管軍者知軍士之强弱，爲兵者知將帥之號令，不致〔按：館本致作敢〕臨期錯亂。賊來多則各營俱動，少則量勢調遣，隨機應敵。頭目素定，交戰之時但調其頭目，而士卒自〔校記：廣本自作相〕隨。相處既久，同輩者易以相救〔按：館本作易其相捄，誤〕，管隊者易以使令。又賊之所恃，弓馬衝突而已。知我火器一發，猝難再裝，以此卽肆馳突。今若與敵，我軍列陣，外用鹿角遮護，持滿以待。賊來〔按:館本來作未〕急堅陣不動，神銃〔按：館本銃作鋭〕未發，先以火藥爆伏詐之，賊必謂火藥已盡，不復畏避，馳馬來攻，我則火銃、火炮、飛鎗、火箭、弓矢齊發。賊勢重〔校記：廣本重下有大字，是也〕，又以大將軍擊之。待賊勢動，分調精騎用長槍、大刀、勁弓射斫〔按：館本斫作砍〕步卒，以圓牌腰刀齊衝賊陣，或刺射人馬，或斫其馬足。

將卒不得退縮，違者治以軍法。此操軍出戰之勢。如此訓練，則各營已選團操，飭部伍嚴號令，務使人馬强盛，武藝精熟。團營〔校記：廣本營作操〕更選其次，以備緩急調用。每日除演習弓馬武藝，仍令馬步官軍兼習陣法及交鋒衝突，安營走陣，以爲戰鬬之勢，使之耳目慣熱（按：疑熱爲熟之誤），步驟輕健，能知進退坐作之法，免致臨敵〔校記：廣本敵作陣〕畏（按：館本畏後有怯字）失措。至如固守之法，則今日士卒頗多，京城完固，又如戰車、鹿角器具，縱賊勢衆，可以固守無虞。但醜虜趫捷〔按：館本醜作醜，廣本捷作健〕，去來如飄風驟雨，非勇無以挫其鐸（按：鐸疑爲鋒之誤），非智無以破其詐，必謀勇兼濟而後可以成功。飛有言："陣而後戰，兵家之常"。"運用之妙，存乎一心"。又言："文官不愛錢〔按：館本錢作財〕，武官不惜死，天下太平矣"。臣等既受重任，敢不潔己愛軍，以作士氣，損（按：疑損應爲捐之誤）軀効死，以報國恩〔校記：廣本恩作家〕？疏入。帝深然之。仍諭謙等：有警運謀戰守，無事撫養士卒。庶幾〔按：館本無幾字〕軍國有賴，不負委託之重。

（英宗實録卷211　景泰附録29　第10頁　211.8.4546）

248　十二月　　是歲……漕運北京儹運過糧四百二十三萬五千石，各處運納糧二百五十七萬四千四百九十七石。

（英宗實録卷212　景泰附録30　第15頁　211.13.4555）

景泰三年（1452）

249　正月庚子　　改廢鐵廠爲織染所。

（英宗實録卷212　景泰附録30　第1頁　212.1.4558）

250　正月丙午　　賜中軍右（按：館本無右字）都督汪瑛宛平縣地二頃二十九畝。

（英宗實録卷212　景泰附録30　第3頁　212.3.4561）

251　正月辛亥　賜朝鮮國陪臣李樺等宴。

（英宗實録卷 212　景泰附録 30　第 5 頁　212.4.4564）

252　正月甲寅　都察院右僉都御史蕭啟鎮守居庸關，聞父喪。詔令奪情，啟乞奔喪，不允。至是懇以疾辭。帝曰：爲臣不思盡忠，但得重職即求退閒〔按：館本閒作聞，誤〕，於義可乎？不允。

（英宗實録卷 212　景泰附録 30　第 6 頁　212.5.4566）

253　正月乙卯　給薊州、永平、山海等處官軍馬一千匹。

（英宗實録卷 212　景泰附録 30　第 9 頁　212.7.4570）

254　正月戊午　都察院劾奏：鎮安通州署都指揮僉事汪禮擅以官舟給駙馬都尉石璟，令家奴載所貨私鹽等物，請治其罪。宥之。

（英宗實録卷 212　景泰附録 30　第 10 頁　212.9.4573）

255　正月辛酉　設隆慶州倉置大使一員。

（英宗實録卷 212　景泰附録 30　第 12 頁　212.10.4575）

256　二月丁卯　造駝房三十間於鄭村壩。

（英宗實録卷 213　景泰附録 31　第 1 頁　213.1.4578）

257　二月辛未　户部右侍郎張睿言：自通州抵京一帶橋路多低窪，每歲運糧車輛驢騾皆傾陷失利。宜令五城兵馬及該管地方預先〔校記：廣本先作爲〕修理。從之。

（英宗實録卷 213　景泰附録 31　第 3 頁　213.3.4581）

258　二月壬申　吏部左侍郎兼翰林院學士江淵奏：近春以來，京師雨雪連綿不已。

（英宗實録卷 213　景泰附録 31　第 3 頁　213.3.4581）

259　二月癸酉　蠲順天府良鄉縣税粮一百二十餘石，絹一十六匹……以其被寇掠刼故也。

（英宗實録卷 213　景泰附録 31　第 4 頁　213.3.4582）

260　二月辛巳　曉刻濃霧，至巳不散。

（英宗實録卷 213　景泰附録 31　第 7 頁　213.6.4587）

261　二月壬午　命五城兵馬挨究：但係口外開平、獨石、雲州、李家莊、鵰鶚、赤城等處原在京安插家口，限三月内盡還原衛所。仍令都督楊俊差人分領，沿途給與口糧。

（英宗實録卷 213　景泰附録 31　第 8 頁　213.6.4588）

262　二月丙戌　移文思院於上林苑院監空地。

（英宗實録卷 213　景泰附録 31　第 9 頁　213.8.4591）

263　二月庚寅　命法司論斷罪囚於京倉運米赴宣府宣德倉贖罪。雜犯死罪四十五石，三流并徒三年三十五石，餘四等遞減五石，杖一百,十石，餘四等遞減一石。

（英宗實録卷 213　景泰附録 31　第 12 頁　213.10.4595）

264　三月甲午朔　給三千營官軍馬二百匹，宣府等處守備官軍馬一千匹。

（英宗實録卷 214　景泰附録 32　第 1 頁　214.1.4599）

265　三月戊戌　朝鮮國王李珦遣陪臣安完慶等來朝，貢方物并奏事。賜宴并綵幣、衣服等物有差。仍以其送回被虜人口。命完慶齎勑及綵段表裏歸賜〔按：館本無賜字〕其王。

（英宗實録卷 214　景泰附録 32　第 2 頁　214.2.4601）

266　三月辛丑　琉球國中山王尚思達遣使毌岦間美……等來朝，貢馬及方物。賜宴并衣服、綵幣等物有差。

（英宗實録卷 214　景泰附録 32　第 4 頁　214.4.4605）

267　三月乙巳　鎮守黄花鎮口帶俸都指揮僉事魯瑄，初坐索賄所部，宥不問。未幾，又私役守卒百餘，採木營第及令燒炭轉貨於京。都察院請治其罪。詔以關隘守備方急，復宥之。

（英宗實録卷 214　景泰附録 32　第 7 頁　214.6.4609）

268　三月丙午　順天府宛平縣民人楊福祥妻申氏一産三男。賜鈔米如例。

（英宗實録卷 214　景泰附録 32　第 7 頁　214.6.4614）

269　三月丁未　曉刻濃霧，至巳漸消。

（英宗實録卷 214　景泰附録 32　第 8 頁　214.7.4611）

270　三月庚戌　鎮守居庸關都指揮使夏忠奏：本關及五軍操練軍士患病，缺醫調治。命太醫院擇良醫與之。

（英宗實録卷 214　景泰附録 32　第 8 頁　214.7.4611）

271　三月癸丑　命五軍等營把總署都督僉事王瑛、都指揮同知陳善、都指揮僉事宋友提督官軍牧放騎操馬。

（英宗實録卷 214　景泰附録 32　第 9 頁　214.8.4613）

272　三月辛酉　初，鎮守密雲内官張溥，奏鎮守密雲古北口迤西署都指揮僉事張興退縮失機、科斂銀兩等罪，興以奏溥占種教場、開墾城基不法數事。詔下巡按御史勘究所連者以聞，而遣勑切責溥等。至是御史張斌奏勘狀有驗，詔皆宥之。

（英宗實録卷 214　景泰附録 32　第 12 頁　214.10.4617）

273　四月甲子朔　甃順天府三河縣城。

（英宗實録卷 215　景泰附録 33　第 1 頁　215.1.4619）

274　四月乙丑　户科給事中李錫奏：近者京師物價踴貴，四方人民疲弊，供給艱難。光禄寺所儲錢糧果品之類，殊少於舊。乞將四月初八日并端陽等節宴賜百官酒飯暫爲停止，庶幾用度不匱。詔曰：此祖宗舊制，不可以小費輕改，其遵行之。

（英宗實録卷 215　景泰附録 33　第 1 頁　215.1.4620）

275　四月己卯　設順天府涿州陸樊倉、宛平縣齋堂倉，各銓官鑄印記。

（英宗實録卷 215　景泰附録 33　第 4 頁　215.4.4625）

276　四月戊子　都督同知王通卒。通陝西咸寧縣人，追封寧國公真之子也。靖難初，真歿王事，通嗣之。……永樂中，督修天壽山，加封成山侯……子琮，襲爲景陵衛指揮僉事。

（英宗實録卷 215　景泰附録 33　第 12 頁　215.10.4638）

277　五月癸巳朔　爪哇國王巴剌武遣陪臣亞烈麥尚耿等賷敕并綵幣、表裏，歸賜其王及妃。尚耿等請襲冠帶。遂賜冠帽、鈒花金銀帶有差。

（英宗實録卷 216　景泰附録 34　第 1 頁　216.1.4641）

278 五月丁酉 命署都指揮僉事韓智實授都指揮僉事，鎮守天壽山。以都督王通卒故也。

（英宗實録卷 216 景泰附録 34 第 9 頁 216.8.4655）

279 五月丁未 爪哇國使臣亞烈麥尚耿等奏：入貢時所駕船爲風所蕩，損漏不堪，乞令廣東三司修造。及乞賜國王敕命、傘蓋、蟒龍衣服以爲小邦小（按：館本小爲之字）榮。又乞以賜物於廣東地方貿易油麻、釘鐵、鍋碗、磁器之類。俱從之。

（英宗實録卷 216 景泰附録 34 第 12 頁 216.11.4661）

280 五月辛亥 琉球國中山王叔尚金福建（按：疑建爲遣之誤）通事李敬等貢馬及方物。賜宴并鈔、綵幣、表裏、紵絲、襲衣等物。仍命敬等齎綵幣、表裏，歸賜金福。

（英宗實録卷 216 景泰附録 34 第 16 頁 216.14.4667）

281 五月戊午 撒馬兒罕地面回回馬黑麻來歸。命爲小旗於南京錦衣衛安插，月支米二石，賜鈔、布、紵絲、襲衣、房屋、器皿等物。

（英宗實録卷 216 景泰附録 34 第 20 頁 216.17.4674）

282 六月甲子 命造大隆福寺。以太監尚義、陳祥、陳謹、工部左侍郎趙榮董之，凡役軍夫數萬人。

（英宗實録卷 217 景泰附録 35 第 2 頁 217.1.4678）

283 六月己巳 户部奏：直隸隆慶衛言，王（按：疑王爲土之誤）木、榆林二驛比爲虜寇焚毁。即今督令擺站軍餘修築，往往艱窘缺食。宜給糧賑之，然宣府糧儲有限。請於萬億庫大口給銀二錢、小口一錢，令其自易糧食，秋成以米償官。從之。

（英宗實録卷 217 景泰附録 35 第 3 頁 217.2.4680）

284 六月庚午 爪哇國使臣亞烈麥尚耿陛辭。命齎勑并紅織金蟒龍衣及紅銷金羅傘，歸賜其國王巴剌武。

（英宗實録卷 217 景泰附録 35 第 3 頁 217.2.4680）

285 六月丁丑 安南國王黎濬遣陪臣程真奉表來朝，貢金銀器皿等方物。賜宴并金織襲衣、綵段、絹賜有差。

（英宗實録卷 217　景泰附録 35　第 5 頁　217.4.4684）

286　六月丁丑　直隸隆慶州民被寇逃散，招撫復業，朝廷既賑卹之矣。有司復以農務方殷、口食未充爲言。命復賑之。

（英宗實録卷 217　景泰附録 36　第 5 頁　217.4.4684）

287　六月己卯　命鎮守涿州及守把天津、龍門等關并涿州府衛官軍俸糧暫於京倉關支。以涿州所積糧少故也。

（英宗實録卷 217　景泰附録 35　第 6 頁　217.5.4685）

288　六月庚辰　安南國陪臣程真等奏：欲拜謁先聖孔子於國子監。從之。

（英宗實録卷 217　景泰附録 35　第 6 頁　217.5.4685）

289　六月甲申　朝鮮國王李珦遣陪臣李蓄等來朝，貢海音（按：館本音作青，是也）。賜宴并賜金織襲衣、綵段等物有差。仍命齎敕并綵幣、表裏，歸賜珦。且勑之曰：得奏，先有被虜逃在王國人口，已行陸續解送遼東，此具見王忠順朝廷之意。王自今尤當嚴戒守邊頭目，但係野人女直，先交〔按:館本無交字〕通北虜犯邊，後帶所搶人口逃在王國後門幹木河一帶地方藏躲者，務須盡數搜尋，或設法驅逐。或連被搶中國人口送赴遼東總兵官處交收。毋令因循潛住，浸爲彼此邊患。

（英宗實録卷 217　景泰附録 35　第 7 頁　217.6.4688）

290　六月丙戌　立留積倉於直隸薊州平谷縣，收貯三河等處并興州等衛民糧子粒。從僉都御史鄒來學奏請也。

（英宗實録卷 217　景泰附録 35　第 8 頁　217.7.4689）

291　六月庚寅　除豁密雲中衛不堪耕種屯地一百一十五頃五十一畝有奇，免收子粒。

（英宗實録卷 217　景泰附録 35　第 10 頁　217.9.4693）

292　六月庚寅　是日雷震，傷人物，擊宮庭中門。

（英宗實録卷 217　景泰附録 35　第 10 頁　217.9.4693）

293　七月壬辰朔　命給事中潘本愚、行人邊永爲正副使，征弔祭故占城國王摩訶貴來，并封其弟摩訶貴由爲占城國王。詔曰：朕恭膺天命，主宰華夷，封建諸侯，遠邇惟一，此國家之大典，祖宗之成憲也。況占城國遠居海涯，俾統其民，可無君長？故國王摩訶貴來，襲先代之爵，敬天事大，始終一誠。撫其人民，克修職貢。屬兹薨逝，宜有繼承。其弟摩訶貴由，賦性忠厚，國論修歸，今特封爲占城國王，繼主國事。凡在國中大小人民，夙夜惟寅，盡心匡輔，務修（按：館本無修字）理分，罔或僭踰。長堅忠順之心。永享太平之福。

（英宗實録卷 218　景泰附録 36　第 1 頁　218.1.4695）

294　七月壬辰朔　增給修造大隆福寺官軍行糧人月三斗。從少保兼太子太傅兵部尚書于謙奏請之。

（英宗實録卷 218　景泰附録 36　第 1 頁　218.1.4696）

295　七月丁酉　詔：在京雨水連綿倉廒坍塌者工部修理，其糧不拘資次，先行放支。

（英宗實録卷 218　景泰附録 36　第 3 頁　218.3.4699）

296　七月戊戌　令口外萬仐等〔校記：舊校仐下補等字〕都司、隆慶等州造報前歲驚移逃户總册送户部、兵部，轉發各處，挨究復業，有不首官者并其地隣窩主俱重罪治之。

（英宗實録卷 218　景泰附録 36　第 4 頁　218.3.4700）

297　七月己亥　國子監祭酒劉鉉言：國子監生徒，必由鄉選歲貢而後得齒其中。今朝廷念死事之臣，特許令一子入監。其間往往初離繦褓，尚在羈丱，酒掃應對之事且未能知，況可教以修治齊平之事乎？宜遣其姑就學於家，及年稍長，然後赴監。務令肆習一經，或通書、算一藝，然後計其以次出身。於是，禮部請令年十五以上者留監肄業，十五以下者遣回。從之。

（英宗實録卷 218　景泰附録 36　第 6 頁　218.4.4702）

298　七月丙辰　朝鮮國王李珦卒，遣使來告哀。命内官金興、金宥往弔。珦謚“恭順”。遂封其世子弘暐爲朝鮮國王，賜冕服、誥命。

（英宗實録卷 218　景泰附録 36　第 14 頁　218.11.4716）

299　七月己未　填築京城道路。

（英宗實録卷 218　景泰附録 36　第 16 頁　218.13.4720）

300　八月辛巳　命故通州衛指揮僉事余青等子弟五十一人，俱襲陞一級。以青等正統十四年十月西直門外陣亡也。

（英宗實録卷 219　景泰附録 37　第 9 頁　219.8.4737）

301　八月戊子　真臘國遣使臣那答洪文榮等來朝，貢馬及方物。那答洪文榮請給冠帶。從之。

（英宗實録卷 219　景泰附録 37　第 12 頁　219.10.4741）

302　八月戊子　增拓東安縣土城，比舊加七十餘丈。從都御史李賓奏也。

（英宗實録卷 219　景泰附録 37　第 12 頁　219.10.4741）

303　九月辛卯　賜真臘國使臣那答洪文榮等宴及綵幣、表裏等物。比回，仍令齎綵幣，歸賜其國王并妃。

（英宗實録卷 220　景泰附録 38　第 3 頁　220.3.4749）

九月己亥　給薊州、永平、山海等處官軍馬一千匹。

（英宗實録卷 220　景泰附録 38　第 8 頁　220.7.4757）

304　九月癸卯　户部奏：密雲、遵化食糧少儲，原送糴糧（按：館本糧後有銀字）殆盡。欲摘撥銀一萬兩，差官分運二處。移文右僉都御史鄒來學，督同軍衛有司掌印官定立則例，榜諭有糧軍民之家，運赴缺糧倉分交納，完日給還（按：館本還後有銀兩二字）。從之。

（英宗實録卷 220　景泰附録 38　第 10 頁　220.9.4761）

305　九月己酉　免通州店房三十餘間鈔貫。以其燒毁倒塌無存也。

（英宗實録卷 220　景泰附録 38　第 13 頁　220.11.4765）

306　九月辛亥　户部右侍郎張睿奏：通州倉自正統十四年以來，收糧五十五萬餘石。至今年久，誠恐陳腐不堪食用，請先行放支。從之。

（英宗實録卷220　景泰附録38　第14頁　220.11.4766）

307　九月癸丑　琉球國中山王叔尚金福遣通事蔡讓等來朝，貢馬及方物。賜宴及綵幣、表裏有差。

（英宗實録卷220　景泰附録38　第15頁　220.13.4769）

308　閏九月壬戌　太子太保兼户部尚書金濂言節用糧儲十事：……一，京衛軍丁多有年十六歲以上在各營操備，有家小者，月支米一石，無者支六斗。因其身力微弱，遇有警急亦難調遣，宜令有家小者支六斗，無者支三斗，挨年及二十歲以上添支。一，僧道潛住京師，動以萬計，雖不費官糧，而米價踴貴。實由其冗食所致。宜除在京寺觀及奉旨存留外，餘令回原寺觀住坐。仍令五城兵馬司挨捕。違者俱如永樂間例，發遣充軍。一，本部先經具奏，各監局廠軍匠，關光禄寺飯者，月支糧五斗，不關者一石，今一年以上。欲令無家小者住支，有者關三斗，不關飯者五斗。兵仗局添支六斗者仍五斗，老疾支三斗者如幼軍例疏放。一，光禄、太常二寺厨役五千五百餘名，有家小者關米一石，無者六斗。其光禄寺厨役俱關飯，太常寺雖不關飯，安閒尤甚。宜令有家小者關六斗，無者三斗，及移文南京二寺，如列行。名營舍人餘丁，先因有警操練，有支口糧五斗、四斗、三斗者，今已三年。然舍人係食禄之家，而餘丁亦有正軍食糧，宜暫住支，候調遣之日別行定奪。一，輪班上工民匠，原有月糧，自正統十四年以後，爲造軍器，始每月人支米三斗，有增支四斗、五斗者，今工作稍緩，宜令工部通查，除原有例支食米及今修寺匠暫支食米三斗外，餘内外廠局民匠食米及各營撥出修寺官軍添支食米二斗者，俱各住支。一，各營騎操馬匹，例每年十月初起至三月終止支料，正統十四年以來，有警始將牧放馬存留六千七百餘匹，常在營支料。今邊事已寧，宜照舊支。一，在京在外倉場，歲收蘆席、荆籖、籓稭，遞年收支退出，例該易鈔公用。支銷多被監臨之人轉市與納户人等，又隨糧草送納。今宜查盤堪中〔校記：廣本中作用〕者存收，遇有納户輸糧草時，每蘆席一領折米一升，荆籖百根折收豆一升。三百根折收草一束，籓稭每二個折豆一升，五個折草一束，俱令作數支銷。若願納本等蘆席、荆籖、籓稭者聽。詔曰：官軍月糧多少，查明具聞。軍匠關者支米四斗，不關者八斗，各營操備舍人餘丁俱與月糧三斗，餘悉如所擬，惟僧道勿究。

（英宗實録卷 221　景泰附録 39　第 1 頁　221.1.4776）

309　閏九月戊辰　　命京倉、通州倉收糧不及三萬石者，每軍斗十名内摘選精壯者五名回衛。

（英宗實録卷 221　景泰附録 39　第 6 頁　221.5.4784）

310　閏九月辛未　　添造大隆福寺僧房。

（英宗實録卷 221　景泰附録 39　第 7 頁　221.6.4786）

311　閏九月庚辰　　户部奏：遵化縣乃軍馬經行之處，其永盈倉見存糧少，請將各處鹽召商中納，定立則例，兩淮鹽每引粟米七斗，長蘆六斗，兩浙六斗五升，山東五斗，河東二斗，廣東五斗，俱不次支鹽。從之。

（英宗實録卷 221　景泰附録 39　第 9 頁　221.7.4788）

312　十月戊戌　　户部奏：順天府宛平縣楊福祥妻一産三男，其家及分養之家各月給良米五斗。然無住支之期，請令分養之家滿三載住支，著爲令。從之。

（英宗實録卷 222　景泰附録 40　第 4 頁　222.3.4802）

313　十一月己未朔　　停徵萬全都司所屬衛所并隆慶、廣昌等州縣軍民借過賑濟銀糧。以本處災傷無收。從提督宣府軍務右僉僉都御史李秉奏請〔按：館本無請字〕也。

（英宗實録卷 223　景泰附録 41　第 1 頁　223.1.4818）

314　十一月壬戌　給五軍營官軍馬七千五百匹。

（英宗實録卷223　景泰附録41　第2頁　223.2.4820）

315　十一月乙丑　以天壽山長陵等衛包砌土城畢，賞管工軍民官各鈔二百貫，軍旗人匠各鈔五十貫。

（英宗實録卷223　景泰附録41　第3頁　223.3.4821）

316　十一月壬申　以京城内外盜多，詔：擒獲者無首從皆處以死，能自首或指陳同盜者免罪，仍給以不首者家貲之半。

（英宗實録卷223　景泰附録41　第8頁　223.7.4829）

317　十一月甲戌　命順天等府并山西、山東等布政司撫邮，逃民免粮差五年，軍丁匠役俟三年後解補。從太子太保兼左都御史王文奏請也。

（英宗實録卷223　景泰附録41　第9頁　223.7.4830）

318　十一月丙戌　給三千等營官軍馬一千五百匹。

（英宗實録卷223　景泰附録41　第16頁　223.13.4842）

319　十二月壬辰　兵部左侍郎翰林院學士兼左春坊大學士商輅奏：……臣竊見畿内順天等八府所屬一百三十餘州縣，儘有空閒抛荒田地足以居民。乞勑户部計議，榜諭逃民有志復業者，即令復業。其無所歸者，聽於八府所屬州縣分住，撥田與耕，設法賑恤，其口糧種具之類，或暫給官儲，或勸貸富室，俟有收之際，如數追償。詔户部：移文河南，山東巡撫等官，斟酌事宜，可行則行。如有窒礙，從其設法處置。但求事妥民安，以副朕意。

（英宗實録卷224　景泰附録42　第3頁　224.2.4854）

320　十二月癸巳　總督軍務少保兼兵部尚書于謙、總兵官武清侯石亨等議：選五軍、神機、三千等營精鋭官軍十五萬，分爲十營，每營置坐營都督一員，都指揮三員，把總都指揮十五員，指揮三十員，每隊置管隊官二員。有警分調剿賊。其餘官軍，各委頭目，於本營訓練，守備京師。命太監阮讓、陳瑄、盧永，都督楊俊、郭震、馮宗提督。讓、俊四營，瑄、震三營，永、宗如之。俱聽太監劉永誠、吉祥及謙、亨等約束調遣。

（英宗實録卷 224　景泰附録 42　第 4 頁　224.3.4856）

321　十二月甲午　　各〔按：館本各前有定字，是也〕營管軍總兵等官。軍伴總兵官六十人，坐營都督及五千、神機營伯〔校記：廣本伯作百，是也〕三十人，達伯（按：館本達後無伯字）官侯伯二十人，都督十人，都指揮四營都指揮八人，其餘把總、管隊、指揮、千百户、鎮撫俱一人。

（英宗實録卷 224　景泰附録 42　第 8 頁　224.7.4863）

322　十二月乙未　　免順千府所屬并直隸興州前屯衛災傷田畝、秋糧子粒七千四百八十餘石，穀草二十五萬一千四百餘束。

（英宗實録卷 224　景泰附録 42　第 8 頁　224.7.4863）

323　十二月戊戌　　暹羅國遣使臣坤罡悦等奉表來朝，貢方物。賜宴并金織文綺襲衣、綵幣、表裏等物。罡悦等奏乞冠帶。復賜罡悦等冠帽、鈒花金帶，通事人等冠帽、鈒花銀帶，總管人等冠帽、素銀帶。

（英宗實録卷 224　景泰附録 42　第 9 頁　224.8.4865）

324　十二月己亥　　命五軍等營撥軍士七萬人運糧七萬石赴懷來城倉，人給銀三錢爲脚費。

（英宗實録卷 224　景泰附録 42　第 10 頁　224.8.4866）

325　十二月癸卯　　朝鮮國王李弘暐以襲封王爵，遣陪臣李瑈等奉表貢馬及方物，詣闕謝恩。賜宴并金織文綺、綵幣、表裏等物。

（英宗實録卷 224　景泰附録 42　第 12 頁　224.10.4870）

326　十二月丙午　　提督宣府軍務右僉都御史李秉奏：獨石、馬營糧料不敷。户部議，以附近順天府並直隸保定、河間二府人民，即今農閒，欲委府尹王賢、知府傅霖等督所屬委官，起倩民間有車大户，順天府於通州倉領米一萬八千石，豆五千石，運赴獨石。保定、河間二府，俱於京倉領米一萬石，豆五千石，分運獨石、馬營二處。每石官給脚價銀六錢。仍諭各屬官吏有因而科擾及侵剋價銀者，事發俱發戍邊遠。從之。

（英宗實録卷 224　景泰附録 42　第 16 頁　224.13.4876）

327　十二月戊申　禮部奏：本部職掌四夷外國並各處進貢金銀器、四方物及賞賜之類。舊有直房三間，係吏、户、禮三部堂上官每日候朝處所，於内收貯各處進貢賞賜等物。今瓦剌使臣數多，賞賜動經萬計，收貯不盡，遂使各官每日候朝無地可處。看得吏科北廊房六間，是府軍等衛帶刀上直官軍所處，猶有空者。乞將帶刀官軍併作三間，其餘三間撥與本部收貯各處進貢金銀方物及賞賜鈔幣、綵段之類。從之。

（英宗實録卷 224　景泰附録 42　第 16 頁　224.13.4876）

328　十二月甲寅　朝鮮國王李弘暐遣陪臣俞益名等奉表貢馬及方物，賀明年正旦。賜宴並綺幣、表裏、金織文綵襲衣等物。

（英宗實録卷 224　景泰附録 42　第 18 頁　224.15.4879）

329　十二月乙卯　總督軍務少保廉兵部尚書于謙奏：臣奉勑同太監阮簡及監察御史給事中整點各營官軍。其官軍不到者動以萬數，衣甲全無，蓋由總兵官及坐營把總等官苟且因循，鈐束不謹。乞量黜罰，以警將來。詔總兵等官缺軍一萬以上者罰俸半年，以下者罰三月，限半月内齊集。總督等官十日一點視，如仍前怠忽，必殺不赦。

（英宗實録卷 224　景泰附録 42　第 18 頁　224.15.4880）

330　十二月丙辰　改舊都察院爲帥府。從總兵官武清侯石亨請也。

（英宗實録卷 224　景泰附録 42　第 19 頁　224.16.4882）

331　十二月　是月……漕運京師儹運過糧四百二十三萬五千石，各處運納糧一百三十三萬七千五百十九石。

（英宗實録卷 224　景泰附録 42　第 22 頁　224.18.4856）

景泰四年（1453）

332　正月庚申　命監察御史沈性自山海至猪圈頭關〔校記：廣本海下有關字，無頭下關字〕、兵部主事黄節自古北口至白洋口、陳銓自紫荆關至十八盤，往來巡視，點閘官軍。

（英宗實録 225　景泰附録 43　第 1 頁　225.1.4890）

333　正月辛酉　武清侯石亨言：兵部奏，令五府各衛並順天府共辦車三千五百輛，裝送虜使賞賜行李直抵懷來，回日每車給銀一兩。今户部人奏，欲每車增銀一兩送至宣府，恐路遠人難，中途抛棄賞賜。命止送至懷來交管，不許逼迫人難。

（英宗實録卷 225　景泰附録 43　第 2 頁　225.2.4891）

334　正月戊辰　署都督僉事雷通奏：居庸關數十餘里路道窄狹，嶇崎擺堡，運糧客商、納米車輛、脚力，往來擠塞，不能前進，以致糧米堆積在堡，有誤邊儲。命錦衣衛指揮一員，督令沿途所在官司修填。

（英宗實録卷 225　景泰附録 43　第 8 頁　225.6.4900）

335　正月己巳　詔：五軍、神機等營官軍，運糧料赴懷來者虧折免追，未運者每石加耗二升五合。從少保太子太傅兵部尚書于謙奏請也。

（英宗實録卷 225　景泰附録 43　第 8 頁　225.7.4901）

336　正月丁丑　遣給事中劉洙、行人劉奏爲正副使，諭祭故暹羅國王皮〔按:館本皮作波〕羅摩剌劄的剌，並封其子把羅藍米孫剌爲暹羅國王。詔曰：帝王爲天下之主宰，視必〔校記：廣本必作貴〕同仁；賢達係一方之表儀，理宜有後。朕恭膺天命，撫馭萬方，封建諸侯，遠爾惟一。況暹羅遠居海涯，俾統其民，可無君長？故國王波羅摩剌劄的剌，敬天事大，終始一誠，保境睦鄰，人民交戴。屬兹薨逝，宜有繼承。其子把囉藍米孫剌，性資忠厚，國論攸歸。今特封爲暹羅國王。凡在國中大小人民，夙夜惟寅，宜盡心於匡輔，務循理分，罔或蹈於僭踰，長堅忠順之心，永享太平之福。是日，暹羅國使臣坤罡悦等陛辭。命齎勑並金織紵絲羅絨錦，回賜其國王及妃。

（英宗實録卷 225　景泰附録 43　第 13 頁　225.11.4909）

337　正月戊寅　　提督宣府軍務右僉都御史李秉奏：隆慶州續復業人户乏食，請量給糧。詔發官糧驗口賑之，大口三斗，小口一斗五升……事下户部，覆奏，從之。

（英宗實録卷 225　景泰附録 43　第 14 頁　225.11.4916）

338　正月己卯　　巡守良鄉、涿州等處都指揮僉事王淳奏：良鄉、涿州外則接連邊關，内則拱衛京師。宜於五軍營次撥内量摘步隊一千五百、馬隊五百，協同守備。從之。

（英宗實録卷 225　景泰附録 43　第 15 頁　225.13.4913）

339　正月癸未　　總兵官武清侯石亨言：十營官軍數多，而三千營教場寬大。宜令十營官軍在彼操練。其三千營官軍數少，令去五軍教場内量分地方，與五軍營官軍、各令〔校記：廣本抱本令作另，是也〕操練。神機營官軍照舊於本營操練。從之。

（英宗實録卷 225　景泰附録 43　第 17 頁　225.14.4916）

340　二月己亥　　詔：填築京城内外直抵通州街道，以便往來糧車。從户部奏請也。

（英宗實録卷 226　景泰附録 44　第 6 頁　226.5.4933）

341　二月癸卯　　造金盞兒甸等五倉條記。從户部右侍郎沈翼請也。

（英宗實録卷 226　景泰附録 44　第 7 頁　226.6.4936）

342　二月丙午　　朝鮮國王李弘暐遣陪臣吴靖來朝，貢方物。賜宴並金織襲衣、綵幣等物有差。

（英宗實録卷 226　景泰附録 44　第 9 頁　226.7.4938）

343　二月壬子　給神機營官軍馬九百五十一匹。

（英宗實録卷 226　景泰附録 44　第 11 頁　226.10.4943）

344　二月癸丑　初以京城内外多盜，命監察御史十人督捕之。至是，都察院謂盜稍息，請留五人。從之。

（英宗實録卷 226　景泰附録 44　第 12 頁　226.10.4943）

345　二月乙卯　太僕寺少卿黄仕儁奏：順天府玉田、薊州等處去歲無收，百姓缺食。有司賑濟，雖每口與粟穀二斗五升及五斗者，而每户鹽糧該納細米一斗五升，況一家十餘口者賑濟只四五口，二十口者賑濟只七八口，豈能遍給。且去冬至今，坐派車輛，供送使臣，絡繹不絶。又有雜派麞〔校記：廣本麞下有麂字，疑是也〕羊皮等物。人民因而逃亡，馬〔按:館本馬作車〕疋因而倒死。乞勑各處有司，於應賑濟饑民，務逐一驗口，不許減損其户下鹽糧，貫紗物料暫行寬免。仍勘審貧民欲耕無具、欲播無種者，設法給與。今後遞接使臣，止令遞運所應付車輛。所在官司，不許一概朦朧起倩。從之。

（英宗實録卷 226　景泰附録 44　第 13 頁　226.11.4946）

346　三月戊午朔　兵部奏：外衛赴京操備官軍，舊分三班疎放，陸續到京備冬。近以邊務方段，分爲十營操練，至今未放，艱窘益甚。請分爲兩班，頭班三月初放，限本年八月初到京。次班八月初放，限明年正月初到京。凡北直隸、河南、山東、江北直隸強壯官軍，俱在頭班疎放，比及秋高馬肥、邊務警急之時，俱已至京。既得養鋭於寬緩之時，又獲効力於警急之際。從之。

（英宗實録卷 227　景泰附録 45　第 1 頁　227.1.4949）

347　三月壬戌　修京師九門水關。

（英宗實録卷 227　景泰附録 45　第 4 頁　227.4.4955）

348　三月丁卯　琉球國中山王尚金福建（按：疑建爲遣之誤）使臣吴齊……來朝貢馬。賜宴並綵幣等物有差。

（英宗實録卷 227　景泰附録 45　第 8 頁　227.6.4960）

349　三月癸酉　五軍坐營都指揮僉事巫啓以私債取違禁例事覺。命枷號於教場一月，降爲指揮同知，調開平衛。

（英宗實録卷 227　景泰附録 45　第 10 頁　227.8.4964）

350　三月癸未　大隆福寺工成，費用數十萬，壯麗甲於在京諸寺。賜太監尚義、陳祥、陳瑾、阮仁得、少監黄鈸各銀二十兩，羅二表裏。少監謝範陞太監，羅一疋。工部左侍郎趙榮銀十兩，羅一表裏。員外郎蒯釋（按：釋疑爲祥之誤）、陸祥俱陞太僕寺少卿，紵絲一表裏。郎中主事等官、工匠、軍夫各賞紵絲、絹布、鈔有差。

（英宗實録卷 227　景泰附録 45　第 13 頁　227.11.4970）

351　四月己丑　巡守黄花鎮都指揮僉事魯瑄，役占官軍二百人，爲點閘主事黄節所劾，兵部請正其罪。詔宥之。

（英宗實録卷 228　景泰附録 46　第 2 頁　228.2.4975）

352　四月甲辰　直隸隆慶州奏：本州先被達賊驚散，今來復業，貧民缺牛耕種。乞勑户部計議，量借官銀，俾買牛用，候秋成納米還官。事下户部，議：請移右僉都御史李秉勘實，量於宣府萬億庫支銀典買。從之。

（英宗實録卷 228　景泰附録 46　第 11 頁　228.9.4990）

353　四月戊申　琉球國中山王尚金福遣通事馬俊等來朝，貢馬及方物。賜宴及綵幣、表裏等物。

（英宗實録卷 228　景泰附録 46　第 12 頁　228.10.4992）

354　四月乙卯　户部左侍郎兼太子賓客劉中敷卒。中敷初名中孚，順天府大興人，太宗皇帝舉兵靖難，中敷以府學生〔校記：廣本生下有員字〕守城有功，授河南陳留縣〔校記：廣本縣下有縣字〕丞，遷工部營繕司員外郎。仁宗皇帝嘗〔按：館本嘗作常，廣本抱本作嘗〕命署掌部事，改賜今名。滿九載，陞江西布政司右參議。宣德二年遷山東布政司左參政，尋陞左布政使。正統初，陞户部尚書。嘗坐事，枷頂（按：疑頂爲項之誤）於長安門，尋釋之。一日被召問，瓦剌來朝其馬駝留養於大同者幾何？合用草料幾何？中敷不能對，遂下獄論死罪。禁錮久之，宥爲民。時中官王振方竊威柄故也。景泰初，復起爲户部左侍郎，尋兼太子賓客。卒年七十有四，遣官賜祭。命有司具棺殮並營葬事，以其子給事中璉乞恩，復尚書仍兼太子賓客。中敷爲人謹約，食不重味，每與僚友會餐，殽品雖少，惟食其近者一味而已。居官幾四十年，家無厚貲云。

（英宗實録卷 228　景泰附録 46　第 15 頁　228.13.4997）

355　五月庚申　安南國王黎濬遣陪臣黎尚等賀立皇太子，貢金銀器皿、方物。賜宴及鈔幣等物有差。

（英宗實録卷 229　景泰附録 47　第 2 頁　229.2.5001）

356　五月辛未　爪哇國王巴剌武遣通事林旋來朝，貢白鹿二，火鷄、白猴、紅鸚鵡各一。賜鈔幣等物。

（英宗實録卷 229　景泰附録 47　第 6 頁　229.5.5008）

357　五月癸酉　以久不雨，命少傅兼太子太師禮部尚書胡濙等二十〔校記：廣本十下有四字〕人徧禱於在京寺觀。

（英宗實録卷 229　景泰附録 47　第 7 頁　229.6.5009）

358　五月甲戌　修犧牲所。

（英宗實録卷 229　景泰附録 47　第 9 頁　229.7.5012）

359　五月辛巳　勑諭安南國王黎濬：近得王奏稱，向者，占城王言，王因索取花象致興兵侵擾，俱是虚妄，足見守禮義之國也。自今以後，王宜益惇鄰好，保守疆界，安輯人民。勿以前事爲嫌，因而啓釁。

（英宗實録卷 229　景泰附録 47　第 11 頁　229.9.5015）

360　六月己丑　徙守備白羊口署都指揮僉事吴得於紫荆關黄嶺口。先是，兵部主事陳銓言，黄土嶺口最爲要害，宜用智勇武臣守備。故有是命。

（英宗實録卷 230　景泰附録 48　第 2 頁　230.2.5022）

361　六月己丑　以隆慶衛缺糧，命守備居庸等關口官軍俱輪赴京倉給糧。

（英宗實録卷 230　景泰附録 48　第 2 頁　230.2.5022）

362　六月壬辰　命漕運官軍運糧一萬五千石赴隆慶衛倉交納。

（英宗實録卷 230　景泰附録 48　第 4 頁　230.4.5025）

363　六月辛亥　琉球國中山王尚金福遣陪臣蔡寧等貢方物。賜宴並綵幣等物有差。

（英宗實録卷 230　景泰附録 48　第 10 頁　230.8.5034）.

364　七月己未　陞陝西道監察御史王福爲順天府府丞。

（英宗實録卷 231　景泰附録 49　第 2 頁　231.1.5038）

365　七月甲子　禮部尚書胡濙，侍郎薩琦、姚夔，暨吏部等衙門尚書王直、王翺、金濂、于謙、儀銘、俞士悦、石璞，侍郎俞山、項文曜、孟鑑、俞綱、李賢、王偉、周瑄、劉清、趙榮，左副都御史羅通、劉廣衡，大理寺卿蕭維禎，寺丞李茂聯名合奏：切見邇者天旱河決，臣民憂懼。累蒙遣廷臣以祭告，出内藏以修禳，憂國恤民之心本諸至誠，責己省躬之念形諸睿旨。顧惟臣等積咎淵深，致兹災異，日夜淬礪，用圖自新。切揆自古欲禳災以回天意，必修政以順民情，會議得便民事宜條列上進。一，河南等布政司、順天等府州縣，遞年税糧子粒、馬草農桑、絲絹、綿花、户口食鹽、米鈔、地畝課鈔、黄白蠟、厨料、果品、黄豆稭、稻草等項，有已徵送赴各該倉庫納欠者，有已申起解全無送納者。合照依景泰三年五月初二日欽奉詔例，將前項未完錢糧等項，通行蠲免，用甦民困。一，山東河南等處連年民被水災，今京畿東南一帶乾旱不雨，其垻上等各馬房，原餧馬匹，日支料草浩繁。乞勑御馬監官，除本府本監馬匹及各馬房上等馬匹外，宜將其餘中等以下馬匹揀選存留餧養，其餘馬匹給事騎操，庶得供給減省，民力少蘇。一，在京醫士、天文生、陰陽人、樂工〔按：館本作樂人〕、班匠在逃並丁憂違限等項，及國子監膳夫、囚夫並厨役，其間多因衣食不給，逃回原籍，或於外郡趁食躲避，妄作非爲。今後許限三個月以裏，赴所在官司首告，免罪。其醫士、天文生人等，若年高並患篤廢殘疾不堪應役者，俱令該管官司審驗明白，即與開豁。……一在京大小寺觀宫廟，止許原給有本寺觀度牒者〔按:館本作有本僧有本寺度牒者，誤〕聽令住坐，見其有職役者不拘。若係掛搭及無度牒者，悉令回還原籍，不許蠶食京師。一，欽天監成造進用曆日，該用黄白榜紙、書籍紙，連年坐派順天府大興、宛平〔按:館本作宛大〕二縣鋪户買辦，並分派衢州、開化出産去處抄造送用。所有拖欠，宜悉與停免。……俱允議行。

（英宗實録卷 231　景泰附録 49　第 4 頁　231.4.5043）

366　七月乙亥　監察御史劉孜、張鎣屢劾順天府府尹王賢年老縱吏害民。且云，今旱氣成災，畿甸〔按:館本無甸字，誤〕尤甚，皆貪官未去，民生怨望所致。詔宥之。賢已兩乞致仕，不許。

（英宗實録卷 231　景泰附録 49　第 13 頁　231.11.5058）

367　七月己卯　巡按直隸監察御史沈性劾鎮守薊州等處左參將指揮胡鏞因公杖死所部千户。命執鞫之。

（英宗實録卷 231　景泰附録 49　第 15 頁　231.13.5061）

368　七月癸未　陞順天府府尹王賢正二品俸。以九載任滿故也。

（英宗實録卷 231　景泰附録 49　第 18 頁　231.15.5065）

369　八月乙酉朔　朝鮮國王李弘暐遣陪臣李仍孫等奉表，貢馬及方物，賀萬壽聖節。賜宴並金織紵絲襲衣、綵幣、表裏等物。

（英宗實録卷 232　景泰附録 50　第 2 頁　232.1.5068）

370　八月丁亥　禮部奏：比者，浙江備倭都指揮僉事馬良等，擒獲賊徒文吞只等五人，送部審得〔按:館本得作等，誤〕吞只等係朝鮮漁户，入海捕魚遭風壞船漂流海島，遇巡海官軍擒獲。今朝鮮國王遣陪臣李仍孫等朝貢至京，宜給與衣糧，就令仍孫等領回，以示優待遠夷之意。從之

（英宗實録卷 232　景泰附録 50　第 2 頁　232.2.5069）

371　八月乙未　占城國王摩訶貴由遣通事陳真等來朝，貢方物。賜宴並綵幣、表裏、紵絲襲衣等物。

（英宗實録卷 232　景泰附録 50　第 6 頁　232.5.5076）

372　八月庚子　琉球國中山王尚金福遣通事程鴻等奉表來朝，貢馬及方物。賜宴並鈔、綵幣、表裏有差。

（英宗實録卷 232　景泰附録 50　第 7 頁　232.6.5078）

373　八月辛丑　造通州大運中倉。

（英宗實録卷 232　景泰附録 50　第 8 頁　232.6.5078）

374　八月癸卯　命以江南折糧銀一萬兩於遵化、密雲二處易米足邊。

（英宗實録卷 232　景泰附録 50　第 8 頁　232.7.5079）

375　八月辛亥　巡按直隸監察御史程瓛言：國子監爲天下學校之首，偏在京城東北隅。乞勑工部於今年秋成之後遷於東長安街之南，改創基圖，革胡元之舊址；增輝丹堊，立當代之新規。不惟天下英才得密邇道德之光，而我皇上亦可遂幸學之便。豈不聳華之觀瞻，愜生民之輿論。斯文之幸，萬世有光。帝命禮部集議，言今水旱相仍，邊城屢警，興工動役，誠非其時，俟豐稔無事之日舉行。從之。

（英宗實録卷 232　景泰附録 50　第 11 頁　232.9.5083）

376　九月辛未　大風有聲，雷電交作。

（英宗實録卷 233　景泰附録 51　第 5 頁　233.4.5094）

377　十月丙戌　時四夷入貢者多至千人，所過輒需酒食諸物，憑陵〔校記：廣本陵作凌〕驛傳，往往毆擊人致死。平江侯陳豫奏：日本使臣至臨清，掠奪居人，及令指揮往詰，又毆擊之幾

死。巡撫廣東侍郎揭稽亦言：爪哇使臣狡猾，不遵約束，宜重懲之。於是禮部請執治其正副使及通事人等。不聽。

（英宗實録卷 234　景泰附録 52　第 1 頁　234.1.5101）

378　十月辛卯　　爪哇國貢使馬用良等陛辭。賜宴並綵幣有差。仍命賫勑並金織文綺等物歸，賜其國王及妃。勑曰：王敬天事大，頻歲遣使來庭。然念道里遼遠，人使過多，彼此煩勞，易生嫌隙。今後宜擇諳曉大本（按：館本本作體）一二人爲正副使，量帶從人，至廣東聽彼官司存留起送。仍須戒飭使臣，當守禮法，毋肆非爲。其貢物亦不必珍禽異獸，但以土物致誠足矣。且不許以細軟寶物私與外洋交易。王其欽承朕命，勿違。

（英宗實録卷 234　景泰附録 52　第 4 頁　234.3.5106）

379　十月甲午　　減免順天府所屬今年旱災糧草，涿州及良鄉縣免三分，房山縣免二分。

（英宗實録卷 234　景泰附録 52　第 5 頁　234.4.5108）

380　十月己亥　　右軍署都督僉事王榮卒。榮順天府順義縣人，由指揮同知陞指揮僉事。正統七年充右參將鎮守寧夏，八年策應延安敗績指揮使。尋以功陞都指揮同知。賜白金綵幣，分守花馬池營。景泰元年陞都指揮使，四年陞署都督僉事，仍鎮守。至是卒。

（英宗實録卷 234　景泰附録 52　第 7 頁　234.6.5111）

381　十月癸卯　　給毅勇等十營官軍馬四千七百九匹。

（英宗實録卷 234　景泰附録 52　第 8 頁　234.7.5113）

382　十月丁未　　勑總督總兵官少保兵部尚書于謙曰：比聞瓦剌也先，擅易名號。又其所遣朝貢使臣，有從大同來者，有從宣府、甘肅來者，此其奸計必有在，京師備禦不可不嚴。爾等其以所選軍馬盡心訓練，以俟調遣。或別有長策，悉聽爾等便宜處置，必出萬全，無墮賊計。並勑宣府、大同、遼東、薊州、永平、山海、延綏、甘寧、獨石等處總鎮守官一體戒嚴邊備。

（英宗實録卷 234　景泰附録 52　第 9 頁　234.7.5114）

383　十一月甲寅　日本國王遣使臣允澎及都總通事趙文端等來朝，貢馬及方物。賜宴並綵幣、表裏等物有差。

（英宗實録卷 235　景泰附録 53　第 1 頁　235.1.5121）

384　十一月己未　天壽山鎮守左監丞陳貢等言：舊教場窄狹，難於訓練，請易昌平縣城南民地爲之。詔從其請。

（英宗實録卷 235　景泰附録 53　第 2 頁　235.2.5123）

385　十一月庚申　兵部奏：各營下場牧放馬取回飼養，而各處災傷頗多，京場草束支用不敷。請自十一月至次年正月，每馬一匹月給銀三錢，聽其自買以飼。詔從其言。於是武驤左等衛援例以請。命給之。凡馬一千九百三十九匹，共銀五百八一兩七錢。

（英宗實録卷 235　景泰附録 53　第 3 頁　235.2.5124）

386　十一月癸亥　給三千管營官軍馬八百匹。

（英宗實録卷 235　景泰附録 53　第 3 頁　235.3.5125）

387　十一月辛未　日本國正副使允澎等奏：在昔太祖高皇帝頒賜下國天龍寺佛前花瓶二，香爐四，龜、鶴燭台各一，近年被火毁壞，令以舊式進呈。乞賜臣等齎回，祝延聖壽。命工部造與之。

（英宗實録卷 235　景泰附録 53　第 7 頁　235.6.5131）

388　十一月癸酉　給直隸隆慶州被災人民大口銀二錢，小口銀一錢，糴糧食用。從都督宣府軍務右僉都御史李秉奏請也。

（英宗實録卷 235　景泰附録 53　第 7 頁　235.6.5131）

389　十一月丁丑　户部右侍郎張睿等言：通州倉所收糧儲，中間有因天陰及恐河凍運舟不能回還，未曾晒糧（按：館本糧作晾），不無潮潤，恐至春地氣蒸濕腐爛。又通州空厫數少，下年無所收受。請將在京官軍俸糧，自景泰五年正月至六月先行放支。户部覆奏。從之。

（英宗實録卷 235　景泰附録 53　第 8 頁　235.7.5133）

390　十二月癸未朔　　給大興、宛平二縣養濟院冬衣、布花。

（英宗實録卷 236　景泰附録 54　第 1 頁　236.1.5139）

391　十二月甲申　　順天府張家灣宣課司抽分商貨，各減其鈔及收酒麯〔校記：廣本麯作麪〕以準鈔，因此於原額虧四十四萬一千餘貫。户部因定擬中半減免二十二萬貫。從之。

（英宗實録卷 236　景泰附録 54　第 1 頁　236.1.5139）

392　十二月甲申　　禮部奏：日本國王有附進物及使臣自進附進物，俱例應給直。考之宣德八年賜例，蘇木、硫黄每斤鈔一貫，紅銅每斤三百文，刀劍每把十貫，鎗每條三貫，扇每把、火筯每雙俱三百文，抹金銅銚每箇六貫，花硯每箇、小帶刀每把、印花鹿皮每張俱五百文。黑漆泥金、洒金、嵌螺甸花、大小方圓箱盒並香壘等器皿每箇八百文，貼金、洒金硯匣並硯銅水滴每副二〔校記：廣本二作三〕貫，折支絹布每鈔一百貫絹一疋，五十貫布一疋。當時所貢以斤計者硫黄僅二萬二千，蘇木僅一萬六百，生紅銅僅四千三百。以把計者衮刀僅二〔校記：廣本二下有百字，是也〕，腰刀僅三千五十耳。今所貢硫黄三十六萬四千四百，蘇木一十六萬六千，生紅銅一十五萬二千有奇。衮刀四百一十七，腰刀九千四百八十三，其餘紙扇箱盒等物比舊俱增數十倍。蓋緣舊日獲利而去，故今倍數而來，若如前例給直，除折絹布外，其銅錢總二十一萬七千七百三十二貫一百文，時直銀二十一萬七千七百三十二兩有奇矣！計其供物時直甚廉，給之太厚，雖曰厚往薄來，然民間供納有限。況今北虜及各處進貢者衆，正宜撙節財用。議今有司估時直給之，已得旨從議。有司言，時直紅銅每斤銀六分，蘇木大者銀八分，小者銀五分，硫黄熟者銀五分，生者銀三分。臣等議，蘇木不分大小俱給銀七分，硫黄不分生熟俱五分，生紅銅六分，共銀三萬四千七百九十兩，直銅錢三萬四千七百九十貫。刀劍今每把給鈔六貫，鎗每條二貫，抹金銅銚每箇四貫，漆器皿每箇六百文，硯匣每副一貫五百文。通計折鈔絹二百二十九疋，折鈔布四百五十九疋，錢五萬一百一十八貫。其馬二疋如瓦剌下等馬例，給紵絲一疋、絹九疋。悉從之。

（英宗實録卷 236　景泰附録 54　第 1 頁　236.1.5139）

393　十二月戊戌　朝鮮國王李弘暐遣陪臣金允壽……來朝，貢騾馬及方物，賀明年正旦。俱賜宴並綵幣等物。

（英宗實録卷 236　景泰附録 54　第 6 頁　236.5.5147）

394　十二月庚子　以明年《大統曆》一百本賜朝鮮國王李弘暐，付陪臣金允壽賫回。

（英宗實録卷 236　景泰附録 54　第 6 頁　236.5.5148）

395　十二月壬子　發宣府官庫銀賑濟直隷隆慶州遭寇復業貧民。從提督宣府軍務右僉都御史李秉奏請也。

（英宗實録卷 236　景泰附録 54　第 10 頁　236.8.5154）

396　十二月　是歲……漕運北京儹運過米四百二十五萬五千石，各處運納糧二百一十四萬七千四十九石。

（英宗實録卷 236　景泰附録 54　第 11 頁　236.9.5156）

景泰五年（1454）

397　正月乙卯　監察御史鍾同等監收宣武等門鈔，不嚴關防，致賊侵盜，乃陳情服罪。詔宥之，令其擒賊。

（英宗實録卷 237　景泰附録 55　第 2 頁　237.1.5158）

398　正月乙丑　日本國使臣允彭奏：蒙賜本國附搭物件，價直比宣德年間十分之一，乞照舊給賞。帝曰：遠夷當優待之，加銅錢一萬貫，允彭等猶以爲少，求增賜。禮部官劾其無厭。命更加絹五百疋，布一千疋。

（英宗實録卷 237　景泰附録 55　第 4 頁　237.4.5163）

399　正月癸酉　給武驤左等衛官軍勇士馬五百九十七匹，五軍、三千、神機等［校記：館本等作管］營官軍馬三百一十二匹。

（英宗實録卷 237　景泰附録 55　第 7 頁　237.6.5168）

400　正月丙子　　錦衣衛指揮僉事劉敬等奏：恭順侯吴瑾不嚴鈐束所部達軍，致其於武清縣等處白晝殺人刼財。鎮守通州等處都指揮陳逵不速捕獲，俱當究問。詔俱宥之。敬因請遷達軍於遠方。事下兵部，議：達軍安插近處已久，況精壯者累調湖廣等處殺賊，存留不多，若遷之恐疑懼生變。宜移文總兵官右都督張軏，督令瑾等將各屯達軍舍餘嚴謹關防，時常點閘，令其各安生理。若仍前爲非，瑾等一體治罪。從之。

（英宗實録卷 237　景泰附録 55　第 11 頁　237.8.5172）

401　二月癸未　　大隆善寺妙濟禪師綽巴剳失卒。命其姪完卜失剌也先襲之。

（英宗實録卷 238　景泰附録 56　第 2 頁　238.1.5178）

402　二月己丑　　太子太師武清侯石亨奏：朝陽門外五軍一號馬廠空閑。乞暫賜臣牧放馬匹。從之。

（英宗實録卷 238　景泰附録 56　第 3 頁　238.3.5181）

403　二月丙申　　賜朝鮮國王李弘暐陪臣趙憐等……宴並綵幣、表裏等物有差。

（英宗實録卷 238　景泰附録 56　第 5 頁　238.4.5184）

404　二月戊戌　詔順天、真定、保定、河間、廣平、大名等府工匠自今年以前失班者俱免罰工。從給事中成章奏也。

（英宗實録卷 238　景泰附録 56　第 7 頁　238.6.5187）

405　二月己亥　　琉球國掌國事王弟尚泰久遣使來朝貢，因奏：長兄國金福薨，次兄布里與姪志魯争立，焚燒府庫，兩傷俱絶，將原賜鍍〔按：館本作鍍作渡，誤〕金銀印鎔壞〔校記：舊校改懷作壞〕無存。今本國臣庶推臣權國事，乞賜鑄换，用鎮邦民。命所司給之。賜使臣宴並鈔幣等物。

（英宗實録卷 238　景泰附録 56　第 7 頁　238.6.5187）

406 二月乙巳 少保兼兵部尚書于謙奏七事：一，臣已將十營見操官軍，每隊選人強馬壯者，遇敵令其當先，以摧賊鋒。一，臣於五軍營存操官軍内，每隊選年力精壯者，以補策應。一，見操官軍令統兵協贊官親臨提督，演習走馬射箭，臣等躬親比較，量加賞罰。一，操鎗刀手宜給與弓箭，五日操演鎗刀，五日操演弓箭，賊遠則用弓箭，賊近則用鎗刀。一，各營馬隊無馬並倒死馬者，宜先關與馬騎操該追之數，候秋成續買償官。一，各營俱缺協贊。臣推選把總都指揮趙輔、蕭文陰俱堪任用。一，振武營統兵官署都督僉事崔福爲事降都指揮使。緣福曾經戰陣，宜令仍充總兵官坐營管事。帝曰：軍士恐當全隊兼用，若取其強者，其弱者難用矣。卿等還計議停當來説。餘悉允所言。

（英宗實録卷 238 景泰附録 56 第 10 頁 238.8.5192）

407 三月壬子朔 户科給事中劉煒等劾奏前軍都督府同知黄玹：昨者，奏求霸州及武清縣無主空地二處，以四至計之，周圍各不下五七十畝。玹本遠夷，遽蒙重任，乃敢怙寵要求。乞明正玹罪。詔宥玹〔按：館本玹作竑，誤。校記：廣本竑下有罪字〕。命户部踏勘地畝，明白以聞。户部主事謝杲〔按:館本杲作昶〕勘玹所求非無主空地，其在霸州者，地名父母寨，東西長五十里，南北闊四里計，計地一千八十餘頃；其在武清縣者名河隅，東西長二十里，南北〔按:館本北作地，誤〕闊一十里，亦計地一千八十餘頃。各有本州縣人民武騰等五百餘户原舊承種，辦〔校記：舊校改辦作辦〕納糧差，供結〔校記：舊校改結作納〕明白。户部具疏以聞。詔復宥玹。但令田地仍與民住種。

（英宗實録卷 239 景泰附録 57 第 1 頁 239.1.5202）

408 三月甲寅 帝親閲舉人所對策。賜孫賢等三百四十九人進士及第、出身有差。

（英宗實録卷 239 景泰附録 57 第 2 頁 239.2.5203）

409 三月戊午 户部左侍郎孟鑑等奏：京師糧用浩大，山東、河南等處累報災傷，軍民餽運艱難。今國子監監生不下二千餘人，俱仰給官廩，費用實繁。乞存留年深者一千人聽候差用，其餘年淺取撥未到者，俱令回還原籍，依親讀書，以次行取，庶錢糧簡省，京儲有積。從之。

（英宗實録卷239　景泰附録57　第3頁　239.2.5204）

410　三月庚申　命户部給京操馬官軍馬草一月，每馬十五束。

（英宗實録卷239　景泰附録57　第4頁　239.3.5206）

411　三月甲子　命監察御史童廷圭提督守備白羊口，代監察御史左景還京。

（英宗實録卷239　景泰附録57　第5頁　239.4.5207）

412　三月壬申　先是，總兵官都督同知楊能奏：臣督神機營操練，點閘官軍不到者六千餘人，實把總都指揮靳忠等縱放。請究治之。其十營選操官軍尤爲緊要，宜逐一點閘。詔總督軍務兵部尚書于謙同能點閘。十營官軍不到者四千八百餘人。謙因劾各營把總管隊官罪。帝曰：今各邊屢奏聲息，在京官軍正宜訓練，而該管頭目作敝如此，罪本難宥，今且不問。限四月内俱赴操。如復恃頑，頭目連罪不宥。

（英宗實録卷239　景泰附録57　第12頁　239.10.5219）

413　三月丁丑　安南國王黎濬遣陪臣阮喬來朝，奉表貢金銀器皿、方物。賜宴及綵幣等物。

（英宗實録卷239　景泰附録57　第13頁　239.11.5221）

414　三月丁丑　勅五軍等營署都督僉事張欽、都指揮使白玉、署都指揮僉事周泉都官軍牧放馬匹。

（英宗實録卷239　景泰附録57　第13頁　239.10.5221）

415　三月戊寅　以久不雨，遣太保寧陽侯陳懋等徧禱在京寺觀及龍潭之神。

（英宗實録卷239　景泰附録57　第14頁　239.10.5222）

416　三月戊寅　給口外隆慶州復業逃民銀兩，令其買牛耕種。

從右僉都御史李秉議也。

（英宗實録卷 239　景泰附録 57　第 14 頁　239.12.5223）

417　三月戊寅　琉球國使臣陛辭。賜宴並鈔幣。仍命齎勑及綵幣，賜其王弟尚泰久。

（英宗實録卷 239　景泰附録 57　第 14 頁　239.12.5223）

418　四月壬午朔　神機營總兵官都督同知楊能奏：本營原撥香河草場計二百四十八頃，薊州草場計四百五頃，每歲採秋青草飼養官馬及趁時牧放。近被軍民人等在内耕種，又爲看守官旗侵欺，乞除軍民人等納糧田地聽令耕種，其餘俱令荒閑，生長野草，趁時牧採，以備餵馬。從之。

（英宗實録卷 240　景泰附録 58　第 1 頁　240.1.5225）

419　四月癸未　朝鮮國王李弘暐以太子薨逝，遣陪臣柳江上表奉慰。賜宴及襲衣、綵幣、表裹等物有差。

（英宗實録卷 240　景泰附録 58　第 1 頁　240.1.5225）

420　四月癸未　内官監太監陳瑾言：西山工作處所缺少磚瓦。宜於西湖景等處建立窰廠，仍將本湖周圍及正陽等九門城壕野草供給燒造。詔從其請。户部覆奏：先因山東、河南等處連年水旱，收成減耗，奏準摘撥官軍於南海子西湖景及正陽等九門城壕採打野草，相兼供給御馬監等衙門及各營馬用，尚且不敷。今欲將前項野草燒造磚瓦。竊惟永樂、宣德間營建北京宫殿、城垣，用費磚瓦浩大，是時四方無虞，馬草不供，故可採燒。即今邊務未寧，而飼馬之費倍於往昔，歲歉相仍，而草束之數減於常年。況宫殿城垣俱已完備，磚瓦之需或可少緩。乞將前項野草仍令本部採打，候豐稔之日付内官監，庶幾兩便。詔從謹言。既而户科都給事中劉煒等奏：户部懇切陳乞，非敢爲私，乞熟思而審處之。詔始允户部奏。

（英宗實録卷 240　景泰附録 58　第 1 頁　240.1.5226）

421　四月癸巳　命禮部：凡僧道請給度牒者，於通州運米二十石赴口外萬全等處官倉交收，以備軍用。從户部尚書張鳳等奏請也。

（英宗實録卷 240　景泰附録 58　第 4 頁　240.3.5230）

422　四月己亥　先是，禮部祠祭司主事周騤奏順天府中式舉人尹誠等十二人冒籍，下錦衣衛獄鞫罪，終身不録用。

（英宗實録卷 240　景泰附録 58　第 6 頁　240.5.5234）

423　四月乙巳　更定工匠班次。初，各色工匠有二年一班者，有三年一班者。至是，給事中林聰等請以二年者更爲四年，三年者更爲六年。工部覆奏：請均以四年爲次。通計匠二〔校記：廣本二作一〕十八萬九千有餘。除事故外，南京五萬八千，北京十八萬二千。今以北京之數分爲四班，歲得匠四萬五千，季得匠一萬一千，亦未乏用。從之。

（英宗實録卷 240　景泰附録 58　第 7 頁　240.6.5235）

424　四月己酉　命户部出榜募人，於通州倉運米六萬石赴口外龍門、赤城等倉收受，每石給脚價銀五錢。

（英宗實録卷 240　景泰附録 58　第 7 頁　240.6.5236）

425　五月乙卯　户部言：各處巡撫官每歲八月赴京議事，今饑民俱待賑，及錢糧未完，盗賊未息，請暫免赴京。應議之事，令具疏以聞。從之。

（英宗實録卷 241　景泰附録 59　第 3 頁　241.2.5244）

426　五月戊午　户部奏：直隸保安州所屬宣化等倉糧儲缺乏。請暫令在京法司囚犯於通州運米三萬石赴彼備用。斬絞罪四十名（按：疑名爲石之誤），三流並徒三年三十二石，餘四等遞減五名（按：疑名爲石之誤），杖罪每一十，八斗。

（英宗實録卷 241　景泰附録 59　第 4 頁　241.3.5246）

427　五月壬申　萬全都司隆慶右衛官軍言：自永樂中取赴神機營操備，月支行糧四斗，月糧在原衛關支。後被達賊驚散，家小在京隨住，止關行糧，月糧歲久未給。今願將口糧月糧併作一石，如隆慶在（按:疑在爲左之誤）衛軍在京操備例，隨營按月關給。户部覆奏：宜從其請。其中指揮千百户等官三員隨營支給一石外，其餘本色折色仍於原衛支給。從之。

（英宗實録卷 241　景泰附録 59　第 12 頁　241.10.5259）

428　五月甲戌　　先是，武清衛倉在河西務收糧，循在外衛分例，現任官給米一石，守支六斗。攢典見役守支俱無食米。後調通州，至是倉官請如通州諸衛例，見任守支俱給壹石，攢典俱給六斗。從之。

（英宗實録卷 241　景泰附録 59　第 13 頁　241.11.5261）

429　六月辛卯　　勑緬甸宣慰使卜剌浪馬哈省以速剌等：近雲南總兵等官奏稱，爾請調大軍，同往勦孟養思卜發。此故爾之忠誠。但思機發首惡，近以（按:館本以作已）擒獲。其思卜發今復遠遁，是有悔過之意，不必窮討，以示至仁。勑至，爾等宜益勵忠誠，戒約部屬，保守邊方，毋或妄動，自取不靖。

（英宗實録卷 242　景泰附録 60　第 2 頁　242.2.5267）

430　六月丙申　　安南國王黎濬陪臣阮喬等陛辭。命賫勑及錦綺，歸賜濬。

（英宗實録卷 242　景泰附録 60　第 2 頁　242.2.5268）

431　七月丙辰　　撒馬兒罕地面人把好丁來歸。命爲頭目，送南京錦衣衛安插，月支糧二石，賞鈔錠、襲衣、綿布，所司撥與牛羊、柴米、房屋、牀榻等物。

（英宗實録卷 243　景泰附録 51　第 5 頁　243.4.5284）

432　七月癸亥　　京師霖雨，九門城垣坍決者甚多。詔工部率軍夫二匠修築之。

（英宗實録卷 243　景泰附録 61　第 7 頁　243.6.5288）

433　七月戊辰　　以甲字庫所貯三梭布折在京八月分文武官俸，每布一〔按：館本一作以〕疋抵絹一疋給之。

户部以鈔法阻滯，奏請比宣德間〔校記：廣本德下有年字〕

（按：館本無間字）例，令兩京塌房、店舍、菜果園並各色大小鋪行，俱仍減輕納鈔有差。從之。

（英宗實録卷 243　景泰附録 61　第 8 頁　243.7.5289）

434　七月辛未　降順天府通州知州夏昂爲湖廣靖州會同縣典吏。昂以任滿囑州民奏保，吏科劾其奔競。既而又賂民奏保，已陞任京職。事覺下獄，昂伏罪。吏部言其行檢不謹，宜降邊遠敍用。故有是命。

（英宗實録卷 243　景泰附録 61　第 9 頁　243.8.5291）

435　七月丁丑　詔執問守備白羊口署都指揮陸祥。以巡按御史董廷圭〔按：館本圭作珪，廣本抱本作圭〕案其受指揮等官賂，其枉法賣放部卒故也。

（英宗實録卷 243　景泰附録 61　第 11 頁　243.9.5294）

436　八月癸未　安南國王黎濬遣陪臣阮喬等來朝，貢方物。賜宴並賜綵幣、表裏、紵絲襲衣。仍命齎勅並綵幣、表裏歸賜其王。勅曰：王遠守南藩，蹈義秉禮，屢修〔按：館本修作收，誤〕臣職，久而益虔，朕用嘉納。使還，特答勤意。王尚益堅順天事〔按：館本事作府，誤〕大之誠，庶幾以延令聞長世之美。凡賜錦四段〔按：館本錦作帛，段作緞〕，織金紵絲、綵絹各十疋。仍命經過處所，撥軍護送喬等出疆。

（英宗實録卷 244　景泰附録 62　第 1 頁　244.1.5295）

437　八月乙酉　禮科等給事中陳嘉猷等奏：比聞户部將南北二京塌房、店舍、菜園、果株及街市各色大小鋪行定立則例，按月輸鈔。而軍民人等畏懼納鈔艱難，有將鋪面關閉不敢買賣者，有將園圃瓜蔬拔棄而平爲空地者，有將果木砍伐而減少株樹者。原其所以，蓋由開鋪面者已納門攤鈔貫，種園圃者已有夏税差徭。況其間或借人資本以貿易，或貸人房舍以開張，或用計利多寡而開閉之不常，或因天時水〔按：館本水作雨〕旱而栽種之弗遂。今若通行編册，按月輸鈔，則嗟怨載途，民實不堪。臣等思得通鈔法者，固經國之當務，順民情者，尤保邦之當先。使徒利於國而不順於民，則所得者小，所失者大〔按：館本者大作大矣〕。雖曰利國，實無益於國。雖曰便民，實有擾於民矣。通年以來，旱澇旱傷將遍天下，阮移餓殍充塞道途〔校記：廣本途作路〕去冬今春各（按：館本各作冬）處雨雪過期，江浙直隸即〔按：館本無即字〕今大水爲患，矧南京連被火災，民皆蕩產，而重未甦。北京連旬滛雨，物皆踴〔校記：廣本皆踴作貨湧〕貴，而民食不給。南北二京實國家根本重地，其間軍民人等多非祖業故居，比之他處〔按：館本作北之地處，誤〕，尤宜加恤。豈可當此民窮歲歉之時，遽然興此重科擾民〔按：館本作擾科民，舊校删科字〕之政？縱使鈔法流〔按：館本流作疏，誤〕通，而民亦疲弊不能聊生矣！此臣等之所未喻也。臣等以爲欲足用不在乎此，惟在皇上戒飭羣臣，務修節儉，省無益之費，節無功之賞。汰冗官之虛靡廪禄，簡冗兵之虛費糧餉。罷不急之務，禁遊食之民，則賦之充國用可足。奚必如此擾煩而後有益於國乎？伏望皇上上鑒〔按：館本鑒作監〕天變，下憫民窮，將各色應納鈔貫暫且停止，豐稔之年，然後舉行。若猶〔按：館本猶作有〕慮鈔法不行，乞勑該部出榜曉諭軍民人等，務令鈔與銅錢相兼行使，違者治以重罪不恕。如此則國用不虧，下民不擾，誠爲兩便〔按：館本兩便作便便〕。詔曰：鈔法流〔按：館本無流字〕通，本以便民。今既有納攤房鈔，其菜果園及小鋪行暫免，俟豐稔時定奪。

（英宗實録卷244　景泰附録62　第3頁　244.2.5298）

438　八月辛卯　賜朝鮮國王李弘暐《宋史》。從其請也。

（英宗實録卷244　景泰附録62　第6頁　244.5.5304）

439　八月壬辰　爪哇國王巴剌武遣使臣曾端養亞烈襲麻等來朝，貢方物。賜宴並綵幣、表裏、紵絲襲衣等物。

（英宗實録卷244　景泰附録62　第6頁　244.5.5304）

440　八月甲辰　勑金吾右衛帶俸都指揮使歐信往白羊口，代患病都指揮叚昇提督守備。

（英宗實録卷 244　景泰附録 62　第 11 頁　244.10.5313）

441　九月癸丑　　琉球國通事蔡寧等……貢馬。賜鈔、綵幣等物有差。

（英宗實録卷 245　景泰附録 63　第 2 頁　245.1.5318）

442　九月甲寅　　撥京師濟州倉大麥五百石以飼西〔按：館本無西字〕馬。從户部奏請也。

守備白羊口中都留守司署都指揮陸祥坐贜當絞。命降三級，調邊衛立功哨守。

（英宗實録卷 245　景泰附録 63　第 2 頁　245.2.5310）

443　九月丁巳　　户部奏：宛平、大興縣合屬官吏月糧於京倉，通州倉關支不便，宜改之於順天府倉。從之。

（英宗實録卷 245　景泰附録 63　第 3 頁　245.3.5321）

444　十月己丑　　命三千等營馬草自今年十一月初一日爲始，至明年正月終止，每馬月給草二十束。從户部奏請也。

（英宗實録卷 246　景泰附録 64　第 3 頁　246.3.5335）

445　十月庚子　　辰時，西北方地震有聲，往東南方息。

（英宗實録卷 246　景泰附録 64　第 9 頁　246.7.5344）

446　十一月戊辰　　增召商納草價。先是，户部以各場急缺草，奏準召商納草給銀。然所定價少，全無納者。主事袁衷以爲言，下户部更議；納安仁坊等五場者，每穀草百束給一兩八錢，秋青禾草百束給一兩。納南海〔按：廣本海作石，抱本作海〕渠等五場者，每穀草百束給一兩三錢〔按：館本無納至二十六字〕。納（按：館本納作給）滹石橋二場者，每穀草百束給一兩四錢。從之。

（英宗實録卷 247　景泰附録 65　第 7 頁　247.6.5359）

447　十二月庚辰　　朝鮮國王李弘瑋遣陪臣申自守等貢方物。

（英宗實録卷 248　景泰附録 66　第 2 頁　248.1.5365）

448　十二月壬午　　免順天府所屬霸州、文安、大城等州縣及直隸真定府所屬饒陽縣被水災傷田糧五千四百五十餘石，穀草三十六萬二千七百九十餘束。

（英宗實録卷 248　景泰附録 66　第 2 頁　248.2.5367）

449　十二月丁亥　內使阮絹、阿附、司禮監太監興安，爲囑管工太監黎賢擅於內府西海子邊作佛菴及西山等處作生坟佛寺，盜用官木等料萬計。事露，安懼，以狀聞，諉罪於絹。都察院收絹及賢，鞫得實。坐賢贖斬，絹贖〔按:館本無贖字〕絞，劾安〔按:館本無安字〕怙恩罔上，宜〔按:館本宜作冥，誤〕寘於法。詔安不問，賢、絹亦寘其罪，所造菴寺令內官監悔（按：館本悔作毀）之，物料入官。

（英宗實録卷 248　景泰附録 66　第 3 頁　248.3.5369）

450　十二月乙未　都督（按：館本都督前有神機營總兵官六字）楊能役卒載私芻〔按:館本无卒載私芻〕於通州，車覆，一卒〔按：館本無卒字〕死。兵部及六科十三道劾能罪。詔宥之。

（英宗實録卷 248　景泰附録 66　第 6 頁　248.5.5374）

451　十二月辛丑　遣敢勇、報效二營舍餘民壯之無職役者各還原所，春夏務農，秋冬協助操守。從户科給事中高崇言也。

（英宗實録卷 248　景泰附録 66　第 9 頁　248.7.5378）

452　十二月乙巳　户部主事余子俊言：在京光禄寺日逐供應，陛下所用百不及一。而內外監臨官吏厨役之輩，通同侵盜，不可數計。甚至納户挑脚之人亦淋漓醉飽，枕籍庭廡，日復一日，所費無算。其各寺觀逐日修齋設醮，輕用錢帛，僧道布施，動以萬計。一醮之畢，主之者或因致富，枉用民財，全無寸補。伏望陛下俯念民間，減省一分，則民受一分之賜，庶積有贏餘而國用不虧，民將給足而邦本可固。不然，則將來之慮，恐非修齋誦經能所了也。詔以齋醮等項已有定規，但令禮部移文光禄寺禁約。

（英宗實録卷 248　景泰附録 66　第 10 頁　248.8.5380）

453　十二月　是月……漕運京師儹運糧四百二十五萬五千石，

各處運納糧二百四十三萬九千四百七十石。

（英宗實録卷 248　景泰附録 66　第 11 頁　248.9.5382）

景泰六年（1455）

454　正月癸丑　　户部奏：張家灣鹽倉收積掣摯客商餘鹽並私鹽總四十萬餘斤，舊無倉厫，止用草蓆〔按：館本蓆作席〕苫蓋，恐風雨飄淋，走滷折耗。請如近例，給通州並通州等五衛及附近密雲等六衛官吏折俸，每鹽一百四十五斤準米一石。從之。

（英宗實録卷 249　景泰附録 67　第 3 頁　249.2.5388）

455　正月癸丑　　提督宣府軍務右僉都御史李秉奏：直隸隆慶、保安二州所屬馬營、宣化等倉糧，僅可給一二年之費，雖發萬億庫所貯銀兩糴買，而時價低昂，上納者少。乞命户部定擬則例，召商中納鹽糧，以廣儲蓄。詔從其請。下户部，議：納馬營、赤城二倉糧者，淮鹽每引米豆八斗，浙鹽五斗，長蘆鹽三斗。納永寧、宣化、新興三倉糧者，淮鹽九斗，浙鹽六斗，長蘆鹽四斗。從之。

（英宗實録卷 249　景泰附録 67　第 3 頁　249.3.5389）

456　正月丁卯　　給御馬監太監阮讓順天府三河縣白塔草場一所。

（英宗實録卷 249　景泰附録 67　第 7 頁　249.6.5395）

457　正月庚午　　監察御史黄溥奏：臣奏命領國子監生一百人、照刷在京各衙門〔按：館本無門字，廣本抱本有門字〕文卷。緣各生食饌米並家小月糧，本監截日住支，無以贍〔按：館本贍作膳〕給。事下户部，議：請如歷事監生例，有家小者六斗，無家小者四斗，俱於木（按：館本木作本）衙門關支。從之。

（英宗實録卷 249　景泰附録 67　第 8 頁　249.6.5396）

458　正月癸酉　徵提督白羊等口御史董廷圭、周清還京。初，以達賊犯邊，諸口添御史提督修守。至是巡按御史吴中，以邊報稍寧，且諸口見有内臣都指揮等官提督修守，又有兵部主事黄節等往來巡視，乞徵廷圭等還京。故有是命。

（英宗實録卷 249　景泰附録 67　第 8 頁　249.7.5397）

459　正月癸酉　曉刻四方濃霧，既而成霜附木。自是日自丁丑凡五日。

（英宗實録卷 249　景泰附録 67　第 9 頁　249.7.5398）

460　二月己卯　太常寺卿許彬〔校記：廣本彬作斌〕奏：每歲仲春、仲秋，上丁〔按:館本丁作下，誤〕釋奠先師孔子及四配十哲，牲牢品物固無容議。其兩廡從祀先賢共一百九位，止用豕二隻，棗栗各二十二斤，黍稷各三升三合有奇，鍘鹽五斤十兩，每品分爲一百九分，甚儉薄，不足以盡尊崇之意。請增豕四隻，棗栗各五十斤，黍稷各一斗，鍘鹽五十斤，庶于禮爲稱。及行南京國學〔按：館本學作家，誤〕一例增設。從之。

（英宗實録卷 250　景泰附録 68　第 1 頁　250.1.5402）

461　二月庚寅　琉球國掌國事王弟尚泰久〔校記：廣本久作文〕，遣陪臣梁回等來朝，貢馬及方物。賜宴及綵幣、表裏等物。

（英宗實録卷 250　景泰附録 68　第 8 頁　250.7.5413）

462　二月丙申　户部尚書張鳳言：景泰四年，因沙灣河決，漕運不便，將湖廣都司官軍借運糧米三十六萬餘石寄收〔按:館本收作放〕天津等三衛。除陸續順帶放支外，尚有八萬二千石在彼露積〔按：館本作積露，舊校改作露積〕，恐久則腐壞。欲移文漕運總兵官都督同知徐恭、左副都御史王竑盡分與今年漕運官軍，順帶赴通州倉交納。如有附餘，就存原寄倉内，支給官軍月糧。從之。

（英宗實録卷 250　景泰附録 68　第 10 頁　250.9.5417）

463　二月丙申　增置通州倉。

（英宗實録卷 250　景泰附録 68　第 11 頁　250.9.5417）

464　二月丁酉　　户部奏請給在京文武官員去年冬季折俸銀。文職少傅兼吏部尚書等官王直等一千五百二十員，應給銀三千五百五十兩。武職左軍都督府左都督等官施聚等三萬一千七百九十員，應給銀一十二萬四千六百七十兩。從之。

（英宗實録卷 250　景泰附録 68　第 11 頁　250.9.5417）

465　三月丁未　　造内觀象臺簡儀成。

（英宗實録卷 251　景泰附録 69　第 1 頁　251.1.5427）

466　三月庚戌　　禮部奏：太醫院急缺香料五千一百七十斤，各處催辦未至。乞給内府銀鈔，在於京生藥鋪户之家兩平收買。令太醫院斟酌至急者，量數用銀收買。餘俟明年議之。

（英宗實録卷 251　景泰附録 69　第 1 頁　251.1.5428）

467　三月乙卯　　建將軍直房於午門外左右闕門之側。

（英宗實録卷 251　景泰附録 69　第 3 頁　251.3.5431）

468　三月丁巳　　勅提督山海等關右副都御史李賓曰：今命爾不妨原勅事務仍兼提督永平、山海、順天府、蘇（按：蘇應爲薊之誤）州、遵化、密雲等處，一應倉場糧草、客商中納鹽米及山海、涿州、中營州左屯等衛所屯田子粒、官軍俸糧、本色折色及喜峯等口官軍糧草等項。務令收放明白，儲積不誤。毋容勢要之家并刁潑軍民人等通同作弊、虧損錢糧、有誤供給。違者聽爾究問。其順天府所屬民間催徵税糧并巡撫等事，爾不必與。爾其如勅奉行。

命直隸通州等衛採草軍俱照宣德、正統時數採納。其正統十四年以後續增之數，悉爲減免。以軍士累訴貧難故也。

（英宗實録卷 251　景泰附録 69　第 3 頁　251.3.5431）

469　三月庚申　　賞開平及隆慶左等衛官軍〔按：館本作隆慶左等官罪，廣本抱本等下有衛字，罪作軍，是也〕二千七百七十三人各布二疋。以修復城池功也。

（英宗實録卷 251　景泰附録 69　第 4 頁　251.4.5433）

470　三月癸亥　以順天并直隸河間等府民饑，凡去歲該徵五分粮草及户口食鹽米，會暫停徵，俱俟秋成完納。

（英宗實録卷 251　景泰附録 69　第 5 頁　251.4.5434）

471　三月甲子　擢國子監生儀泰爲禮科給事中。泰故太子太保兼兵部尚書銘〔校記：廣本抱本銘下有之字〕子也。

（英宗實録卷 251　泰泰附録 69　第 5 頁　251.4.5434）

472　三月乙丑　琉球國王姪尚伯禮等，欲於蘇州收買紗羅、叚疋及買辦釘麻等物修葺海船。禮部恐其擾民，不從。帝以琉球素遵王化〔按：館本化作法。廣本抱本法作化〕，與他夷不同，特命從之。

（英宗實録卷 251　景泰附録 69　第 5 頁　251.4.5434）

473　三月壬申　提督宣府軍務右僉都御史李秉奏：臣材識粗庸，叨膺邊寄，偶有所見，不敢緘默，謹條具以聞。……。直隸隆慶州民原有十四里，永寧縣原有八里。自變亂以來，死亡逃竄者衆。今見在民，隆慶不過四百餘户，永寧不過一百四十餘户，合之不過五里〔校記:廣本里作百〕有餘。而兩處州縣相去僅四十里，爾夫張〔校記:廣木張作設〕官置吏，所以爲民。今官吏多而民少，民豈能安富户〔校記:廣本無富字〕（按:館本户作平）？宜將永寧縣併之隆慶州，則民不受害，官無冗員，而糧有蓄積。帝謂秉言甚善，所司其議行。所司言：陣亡官軍家小若給濟，恐錢糧不敷，宜者其貧無依者量給口糧，送回依親居住。永寧縣係裁減衙門，宜仍存，以撫安編發及招回復業之人。

（英宗實録卷 251　景泰附録 69　第 7 頁　251.7.5439）

474　三月甲戌　勅五軍等營右都督董興、都指揮僉事趙勝、徐安提督官軍牧放馬匹。

（英宗實録卷 251　景泰附録 69　第 9 頁　251.7.5440）

475　四月戊寅　增建御花房。

（英宗實録卷 252　景泰附録 70　第 1 頁　252.1.5441）

476 四月辛卯 遣給事中嚴誠爲正使、行人劉儉爲副使齎詔，封琉球國中山王弟尚泰久嗣王爵。賜勅諭之曰：爾自先世，恪守藩維，傳及爾兄，益隆繼述。敬天事上，久而愈〔校記：廣本愈作益〕虔。屬兹薨逝，軫于朕懷。爾乃王弟，宜紹國封。特遣使齎詔，封爾爲琉球國中山王，并賜爾及妃冠服、綵幣等物。爾尚砥礪〔按：館本砥下無礪字〕臣節，允堅藩屏之誠，懷撫國人，庶遂承先之志。欽哉。

又詔其國人曰：帝王主宰天下，恒一視而同仁，藩屏表率國中，或同氣以相嗣。朕躬膺天命，撫馭華夷，封建諸侯，無間遠近。琉球國王尚金福〔按：館本金下無福字，誤〕既薨。其弟尚泰久，性資英厚，國衆歸心。肆特遣正副使齎勅，封爲琉球國中山王。凡彼國中遠近衆庶，夙夜惟寅，宜悉心於輔翼，務循理分，罔或至於乖違。長堅忠順之心，永享太平之福。故兹詔示，咸使聞知。

（英宗實録卷 252　景泰附録 70　第 6 頁　252.5.5449）

477 四月辛卯 户部奏寬恤各處災傷軍民事。……順天、永平等府所屬原僉并抵充當（按：館本當作富，是也）户及爲事編發爲民人户中間年老孤寡不堪差使及七十以上無人贍養者，放回原籍依親。其原僉富户名缺，待秋成照數僉補。從之。

（英宗實録卷 252　景泰附録 70　第 6 頁　252.6.5451）

478 四月己亥 命故提督永寧都指揮僉事向賢子鎮襲爲隆慶左衛指揮同知。

（英宗實録卷 252　景泰附録 70　第 8 頁　252.7.5454）

479 五月癸丑 户部奏：御馬監光禄寺并象馬牛羊等房歲用草束，俱於山東州縣徵收穀草備用。比因各處災傷，穀草停免數多，供給不敷。欲移文兵部，撥官軍八千人，遣官看領，於南海子、西湖景、四城壕採秋青草，各隨地方堆垛，以備支用。從之。

（英宗實録卷 253　景泰附録 71　第 5 頁　253.4.5464）

480　五月甲寅　賞開平、隆慶等衛所官軍布人二疋。以其連年修復城堡，樓舖、墩臺有勞。從户部奏請也。

（英宗實録卷253　景泰附録71　第5頁　253.4.5464）

481　五月己未　滿剌加國王速魯檀無答佛哪沙遣頭目馬哪吽等來朝，貢馬及方物。賜宴并綵幣、表裏、金織羅衣等物。

（英宗實録卷253　景泰附録71　第7頁　253.6.5467）

482　五月庚申　户部奏：舊例，法司罪囚杖以上，領通州倉粮運赴宣府等處，路遠運難，經年不完，徒耗糧儲，無濟邊用。今欲比舊所運米數減輕其半，發僉都御史李秉處，令其自備納米上倉。斬絞罪二〔校記:廣本二作三〕十石，三流并徒三年十六石，徒二年半年三石五斗，徒二年十一石，一年半九石，一年六石五斗，杖每十下，四斗。從之。

（英宗實録卷253　景泰附録71　第7頁　253.6.5467）

483　五月辛酉　琉球國遣通事馬俊等、朝鮮國王李弘暐遣陪臣李鳴謙等俱來朝，貢馬及方物。賜宴并綵幣、表裏、金織紵絲襲衣等物。

（英宗實録卷253　景泰附録71　第7頁　253.6.5468）

484　五月壬申　暹羅國王把羅藍米孫剌遣使臣坤罡悦等來朝，貢方物。賜宴并綵幣、表裏、紵絲襲衣等物。

（英宗實録卷253　景泰附録71　第12頁　253.10.5475）

485　六月丙子　守備黄花鎮指揮僉事王貴久〔校記：廣本久作父〕疾，召還京。命守備天壽山都〔校記:廣本無都字〕指揮僉事韓智兼領其事。

（英宗實録卷254　景泰附録72　第3頁　254.2.5480）

486　六月癸未　朝鮮國陪臣李鳴謙等陛辭。賜宴，命齎勅及綵幣，歸賜其王。

（英宗實録卷254　景泰附録72　第4頁　254.3.5482）

487　六月乙酉　禮科左給事中楊穟言：邇〔校記：廣本邇作近〕

者，順天府宛平縣奏，大興縣地方廣闊，舖面數多，本縣地方舖面稀少，舖户消乏，乞踏勘多寡、均平買辦，奉旨，令户部整理。臣等風聞此令一下，外議諠〔按：舘本諠作誼，誤〕騰，謂將減宛平之常供，加大興之新額〔按：舘本額作增〕。臣等竊見連歲四方多故，水旱相仍，糧道方艱，倉儲米（按：疑米爲未之誤）實。然而京師物價不甚踴貴、居民不甚窘迫者何也？政〔校記：廣本政作實〕以買賣交通、商賈四集得以相濟而然也。若徵發日甚，息本不充，懋遷〔按：舘本遷作廷〕之源不行，物産之來漸少。今日宛平告乏既歸之大興，倘若他日大興告乏又歸之何地？伏望省用以裕民，凡朝廷祭祀、燕享、賞賚，兵資軍國重務之需，遇有缺乏，量給官錢，均平買辦。其餘不急之務，得已之徵，無益之費，悉宜暫且停者。將見國用既節，民財乃豐，商旅益通，生養自遂，不特畿甸鞏實，而四方之饑窘亦漸次生復矣。豈必互爲增減而可以足〔按：舘本足作富〕國裕民哉！詔曰：朝廷用度，俱〔校記：廣本俱作皆〕出於百姓措辦。其命户部量情寬免。

（英宗實録卷 254　景泰附録 72　第 4 頁　254.4.5483）

488　六月己丑　修居庸關城畢工。命工部造牌（按：舘本牌作碑），翰林院撰文，刻置關上，以紀其蹟。

（英宗實録卷 254　景泰附録 72　第 5 頁　254.4.5484）

489　六月丙申　詔建内官直房子（按：疑子爲于之誤）思善門例（按，疑例爲側之誤）。

（英宗實録卷 254　景泰附録 72　第 8 頁　254.6.5488）

490　六月丙申　户部尚書張鳳等奏：洪武年間，天下徵納糧草田地山塘共八百四十九〔按：舘本無九字〕萬頃有餘，今止有四百二十八萬頃有餘。加以水旱相仍，糧草連年停徵，京師供給浩大，倉廩支費不敷。其山東、河南、北直隸并順天府無額田地，甲方開荒耕種，乞（按：疑乞爲乙之誤）即告其不納税糧，彼此互争不已，若不起科，争競之途，終難杜塞。今後但告争者，宜依本部〔按:舘本部作律，誤。廣本抱本作部，是也〕所奏，減輕起科則例,每畝〔按:舘本無畝字〕科米三升三合〔按:舘本三作二〕,每糧一石科草二束，不惟永絶争競之端，抑且少助倉廩之積。從之。

户科〔按:舘本科作部,誤。廣本抱本作科〕都給事中成章等劾鳳等不守〔按:舘本守作貸，誤〕祖宗之法，不歸民心之歸怨，朦朧奏請起科糧草，合執問其罪。帝曰：鳳等惟恐國用不足，故措置如此，若論其罪，誰肯用心幹辦，還依所擬〔按:舘本擬作議，廣本作奏〕行。禮科給事中楊稵等復交章〔按:舘本無章字,誤〕論辨。帝曰:洪武中立國南京，供〔按:舘本供作借〕用易辨。今在北京，國用浩繁。其悉令從輕起科。

（英宗實録卷 254　景泰附録 72　第 8 頁　254.6.5488）

491　六月丁酉　　提督宣府軍務右僉都御史李秉奏：乞於口外各倉召商中納鹽糧，斟酌時宜量減斗數。事下户部，議：馬營、赤城倉淮鹽每引七斗五升，浙鹽四斗，長蘆鹽二斗五升。宣化、永寧、新興倉浙鹽五斗，長蘆鹽三斗五升〔按：舘本無升字〕。從之。

（英宗實録卷 254　景泰附録 72　第 8 頁　254.7.5489）

492　六月辛丑　　户部奏：宣德間賜真定公主灤縣張家莊草地三十二頃。今本縣民岳真奏包占百有〔校記：舘本作有百〕餘頃，真田亦在所占〔校記:廣本占作佔〕之内。本部遣官勘出六十八頃三十畝，欲移文順天府撥與丁多田少無田之家，真地四頃有餘仍還真，俱如減輕則例起科。從之。

（英宗實録卷 254　景泰附録 72　第 9 頁　254.8.5491）

493　閏六月辛亥　　易午門朝鍾。舊鍾無故忽失聲，故易之也。

（英宗實録卷 255　景泰附録 73　第 6 頁　255.2.5497）

494　閏六月甲寅　　巡按直隸監察御史楊紹奏：工部左侍郎趙榮、總督主事劉善、指揮王玉修蓋通州倉厫，日久弗成，軍匠勞苦，當究其罪。帝宥榮罪，餘命刑部鞫之。

（英宗實録卷 255　景泰附録 73　第 4 頁　255.3.5500）

495　閏六月乙卯　西城坊草場火。

（英宗實録卷 255　景泰附録 73　第 4 頁　255.3.5500）

496　閏六月庚午　命工部修宛平縣華家閘〔按:館本作宛平閘，廣本抱本閘上有縣華家三字〕。以水漲堤決故也。

（英宗實録卷 255　景泰附録 73　第 6 頁　255.5.5503）

497　閏六月辛未　免在京各營及順天府寄養例失馬。以水災寬恤之也〔按：館本無也字〕。

（英宗實録卷 255　景泰附録 73　第 6 頁　255.5.5503）

498　閏六月壬申　吏科都給事中李讚等言五事：……一，京師天下之根本，近因大興、宛平二縣奏言，連歲買辦物料，供給（按:館本給作用）不給。欲將京城内外開張舖店之家，逐一照所賣物貨各色報官，聽候買辦，見差給事中御史等官在外清查類册。臣等近見天雨連綿，房屋傾圮，物貨蕭條，人民艱食，若不存恤，實不安寧。乞移文順天府，仍照先年措置買辦事例供用，將見差官取回，候豐稔之時，再爲區處，庶可以安人心而固國本。一，南北二監監生不下萬餘人，有因事故而漸衰老，有因患病而或廢篤〔校記:廣本篤下有者字,是也〕,若不聽其自陳愈（按:館本愈後有加字）淹滯。乞令二監坐堂并各衙門歷事監生，果有老疾及取用未到願告寧家者聽。其各處丁憂依親等項在家不願到京者，宜從有司具實奏聞，就彼放免。如此則廩禄不至虚縻矣。帝曰：朕覽爾等所言多有理，俱從其請。

户部上寬恤減省事宜：一，京城内外被水渰没，軍民既發倉賑濟矣，而順天并北直隸等府軍民被災者，請移文諸〔按:館本諸作請〕府，各遣堂上官二人勘實撫恤，安插賑濟，毋令轉徙失所。……帝采納焉。

（英宗實録卷 255　景泰附録 73　第 6 頁　255.6.5505）

499　閏六月癸酉　命給事中監察御史工部官督五城兵馬〔校記：廣本馬下有官字〕疏濬京城溝渠。

順天府所屬各奏：猛風暴雨連日不止，木拔河決，壞民廬舍禾稼。命户部遣官賑邺。

（英宗實録卷255　景泰附録73　第8頁　255.7.5507）

500　七月乙亥　巡按直隸監察御史吴中奏：閏六月朔，保定府東鹿縣大風拔木，迅雷雨雹如鷄子，擊死馬（按：館本馬作鳥，是也）鵲狐鬼（按：疑鬼爲兔之誤）無算。本月中，順天府霸州、永清、大城、文安等縣，暴風驟雨漂溺民居，渰没禾稼。河間、永平等處，水患尤甚。命户部覆視之。

（英宗實録卷256　景泰附録74　第2頁　256.2.5511）

501　七月丁丑　給事中徐正言：今各處所收夏麥及商賈販糯米、黄米，皆爲造酒之費。淮濟間歲造麯百十萬。臨清、通州及都城造酒之家不下千萬家，一家日費米一石，萬家費米萬石。積而論之，爲費實多。今一切禁止，恐不論能及，可重榷其税，令稍自止息，則米麥不耗矣。

又言：都城附郭荒田不下千萬餘頃，而操備官軍皆坐食，亦可分屯，以省轉運。又言：錢爲國家利柄。多則物貴，可收歛之。少則物賤，可增鑄之。如此則價物常平，而朝廷享其利。奏入，命諸司議行之。

（英宗實録卷256　景泰附録74　第3頁　256.2.5512）

502　七月己卯　順天府宛平縣奏：景泰元年，虜寇未靖，人民驚移。招令復業，曾支給通州倉糧賑濟。稍給之家，既已償納，内（按：館本内下有凡字）九百四十餘石，皆貧難小户，責令秋成償官，今又被災。請暫停徵。帝曰：歲既無收，姑宜寬恤。

（英宗實録卷256　景泰附録74　第4頁　256.3.5514）

503　七月丙戌　命修直隸容城縣白溝河杜村口及固安縣楊家

等口決堤。

（英宗實録卷256　景泰附録74　第7頁　256.6.5519）

504　七月戊子　　户部奏：近以天時淫雨，車脚不通，米價翔踴。廷臣建議，請在京官軍俸糧，俱於京通倉預關兩月矣。今通州倉瘦（按:瘦疑爲廩之誤）復充，各處運至者無處收受，司出納者復請官軍九月十月分俸糧更於通州預支二月，宜從所擬〔校記:廣本擬作議〕。從之。

提督宣府軍務右僉都御史李秉奏：直隸隆慶衛原撥土木、榆林二驛擺站軍士月糧有室家者給八斗，無者六斗。而原衛月糧或有重報冒給者，此等軍士走遞之外，既無別差，又不出戰。請從樽者照口外沾軍例，有家室者給六斗，無者四斗五升，俱於附近懷米（按:疑米爲來之誤）倉關支。原衛月糧明白開除，不許重冒，其家口畏懼邊城不肯隨往者，如例發遣。從之。

（英宗實録卷256　景泰附録74　第7頁　256.6.5520）

505　七月辛卯　　免順天府文安縣景泰六年被災秋糧四千八百一十餘石。

（英宗實録卷256　景泰附録74　第8頁　256.7.5521）

506　七月甲午　　户部先奏准在京法司并北直隸囚犯〔按：館本犯作米，廣本抱本作犯，是也〕運米贖罪則例。永平、山海一帶關寨城堡官吏軍民於喜峯口倉上納，保定、真定、順德〔按:館本德作天，誤，廣本抱本作德〕府衛所屬於倒馬關倉上納，河間、大名、廣平府衛所屬并順天府霸州〔按:館本無州字〕等州縣於紫荆關上納。其後歲歉米貴，逋負連年。至是，巡按監察御史吴中以爲言，命減其則例。雜犯死罪九十石三流并徒三年七十石俱減二十石。杖九十、徒二年半六十石減其十五石。杖八十、徒二年五十石，杖七十徒一年半四十石，杖六十徒一年三十石，俱減其十石。杖罪每一十,二石減作一石五斗。笞罪不減。

（英宗實録卷256　景泰附録74　第9頁　256.7.5522）

507 七月丙申 滿剌加國遣使臣端麻古凌釘等奉表來朝，貢馬及方物。賜宴并綵幣、表裏、金織紵絲襲衣等物，仍命齎勅并綵幣、表裏歸〔按：館本無歸字〕，賜其王及妃。凌釘等奏，其王原賜冠服燬於火。詔復賜皮弁、冠服〔按：館本作皮冠弁服。舊校改作皮弁冠服〕、紅羅常服及紗帽、犀帶。

（英宗實録卷256　景泰附録74　第9頁　256.8.5523）

508 七月丙申 順天府直隸河間、廣平等府、涿鹿、寧山、興州前屯、天津并大寧都司、營州後屯等衛俱奏：六月以來天雨連綿，所轄地畝渰没無收。帝命户部勘實以聞。

（英宗實録卷256　景泰附録74　第10頁　256.8.5523）

509 七月丁酉 户部奏：京城軍民，狥利逐末，屠宰耕牛。請命都察院榜示禁約，仍命御史兵馬司捕問，追牛給貧民耕種。從之。

（英宗實録卷256　景泰附録74　第10頁　256.8.5524）

510 八月己酉 朝鮮國王李弘〔按：館本作泓，舊校改作弘〕暐遣陪臣安崇直等貢馬及方物。賜衣服、綵幣等物有差。

（英宗實録卷257　景泰附録75　第2頁　257.2.5529）

511 八月戊午 先是，欽天監奏：觀星臺在東城上，喧擾不便，而屋宇牆壁亦多損壞。乞徙至東長安街臺基廠，則觀星臺之高與西長安街二塔相對，足爲青龍白虎之象，與堪輿家所言形勢爲宜。帝允其請。至是，以其勞擾，不徙，姑令修理之。

（英宗實録卷257　景泰附録75　第5頁　257.4.5533）

512 八月辛酉 詔濬京師城河，備雨潦也。

（英宗實録卷257　景泰附録75　第6頁　257.5.5536）

513 八月乙丑 朝鮮國王李弘暐遣陪臣金何等貢馬及方物。賜宴并綵幣、衣服等物有差。

勅朝鮮國王李弘暐曰：得奏，王自童稚得疾，承襲父爵以來，氣質孱柔〔校記：廣本柔作弱〕，罔知攸措，凡百政務委諸臣僚，遂致奸謀生變。賴爾叔父得彌〔校記：廣本抱本彌作弭〕禍機，尚惧人心未寧，無以鎮安邦土。請讓爾叔〔校記：廣本叔下有父字〕權署國事。朕念爲政在人，得人而後國安。王既難理國事，使讓或未得人，則爲王國之累非細。今姑允王讓叔李瑈權署國事。復勑諭：王須審察，瑈果平日爲人行事合宜，爲國人所信服是實，即馳奏來，朕更爲王處置。毋受惑於奸諛，墮其詐計，致有不靖。王其慎之。

（英宗實録卷 257　景泰附録 75　第 7 頁　257.5.5536）

514　九月癸酉朔　永嘉大長公主奏：近見京師軍馬數多，用糧浩大，願以永樂、宣德、正統間所買直隸無錫縣田一處計一千二百餘畝，歲入租糧七百餘石盡歸有司，以助給供。從之。

（英宗實録卷 258　景泰附録 76　第 1 頁　258.1.5543）

515　九月癸酉朔　修内府都知監。

（英宗實録卷 258　景泰附録 76　第 1 頁　258.1.5543）

516　九月壬午　修内府御藥庫。

（英宗實録卷 258　景泰附録 76　第 2 頁　258.2.5545）

517　九月戊子　命通州衛帶俸都指揮僉事李名第（按：館本第作弟，是也）全代爲本衛指揮使。

（英宗實録卷 258　景泰附録 76　第 4 頁　258.3.5548）

518　十月癸卯朔　免順天府霸州文安縣諸處所採秋青草，以其連被水災也。

（英宗實録卷 259　景泰附録 77　第 1 頁　259.1.5553）

519　十月壬子　命内供用庫造大隆福寺佛會蠟蠋五萬七千四百枝，共用蠟一萬七百八十餘斤。

命都察院分遣御史同錦衣衛官校、五城兵馬司官兵巡視火〔校記：廣本火作大〕舖督限捕盜。時京城内外饑，強盜肆行，白晝殺人掠財，故有是命。

（英宗實録卷 259　景泰附録 77　第 2 頁　259.2.5555）

520　十月甲寅　召商於順天府霸州等處中鹽納米，以賑饑民。計中兩淮運司景泰六年借撥存積鹽二萬六千四百六十引，每引納米九斗。本州文安等四縣每處上米三千六十石，共米一萬五千三百石，該鹽一萬七千引。固安等三縣每處上米一千五百石，共米四千五百石，該鹽五千引。寶坻等二縣每處上米二千零七石，共米四千一十四石，該鹽四千四百六十引。

（英宗實録卷259　景泰附録77　第2頁　259.2.5555）

521　十月丁卯　命修造太常寺祭服、祭器。

命鑄簡儀銅壺。從内官監請也。

（英宗實録卷259　景泰附録77　第6頁　259.5.5561）

522　十一月己卯　先是，順天府所屬近南十州縣大水，命監察御史原傑往視。傑奏：水潦之餘，人民流移者萬計，比屋缺食，難以徧舉。況各處飼養在官馬騾多者一二千匹，少亦不下七八百匹，因無蓄積芻稿，瘦損倒死者多。一概責償，饑寒〔校記：廣本寒作餓〕既切，箠楚又加，殆不堪命。若不重爲優邺，恐生他變。請勅户（按：疑户下奪部字）開中淮浙鹽納米於霸州并（按：并下奪文字）安、大成、固安三縣各四千石，永清、武清、東安、寶坻四縣各三千石，香河、保定二縣各二千石，驗口賑濟。及將寄養騎操馬匹取回，給與内外官軍騎操。孳生馬并脚力驢摘人管領，於附近有草州縣牧放。其追徵倒死走失馬驢量加停免，候至豐歲〔校記：廣本歲作年〕償官。户部言：淮浙鹽專供邊儲，難准開中。兵部亦言：孳生脚力驢馬於附近州縣牧放亦有礙窒，而寄養馬匹又預備急用之數，難便取給，止宜令彼處〔校記：館本有等字，舊校删去）有司設法賑濟。惟倒死走失馬暫免陪償。帝卒從傑議，命所司行之。後户部所定各處上納米數賑濟不敷，中鹽則例大重，傑又以爲言。復命户部處之。

（英宗實録卷260　景泰附録78　第2頁　260.2.5567）

523　十一月庚寅　户部奏：先是，順天府霸州并文安十州縣被災，巡按監察御史原傑請召商開中淮鹽，已移文納米於彼賑給之矣。傑言米數不敷。今查淮鹽見貯不多，難復開中。請將在京兩法司、直隸監察御史所問擬杖、徒、流、雜犯、死罪囚犯〔按：館本囚犯作囚死。廣本抱本死作犯，是也〕及見運磚運灰者，俱照口外納米則例，於彼處納米贖罪，以備賑〔按：館本無賑字。廣本抱本有賑字，是也〕濟。從之。

（英宗實録卷 260　景泰附録 78　第 6 頁　260.5.5574）

524　十一月辛卯　　提督黄花鎮都指揮僉事韓智奏：本鎮舊城高處山岡，且地勢狹隘，難屯軍馬。其南地勢坦夷，方可三百丈，欲俟〔校記:廣本俟作候〕來春修築徙居之。事下提督軍務右副都御史李賓覈實。從之。

（英宗實録卷 260　景泰附録 78　第 7 頁　260.5.5574）

525　十一月己亥　　順天府宛平縣奏：今年户口鹽糧户部定擬一半納米。近被水災，人民缺食。乞俱納鈔，候豐年如舊納米。從之。

（英宗實録卷 260　景泰附録 78　第 8 頁　260.7.5577）

526　十一月辛丑　　户部奏：太常寺預辦明年大祀支用黄蠟四千餘斤。供用〔校記:廣本用作應〕庫以支盡爲言，例分派民間買用。奉旨不欲勞民，令別爲區畫。請以各處解到折糧銀易之。詔發在京并通州倉米，務依時直，兩平易换，庶官得蠟用，民得米食。

（英宗實録卷 260　景泰附録 78　第 9 頁　260.7.5578）

527　十二月甲寅　　以是冬無雪，令百官致齋三日。分遣大臣以香帛禱於天地、社稷、山川及諸宫觀寺廟。

（英宗實録卷 261　景泰附録 79　第 3 頁　261.3.5583）

528　十二月乙丑　　免薊州、永平、山海等處軍士償官馬二千九百六十餘匹。以歲歉人艱也。

（英宗實録卷 261　景泰附録 79　第 6 頁　261.5.5588）

529　十二月丁卯　順天府宛平縣知縣王紀言：歲歉民饑，宜重爲〔按：館本作爲重，舊校改作重爲〕拯恤。請裁減天財庫檢鈔人夫、九門收鈔舖户、酒醋局酒户，停巾〔按：館本巾作中，舊校改中作巾〕帽局坐買〔按：館本買作賣，廣本抱本賣作買，是也〕皮張并歲辦雜皮、翎毛，蠲抽分煤炸、長生牛羊等物，減土民代種田地糧芻。帝悉從其言。

（英宗實録卷　261　景泰附録 79　第 7 頁　261.5.5588）

530　十二月己巳　免順（按：館本順作應）〔校記：廣本抱本應作順〕天府七州縣留守左衛并直隸寧州、興州中屯等三十五衛今年秋糧子粒共二萬三千九百九十三石，草九萬九千一百六十九束……俱以被災故也。

（英宗實録卷 261　景泰附録 79　第 7 頁　261.6.5589）

531　十二月　是歲……漕運北京儹運過糧四百三十八萬四千石，各處運納糧二百二十二萬四百四十六石。

（英宗實録卷 261　景泰附録 79　第 8 頁　261.7.5591）

景泰七年（1456）

532　正月乙亥　朝鮮國王李弘暐遣陪臣申叔舟等奉表來朝，貢馬及方物。賜宴及綵幣、表裏、襲衣、鈔、絹等物有差。

（英宗實録卷 262　景泰附録 80　第 1 頁　262.1.5593）

533　正月乙亥　順天府宛平縣知縣王紀奏：在京民缺食艱窘，其遞年長生牛羊并〔按：館本并作羊，廣本抱本作并，是也〕羊毛，乞令見在人户辦納。其逃絶人户，乞賜蠲免。從之。

（英宗實録卷 262　景泰附録 80　第 1 頁　262.1.5594）

534　正月丙戌　先是，京城九門每季各役舖户五六人收録，每人費銀至千（按：館本千作十，是也）餘兩。宛平縣知縣王紀以爲言。命每門只役三人。

（英宗實録卷 262　景泰附録 80　第 4 頁　262.3.5597）

535　正月丁亥　大隆福寺修佛會，有回回速來蠻發狂〔按：館本發作法，廣本抱本作發，是也〕，持斧入寺，砍衆僧頭，一僧死，遂上佛殿放火，燒燬佛經并壞門總（按:館本作窓）等物。捕獲斬之。

（英宗實録卷 262　景泰附録 80　第 4 頁　262.4.5599）

536　二月辛丑　提督永平等處軍務右副都御史李賓奏：密雲地方潮河等處，乃要衝〔校記:舊校改要衝作衝要〕隘口。乞於附近衛所，量士協同修理，庶得工程易完，邊境有備。從之。

（英宗實録卷 263　景泰附録 81　第 1 頁　263.1.5606）

537　二月癸亥　朝鮮國王李弘暐奏：臣久嬰重疾，難理國政，叔父瑈今權署國事，措置得宜，伏望早正名號，以愜人心。奏下禮部議之。尚書胡濙等言合允其請。帝從之，遣内臣册封瑈爲朝鮮國王，妻尹氏爲朝鮮國王妃，賜誥命、冕服、冠服〔校記：廣本冠服作冠帶〕等物。降勅諭之曰：近得王弘暐奏稱，其質本孱弱，國用艱虞。惟爾瑈賢良，宜遜乃位。俾〔校記：廣本俾作畢〕詢于國，謂皆屬心。兹特從其所遜，遣内官尹鳳、金興齎勅封爾瑈爲朝鮮國王，代主國事。爾宜恪守臣節，益堅事大之誠〔校記:廣本誠作心〕，永固藩邦〔校記：廣本邦作衛〕，毋忝嗣王之讓。其令弘暐仍以爵閒居，爾須常加優待毋忽。仍詔諭其國人。

（英宗實録卷 263　景泰附録 81　第 2 頁　263.2.5607）

538　二月己酉　未時，暴風從東北方從（按:館本從爲起）拔木飛沙，至次日卯時息。

（英宗實録卷 263　景泰附録 81　第 4 頁　262.4.5611）

539　二月庚申　皇后杭氏崩。命喪禮從儉約，遣書報宗室諸王。

（英宗實録卷 263　景泰附録 81　第 6 頁　263.5.5614）

540　二月甲子　命太監吉祥、保定侯梁瑶、工部右侍郎趙榮督工營造壽陵。

（英宗實録卷 263　景泰附録 81　第 6 頁　263.6.5615）

541　二月丙寅　……順天府玉田縣各奏：歲歉民饑，多有流徙。乞設法招撫，發廩賑濟，俟秋成償官。從之。

（英宗實録卷 263　景泰附録　81　第 7 頁　263.6.5615）

542　三月庚午朔　制諭禮部議皇后杭氏謚號。

給山陵工作官軍四萬人各月米三斗，鹽一斤。從總兵官武清侯石亨等奏請也。

（英宗實録卷 264　景泰附録　82　第 1 頁　264.1.5617）

543　三月壬申　命造天地壇樂舞生袍服。

户部右侍郎張睿劾奏：京城北新草場經該官吏本部主事嚴憲等不肯用心隄備，致火燒燬官草。乞命法司逮治。已燬草數仍令本部委官查盤見數，於各人追陪還官。從之。

（英宗實録卷 264　景泰附録 82　第 1 頁　264.1.5618）

544　三月甲戌　琉球國掌國事王弟尚泰久……各遣人來朝，貢馬。賜宴及鈔幣。

（英宗實録卷 264　景泰附録 82　第 2 頁　264.2.5619）

545　三月甲申　禮部奏：撒馬兒罕等地面使臣馬黑麻捨力班等來朝，貢馬駝、方物。考之舊例，各分等地給賞，其一等二等賞例太重，今難給與。宜令正副使臣如舊時三等例，每人綵段四表裏，絹一匹，各織金紵絲衣一襲。隨來鎮撫舍人打剌罕人等如舊時四等例，每人綵段二表裏，絹二匹，素紵絲衣一襲，各靴襪一雙。……俱從之。

（英宗實録卷 264　景泰附録 82　第 4 頁　264.3.5622）

546　三月戊子　禮部奏：撒馬兒罕地面遣使臣指揮馬黑麻捨力班等入貢，初至甘州，托故遷延不肯赴京，坐支廩給一千七百六十餘石，餘物不計。及至，擇其〔按：館本無其字，廣本抱本有其字〕所貢玉石一千餘塊，重六千餘斤，堪中者止七塊。爾彼乃不聽選擇，自備駝車悉載赴京。臣思馬黑麻捨力班等，以彼頑石詐稱美玉，名雖貢獻，實則貪圖。若俱進收，則虛費朝廷厚賜，使後貢夷人倣傚成風。乞令内臣携玉工同本部官選擇其玉，堪者進收，不堪者退還。許令自與京人交易。從之。

（英宗實録卷 264　景泰附録 82　第 6 頁　264.5.5625）

547　三月壬辰　　給御馬監勇士旗軍馬二千匹，五軍等營官軍馬一千匹，薊州、永平等處操守官軍馬七百匹。

（英宗實録卷 264　景泰附録 82　第 7 頁　264.6.5627）

548　四月乙巳　　修正陽門通水官橋。

（英宗實録卷 265　景泰附録 83　第 1 頁　265.1.5632）

549　四月丁巳　　禮部奏：撒馬兒罕地面〔按：館本無面字，舊校補面字〕使臣馬黑麻捨力班等所貢玉石，選其堪中者僅二十四塊、重六十八斤而已。其餘不堪者五千九百三十二斤，令其自賣。被（按:被疑爲彼之誤）剛欲進貢，臣等欲固沮（按:館本沮作阻，是也）之，恐失遠人之意。議將玉石每五斤回賜絹一疋。從之。

（英宗實録卷 265　景泰附録 83　第 3 頁　265.3.5635）

550　五月乙亥　　移寺子谷營于三屯營。從永平等處總兵官都督僉事宗勝奏請也。

（英宗實録卷 266　景泰附録 84　第 5 頁　266.4.5645）

551　五月丁丑　　撒馬兒罕等地面指揮馬黑麻捨力班等奏〔按：館本無奏字。廣本抱本有奏字，是也〕：請遊在京諸寺及出阜城門外祭掃祖墳。從之。

（英宗實録卷 266　景泰附録 84　第 6 頁　266.5.5647）

552　五月辛巳　　户部奏：順天府并直隸河間、保定、真定、順德、大名、廣平諸府蝗蝻延蔓。請差在京堂上佐貳官往捕之。仍移文巡按監察御史督屬捕治，務令殄〔按：館本殄作殘，舊校改作殄〕滅，毋遺民患。從之。

（英宗實録卷 266　景泰附録 84　第 8 頁　266.7.5651）

553　五月戊子　禮部奏：朝鮮國王李瑈以肅孝皇后崩，遣陪臣安崇效等齎捧祭文、方物進香，并進表陳慰。請照例今（按：疑今爲令之誤）工部造與衰服，光禄寺辦祭物，於筵前致祭，就將祭文、方物進獻。使臣人等在思善門外行禮畢，次日本部引進，陳慰表文。從之。遂宴崇效等宴及綵幣〔按：館本作遂宴崇效等及賜綵幣〕、衣服、靴襪有差。

（英宗實録卷 266　景泰附録 84　第 9 頁　266.8.5653）

554　五月己丑　初，滿剌加國正副使柰靄等來朝貢，至廣東新會縣。靄以犯姦自戕死，副使巫沙等已訖事還。鴻臚寺通事〔按：館本作通寺，誤〕馬貴等憑香人亞來首奏〔按：館本奏作請，廣本抱本作奏〕稱，靄有夜光珍珠并猫睛石未進。朝廷信之，遣員外郎秦顒并貴帶回亞來等，乘傳至廣東，會官追取。至是，廣東鎮守并巡按三司等官及顒等會奏，將靄男女行李〔按：館本作行禮，廣本抱本作行李，是也〕逐一檢閲，别無前項寶物。命擒貴等送法司，如律治之。

（英宗實録卷 266　景泰附録 84　第 10 頁　266.8.5654）

555　五月甲午　撥順天府昌平縣民五十户看守壽陵。仍免其民雜役。

（英宗實録卷 266　景泰附録 84　第 14 頁　266.12.5661）

556　六月巳亥朔　改武成中衛爲壽陵衛〔按：館本衛作馬，廣本抱本作衛，是也〕。

（英宗實録卷 267　景泰附録 85　第 1 頁　267.1.5663）

557　六月乙卯　肅孝皇后杭氏〔按：館本無杭氏，廣本抱本有杭氏二字〕喪發引。

（英宗實録卷 267　景泰附録 85　第 6 頁　267.5.5672）

558　六月庚申　葬肅孝皇后杭氏。

（英宗實録卷 267　景泰附録 85　第 7 頁　267.6.5673）

559　六月辛酉　長陵陵户一百四十餘家奏乞優免里甲。命存一丁以供洒掃，餘令應役。

（英宗實録 267　景泰附録 85　第 7 頁　267.6.5674）

560　六月辛酉　直隸提督學校監察御史張諫試順義等縣生員于通州察院，巡撫永平等處右副都御史李（按：館本李作季）賓弟貫與試，其父封太僕卿往囑諫取中，諫不從。賓馳至通州欲與諫言，諫方閉門試士，弗納。賓因忿，捶〔按：館本捶作搖，誤〕門而入，手歐之。諫奏其狀。賓亦奏諫不遜避，已紊體統。帝曰，賓姑不問，諫及賓父錦衣衛執鞫之。已而杖諫二十。釋之。

（英宗實録卷 267　景泰附録 85　第 7 頁　267.6.5674）

561　六月癸亥　大隆善寺灌頂國師西天佛子沙加言：比年法司論僧道罪無輕重，悉斷還俗。乞如永樂、宣德間例，情重者斷還俗，情輕者輸贖復業。事下法司，議謂，僧道犯罪無輕重悉還俗，乃律之正條，永樂、宣德間或有令〔校記：廣本令作命〕贖罪復業者，特出一時事例。議上。命仍如律斷之。

（英宗實録卷 267　景泰附録 85　第 8 頁　267.7.5675）

562　六月丁卯　勅諭哈密忠順王例瓦答失（按：館本瓦作馬，失後有里字）、撒馬兒〔按：館本無兒字，誤〕罕地面卜撒因王、亦力把里〔按：館本把後無里字，廣本抱本有里字，是也〕地面也密力虎者王及王母、王妃、王弟、王姑并把丹沙等處地面頭目速魯檀馬黑麻各大小頭目人等。賜織金文綺表裏、器物有差，俱命原來〔校記：廣本來下有朝字，是也〕使臣分齎與之。

（英宗實録卷 267　景泰附録 85　第 9 頁　267.7.5676）

563　七月癸酉　順天府直隸保定、真定、河間、廣平、順德、大名……各奏：自五月六月以來，久雨水溢，田禾渰没無存，税粮無從徵納。

（英宗實録卷 268　景泰附録 86　第 2 頁　268.2.5681）

564　七月壬午　順天府尹王賢〔按：館本尹下無王賢二字。廣本抱本有，是也〕乞致仕。詔曰：七十理當致仕，緣京畿人民煩多，非爾久任，公務難完。所請不允。

（英宗實録卷 268　景泰附録 86　第 6 頁　268.3.5684）

565　七月戊子　　刑部鞫太僕寺寺丞鄒永隆陪祀天壽山私役軍伴，當贖笞還職。從之。

（英宗實録卷 268　景泰附録 86　第 5 頁　268.4.5686）

566　七月己丑　　命保定侯梁瑤、工部左侍郎趙榮督榮山陵軍夫三千五百人修清河、沙河、榆河等橋。以自京抵山陵道所經也。

（英宗實録卷 268　景泰附録 86　第 5 頁　268.4.5686）

567　七月辛卯　　順天府通州等處寄籍民王京等奏：祖系交阯人，父學古〔按:館本古作右，舊校改作古〕等挈家歸附，蒙恩受江西信豐縣等處知縣等官〔按：館本作等知縣官，舊校改作知縣等官〕。臣自幼讀書習舉業，今遇順天府鄉試在邇，乞容入試，以圖補報（按：館本報作報）。從之。

（英宗實録卷 268　景泰附録 86　第 6 頁　268.5.5687）

568　七月癸巳　　朝鮮國王李瑈遣陪臣韓確等奉表來朝，貢馬及方物。賜宴并綵幣、表裏、金織襲衣等物。

（英宗實録卷 268　景泰附録 86　第 6 頁　268.5.5688）

569　八月戊戌朔　　遣保定侯梁瑤祭天壽山后土及司工之神。以營建山陵香殿故也。

（英宗實録卷 269　景泰附録 87　第 1 頁　269.1.5695）

570　八月己亥　　給薊州〔按：館本作蘇州，廣本抱本蘇作薊，是也〕永平等處官軍馬一千匹。

（英宗實録卷 269　景泰附録 87　第 1 頁　269.1.5696）

571　八月壬寅　　朝鮮國王李瑈遣陪臣李崇之等奉表來朝，貢馬及方物。賜宴并綵幣、表裏、金織襲衣等物。

（英宗實録卷 269　景泰附録 87　第 2 頁　269.2.5697）

572　八月壬寅　　巡撫永平等處右副都御史李賓言：薊州倉綿花積多，欲給准薊州等衛所及沿邊操守官軍月餉，每米一斗折綿花十四兩。從之。

（英宗實録卷269　景泰附録87　第2頁　269.2.5698）

573　八月甲辰　　朝鮮國王李瑈奏：臣嫡子暲年已長成，國人請立爲世子，未敢自專，請命於朝。詔從之。

（英宗實録卷269　景泰附録87　第3頁　269.2.5698）

574　八月己未　　給密雲後等衛、古北口等關官軍馬一千五百匹。

（英宗實録卷269　景泰附録87　第8頁　269.6.5706）

575　八月庚申　　巡撫永平等處右副都御史李賓奏：薊州永平倉收貯海運鹽糧多，各關營去彼路遠，官軍支運〔校記：廣本運作應〕不便。乞令永平等府衛所屬官吏軍民，願借糧者借與食用，待〔按:館本無待字〕秋成赴各倉還官。并勘出腹裏空地，宜令永平府所屬并薊州等州縣原選民壯屯田。事下，户部言：借給邊糧，恐後不能完納，宜令附近官軍於無警時月輪赴薊州關用，存留永平倉糧以給各邊，民壯屯田，宜如其〔校記：廣本其作所〕請。從之。

（英宗實録卷269　景泰附録87　第8頁　269.7.5707）

576　八月丙寅　　吏部總選官劉敏奏：今歲四月以來，京師米價視昔尤貴，饑謹益增。雖蒙聖恩預給官軍俸糧，并賑卹癃瞽之人，李（按:疑李爲奈之誤）京師萬姓所聚，周給不足。今西成之際，銀一錢止易米一斗，男婦老幼，蒙袂輯屨，叫號於道路者相屬也。若至冬春之交，其爲貧困將何如耶！況今又係賓興朝覲之年，天下諸司，萬邦四夷，畢來朝貢，未免冗食者衆。若使京師民有餓殍，豈不失觀瞻？臣願差官於京倉出米一萬石，減價而糶以濟民艱。并收乞丐人於順天府養濟院，或依親量加賑卹。事下，户部議：以京儲供給浩繁，難准糶賣，惟令〔按：館本無令字，廣本抱本有〕五城兵馬司挨看乞丐之人，應收濟者，准令收濟。應依親者，發遣依親。從之。

（英宗實録卷 269　景泰附録 87　第 13 頁　269.11.5715）

577　九月丁丑　　夜二鼓，四方濃霧，至五鼓漸散。中夜北方白虹現（校記：廣本白作有。廣本現作見），首尾指地，良久方没。

（英宗實録卷 270　景泰附録 88　第 5 頁　270.4.5724）

578　九月辛巳　　左僉都御史徐有貞〔按：館本貞作員，舊校改員作貞〕奏：京畿及山東，自七月大雨至於八月，諸河水溢，雖高阜亦有丈餘，隄岸衝決，民田廬渰没，商舟船漂溺者無算。幸新造水門一帶隄堰無患。其衝決不甚害者，臣已率有司督工修理。惟感應祠舊隄所決既大，所係尤要，必置禦水埽，如水門埽堰之制。仍於濟寧抵臨清增置減水閘，始可經久。其修築人夫乞免他役，人（按：館本人前有仍字）〔校記：廣本人作令〕給口糧，庶易成績。帝是之。仍勅有貞等督軍衛有司措置物料，務在堅完，勿遺後患。

（英宗實録卷 270　景泰附録 88　第 7 頁　270.5.5726）

579　九月癸未　　詹事府丞李侃亦奏：順天府所屬霸洲等處，連年水潦，百姓缺食艱難，即今救死不贍，上司復追徵，錢糧何從出辦。近者天道積陰，連日不開，豈非畿甸之民愁怨之所致乎？伏望憫其困苦，再加寬恤。事下户部知之。

（英宗實録卷 270　景泰附録 88　第 8 頁　270.7.5729）

580　十月丁酉朔　　革獨石、馬營等邊倉管草副使。從右僉都御史李秉（按：館本奏前有所字）〔校記：廣本所奏作奏請〕奏也。

（英宗實録卷 271　景泰附録 89　第 1 頁　271.1.5737）

581　十月丁酉朔　　以故太監李德所建靈福寺并園地賜錦衣衛百户李安爲香火院。

（英宗實録卷 271　景泰附録 89　第 1 頁　271.1.5737）

582　十月己亥　修北京國子監。

（英宗實録卷 271　景泰附録 89　第 1 頁　271.1.5737）

583　十月丁未　户部委官主事陳旺奏：比奏准永安城南門外民地，堪起蓋壽陵衛官軍衙門營房，計用地三頃有餘。將勘出長陵衛等舊設衙門營房基址空閑田地，如數撥還民人領種。詔户部知之。

（英宗實録卷 271　景泰附録 89　第 3 頁　271.3.5741）

584　十月辛亥　光禄寺丞王鍾奏：東安門外夾道中，日有顛連無告窮民，扶老携幼，跪拜呼唤乞錢。一城之内，四關之中，無處無之。此文王發政施仁之所必先者也。今時將寒沍〔按：館本沍作互，舊校改作沍〕，必有〔按：館本無有字。廣本抱本有有字，是也〕凍餓而死者。乞勑户部等衙門勘審。人給布衣一身，粟米一斛，審其原籍有親戚者，待明（按：館本明下有年字）春〔按：館本春作夏，廣本抱本作春，是也〕暖，沿途給與口糧遞送還家。其無親戚者，在京以没官房給之。仍（按:館本無仍字）行天下有司，遇有窮民一體矜〔按：館本矜作欽，廣本抱本作矜〕恤。命户部議行之。

（英宗實録卷 271　景泰附録 89　第 4 頁　271.3.5742）

585　十月甲寅　命隆慶左衛指揮使朱通協同守備獨石。

（英宗實録卷 271　景泰附録 89　第 5 頁　271.4.5744）

586　十月丁巳　户部奏：南石渠等處馬房草場，見在草數不敷支用。請如例定與價直，許官員軍民有草之家上納，給與折草銀兩。南石渠等五處穀草每百束價銀一兩四錢，浑石橋二處穀草每百束價銀一兩五錢。從之。

申嚴京城内外屠牛之禁。

（英宗實録卷 271　景泰附録 89　第 5 頁　271.4.5744）

587　十一月庚午　户部奏：比者各處多奏水患，如順天、河間、保定三府所屬霸州等五州，文安等二十五縣，積水至今未退，皆宜寬恤。兹欲移文所司覈實，災重無收者，今年糧草照〔校記：廣本照下有舊字〕例蠲免。其不成災有收之處，應起運口外糧，亦存一半改納附近倉分，草束中半送原定場所，餘皆每束折收米荳五升，留本處以備賑給。今年應徵秋青草、户口、食鹽、米鈔、棗株、黑土課米暫與蠲免，民間逋欠去年糧草及借貸官鹽俱停，候來年夏秋成熟補徵，庶幾少蘇民困。從之。

（英宗實録卷272　景泰附録90　第2頁　272.1.5750）

588　十一月丁丑　兵部奏：通（按：館本通前有自字）州〔校記：廣本抱本州下有至字，是也〕直沽天津等處，比因水淹民艱，盜賊竊發，雖嘗遣官緝捕，未能盡絶。況朝覲會試之期已逼，行者絡繹於道，宜令鎮守通州都指揮陳達，自通州至直沽分例（按：疑例爲列之誤）五堡，撥軍防送，庶幾盜賊屏跡，行旅獲安。從之。

（英宗實録卷272　景泰附録90　第3頁　272.3.5753）

589　十一月辛卯　修天地壇丹陛石欄。

（英宗實録卷272　景泰附録90　第7頁　272.6.5759）

590　十一月乙未　遼東都司奏：朝鮮國王欲遣其世子來朝明年正旦。禮部言：世子入朝亦人臣敬上之所當然。但時方寒沍，跋履〔按:館履作屨。廣本抱本作履，是也〕爲艱。念彼國本所繫〔按：館本繫作係，廣本抱本作繫〕，未可輕出。宜勅遼東都司：如世子已至關，即令人護送來京。如尚未至，即諭來使往報彼國，免其來朝。如此，則下不失尊敬〔按：館本作敬尊，舊校改作尊敬〕之禮，上不失柔遠之策。從之。

（英宗實録卷272　景泰附録90　第8頁　272.6.5760）

591　十一月乙未　盜竊天地壇齋宫什器。太常寺官自劾典守不嚴。命悉宥之，而令所司捕賊。時試御史閆鼐巡街，奏言：壇宇深邃，齋宫曲密，稍加關防，外人豈能遽入？臣前至壇内，其樂舞生賣酒市肉，宛成賈區，往來驢馬喧雜，無復禁忌。是致狎邪窺探於平日，乃能從容爲盗於一時。究厥所由，咎當誰執？其主典祠官既置不聞，苟不嚴爲禁約。是無復法制矣。禮部尚書胡濙等亦言：朝廷大事莫大於祀天地。今祭祀什器〔按：館本作什物器，廣本無器字，抱本無物字，抱本是也〕爲盗所竊，其典守之官罪不容誅。雖已加原宥，然恐其肆無忌憚。將來怠職廢事，何所不至。於是罷奉祀楊禮謙等官，而令禮部爲條約，榜示之。

（英宗實録卷272　景泰附録90　第8頁　272.6.5760）

592　十二月戊戌　命大興左衛帶俸都指揮僉事李信子經代爲本衛指揮同知。

（英宗實録卷273　景泰附録91　第1頁　273.1.5763）

593　十二月甲辰　朝鮮國王李瑈遣陪臣辛碩祖奉表貢方物，賀明年正旦。

（英宗實録卷273　景泰附録91　第1頁　273.1.5764）

594　十二月癸丑　命順天府所屬州縣發廪賑恤饑民，仍停追索逋負。從户部奏請也。

（英宗實録卷273　景泰附録91　第4頁　273.3.5768）

595　十二月戊午　户部會廷臣議救荒事：一，順天、保定、河間三府所屬通州、香河等三十六州縣災重之處，今年應徵税糧、馬草、户口鹽糧悉與蠲免。如有已徵在官，本色存留彼處賑濟，折色候來春糴穀種給民耕種。一，被災地方山野湖〔校記：廣本湖作河〕泊産有魚菜、菱藕、柴草、蘆葦等物，聽軍民采取食用，不許勢豪之人霸占阻當。一，順天、河間所屬饑民，聽刑部右侍郎周瑄將户部原存收起運口外及存留本府縣并預備倉糧内支給賑濟。若有不敷，仍於通州倉支附餘糧五萬石，天津、德州水次官倉糧支二萬石添給，候豐年抵斗還官。……一，在京乞食貧人，請差給事中御史各一員，督同順天府并五城兵馬勘實驗口，於京倉支米三斗給之。如在京官員軍民之家自願設粥濟衆者聽。一，順天、河間、保定及山東濟南、青州、東昌、兖州七府災重去處，朝覲府州縣官吏，宜從吏部勘實，先行放回，撫綏人民，設法賑濟。一，順天等八府及山東濟南、青州、兖州、河南開封、衛輝府并衛所被災之處，景泰七年十二月以前一應科派、買辦、採辦物料并追賠虧欠、倒死、走失、被盗、孳生馬駒、驢騾、牛羊等畜及拖欠景泰六年糧草絹課，盡與蠲免。一，各處僧道請給度牒，在京數多，未免耗蠹糧米。俱令各回原籍寺觀，俟豐年來京請給。一，在京旗軍匠役人等應支明年七月九月糧米，俱不爲常例。暫於明年正二月預給一半養贍。一，今年十二月以前各被災府州縣、衛、所、見及行提未到軍民，有犯徒、流、笞、杖等罪，悉皆疎放。議聞，帝可其奏。遂降勑諭巡撫順天、河間二府刑部右侍郎周瑄、巡撫山東刑部尚書薛希璉、巡撫永平等處右副都御史李賓、巡撫河南左副都御史馬謹、保定巡按監察御史張寬、真定、大名、廣平、順德巡按監察御史包瑛等俾速行焉。

（英宗實録卷 273　景泰附録 91　第 6 頁　273.5.5771）

596　十二月　　是歲……漕運京師儹運過糧四百四十三萬七十〔校記：廣本抱本十作千〕石，各處運納粮一百一十萬九百六十石。

（英宗實録卷 273　景泰附録 91　第 11 頁　273.9.5779）

景泰八年（1457）

597　正月辛未　　孟春享太廟。帝有疾不能行禮，命太子太師武清侯石亨代行禮。

（英宗實録卷 273　景泰附録 91　第 11 頁　273.10.5781）

598 正月丁丑 帝力疾出，宿於南郊齋宮。

（英宗實録卷 173 景泰附録 91 第 12 頁 273.1.5782）

599 正月己卯 禮部等衙門掌部事少傅兼太子太師禮部尚書等官胡濙等具疏問安，且言皇上日親萬機，未建儲副，無由助理，致勞聖躬，伏乞早選〔校記:廣本選作建，是也〕元良爲皇太子，以慰宗廟、社稷、臣民之望。詔曰：卿等憂宗廟愛君之心，朕已知之。但今失于調理，所請不允。

（英宗實録卷 273 景泰附録 91 第 11 頁 273.10.5782）

600 正月辛巳 自己卯至是日帝皆不視朝，人心益洶洶不安。禮部復集文武百官議請立皇太子。比脱〔校記：廣本抱本脱作晚〕疏成，未及上而去。

（英宗實録卷 273 景泰附録 91 第 14 頁 273.12.5785）

天順元年（1457）

1　**正月壬午**　上復卽皇帝位。時武臣總兵官太子太師武清侯石亨、都督〔校記：廣本抱本中本督下有張輗二字，是也〕張軏等，文臣左都御史楊善、左副都御史徐有貞等，内臣司設監太監曹吉祥等知景泰皇帝疾不能起，中外人心歸誠戴上，乃於是日昧爽共以兵迎上於南宮。上辭讓再三，亨等固請，乃起升輅，入自東華門，至奉天門陞御座。文武羣臣入，行五拜三扣頭禮。上曰：卿等以景泰皇帝有疾，迎朕復位，其各仍舊用心辦事，共享太平。羣臣皆呼萬歲。朝退，上御文華殿。命徐有貞兼翰林院學士，於内閣參與機務。召内閣臣少保兼太子太傅户部尚書華蓋殿大學士陳循等而諭之。遂命循等與有貞俱就文華殿左春坊草宣諭。頃之，進呈。上覽畢以付禮官，於午門外開讀。其文曰：上〔校記：舊校上前補太字〕皇帝宣諭文武羣臣：朕居南宮，今已七年，保養天和，安然自適。今公、侯、伯、皇親及文武羣臣，咸赴宮門奏言，當今皇帝不豫，四日不視朝，中外危疑，無以慰服人心，再三固請復卽皇帝位。朕辭不復，請於母后，諭令勉副羣情，以安宗社，以慰天下之心。就以是日卽位，禮部其擇日改元，詔告天下。羣臣聽宣諭畢，遂各具朝服以入，奉上登奉天殿行卽位禮。時日已正午矣。

命執少保兼太子太傅兵部尚書于謙、少保兼太子太保吏部尚書謹身殿大學士王文于班内，執司禮監太監王誠、舒良、張永、王勤等于禁中，出付錦衣衛獄。時謙等甫聽宣諭畢也。

陞太常寺卿許彬爲禮部右侍郎兼翰林院學士，於内閣參與機務。彬素與武清侯石亨等交密，至是亨等薦之也。

（英宗天順實録卷 274 第 1 頁 274.1.5787）

2 正月丙寅 詔曰：……廼今月十七日朕爲公侯駙馬伯及文武羣臣、六軍萬姓之所擁，遂請命於聖母皇太后，祗告天地、社稷、宗廟，以今年正月十七日復卽皇帝位，躬理幾務，保固家邦。其改景泰八年爲天順元年，大赦天下，咸與維新。

（英宗天順實録卷 274 第 6 頁 274.5.5795）

3 正月丁亥 命斬于謙、王文、王誠、舒良、張永、王勤于市，籍其家。謫陳循、江淵、俞士悦、項文曜充鐵嶺衛軍。罷蕭鎡、商輅、王偉、古鏞、丁澄爲民。

上初命羣臣雜治謙及循等罪。羣臣言：謙與文、淵及誠、良、永、勤，景泰中串同故都督黄玹，構成邪議，更立東宫。尋又逢迎黜汪后，循、鎡、輅不能阻而附之。謙、文欲樹私黨，舉文曜、偉、鏞、澄進用。比因景泰皇帝不豫，在廷文武羣臣合嗣〔校記：廣本抱本中本嗣作詞，是也〕請立皇儲，而謙、文、誠、良、永、勤意欲别圖，遲疑不決。已而見羣情欲迎皇上，乃圖焉不軌，糾合逆旅，欲擒殺總兵等官〔校記：廣本等官作官等〕，迎立外藩。循、鎡、輅、淵、士悦、偉、鏞、澄、文曜俱知逆謀而不告。言〔校記：廣本言作文，是也〕謙等坐謀反，凌遲處死；循等坐謀反，知情故縱，斬。章既上，越二日乃有是命。

謙字廷益，浙江錢塘縣人，永樂辛丑進士，拜監察御史，從征武定州，被命數庶人高煦罪稱旨。巡按江西，執法不撓，豪猾攝服，還，陞行〔校記：各本行下有在字，是也〕兵部右侍郎，巡撫河南、山西，轉左侍郎。招徠流民，設勸糴法，奏免沿河鹵地馬户。正統間，王振用事，有御史與謙同姓名者忤振，振疑爲謙，因事下謙獄，久之得釋。左選大理少卿〔校紀：廣本抱本中本選作遷，是也。廣本理下有寺字〕，罷巡撫，尋以親王及有司奏，復命往巡撫，未幾復兵部右侍郎，視部事。正統十四年八月，郕王攝政，陞謙爲兵部尚書，委以軍國重務。時北征將士十亡八九，械器略盡，京師人心洶洶，侍講徐珵勸南遷避之，謙厲聲曰：言遷者可斬。京師根本重地，惟召天下兵以死守之。羣議乃定。武備稍緝而虜已奪關入犯，京師列營九門禦之。謙與石亨營德勝門，數戰敗之，虜衆宵遁。進少保兼兵部尚書，總督軍務。時獨石等八城失守，議者欲因棄之，謙薦宣府副將孫安率兵收復。上在虜中，廷臣議講和，爲迎復計，謙言虜欲無厭，雖竭府帑予〔校記：廣本予作與〕之，車駕未必還，莫若内修外攘，使彼不得遂其欲，車駕當自還矣，卒如其謀。後以寇難漸平，求解兵柄，不允。又以天變自劾，乞罷歸田里，亦不允。有小田兒者，亡命投虜中，受僞官，導虜入寇，又以貢馬爲名入窺虛實，謙密計授侍郎王偉，至大同誅之。初，謙與石亨同事，謙論議斷制，宿將歛伏，而亨不能贊一辭，銜之。至是亨迎上復位，誣謙與王文謀立外藩，嗾言官劾之，鞫於廷。文反覆力辯，謙曰：亨意如此，辯之何益。竟誣伏，斬于市。既久事白，上亦知其冤。謙英邁過人，歷事三朝，知無不言。巡撫十有八年，政達大體。土木之變，毅然以天下事爲己任，朝廷卒賴以安。年未五十喪妻，不復娶。門第蕭然，不容私謁。故鄉惟舊廬，不治田宅。官籍其家，惟所賜金帛而已。學問該博，善詩文，尤長於奏疏。政務旁午，章日數十上，累千萬言，揮筆立就。然恃才自用，矜己傲物，視勳庸國戚若嬰稚，士類無當其意者，是以事機陰發，卒得奇禍。

文初名强，字千之，直隸束鹿人。永樂中會試下第，時太宗皇帝欲振作士類，命禮部選下第舉人，給冠帶，送國子監進學，文預焉。後登辛丑進士，擢四川道監察御史，持廉奉法。宣廟賢之，爲改名文。宣德十年陞陝西按察使，賜勑之任。正統初以廷臣薦陞右僉都御史，巡撫寧夏兼理軍務，尋遷右副都御史。未幾被召赴京，轉大理寺卿。久之，陞右都御史，風紀大振，朝野憚之。十年，命代陳鎰鎮守陝西，鎮静不擾。十四年轉左都御史，仍鎮其地，尋以疾求退。召還京，復留掌院事。景泰初，加太子太保。三年，山東及南直隸被災，奉命往撫安之。事竣還朝，以少保高穀薦轉吏部尚書兼翰林院學士，入文淵閣，典幾務。疏言舉官賑民數事，悉得其當。五年，應天蘇松大水，命往巡視。時蘇州妖人惑衆讎殺，所司以反報，文令捕獲，悉坐反罪，解京誅之，時以爲寃。及還，進少保兼東閣大學士，修《寰宇通志》充總裁官，書成，加謹身殿大學士。上復登寳位，石亨等欲大己功，嗾言官劾文與于謙等有迎立外藩邪謀，命鞫于廷。文辯曰：召親王須用金牌信符，事之有無，稽此可知。詞直氣壯，衆不敢違其情。遂坐誅，籍没其家，諸子悉發戍邊衛。久之，上悟，乃宥還其子。文爲人深沉有岸谷〔校記：廣本岸作崖〕，剛果廉介，每廷議，百官會集，莫先發言，文以一二語裁決，衆皆帖服。屢鎮大藩，兩總憲政，振舉綱維，無敢干以私者。景泰初，與陳鎰同事，一揖之外，未嘗交談，諸御史仰其風裁若神明。及入閣，毅然欲以身任衆務，事有不可，多所匡正。然性强忮少恕，而又恩讎顯白。文學不能逹人，其子不中鄉試，訐考官，得恩澤，尤爲時論所鄙云。

（英宗天順實録卷 274　第 12 頁　274.10.5806）

4　正月己丑　　總兵官忠國公石亨、太平侯張軏、文安伯張輗奏：隨臣迎駕奪門官舍旗軍三百三十一人，大漢百户六十九人。保駕官軍一千四百九十二人，守門擺隊官軍一千三百一十九人，致死忘家，共成大事，乞加陞擢。上曰：奪門者陞三級，保駕守門者俱陞一級。

（英宗天順實録卷 274　第 21 頁　274.16.5817）

5　二月乙未朔　　總兵官忠國公石亨奏：五軍存操等營官軍人等，景泰七年以來，多因内官王永、王勤等朦朧具奏，調三千營團操及撥各監局匠作，以致隊伍空缺。宜俱取回原營操練。從之。

（英宗天順實録卷 275　第 3 頁　275.3.5833）

6　二月丁酉　　命神機營管操都指揮僉事陳亮鎮守密雲地方。以前鎮守都指揮趙玫病卒也。

（英宗天順實録卷 275　第 3 頁　275.3.5833）

7　二月己亥　　順天府民江聰自出米豆，於崇文門外日爲粥以食饑民。凡四月，得濟者八萬七千五百餘人，用米豆七百四十餘石。事聞，賜勅褒諭之。

（英宗天順實録卷 275　第 5 頁　275.4.5835）

8　二月庚子　　命郕王所立皇太后吴氏復號宣廟賢妃，皇后汪氏復爲郕王妃，懷獻太子見濟爲懷獻世子，肅孝皇后杭氏及貴妃唐氏俱革其封號。

（英宗天順實録卷 275　第 45 頁　275.4.5836）

9　二月庚子　　朝鮮國并哈密等處使臣閔騫等辭。命齎勅書、綵幣，歸賜其王。

（英宗天順實録卷 275　第 7 頁　275.6.5839）

10　二月壬寅　　順天府府尹王賢乞致仕。從之。

（英宗天順實録卷 275　第 8 頁　275.6.5840）

11　二月癸卯　　欽天監掌監事禮部右侍郎湯序奏：郕王既復舊藩，義當革其年號。今本監成造天順二年曆日，其曆尾所書“景泰”年號，宜復以“正統”年號書之。上曰：郕王年號當革，但朕念天倫之親，有所不忍，其仍舊書之。

户部奏：在京富户，本爲填實京師，然年遠有死絶、消乏、充軍、放回、逃去者。今四方水旱民饑，京師人烟輻輳，比之往時不同。乞將死絶、充軍者暫不補，消乏放回者，令各原籍官司查審，三丁以上無礙殷實民僉補，逃者俱照名挨捕〔校記：廣本捕作補〕，若逃者係抵充亦不〔校記：抱本脱不以上十六字〕補。里老人等但扶同作弊及有司放富僉貧者，俱從巡按御史治罪。從之。

（英宗天順實録卷275　第8頁　275.7.5841）

12　二月丁未　上謂工部臣曰：各處邊關神炮神銃〔校記：抱本中本作神銃神炮〕，皆有内官掌管，内官今已取回。其無人掌管者，爾工部移文所在官司，如數送赴京師。惟守城者勿動。

刑科右侍郎周瑄奏：順天府所屬薊州、文安等州縣，屢年水澇，人民匱食，皇上憫念元元，命臣撫濟。臣已設法賑貸，給與牛具種子。

（英宗天順實録卷275　第11頁　275.9.5846）

13　二月癸丑　郕王薨。上命禮部議葬祭禮，禮部議如親王例……命謚曰"戾"。

（英宗天順實録卷275　第15頁　275.12.5852）

14　二月甲寅　陞順天府府丞王福爲本府府尹。

（英宗天順實録卷275　第16頁　275.13.5853）

15　二月戊午　琉球國中山王尚泰久以受封遣使貢方物謝恩。

（英宗天順實録卷275　第17頁　275.14.5856）

16　二月戊午　復除順天府府丞王弼仍舊任。以丁憂服闋也。

勅刑部侍郎周瑄曰：今命爾往順天、河間二府被災州縣賑濟饑民，凡事俱聽便宜處之。務待春夏之交，菜麥接熟，民得充饑，不致艱食，爾可具聞候報回京。朕之愛民如饑在己，爾必深體此意，用心賑恤，務施實惠，勿事虚文。如違，責有所歸，朕不爾宥。

（英宗天順實録卷275　第17頁　275.14.5856）

17　二月庚申　上謂兵部臣曰：郕戾王葬金山，與許悼王及懷獻王世子墳園共處，宜於武成中衛撥官軍三員、旗軍三百户守護，將見有投充軍役者補之。

（英宗天順實録卷275　第17頁　275.16.5860）

18　三月甲子朔　賜占城國正使多把衣那、副使微公執、暹羅國副使馬夏抹金鈒花帶。

（英宗天順實録卷 276　第 1 頁　276.1.5865）

19　三月乙丑　總兵官忠國公石亨奏：五軍中軍右哨右掖千〔校記：廣本無千字〕二營原有白培草場，爲内官阮讓朦朧奏求耕種，本營馬匹無地牧放。乞勅該部踏勘撥還。詔還與作草場，不必踏勘。

（英宗天順實録卷 276　第 2 頁　276.2.5868）

20　三月丁丑　陞順天府大興縣縣丞任忠爲兵部職方司郎中。忠山西沁源人，先是自奏云：太監蔣冕令臣與留守右衛冠帶總旗汪端隨興濟伯楊善、侍郎蕭□（按：□館本作璁）都督衛頴，早夜採探事情，今大事已定，伏乞陞賞。冕爲之言，故陞之。

（英宗天順實録卷 276　第 10 頁　276.8.5880）

21　三月庚辰　上親閱舉人所對策，賜黎淳等二百九十四人進士及第、出身有差。

（英宗天順實録卷 276　第 12 頁　276.10.5883）

22　三月辛巳　琉球國王尚泰久遣使臣程鵬等、朝鮮國王李瑈遣使臣權聰等來朝，貢馬及方物。賜宴并賜綵幣、表裏等物有差。

（英宗天順實録卷 276　第 12 頁　276.10.5884）

23　三月癸未　刑部右侍郎周瑄奏：臣奉勅發通州等處食糧七萬餘石，賑濟過順天、河間〔校記：中本天下、間下有府字〕所屬饑民十九萬餘。復蒙聖諭，以臨清、德州二倉麥豆賑濟。臣看得通、薊、香河等州縣相去德州千餘里，時及東作無力般〔校記：廣本般作搬，中本作船〕運，設能運到亦救濟不及。今通、薊、天津等倉俱有存糧，合令饑民以近就近關支，候豐年於原倉抵斗賞（按：疑賞爲償之誤）官。從之。

（英宗天順實録卷 276　第 14 頁　276.10.5887）

24 三月甲申 修彰義門廣濟菴。從太監吉祥奏請也。

（英宗天順實録卷 276 第 14 頁 276.12.5857）

25 三月己丑 免順天府并直隸真定等府衛去年被災無徵糧七萬六百餘石。

（英宗天順實録卷 276 第 17 頁 276.14.5891）

26 三月辛卯 安南國遣使臣黎文老等捧表箋來，貢金銀器皿及方物。賜宴及綵幣、表裏等物。

（英宗天順實録卷 276 第 18 頁 276.15.5894）

27 四月乙未 詔占城國曰：朕惟帝王主宰天下，在乎一視同仁，而封建藩邦必以宗支承嗣，此有國之通制也。爾占城國，世守海藩，君長之傳，不可虛其位。故國王摩訶貴由，今既薨逝，宜有繼承。其弟槃羅悦，以親以賢，人心攸屬。肆特遣正使給事中江彤、副使行人劉寅之齎勑封爲占城國王。遠近衆庶，夙夜惟寅，宜悉心於〔校記:廣本於作以〕輔翼，務循禮分，罔或至於乖違。長堅忠順之心，永享太平之福。兹詔示，咸使聞之。

又勑諭槃羅悦曰：爾自先世，恪守藩維，傳及爾兄，方隆繼述，曾不數年，遽焉薨逝。訃音遠至，軫于朕懷。咨爾槃羅悦，寔爲王弟，且能遣使以方物來進，請命於朝，眷惟親賢，宜紹國統。特遣使齎詔，封爾爲占城國王，賜以綵幣等物，至可欽服。宜砥礪臣節，允堅藩屏之誠，懷撫國人，以遂承先之志。欽哉。

（英宗天順實録卷 277 第 2 頁 277.2.5901）

28 四月戊戌 賜錦衣衛指揮僉事孫贖宗昌平縣莊田。

（英宗天順實録卷 277 第 3 頁 277.3.5903）

29 四月己亥 命國子監司業曾暹仍舊任。以丁憂服闋也。增修錦衣衛獄。

（英宗天順實録卷 277 第 3 頁 277.3.5903）

30 四月丙午 修太廟、社稷壇神道、御道及牆垣。

（英宗天順實録卷 277 第 7 頁 277.6.5909）

31　四月癸丑　勅國公石亨、會昌侯孫繼宗總管五軍營，太平侯張〔按：館本無張字〕軏、懷寧伯孫鏜總管三千營，安遠侯柳溥、廣寧（按:館本寧下有侯劉安三字，是也）總管神機營。仍命太監曹吉祥、劉永誠、吴昱、王定同理各營軍務。

（英宗天順實録卷 277　第 13 頁　277.11.5919）

32　四月辛酉　朝鮮國王李瑈遣陪臣姜孟卿等來朝，貢馬及方物。賜宴并綵幣等物。

（英宗天順實録卷 277　第 19 頁　277.16.5929）

33　五月己巳　給三千營官軍騎操馬二千五百匹。

（英宗天順實録卷 278　第 7 頁　278.6.5941）

34　五月辛未　交城王美垸奏求《國朝禮制集要》《自警編》《文選》《史紀》《兩漢詔令》。上命給之。

（英宗天順實録卷 278　第 8 頁　278.6.5942）

35　五月壬申　上諭户部臣曰：比聞京城貧窮無依之人，行乞于市，誠可憫恤。其令順天府于大興、宛平二縣各設養濟院一所收之。即令〔按:館本即令作即今，舊校改今作令〕暫于順便寺觀内，京倉支〔按:館本無支字，誤〕米煮飯，日給二餐。器皿、柴薪、蔬菜之屬，從府縣設法措辦。有疾者撥醫調治，病故者給以棺木，務使鰥寡孤獨得霑實〔校記:廣本霑實作沾恩〕惠。仍令五城兵馬司從實取勘，當賑濟者即令送府，不得冒濫（按：館本作濫冒）、侵欺，違者責有所歸。

（英宗天順實録卷 278　第 8 頁　278.7.5943）

36　五月癸酉　命工部尚書趙榮毁壽陵。初，襄王瞻墡來朝，上命往謁三陵。王還，口章言：郕王葬杭氏，明樓高聳，僭擬與長陵、獻陵相等，況景陵明樓未建，其越禮犯分乃如是，臣不勝憤悼。伏覩皇太后制諭，廢之如昌邑王。臣閲《漢書》，霍光因晤帝無後，援立昌邑，以承漢祀，而無簒奪之非，後因過惡荒淫，數其罪而廢之，復其原爵。其郕王祁鈺，承皇上寄托之權，而乃乘危簒位，改易儲君，背恩亂倫，荒淫無度，幾危社稷，豈特昌邑之比乎？幸遇皇上豁達大度，寬仁厚德，友愛之篤，待之如初。又存其所葬杭氏僭擬之跡而不廢，雖聖德之可〔校記：廣本可作包〕容，奈禮律之難恕。伏望夷其墳垣，毀其樓寢，則禮法昭明，天下幸甚！上是王言，遂命榮帥長陵等三衛官軍五千人往毀之。

（英宗天順實録卷 278　第 9 頁　278.7.5944）

37　五月癸酉　　刑部右侍郎周瑄奏民情四事：……一，平谷縣景泰中新設倉官五員，其地偏僻，所收糧米不多，經四五載放支不盡，各官虚費俸糧，宜裁革。……上是其議。

（英宗天順實録卷 278　第 10 頁　278.8.5945）

38　五月甲戌　　放教坊樂工樂婦四百八十六名，各還原籍從良。

（英宗天順實録卷 278　第 11 頁　278.9.5947）

39　五月甲戌　　順天府府尹王福言便民三事：一，本府遞年進春，例該大興、宛平二縣造辦，除芒神、土牛外，每春年一座，用花一朶，該珍珠七十二顆，金脚一根，重一兩三錢；金牌一個，重二錢，鍍金銀絲五兩，翠葉一十二個，共該銀四十餘兩。正統十四年十二月内禮部奏准進春用時宜花朶，每朶内除翠葉照舊外，其珍珠止用貼金黄蠟珠，金脚用抹金銀脚，金牌用貼金紙牌，鍍金銀絲用燃金銅絲。今本府預造天順二年春座在邇，照得兩縣地方連年災傷，民窘尤甚，前項花朶合無照禮部勘合内事理造辦便益。一，本（按。館本本下有府字，是也）所屬二十七州縣，除爲事爲民屯所外，土民止有五百六十里，每年應當神木廠夫六百名。砍柴夫一千七百三十五名，惜薪司擡〔按：館本擡作臺〕柴夫三千二百名，匠竈、海園、墳佃等，户都税等司巡欄、塌房、廂長、馬驢〔校記：廣本驢作騾，下同〕車舡、防夫，壩上等倉脚夫、甲字等庫夫，祗禁弓兵、鋪司鋪兵共一萬六千六百餘名。此外，餵養官馬、牛、驢，納辦稅糧草束，承應各衙門採辦軍需等項物料，拽運迤北使臣軍輛夫，比之外府，實爲倍蓰。又兼連年災傷、疾瘟，人力不敷，所屬民欲避重就輕，徭（按：館本徭作往）往三五相率，數十成羣，告投力士校尉軍役，一縣或一二百名，或七八十名。切惟民者國之本，有民而後有賦役，今投充軍役者日多，則應當民差者日少。況投軍一名，又要户下一二丁貼備，俱係不當民差之數。臣訪得所投之人，多係正貼軍户、匠竈、驛站，夫役占者，兵部不行體勘，就准收伍，甚至改換鄉貫、名籍。此等初無竭力効勞之誠，不過脱免差役，叨竊糧賞而已。既投之後，却又逃脱。乞勑兵部查勘，自天順元年正月以後，但係本府所屬民投充力士校尉軍役者，照依上林苑監奏准事例。不分已未收伍，俱發原籍爲民，當差納糧，實爲便益。一，本府節次承准户部、刑等部（按：疑部在等前）各各（按：疑衍各字）司并各道御史送到遞發犯人中，有事情未結，應該于巡按御史并按察司聽理者，亦有問擬供明應該原籍爲民寧家者。切緣前項之人，多係曾經監禁、捶楚之餘，有疾病瘦弱、扶老携幼不能行履者，有盤纏盡絶、無人供備乞食度日者。比聞遞發，往往叫號（按：館本號後有痛字）哭告乞矜免。本府因係承奉上司明文，雖有憐憫之心，不敢違越。其間離家或五七百里、一二千里，逐程押解之人，又百計刁蹬、逼勒，有將衣服剥脱者，有將婦女污辱者，甚至拘囚拷打，傷害性命，其苦萬狀，難以枚舉。乞勑各該衙門，今後但係供明應該原籍寧家者，俱送本府給引前去，庶得刑不及丁無辜，人免虐害。上皆從之。

（英宗天順實録卷 278　第 12 頁　278.9.5948）

40　五月丙子　　巡按直隸監察御史史蘭奏：順天等（按：館本等下有府字）薊州、遵化等州縣軍民，自景泰七年冬至今春夏，瘟疫大作，一户或死八九口，或死六七口，或一家同日死三四口，或全家倒卧無人扶持。傳染不止，病者極多。臣且詳瘟疫雖稱天災，流行然亦人事有乖。或因大臣失職，不能調燮陰陽；或因用刑失中，有傷天地和氣，或因有司貪酷，失於撫字。伏望皇上體天地至仁，戒諭羣臣，使各省修改過，以回天地之合，以弭羣黎之患。

（英宗天順實録卷 278　第 13 頁　278.11.5951）

41　五月丁亥　　賜少監用（按：館本用作周）忠良鄉田二十九頃有奇。

（英宗天順實録卷 278　第 19 頁　278.16.5962）

42　六月癸巳朔　　工部委官主事陳湊奏：暹羅國使馬黄報等，收買山東饑民子女帶回爲奴，不惟良賤失倫，抑且使彼譏笑中國。乞遣官星馳追及，就於所在官司給官錢贖回，送赴原籍完聚。從之。

（英宗天順實録卷 279　第 1 頁　279.1.5967）

43　六月甲午　　安南國王黎濬奏：欽蒙朝廷封以王爵。臣祗承朝命已十餘年，伏望賜臣袞冕，依朝鮮國王例。上不從。

安南國王陪臣黎文老奏：詩書所以淑人心，藥石所以壽人命。本國自古以來，每資中國書籍、藥材，以明道義，以躋壽域。今乞循舊習，以帶來土産香味等物易其所無，回國資用。從之。

（英宗天順實録卷 279　第 2 頁　279.2.5969）

44　六月己亥　　是日晴霽，酉刻大風雷雨驟從西北來，發樹壞屋。須臾雨雹，大如雞卵，至地經時不化。奉天門東吻牌摧毁。

（英宗天順實録卷 279　第 4 頁　279.4.5973）

45　六月壬寅　　放光禄、太常二寺老疾厨役四百九十三人還原籍。

（英宗天順實録卷 279　第 6 頁　279.5.5976）

46　六月甲辰　　命工部左侍郎孫弘督修正陽門等城門樓鋪。

（英宗天順實録卷 279　第 7 頁　279.6.5978）

47 六月丙午 賜朝鮮國陪臣黄守身等二十八人宴。

（英宗天順實録卷 279 第 8 頁 279.7.5990）

48 六月丁未 安南國使臣黎文老等〔按:館本無等字，誤〕陛辭，上賜其國王黎濬〔按:館本濬作璿，廣本抱本中本作濬〕織金文綺并綵絹二十四，錦四段，俱命文老齎與之。勑諭濬曰：朕惟功過不能相掩，賞罰各有攸當。如王職貢恪修，朕實嘉之。至於有罪，奚可不告？近者。廣東守臣奏，爾國人撑〔按：館本撑作掌，廣本抱本中本作撑〕駕二（按:館本二作三）桅船隻，往來廣東珠池，或二隻或三隻，多至一百五十餘隻，竊取珍珠，歲無虚日，致被守者擒獲四人。其人招稱范員、程留、武廉、范竟，俱係爾國南策下路峽山等縣人民。此雖小事，實傷大體。謂爾故縱耶，則於臣節有虧。謂爾不知耶！則典守者不得辭其責也。勑至，爾宜自省，以消厥愆。毋或執迷，致干大戮。

（英宗天順實録卷 279 第 9 頁 279.7.5980）

49 七月癸亥 修理朝陽門至通州一帶橋道。時夏雨驟集，道多積水，橋亦損壞，糧運不便。故命修理之。

（英宗天順實録卷 280 第 2 頁 280.2.1992）

50 七月甲子 修神機營火雷前後殿及教場官廳。

（英宗天順實録卷 280 第 3 頁 280.2.5992）

51 七月丙寅 夜，承天門災。

（英宗天順實録卷 280 第 4 頁 280.3.5994）

52 七月辛未 放太醫院老疾醫士許淳等二十四人寧家。

（英宗天順實録卷 280 第 6 頁 280.5.5998）

53 七月壬午 賜内官鄧永德勝門外田八頃。

故都督同知錢貴妻陳氏、河間獻縣田四十八頃三十畝。各從其奏請也。

（英宗天順實録卷 280 第 16 頁 280.14.6015）

54 七月癸未 奉御常（按：館本常作韋）良奏：臣奉命管領看

墳六户，看守仁廟恭靖賢妃墳塋，今增添恭懿惠奴（按：疑奴爲妃之誤）、真静敬妃二墳，墳户數少，請於附近昌平、宛平二縣僉撥四户看守爲便。從之。

（英宗天順實録卷 280　第 17 頁　280.15.6017）

55　八月丁酉　　給隆慶衛官軍馬百五十四匹。

（英宗天順實録卷 281　第 3 頁　281.2.6030）

56　八月戊申　　命大能仁寺左覺義乃耶室哩爲灌頂國師，賜誥命。

（英宗天順實録卷 281　第 8 頁　281.7.6039）

57　八月乙酉　　朝鮮國王李瑈遣陪臣成奉祖等奉表來朝，貢馬及方物。賜宴并金織紵絲襲衣、綵幣、表裏等物。

（英宗天順實録卷 281　第 8 頁　281.7.6040）

58　八月庚戌　　以原賜駙馬都尉并（按：館本并作井）源昌平縣田改賜太監尹奉。

（英宗天順實録卷 281　第 9 頁　281.8.6041）

59　八月乙卯　　修承天門外左右直房。

（英宗天順實録卷 281　第 11 頁　281.9.6044）

60　八月丁巳　　以崇文門外民田四十八畝有奇葬故太監阮浪，除其租税。

（英宗天順實録卷 281　第 12 頁　281.10.6046）

61　八月己未　　順天府通州并直隸大名、廣平、鳳陽、天津……諸府衛各奏：今夏淫雨連綿，河堤衝決，渰没禾稼，租税無徵。事下户部覆視之。

（英宗天順實録卷 281　第 13 頁　281.11.6047）

62　九月丙寅　　給天壽山役作官軍行糧每人月三斗。

（英宗天順實録卷 282　第 3 頁　282.3.6053）

63　九月戊辰　　勑撒馬兒罕等處速魯檀毋撒亦等曰：惟爾世處西域，敬奉朝廷。朕復登大位，嘉念爾誠，特遣正使都指揮馬雲等往彼公幹，頒賜爾等綵段表裏。爾其體此恩意，益盡忠誠，善待使臣，護送往回，毋致失禮。仍賜赤斤蒙古等衛都督阿速等綵段表裏。勅其遣人護送雲等詣彼，如違，必罪不宥。

（英宗天順實録卷 282　第 4 頁　282.3.6054

64　九月甲戌　　給天壽山防護役作官軍殺虎手百人口糧每人月米。從右都督過興奏請也。

（英宗天順實録卷 282　第 6 頁　282.5.6058）

65　九月乙亥　　兵部奏：都指揮馬雲等官軍四百四十人，往撒馬兒罕等處公幹，合用馬一千七百〔校記：廣本抱本百作十〕八匹。在京馬少，乞於各營内量借騎操馬及行陝西苑馬寺給與。從之。

（英宗天順實録卷 282　第 7 頁　282.6.6059）

66　十月丙申　　免靖遠伯王驥菜地税糧。驥在正統間爲兵部尚書，嘗奏免本户該徵税糧二石九斗有奇。至是於京城西直門外新買菜地，復奏請免其該納粮一石八斗有奇，草二十三束有奇。從之。

（英宗天順實録卷 283　第 2 頁　283.2.6073）

67　十月己亥　　陞順天府府丞王弼爲應天府府尹，湖廣道監察御史王晉爲順天府府丞。

（英宗天順實録卷 283　第 33 頁　283.2.6074）

68　十一月壬戌　　朝鮮國王李瑈遣陪臣金澣等齎箋并貢馬，賀皇太子千秋節。賜宴并金織紵絲襲衣、綵幣等物有差。

（英宗天順實録卷 284　第 1 頁　284.1.6083）

69　十一月庚寅　　是月，賜在京在外諸寺額，曰法光、永泰、龍泉、雲巖、歸義、隆安、地藏、重熙、法幢、延洪、華光、普陀、大雲、海會、智安、福勝、普應、青塔、陽坡、穀積、石佛、夕照、普安、通法、普仁、嘉福、法寧、開化、大寧、法寶、罔極、永峯、圓廣、觀音、顯法、永福、保安、崇慶、廣福、圓真。凡四十寺。

（英宗天順實録卷 284　第 10 頁　284.8.6098）

70　十二月甲辰　禮部言：今在京在外僧尼、道士、女冠請賜寺院、菴觀名額者源源不絶。竊惟此等無益於事，且既有名額，又復請求，實煩聖聽。今復除舊無名額者許請，其以有爲無一概奏請并扶同保結者，宜悉治其罪。從之。

（英宗天順實録卷 285　第 4 頁　285.4.6105）

71　十二月　是歲……漕運北京儹運過糧四百三十五萬石，各處運納糧一百一十七萬三千四百五石。

（英宗天順實録卷 285　第 11 頁　285.9.6116）

天順二年（1458）

72　正月壬戌　朝鮮國王李瑈遣陪臣韓名溍等來朝，貢馬及方物。賜宴及綵幣、表裏、襲衣物等。

（英宗天順實録卷 286　第 1 頁　286.1.6120）

73　正月戊辰　琉球國中山王尚泰久遣通事程鴻來朝，貢方物。賜宴。

（英宗天順實録卷 286　第 2 頁　286.1.6120）

74　正月癸未　朝鮮國王李瑈奏：嫡長子暲蒙立爲世子。今暲病故，請立次子晄，以慰國人之望。禮部以聞。上從其請，賜勅諭之。

（英宗天順實録卷 286　第 8 頁　286.7.6131）

75　二月乙未　安南國王黎濬遣陪臣黎希葛等、琉球國中山王尚泰久遣使臣吴世堪美等、朝鮮國王李瑈遣陪臣李澄珪等……各來朝，貢馬及方物。賜宴并賜綵幣、表裏有差。

（英宗天順實録卷 287　第 4 頁　287.3.6142）

76　二月壬寅　　蠲順天府通州寶坻縣并直隸淮安、鳳陽、徐州等府州縣衛去年被災田秋糧子粒一萬八千石有奇，草三十三萬九千〔校記：千作十〕餘束。

（英宗天順實録卷 287　第 8 頁　287.7.6149）

77　二月丁未　　修南海子行殿及大紅橋一、小橋七十五。

（英宗天順實録卷 287　第 10 頁　287.9.6153）

78　二月丁未　　免通州左等衛去歲災傷屯田子粒三萬八百餘石，草二萬七千餘束。

（英宗天順實録卷 287　第 11 頁　287.9.6153）

79　二月辛亥　　迤北韃子也先土千克秃等來歸。上命爲百户，留京居住。

（英宗天順實録卷 287　第 13 頁　287.11.6158）

80　閏二月甲子　　琉球國王尚泰久遣使臣衛農是等……各來朝，貢馬及方物。賜宴并綵幣、表裏有差。

（英宗天順實録卷 288　第 4 頁　288.3.6166）

81　閏二月己卯　　勅守懷來等處右參將都督姚貴：近有自口外還者言，向者木（按:疑木爲土之誤）木南山、河南河北一路陣亡官軍骸骨，至今暴露。朕聞之惻然于中。爾即分遣人盡收，於僻地深瘞之。勿忽。

（英宗天順實録卷 288　第 7 頁　288.6.6172）

82　三月癸卯　　賜惠安伯張琮順天府武清縣空地五十餘頃。從其請也。

（英宗天順實録卷 289　第 3 頁　289.3.6179）

83　三月辛亥　　禮部奏：自去冬至今春，雨雪不降，有妨農種。宜令文武百官齋戒三日，分命堂上官禱于在京諸寺觀、廟宇。從之。

（英宗天順實録卷 289　第 8 頁　289.7.6187）

84　三月乙卯　　朝鮮國王李瑈遣使來賀皇太后受尊號，貢方物。賜宴并鈔幣等物。

（英宗天順實録卷 289　第 9 頁　289.8.6189）

85　三月乙卯　甓隆慶州城。

（英宗天順實録卷 289　第 9 頁　289.8.6189）

86　三月乙卯　宥都指揮孫顯宗罪。錦衣衛奏：顯宗家奴十餘人，在張家灣强占莊田、私起店房、邀截商貨、逼勒取利。詔擒鞫之獄。其命宥顯宗罪，莊田悉還原主，店房悉令拆毁，家奴送法司論如律。仍通行禁約。

（英宗天順實録卷 289　第 9 頁　289.8.6189）

87　四月己未　鎮守古北口都指揮僉事陳亮，坐賂兵部尚書陳汝言求鎮守。下巡按御史鞫，當徒。都察院以其事在赦前，奏請勿罪。從之。

（英宗天順實録卷 290　第 2 頁　290.1.6192）

88　四月丁卯　命工修整文淵閣門窻，增置門牆。

（英宗天順實録卷 290　第 4 頁　290.3.6196）

89　四月辛未　朝鮮國王李瑈、安南國王黎濬各遣陪臣來朝，貢方物、金銀器皿。賜宴并綵幣等物。

（英宗天順實録卷 290　第 5 頁　290.4.6198）

90　四月乙酉　勑諭文武百官曰：朕纘承洪業，奉守祖宗大法，將以理正天下，用圖治平。然京師乃天下之本，而貴戚近臣又四方之所視效，若遺近未正，何以示至公于天下。近聞皇親、公、侯、伯、文武大臣中間，多有不遵禮法，縱意妄爲。有將犯罪逃躲并來歷不明之人藏留使用者，有令家人于四外州縣强占軍民田地者，有起蓋房屋、把持行市、侵奪公私之利者，有詭名中鹽挾制官司、虧損國家之課者，其弊多端，難以枚舉。且如會昌侯弟孫顯宗姪璘，令家人私造房屋，以罔市利。近者事發〔按：館本發作廢，舊校改廢作發〕，朕不敢以外戚之故屈法寬貸，皆從重處治。如爾各官見有藏留人口、侵占田地等項能自首者，俱免本罪。若被人首發或體訪得知，必重罪不宥。其家人及投托者，皆發邊衛永遠充軍。今後各宜循禮守法，保享禄位，毋蹈前非，以干憲章。

（英宗天順實録卷 290 第 8 頁 290.7.6203）

91 四月丙戌 順天府涿州民顧真……俱出穀粟千石助官賑邮。詔賜璽書旌異，復其家。

（英宗天順實録卷 290 第 9 頁 290.7.6204）

92 五月丁亥朔 掌禮部事興濟伯兼尚書楊善卒。善字思敬，順天府大興縣人。年十七爲府學生，太宗皇帝舉兵靖難，善與守城，除典儀所引禮舍人。永樂紀元，擢爲鴻臚寺序班，改鳴贊，累陞至本寺卿，正統十三年陞禮部左侍郎，十四年遷都察院左〔校記：抱本左作右〕副都御史，督守九門，尋陞右都御史。景泰元年，使北虜，迎車駕回京，遷左都御史。先已遣使迎請，虜酋也先以爲非大臣不許。及善至，虜知其爲大臣，善又有機變，能動虜酋。且自出財帛以啖其衆，遂得迎回。三年，以易儲加太子太保，俱仍理鴻臚寺事。天順元年，上復位，封奉天翊衛推誠宣力守正文臣，特進光禄大夫、柱國、興濟伯、掌左軍都督府事，食禄千二百石，給賜誥券，復禄其子并養子，出使功得禄秩者十數〔校記：廣本安本數作餘〕人。上眷顧甚隆，已而爲石亨輩譖言疏之。尋命兼掌禮部事。卒年七十有五。上悼惜之，輟視朝一日，遣官諭祭，贈興濟侯，謚忠敏，命有司營葬事。善容貌魁梧，應對敏捷，在鴻臚寺五十餘年，其朝會、慶賀、燕嚮〔校記：舊校嚮作饗〕之禮及四夷朝貢之儀未有熟于善者。然素無學術，爲人外若柔和，中實陰忮。凡事之可以利己自便者，不顧義理〔校記：廣本義理作禮義〕，無不爲之。永樂初，嚴治方孝孺之黨，庶吉士章朴與善同坐事，朴言家有《孝孺文集》，善卽借觀，密以奏聞，遂戳朴而復善官。正統中，太監王振用事，善媚事之，不憚屈己。迨上復位，輒恃功陵人，招權納賄，亞於石亨、張軏。出諷言官舉劾姦黨，而入稱爲公論。王文、于謙之死，陳循等之竄，善力居多。已而被疏，間悒悒不樂，病且作矣。濱死若有所見，或者以爲文與謙爲之厲云。

（英宗天順實録卷 291　第 1 頁　291.1.6027）

93　五月戊子　器皿廠火，逮工部都水司主事楊懋等，下刑部獄。刑部論懋當杖還職。上復命錦衣衛拷訊之。

增造天地壇養牲房三十五間。

（英宗天順實録卷 291　第 3 頁　291.2.6210）

94　五月庚子　命前軍都督府及兵部移文廣東都布二司，令所屬府州縣衛所遇安南國陪臣黎希葛到彼，量〔校記：廣本抱本量下有遣字，是也〕軍夫護送，毋致疏失。以廣東地方弗靖，從希葛請也。

（英宗天順實録卷 291　第 6 頁　291.5.6215）

95　五月丙午　六科十三道劾奏五城兵馬指揮司指揮李惟新等二十一員不帶夜巡銅牌。事覺，許令回話。奏對不實，俱宜問罪。上命錦衣衛鎮撫司鞫之。尋各調外任。

（英宗天順實録卷 291　第 11 頁　291.9.6223）

96　五月戊申　勅諭安南國王黎濬曰：王遠守南藩，克篤忠敬，修職奉貢，久而弗渝。兹者，以朕復正大統，特遣陪臣奉表稱賀。且以金銀器皿、方物來獻，眷此勤誠，良足嘉尚。使回，特賜綵段表裹，用答至意。王其益堅畏天之心，允惇事大之義，用保其國，庶副朕懷。

（英宗天順實録卷 291　第 11 頁　291.9.6224）

97　五月庚戌　京城安定關〔校記：廣本關作門，是也〕外太清觀、真武廟皆中官所營，正統中賜額，命道士王道昌主之。有地一百餘頃，畜牛五百餘，車五輛。天順初，都指揮同知孫紹宗奏請得之。會有旨，皇親憑勢占奪田地俱令退還，道昌緣是訴奏。上命地畝入官，廟觀車牛給還道昌。

（英宗天順實録卷 291　第 13 頁　291.11.6227）

98 五月辛亥 命工部修理景陵香殿。遣駙馬都尉石璟祭告。

（英宗天順實録卷 291 第 13 頁 291.11.6227）

99 五月癸丑 嘉興大長公主墳地屬宛平縣，舊免税糧，後爲太監王振姪錦衣衛指揮林所占。林既得罪，没地入官。公主府閽者崔童奏復之。命仍免其夏税七石六斗，秋糧一十七石七斗，馬草二百一十四束。

（英宗天順實録卷 291 第 14 頁 291.11.6228）

100 六月癸亥 陞欽天監監副高冕爲監正。以任滿九載也。

（英宗天順實録卷 292 第 3 頁 292.3.6235）

101 六月乙丑 有遵化衛卒潛躡北虜使臣，出境殺之，奪其所得賜物。事覺，都察院劾鎮守永寧、山海等處太監郁永、都督僉事宗勝寬縱之罪。上命其自輸狀，乃宥之。

（英宗天順實録卷 292 第 4 頁 292.4.6237）

102 六月丁卯 占城國王槃羅悦遣陪臣逋沙怕婆利始等奏表來朝，貢犀角、象牙諸方物。賜宴并鈔幣、冠帶、金織襲（按：舘本襲下有衣字）等物。仍命逋沙怕婆利始等齎勅并綵幣、表裏，歸賜其王及妃。

（英宗天順實録卷 292 第 5 頁 292.4.6238）

103 六月丁卯 直隷大河等衛運糧赴直隷天津等衛倉，舟至東洋海口，遭風，漂没糧九千五百餘石。旗軍鄭福等訴於户部，乞分豁。户部議：將大河等衛明年應運薊州倉糧内改四萬七千六百餘石赴天津衛倉納，省雇直米九千五百餘石，以補漂流之數。從之。

（英宗天順實録卷 292 第 5 頁 292.5.6239）

104 六月戊辰 司禮監太監阮簡奏：泰（按：泰前奪景字）中乞大興縣田三頃耕種，今爲人所侵。下户部，覆勘：内八十畝實有糧田，累民賍納〔校記：廣本賍作賠，是也〕已數年矣。上命簡即退還民。

（英宗天順實録卷 292 第 6 頁 292.5.6240）

105　六月辛未　大雷雨。良鄉縣草場災。

（英宗天順實録卷 292　第 7 頁　292.6.6242）

106　六月甲戌　漕運總兵官右都督徐恭奏：天久不雨，各洪閘水淺，漕運艱難，盤淺雇直之費甚重，軍士疲憊不堪。乞勅户部，將今六月以後運至京倉〔校記：舊校改爲運至京倉者〕量改通州倉，以紓其困。章下户部，議：京糧缺少，難從其請。上曰：京儲固爲重務，而軍士之困亦所當念，其如恭請。六月以後運至者，京倉通倉各中半上納。

（英宗天順實録卷 292　第 8 頁　292.7.6243）

107　六月戊寅　以順天府香河縣田十五頃賜都督僉事艾義。

（英宗天順實録卷 292　第 9 頁　292.8.6245）

108　六月己卯　是日驟雨，雷震大祀殿脊吻。上命内官監修理之。

（英宗天順實録卷 292　第 9 頁　292.8.6245）

109　七月癸卯　也密也只王朝貢使臣賽弗剌等奏乞大紅織金叚及高麗布、琵琶、筝〔校記：廣本筝作并〕、黄連、丁香、桂皮、沙糖、桐油等物。上命其所請之輕者給之，其重者止之。

（英宗天順實録卷 293　第 9 頁　293.8.6263）

110　八月丙寅　命填京城内諸水塘。從掌欽天監事禮部右侍郎湯序言也。

（英宗天順實録卷 294　第 3 頁　294.3.6275）

111　八月己巳　朝鮮國王李瑈遣陪臣柳河等……奉表及方物來朝。賜宴并衣服、綵幣等物有差。

（英宗天順實録卷 294　第 4 頁　294.3.6276）

112　八月乙亥　建山川壇齋宫。遣工部尚書趙榮祭司工之神。

（英宗天順實録卷 294　第 6 頁　294.5.6279）

113　八月己卯　吏部奏：近例官吏人等匿喪、詐喪，事有輕重，若概罷爲民，無以示警。今後有將遠年亡故父母詐稱新喪者，問發順天府昌平、遵化、薊州等州縣爲民，係順天府者發口外爲民。父母見在詐稱死亡者，發口外獨石等處充軍。其間父母喪，匿不舉，不離職役者，若原籍程途三千里之上限一年，不及三千里者限半年，違例不回守制者，俱發口外隆慶、永寧等州縣爲民。從之。

（英宗天順實録卷 294　第 7 頁　294.6.6282）

114　九月丙申　增置隆慶、保安州管糧判官，從按撫宣府右副都御史王宇奏請也。

（英宗天順實録卷 295　第 4 頁　295.3.6290）

115　九月辛丑　增置順天府通判一員，專理軍政。從府尹王福奏請也。

（英宗天順實録卷 295　第 5 頁　295.5.6293）

116　九月丙午　出內帑綿布一百疋給大興、宛平縣養濟院貧民。

（英宗天順實録卷 295　第 7 頁　295.6.6295）

117　十月癸未　朝鮮國王李瑈遣陪臣柳洙并朶顔等衛指揮李倫等來朝，貢馬及方物。賜宴并金織紵絲襲衣、綵段、絹、鈔有差。

（英宗天順實録卷 296　第 9 頁　296.8.6313）

118　十一月乙酉朔　修玉河東西堤。

（英宗天順實録卷 297　第 1 頁　297.1.6315）

119　十一月壬寅　以京城內外多强盗，命都察院出榜申諭：諸人擒捕若得實，其原捕及首告人賞鈔二千貫。仍給（按：疑給下奪擒字）賊貲官旗軍校陞一級，民匠加賞銀十兩。

（英宗天順實録卷 297　第 4 頁　297.3.6320）

120　十一月乙巳　以順天府通州田一十頃賜恭順侯吴瑾。

（英宗天順實録卷 297　第 6 頁　297.5.6324）

121　十一月戊申　以冬不雨雪，命百官致齋三日，分遣大臣禱于天地、社稷、山川及諸宮觀、祠廟之神。

（英宗天順實録卷 297　第 7 頁　297.6.6325）

122　十二月己巳　先是，直隸大河衛百户閔恭〔校記：廣本恭作泰，疑誤〕奏：南京并直隸各衛，歲運薊州等衛倉糧三十萬石。駕船三百五十隻，用旗軍六千三百人，越大海七十〔校記：廣本十作千〕餘里，風濤險惡，滯留旬月。及有順風開船，行至中途，忽爾又值風變，人舡糧米多被沉溺，實非漕運之便。臣見新開沽河，北望薊州，正與水套沽河相對，止有四十餘里。河徑水深，堪行舟楫。但其間十里之地阻隔。若挑通之，此由偕運，則海濤之患可免。雖勞人力於一時，實千百年之計也。事下工部，請移文鎮守蘇（按：舘本蘇作薊）州總兵、巡按直隸〔校記：廣本安本隸下有監察二字〕御史勘其利否。至是都督僉事宗勝、監察御史李敏皆報恭言善，其河應挑闊五丈、深一丈五尺，于附近天津、永平、薊州、寶坻等衛府州縣發一萬人夫，委官督領，俟明年春和農暇之日興工。然各處軍民艱辛者多，宜一月人與行糧三斗，仍官給器具，庶無勞損而工易成。從之。

（英宗天順實録卷 298　第 4 頁　298.3.6336）

123　十二月乙亥　巡關監察御史孫珂言：山海抵居庸一帶關口，夜不收、守關、守墩、駕砲軍士坡高執銃，登高涉險，較之京軍勞逸不同。況天氣凝寒，多乏棉衣。乞給賜胖襖、袴鞋。事下工部，言：各邊官軍，動有萬數，在庫衣鞋已乏，若准給一方，則起比例紛紛之求矣。珂言難允。上是之。

（英宗天順實録卷 298　第 6 頁　298.5.6340）

124　十二月丁丑　命户部出内帑銀召商納草。以壩上、義河、金盞兒甸、陽山、鄭家莊、黃土北、高谷口、官莊、南石渠、渂石橋等倉房場缺草故也。

（英宗天順實録卷 298　第 7 頁　298.6.6341）

125　十二月　是歲……漕運京師儹運過米豆四百三十五萬石，

各處運納糧米一十七萬三千二百三十石。

（英宗天順實録卷 298　第 10 頁　298.8.6346）

天順三年（1459）

126　正月丁亥　朝鮮國王李瑈遣陪臣李禮孫等奉表箋來朝，貢馬及方物。……賜宴及綵幣、表裏、襲衣等物有差。

（英宗天順實録卷 299　第 1 頁　299.1.6348）

127　正月癸丑　修安定門橋。

（英宗天順實録卷 299　第 10 頁　299.8.6362）

128　二月庚午　山東登州衛海船有遭風飄涉〔校記：廣本涉下有至字，是也〕朝鮮國境者，其船已壞，所戴（按：舘本戴作載）賞賜遼東官軍布花等物，賴國人撈得十之七，國王李瑈差人運送〔校記：廣本送下有至字，是也〕鴨緑江，仍給其旗軍衣糧遣回，具以聞。上嘉王敬事朝廷之意，特賜勑奬諭之。

（英宗天順實録卷 300　第 7 頁　300.6.6373）

129　二月癸酉　勑朝鮮國王李瑈：該本（按：舘本本作禮）部奏稱，得王咨，有日本國差人盧圓等到國，言國王源義政以先差去進貢使人失禮，蒙朝廷恩宥放回，將本人科罪，今欲差人赴京謝罪。緣日本國僻在海隅，去京路遠，其情真僞難以遥度。勑至，王卽拘盧圓等詳審，前項傳説如果真實無僞，轉行源義政，説朝廷以爾既能悔過自新，准令擇遣謹厚老成識達人體者爲使來朝貢，往來途中不許生事。若或似前搶掠財物，欺凌官府，罪必不宥。王其審實停當而行，毋得忽略。

（英宗天順實録卷 300　第 7 頁　300.6.6374）

130　二月乙亥　勑諭朝鮮國王李瑈：近者邊將奏報，有建州三衛都督右納哈、董山等私謁國王，俱得賞賜而回。此雖傳聞之言，必有形迹可疑。且國王爲朝廷東藩，而王之先代以來，世篤忠貞，恪秉禮義，未嘗私與外人交通，何至於王乃有此事。今特遣人賫勅諭王，王宜自省。如無此事則已，果有此事，王速改之。如彼自來，亦當拒絶，諭以各安本分，各守境土，毋或自作不靖，以貽後悔。在王尤當秉禮守法，遠絶嫌疑，繼承前烈，以全令名。王宜慎之。

（英宗天順實録卷 300　第 8 頁　300.7.6375）

131　二月己卯　琉球國中山王尚泰久遣使臣李敬等來朝，貢馬及金銀器皿等物。賜宴及綵幣、表裏、襲衣有差。

（英宗天順實録卷 300　第 9 頁　300.8.6377）

132　二月庚辰　增置通州大運倉。

（英宗天順實録卷 300　第 10 頁　300.8.6378）

133　二月辛巳　朝鮮國王李瑈遣陪臣金有禮等……來朝，貢馬及方物。賜宴及綵幣、表裏等物有差。

（英宗天順實録卷 300　第 10 頁　300.8.6378）

134　二月壬午　順天府尹王福言：今年八月本府鄉試，看得應試生員《春秋》《禮記》二經數少，《詩》《書》《易》三經每經句各有四五百卷，若各以同考官一人校閲，慮恐涉獵不詳，而有玉石不分之弊。乞令禮部將《詩》《書》《易》三經每經添同考官一員。上命從之，仍命南京亦照此例。

（英宗天順實録卷 300　第 10 頁　300.9.6379）

135　三月甲申　禮部奏：琉球國中山王尚泰久稱，本國王府失火，延燒倉庫铜錢、貨物，欲將附塔蘇木等貨照永樂、宣德間例給賜銅錢。且銅錢係中國所用，難以准給，宜將估計鈔貫照舊，六分京庫折支闊生絹疋，其四分移文〔校記：廣本文下有於字〕福建布政司收貯，紵絲、紗羅、絹布等物依時值關給。從之。

（英宗天順實録卷 301　第 2 頁　301.2.6383）

136　三月壬辰　景泰間建龍（按：龍爲隆之誤）福寺，命内官監拆南城翔鳳等殿石欄杆用之，至是上察知其故，繫太監陳瑾等四十五人，下錦衣衛鞫之。既而鎖項，令修補完備，各降其職。

（英宗天順實録卷 301　第 5 頁　301.4.6388）

137　三月乙巳　雨雹。

（英宗天順實録卷 301　第 7 頁　301.6.6892）

138　四月乙卯　增建南内殿宇。命太監黄順、都督僉事趙輔、工部尚書趙榮董其事。

（英宗天順實録卷 302　第 2 頁　302.1.6396）

139　四月辛酉　賜東宫及諸王莊田。以昌平縣湯山莊、三河縣白塔莊、朝陽門外四〔按:舘本四作肆〕號廠、官莊賜東官，西直門外新莊村并果園、固安縣張華里賜德王，德勝門外伯顔莊、鷹房莊、安定門外北莊賜秀王。

（英宗天順實録卷 302　第 2 頁　302.2.6398）

140　四月庚辰　諭朝鮮國王李瑈曰：先因邊將奏，王與建州三衛頭目交通，朝廷遣勅諭王（按:據舘本脱“今得王回奏，似以爲當然，不以爲己過，故特再勅諭王”二十一字），王其明聽朕言毋忽，王以爲欽遵勅旨事理，許其往來。宣德正統年〔校記：廣本無年字〕間，以國王與彼互相侵犯，勅令釋怨息兵，各保境土，未嘗許其往來交通，除授官職。且彼既受朝廷官職，王又加之，是與朝廷抗衡矣。王以爲除官給賞，依本國故事，此事有無，朕不得知。縱使有之，亦爲非義。王〔校記:廣本王下有若字〕因仍不改，是不能蓋前人之愆也。且董山等，王以爲有獸心者，今彼自知其非，俱來伏罪，而素秉禮義，何爲文過飾非？如此事在已往，朕不深咎。自今以後，宜謹守法度，以絶私交，恪秉忠誠，以全令譽，庶副朕訓告之意。欽哉。

（英宗天順實録卷 302　第 8 頁　302.7.6407）

141　五月庚寅　朝鮮國王李瑈遣陪臣康純等……貢馬及方物，

賜宴并綵段等物有差。

（英宗天順實録卷 303 第 2 頁 303.2.6412）

142 五月庚寅 設順天府霸州花家口巡檢司，置巡檢一員。

（英宗天順實録卷 303 第 3 頁 303.2.6412）

143 五月壬寅 朝鮮國王李瑈遣陪臣曹錫門等、建州等衛都督董山等貢馬及方物。賜宴并給綵幣等物有差。

（英宗天順實録卷 303 第 5 頁 303.4.6416）

144 六月戊午 錫蘭山國并滿剌加國王子蘇（按：館本蘇後有丹字）芒速沙各遣使亞烈葛佛蔭等來朝，貢珊瑚、寶石、乳香、錦衣、鶴頂、薔薇露等物。賜宴并錫冠帶、織金文綺、衣服、布絹有差。

（英宗天順實録卷 304 第 2 頁 304.2.6425）

145 六月庚申 遣工部尚書趙榮告司工之神。以是日於南城之西興工起蓋殿宇故也。

（英宗天順實録卷 304 第 3 頁 304.2.6426）

146 七月庚辰朔 工部奏：徐州、夾溝、吕梁三堡積聚楠杉木欲運赴北京大木廠，宜遣官提督。上命工部侍郎翁世資同都督僉事趙輔往。

（英宗天順實録卷 305 第 1 頁 305.1.6433）

147 七月戊子 遣工部尚書趙榮祭司工之神。以是日於南城之西起造殿宇竪柱上樑也。

（英宗天順實録卷 305 第 3 頁 305.2.6436）

148 七月丙申 英國公張懋奏：天順元年，臣奏求順天府文安縣信安草場共四千五百頃，即今無人營業，願退出還官。從之。

（英宗天順實録卷 305 第 4 頁 305.3.6438）

149 七月己亥 朝鮮國王李瑈遣陪臣具信中〔校記：廣本中作忠〕等奏事至京，賜鈔、綵段、表裏、金織羅襲〔校記：廣本抱本襲下有衣字，是也〕等物有差。

（英宗天順實録卷 305　第 4 頁　305.4.6439）

150　七月庚子　錫蘭山國王葛力生夏剌昔利把交剌交剌惹遣使來朝，貢方物。賜宴并綵幣、表裏等物，仍命來使賫勅并綵幣、表裏歸賜其王及妃。

（英宗天順實録卷 305　第 5 頁　305.4.6439）

151　八月甲寅　琉球國中山王尚泰久遣使臣亞羅佳其等來朝，貢方物。賜宴并鈔、綵幣、表裏等物有差。

（英宗天順實録卷 306　第 1 頁　306.1.6444）

152　八月丙寅　遣給事中陳嘉猷爲正使、行人彭盛爲副使，特節封故滿剌加國王子蘇丹茫〔校記:抱本安本茫作范〕速沙爲滿剌加國王。賜勅諭國王曰：爾先世恪守藩邦，傳及爾父，繼承未久，遽然長逝。訃音遠至，軫于朕懷。爾爲嫡嗣，乃能遣使以方物來獻，請命于朝。眷惟象賢，宜紹國統。特遣使賫詔封爾爲滿剌加國王。仍賜綵幣，用答勤意，尚其永堅臣節，益順天心；用修屏藩之恭，毋怠撫綏之政。庶承先志，以享安榮。欽哉。復命嘉猷等諭祭其國王速魯檀無答佛〔校記:廣本無佛字〕哪沙，并頒詔告其國人。

（英宗天順實録卷 306　第 6 頁　306.5.6451）

153　八月丙寅　爪哇國番人大失的朝貢至京，奏：願居京自效。命發錦衣衛養象，月支食米一石。

（英宗天順實録卷 306　第 6 頁　306.5.6452）

154　九月辛巳　金盞兒何馬房官草被焚，錦衣衛捕獲放火者三人。上命即以本處斬之，梟首示衆。

（英宗天順實録卷 307　第 1 頁　307.1.6461）

155　九月丙戌　命都督同知李奇鎮守居庸關。

（英宗天順實録卷 307　第 3 頁　307.2.6464）

156　九月辛卯　朝鮮國王李瑈遣陪臣朴原亨等來朝，貢馬及方物。賜宴并金織襲衣、綵幣等物有差。

（英宗天順實録卷 307　第 4 頁　307.3.6466）

157　九月癸巳　修造内府寶鈔司庫作等房。

（英宗天順實録卷 307　第 4 頁　307.3.6466）

158　九月庚子　造山川壇齋宮應用器皿。

（英宗天順實録卷 307　第 6 頁　307.5.6469）

159　十月乙丑　朝鮮國王李瑈遣陪臣李克培等齎箋，貢馬及方物，賀皇太子千秋節。賜宴并金織襲衣、綵幣等物有差。

（英宗天順實録卷 308　第 6 頁　308.5.6485）

160　十月己巳　修築順聖川土城二座及養馬房十餘間。

（英宗天順實録卷 308　第 6 頁　308.5.6486）

161　十月癸丑　朝鮮國王李瑈遣陪臣郭連城等齎表，貢馬及方物，賀萬壽聖節。賜宴并金織紵絲襲衣、綵幣等物有差。

（英宗天順實録卷 308　第 8 頁　308.7.6489）

162　十一月己卯朔　京師城隍廟火。

（英宗天順實録卷 309　第 1 頁　309.1.6493）

163　十一月辛巳　增蓋通州倉厫三百間。從侍郎劉本道奏請也。

（英宗天順實録卷 309　第 1 頁　309.1.6493）

164　十一月戊戌　修宣武、東直二門水關閘壩。

（英宗天順實録卷 309　第 4 頁　309.3.6498）

165　十一月己亥　户部劾忠國公石亨私役邊軍，占種懷來等處地一千七百頃有奇。上宥亨罪，命没其地于官。

（英宗天順實録卷 309　第 4 頁　309.4.6499）

166　十一月庚子　初，上在南内，悦其幽静。既復位，數幸焉。因增置殿宇，其正殿曰龍德，左右曰崇仁、曰廣智，其門南曰丹鳳，東曰蒼龍。正殿之後，鑿石爲橋，橋南北表以牌樓，曰飛虹、曰戴鼇〔校記：廣本作戴鰲〕，左右有亭曰天光、曰雲影。

其後壘石爲山，曰秀巖。山上正中爲圓殿，曰乾運。其東西有亭曰凌雲、曰御風。其後殿曰永明，門曰佳麗。又其後爲圓殿一，引水環之，曰環碧，其門曰静芳、曰瑞光。别有館曰嘉樂，曰昭融。有閣跨河，曰澄輝。皆極華麗，至是俱成。後有雜植四方所貢奇花異木於其中。每春暖花開，命中貴陪内閣儒臣賞宴。

（英宗天順實録卷 309 第 5 頁 309.4.6500）

167 十一月戊申 招商於京城各場納草三百八十五萬束，每百束償銀二兩。

（英宗天順實録卷 309 第 8 頁 309.6.6504）

168 十二月癸亥 賜太監黄順銀三十兩，紵絲二表裏。都督僉事趙輔、工部尚書趙榮、侍郎蒯祥、陸祥各銀二十兩，紵絲二表裏。内官黎賢等各銀十兩，紵絲一表裏。内官徐福、主事彭瑮各銀五兩，絹二疋。都指揮所丞等官及工作軍士人等各賞銀鈔、絹布有差。以成造南内殿宇工完故也。

（英宗天順實録卷 310 第 6 頁 310.5.6515）

169 十二月丙子 增蓋大木廠房。初，以廠房三千六百餘間損壞，令内官監右監丞謝範、工部右侍郎翁世資督工修理。至是於新運木多，遣都督僉事趙輔督軍夫一萬名，增蓋四十餘間。

（英宗天順實録卷 310 第 9 頁 310.8.6521）

170 十二月 是歲……漕運北京儹運過糧四百三十五萬石，各處運納糧一百一十四萬七千四百三十七石。

（英宗天順實録卷 310 第 11 頁 310.9.6524）

天順四年（1460）

171 正月丁未 朝鮮國王李瑈遣陪臣咸禹治等……來朝，貢馬及方物。賜宴并綵幣、表裏等物有差。

（英宗天順實録卷 311 第 9 頁 311.8.6539）

172　二月庚申　朝鮮國〔校記：廣本安本國下有王李瑈三字，是也〕遣陪臣金有禮等來朝，貢海東青。賜宴及綵幣、表裏等物。

（英宗天順實録卷 312　第 5 頁　312.4.6548）

173　二月癸酉　駕幸南海子。

（英宗天順實録卷 312　第 8 頁　312.7.6553）

174　三月己卯　上幸南海子。

（英宗天順實録卷 313　第 1 頁　313.1.6558）

175　三月庚辰　上親閱舉人所對策。賜王一夔等一百五十六人進士及第、出身有差。

（英宗天順實録卷 313　第 1 頁　313.1.6558）

176　三月辛巳　朝鮮國王李瑈、琉球國中山王尚泰久各遣使來朝，貢方物。賜宴及綵幣有差。

（英宗天順實録卷 313　第 1 頁　313.1.6558）

177　三月乙酉　大雪，越明日乃止。

（英宗天順實録卷 313　第 3 頁　313.2.6560）

178　三月己丑　國子監祭酒劉益等奏：朝廷設國子監以育天下英才，自宣德正統以前凡科貢生員俱在監肄業，至景泰年間，户部奏欲省京儲，止留監生千餘人，餘放依親。於是三十二〔校記：廣本二作一〕班學官每員所教生徒不滿二三十人，廩禄虛縻，六堂寂寥，誠非祖宗設監育才之盛意也。今邊境無虞，糧儲有積，乞將天順元年以前依親年久舉人、今會試中副榜不願就職及下第舉人，悉令在監，庶學官不致素飡，而教育英才，日以益盛，足備國家之用。上從之。未幾，言者仍以存省京儲爲説，復放依親。

（英宗天順實録卷 313　第 4 頁　313.3.6562）

179　三月庚寅　後府帶俸都指揮同知于忠奏：武清、東安二縣空地共五十九頃，乞賜耕種。事下，户部言：達官給地，舊有定制，都督止得二百五十畝，宜給之如數，餘地令兩縣撥付丁多田少之家耕種起科。從之。

（英宗天順實録卷 313　第 4 頁　313.4.6563）

180　三月辛卯　上幸仰山窪。

（英宗天順實録卷 313　第 5 頁　313.4.6564）

181　四月庚申　朝鮮國王李瑈遣使貢白雉，安南國王黎琮遣使貢金銀器皿、方物。各賜宴及〔校記：廣本及作并〕賜綵幣等物。

（英宗天順實録卷 314　第 4 頁　314.3.6576）

182　四月辛酉　給左軍都督僉事茹鑑順天府東安縣草場地五十二頃三十二畝。

（英宗天順實録卷 314　第 4 頁　314.4.6577）

183　四月丙寅　户部奏：滏石橋南倉積豆盈滿，原撥黑豆五千四百四十石，無倉收貯，今欲改撥壩上北馬房倉收。從之。

（英宗天順實録卷 314　第 5 頁　314.4.6578）

184　四月甲戌　勅朝鮮國王李瑈：今得王回奏，殺死毛憐衛都督郎卜兒哈蓋，因其通謀扇〔校記:廣本扇作煽，下同〕亂。依法置罪,止可行於工國。今以工國之法〔校記:廣本罪上有而字〕罪隣境之人，得乎？若郎卜哈兒扇亂，既已監候，宜奏聞朝廷，暴白其罪。今王輙害其父子九人，其族類聞之，得不忿然以後讐爲事乎？無恠其子阿比車之不靖也！朕爲王慮，或可釋怨。其尤有五人存焉者，一乃阿比〔按：館本無車字，廣本抱本安本比下有車字〕車之母已沙哥。王宜將〔校記:廣本將下有此字〕五人送至遼東都司。朝廷令阿比車收領完住，庶可諭以〔按：館本作以諭，舊校改作諭以〕解仇。如或不然，王雖自恃國富兵强，恐亦不能當其不時之擾害也。且王國〔按：館本無國字，廣本抱本安本有國字〕素爲禮義之邦，尊敬朝廷，故爲王慮如此。無非欲其境土寧静，安享太平之福，王其毋忽朕命。

（英宗天順實録卷 314　第 7 頁　314.6.6581）

185　五月丁丑　　勑毛憐衛都指揮尚冬哈：頃者，爾奏都督郎卜兒哈被朝鮮國王誘害，已嘗遣官詰被情實。今朝鮮國王奏郎卜兒哈與其子亦升哥謀欲會寧作亂，因是殺之，伊妻已沙哥等五人見在。又言郎卜兒哈次子阿比車糾合人馬，屢欲報讐。朕詳此情，彼此俱失。郎卜兒哈既不當與朝鮮交通，朝鮮亦不可因事殺之。若彼無故擅殺，朝廷舉兵問罪何難。但事起有因，理難窮治。今已降勑切責朝鮮國王，令即將已沙哥等送還阿比車完聚。爾等宜省諭阿比車，將見聚人馬散回，依舊住牧生理。不許仍前讐殺，自取禍敗。

（英宗天順實録卷 315　第 1 頁　315.1.6585）

186　五月辛巳　　朝鮮國王李瑈遣陪臣金淳等奉表箋，貢方物。賜宴及綵幣等物有差。

（英宗天順實録卷 315　第 2 頁　315.1.6586）

187　五月甲申　　占城國遣陪臣究別陀朴等……貢犀牛、象、馬。賜宴并綵幣等物有差。

（英宗天順實録卷 315　第 2 頁　315.2.6588）

188　五月甲午　　給弘化寺禪師剌麻領占等廩米月六斗。

（英宗天順實録卷 315　第 4 頁　315.4.6591）

189　六月乙卯　　户部奏：通州大運西倉牆南草場新設二門，合用把門辦事官四員，致仕軍官四員，軍二十名，及牆外冷舖五處，合用守舖軍二十五名。欲行吏兵二部如例撥送。從之。

（英宗天順實録卷 316　第 2 頁　316.2.6599）

190　六月丙辰　　命通州草場新蓋倉廒名曰“大運南倉”。

（英宗天順實録卷 316　第 2 頁　316.2.6599）

191　六月己未　　免順天府所屬州縣逃户税糧二萬餘石，馬草二十二萬餘束，人丁農桑絲折絹三百六十餘匹，綿花六十餘斤。

提督永平等處糧草屯種户部郎中施紳奏：本月初八日辰時，大雷雨燒毀薊州倉廒四座，共粟米六萬七千八百餘石，數内堪用粟米已委本州官盤量見數，付與守支官攢看守。上命户部勘實以聞。

（英宗天順實録卷 316　第 3 頁　316.2.6600）

192　六月庚午　　朝鮮國王李瑈遣陪臣金禮蒙等……貢馬及方物。賜宴并綵幣等物有差。

（英宗天順實録卷 316　第 5 頁　316.4.6603）

193　六月壬申　　勅諭朝鮮國王李瑈〔校記：廣本瑈下有曰字〕：今得王奏稱，國在海外，文學未精，兼又吏漢音不得通曉，欲照歷代舊例遣子弟入學等因，具悉。且前代之制，或命八〔校記：廣本八作人〕才子往教，或許遣子弟入學，他如王彬等擢科遣還，韓昉輩因使暫留之類，蓋由當時彼處文學未盛。又中國好大之君，取爲美觀而已。我朝祖宗以來不行此制。矧今王國詩書禮義之教傳習有素，表箋章奏與夫行移吏文悉遵禮式，雖未能盡通漢音，而通事傳譯未嘗不諭，又何必子弟來學然後爲無誤哉？朕遵祖宗之制，不欲慕襲虚美，王亦當恪守舊規，率勵國中子弟篤志經籍，則自有餘師，人材不患其難成，而事大不患其有礙也。用兹諭王，其體朕此意毋忽。故諭。

（英宗天順實録卷 316　第 5 頁　316.4.6604）

194　七月丁丑　　占城國副使究村則等奏：蒙本國王差委同王孫進貢，至崖州與象奴先來，今王孫及正使人等在廣東未至，聞三司官留與方物同行，誠恐遲誤。上命禮遣人來傳諭廣東三司，先以金葉表文同王孫起送至京。

（英宗天順實録卷 317　第 1 頁　317.1.6608）

195　七月甲申　　禮部奏：安南國陪臣程稜、范璜等呈稱，本國王黎濬游湖溺死，已蒙朝廷優恤，命官諭祭。今已短喪釋服，邇聞朝廷又欲遣官行弔禮，伏乞免弔。上諭禮部：禮不弔溺，今使臣求免，其從之。

（英宗天順實録卷 317　第 4 頁　317.3.6612）

196 七月己丑 勅廣（按：疑廣下奪東字）副總兵都督同知歐信等曰：先因獲到安南盜珠賊范員等四名，研審明白，有勅責問安南國王。今得安南國回奏，員等是遆東瀕海村人，於外捕魚，潛與欽、廉賈客交通，盜余珠池，互相貿易。已行懲治本處頭目不能檢察及嚴加禁約。勅至，爾卽出榜，禁約欽、〔校記：廣本欽上有其字〕廉瀕海商販之人，不許潛與安南國人交通，誘引盜珠。仍令廉州等府衛〔校記：廣本衛下有所字〕原委巡視珠池官員，遇〔校記：廣本遇下有有字〕賊盜珠，務〔校記：廣本務下有卽字〕擒捕得獲，送爾處究問〔校記：廣本問下有明白二字〕，奏請發落。不許因循怠惰，視爲泛常。如違，治罪不宥。

（英宗天順實録卷 317　第 5 頁　317.4.6614）

197 八月辛亥 爪哇國王都馬斑遣陪臣亞列郭信等奉表來朝，貢方物。賜宴并鈔、綵幣、表裏、紵絲襲衣等物。仍命郭信等齎勅并綵幣、表裏歸賜其王及妃。

（英宗天順實録卷 318　第 2 頁　318.2.6627）

198 八月甲寅 占城國王槃羅悦遣陪臣究別陀朴等、朝鮮國王李瑈遣陪臣金修等俱奉表來朝，貢犀、象及方物。賜宴并鈔、綵幣、表裏、金織紵絲襲衣等物，仍命究別陀朴等各齎勅并綵幣、表裏歸賜其王及妃。

（英宗天順實録卷 318　第 3 頁　318.2.6628）

199 八月己未 故安南國王黎麟子琮遣陪臣程封等來朝，貢方物。賜宴并鈔、綵幣、表裏、紵絲襲衣等物。仍命封等齎勅并表裏、綵幣歸賜琮。禮部言：近者，占城國王言，彼安南國連年擾害。今封等還，宜令其告琮，自今以後守禮睦隣，毋得搆釁結怨。從之。

（英宗天順實録卷 318　第 4 頁　318.4.6631）

200 八月壬戌 遣通政使司左參議尹旻爲正使、禮科給事中王豫爲副使，持節册封故安南國王黎麟庶長子琮爲安南國王。時國人以黎濬薨之，嗣上表請立琮，故有是命。

賜占城國使臣究别陀朴、王〔校記：廣本王作壬，疑誤〕族且逸陀朋紗帽、金鈒花帶，副使究村〔校記：廣本村作朴〕則、總管人等汝（按：館本汝下有衣字）南等紗帽、素銀帶，舍人機察槃麻等紗帽、黑角帶。

（英宗天順實録卷318　第5頁　318.4.6632）

201　八月戊辰　御馬監蓋造馬神廟工畢，遣太監劉永誠致祭。

（英宗天順實録卷318　第7頁　318.6.6635）

202　八月庚午　爪（按：館本爪前有賜字）哇國使臣亞列國信紗帽、素金帶，通事八致麻抹紗帽、鈒花銀帶，總管火長人等八致麻勿等紗帽、素銀帶。

（英宗天順實録卷318　第7頁　318.6.6635）

203　八月辛未　監察御史錦衣衛官各二人於京城外畿内撫安軍民。時間訛言虜寇將至，奔投城廓及山澤間，故有是命。

（英宗天順實録卷318　第7頁　318.6.6635）

204　八月癸酉　直隸保定府及霸州、涿州、良鄉民驚傳北虜入境，各載家貳、扶老携幼奔走入城。事聞，上命御事同錦衣衛官往慰安之。

（英宗天順實録卷318　第8頁　318.7.6638）

205　九月丁丑　新作西苑殿、亭、軒、舘成。苑中舊有太液池，池上有蓬萊山，山顛〔校記：廣本山顛作山頂〕有廣寒殿，金所築也。西南有小山，亦建殿於其山，規制尤巧，無（按：無爲元之誤）所築也。上命卽太液池東西作行殿三，池東向西（按：館本西後有者曰）凝和，池西向東對蓬萊山者曰迎翠，池西南向以草繕之而飾以堊，曰太素，其門各如殿名。有亭六，曰飛香、擁翠、澄波、歲寒、會景、映暉。軒一，曰遠趣（按：館本趣作輙，誤）。館一，曰保和。至是始成。上臨幸，召文武大臣從之游賞竟日。

（英宗天順實録卷319　第2頁　319.2.6643）

206 九月癸未 順天府房山縣栗園地十九頃有奇，仁宗時以賜嘉興公主駙馬都尉井源。源陣亡，太平侯張軏占據之。軏卒，源弟灤以請。命給還之。

（英宗天順實録卷 319 第 4 頁 319.4.6647）

207 九月丙戌 詔占城國〔校記：廣本國下有曰字〕：自古帝王之有天下，莫不一視同仁，故雖在荒服之外者，德教亦恒及之。爾占城國，僻居海隅，有土一方，必立君長，以統其國。故國王摩訶槃羅悦，比襲王封，嗣理國政，未及四載，而又告薨。繼承之理，豈可乏人。其弟槃羅茶全，性資篤惇，執理謙恭，兹特遣正使給事中王汝霖、副使行人劉恕齎詔封爲占城國王。凡一國衆庶，悉宜順從，務循理以安生，毋乖争而凌犯。悉心輔翼，共致和寧，庶臻仁厚之風，永享太平之福。

復勅槃羅茶全曰：惟王先世，遠處海邦，克篤忠敬，順天事上，愈久愈虔。今王復能繼承其志，遣王族且逸陀朋等以方物來貢，勤誠可嘉。使回，特賜王及妃錦幣，用答至意。王其益順天心，永堅臣節，副朕眷待之意。

（英宗天順實録卷 319 第 5 頁 319.4.6648）

208 九月癸巳 出内帑銀一萬四千四百兩，賞京衛出邊殺賊官軍。

（英宗天順實録卷 319 第 8 頁 319.6.6652）

209 十月壬子 朝鮮國王李瑈遣陪臣子（按：館本臣後無子字）尹子雲……等來朝，貢馬駝及方物。賜宴并金織紵絲襲衣、綵段表裏、絹布等物有差。

（英宗天順實録卷 320 第 3 頁 320.2.6660）

210 十月乙卯 朝鮮國王李瑈奏：本國幹〔按：館本幹作斡，廣本抱本作幹〕朶里童弓沙哈無應歌等，世居會寧鎮，北（按：館本北作比）與阿比車通謀犯邊，挈其親黨遁往建州衛，依都督李滿住，切恐與之締謀搆釁，兵禍不息。上命遼東鎮守等官，遣人往建州諭滿住。

（英宗天順實録卷 320　第 4 頁　320.3.6662）

211　十月丁巳　以順天府東安縣地一頃五十畝賜錦衣衛帶俸指揮僉事客苦。從具奏請也。

（英宗天順實録卷 320　第 4 頁　320.4.6663）

212　十月戊辰　駕幸南海子。

（英宗天順實録卷 320　第 6 頁　320.5.6666）

213　十一月戊寅　通事都督同知馬顯等言：朝鮮國使臣七十餘人，毛憐女直來朝者三百人，雜處於會同館。二處舊有讐隙，恐致争競，請分館處之。禮部議遷女直其頭目尚佟哈，不從。朝鮮國使臣請遷，乃命遷於烏蠻驛。

（英宗天順實録卷 321　第 1 頁　321.1.6668）

214　闰十一月庚戌　駕幸南海子。

（英宗天順實録卷 322　第 2 頁　322.2.6677）

215　闰十一月己未　駕幸鄭村壩閲仗馬。

（英宗天順實録卷 322　第 4 頁　322.4.6681）

216　闰十一月壬戌　賜……都督僉事馬良順天府順義縣荒田八頃。俱從其請也。

（英宗天順實録卷 322　第 5 頁　322.4.6682）

217　十二月戊子　免順天府霸州文安縣今年災傷田地秋糧二千四百二十〔校記:廣本無二十二字〕餘石，馬草六萬三千四十餘束。

（英宗天順實録卷 323　第 6 頁　323.5.6694）

218　十二月　是歲……漕運北京儹運過糧四百三十五萬石，各處運納糧一百一萬九千六百石。

（英宗天順實録卷 323　第 10 頁　323.8.6700）

天順五年（1461）

219 正月戊申 朝鮮國王李瑈遣陪臣李皎然等……各來朝，貢馬及方物。賜宴并綵幣、表裏等物有差。

（英宗天順實録卷 324 第 1 頁 324.1.6704）

220 二月甲戌 修沙河及天壽山行殿。命工部左侍郎霍瑄督工。

（英宗天順實録卷 325 第 1 頁 325.1.6713）

221 二月庚寅 朝鮮國王李瑈遣陪臣宋處寬等、琉（按：琉後奪球字）國中山王尚泰久遣陪臣王察等來朝，貢馬及方物。賜宴及綵幣等物如例。

（英宗天順實録卷 325 第 3 頁 325.3.6717）

222 二月戊戌 工部右侍郎吴復奏：順天府所屬通州、順義等州縣，宣德、正統間採運柴炭，皆設官專其事，故恒足。景泰間始革去，故至今恒欠乏。請復專設官。上從之。

（英宗天順實録卷 325 第 5 頁 325.5.6721）

223 三月壬寅朔 增置内府鑾駕廠房屋，甃刑部都察院獄牆。從左都獄史冠深言也。

（英宗天順實録卷 326 第 1 頁 326.1.6723）

224 三月壬子 國子監祭酒劉益奏：舊例，監生俱照通知文簿查算年深，挨次差撥，其發各衙門歷事者，滿三月聽選出身之期。近撥在外出巡者一二年方得回還，聽選出身之期久，有此不均。今後遇有出巡者，就乞於通知文簿該撥數内除一百名外差撥，庶幾歲月均平，出身相等。從之。

（英宗天順實録卷 326 第 3 頁 326.3.6726）

225 三月癸丑 先是，兵部奉上命，復順聖川爲牧馬之地，行令各該衙門整理。至是總兵等官請甓其城。從之。

（英宗天順實録卷 326 第 3 頁 326.3.6727）

226 三月丙辰 安南國〔校記：廣本國下有王字〕遣使臣阮昇等捧表來朝，貢金銀器皿及方物。賜宴及綵幣、表裏有差。

（英宗天順實録卷 326 第 4 頁 326.4.6729）

227 三月戊午 增置通州大運倉一百間。

（英宗天順實録卷 326 第 5 頁 326.4.6730）

228 三月己未 設懷來、保安二小馬站。

（英宗天順實録卷 326 第 5 頁 326.4.6730）

229 四月丁亥 謫順天府府〔按：館本府下無府字，廣本抱本有府字〕丞王晉戍宣府邊衛。晉，户部尚書佐之子，自未任時與京師諸淫婦通，至是又枉法，受部屬白金。事併覺，法司坐以絞罪，故有是命。

（英宗天順實録卷 327 第 5 頁 327.4.6742）

230 四月己丑 柴廠有倩役者，衙内使朱勤撻之，潛置火焚其廬，延及廠房柴炭蘆葦。事覺，命磔于廠前以警衆。

（英宗天順實録卷 327 第 6 頁 327.5.6744）

231 四月乙未 改南京太僕寺少卿國盛爲順天府府丞。

（英宗天順實録卷 327 第 9 頁 327.8.6749）

232 五月庚子朔 以《大明一統志》成，賜總裁纂修等官學士李賢等鈔錠有差。

（英宗天順實録卷 328 第 1 頁 328.1.6751）

233 五月丁未 移涿州陸樊倉於大龍門堡，革宛平縣齋堂倉。俱從守備紫荆關署都指揮僉事左能奏請也。

（英宗天順實録卷 328 第 3 頁 328.2.6754）

234 五月壬子 設順天府薊州道正司，置道正一員。

（英宗天順實録卷 328 第 4 頁 328.3.6756）

235 五月乙卯 修山川壇南天門及神路。

（英宗天順實録卷 328 第 4 頁 328.4.6757）

236 五月丁卯 朝鮮國王李瑈遣陪臣金處禮等奉表來朝，貢方物。賜宴并鈔、綵幣、表裏、金織羅襲衣等物。仍命齎勅并綵幣、表裏歸賜其王。

（英宗天順實録卷 328 第 6 頁 328.5.6759）

237 五月戊辰 安南國王黎濬弟灝，遣陪臣丁蘭等詣京詣（按：館本詣作請，是也）封。賜紗、綵幣、表裏等物。

（英宗天順實録卷 328 第 6 頁 328.5.6760）

238 六月辛卯 故安南國王黎濬弟灝復遣陪臣阮昇等奉表來朝，貢方物求封。

（英宗天順實録卷 329 第 6 頁 329.5.6772）

239 六月癸巳 禮部奏：安南國王黎麟卒于正統七年，朝廷封其嫡子濬爲王，濬於天順三年爲庶兄琮所弑，來求襲封。詔使未致其國，聞琮自盡。今琮弟灝遣陪臣阮昇等奏，灝實麟嫡子，宜爲正。臣等恐其國事未定，難輒遣官往封。宜宴賞昇等，令其先歸。仍移文廣西三司巡按御史往其近地憑祥縣境察之，琮果没，灝果濬嫡弟，别無争端，然後可封。上曰：然。命錦衣衛官往察之。

（英宗天順實録卷 329 第 7 頁 329.6.6773）

240 七月庚子 司設監太監曹吉祥及其姪昭武伯欽等反，命懷寧伯孫鏜等率官軍討之。欽敗死，執吉祥，下獄。

初，正統間吉祥征麓川，又征福建，選達官能騎射者百十人隨征。天順初，諸達官與吉祥親黨及門下無賴隨吉祥以奪門迎駕功，累受陞賞者甚衆，皆感戴吉祥。後石亨敗，隨亨冒陞賞者俱自首改正，獨隨吉祥者不動。吉祥復日犒賞達官，月給以米銀布，遂相與爲死黨。諸達官日出入其門，惟恐吉祥敗而己隨之黜退也。吉祥亦自以與石亨同功一體之人，亨既被誅，愈不自安。至是，欽又私自執掠曹福來，爲言官所劾。錦衣衛密遣人伺察之，益急。先石亨敗時，預降勅戒諭朝臣，然後收繫亨。至是復降勑諭。欽度不免，遂謀反。會懷寧伯孫鏜奉命征西，欽使其黨掌欽天監事太常寺少卿湯序擇是日天未明，視朝遣將，欲以是時舉兵入。先夕召達官及其黨羣飲于家，厚贈之，時鏜候陛辭，宿于朝房。達官都指揮使馬亮等恐事敗，自欽家逸出，走告恭順侯吴瑾、廣義伯吴琮，時瑾、琮亦以陪祀罷，宿朝房，急趨以告鏜，同於長安右門隙入疏以聞。上卽召吉祥，縋入宫城，鎖縶之。令皇城四門、京城九門毋開。頃之，欽以亮等逸出，知事泄，遂中夜往錦衣衛指揮同知逯杲宅，執殺杲，遣其黨殺左都御史寇深于西朝房，砍傷内閣學士李賢于東朝房。遂攻皇城東西長安門，不得開，縱火焚之。門内守衛官軍拆御河橋岸磚石堆塞各門，賊往來嘯呼于各門外。鏜召太平侯張瑾同擊賊，瑾不敢出。鏜謂其二子曰：征西官軍多從京城宣武門出，爾往號召之，曰法司强賊反獄，獲者有重賞，且不可出城。於是官軍稍集至二千人，甲兵皆具，鏜謂之曰：爾等不見西長安門火耶，曹欽反矣。其黨不多，當奮勇殺之，朝廷必不惜陞賞。衆皆諾，從鏜逐賊至東長安門。欽去攻東安門，途遇恭順侯吴瑾，追殺之，復縱火焚東安門。天漸曙，欽黨稍稍散去。欽遇鏜子軏於路，軏奮刀砍欽，中膊，欽氣懾，率數騎走安定、東直、齊化各門，求出門，俱不〔校記：廣本不下有得字，是也〕開，遂竄歸其家拒官軍。鏜督軍與戰。頃之，會昌侯孫繼宗亦集兵至。時大雨如注，欽率家衆及達官猶出戰數次。鏜令軍士能殺賊獲其財者卽與之，於是官軍奮呼而入。欽投井死。遂毁其宅，盡掠其財物。其兄都督鐸、弟指揮鉉及堂兄都督濬皆爲衆所殺，并其親黨同謀之家皆一空焉。諸達官逸出者，先後皆被誅。初，逯杲依附吉祥、石亨，得陞官。既得寵幸，遂背之。日舉石彪及亨過惡。亨等死，復舉欽及吉祥過惡，遂激其反，欽故首殺之。以都察院嘗劾治己罪，寇深且素與杲善，故殺深，皆取其首以去。賢已被刀傷首及耳，欽揮退持刀者，扶至東長安門，令呼守衛官開門不得，數欲殺之，得吏部尚書王翺、郎中萬祺解護，故不死。欽持杲首示賢曰：我非此賊，豈有今日之舉，爾可與我奏所以舉兵復讐之意。賢不得已，從之。欽以此釋賢去。頃之，賢聞官軍圍欽宅，乃上書曰：賊雖被圍，未盡擒殺，宜速曉示，有能擒獲賊黨者，即以其官與之。上得疏，知賢在，甚喜。明日召賢，裹傷入見，慰勞之。

（英宗天順實録卷 330　第 1 頁　330.1.6777）

241　七月辛丑　命公侯伯朱儀等分守皇城六門、都城九門。以反賊黨未盡〔校記：廣本抱本安本盡下有就字，是也〕擒也。

（英宗天順實録卷 330　第 4 頁　330.4.6783）

242　七月壬寅　京城内外軍民有假捕賊搶奪平人財物者，上命錦衣衛緝獲數十人，杖之通衢以示衆，間有搶奪賊黨財物者釋之。

（英宗天順實録卷 330　第 5 頁　330.4.6783）

243　七月戊申　達官都督同知也先帖木兒從曹欽反，既敗，越城逃至通州民瓜田中盜食瓜，民欲毆之，也先帖木兒窮蹙吐實，民執送鎮守官，械赴京。法司論當凌遲處死。上命錦衣衛禁錮之。

（英宗天順實録卷 330　第 6 頁　330.5.6786）

244　七月乙丑　命工部侍郎霍瑄督修京城爲雨所壞者。

修河西務耍兒渡口。

（英宗天順實録卷 330　第 13 頁　330.11.6798）

245　八月乙未　賜御馬監太監周善昌平地十一頃有奇。

（英宗天順實録卷 331　第 7 頁　331.6.6811）

246　九月己亥　給薊州、永平、山海等處馬三千匹。

（英宗天順實録卷 332　第 1 頁　332.1.6813）

247　九月庚子　五軍、三千營官軍赴教場操練，出德勝門爭道相踐踏，死者二十八人。上切責總兵官會昌侯孫繼宗等。

（英宗天順實録卷 332　第 1 頁　332.1.6813）

248　九月壬子　夜大雷雨。

（英宗天順實録卷 332　第 3 頁　332.2.6816）

249　九月壬戌　安南國陪臣丁蘭奏：生有封死有祭，此聖朝柔遠人之盛典也。比者，國王黎濬爲庶兄琮所弑，乃遣逆黨陳稜妄以溺死奏，蓋欲援禮經之不吊以售其奸。朝廷不逆其詐，委曲俯從，蓋以夷而畧之也。今事既得白，則吊祭禮不可無，而臣等至京，已四閲月，朝廷吊祭之使，尚未之遣，敢輙冒聞。于是遣行人往諭之。

（英宗天順實録卷 332　第 5 頁　332.4.6820）

250　九月壬戌　巳時地震有聲，自西北方至東南方止。

（英宗天順實録卷 332　第 5 頁　332.4.6820）

251　十月辛卯　命廣義伯吳琮於二千營坐營管操。

（英宗天順實録卷 333　第 6 頁　333.5.6831）

252　十一月丙午　命薊州守備署都指揮僉事劉輔充右參將分守馬蘭谷等營。

（英宗天順實録卷 334　第 2 頁　334.2.6839）

253　十一月壬戌　駕幸南海子。

（英宗天順實録卷 334　第 4 頁　334.3.6842）

254　十二月戊辰　安南國陪臣留京師者訴于禮部，言南人不耐寒。上命工部月給以炭。

（英宗天順實録卷 335　第 1 頁　335.1.6846）

255　十二月壬申　朝鮮國王李瑈奏：建州衛野人乘夜至義州江殺幷江收禾民及掠男婦馬牛，乞令還所掠。事下兵部，議：以爲朝鮮先嘗誘殺毛憐衛都督郎卜兒哈，朝廷因其讎殺不已，降勅遣官諭令釋怨，繼又誘致都指揮厄克，因縱兵掠其家屬。意者，野人此舉欲復前讐。宜諭朝鮮使臣還語其主，寇盜之來皆其自取，自今其務安分守法，毋自作弗靖，庶使邊夷釋怨。從之。

（英宗天順實録卷 335　第 2 頁　335.2.6847）

256　十二月乙亥　　駕幸南海子。

（英宗天順實録卷 335　第 3 頁　335.2.6848）

257　十二月癸未　　宣廟賢妃吴氏薨，妃宣德三年册封，正統十四年尊爲皇太后，天順元年復爲賢妃，至是薨。訃聞，上輟視朝一日，謚曰“榮恩”，遣中官致祭，命有司營葬。

（英宗天順實卷 335　第 4 頁　335.3.6850）

258　十二月乙酉　　蠲免通州、天津等三衛天順元年二月負欠秋青草十七萬〔校記：廣本作七十萬〕四百二十餘束。

（英宗天順實録卷 335　第 5 頁　335.4.6851）

259　十二月庚寅　　宛平縣民有殺其母者。命即磔于市。

（英宗天順實録卷 335　第 8 頁　335.7.6857）

260　十二月　　是歲……漕運北京儹運過糧四百三十五萬石，各處運納糧一百一十一萬六千六十五石。

（英宗天順實録卷 335　第 10 頁　335.8.6860）

天順六年（1462）

261　正月辛丑　　印綬監太監阮通奏：舊制，漕運遇風破舟者，令所在官司覆驗無僞，即令全衛所皆於通州上納，免赴京倉，省其僦車之費，以補漂流之數。行之既久，姦弊滋甚。多有私賄沿河官司虚報遭風，以致上納京倉者少。乞行禁革，犯者治以重罪。

（英宗天順實録卷 336　第 1 頁　336.1.6862）

262　正月己酉　　朝鮮國王李瑈遣陪臣朴大孫等來朝，貢海青〔校記：廣本青作馬〕、文魚。賜宴及綵幣、襲衣、鈔、絹、布匹等物。

（英宗天順實録卷 336　第 2 頁　336.2.6864）

263　二月庚午　　給居庸關官軍馬二百四十五匹。

（英宗天順實録卷 337　第 1 頁　337.1.6878）

264　二月甲戌　　給五軍、三千、神機營馬一萬五千匹。

（英宗天順實録卷 337　第 3 頁　337.3.6881）

265　二月丙戌　　建東安門及東上門、東上南門。先是，東上二門燬於火。曹欽反，復焚東安門。至是，命工部重建。

（英宗天順實録卷 337　第 5 頁　337.4.6883）

266　二月庚寅　　遣翰林院侍讀學士錢溥、禮科給事中王豫爲正副使往封故安南國王黎麟子灝爲王。詔之曰：惟我皇明，誕膺天眷，統馭華夷。同文軌於萬方，覃聲教於四表，凡居覆載，罔不歸心。惟爾安南，慕義稱藩，蓋有年矣，故國王黎麟，敬天事大，禀命受封。保境安民，恪修職貢。繼以子濬，不替前修，屬兹告終，統承乏胤，其攝國事。灝乃麟國王之子，象賢濟美，素得邦人之心；奉表輸琛，益謹藩臣之禮。今特遣正使翰林院侍讀學士錢溥、副使禮科給事中王豫持節封爲安南國王。凡爾國中臣僚耆舊，尚宜同心翼贊，協〔校記：抱本協下有力字，是也〕匡扶，懋纘先猷，動循禮度。撫一方於寧謐，亨多福於久長。故兹詔頒，想宜知悉。

又遣司禮監太監柴昇、奉御張榮同往，就齎錢物收買應用香料等物。勅灝領價，逐一收買堪中〔校記：廣本中作用〕者，交付昇等以進。

（英宗天順實録卷 337　第 6 頁　337.5.6885）

267　二月甲午　　南城兵馬副指揮張佑巡溝渠至宣武關〔校記：廣本關作觀，疑是也〕，見一人開渠不深，不知其爲錦衣衛百户，叱弓兵欲笞之，百户怒，執佑訴之門達，達以聞。上曰：此兵馬欺毆軍職，無理甚，其枷示五城各一月更處之。

（英宗天順實録卷 337　第 7 頁　337.5.6886）

268　三月丙寅朔　　京城民有被盗者。上以監察御史白鳳職兼督捕下錦衣衛獄鞫罪。

（英宗天順實録卷 338　第 1 頁　338.1.6889）

269　三月乙巳　朝鮮國王李瑈、琉球國中山王世子尚德各遣臣來朝、貢方物。賜宴各如例。

（英宗天順實録卷 338　第 2 頁　338.2.6891）

270　三月壬戌　鎮守居庸關都督同知李奇爲所屬發其私役軍士諸不法。上宥之。命錦衣衛遣官責其罪狀。

（英宗天順實録卷 338　第 4 頁　338.4.6895）

271　四月戊辰　刑部奏：在京指揮弟男等六人，結成羣火，酗酒殺（按：館本殺作毆）人，詎取貲物，罪應贖杖。然居輦轂之下，敢爾咨横，難照常例處置。上命錦衣衛枷示大街三月。

（英宗天順實録卷 339　第 1 頁　339.1.6897）

272　四月庚辰　修内府經廠庫房。

（英宗天順實録卷 339　第 3 頁　339.3.6901）

273　四月辛卯　命吏科右給事中潘榮、行人司行人蔡哲充正副使往琉球國，祭故王尚泰久，并封其世子尚德爲王。且詔之曰：朕紹帝王之統，纘祖宗之緒。主宰天下，一視同仁。撫馭華夷，靡間遐邇。惟爾琉球國，僻居海島，密爾閔中，慕義來庭，受封傳業，蓋有年矣。故國王尚泰久，克篤〔校記：廣本篤作恭〕勤誠，敬天事人，甫餘六載，倏爾告終。先業攸存，可無承繼？其世子尚德，性質仁厚，國衆歸心。兹特遣正使吏科右給事中潘榮、副使行人司行人蔡哲，齎詔往封爲琉球國中山王。仍賜以皮弁冠服等件。凡國中官僚士庶，同心輔翼，作我外藩，於呼循禮謹度，永堅率俾之忠。親族睦隣，丕冒咸寧之化。故兹詔示，悉使聞之。

（英宗天順實録卷 339　第 4 頁　339.4.6903）

274　四月辛卯　修築固安縣城。

（英宗天順實録卷 339　第 6 頁　339.5.6905）

275　五月丙申　御馬監勇士福海，夜集衆刼鄭村垻草場内使孔景（按：館本景作璟）家白金器皿等物。法司鞫罪當斬。上命斬於勇士教場。

（英宗天順實録卷 340　第 1 頁　340.1.6907）

276　五月己酉　是日昏霧四塞。

（英宗天順實録卷 340　第 3 頁　340.2.6910）

277　五月辛亥　順天府涿州羊房草場莊地百餘頃，舊爲太監曹吉祥業。吉祥伏誅，駙馬都尉〔按：館本馬下無都尉，廣本抱本安本有，是也〕石璟請其地。有司請以三分之一給賜。從之。

（英宗天順實録卷 340　第 3 頁　340.3.6911）

278　六月戊辰　國子監祭酒劉益下錦衣衛獄。時典簿徐敬坐盜倉糧、竊官紙印私書、用官木造私器罪，乃奏益嘗因釋奠用官鈔買茶果接待各官，故并益下獄。鞫當贖杖還。上從之。

（英宗天順實録卷 341　第 1 頁　341.1.6918）

279　六月庚午　都督同知過興卒。興，順天府宛平縣人，永樂三年襲父保保職爲副千户。正統元年以征西功陞指揮僉事，六年以征雲南功陞指揮同知、尋破麓川陞指揮使，十四年以功累陞至都督同知。景泰四年奉勅充總兵官，佩鎮朔將軍印鎮守宣府，天順四年鎮守廣西，佩征蠻將軍印。至是取回京，行至滄州卒。

（英宗天順實録卷 341　第 2 頁　341.2.6920）

280　六月甲申　朝鮮國王李瑈遣陪臣金係熙等奉表來謝恩，貢方物、馬匹。賜宴并賜綵幣等物。

（英宗天順實録卷 331　第 5 頁　341.5.6925）

281　七月乙未　宥鎮守通州都指揮同知陳逵罪。逵與通州知州盧遂、同知黄仲寬相訐，奏命錦衣衛千户高安覈之。逵賂安，安其（按：館本其作具）報遂、仲寬有貪滛跡而薄言逵罪。上命逵具狀以聞。逵乃自伏耕種官田地及勒民納柴草、豆料罪，且言：太監韓亮、傅恭、裴當、李傑及内官陳政過臣，或因役夫不給擅達州官，或給銀與州衛官爲臣置酒延欵，或邀飲臣家，或知其杖殺軍士不以聞。此皆臣罪，然臣實遵敬近侍内臣，伏乞赦臣罪。事下，刑部請執逵鞫問。上曰：逵既輸罪，其罪宥之。

（英宗天順實録卷 342　第 1 頁　342.1.6931）

282　七月庚戌　　鎮守居庸關都督同知李奇卒。奇，直隸交河縣人。祖玉，新建伯。父英，都指揮僉事，正統已巳戰歿於彰義門。奇以父功襲封，陞爲都指揮同知，管三年（按：疑年爲千之誤）營。天順元年陞後軍都督同知，管五軍左掖。尋調前軍掌府事。三年，鎮居庸關，至是卒。訃聞，遣官賜祭，命有司賻贈榮葬。奇鎮守無益邊關而貪黷誅求，反爲行旅守卒之害。

（英宗天順實録卷 342　第 5 頁　342.5.6939）

283　七月壬子　　陞順天府文安縣知縣何源爲通州知州。先是，源九年任滿，縣民奏留復任。至是通州缺知州，州民相率言其撫宇有方，乞陞補。吏部具請，故有是命。

（英宗天順實録卷 342　第 5 頁　342.5.6940）

284　七月乙卯　　京師有無賴子數十輩，常在吏部前覘聽選官吏、監生，或謀賂内外官求美除，而貧欲借貸者，輒引至富家借金，遂爲之往賂。其實或往或否，偶得美除，則掩爲己功，分得其金，俗呼爲撞太歲。既又執憑與所除官偕往任所，取償數倍。至是有爲緝事者所覺，下錦衣衛，鞫得實，俱發邊遠充軍，命都察院揭榜天下禁約。

（英宗天順實録卷 342　第 6 頁　342.6.6941）

285　八月乙丑　　命修各邊牆垣、屯堡、墩臺、壕塹。

（英宗天順實録卷 343　第 1 頁　343.1.6945）

286　八月庚午　　命都督指揮僉事宋瑛鎮守居庸關。

（英宗天順實録卷 343　第 2 頁　343.1.6946）

287　八月乙亥　　禮部奏，給事中等官王汝霖等賫詔往占城國回，貨易象牙、烏木等物數多，或給事（按：館本事作賜）各人惟復照數入官。上命循宣德年間例行。

（英宗天順實録卷 343　第 2 頁　343.2.6947）

288　八月辛巳　朝鮮國王李琛遣陪臣盧叔同等……奉表，貢馬及方物。賜宴及彩幣等物有差。

（英宗天順實録卷 343　第 3 頁　343.3.6949）

289　八月丁亥　甓錦衣衛獄牆。從都指揮僉事門達請也。

（英宗天順實録卷 343　第 4 頁　343.3.6950）

290　九月壬辰朔　命薊州等處總兵官都督僉事馬榮督修密雲、湖（按:湖爲潮之誤）河（按:館本河下有川字）等處關城。錦衣衛指揮僉事吕貴奏也。

（英宗天順實録卷 344　第 1 頁　344.1.6955）

291　九月乙未　聖烈慈壽皇太后崩。

（英宗天順實録卷 344　第 1 頁　344.1.6956）

292　九月丙午　以大行皇太后將合葬景陵，命撫寧伯朱永、都督僉事趙輔、兵部右侍郎圭師官軍除道及建明樓、築寶山城。

（英宗天順實録卷 344　第 4 頁　344.4.6961）

293　九月戊申　是（按：館本是作視，誤）日景陵啟土。遣駙馬都尉石璟祭三陵、撫寧伯朱永祭天壽山之神，都督趙輔祭后土之神。

（英宗天順實録卷 344　第 5 頁　344.4.6962）

294　九月戊申　給天壽山工役官軍每月行糧二斗。

（英宗天順實録卷 344　第 5 頁　344.4.6962）

295　九月壬子　掌錦衣衛事都指揮僉事門達言：天下囚犯，皆聚本司，而獄房甚少。臣見城西武邑庫隙地有餘，乞勅工部蓋造獄房。從之。

（英宗天順實録卷 344　第 6 頁　344.5.6963）

296　九月甲寅　給大興、宛平縣養濟院貧人禦寒綿布一百餘匹。

（英宗天順實録卷 344　第 6 頁　344.5.6964）

297　九月乙卯　鐘鼓司火者王存得持刀戮内官二人，捕獲以聞。詔磔之示衆。

（英宗天順實録卷 344　第 8 頁　344.7.6967）

298　九月丁巳　朝鮮國王李瑈遣陪臣李叔仝、暹羅國王孛剌籃囉者直波知遣使臣坤普倫直并董卜韓胡、宣慰使司那不林等、寺剌麻番僧足都伯等來朝，貢馬及盔甲、佩刀等方物。命禮部官於午門外給賜金織襲衣并彩段等物。

（英宗天順實録卷 344　第 9 頁　344.7.6968）

299　十月甲申　户部奏：在京文武官吏、軍匠人等并馬牛豬羊等項，該用糧料浩大，兼因水旱災傷并儹運水淺，於德州、天津寄收四十餘萬石，以此歲用不敷。若非多方撙節，誠恐缺乏，無從措辨。今國子監舉人監生見坐堂者足用差撥。其陝西納馬監生，先該禮部奏其進學日淺，經書未習，禮度未知，如正統年間官生事例，存留在監讀書十年挨次出身。查得各生有家小者，月支米九斗，無者月支三斗。若令在監十年，用糧數多，勞民供運。欲將納馬監生見在者盡數放回依親讀書，十年滿日，行取挨次撥用。出身未到者一體放回。從之。

（英宗天順實録卷 345　第 5 頁　345.4.6978）

300　十月乙酉　給古北口關營馬六百疋。

（英宗天順實録卷 345　第 5 頁　345.5.6979）

301　十月戊子　孝恭章皇后梓宮發行（按：行爲引之誤）。賜舁送梓宮并諸葬儀官校力士人等米鈔有差。

（英宗天順實録卷 345　第 6 頁　345.5.6979）

302　十一月甲午　孝恭章皇后梓宮合葬景陵。

（英宗天順實録卷 346　第 1 頁　346.1.6981）

303　十一月庚子　安順伯薛忠卒。忠，順天府昌平縣人。襲伯祖貴爵。初，貴無嗣，立忠父山爲後，貴卒，山告承襲，有司以無弟姪嗣爵例，不允。事聞，宣宗念貴功，特授山世襲指揮使以奉貴祀，不爲例。後山以功陞都指揮僉事，卒，天順改元，詔復安順伯爵，以忠嗣封。至是卒，賜祭。命有司營葬，子瑄嗣。

（英宗天順實録卷 346　第 2 頁　346.2.6983）

304　十一月己巳　敕太監吴昱守備天壽山，總理三陵神宫監，衛護陵寢。仍兼提督黄花鎮軍馬。

（英宗天順實録卷 346　第 3 頁　346.2.6984）

305　十一月戊午　國子生金齋〔校記：廣本齋作鼎〕坐毆太監傅恭家人，法司論贖杖。上特命錦衣衛枷以示衆。

（英宗天順實録卷 346　第 5 頁　346.4.6988）

306　十二月壬戌　僧録司覺義然智（按：館本智作勝）奏：智化寺成於太監王振，舊有賜經及勅諭，正統十四年散失無存。乞仍頒賜，以慰振於冥漠。從之。

（英宗天順實録卷 347　第 1 頁　347.1.6991）

307　十二月己卯　順天府尹王福爲府卒發其諸貪淫事，福亦上章按卒罪。事下刑部，尚書陞〔校記：廣本抱本陞作陸，是也〕瑜等收其卒及諸所連染訊之，皆以爲不驗。奏請寢其事不治。

（英宗天順實録卷 347　第 5 頁　347.5.6999）

308　十二月　是歲……漕運京師儹運過糧四百三十五萬石，各處運納糧一百一萬一千九百二十石。

（英宗天順實録卷 347　第 9 頁　347.8.7005）

天順七年（1463）

309　正月壬子　陞户部四川司郎中施紳爲通政司右參議，仍於薊州、永平等處管理糧草。

（英宗天順實録卷 348　第 3 頁　348.2.7010）

310　二月丙寅　卯刻雨黄霾，四方蔽塞，日晦無光，至未時霾乃散。

（英宗天順實録卷 349　第 2 頁　349.2.7019）

311　二月丁卯　琉球國中山王世子尚德遣使臣崇嘉山等、朝鮮國王李瑈遣陪臣柳子煥等來朝，貢馬。賜宴及綵幣、表裏等物有差。

（英宗天順實録卷 349　第 3 頁　349.2.7020）

312　二月丁卯　是日大風，至晚試院火，舉人死者甚衆。翌日，禮部以聞。上命改試於八月。

（英宗天順實録卷 349　第 3 頁　349.2.7020）

313　二月己巳　以試院火，下知貢舉及監試等官禮部左侍郎鄒榦、郎中俞欽、主事張祥、監察御史唐彬、焦顯等于獄。尋宥榦復任。

（英宗天順實録卷 349　第 3 頁　349.3.7021）

314　二月辛未　朝鮮國（按：館本國下有王字）李瑈以孝恭章皇后喪，遣使臣鄭自濟等來朝進香及奉慰表文。命於清寧門行禮。

（英宗天順實録卷 349　第 4 頁　349.3.7022）

315　二月辛未　舉場燒死舉人，其親人不能辨認，收瘞者頗多。上聞而憫之，悉令有司具棺木收瘞者於朝陽門外。

（英宗天順實録卷 349　第 4 頁　349.3.7022）

316　三月甲午　安南國遣陪臣黎公路等來朝，貢金銀器皿方物。賜宴及綵幣、衣服等物。

（英宗天順實録卷 350　第 1 頁　350.1.7033）

317　三月戊申　以修景陵工成，賜太監傅恭、黃順各銀五十兩，紵絲四表裏，鈔五十貫。撫寧伯朱永、都督僉事趙輔、兵部右侍郎白圭、工部右侍郎蒯祥、陸祥、內官黎賢各紵絲二表裏、鈔三十貫。內官童箇連、推官張諒等官各紵絲一表裏、鈔一千貫。其主事等官吏、匠作、官軍人等各賞絹布有差。

（英宗天順實録卷 350　第 5 頁　350.4.7040）

318　四月己巳　新建弘仁橋成。橋在南海子東牆外，舊名馬駒橋，水自城西南經南海子出，歲以木爲橋，水漲即衝去，往來者病涉。上憫之，欲建石橋，遂發内帑銀數萬兩，顧〔校記：廣本顧作傭〕工匠民夫爲之，内命内閣臣李賢、陳文、彭時等往觀焉。賢言工程浩大，顧民夫莫若用軍士，一月人與一兩，彼亦樂爲之矣。不惟軍士得濟，抑且力齊而工易完。上從之。既而文武大臣亦皆感激，出俸銀以爲助。橋成，改名弘仁橋，命賢爲碑記。

（英宗天順實録卷 351　第 3 頁　351.2.7048）

319　四月丁丑　命工部左侍郎霍瑄不妨部事提督修理在京及通州倉厫。

（英宗天順實録卷 351　第 6 頁　351.5.7053）

320　四月己卯　京城南薰坊火，焚民居數十家，延燬文德坊牌樓。

（英宗天順實録卷 351　第 6 頁　351.5.7054）

321　四月癸未　朝鮮國遣陪臣梅佑等、哈密地面遣使臣哈只等貢馬及方物。賜宴并綵幣等物有差。

（英宗天順實録卷 351　第 6 頁　351.5.7054）

322　五月己丑　修試院。

（英宗天順實録卷 352　第 1 頁　352.1.7057）

323　五月辛卯　户部言：京師及通州倉，去年所收糧，因天寒河凍，恐誤糧船回程，不及曬晾，日後慮有熱蒸虧損之患。請不必挨陳，先爲放支。從之。

（英宗天順實録卷 352　第 1 頁　352.1.7057）

324　五月丙午　天鳴，聲如瀉水。

（英宗天順實録卷 352　第 2 頁　352.2.7059）

325　五月戊申　增置西安門倉。

（英宗天順實録卷 352　第 3 頁　352.3.7061）

326 五月丁巳 重建文德坊牌樓，以被火燬也。

（英宗天順實録卷 352 第 6 頁 352.5.7065）

327 六月戊辰 安南國王黎灝遣陪臣黎分路等奉表來朝，貢金銀器皿等物。賜宴并綵幣、表裏、金織羅襲衣等物。仍命分路等賫勅并綵幣、表裏歸賜其王。

（英宗天順實録卷 353 第 3 頁 353.3.7071）

328 六月己巳 禮部奏：翰林院侍讀學士錢溥、禮科給事中王豫使安南國，安南國王黎灝餽溥金銀各四十兩，金銀廂帶各一條；餽豫金三十兩，銀四十兩，金銀廂帶各一條。溥等固辭不受，王命陪臣程盤賫詣京。溥等猶未敢受。上曰：既已賫至，令溥等受之。

（英宗天順實録卷 353 第 3 頁 353.3.7071）

329 七月戊子朔 密雲縣大雨，山水驟漲，壞密雲衛、軍器〔校記：廣本器下有及字〕、文卷、房屋悉衝没。鎮守内官及巡按御史以聞，并劾其指揮等官不能防護罪。上宥之。

（英宗天順實録卷 354 第 1 頁 354.1.7077）

330 七月庚子 修大明門、正陽、長安左、右等門道路、蕭牆、守衛直房。

（英宗天順實録卷 354 第 3 頁 354.2.7080）

331 閏七月癸亥 蘇門答剌國遣正使麻力都然達剌鑾……各貢馬、駝、方物。賜宴并賜綵幣等物。

（英宗天順實録卷 355 第 3 頁 355.3.7095）

332 閏七月乙丑 修恭讓誠順康穆静慈章皇后陵寢及永清公主享堂。

（英宗天順實録卷 355 第 5 頁 355.4.7098）

333 閏七月乙酉 從（按：館本從作徙，是也）東安門外以南官軍一百餘家於武功坊之西，以逼近王府故也。武功坊西舊路不通，至是并通之，直抵琉璃廠之前。皆從指揮門達奏也。

（英宗天順實録卷 355 第 9 頁 355.7.7104）

334　八月庚寅　　修天地、山川壇周圍牆垣。造恭讓章皇后及貞順懿恭惠妃祭器。

（英宗天順實録卷 356　第 1 頁　356.1.7106）

335　八月丁酉　　修理皇牆外巡更舖舍并大明、長安左、右門外街道溝渠。

（英宗天順實録卷 356　第 2 頁　356.2.7107）

336　八月庚戌　　久雨，壞國子監碑亭，仆進士題名碑五通。上命有司修碑亭并竪其碑。

（英宗天順實録卷 356　第 5 頁　356.4.7111）

337　八月辛亥　　禮部引會試中式舉人吴釴等二百五十人陛見。

（英宗天順實録卷 356　第 5 頁　356.4.7111）

338　十月丙戌朔　　户部奏：南京錦衣衛等糧船泊于張家灣河下，忽被山水泛溢，漂流糧米通計二千九百餘石，其旗軍無力完納，請容其明年如數賠補。從之。

（英宗天順實録卷 358　第 1 頁　358.1.7127）

339　十月丁亥　　給大興、宛平縣養濟院貧人禦寒綿布一百五十餘匹。從户部奏請也。

（英宗天順實録卷 358　第 1 頁　358.1.7127）

340　十月辛亥　　朝鮮國王李瑈遣陪臣安慶孫來朝，貢馬及方物。賜宴并金織紵絲襲衣、綵段、表裏、絹布等物有差。

（英宗天順實録卷 358　第 7 頁　358.6.7137）

341　十一月庚午　　設順天府通州弘仁橋巡檢司。

（英宗天順實録卷 359　第 5 頁　359.4.7146）

342　十二月戊子　　命東寧伯焦壽於三千營坐營管操。

（英宗天順實録卷 360　第 1 頁　360.1.7154）

343　十二月癸巳　　命修北京真武廟。

放上林苑監所隸老疾菜户四十四户。從户部奏請也。

（英宗天順實録卷 360　第 3 頁　360.2.7156）

344　十二月　　是歲……漕運京師儹運過糧四百萬石，各處運納糧八十一萬九千七十二石。

（英宗天順實録卷 360 第 8 頁 360.7.7166）

天順八年（1464）

345 正月甲子 大霧，咫尺不辨人物。

（英宗天順實録卷 361 第 2 頁 361.2.7169）

346 正月乙丑 雨（按：館本雨下有木字）冰。

（英宗天順實録卷 361 第 2 頁 361.2.7170）

347 正月庚午 上崩。

（英宗天順實録卷 361 第 4 頁 361.3.7172）

348 正月壬申 大歛。

是年二月乙未上尊謚曰“法天立道仁明誠敬昭文憲武至德廣孝睿皇帝”，廟號“英宗”。庚申葬裕陵。上在位改元者二，曰“正統”，曰“天順”。歷年二十有二。壽三十有八。

（英宗天順實録卷 361 第 5 頁 361.4.7173）

天順八年（1464）

1 **正月庚午** 以大行皇帝上賓（按:館本賓下有天字），告于奉先殿，命禮部定大〔按：館本無禮部定大四字〕喪禮儀注，頒遺詔於天下，報訃音于宗室親王。嚴守京城。

（憲宗成化實録卷1 第3頁 1.2.0003）

2 **正月乙亥** 上卽皇帝位……遂頒詔大赦天下。

（憲宗成化實録卷1 第7頁 1.6.0011）

3 **二月丙戌** 議營建大行皇帝陵寢于天壽山，薦名“裕陵”。勑太監黄順、吴昱，撫寧侯朱永、工部尚書白圭、侍郎陸祥督工〔按：館本陸祥前有蒯祥二字，督下無工字〕軍匠營建。

（憲宗成化實録卷2 第2頁 2.2.0035）

4 **二月丙申** 户部請增山陵督役都指揮米月三斗，指揮以下并軍士二斗、鹽一斤，官醫、殺虎手日一升，馬日給〔按：館本給下有以字）芻秣。從之。

（憲宗成化實録卷2 第6頁 2.5.0042）

5 **二月乙巳** 曉刻風起西北，有聲，黄塵四塞。

（憲宗成化實録卷2 第14頁 2.12.0055）

6 **二月壬子** 風霾，盡（按：館本盡爲晝字，是也）晦，既而隱隱有（按：館本聲前有雷字）聲。

（憲宗成化實録卷2 第16頁 2.13.0058）

7 **二月壬子** 山陵開土。遣駙馬都尉焦敬祭告長陵，石璟告獻陵，薛桓告景陵，撫寧伯朱永告天壽山之神，尚書白圭告后土之神。

改武城〔校記：會典卷一百二十四，城作成，館本作成，是也〕前衛爲裕陵衛，以奉衛英宗皇帝山陵。

（憲宗成化實録卷 2　第 16 頁　2.13.0058）

8　三月甲寅朔　減南北兩京供用庫及司苑等局歲用白糧豆麥茶蠟各十之三。

（憲宗成化實録卷 3　第 2 頁　3.1.0062）

9　三月丙辰　卯時天氣昏蒙，日色變白，無光。

賜安南國王黎灝皮弁冠服一襲，紅羅常服一襲，紗帽犀帶各一。因灝遣陪臣請冕服，上不允而有是賜。仍賜所遣陪臣銀百兩。

（憲宗成化實録卷 3　第 6 頁　3.5.0070）

10　三月丁巳　陞河南按察司副使張諫爲順天府府尹，令乘傳詣京。

（憲宗成化實録卷 3　第 15 頁　3.6.0072）

11　三月乙丑　命撫寧伯朱永、太監黄順等提督官軍匠作六萬餘人營建山陵，尋以工程大復乞添撥官軍二萬。從之。

勅御史張瓚、祝祥巡關，自居庸至龍泉，祥自山海至古北口。

（憲宗成化實録卷 3　第 15 頁　3.10.0080）

12　三月丙寅　毁錦衣衛城西獄舍。錦衣衛舊有獄附衛治門達掌問刑，又於城西置獄舍以張威。御史吕洪建言此非朝廷明刑慎罰之意，故命毁之。

（憲宗成化實録卷 3　第 15 頁　3.10.0080）

13　三月丁卯　兵部臣奏：給事中金紳建言八事。有旨，命臣等議其内三事。……其三，設武學以育將材〔按：館本材作林，抱本作材，是也〕，欲於京師設立武學，并南京見有武學，俱令五府各衛所應襲子弟入學肄業……上曰：可。

（憲宗成化實録卷 3　第 15 頁　3.10.0081）

14　三月戊辰　策試會試舉人吴釴等二百四十七人。

命鎮守居庸關都指揮宋英提督官軍修理黄花鎮堡牆垣。仍戒其毋苟且，妨誤邊備及假此役占軍士。

（憲宗成化實録卷 3　第 15 頁　3.11.0081）

15　三月庚午　上閲舉人所對策。賜彭教、吴釴、羅璟三名進士及第，李東陽等七十五名進士出身，張達等一百六十九名同進士出身。

（憲宗成化實録卷 3　第 17 頁　3.11.0082）

16　三月癸酉　琉球國中山王尚德遣使臣進表，貢方物。賜綵段、冠帶、襲衣。仍命使臣領詔書，并賜國王、妃文錦、綵段等物，回國開讀給賜。

（憲宗成化實録卷 3　第 18 頁　3.13.0085）

17　三月甲戌　狀元率諸進士詣國子監文廟行釋菜禮。是日禮部請命工部於國子監立石題名。上命少保吏部尚書兼華蓋殿大學士李賢撰記。

永清右衛帶俸都指揮僉事王信守備通州等處地方。

（憲宗成化實録卷 3　第 18 頁　3.13.0086）

18　三月乙亥　上因太監陶榮乞寺額，勑禮部臣曰：京城内外寺院已多，而内外有勢力之人，往往效尤，增修不已。或豪奪民居，或詭稱古額，假名爲國求福，而實自欲徼福；假名爲民禳災，而實因以生災。今後更不得妄自增修，輒求賜福。爾禮部〔校記：抱本嘉本無部字〕官宜以朕此意通行曉示。

（憲宗成化實録卷 3　第 19 頁　3.14.0087）

19　三月戊寅　太保會昌侯孫繼宗等會同兵部尚書馬昂議：將五軍、三千、神機等大營原選一等頭撥馬步官軍十一萬九百四十八員，選轃十二萬員名，分作十二營。及坐營侯伯并協賛都督，都〔按:抱本嘉本督下有都字，館本無都字〕指揮等官另推選廉能驍勇之人任用，俱聽繼宗等提督操練。上以爲然。遂定立奮武、耀武、練武、顯武、敢勇、果勇、鼓勇、效勇、立威、神（按：館本無神字，是也）伸威、揚威、振威十二營名。每遇操時，仍差給事中御史各一員巡察。

（憲宗成化實録卷 3　第 22 頁　3.16.0091）

20　四月癸未朔　復命都指揮陳逵鎮守通州。以都指揮僉事王信守備倒馬關，更勅與之。從通州軍民保留逵也。

（憲宗成化實録卷 4　第 1 頁　4.1.0095）

21　四月戊子　改在京文武官五月分折俸絹支綿布。時賞賜諸費多用絹，絹不足，户部請改一月支布，每布一疋折米一石。從之。

（憲宗成化實録卷 4　第 2 頁　4.2.0097）

22　四月庚寅　兵部尚書馬昂等言：兵政乃國家重事，將帥實士卒司命，苟非委任責成，戒務何由克濟。況奮武等十二營，坐營協贊俱係侯伯都督等官，倘有違慢失誤，必須比較戒約，非假朝廷威命，軍令無由而伸。乞賜勅太保會昌侯孫繼宗等，令其遵守行事，庶政令歸一，而偏裨有所稟命，兵將協和，而臨時不致失誤。上從之，勅繼宗等曰：朕惟國家以武備爲重，武備以練習爲先，令於五軍、神機、三千營選拔壯勇官軍一十二萬，分爲一十二營，各命侯伯都督等官坐營團操，時命爾等同太監劉永誠總管提督。必須嚴紀律，整部伍，堅利器械，鮮明盔甲，如法演習武藝，以備調用。坐營官員不許虚應故事，如有偏私違拗、違犯號令及科歛役占軍士者，指實參奏黜罰。其五軍、神機、三千大營存留軍馬，爾等仍照舊提督操練，以備戰守，尚其勉副朕懷，毋怠毋忽。故諭。

（憲宗成化實録卷 4　第 3 頁　4.2.0098）

23　四月庚寅　陞廣平府通判蕭翰爲順天府治中。

（憲宗成化實録卷 4　第 3 頁　4.3.0099）

24　四月壬辰　都督僉事趙輔奏：五軍、三千、神機等營，原一等官軍團操。其奮勇〔按：館本勇作武，抱本作勇，作武是也〕等十二營監鎗内臣十二員，乞注定職名，令赴該監鎗。上注：太監周中奮武營，右少監王亨耀武營，太監唐慎練武營，右少監林貴奉顯武營，太監張温敢勇〔按：館本勇作武，抱本嘉本會典武作勇，是也〕營，少監趙永果勇〔按：館本勇作武，抱本嘉本會典武作勇，是也〕營，奉御鄭達效勇營，右少監來童鼓勇營，左〔按：館本左作右〕副使高廉立威營，奉御王璇伸威營，右副使張璘揚威營，奉御張紳振威營。仍命太監劉永誠與太保會昌侯孫繼宗等提督操練。

（憲宗成化實録卷4　第5頁　4.3.0100）

25　四月壬辰　　設裕陵祠祭署奉祀一員，祀丞一員。

給裕陵衛、神宗（按：館本宗作宫，是也）監印信並夜巡銅牌。

（憲宗成化實録卷4　第5頁　4.4.0101）

26　四月乙未　　太子少保兵部尚書馬昂〔按：館本昂後有等字，抱本嘉本無等字〕奏：近來良鄉、涿州、真定、保定、天津、武清等處直抵南京一帶，水陸二路盜賊成羣。夜則明火持杖，刼掠居民財物，晝則阻截路道，肆爲強刼，商旅不通。甚至殺傷人命，無所忌憚。所在巡捕官，略不加意緝捕，禁令廢弛，莫此爲甚。乞行沿途一帶官司，專委老成官率領旗軍、機兵、民快人等，分巡要害，用心訪緝。遇有盜賊出刼，務多方策設擒拿，鞫問〔按：館本作鞫門，抱本嘉本作鞫問，是也〕贓仗，明白具奏處治，不許坐視重貽民患，庶法令嚴而人知警懼。上以爲然。

（憲宗成化實録卷4　第6頁　4.5.0103）

27　四月丁酉　　命豐城侯李勇管神機營。

（憲宗成化實録卷4　第8頁　4.6.0105）

28　四月己亥　　太保會昌侯孫繼宗等奏：五軍、三千、神機等營官軍多缺馬騎操，恐誤調用。上命兵部行太僕寺揀選堪中者給

之，五軍營三千匹，三千營二千五百匹，神機營一千五百匹

（憲宗成化實録卷4　第8頁　4.6.0106）

29　四月庚子　朝鮮國王李瑈遣陪臣趙邦霖等進表，貢方物。賜宴及襲衣、綵段等物有差。

（憲宗成化實録卷4　第9頁　4.7.0107）

30　四月壬寅　勅兵部尚書馬昂、懷寧侯孫鏜等曰：今奉英宗皇帝梓宫安厝山陵，凡防護及執役官旗軍校夫匠人等，必須遵守法度。沿途毋得傷田禾，縱驢馬，假以炊飲爲由擅入民家攪擾、争競、喧鬧，或姦懶〔按:館本懶作賴，抱本嘉本作懶，是也〕避難不赴工役，以致誤事。爾兵部其曉諭諸人，仍令御史給事中密緝之。

（憲宗成化實録卷4　第10頁　4.7.0108）

31　四月壬子　命定西侯蔣琬坐奮武營，都指揮馬慶協贊。太平侯張瑾坐耀武營，都指揮僉事張雄協贊。廣平侯袁瑄坐練武營，都指揮同知王福協贊。遂安伯陳韶坐顯武營，都指揮同知武忠協贊。廣義伯吴琮坐敢勇營，都指揮僉事谷杲協贊。都督同知趙勝坐果勇營，都指揮僉事鄒宏協贊。都指揮同知白玉坐鼓勇〔按：館本勇作武，抱本嘉本會典作勇，是也〕營，都指揮僉事劉清協贊。都督〔按:館本督作指揮，抱本嘉本作督，是也〕同知芮成坐效武營，都指揮僉事姜盛協贊。都督僉事王瑛坐立威營，都指揮僉事李瑛協贊。都督〔按：館本督作指揮，抱本嘉本作督，是也〕僉事李杲坐伸威〔按：館本威作武，抱本嘉本會典作威，是也〕營，都指揮僉事張瑛協贊。都督僉事鮑政坐揚威營，都督同知韓忠協贊。都督僉事孫廣坐振威營，都指揮〔按：館本指揮作督。抱本嘉本作指揮，是也〕同知鄭時協贊。且諭之曰：兵政國家重事，今選用爾等坐營，操練軍士，務令武藝精熟，不許虚應故事，亦不許役占剥削。總管提督官時常比較戒約，若無成效及有違犯者，點罰不宥。

（憲宗成化實録卷4　第16頁　4.12.0117）

32　五月癸丑朔　梓宫將赴葬山陵，遣官祭思善等門並橋及諸神廟。

（憲宗成化實録卷5　第1頁　5.1.0119）

33　五月甲寅　發引。……是日昏刻，梓宫次清河。

乙卯　梓宫次沙河。

丙辰　梓宫次涼水河。

丁己　梓宫至山陵獻殿，遣官告長陵、獻陵、景陵后土之臣（按：臣爲神字之誤）、天壽山之臣（按：臣爲神字之誤）。

（憲宗成化實録卷5　第1頁　5.1.0119）

34　五月丁巳　京師大風雹，天地壇正殿、神厨、宰牲亭門牆、脊瓦及宣武門樓等俱被風所摧損。命工部修之。

（憲宗成化實録卷5　第2頁　5.1.0120）

35　五月丙寅　朝鮮國王李瑈以先帝升遐，遣陪臣崔漢卿等齋（按：疑齋爲賫之誤）祭文、香幣，致祭於天壽山，行禮。

（憲宗成化實録卷5　第7頁　5.4.0126）

36　五月丁卯　朝鮮國王李瑈遣陪臣黄守身等賫表文、方物，賀上登極。賜宴及織金綵段等物有差。

（憲宗成化實録卷5　第7頁　5.4.0126）

37　五月甲戌　以順聖川牧馬地爲屯田。從户部郎中龐勝請也。

（憲宗成化實録卷5　第13頁　5.9.0136）

38　五月乙亥　國子監祭酒劉益卒。益字崇益，江西吉水縣人，宣德癸丑進士，歷兵刑二科給事中。正統己巳，陞湖廣左參議，天順己卯，入爲國子祭酒。舊制：國監錢穀不鉤考，爲養賢也。其後廢會饌，而椒鹽等物俱折以錢鈔，然不時給，諸生多爲他用，至益爲監丞閻禹錫所訐，户部尚書年富以聞，命官覈實，遂下典簿徐敬暨禹錫獄，詞連益，併鞫之。敬謫戍，益以事由家僮得末減復職，然國學錢穀鉤考自兹始矣。益寬厚坦夷，不爲城府所至，政無顯迹，及主教國學，惟按資序撥歷，無所迷明。故事，祭酒有缺，多用翰林宿望，益與大學士李賢同年進士，徒以其外貌用之，文學弗光其位。士論不愜。

（憲宗成化實録卷 5　第 14 頁　5.10.0137）

39　六月壬寅　　裕陵成。其制：金并（按：疑并爲井之誤）寶花、（按：館本花作山，是也）城池一座，炤壁一座。明樓、花門樓一座，俱三間。香殿一座，五間。雲龍五彩貼金硃紅油石牌（按：牌後奪樓字）一，祭臺石一，燒紙爐二。神厨正房五，左右廂房六，宰牲亭一。牆門一，奉祀房三，門房三，神路五百三十八丈七尺。神宫〔按：館本宫作公，誤〕監前堂五間，穿堂三間，後堂五間，左右廂房四座二十間，周圍歇房並厨房八十六間〔按：館本無間字，抱本有間字〕。門樓一，門房一，大小牆門二十五。小房八間〔按：館本無間字，抱本有間字〕，井一。神馬房〔按：館本房下有馬房二字〕二十，歇房九，馬椿三十二，〔按：館本牆前有大小二字〕牆門六，白石橋三，磚石橋二。周圍包砌河岸溝渠三百八十八丈二尺，栽培松樹二千六百八十四株。經始於是年二月二十九，至是成。

（憲宗成化實録卷 6　第 5 頁　6.4.0157）

40　七月乙卯　　安南國寧遠州頭目剌孟剌羡率黑脚白夷寇掠雲南臨安府羅梅等邨，知府周瑛匿事不報。既而安南以男婦阿寨等八十餘人來歸，瑛復掩過邀功。總兵官都督同知沐瓚等以聞。都察院請行巡按御史逮問，從之。寧遠州本中國地，國初屬雲南布政司，宣德初，黎叛，朝廷予之故地，乃併寧遠州及廣西太平府之禄州爲所占，當時有司失於檢察，今遂陷於夷。

（憲宗成化實録卷 7　第 1 頁　7.1.0163）

41　七月戊寅　　兵科給事中程萬里請調長陵等衛京操軍赴黄花鎮守備，代京軍還營，彼此兩便。從之。

（憲宗成化實録卷 7　第 6 頁　7.5.0172）

42 七月乙卯 命工部修理天地壇殿廊、齋宫窻櫺及正殿、天庫、神庫、齋宫牆壁。

（憲宗成化實録卷7 第8頁 7.6.0174）

43 七月辛巳 朝鮮國王李琮（按:琮疑爲瑈之誤）以恭上大行皇帝尊謚禮成，遣陪臣權技等奉表及方物來賀。賜宴並織衣金（按：疑織衣金爲金織衣之誤）綵段等物有差。

（憲宗成化實録卷7 第8頁 7.7.0175）

44 八月戊子 朝鮮國王李瑈以上慈懿皇太后、皇太后尊號，遣陪臣李夏成等奉表及方物來賀。賜宴並金織衣、綵段有差。

（憲宗成化實録卷8 第3頁 8.2.0180）

45 八月癸卯 廢皇后吴氏，居於别館。

（憲宗成化實録卷8 第7頁 8.6.0187）

46 八月甲辰 賞京衛官軍方榮等銀十萬九百三十六兩，絹六千八百八十疋，胡椒一千二百四十四斤。以造裕陵工完也。

（憲宗成化實録卷8 第8頁 8.7.0189）

47 八月乙巳 命神機營總兵官撫寧伯朱永兼領三營總兵。代孫鏜也。

（憲宗成化實録卷8 第8頁 8.7.0189）

48 九月辛酉 增京畿府州縣儒學生員廩米。先是，各生月支本色米六斗餘並折鈔。今加增二斗，從提調學校御史陳政言也。

（憲宗成化實録卷9 第1頁 9.2.0195）

49 十月丙午 朝鮮國王李瑈遣陪臣鄭中碩等奉表、貢馬及方物，來朝慶賀萬壽聖節。

（憲宗成化實録卷10 第12頁 10.10.0226）

50 十一月壬子 賜朝鮮國王成化元年《大統曆》。

（憲宗成化實録卷11 第1頁 11.1.0230）

51 十一月甲寅 賜朝鮮國陪臣鄭中碩等宴及金織衣、綵段等物有差。

（憲宗成化實録卷11 第3頁 11.3.0233）

52 十一月丙辰 復設京衛武學。時武學廢久已，〔校記：抱本作時武學已廢久矣〕刑科給事中金紳請復設以育將才，宜遴選有學之士，授以學官，令五府各衛自指揮以上應襲子弟入學，講讀武武經〔校記：抱本作武經，是也〕，討論古今爲將勝敗之蹟。每月朔〔校記：抱本朔下有望日二字〕總兵及兵部尚書、侍郎下學考試，以勵勤怠。詔議行之。於是以太平侯張軏舊第爲武學，以南京國子監助教閻禹錫爲國子監監丞，掌〔校記：抱本掌下有武字〕學事。禹錫先任國監丞〔校記：抱本作國子監監丞〕，以言事調徽州府經歷，又改南京國子監助教。至是，吏部言其老成，熟監規，可用，遂復其官，驛詔〔校記：抱本詔作召，是也〕用之。

（憲宗成化實録卷 11　第 5 頁　11.4.0236）

53 十一月壬申 賞密雲鎮守有功將士王榮等銀、帛、絹、布有差。

（憲宗成化實録卷 11　第 13 頁　11.11.0246）

54 十二月壬辰 工部奏：太社太稷壇牆垣黝堊剥落及祭器損壞，請飾修理。從之。

（憲宗成化實録卷 12　第 7 頁　12.6.0264）

55 十二月壬辰 命都督同知張欽統團練官軍七千往居庸關防候孛（按：館本孛後有來字）進貢使臣。

（憲宗成化實録卷 12　第 7 頁
並見憲宗成化實録卷 13　第 4 頁　12.6.0264）

56 十二月己亥 陞順天府府丞盧祥爲都察院右僉都御史，巡撫延綏地方。

（憲宗成化實録卷 13　第 9 頁　12.7.0266）

57 十二月壬寅 旌表孝子李茂等七人、節婦楊氏等五人。茂，順天府玉田縣人，國子生，母病，躬侍湯藥，不少違，比卒，廬墓側有二狐穴於傍及龜蛇周旋左右不去，人以爲孝感。周尚文，東安縣人，父目失明，露香籲天，朝夕舐之，數日復有見。母李〔校記:抱本李下有氏字〕卒，尚文時任山東樂昌縣〔校記：抱本作昌樂縣，是也〕學訓導，聞訃即歸廬墓側，疏食飲水，每忌辰輒三日不食。偶有賊十餘騎突入壙内，見其衰服號哭，勒馬旋視者久之，竟不忍害。

（憲宗成化實録卷 12　第 10 頁　12.8.0268）

58　十二月甲辰　　朝鮮國王李瑈遣陪臣李義堅等奉表及有方物來朝，慶賀正旦節。

（憲宗成化實録卷 12　第 11 頁　12.9.0270）

59　十二月　　是歲……漕運京都儹運糧三百三十五萬石，各處運納糧三百七十六萬二千五十一石。

（憲宗成化實録卷 12　第 13 頁　12.11.0274）

成化元年（1465）

60　正月甲子　　賜朝鮮國賀正旦陪臣李義堅等宴拜（按，疑拜爲并之誤）衣服、綵段等物有差。

（憲宗成化實録卷 13　第 5 頁　13.3.0280）

61　正月己巳　　陞監察御史彭信爲順天府丞。

（憲宗成化實録卷 13　第 7 頁　13.5.0284）

62　正月庚午　　命鎮守懷來等處都指揮同知陰傑爲參將。以鎮守監丞弓〔校記:廣本弓作張，疑誤〕勝言傑所屬各城哨守官皆都指揮，與傑比肩，難以調度故也。

（憲宗成化實録卷 13　第 8 頁　13.7.0287）

63　正月乙亥　　命工部增造長陵、獻陵、景陵齋房。

（憲宗成化實録卷 13　第 18 頁　13.14.0302）

64　二月己卯　　修理先農壇並具服殿及修飾國子監大成門、彝倫堂，以將有事於耤並視學故也。

（憲宗成化實録卷 14　第 1 頁　14.1.0305）

65　二月壬寅　京營總兵官撫寧伯朱永以軍伍數少，而把總坐司都指揮員多，請少（按:館本少作省，是也）三十營四十四司併三十六司。從之。

（憲宗成化實録卷 14　第 13 頁　14.11.0326）

66　三月丁巳　上視國子監。

（憲宗成化實録卷 15　第 3 頁　15.2.0334）

67　三月丙寅　命工部尚書白圭董造承天門。

（憲宗成化實録卷 15　第 5 頁　15.5.0339）

68　三月乙丑　朝鮮國王李瑈遣陪臣李仲英等齎表文來朝，貢馬及方物。賜宴並襲衣、綵段等物有差。

（憲宗成化實録卷 15　第 5 頁　15.4.0338）

69　三月丁卯　琉球國中山王尚德遣弟尚武等奉表來朝，貢馬、方物。賜宴並衣服、綵段等物。

（憲宗成化實録卷 15　第 6 頁　15.5.0340）

70　四月戊寅　修理玉河東西隄岸。

（憲宗成化實録卷 16　第 1 頁　16.1.0344）

71　四月庚寅　京衛武學請定學規，以憑訓誨生徒。兵部奏：宜准舊規，斟酌增減，行下兩京武學，令各遵守訓誨。上從之。學規凡十五則：一，武學舊明倫堂及居仁、由義、崇禮、弘智、惇信、勸忠六齋，今後每日早教授，訓導升堂序坐，幼官子弟序立，揖，分列東西，對揖，然後退，伺〔校記:廣本伺作俟〕訓導還齋，卯授書、背書，寫倣。如遇會講之日，各齋訓導陞堂，其幼官子弟如前分班序立聽講。一，幼官子弟所讀之書，《小學》、《論語》、《孟子》、《大學》内取一，《武經》七書、《百將傳》内取一，人習二書，每日總授不過二百字，有志者不拘，必須熟讀，三日一温，就於所讀書内取一節講説大義，使之通曉。每日辰時初刻入學，春夏秋三季未時末散，冬月申時散。一，幼官子弟中年有長大者難於讀誦，惟令五日一集聽講，其會講之日，教授、訓導咸在，内輪一員以《大誥》、《武臣歷代臣鑑》、《百將傳》及《古今名臣嘉言善行》内採取一段，升堂講說，務在垣直〔校記：廣本抱本東本作坦直，是也〕明白，令人易曉。各班子弟齊班祇揖立聽，有未曉者許其請問，再爲解說，務使粗知大義。講罷祇揖而散。其年幼者一體隨後聽講。一，幼官子弟日寫倣紙一張，率以百字爲度，有志者不拘。一，幼官子弟有事請假，先白訓導，以達教授，明立假簿，量事繁簡緩急定與期限，依限赴學。一，都指揮等官聽講之日，遇有公差及當操之時，皆須報知本學，明註簿籍，事畢仍前會講。其幼官子弟内有領隊管隊者，如遇操練之時，分作兩班，輪流下教場，三日一换，亦須報知本學，明註簿籍，操畢仍前赴學，不該操者仍舊在學。一，朝廷設武學以教武職子弟，正欲期於有用，今後總兵官與兵部堂口官必須每月一次輪流下學，稽考勤怠，以示勸懲。一，都指揮等官雖見授三品四品職事，每日在學讀書聽講之時及與教官出入相見之際〔按：館本際作祭，廣本抱本東本祭作際，是也〕，當執子弟〔校記：舊校改子弟作弟子〕禮，毋或輕慢，以乖禮義。一，教官所以表儀後學，必正其衣冠，謹於言行，使學者有所觀瞻，不許放肆怠惰，麄暴輕率，有失師範之體。一，都督以下子弟原有冠帶者本等冠帶，未冠帶者悉照順天府學生員，俱要儒巾儒服，不許穿戴常人服巾，與衆混淆。一，本堂置紀過簿一扇，都指揮等官有違學規者，教官以言訓飭，不從者明書其過，三次不改者聽總兵官與兵部堂上官下學之日稟之，量爲懲戒。其幼官子弟有違者，教官必須從容誘掖開道，使其以漸而入，不可急過，有失教法。一，都督以下子弟中間，文學〔校記：廣本文上有有字〕優良有志科舉者，聽於京闈鄉試，其都指揮等官，果有武藝熟閑長於智謀者，許各該府衛從公禮薦，以憑照例會官試驗弓馬策略。一，提調學校風憲官下學，悉依憲綱禮儀，其勉勵官員子弟照順天府學一體稽考勤怠，量加警飭，毋致廢弛。一，凡遇每月朔望，放假一日，遇初二、十六日，教官率幼官子弟於城外附近空地演習弓馬。一，教官及武職子弟廩餼，每人月給食米三斗。

（憲宗成化實録卷 16　第 3 頁　16.3.0347）

72　五月庚申　朝鮮國王李瑈遣陪臣李煳等奉表貢方物，謝恩，並進慈懿皇太后、皇太后、皇后方物。賜宴及衣服、綵段等物有差。

（憲宗成化實録卷 17　第 3 頁　17.3.0361）

73　七月戊寅　爪哇國遣使臣梁文宣入貢方物，舶至廣東廣海衛。有段鎮者，常泛海爲奸利，識文宣，因誘出其附餘貨物乾没之，且導其舶泊潮州港。指揮周嶽受委封盤，又私留其玳瑁百餘斤。巡按御史以聞。命追嶽。以鎮爲奸利日久，發充大同威遠衛軍。

（憲宗成化實録卷 19　第 2 頁　19.2.0379）

74　七月丙辰　守備遵化都指揮僉事蔣源以疾不任事。命其子仁代父原職遵化衛指揮使。

（憲宗成化實録卷 19　第 6 頁　19.5.0385）

75　八月丙申　安南國王黎灝以先帝賓天，遣陪臣范白珪等進香。命白珪詣裕陵行禮。

（憲宗成化實録卷 20　第 7 頁　20.6.0405）

76　八月丁酉　安南國王黎灝遣陪臣黎友直等進表及方物，賀上登極。賜宴及衣服、綵段等物有差，並以織金文綺降勅付使臣，還賜其王。

（憲成化實録卷 20　第 7 頁　20.6.0406）

77　八月庚子　通州大雨水，大運倉壞，溢出米四百九十餘石。户部請抵守吏罪。上以事出不虞，宥之。

（憲宗成化實録卷 20　第 8 頁　20.7.0407）

78　九月丙午　修通州城，以城爲淫雨所壞也。

（憲宗成化實録卷 21　第 1 頁　21.1.0413）

79　九月丙辰　爪哇國遣使臣亞烈梁文宣等貢方物。賜宴及衣服、綵段等物有差。

（憲宗成化實録卷 21　第 2 頁　21.2.0415）

80　十月乙亥朔　賜山海、古北口等處夜不收及守墩官軍四千四百人〔按：館本人前有餘字〕胖襖、袴、鞋。

（憲宗成化實録卷 22　第 1 頁　22.1.0429）

81　十月壬寅　禮部奏：爪哇國使臣梁文宣等朝，沿途恣肆貪暴，騷擾驛遞，爲有司所奏，已蒙皇上寬貸其罪。今文宣等回，乞降勅諭其國王，自後遣使必擇無若梁文宣者。從之。

（憲宗成化實録卷 22　第 9 頁　22.7.0442）

82　十一月壬子　工部右侍郎沈義奏：奉命巡視民瘼，順天等府俱被水災，孳生馬匹當徵者數多，乞暫停，俟來歲豐稔徵補。從之。

（憲宗成化實録卷 23　第 3 頁　23.2.0448）

83　十一月乙丑　承天門成。遣太保會昌侯孫繼宗、定襄伯郭登、工部尚書白圭祭告天地、宗廟司工之神。

（憲宗成化實録卷 23　第 7 頁　23.6.0455）

84　十一月己巳　賜朝鮮國王成化二年《大統曆》。

（憲宗成化實録卷 23　第 7 頁　23.6.0456）

85　十二月丙戌　朝鮮國陪臣李門炯來朝，卒於道。上命給棺木，遣官祭之，併賜綵段四表裏以慰其家。

（憲宗成化實録卷 24　第 4 頁　24.3.0466）

86　十二月庚寅　命指揮僉事劉榮提督守備薊州城池。

（憲宗成化實録卷 24　第 5 頁　24.4.0468）

87　十二月辛卯　賜秀王牧馬地五頃二十畝。先是，王奏蒙賜馬匹缺地牧養，請以朝陽門外舊竹木廠一所牧之，故有是賜。

（憲宗成化實録卷 24　第 5 頁　24.4.0468）

88　十二月丁酉　朝鮮國王李瑈遣陪臣沈澮等奉表，貢馬及方物，來朝，賀明年正旦節。

（憲宗成化實録卷 24　第 7 頁　24.6.0471）

89　十二月　是歲……漕運京師儹運糧三百三十五萬石，各處運納糧四百八萬二千四百四十石。

（憲宗成化實録卷 24　第 12 頁　24.10.0480）

成化二年（1466）

90　正月丙辰　朝鮮國王李瑈遣陪臣金礞齎表來朝謝恩，並貢物及方物，續追（按:館本追作遣，是也）李孟孫獻海文魚。賜礞等及賀正旦陪臣沈璿等宴，並金織衣、綵段等物有差。

司設監奏：本監住落各色軍民工匠久逃者計四千五百三十二名，乞行工部拘解應役。從之。

（憲宗成化實録卷 25　第 8 頁　25.7.0493）

91　正月壬戌　巡按直隸監察御史崔讓言：居庸關抵龍泉一帶關隘，備禦軍少，請於附近衛分暫撥官軍益之，俟聲息寧靖之日復還原衛。詔曰：可。

（憲宗成化實録卷25　第11頁　25.9.0498）

92　正月甲子　命修武伯沈煜於五軍營協同管操。

（憲宗成化實録卷 25　第 13 頁　25.11.0501）

93　三月甲辰　上御謹身殿，拆卷填榜，出御奉天殿，傳制唱名。賜羅倫等三人爲第一甲進士及第，季琮等九十八人爲第二甲進士出身，劉烜等二百五十八人爲第三甲同進士出身。其百官朝服侍班及出榜稱慶致辭，悉如舊儀行。

（憲宗成化實録卷 27　第 2 頁　27.1.0528）

94　三月戊申　狀元率諸進士詣國子監文廟行釋菜禮。是日禮部請命工部於國子監立石題名。上命太子少保禮部尚書兼文淵閣大學士陳文撰記。

（憲宗成化實録卷 27　第 2 頁　27.2.0529）

95　三月癸丑　授順天府霸州民萬貴爲錦衣衛正千户。陞錦衣衛指揮僉事栢珍爲指揮同知。貴，貴妃之父；珍，賢妃父也。

（憲宗成化實録卷 27　第 5 頁　27.4.0534）

96　三月壬戌　朝鮮國王李瑈遣陪臣金乙孫等貢海青等物。賜宴及衣服、綵段等物有差。

（憲宗成化實録卷 27　第 9 頁　27.8.0541）

97　闰三月乙亥　琉球國中山王尚德遣使臣程鵬等奉表來朝，貢馬及方物。賜宴並衣服、綵段等物有差。

（憲宗成化實録卷 28　第 2 頁　28.2.0553）

98　闰三月乙未　定襄伯郭登奏：神機營原有一十六司，其各司兵伍多寡不同，指揮蕭英司二千七百人，都指揮所（按：館本所作祁，是也）昇司僅九百人，諸司亦各不齊，且各衛士卒有一衛分隸十數處者，凡遇徵調工作，請給軍需，籍記名目未免參錯，事無統一。今欲以京衛官軍分隸諸司，頭撥一千一百餘人，次撥九百餘人，其該屬衛分各令歸併一處，軍多者一衛分在〔校記：廣本在作作〕兩司〔按：館本司後有或三司三字〕，軍少者或一衛或二三衛，攢在一司，就令本衛官員總領隊伍。又有原設前後三層刀手、牌手，相參布列，亦爲未便。今亦刀手作一層，牌手作一層，及將強弩一萬張分與正伍人收報，待其放演鎗銃事畢，及其餘不當牌者，令其輪流操放。別選頭撥壯士，專一教習騎射，遇警與正伍馬隊神鎗相兼出戰。事下兵部看詳。悉從之。

（憲宗成化實録卷 28　第 6 頁　28.6.0561）

99　四月壬寅　六科給事中金紳等言：即今沿河道阻澁〔校記：廣本澁作滯〕，京師米價騰踴。欲絶二者之患，當除盜賊去遊食。乞自通州至臨清，勅鎮守都督指揮同知〔按：館本知作御史，是也〕一員，自臨清至儀真，勅錦衣衛堂上官同御史一員，專一督捕盜賊。仍勅禮部速填度牒，命給事中御史各二員分給皆度僧道，限以月日出城，不許延住。上是其言，命該部區處停當以行。

（憲宗成化實録卷 29　第 1 頁　29.1.0565）

100　四月己酉　修理天地壇殿廡及金水河岸之損壞脱落（按：館本落後有者字）。

（憲宗成化實録卷 29　第 4 頁　29.3.0570）

101　四月辛酉　浚薊州等處新開沽河。

（憲宗成化實録卷 29　第 8 頁　29.7.0577）

102　五月癸巳　朝鮮國王李瑈遣陪臣尹吉生等奉表來朝，貢馬、方物，謝恩。賜宴並衣服、綵段等物有差。

（憲宗成化實録卷 30　第 13 頁　30.11.0605）

103　五月乙未　命措撥錦衣衛及在京諸衛軍餘六千人修理天地壇殿廡及西海子橋梁，人月支口糧三斗。以太保會昌侯孫繼宗等言五軍、神機、三千等營軍少，且有搜套之議故也。

（憲宗成化實録卷 30　第 14 頁　30.12.0607）

104　五月丙寅　禮部左侍郎鄒幹巡視民瘼還，言：賑過順天等八府所屬饑民户二十六萬三千二百六十四，口七十二萬五百九十六，凡給過糧二十六萬五千一百餘石。又貧民四萬一百户，給過牛具三萬九千八百餘具，種子一萬三千六十〔按：館本作六百六十，廣本無六十二字，抱本無六百二字〕餘石。

（憲宗成化實録卷 30　第 14 頁　30.12.0608）

105　六月乙卯　旌表義民秦貴及孝子吴有〔校記：抱本有作友，是也〕直等……貴順天府霸州人，自先祖浩得至是，凡七世同居，旌爲義門。

（憲宗成化實録卷 31　第 7 頁　31.6.0623）

106　六月戊午　修理皇城周圍一帶街道及疏通東西公生門至大明門溝渠各二百一十五丈，東長安門至南牆角溝渠二百二十五丈。

（憲宗成化實録卷31 第8頁 31.7.0625）

107 六月庚申 朝鮮國王李瑈遣陪臣鄭自原等奉表來朝，貢方物，謝恩。賜宴及衣服、綵段等物有差。

（憲宗成化實録卷31 第8頁 31.7.0626）

108 七月丁亥 安南國王黎灝遣陪臣阮士興等來朝，齎表箋並貢方物。賜衣服、綵段等物有差。故事，安南國三年一朝貢，蓋歲例也。

（憲宗成化實録卷32 第5頁 32.5.0639）

109 七月甲午 順天保定、河間、開封、山東青州四府大水。

（憲宗成化實録卷32 第8頁 32.7.0644）

110 八月辛丑 申姦及居喪宴樂之禁。時京師淫風頗盛，居喪之家，張飲筵宴，歌唱戲劇，殊乖禮法。給事中丘弘言：欲將姦婦枷號示衆禁約，居喪者不許非禮宴樂。下法司，以爲居喪之禁，宜如弘言，惟枷號淫婦非律意，蓋示衆必於市，然使監守者與之晝夜處，欲其知耻而愈不知耻矣，宜行五城兵馬〔校記：廣本馬下有司字，是也〕及巡城御史官校緝捕爲宜。從之。

（憲宗成化實録卷33 第6頁 33.5.0656）

111 八月乙卯 修高深（按：館本深作梁，是也）橋及閘。

（憲宗成化實録卷33 第12頁 33.10.0665）

112 八月丁卯 命諭祭故少保兵部尚書于謙，復其子冕爲府軍前衛副千户。時冕累奏其父謙歷事列聖，頗效勤勞。正統十四年多事之秋，親督大軍，奮身出戰，守護京師，敵退強虜，保安國家之功，天下共知。止以平素奉公不阿，致怨權奸，被石亨等誣害〔校記：廣本害作陷〕以死，伏望聖恩憫念，量與祭祀，以諭先臣之寃，仍加優恤，使臣得喘息，以奉先祀，則存没幸甚。章上，上曰：于謙有勞於國，與衆不同，翰林院其撰文，遣行〔按：館本遣下無行字，廣本有行字〕人祭其墓。其文曰：卿以俊偉之器，經濟之才，歷事先朝，茂著勞績。當國家之多難，保社稷以無虞，惟公道而自持，爲權姦之所害，在先帝已知其枉，而朕心實憐其忠，故復卿子官，遣人諭祭。嗚呼！哀其死而表其生，一順乎天理，厄於前而伸於後，允愜乎人心。用昭百世之令名，式慰九泉之冥漠，靈奕如在，尚克鑒之。謙有功於國而死於非命，人久爲之寃憤，至是少慰釋云。

（憲宗成化實録卷 33　第 14 頁　33.12.0669）

113　十月乙卯　　修理内府六科廊等房。

（憲宗成化實録卷 35　第 7 頁　35.6.0699）

114　十月乙丑　　降順天府府（按：館本府下有尹字）張諫爲山東萊州府知府。

陞浙江布政司左〔校記：廣本左作右〕參政閻鐸爲順天府府尹。

（憲宗成化實録卷 35　第 9 頁　35.7.0702）

115　十月丙寅　　朝鮮國王李瑈遣陪臣金永需等齎表貢馬及白鵲等物，慶賀萬壽聖節。

（憲宗成化實録卷 35　第 9 頁　35.8.0703）

116　十一月癸酉　　賜慶賀萬壽聖節朝鮮國陪臣金永需等宴，並金織衣、綵段等物有差。

（憲宗成化實録卷 36　第 1 頁　36.1.0705）

117　十一月壬辰　　賜朝鮮國王成化三年《大統曆》。

（憲宗成化實録卷 36　第 8 頁　36.7.0718）

118　十二月乙卯　　陞揚州府通判丘昂爲順天府治中。

（憲宗成化實録卷 37　第 10 頁　37.8.0738）

119　十二月辛酉　　朝鮮國王李煣（按：館本煣作瑈，是也）遣陪臣趙瑾等奉表及海青等物來賀明年正旦節

順天府壩上北馬房草垛火，焚官草二十二萬八千二百餘束，納户草四百六十車。時户部主事鄧球、内官張安等於納草者多徵

其附餘，頗招人怨，又不能嚴於防視，致姦人縱火。球、安等皆坐罪有差。

（憲宗成化實録卷 37　第 13 頁　37.11.0734）

120　十二月乙丑　　禮部尚書姚夔等奏：今京城街市多有疲癃殘疾之人，扶老携幼，呻吟悲號。亦足于（按：館本足下有以字，于爲干字，是也）天地之和。而四夷使臣見之，將爲所議。昔文王發政施仁必先鰥寡孤獨。伏望皇上以恤民爲心，特勅巡街御史督五城兵馬揭審道途乞丐殘疾之人，有家者責其親鄰收管，無家者收入養濟院，照例時給薪米。其外來者亦暫收之〔按：館本暫作蹔。校記：廣本之作久〕，候天道和煖，量與行糧，送還原籍。有司一體存恤，務令得所，此亦調攝和氣之一端也。上可其奏，曰：無問老少男女有無家及外來者，順天府尹盡數收入養濟院，記名設法瞻養，毋令失所。

（憲宗成化實録卷 37　第 14 頁　37.12.0746）

121　十二月　　是歲……漕運京師儹運糧三百三十五萬石，各處運納糧四百四十二萬八千九百二十八石。

（憲宗成化實録卷 37　第 16 頁　37.14.0749）

成化三年（1467）

122　正月辛未　　朝鮮國王李瑈遣陪臣崔景禮等來朝，貢海青、文魚。賜景禮及賀正旦陪臣趙瑾等宴並織金衣、綵段等物有差。

（憲宗成化實録卷 38　第 1 頁　38.1.0752）

123　正月戊子　　勅諭朝鮮國毋獻珍異〔校記：廣本異作奇〕。先是，朝鮮國王李瑈累以海青、白鵲遣使來朝貢。禮部言，先有詔禁天下貢獻，而朝鮮三進異鳥，雖曰小國效順，然遠方徒勞，費亦多矣，請止絶之，以彰不寶遠物之盛德。上深以爲然。至是，其陪臣崔景禮、趙瑾等陛辭，乃賜之勅，令齎歸諭瑈。勅曰：去歲孟冬，王遣金永需進白鵲，季冬遣趙瑾進海青，永（按：永疑爲未之誤）幾又遣崔景禮繼進。三閱月間三次進貢，王之勤誠固爲可見。然朕即位之初，已詔令各處不許進貢花木鳥獸。況白鵲瑞異之物，海青羽獵之用。朕以稽古圖治爲用，得賢安民爲瑞，於瑞禽鷙鳥澹然無所好之。得王所獻，徒以置諸閒處而已。王繼今進貢宜遵常禮，勿事珍奇，況王羅致此物，不免勞取其怨。昔者，周武王慎德，四夷咸賓，無有遠邇，畢獻方物，然惟受其服食器用，於旅契則却之，朕所法也。王詩書禮義之國，豈其未知此乎？王其忱念也。

（憲宗成化實録卷 38　第 7 頁　38.6.0761）

124　二月甲辰　　國子監祭酒邢讓等奏：國子監祖宗以來，欽降勅諭學規，所以欽崇勵之道，罔不周備，歷歲綿遠，恐致遺失。今本監原有磨成石碑，乞將學規募工鐫石，樹立太學中門外，使師生人等永遠遵守。從之。

（憲宗成化實録卷 39　第 6 頁　39.5.0780）

125　二月甲辰　　命太子少保户部尚書馬昂、右副都御史林聰、左（按:館本左作右）給事中潘禮、陳越清理京營軍士。時六科給事中言：邊城既屢有警，京師根本重地，尤當戒嚴。其京營軍士強壯可用者，多爲權勢役占。乞勅剛正大臣一員，檢册清理，訓練聽用，庶虜寇聞風知懼，而民心可安。上允其奏，下兵部。其大臣銜名上請。上以命昂、聰等。又命擢剛正給事中二員，僉以潘禮、陳越應命。於是禮部尚書兼翰林院學士陳文等言：五軍、三千、神機三大營總統内外官軍計數十萬，頃緣虜賊小警，遣將分兵二萬援之，號召旬日不能具數，因命昂等大閲壯勇一十五萬人以俟繼舉。然今承平日久，衛所空虚，軍事多爲權豪勢要之家占恡私役，按月納錢。必得内臣剛方練達者與昂等共事，然後可以剗除宿弊。今司禮監太監懷恩，爲中外所服，宜勅令同昂等協力奉行，庶幾有濟。上從之。

（憲宗成化實録卷 39 第 7 頁 39.6.0781）

126 二月丙午 英廟昭妃武氏薨。妃順天府大興縣人，錦衣衛百户寬之女，宣德辛亥生，八年選入内庭，天順改元，册爲昭妃，小心敬謹，深見信重，至是薨，年三十有七，謚曰“端莊”。上輟朝三日。自聞喪至掩壙，祭葬如制。

（憲宗成化實録卷 39 第 10 頁 39.7.0784）

127 二月壬戌 朝鮮國王李瑈遣陪臣成有智等來朝，貢海青、文魚。賜衣服、綵段等物有差。

（憲宗成化實録卷 39 第 16 頁 39.13.0796）

128 三月戊寅 設遵化衛潘家口關、漢兒莊營堡，撥三屯營官軍三百五十八〔按：館本作三百八十人。廣本抱本八十作五十八〕人、樂（按：館本樂作滦，疑是）陽營五十一人操守，委官指揮一員提督。

（憲宗成化實録卷 40 第 8 頁 40.7.0811）

129 三月乙酉 琉球國中山王尚德遣長史蔡璟等來朝，貢馬及方物。賜綵段等物有差。

（憲宗成化實録卷 40 第 14 頁 40.12.0821）

130 四月辛丑 太子少保户部尚書馬昂、都察院右副都御史林聰等奏：臣等同太監懷恩於五軍、三千、神機營選過一等官軍，五軍營得七萬九千三百四人，三千營一萬四千八百六十人，神機營四萬九千七百四十五人，共一十四萬三千九百有九人，俱係京衛外衛，見在操練，兵部其會舉坐營官以統領之，仍推舉文武大臣各一員總督其事，務在得人。

（憲宗成化實録卷 41 第 3 頁 41.3.0833）

131 四月癸丑 重立十二營，改工部尚書白圭爲兵部尚書，太子少保如故，仍命不妨部事同定襄伯郭登、太監裴當提督十二營操練。後令太監劉永誠、傅恭並五軍、三千、神機營總兵每月二

〔按：館本二作三。廣本抱本三作二〕次赴團營會操，遇有調遣，公共計議。

（憲宗成化實録卷 41　第 8 頁　41.7.0841）

132　四月乙卯　設十二營坐營官。以平江伯陳鋭坐奮武營，都督同知趙勝耀武營，都督僉事王瑛練武營，右〔校記：廣本右作左〕都督劉聚顯武營，都督同知鮑政敢勇營，都督同知白玉果勇營，左都督和勇效勇營，都督同知馬良鼓勇營，都督僉事武忠立威營，都督僉事湛清伸威營，都督同知張欽揚威營，都督僉事李杲振威營，每營仍令内官一員協同管操。

（憲宗成化實録卷 41　第 8 頁　41.7.0842）

133　四月丙辰　太僕寺印俵過順天府薊州、遵化等縣馬八百三十五匹。

（憲宗成化實録卷 41　第 9 頁　41.7.0842）

134　四月丁巳　修太廟並社稷神路御道。

（憲宗成化實録卷 41　第 9 頁　41.8.0843）

135　四月癸亥　定五軍、三千、神機營把總官都指揮錢亮等一百二十員。從會昌侯孫繼宗等譽亮等弓馬熟閑善撫軍士故也。

（憲宗成化實録卷 41　第 14 頁　41.12.0851）

136　五月戊辰　罷分守燕河營右參將都指揮同知王福，以都指揮僉事趙源充右參將代之。

（憲宗成化實録卷 42　第 2 頁　42.1.0856）

137　五月乙亥　命監察御史給事中各一員選北直隸河南、山東孳牧馬五萬匹，順〔校記：廣本抱本府上有天字，是也〕府所屬寄養馬一萬匹，赴京操用。

（憲宗成化實録卷 42　第 4 頁　42.3.0859）

138　五月辛巳　致仕順天府府尹王賢卒。賢字惟善，山東寧縣人，由舉人初任鄢陵訓導，擢户科給事中，陞光禄寺少卿，尋陞順天府府尹。秩滿加正二品俸，仍管府事。天順元年致仕，至是卒，年八十三。訃聞，賜以祭。賢寬厚仁恕，居官有持，官（按：館本官作守，是也），處煩劇之任而從容和緩，心在恤民而亦不得罪於權幸（按：館本幸作倖）。自今論京尹之循良者必歸。晚年家居，與許彬同里巷，鄉人稱爲二大老。

（憲宗成化實録卷 42　第 5 頁　42.4.0861）

139　六月丁酉　修玉河橋東西隄岸。

（憲宗成化實録卷 43　第 3 頁　43.2.0874）

140　六月戊戌　山川壇正殿兩廡、拜殿、神厨歲久損壞，工部請修理。從之。

（憲宗成化實録卷 43　第 4 頁　43.3.0876）

141　七月戊寅　遣内官祭恭讓章皇后陵寢，修理恭讓章皇后陵寢周垣房舍。

（憲宗成化實録卷 44　第 7 頁　44.6.0908）

142　七月辛卯　太僕寺卿趙昱致仕。昱，交阯人，以歸順爲太學生，授光禄寺署正歷，陞兵部員外郎、太僕寺少卿，景泰五年陞卿。至是以年老乞致仕，許之。昱自陳遠人無所於歸，乞賜常禄，得給卿禄之半。昱歷官四十餘年，勤慎寡過，頗好清致。居京師，至十三年卒。賜葬祭如例。

（憲宗成化實録卷 44　第 15 頁　44.13.0921）

143　八月丁酉　英廟和妃宫氏薨。妃錦衣衛百户純之女，生於宣德庚戌，歲甲寅選入内廷，天順改元，册爲和妃，深見信重，至是薨，年三十有八，謚曰“恭安”。

（憲宗成化實録卷 45　第 2 頁　45.2.0925）

144　八月甲寅　陞欽天監五官靈臺郎周昉、吕慶爲本監監副。

（憲宗成化實録卷 45　第 8 頁　45.7.0935）

145　八月庚申　行人司行人李麟陳邊備事宜。一，居庸迤東，古北、喜峰等関口外無藩屏，惟持山川爲險。請勅鎮守等官量增軍馬，廣儲餉，葺牆堡，嚴禁邊〔校記：廣本邊作官〕軍私出代

（按：館本代作伐，是也）木者。迤西，紫荆、倒馬等關，外連代朔，内近京畿，最爲要害。請選才能武臣一員充總兵官，增置巡撫都御史一員贊理軍務，修築一帶關口，務在堅完，則守備嚴而邊患息矣。……奉上命，兵部參酌行之。

（憲宗成化實録卷 45　第 12 頁　45.10.0941）

146　九月庚午　陞永清右衛指揮使仝斌爲都指揮僉事。以斌解賊首劉千斤赴京獻俘，累援例奏請也。

（憲宗成化實録卷 46　頁 4 頁　46.3.0950）

147　九月癸酉　占城國王槃羅茶悦遣使臣臭勒貢象及方物。賜綵段、襲衣有差。並令齎錦綺等物回賜其王。

（憲宗成化實録卷 46　第 4 頁　46.4.0951）

148　十月壬子　朝鮮國王李瑈遣陪臣鄭門烔等齎表貢馬及方物，來朝，賀萬壽聖節。

（憲宗成化實録卷 47　第 3 頁　47.3.0973）

149　十一月戊午　英廟宸妃萬氏薨。妃錦衣衛正千户聚之女，宣德辛亥生，八年選入内庭，天順改元，册爲宸妃，賢儀淑德，宫中敬仰。生三子，長德王，次吉王，次忻王。女二，淳〔校記：廣本抱本淳下有安字，是也〕公主，廣德公主。至是薨，年三十七。謚曰"靖莊安穆"。上輟朝五日，自聞喪至掩壙，喪儀祭葬如制。

（憲宗成化實録卷 47　第 6 頁　47.5.0977）

150　十一月丁卯　朝鮮國王李瑈遣陪臣南倫等來朝，貢方物、謝恩。詔賜倫等及慶賀萬壽聖節陪臣鄭門烔等宴並金織衣、綵段等物有差。

（憲宗成化實録卷 48　第 1 頁　48.1.0984）

151　十一月丁丑　朝鮮國陪臣工曹參判南倫卒於京師，禮部以聞。上命給棺木遣官致祭並給驛送還本國。

（憲宗成化實録卷 48　第 4 頁　48.4.0989）

152　十一月戊子　　賜朝鮮國王成化四年《大統曆》。

（憲宗成化實録卷 48　第 6 頁　48.5.0991）

153　十二月癸卯　　上諭禮部臣曰：京城内外居民輳集處所，多有内外官員人等增修寺觀廟宇，禮部其嚴加禁約。尚書姚夔等請揭榜禁約，自今不許於原額外增修（按：館本修下有請字，是也）額，違者許巡街御史、五城兵馬司擒治。仍行順天府曉諭鄉村一體遵行。

（憲宗成化實録卷 49　第 6 頁　49.5.1001）

154　十二月癸卯　　朝鮮國王李瑈遣陪臣朴萓等齎表文及方物來朝，賀正旦節。

（憲宗成化實録卷 49　第 6 頁　49.5.1001）

155　十二月癸丑　　錦衣衛奏：舊例，凡各處解送囚犯至京者，歲終例於良鄉、通州等處停止，待新正朝賀畢入京。然自永樂二十二年，有旨不必停止，特送兩法司，待之祀後問理。後，天順四年改鎮撫司。請如例仍送兩法司爲便。從之。

（憲宗成化實録卷 49　第 9 頁　49.8.1007）

156　十二月戊午　　朝鮮國王李瑈遣其陪臣高台弼等來奏所獲建州賊屬。上命厚賜瑈并台弼等。且勅瑈曰：董山等世受國恩，以爲藩衛。近者，以爲朝貢之名，陰行盜邊之計。朕宥之而愈肆，不得已用兵致討。惟王世守禮義，忠於國家，宜杜絶關隘，以杜其奔送之路。更能遣兵相應，伺便而躄之，則彼之授首尤易，王而（按：疑王而爲而王）之功愈茂忠愈彰矣。朕豈無以報王哉！勉樹勳名，時不可失。故勅。

（憲宗成化實録卷 49　第 11 頁　49.9.1010）

157　十二月　　是歲……漕運京師儹運糧三百三十五萬石，各處運納糧四百二十二萬三千七百九十石有奇。

（憲宗成化實録卷 49　第 12 頁　49.10.1012）

成化四年（1468）

158 正月戊辰 朝鮮國王李琛遣陪臣高台弼來獻建州俘。先是，朝廷〔按：館本是作使，廷作臣。廣本抱本使作是，臣作廷，是也〕遣將征建州，琛因以其所獲賊屬遣台弼來獻，上嘉之，特勅琛出兵以助剿。琛遣其中樞府知事康純等統兵萬餘渡鴨緑、潑豬二江，攻破兀獼府諸寨，斬賊酋李滿住及其子古納哈等三百八十六級，生擒二十三人，獲牛馬等二百餘，焚其積聚二百一十七所。至是台弼來獻俘。命禮部從厚賞賚，詔加賜錦〔校記：錦作帛〕四段、西洋布十疋，并賜領兵有功官白金、綵段有差。遣内臣金輔齎與之。

（憲宗成化實録卷 50　第 2 頁　50.2.1017）

159 正月己卯 朝鮮國王李琛遣陪臣趙瑾等奉表貢馬及方物，來朝謝恩。賜瑾等及賀正旦陪臣朴萓等宴并金織衣、綵段等物有差。

（憲宗成化實録卷 50　第 4 頁　50.4.1021）

160 正月乙酉 給保定右衛右千户所印。原降印爲盜所竊，大寧都司屢以爲請，至是更鑄以給之。

（憲宗成化實録卷 50　第 7 頁　50.6.1025）

161 正月庚寅 大慈恩寺西天佛子劄實巴奏：乞以宛平縣民十户爲佃户并静海縣樹深莊地一段爲常住田。詔許之，不爲例。

（憲宗成化實録卷 50　第 9 頁　50.7.1028）

162 二月癸巳 命太僕寺於順天府所屬寄養馬内選大馬五千匹，送御馬監牧養應用。時御馬監傳旨，欲選萬匹，兵部以嘗遣官選給京營數多爲言，故減其半。

（憲宗成化實録卷 51　第 1 頁　51.1.1031）

163 二月乙巳 召備禦潮河川、古北口等處都指揮劉清領兵還京。以邊警漸息故也。

（憲宗成化實録卷 51 第 6 頁 51.5.1040）

164 二月辛亥 琉球國中山王尚德遣使臣程鵬等奉表貢馬及方物，來朝謝恩謝恩（按：後謝恩二字疑衍）。賜衣服、綵段等物有差。

（憲宗成化實録卷 51 第 8 頁 51.7.1048）

165 二月丙辰 詔囚人例運灰炭及輸工作者量發其半，運石俱赴正陽門外交納，所司仍斟酌其則例以聞。於是刑部尚書陸瑜等奏：正統間工部議奏，張家灣運磚止四十餘里，馬鞍山運石路倍之，所運石比運磚其輕重宜減半折運。此雖舊例，但囚人貧富不同，其所擬送必因其力可運者，否則多至誤事。宜令工部准舊例視運石所在，酌量輕重遠近，定爲中制，行之便。從之。

（憲宗成化實録卷 51 第 11 頁 51.10.1049）

166 三月辛巳 命以順天府文安縣退灘〔按：館本灘作攤〕空地三百六十五頃有奇賜嘉靖善長公主。時公主已有賜地，至是凡三奏，故又給之。

（憲宗成化實録卷 52 第 6 頁 52.5.1960）

167 四月庚寅朔 詔給慶雲伯周壽順天府莊田涿州六十三頃有奇，不爲例。時方禁求莊田者，而壽乃皇太后弟，冒禁以請，上不得已與之。

（憲宗成化實録卷 53 第 1 頁 53.1.1065）

168 四月戊戌 命五軍營都指揮同知董昇等七十二員、三千營都指揮同知楊廣等二十八員、神機營都指揮同知李璵等四十二員俱添補奮武等十二營把總管操。從兵部推選也。

（憲宗成化實録卷 53 第 4 頁 53.3.1069）

169 四月己亥 備（按：館本備作修）築順天府順義縣土城。

（憲宗成化實録卷 53 第 4 頁 53.3.1070）

170　四月庚子　太常寺奏：天地壇外牆風沙堆積（按：館本積下有幾字，是也）與牆等，内壇及山川壇周圍蓋瓦俱被風損壞，宜速修治。工部覆奏。從之。

（憲宗成化實録卷 53　第 4 頁　53.4.1071）

171　四月丙午　命大寧前衛指揮使紀俊等代都指揮劉寬等把總三千營，都指揮蕭英等代指揮同知楊敬等神機營管操，指揮使鄧英等代都指揮使黄欽等五軍營管操。

（憲宗成化實録卷 53　第 7 頁　53.6.1075）

172　四月癸丑　兵科給事中陳鶴言三事：一，民間畜馬多無生息，往往鬻産業、質子女以買補，及解至京有不中者，又稱貸增價别買以補之。官司散俵軍士，騎操給與草料，被其質錢私用，以致瘦損〔校記：廣本損作弱〕倒死而又别給，設有緩急何由得用？請勅所司時行點閘〔校記：廣本閘作閲〕，驗馬肥瘠。如有侵欺草料致馬倒死者，治以重罪。一，張家灣抵京城裁〔校記：廣本裁作纔。裁纔義通〕六十里，不逞之徒往往肆行刼掠，甚至京城内外暮夜亦有强盗突發，明火持杖搶刼〔校記：廣本刼作掠〕。請敕所司計議，於城外起至張家灣一路，每五里置一舖，每舖〔校記：廣本舖下有各字〕撥軍十名守之，每三舖設一官總之。而以指揮更相輪替，置銅鑼軍器〔校記：廣本軍器作器械〕時行巡邏。其在城地方，乞勅錦衣衛多撥旗校分管各城，每城設千百户二員而總之，以指揮一員亦更相輪替，各隨地〔按：館本地作城，廣本抱本作地，是也〕方分守，該管官員往來提督。遇有强盗，捕獲一次者賞勞，二次三次者陞遷。踈虞一次者罪罰，二次三次者降黜。如此則防禦不懈，盗賊自然知懼矣。

（憲宗成化實録卷 53　第 9 頁　53.8.1079）

173　四月甲寅　西寧侯家人陳剛及軍舍劉斌等十三人，常在京城内外白晝刼〔校記：廣本刼作搶〕奪人財物，或毆傷人。（按：據館本人下脱爲錦衣衛所執，下都察院鞫之，擬剛傷人十六字，）

法當死，餘悉杖徒，例充邊軍者十人，徙口外爲民者二人，大理寺詳審以聞。詔剛如律，斌等仍枷項示衆一月，然後遣之。

（憲宗成化實録卷 53　第 9 頁　53.9.1081）

174　四月丙辰　命錦衣衛指揮僉事朱驥提督五城兵馬緝捕盜賊。

（憲宗成化實録卷 53　第 12 頁　53.10.1084）

175　五月戊辰　禮科給事中成實言：京畿之内，天下商賈、百貨之所聚。近因内帑暨光禄寺缺羅段、猪鷄等物，和買於市，人甚苦之。夫以天下之供，爲朝廷之費，殆無不繼。乞節浮冗之費，使財用常充，或有急缺，亦宜依時價收償收買，則天下之商皆悦而願藏於市矣。

（憲宗成化實録卷 54　第 5 頁　54.4.1097）

176　五月己巳　日本國遣使臣居座壽敬等來朝，貢馬謝恩。賜宴并袈裟、綵段等物。其存留在船通事、從人各賞有差。

（憲宗成化實録卷 54　第 5 頁　54.4.1098）

177　五月甲戌　詔順天府存恤孤貧。先是，給事中陳鶴言，京城内殘廢無告之徒，朝暮哀號，排門乞食，往往凍餓死於道路，見之惨然有足憫者。乞勑有司添設養濟院，給以粟布。時刑部主事薛禖亦以爲言。上是之，命府尹收京城乞食者入養濟院，外來給口糧程送還鄉。官司存恤，毋令失所。

（憲宗成化實録卷 54　第 6 頁　54.5.1099）

178　六月戊戌　日本國通事林從傑等三人〔按：館本無人字，廣本抱本有人字〕奏：原係浙江寧波等府衛人，幼被倭賊擄掠，賣與日本，爲通事，今隨本國使臣入貢將還，乞容便道省祭。從之，仍禁其勿同使臣至家及私中引國人入番。如違，聽有司治罪。

（憲宗成化實録卷 55　第 2 頁　55.1.1112）

179　六月庚子　錦衣衛指揮朱驥同巡城御史胡靖等言禁盜安民六事：一曰設軍馬。京城之外，東抵通州，南至張家灣，西抵良鄉，北至昌平西路，截路强賊，多係倚馬，巡捕官軍因是步行，不能追捕。今欲於四路各差千百户一員，率領馬軍三四十名，分爲二班，輪流巡視。二曰增夫役。各坊巡警舖近奉勑旨，不分官吏、軍民、旗校、匠役之家，俱要輪流守望。今勇士、人匠、將軍、厨役皆稱有例優免。此等人役止當優免本身，其隨住及另居人丁不得一概隱占。三曰責典守。近日所獲强盗。多係各營操軍。乞勑總兵官管操管隊官員，務要盡心鈐束所管軍士，不得從容爲非。如復有犯，即將本管官旗通参連坐。四曰禁淫泆。京城内外軍民多有買良爲娼，覓取財物。無籍之徒因而蕩費資本，轉爲盗賊。今欲令錦衣衛兵馬司緝捕治罪，枷項示衆，婦女離異歸宗。五曰究容隱。近獲强盗，多係賭博宿娼之徒，無有家業，專在樂人之家寄臟宿歇。教坊司官因見罪不累己，法不追臟，雖知盗賊亦聽容留。今欲一體追臟坐罪。六曰清舖舍。各城池〔按：館本城下無池字，廣本抱本有池字〕地方設立舖舍，以防姦盗，已有定制，然亦有舊有總甲而無舖舍者，有舊有舖舍而年久倒塌者，有舖多人少可歸併者，有人多舖少可增置者。欲令各兵馬司查勘、設立、增併，則舖舍修飭，地方嚴整矣。詔下該衙門議。多從其言。

（憲宗成化實録卷 55　第 3 頁　55.2.1113）

180　六月甲寅　　慈懿皇太后崩。

（憲宗成化實録卷 55　第 7 頁　55.6.1121）

181　七月己巳　　朝鮮國王李瑈遣陪臣金良璥等奉表賀（按：疑賀爲貢之誤）馬及方物，來朝謝恩。賜衣服、綵段等物有差。以國恤不賜宴。其歸也，禮部請移文遼東都司宴勞之。

（憲宗成化實録卷 56　第 9 頁　56.7.1142）

182　七月丙子　　是日，命營葬事，於裕陵左開山破土。遣駙馬都尉周景祭告長陵、獻陵，駙馬都尉王增祭告景陵、裕陵，修武伯沈煜祭告天壽山併后土之神。

（憲宗成化實録卷 56　第 12 頁　56.10.1147）

183　七月丙戌　兵科左給事中陳鉞等奏：近光禄寺遣人於街坊市物，不許計直，概以勢取。雖稱赴官領鈔，未必皆得。縱有得（按:館本得下無縱有得三字）縱有得者，鈔皆破爛而不可用。負販者不幸遇之，輙號呼痛哭，如刼掠然。

（憲宗成化實録卷 56　第 17 頁　56.14.1150）

184　八月癸巳　辰刻，京師地震有聲。

（憲宗成化實録卷 57　第 1 頁　57.1.1159）

185　八月己亥　免順天府通判（按:館本判字爲州）今年被災夏税五百八十六石有奇。

（憲宗成化實録卷 57　第 3 頁　57.3.1163）

186　八月辛丑　設順天府三河縣東關、永平府新店、撫寧縣西關三遞運所。

（憲宗成化實録卷 57　第 3 頁　57.3.1163）

187　九月庚申　祔葬孝莊睿皇后於裕陵。

（憲宗成化實録卷 58　第 1 頁　58.1.1172）

188　九月己巳　追回西天佛子劄實巴所求田地，歸之於民。劄實巴先因造寺奏討河間府静海縣地爲寺田，仍乞宛平縣民十户爲佃户，上皆許之。既而户科左給事中丘弘等劾其妄請之罪。上命户部覈實。至是户部覆奏，以爲田皆民間地，宜還民耕種。詔是之，仍退其佃户，令當民差。

（憲宗成化實録卷 58　第 8 頁　58.7.1183）

189　九月己卯　致仕都督僉事顔通卒。通宛平縣人，父爲千户，陣亡。通襲陞羽林前衛指揮僉事，調遼東左衛，景泰初，陞署都督僉事，尋實授於中府帶俸坐神機營管操。成化三年以年老致仕，至是卒。訃聞，賜祭葬如例。孫景襲授羽林前衛指揮同知。

（憲宗成化實録卷 58　第 15 頁　58.13.1195）

190 十月甲午 賜大興、宛平二縣養濟院孤貧四百五十人白綿布人一匹。

（憲宗成化實録卷59 第3頁 59.3.1203）

191 十月甲辰 琉球國中山王尚德遣使臣讀詩等來朝，貢馬及方物。賜衣服、綵段等物有差。

滿剌加國頭目八剌思、通事無涉等來朝，貢象及龜同等物。賜八剌思、無涉冠帶并番伴人等衣服、綵段等物有差。

（憲宗成化實録卷59 第6頁 59.5.1207）

192 十月丁未 朝鮮國王李瑈遣陪臣權格等奉表貢馬及方物，來朝，貢（按：館本貢作賀）萬壽聖節。

（憲宗成化實録卷59 第7頁 59.6.1209）

193 十月乙卯 命燕山右衛指揮使張能子興、金吾右衛指揮同知苗貴子鳳、彭城衛指揮僉事楊詵子真俱代職。

（憲宗成化實録卷59 第11頁 59.9.1215）

194 十一月癸亥 賜朝鮮國朝賀陪臣權格等金織衣、綵段等物有差。

（憲宗成化實録卷60 第3頁 60.3.1221）

195 十一月戊辰 朝鮮國陪臣李石亨等來朝，報其國王李瑈薨。賜石亨等衣服、綵段等物。

（憲宗成化實録卷60 第6頁 60.5.1225）

196 十一月己巳 朝鮮國以慈孝皇太后崩，遣陪臣卞袍等齎奉慰表并香禮祭文來獻。時梓宫已葬，命陳獻於几筵。賜袍等金織衣、綵段等物有差。

（憲宗成化實録卷60 第6頁 60.5.1226）

197 十一月甲戌 日本國王源義政遣使臣清啓等奉表來朝，貢馬及聚扇、盔甲、刀鎗等物。

（憲宗成化實録卷60 第8頁 60.6.1228）

198 十一月辛巳 賜朝鮮國成化五年《大統曆》。

日本國使臣麻答三〔按:館本三作二，抱本二誤三〕郎於市買物使酒，手刃傷人。禮部奏其强横行兇，宜加懲治。上以遠夷，免下獄，付其國正使清啓治之。啓奏：欲依臣俗事例處治，但在禮義之地不敢妄爲，俟臣還國依法治之。具引伏不能鈐束罪。上智宥之。曰（按:館本無曰字，是也）既而所傷者死。禮部覆奏:麻答二郎行凶傷人致死，難免問罪，宜依律〔按:館本律作例，廣本抱本作律〕追銀十兩給死者之家埋葬，仍省諭各夷使知朝廷寛宥懷柔之意。從之。

（憲宗成化實録卷 60 第 9 頁 60.8.1231）

199 十二月壬辰 朝鮮國遣陪臣張進中等貢馬及方物來朝，貢（按：館本貢作賀，是也）明年正旦節。

（憲宗成化實録卷 61 第 3 頁 61.3.1237）

200 十二月己亥 賜故朝鮮國王李瑈謚“惠莊”。襲封朝鮮國王李晄并姚韓氏誥命三道。

（憲宗成化實録卷 61 第 5 頁 61.4.1240）

201 十二月庚子 雲南道監察御史戴用言六事：……五，弭盗賊。古昔人民所以輯睦而無虞者，以隣里有相保之意也。今京城内外軍民雜居，有夜被强盗將一家綑縛或盡殺死，刼其〔按:館本無其字〕財而全無顧忌，隣人佯若不知，此非首善之地所宜然也。乞勅法司行迎〔按:館本迎作仰，廣本抱本仰作該，是也〕巡捕官員，令將京城内外軍民之人，每十家編爲一甲，聯書姓名，互知士業，如一家被盗，九家俱出截捉，違者治以罪，則人皆懼而盗賊可息。……三法司議：京城軍民不係一方之人，往來不常，遷徙不一，今欲編定爲甲，聯書姓名，不無時常編换，甚爲煩擾，况有欽定榜例，不爲不重。合再行申明，敢有故違者，治以重罪。上俱從之。

（憲宗成化實録卷 61 第 5 頁 61.5.1241）

202 十二月壬子 上遣太監鄭同、崔安往朝鮮國，册封故國王李瑈世子李晄爲王。太監沈繪致祭。既行，巡按遼東監察御史侯英奏：遼東連年被福建虜寇侵擾，去歲東徑（按：徑爲征之誤），至今瘡痍未起，民窮財盡。今復禾穡不登，米價踴貴，軍食缺食。太監鄭同等所領隨從下人，沿途勞費百端。臣查得先年曾遣翰林院編修陳鑑等素有學行聞望者出使其國。今同與安俱朝鮮〔校記：廣本鮮下有國字〕人，祖宗墳墓、父兄宗族皆在其地，於其國王未免行跪拜之禮，進囑託之辭，殊輕中國之體。且朝鮮國雖稱外國，其人多讀書知禮，苟使臣非人，必爲所輕。伏乞追寢成命，於翰林院官或六科給事中推選一員及行人司官一員往使爲便。會山東分巡遼海按察司僉事俞景亦以爲言。禮部以聞。上曰：英所言良是。今後齎賞遣内臣其册封等禮，仍選廷臣有學行者充正副使，庶不失〔按：館本失作使。抱本作失，是也〕中國大體而亦可服遠人之心。

（憲宗成化實録卷 61　第 13 頁　61.11.1253）

203　十二月　　是歲……漕運京師儹運糧三百三十五萬石，各處運納糧四百二十六萬三千八百四十石有奇。

（憲宗成化實録卷 61　第 15 頁　61.13.1257）

成化五年（1469）

204　正月己巳　　賜朝鮮國朝賀陪臣張進中等宴并金織衣、彩段等物有差。

（憲宗成化實録卷 62　第 4 頁　62.4.1265）

205　正月丙子　　禮部奏：日本國所貢刀劍之屬，例以錢絹酬其直，自來皆酌時宜以增損其數。況近時錢鈔價值貴賤相遠，今會議所賞〔按：館本賞作償，廣本作值〕之銀，以兩計之，已至三萬八千有餘〔校記：廣本餘作奇），不爲不多矣。而使臣清啓猶援例争論不已，是則雖傾府庫之貯，亦難滿其谿壑之欲矣！宜裁節以抑其貪。上是之，仍令通事諭之，使勿復然。

（憲宗成化實録卷 62　第 6 頁　62.5.1268）

206　正月辛巳　日本國使臣清啓等將還。賜宴及金織衣等物有差。其回賜〔校記：廣本無賜字〕特賜國王源義政綵段二十表裏，紗羅各二十疋，錦四段，白金二百兩。王妃綵段十表裏，紗羅各八疋，錦二疋，白金一百兩。并勅諭俱付清啓等領回。復遣官護送舘待之出境。勅諭國王源議政曰：惟王聰明賢達，敬天事大，以福一國之人，良用爾嘉。朕恭承天命，嗣登大寶，主宰華夷，特遣正使清啓等齎捧表文并以馬匹方物來貢，具見王之勤誠。兹因使回，特令齎勅諭王并賜王及妃，王其體朕至懷。故諭。

（憲宗成化實録卷 62　第 11 頁　62.9.1275）

207　二月庚寅　停錦衣衛指揮僉事朱驥、御史張進禄、何純俸各三月。時京城盗賊滋蔓，同夜强刼二家。驥奏劾各城兵馬等官。上命鎖項捕賊。因咎驥等巡捕不嚴，各停其俸。

（憲宗成化實録卷 63　第 2 頁　63.2.1279）

208　二月甲午　日本國使臣清啓船凡三號，其一號二號俱已回還，其三號船土官玄樹等奏稱：海上遭風，喪失方物，乞如數給價回國，庶王不見其罪。事下禮部，言：四夷朝貢到京，有物則有償，有貢則有賞，若狥其請給價，恐來者仿效，捏故希求。查無舊例，難以准給。上曰：方物喪失，本難憑信，但有國王效順，可特賜王絹一百疋，綵段十表裏。既而玄樹又奏，乞賜銅錢五千貫。禮部復執奏不與，且欲治其能（按：舘本能爲通）事閤宗達教誘之罪。宗達本浙江奉化縣人，先年負義逃入海〔按：舘本無海字，廣本抱本有海字〕島，今隨使來朝。上曰：玄樹准再與銅錢五百貫，速遣之去。宗達不必究治，若再反覆，族其原籍親屬。

（憲宗成化實録卷 63　第 3 頁　63.2.1280）

209　二月乙巳　以邊報漸息，召都督僉事昌英統領京營守備古北口等處軍士三千還京。

（憲宗成化實録卷 63　第 8 頁　63.7.1287）

210　二月丁未　　禮部以會試天下舉人三場已畢，奏請正榜額數。上命取二百五十人。

（憲宗成化實録卷 63　第 8 頁　63.7.1289）

211　二月戊申　　琉球國中山王尚德遣長史蔡璟等奉表來朝貢馬及方物。賜宴并綵段等物有差。

（憲宗成化實録卷 63　第 9 頁　63.7.1290）

212　二月癸丑　　英廟德妃魏氏薨。妃世爲邳州人，父忠，錦衣衛帶俸都指揮同知，母張氏。宣德丙午生，正統壬戌選入内庭，天順改元，册爲德妃。德妃性柔和，爲六宫所敬仰。生子一，徽王，女二，長封宜興公主，次殤，未封。至是薨，年四十有四，謚曰“恭莊端惠”。上輟朝五日，自聞喪至掩壙，喪儀祭葬如制。

（憲宗成化實録卷 63　第 10 頁　63.8.1292）

213　闰二月己未　　雨霾，天氣昏蒙，黄塵四塞。

（憲宗成化實録卷 64　第 1 頁　64.1.1296）

214　閏二月辛酉　　天壽山守備太監周常奏：長陵等三衛官軍共二千八百四十九員名，歲分二班調黄花鎮守備，但山後火起無人撲滅。乞自後每班止輪五日赴鎮守備，餘留永安城操練及備修理工役，遇警易於調遣。兵部言：邊關、陵寢俱不可缺人防守，宜量存八百守陵，餘仍輪番守鎮。上令三衛官軍仍委永安城内外守臣管領，操練如舊。輪番守鎮。

（憲宗成化實録卷 64　第 2 頁　64.2.1297）

215　閏二月己巳　　興化府知府岳正乞致仕。許之。正字季方，順天府漷縣人，家世武職，至正折節讀書，進士及第，授翰林院編修，陞春坊右贊善，改修撰。英宗復辟，吏部尚書王翶薦其可用，召見，命入〔校記：廣本抱本入下有内字〕閣參預機務，正辭，不許，因感激盡言，不量可否，然多泄于外。時曹吉祥、石亨怙寵作威福，勢焰薰天，正極言不可不早圖，且請自往間二人，以計去之，二人聞而憾之。適承天門災，下詔，正親草有自責語，二人遂指摘以爲訕謗，貶欽州同知。正母老，不忍别，留滯旬日始就道。被先所與争田怨家囑行事者發其事，復逮繫錦衣衛獄，備〔校記:廣本備下有加字，是也〕拷掠，謫戍鎮夷。吉祥等敗，始釋爲民。上復位，用御史言，復還修撰，充經筵講官，入纂修史館。兵部舉正陞職，清理武選貼黄，當國者惡之，内批出正知興化府。至是來朝覲，乞致仕。家居五年，卒年五十五。正豪雋〔校記:廣本雋作俊〕負氣，博學多才識，爲文善鍛鍊，嚴整有法，慨然欲樹功業于時。守興化，多所興作。莆之士夫多謗之。始，正遭際僅踰月，每與人言，恒自誇詡，若柄用數歲者，及顛躓不偶，識者謂浚恒起凶，不密失身。正得善終，亦未爲不幸云。

（憲宗成化實録卷 64　第 5 頁　64.4.1302）

216　三月壬辰　琉球國中山王長史蔡璟，以〔按：館本以下無其字，廣本抱本有其字，是也〕其祖本福建南安縣人，洪武初奉命於琉球國導引進貢，授通事。父襲通事，傳至璟陞長史。至是奏乞照例賜誥封，贈其父母。下吏部，以無例而止。

（憲宗成化實録卷 65　第 2 頁　65.2.1313）

217　三月丁酉　修金山懷獻世子墳所香殿并牆垣。

（憲宗成化實録卷 65　第 3 頁　65.2.1314）

218　三月戊戌　滿剌加國王滿速沙兒遣使臣端亞媽剌的那答等奉表來朝，謝恩，貢方物。賜宴并賜衣服、綵段等物有差。仍命齎勑及綵段等物歸賜其王及妃。

（憲宗成化實録卷 65　第 3 頁　65.3.1315）

219　三月己亥　命豐潤伯曹振、永順伯薛輔、安遠侯柳景、都督同知鮑政往近畿草場提督牧放馬匹。

（憲宗成化實録卷 65　第 4 頁　65.3.1316）

220　三月辛丑　　上親閲舉人所對策，賜張昇等二百四十八人進士及第、出身有差。

（憲宗成化實録卷 65　第 4 頁　65.3.1316）

221　三月丁未　　工部奏：自通州抵天津衛河道淤塞，遭（按：館本遭作漕，是也）運不通，宜加疏浚。其自天津以南直抵揚州一帶，河道亦有淤淺，宜勅總督等官通行疏通，以便漕運。從之。

（憲宗成化實録卷 65　第 5 頁　65.4.1318）

222　四月丙辰　　廣東市舶司奏：有番舶被風吹至九星洋，審知是琉球國所遣使臣來貢者，告欲貿易土貨往福建造船回國。禮部覆奏：宜移文廣東巡撫等官嚴加譯審，果無虚詐，方許貿易。仍諭各夷，今後進貢務由福建故道，且禁約下人，不得因而侵損，失彼向化之心。從之。

（憲宗成化實録卷 66　第 1 頁　66.1.1324）

223　四月己巳　　朝鮮國王李晄遣部臣洪允成等奉表來朝，貢馬及方物，謝恩。賜宴并金織衣、綵段等物有差。

（憲宗成化實録卷 66　第 6 頁　66.5.1331）

224　四月庚辰　　賜滿剌加國正副使端亞媽剌的那答等十二人金銀紗帽有差。

（憲宗成化實録卷 66　第 8 頁　66.7.1335）

225　六月甲戌　　巡按直隸監察御史張璡奏：居庸關、隆慶、涿鹿中衛，守禦白羊後千户所，其地俱近京師，軍人少〔校記：舊校改少作小〕有争訟，輙相走告〔校記：廣本走告作告訐，抱本作赴告〕。所逮人衆，久未結証，有妨守備。乞自後詞訟俱送巡關御史問擬。事下刑部，議：以其言可行，但其間有不妨守備者，仍須本部問擬，或事係違法重情及預巡撫鎮守巡按等官者，本部參詳處置爲便。從之。

（憲宗成化實録卷 68　第 6 頁　68.5.1359）

226　七月癸未　修山川壇正殿兩廡拜殿及神厨之損壞者。

（憲宗成化實録卷69　第1頁　69.1.1361）

227　七月丙申　巡撫永平、真定等處右僉都御史閻本奏：畿輔之地，内屏京師，外逼虜境。城垣不固，遇有邊境，人心易搖〔按：館本搖作傜〕。真〔校記：廣本真下有定字，是也〕、保定及定州、河間等府俱有磚城，久而剥落，若易、涿、趙等州，武清、良鄉等縣，俱係土城，爲雨頹圮過半，不堪保障。請於無事及農隙之時，量倩兵民，以漸修甃。上諭工部臣曰：本所言誠固根本、防不虞至計。但興大役動大眾，須令本計議斟酌民情事宜，以漸修葺。如或舊城猶堪保障及地方災窘，宜俟豐年爲之。

（憲宗成化實録卷69　第4頁　69.4.1367）

228　八月丁丑　户科等科右給事中李森等言：……如錦衣衛帶俸同知周彧、翊聖夫人劉氏屢蒙聖恩，給賜田土，其數不貲，今彧又求武強、武邑二縣地共六百餘頃，劉氏又求通州武清縣地三百餘頃，俱蒙俞允。

（憲宗成化實録卷70　第6頁　70.5.1383）

229　八月戊寅　安南國王黎灝遣陪臣楊文旦等奉表來朝，貢方物。賜宴并衣服、綵段等物有差。仍以勅并綵段文錦付文旦等歸賜其王。

（憲宗成化實録卷70　第6頁　70.5.1384）

230　八月庚辰　安南國王黎灝奏：廣西鎮安府土官岑祖德及廣東欽州里老黄静男等越境侵擾。事下兵部，議：尚書白圭等以其國嘗無故聚眾争奪廣西憑祥縣界，又嘗縱人越海竊採珠池，今其所奏，恐假詞□（按:館本□作飭）罪。請命兩廣鎮守總兵巡撫等官覈實處治，仍勅其國王守法保境，毋縱姦生事。從之。

（憲宗成化實録卷70　第7頁　70.6.1385）

231　十月甲寅　占城國槃羅茶悦遣使臣布沙帕婆羅始〔校記：廣本始作如〕等奉表來朝，貢象及方物。賜宴并衣服、綵段等物有差。仍命賫勅及羅段文錦歸賜其王及妃。

（憲宗成化實録卷 72　第 1 頁　72.1.1401）

232　十月己卯　　朝鮮國王李晄遣陪臣尹岑等奉表貢馬及方物來朝，賀萬壽聖節。

（憲宗成化實録卷 72　第 4 頁　72.3.1406）

233　十一月丙戌　　賜朝鮮國朝賀陪臣尹岑等宴并金織衣、綵段等物。

（憲宗成化實録卷 73　第 2 頁　73.2.1412）

234　十一月丙申　　琉球國中山王尚德遣使臣查農是等來朝，貢方物。賜宴并綵段表裏等物有差。

（憲宗成化實録卷 73　第 4 頁　73.4.1415）

235　十一月丙午　　賜朝鮮國成化六年《大統曆》。

（憲宗成化實録卷 73　第 6 頁　73.5.1418）

236　十一月丁未　　占城國副使阿離等奏：乞給賜冠帶。禮部言：阿離及舍人翁末〔校記：廣本末作米〕等五人宜如所請，其通事周公保〔校記：廣本保作禄〕并舍人翁貴等六人先已給賜，不可再給。上是之。

（憲宗成化實録卷 73　第 6 頁　73.6.1419）

237　十一月己酉　　守永清縣皇莊奉御于忠，強占民田，逼佃户代出牛具耕種。事覺，下獄。贖徒還職。

（憲宗成化實録卷 73　第 6 頁　73.6.1419）

238　十二月辛亥　　遣英國公張懋、撫寧侯朱永、武清侯趙輔祭告天地、社稷、山川。先是，禮部奏，今歲自十月無雪，當寒反燠，恐來年二麥不登，有失農望，宜擇日齋戒祈禱，故有是命。

（憲宗成化實録卷 74　第 1 頁　74.1.1421）

239　十二月乙丑　　朝鮮國署國事李娎遣陪臣吴伯昌等奉表貢馬及方物來朝，賀正旦節。

（憲宗成化實録卷 74　第 3 頁　74.3.1425）

240　十二月丙寅　免順天府薊州等處糧五千二百八十石，馬〔按：館本無馬字，廣本抱本有馬字〕草一十六萬三千四百二十八束，永平府灤州等處糧六千三百五十八石，馬草五萬一千四百八十束，大寧營州中屯等衛糧一萬六千三十八石。俱以水災故也。

（憲宗成化實録卷 74　第 3 頁　74.3.1425）

241　十二月壬申　禁京城九門并通州等處抽分，内外官不得違例多取商税，違者治以重罪。命都察院榜示之。

（憲宗成化實録卷 74　第 5 頁　74.4.1428）

242　十二月壬申　詔黄花鎮一帶官軍仍聽居庸關守臣統領。初，居庸迤東黄花鎮、驢鞍嶺，分京軍一千五百守禦，而統於居庸關，後給事中程萬里奏罷之，以長陵三衛士卒代戍。既而天壽山守備周常言陵寢尤重，遂命還駐永安，以次分戍黄花鎮。至是，鎮守居庸關太監崔保奏：兵不專一，難于調遣。兵部尚書白圭等言：邊務委任貴專，一軍而兩屬，恐緩急誤事，惟聖明裁處。詔仍令居庸關内外官統理〔校記：廣本理作領〕，周常等毋有所預。

（憲宗成化實録卷 74　第 5 頁　74.5.1429）

243　十二月　是歲……漕運京師儹運糧三百三十五萬石，各處運納糧四百六十五萬八千一百二十四石有奇。

（憲宗成化實録卷 74　第 10 頁　74.8.1435）

成化六年（1470）

244　正月丙戌　命耀武營左都督劉玉、顯武營坐營右都督劉聚整飭軍馬甲伏（按：館本伏作仗，是也），聽調征虜。

（憲宗成化實録卷 75　第 2 頁　75.2.1439）

245　正月乙未　賜朝鮮國〔校記：廣本國下有朝字，是也〕賀陪臣吴伯昌等宴并金織衣、綵段等有差。

（憲宗成化實録卷 75　第 5 頁　75.4.1443）

246　正月癸卯　日本國使臣入貢還至寧波府航海以去，有僧盛訓潛登岸欲中國學經，浙江備倭都指揮張勇等奏送至京。禮部以勇等不先聞，請治其罪。上令自陳。既而勇等伏罪。宥之。

（憲宗成化實録卷 75　第 8 頁　75.7.1450）

247　二月辛亥　朝鮮國王李晄薨，封其從子娎爲朝鮮國王。晄病革，以所生止一子，幼而病，廢。娎乃其兄，故世子暲之子，孝悌好學，可付後事。因令權署國事。遣陪臣權瑊等以聞，并獻馬及方物，請封。乃命内官金〔校記:廣本金作姜〕興、行人姜浩弔祭，賜晄謚“襄悼”，就封娎爲朝鮮國王。娎妻韓氏爲王妃，并賜誥命。

（憲宗成化實録卷 76　第 1 頁　76.1.1457）

248　二月乙卯　從通州北関巡檢司於東關河西岸。從巡撫右僉〔校記:抱本無右僉二字〕都御史閻本言。舊治去新河道遠，不便盤詰也。

（憲宗成化實録卷 76　第 2 頁　76.1.1458）

249　二月戊午　刑科左給事中白昂言二事：其一嚴盜禁。以強盜處决例於其行刼所在梟首示衆，其在京城關廂行刼者則免。然強盜敢於輦轂之下行刼，其情犯尤爲深重，亦須梟首於京城百里之外軍民往來衝要之處示衆。庶法令嚴明，人心知警。……從之。

（憲宗成化實録卷 76　第 2 頁　76.2.1459）

250　二月辛未　福建按察司奏：琉球國使臣程鵬進貢方物至福州，與委官指揮劉玉私通貨賄，當究治。詔逮玉治之而宥鵬。

（憲宗成化實録卷 76　第 8 頁　76.7.1469）

251　二月丁丑　是日早陰雲四合，若將雨狀。未幾大風揚塵，天地昏暗，竟日始息。

（憲宗成化實録卷 76　第 13 頁　76.11.1478）

252　三月辛巳　京師雨霾。晝晦。

（憲宗成化實録卷 77　第 2 頁　77.2.1483）

253　三月乙酉　工部以德勝門東坍塌并拆裂城垣共一百一十六丈〔按:館本丈作仗，廣本抱本作丈，是也〕，宜即時修理。其皇城西北廊房并東西短〔校記:廣本無西字。短作垣，作垣是也〕連房屋工可稍緩，乞俟〔按:館本俟作賜，廣本抱本作俟，是也〕年豐。上曰：皇城内亦係切要，一體修理。于是給事中高棐〔按：館本棐作斐〕言：去冬無雪，今春少雨，麥苗枯槁，穀種未播，赤地千里，人心洶然〔校記：廣本洶作惘，抱本作洶〕。近又黄霧障天〔校記：廣本障天作四塞〕，陰霾累日。上天垂戒，皇上與羣臣同加修省之時。今乃興土木之工，摘撥官軍動以萬人，費用物料動以萬計。伏望皇上惜軍士之勞，憫黎元之苦，該部之奏，先修其急切之不可已者，暫停止之，以待秋成之日，庶可上回天意，下慰民心。疏入，上以成命已定，不從。

（憲宗成化實録卷 77　第 5 頁　77.4.1488）

254　三月丁酉　命平鄉伯陳政代陳鋭坐奮武營管操。

（憲宗成化實録卷 77　第 9 頁　77.8.1495）

255　三月丙午　命襄政侯李瑾提督團營操練及三千營軍馬。

（憲宗成化實録卷 77　第 16 頁　77.13.1506）

256　四月庚戌　琉球國中山王尚德遣使臣程鵬等奉表來朝，貢馬及方物。賜宴并綵段等物有差。

（憲宗成化實録卷 78　第 1 頁　78.1.1509）

257　四月壬申　詔修安定、西直二門城垣及溝渠（按：館本渠下有文字）坍塌者。

（憲宗成化實録卷 78　第 7 頁　78.6.1520）

258　四月丙子　太監黄順等奏：安定、西直二門城垣修理，工程浩大，人力不敷，恐後雨水時行難以用工，乞撥官軍併工修理。上命三大營撥官軍五千人與之。

（憲宗成化實録卷 78　第 10 頁　78.9.1525）

259 五月戊戌 修理清寧宮殿宇廊房〔按：廣本廊房作房廊〕之滲漏坍塌者（按：此條館本佚，廣本抱本存，參憲宗校勘記 287 頁）。

（憲宗成化實録卷 79 第 13 頁）

260 六月戊辰 順天、河間、永平等府大水。

（憲宗成化實録卷 80 第 5 頁 80.4.1564）

261 六月己巳 吏部尚書姚夔言：自六月以來，淫雨浹旬，潦水驟溢。京城内外，軍民之家，衝倒房舍，損傷人命，不知其算。男女老幼，饑餓無聊，棲遲無所，啼號之聲，接于閭巷。按周禮以歲時巡國及野而調萬民之艱阸，以王命施惠。然則被災艱厄之民，正王命所當施惠者。乞分遣給事中、御史、錦衣衛及户部官督同五城兵馬司取勘，房舍衝倒者與米一石，損傷人口者與米二石，少賙艱厄之苦，用廣賑濟〔按：館本濟作恤，抱本作濟〕之仁。上從其言。

（憲宗成化實録卷 80 第 5 頁 80.5.1565）

262 六月辛未 以修葺清寧宮并各城垣，增内官監軍民匠役食米月一斗，鹽一斤。

命總兵官趙輔、工部尚書王輔、太監王順督官軍修理九門城垣，疏濬諸港（按：館本港作巷）水道。

（憲宗成化實録卷 80 第 7 頁 80.6.1567）

263 七月辛巳 命給事中御史督五城兵馬，具京城内外軍民被災患〔按：館本災患作水患，廣本作水災，抱本作災患〕該賑恤者數。凡一千九百二十，户給米一石，死傷者加一石。

（憲宗成化實録卷 81 第 2 頁 81.2.1575）

264 七月戊子 議者以京城坐舖一事，甚爲居人之害。蓋每鋪立總甲一人，以丁多者充之，卒〔按：館本卒作率，抱本作卒〕三月一更。每旦受事官府，至晚不得息。一月之間，所經衙門二十七處，謂之打卯。官中供應，皆取之更夫，謂之紙筆燈燭錢。

不足，總甲輒出私錢補之。錦衣衛旗校夜巡需索酒食，卽不得，輒加箠楚。害甚於盗。貧民苦之，多賣屋僦居，以圖免坐鋪。而中外有勢者，各庇其私人當坐鋪者，盡爲奏免。守更之夫，皆顧丐者充之。夜間盗起〔校記：廣本起作發〕，皆反關不敢出，明日止報某處有盗、或刼財或傷人與否而已。

（憲宗成化實録卷81　第5頁　81.4.1579）

265　七月庚寅　　命給事中御史各一員，同順天府委官賑濟附近被水流移來京小民。每大口三斗，小口一斗五升。

（憲宗成化實録卷81　第7頁　81.6.1583）

266　七月庚寅　　鎮守獨石、馬營、薊州、永平、山海、密雲、古北口、居庸等關諸臣各奏言：六月間驟雨彌旬，山東泛濫（按：館本東作水，濫作漲），平地水高二三丈許。衝倒城垣、壕塹、堤壩，丈以萬計。坍塌沿邊一帶墩臺，座以百計。漂没倉厫、鋪舍、民居并人畜、田禾、軍器等項，難以計數。兵民橫罹患害，莫斯爲甚。欲將衝塌城垣、墩臺修理，以備不虞，奈工役浩繁，一時無所處〔按：館本處作於，廣本作措，抱本作處〕辦。事下工部，請令各隨緩急修理。詔悉從之。

（憲宗成化實録卷81　第8頁　81.6.1584）

267　七月癸巳　　巡視順天等府右都御史項忠等奏：順天、永平、河間、真定、保定五府被水災傷，民多失所。請停追馬，以蘇民困。嚴飭兵備，以防不虞。從之。

（憲宗成化實録卷81　第8頁　81.7.1585）

268　七月乙未　　命户部郎中李寬提督永平、山海、薊州等處糧儲，兼理屯種。

（憲宗成化實録卷81　第8頁　81.7.1586）

269　七月庚子　　監察御史康驥奏：請疏濬張家灣横河口小灣套，以泊運船，修塾自京城抵通州往來要路，以便糧運。上命俟年豐爲之。

（憲宗成化實録卷81　第9頁　81.8.1587）

270 七月壬寅 朝鮮國王李娎遣陪臣金國光、鄭蘭宗等奉表來朝，貢方物，謝賜其先王謚號祭賻，并令娎襲位及賜誥命冠服。恩賜國光等宴及金襲衣、綵段等物有差。李娎又奏：伏蒙朝廷遣使賜勅，諭以建州虜情，俾臣先事隄備。聖訓諄切，臣不勝感激。謹依詔旨行令邊將嚴加防備。謹具奏聞。

（憲宗成化實録卷 81 第 10 頁 81.8.1588）

271 七月壬寅 工部奏：通州至武清縣蔡家口、河口并堤岸被水衝開一十九處，宜起取兵民併工修築，以便漕運。上從之。命侍郎李顒董其役。

（憲宗成化實録卷 81 第 10 頁 81.8.1588）

272 七月癸卯 户部奏：給事中韓文等勘實通州張家灣等處，被水軍民二千六百六十户，漂損房舍六千四百九十座，溺死軍民六十〔校記：廣本十作千〕餘人。漷、武清二縣、通州左、右、定邊、天津、神武等七〔按：館本無天津神武等七六字，廣本有此七字〕衛被水軍民亦皆稱是。上命所司賑恤之。

（憲宗成化實録卷 81 第 10 頁 81.9.1589）

273 八月戊申 賜修京城軍士人月米一斗，鹽一斤。

（憲宗成化實録卷 82 第 2 頁 82.1.1594）

274 九月丙子朔 詔免順天、保定二府秋冬二季柴炭夫。以地方水災也。

（憲宗成化實録卷 83 第 1 頁 83.1.1617）

275 九月己丑 賜大興、宛平二縣養濟院貧民布共四百七十餘疋。

（憲宗成化實録卷 83 第 3 頁 83.2.1620）

276 九月己丑 鎮守密雲〔按：館本雲下有署字〕都指揮僉事王榮奏：山水泛溢，衝塌古北口、潮河、白河、龍王峪沿邊一帶關城、墩寨、堤〔按：館本無寨堤二字〕壩及密雲中衛南北城垣，請撥軍修繕。從之。

（憲宗成化實録卷 83 第 3 頁 83.2.1620）

277　九月辛卯　　户科都給事中丘弘等奏：京城比來米價騰踊，民艱於食，乞丐盈路。詢其所由，蓋因漕運軍士途中糜費，糧米至京則糴買，以足其數，遂使米價日增，而民食愈缺。乞從權令其上納，不足者每米一石折收銀六錢貯庫，以待支用。仍勅管運總兵等官嚴加禁舉其前弊。户部覆奏，折收銀每石增一錢。從之。

昌平縣居庸倉糧虧折三百餘石。從户部請抵其守吏罪。

（憲宗成化實録卷 83　第 3 頁　83.3.1621）

278　九月己亥　　太子少保兵部尚書兼文淵閣大學士彭時等奏：京城米價高貴，莫甚此時。實由今年畿甸水荒無收，軍船運數欠少，皆來京城糴買，而商賈米船亦恐河凍少有至者，所以米價日貴一日。軍民所仰者，惟官糧而已。近日户部奏請預支兩月軍糧，是固〔校記：廣本是固作固是〕救急之術，但糧在水次，猝急難至，在京蓄積之家，因而閉糴以要厚利者自如也。乞命户部再將文武官員月俸預放三月，如有不足，將東西太倉米平價發糶〔按：館本糶作糴，舊校改糴作糶〕四五十萬石，收貯價銀，待豐年，支與官軍准折俸糧。其德州倉糧〔按：館本無亦上其德州倉糧五字〕亦宜量數發糶，以濟河間之急。此令一行，或者人不閉糶，〔校記：廣本作益賊〕米值可平。且荒田盗賊數多，近聞房山縣强盗四五十人，潛住金主陵内，不時出没。乞命錦衣衛密查虚實，早加緝捕，免貽患於人。奏入〔校記：廣本作疏入〕，上嘉納之。諭户部臣曰：京城米值踴貴，民艱於時，爾户部即發京通二倉米五十萬石，平價糶之，每秫米一石收銀六錢，粟米一石五錢。命侍郎陳俊同太監韋焕、尚書薛遠總其事，仍差科道官分理之。其文武官吏俸糧可預給三月，以平米價。於是户部奏：差給事中御史并本部官各七員、京城各五員督同五城兵馬，通州各二員，督同通州委官，於京通二倉支米糶賣。其貧民無銀〔按：館本銀作錢〕者折收銅錢，俱送太倉官〔校記：廣本官作銀〕庫收貯。

不許豪勢及鋪行之家假託收買私債，以圖市利，違者悉置于法。從之。

（憲宗成化實録卷 83 第 5 頁 83.3.1622）

279 十月戊申 太子少保兵部尚書兼文淵閣大學士彭時等奏：近蒙皇上念京師米價踊貴，特令於京通二倉糶糧五十萬石。命下之日〔按：館本日作中，舊改中作日〕，人心喜悦，米價頓減。但奉行之人過於拘執，既不許官豪之家糴買，又不許市販之徒轉賣，止許小民以升斗赴倉告糴，再三審辨，展轉遲延，街坊米鋪，因而收閉，暗邀重價，以致人愈缺食。乞仍降旨，今後不拘〔校記：廣本拘作論〕官民市販及斗石多寡，但不許停積在家。有轉賣與人者，每石價銀不過七錢，違者悉置于法。上從之。諭户部臣曰：朝廷發糶官糧，本欲平價。今已日久，米價尚貴，顯是委官人等處置無法。今後不拘官民市販及石斗多寡，一體發糶。若轉賣與人者，許增價一錢，不許停積在家及高擡價直。爾户部揭榜示之，違者必治以重罪。於是侍郎陳俊言：京城地廣民聚，待哺者眾〔校記：廣本眾作多〕，出糶不及以致雍塞。請以每城原委給事中御史主事三員，分作三處，督同兵馬司官糶賣。及令兵馬〔校記:馬下疑應補司字〕嚴督鋪户，照例市易。仍行吏部借撥聽選官及辦事吏各十五員名，分隨各官，以任其事，庶可流通無滯。詔允其言。

（憲宗成化實録卷 84 第 2 頁 84.2.1629）

280 十月戊申 兵部奏：各營領勅下場牧馬官，五軍營懷柔伯施鑑、神機營靖遠伯王瑺、三千營都督僉事王義、奮勇等十二〔校記：廣本二誤三〕營署都督僉事劉清，不以馬政爲重，罔肯盡〔校記：廣本盡作用〕心提督，以致倒〔按：館本倒作例，廣本抱本作倒〕失、被盜及官軍棄〔校記：廣本棄作乘〕馬在逃者有之。一遇有警，必妨調用。俱當懲治，以警將來。上令姑宥之。

（憲宗成化實録卷 84 第 3 頁 84.2.1630）

281 十月辛酉 朝鮮國王李娎遣陪臣韓政義等奉表貢馬及方物來朝，貢（按：疑貢爲賀之誤）萬壽聖節。

（憲宗成化實録卷84 第8頁 84.7.1640）

282 十月辛酉 放國子監生五百餘人歸讀書聽取用。以吏部都給事中程萬里言，畿民流集京師，米價騰踊，而吏部聽選官及監生不下萬餘，徒冗食故也。

（憲宗成化實録卷84 第9頁 84.7.1640）

283 十一月戊寅 英廟順妃樊氏薨。妃直隸鎮江府丹徒縣人，錦衣衛百户禮之女，永樂甲午生，宣德丁未選入内庭，莊重謙謹，爲六宫所敬。天順丁丑册爲順妃，生女一，未封殤亡。至是薨，年五十有七。上輟朝五日，自聞喪至掩壙，喪儀祭葬如制。

（憲宗成化實録卷85 第1頁 85.1.1646）

284 十一月甲申 賜朝鮮國朝賀陪臣韓致義等宴，并賜金織衣服，綵段等物有差。

（憲宗成化實録卷85 第2頁 85.2.1647）

285 十一月戊子 命文京倉米價（按：館本價作買）黄蠟二萬斤以爲元宵燈燭之用。其先派九萬斤。仍戒（按：館本戒作趣）所司刻期納辦。

（憲宗成化實録卷85 第3頁 85.3.1649）

286 十一月乙丑 太監許安傳奉聖旨：近官發糶官糧以濟饑民，却被奸貪之徒買去，高價要利。其令錦衣衛官校緝訪。但有停積在家不依原定價數〔校記：廣本無數字〕糶賣者，俱枷項示衆，追米入官。再將官倉粟米發糶五十萬石，每石將銀四錢。户部請命原遣官曉諭軍民，仍將粟米從緩發糶，以迨〔按：館本迨作逮，廣本作待，是也〕明年麥熟。

（憲宗成化實録卷85 第4頁 85.3.1649）

287 十一月辛卯 禮部奏：爾者，朝鮮國王遣其陪臣朝賀萬壽聖節，賜宴，禮部所用器皿多有損壞，所具品物亦不精潔，有負朝廷優待遠人之意。宜令所司自後毋得仍前苟簡，違者治罪。從之。

（憲宗成化實録卷 85 第 4 頁 85.4.1651）

288 十一月丁酉 賜朝鮮國成化七年《大統曆》。

（憲宗成化實録卷 85 第 7 頁 85.6.1655）

289 十二月己酉 禮部以深冬無雪，奏請遣大臣致禱。乃命武靖侯趙輔祭告山川之神。

（憲宗成化實録卷 86 第 2 頁 86.1.1658）

290 十二月庚戌 分遣户部郎中桂茂之等十四人賑濟順天、河間、真定、保定四府饑民。時吏部尚書姚夔建言：水旱災傷之餘，米價騰貴。皇上軫念黎元，已發太倉米粟一百萬石分投賑糶。又慮米粟不及於無錢之家，澤靡不〔按：館本不作下，廣本抱本作不〕究，復勅有司勘貧難者，設法賑濟。京城之民，可保無虞矣。但在外州縣饑荒尤甚，村落人家有四五日不舉煙火、閉門困卧待盡者，有食樹皮、草根及因饑疫病死者，有寡妻隻夫賣兒賣女賣身者。朝廷雖有賑濟之法，有司奉行未至。且今冬無雪則來歲無麥，事益難爲。乞集廷議，於順天、河間、真定、保定四府州縣災傷甚處，推廉幹謀識老官官十數人，請勅每人責領二三州縣，督率有司官吏，沿村徧落，詢審賑濟。有糧積者，依時照口驗放，無糧之處，聽於附近倉分設法搬運。候〔校記：廣本候作俟〕春氣消和，即教民播種麥田，貧者給與牛具、種子。凡空間地段，責成裁種椿、槐、柳、桑、棗諸木，五七年後便可濟用。俟明年麥熟，人得甦醒，果無他虞，奏聞回京。有成効者量加旌勞。此救荒之一策也。……詔從之。於廷議遣……大理寺右寺正薛璘往通州及武清、漷二縣，監察御史梁昉往涿州及良鄉、房山二縣，周源往大興、宛平、順義、昌平四縣。

（憲宗成化實録卷 86 第 2 頁 86.1.1658）

291　十二月癸丑　上命户部：在京饑民於京倉每口支米四斗，順天府所屬送還原籍，照例賑濟。其外方來者，俱諭令還鄉。果有鰥寡孤獨者收養濟院存恤之。

（憲宗成化實録卷 86　第 3 頁　86.3.1661）

292　十二月戊午　户部奏：朝廷以京城饑民，發倉糶米以濟之，本部以請行吏部取考滿聽選能幹有司監糶，然官少事繁，不能周濟。近該御史戴縉言，欲添差官五十員，每城十員，監督鋪户零細糶賣其米。每人止許糶五升至一斗或二斗，不許過多，價直視前增一錢。仍令給事中御史并錦衣衛官校訪姦弊，犯者治罪。從之。

（憲宗成化實録卷 86　第 5 頁　86.4.1664）

293　十二月辛酉　停免順天、河間、真定、保定四府成化五年、六年歲輸皮張、木植、石青等料。

（憲宗成化實録卷 86　第 6 頁　86.5.1666）

294　十二月壬戌　朝鮮國王李娎遣陪臣禹貢等奉表貢馬及方物來朝，賀明年正旦節。

（憲宗成化實録卷 86　第 6 頁　86.5.1666）

295　十二月癸亥　降順天府府尹閻鐸爲浙江衢州府知府。鐸以歲饑坐視民患，不能賑濟，爲户部劾奏，命降二級，調外任。府丞彭信、治中丘昂及巡城御史楊溥、沃頖、葉廷榮、馬進、徐英等俱犯與鐸同，停俸半年。通判范賢等停俸三月。

（憲宗成化實録卷 86　第 9 頁　86.8.1671）

296　十二月丙寅　召陝西右布政使李裕爲順天府府尹。

（憲宗成化實録卷 86　第 12 頁　86.10.1676）

297　十二月庚午　户科都給事中丘弘等言：近來京城内外風俗尚侈，不拘貴賤，概用織金、寶石服飾，僭擬無度。一切酒席，皆用簇盤、糖纏等物。上下倣效，習以成風。民之窮困，殆由於此。其在京射利之徒屠宗順等數家，專以販賣寶〔按：館本無實字，廣本抱本石上有實字〕石爲業，至以進獻爲名，或邀取官職，或倍獲價利，蠹國病民，莫甚於此。乞嚴加禁革。如有仍前僭用服飾、大張酒席〔校記：廣本席作食〕者，許錦衣衛官校及巡城御史緝捕，及將宗順等倍價賣過寶石銀兩追徵入官，給發賑濟，以警將來。疏奏，命有司詳議以聞。于是刑部尚書陸瑜上議，以爲弘等所言深切時弊。宜申明舊制，備榜禁約，并逮宗順等數人，各治其罪。追其所得價利，以充賑濟，庶足以革蠹弊而示勸懲。有詔：宗順等姑置不問，所言諸事，皆備榜申明禁約，犯者不宥。

禮部奏：户科都給事中丘弘等以京師歲歉米貴，而四方遊僧多聚在京𩟔食，不下萬數。奏乞行五城兵馬逐還原籍，庶不虚耗糧米，宜如所請禁約。從之。

（憲宗成化實録卷 84　第 13 頁　86.10.1676）

298　十二月辛未　　免順天府成化七年惜薪司柴夫四百五十名。

（憲宗成化實録卷 86　第 13 頁　86.11.1677）

299　十二月癸酉　　户科等科都給事中丘弘等奏五事：一、乞在京再行糶糧三十萬石，輳〔校記：廣本輳作湊〕今發三十萬，自十二月至明年五月每月發糶十萬石，使相接續。仍於京通二倉斟酌多寡出糧十萬，令發糶官員督同五城兵馬及大興、宛平、通州正佐官從公取勘，各該地方不係食糧貧難下户及一應無力買糧者，每月給米二斗，庶貧富皆有所濟。一、奉詔旨，流民送回原籍，乞丐者收入養濟院，所司不克奉行。乞行侍郎葉盛、嚴五程期限以十日，督併五城兵馬及順天府大興、宛平二縣官，親歷京城内外審勘流民，人支糧一斗，官給批文，差人分投，送回原籍賑濟，務要彼處官司回文銷繳。乞丐者收入養濟院，或本院不能容許，於寺觀間便去處收住。具數逐月照口給糧五斗贍養。一、訪得順天、真定、保定所屬勸借糧米，官府不分貧富，概行分派，以寬目前之憂。雖有紙上之糧，全無入倉之數，及至差官賑濟，所〔校記：廣本所在有〕司方才纔追徵，百姓怨絶，益傷和氣。乞行賑濟官從公查審。民僅足自存者即與停徵，不得拘於成案，逼迫貧難。賑給之際，尤須致〔校記：廣本致作至〕審，務使無告之民得沾實惠，毋容在官厮役之人，乘機冒領。一、見任官員分俸養親，止於在京。其在外官員，并無分俸事例。中間有朦朧分回原籍關支者，在任或有事故住支，彼此隔絶，無可查考，以致冒支數多，今後宜禁止。在外官員不許分俸，已行者改正還官。敢有仍前分俸支者、放者，悉以贓論。一、在京蟲蟻房并清河寺〔校記：廣本無寺字〕等處餵養鷹犬狼猴豹及各色蟲鳥，日逐支應魚肉糧豆等料數多。雖曰舊有定數，然皆出自民間。即今荒歉，百姓乏食，多致餓死，而鳥獸支費糧肉，日逐不缺。夫百姓國之本，鳥獸無用之物，以百姓之食爲鳥獸之食，誠所謂率獸而食人者也。伏望皇上重念百姓，將此鳥獸量行釋放，以省虚費。事下户部，議如所奏。上曰：蟲蟻已減省矣，其餘悉依議行。

（憲宗成化實録卷 86　第 13 頁　86.11.1677）

300　十二月　　是歲……漕運京師儹運糧三百七十〔校記：廣本七十作三十五〕萬石，各處運納糧四百四十七萬九千六百五十〔校記：廣本作二十四萬三千七百九〕石有奇。

（憲宗成化實録卷 86　第 15 頁　86.13.1682）

成化七年（1471）

301　正月壬午　　賜朝鮮國朝賀陪臣禹貢等宴，并金織衣、綵段等物有差。

（憲宗成化實録卷 87　第 3 頁　87.2.1688）

302　正月甲午　　以水災蠲順天府東安等縣民徭役。

（憲宗成化實録卷 87　第 7 頁　87.6.1696）

303　二月壬子　分守懷來、永宣（按：館本宣作寧，疑是）等處參將都指揮陰傑等以虜寇窺邊，奏乞京營神鎗軍協守隆慶。上命卽宣府兵暫調二佰與之。

（憲宗成化實録卷 88　第 2 頁　88.2.1709）

304　二月丙寅　放國子監願回依親監生趙恕等三百餘人。以工部員外郎于坦奏地方災傷，米價騰貴，宜去冗閒，以寬民食故也。

（憲宗成化實録卷 88　第 5 頁　88.4.1714）

305　二月戊辰　工部請修築蘆溝橋隄岸。撥官軍五千，以少監高通都督鮑政、工部侍郎李顒董其役。

（憲宗成化實録卷 88　第 6 頁　88.5.1715）

306　三月甲申　琉球國中山王世子尚圓遣使臣蔡璟等來朝，貢方物，報其國王尚德薨逝及請封爵。賜璟等宴并衣服、綵段等物。

（憲宗成化實録卷 89　第 3 頁　89.2.1726）

307　三月丁亥　遣都給事中丘弘爲正使、行人韓文爲副使，往琉球國封其世子尚圓爲中山王，并齎儀物行慶弔禮。

（憲宗成化實録卷 89　第 5 頁　89.4.1730）

308　三月己丑　順天府府尹李裕等奏：順天等八府比歲民饑，流亡頗多。今秋鄉試生員人等無令濫入。及中試舉人供給筵宴等項，乞減省以蘇民困。從之。

（憲宗成化實録卷 89　第 6 頁　89.5.1731）

309　三月戊戌　琉球國使臣蔡璟以織蟒龍羅衣雇匠紉製，時錦衣衛校尉有緝獲市民與外國人交通者，刑部鞫之，疑其羅出於私交者，皆不服，及詢璟，固稱爲其〔按：館本國上無其字。廣本抱本有其字，是也〕國王受賜於先朝者。事聞，上命禮部稽舊籍有無。禮部云無，遂收貯内庫。仍勑諭其國王知之。

（憲宗成化實録卷 89　第 11 頁　89.10.1741）

310　四月癸卯朔　敕巡視邊關監察御史邊完翟庭蕙曰：山海居庸關迤西一帶大小關隘，中間多有牆垣低薄及年久坍塌，雨水衝決。慮恐守關官員因循怠忽，時命憲臣往來巡視，督工修砌。近聞爾等彼此怠慢，歲一交替，迄無成功。今命爾不妨前勅，會同鎮守守備等官提調各該守關官軍，照依巡歷地方，將所在大小關隘逐一修理。爾等須躬親踏看。何處牆垣低薄當增爲高厚，何處關口損壞當修築堅完，何處山坡平漫當剷削令其陡陵，何處蹊徑通行當壘塞令其堅固。大抵守關官軍，禦敵之日少，空間之日多，爾須公同該管官員，清出見數，編成班次，選委廉幹頭目管領督令，用其大小關口，務在着實整理，不許急遽苟且，虛應故事。未了之數，聽令接管，巡視官員照舊用工。爾交替之日，須明白畫圖貼說，開報已修未修關口并用過人工物料數目。三年一次通行查究，如或不實，罪有所歸。其守關官軍，或投托買閒，不服調遣，爾即挐問如律。應奏請者具奏處治。若鎮守守備等官，有背公狥私阻礙行事者，聽爾指實奏聞。爾爲風憲之官，受兹委任，尤須持廉秉公，正己率下，使邊關鞏固，武備修舉，斯爾之能。不然，罪不輕恕。

（憲宗成化實録卷 90　第 1 頁　90.1.1743）

311　四月壬子　户科都給事中丘弘以出使琉球國，道經于閩，乞便道展祭。不許。

（憲宗成化實録卷 90　第 3 頁　90.3.1747）

312　四月癸丑　户科都給事中丘弘、行人韓文奏：凡使外國者，例賜公侯服色。自備鍍（按：舘本鍍作鈒）花金帶，至其國則繫之。今臣等奉使琉球，欲從衆則事涉擅專，欲遵制則官止七品，服色不稱，乞賜鍍金花帶以壯國威。事下禮部，尚書鄒幹等覆奏，以爲無例而止。

（憲宗成化實録卷 90　第 4 頁　90.3.1748）

313　四月乙卯　雨土霾。

（憲宗成化實録卷 90　第 5 頁　90.4.1750）

314　四月丙辰　未時，雨黑沙和黍。

（憲宗成化實録卷90　第5頁　90.5.1751）

315　四月乙丑　朝鮮國王李娎奏：往年天兵討建州，本國效順擒斬野人李滿住，其子索而昑（按：館本昑作哈）歹，今欲報讐，聚衆肆毒本國。乞勅近臣審賊形勢應援。詔可。

（憲宗成化實録卷90　第7頁　90.6.1754）

316　四月丁卯　詔再發京倉粟米一十萬石，通前來糶米二十餘石於五城分糶，價如先次所定，每石五錢。蓋至是發粟已九十餘萬矣，以軍民饑甚，二麥未熟故也。

（憲宗成化實録卷90　第8頁　90.7.1755）

317　四月壬申　户部奏：近日饑民行乞於道，多有疲不能支或相枕藉。已令順天府二縣委官收恤矣，其軍餘匠役各送所司給親，不能贍給，宜具實申報，量爲給糧。病者官爲給藥飼粥，無親者收入養濟院賑恤，其遠方流移如例給糧，發遣復業，死無歸者葬之。無令暴露，以干和氣。詔悉如議行之。

（憲宗成化實録卷90　第9頁　90.8.1757）

318　五月乙亥　順天府府尹李裕等言：近日京城饑民疲死者多。乞於户部借糧賑濟，責令本坊火甲瘞其死者。本府官仍擇日齋戒，詣城隍廟祈禳災癘。上允其請。

（憲宗成化實録卷91　第1頁　91.1.1759）

319　五月辛巳　詔京城外置漏澤園。時荒旱之餘，大疫流行，軍民死者枕籍於路。上聞而憐之。特詔順天府五城兵馬司於京城崇文、宣武、安定、東直、西直、阜城六門郭外，各置漏澤園一所，收瘞遺屍。仍命通州、臨清沿河有遺胔暴露者，巡河御史一體掩藏之。

（憲宗成化實録卷91　第2頁　91.2.1761）

320　五月庚寅　太傅會昌侯孫繼宗等奏：五軍、三千、神機等營官軍赴工内官監者五千人，修理蘆溝橋岸五千人，修蓋修濟院者四百人，趨事日久，乏人更替〔校記：廣本抱本替作代〕。況值炎夏，災疫盛行。請令輪班更代，以蘇人民。上諭兵部曰：各處赴工官軍，姑暫停止修理堤岸，官軍令輪流更易，務在亟成。

（憲宗成化實録卷 91　第 6 頁　91.5.1768）

321　五月己亥　　鎮守密雲署都指揮僉事王榮，挾私妄執平人違式蓋造三門，役使軍餘，占種民田。爲教諭趙迪所奏，下巡按御史勘實，都察院請治其罪。上特宥榮，命違式者改正之。

（憲宗成化實録卷 91　第 8 頁　91.7.1771）

322　五月庚子　　召户部左侍郎原傑還京，巡視（按：館本巡前有傑字是也）順天、永平、河間、保定四府被災州縣，賑恤饑民，撫安流移。至是，奏稱自三月至今，人民平復。乃召之還。傑又奏：賑濟餘銀二萬三千餘兩，宜給順天、保定、河間三府及時糴買小麥，送各預備倉收貯，以備賑濟。從之。

（憲宗成化實録卷 91　第 8 頁　91.7.1771）

323　五月庚子　　安南國王黎灝遣陪臣郭廷寶、阮廷英等來朝，奏：臣國與占城密邇，自前時見浸凌。宣德年間，昇、華、思、義四州遽爲淪没，自是屢被攻圍化州，使一方之人疲於奔命。竊惟臣之人民土地，受之朝廷，傳之祖宗，永作藩屏。今彼棄禮悖義，方命欺天，躪藉邊民，殆無宜（按：館本宜作寧，是也）歲。臣欲飭兵與戰，恐違聖德誨諭之勤。欲隱忍不校，亦負君親恩義之重。進退之際，濡尾曳輪。謹遣陪臣詣闕陳奏。章下兵部議，以灝貪心罔極，陰謀吞併，乃陽爲奏請，宜賜勅戒諭，以杜其姦。上乃降勅曰：爾安南與占城，俱受朝廷爵士，世修職貢，爲中國藩屏，豈可搆怨興兵，自相攻擊。春秋責備賢者，爾宜安心循理，保守境土，解怨息争，先盡睦鄰之道。仍禁約守邊頭目，毋啟釁端，生事邀功。假此爲吞併計，恐非爾國之福，慎之慎之。占城事情，待彼使來，詳察得實，別有戒飭。朕代天理物，一事同仁，不忍爾兩國人民，横罹兵禍。特兹戒諭，庸示至懷。爾其欽承毋忽。

（憲宗成化實録卷 91　第 9 頁　91.7.1772）

324　六月戊申　修築蘆溝橋東西堤岸之被水衝決坍塌者。

（憲宗成化實録卷 92　第 1 頁　92.1.1773）

325　六月庚戌　賜安南國陪臣阮廷英等宴并綵段、紗絹等物有差。廷英回時特勑其國王黎灝，禁國人勿越境爲寇。先是，廣州廉州衛奏：有交人駕使雙桅木船，越過海面，偷撈珠〔按：館本珠作球。廣本抱本作珠，是也〕池，刼掠客貨。及濱海瓊雷等府亦各奏海賊不時登岸，殺掠人畜，上已勑灝詢訪國中，若有爲惡之人，須依法懲治。仍戒部屬，今後務守禮度，毋容下人侵犯邊境。至是灝因遣陪臣來朝貢，乃上奏云：臣伏聽王音罔指，卽差人遍詢境内，拘集海壖官吏、里老究問。俱言部内百姓罔敢愆違，未始有駕船出海竊珠奪財者。但臣國清華等衛，嘗報有海賊三十餘員，潜來海岸，欲圖刼財殺人。邊吏督船勦捕，彼卽揚飄遠遁。今廣東所奏如此，臣恐惧之際，弗敢自知。又云：臣國僻在海隅，民以漁網爲生，間有恃風濤而乘危，覷巡邏之無備，伺隙鼠竊，難保其無。至如竊珍珠之異物，容强盜之行姦。臣雖〔按：館本雖作之。抱本作雖，是也〕至愚，尤克自省。伏望聖天子明見萬里，俯賜恩憐，特垂矜察。至是，乃復降勑付廷英齎回諭灝云。

（憲宗成化實録卷 92　第 2 頁　92.1.1774）

326　六月甲寅　遣兵科給事中官營（按：館本營作榮，是也）使琉球國。先是，以户部給事中丘弘爲正使赴琉球封王，弘至山東病卒，故復遣榮偕副使行人韓文以往。

（憲宗成化實録卷 92　第 3 頁　92.2.1776）

327　六月甲子　巡按直隸監察御史梁昉言四事：一，涿州、良鄉等縣，密邇京師，其民迫於科差，困於饑寒，往往隱下税糧，虚賣田地。産業已盡，征科猶存，是以田野多流亡之民，里中有代償之擾。宜令有司查勘歸户，以清賦税。一，近者畿内饑荒，米價騰貴，詔發京儲百萬之粟，平價而糶，以濟民艱。然惠澤既已溥施，倉廩不可不實。今裹河一帶官民之船，宜免其帶磚，附運糧米。以補京儲。……上下其章於所司。

（憲宗成化實録卷 92　第 4 頁　92.3.1778）

328　七月戊子　監察御史等官周源等奉勅賑濟饑民。源賑濟順天府大興等四縣饑民二十一萬九千八百餘口。

（憲宗成化實録卷 93　第 5 頁　93.4.1788）

329　七月庚子　移順天府楊青驛并遞運所於天津。從巡按監察御史龔晟等言也。

（憲宗成化實録卷 93　第 9 頁　93.8.1795）

330　八月丙午　聽選官劉剛言二事：一，兵甲所以威四夷。近京師冒利之徒，往往開張舖店，以盔甲鎗刀貨賣。今後凡官軍兵器損壞者，悉令還官。敢有仍前貨賣者，許五城兵馬緝捕，悉置于法。一，納馬、納粟入監監生中間，有年纔十三四、句讀未知者。四十以上入監監生中間，多有冒增年甲、人物庸陋、全無學識者。若與科貢出身者一以進監，先後循次取用，不惟礙貢科之正途，抑何以得實才之效用。乞勅禮部計議，今後國子監撥歷與吏部選用，兩行兼取，庶事得兩全而人才之用各得其當也。疏入，下所司議之。

（憲宗成化實録卷 94　第 2 頁　94.2.1799）

331　九月己卯　内官監太監黄順奏：請以團營次撥官軍一萬赴西湖景、城壕等處，採辦蘆薪，燒造磚瓦，以備修理之用。從之。

（憲宗成化實録卷 95　第 3 頁　95.2.1818）

332　九月癸未　命武靖侯趙輔提督官軍修理玄武門城垣。

（憲宗成化實録卷 95　第 3 頁　95.3.1820）

333　九月壬辰　　户部議覆順天府宛平縣老人曹鴻等所奏事：一，甲字等十庫夫多者一百二十名，少亦三十餘名，及遇曬晾盤庫，則又起取民夫，多或六七十，少亦十五、二十名。而每庫又有辦驗、試箭諸項各色，雖云重複，然辦試等役蓋有不可缺者。其餘盤庫曬晾，乞視原數以三分爲率，去一用二，事畢寧家。如有不敷者，於各庫量取八九名，彼此互相貼助，庶亦少紓民力。一，京城九門，原收車輛及驢騾馱載貨物錢鈔，僉點、檢鈔夫役共四十四名，每名一季雇人用銀十兩，一年通計一千六七百兩，其銀俱於大小舖户徵歛。後雖裁減，每門只留三名，然歛括夫錢之弊尚在。今照錢鈔，既難停收，檢鈔夫役，亦難再檢，則宜選僉殷實舖户，令其正身應役，不許歛錢雇倩，違者罪之。一，天財庫先日燒燬不成張片鈔貫。大興、宛平二縣共起夫一百二十名，一年歛括夫錢二千餘兩，只今各處銀解到鈔貫，本部先已檢驗，到庫燒燬數少〔按：館本數少作數多。廣本抱本多作少〕。其人夫宜止留八十名，自餘四十名，暫放寧家。議上，悉從之。仍命各庫各衙門内外官嚴加禁革，違不貸。

（憲宗成化實録卷95　第8頁　95.6.1826）

334　十月丙戌　　户部尚書楊鼎、工部侍郎喬毅上浚通惠阿舊道事宜。先是，漕運總兵官都督楊茂奏：每歲漕運，自張家灣舍舟陸運，遇雨泥濘，每車雇銀一兩，僅載八九石，其費皆出於車。看得通州至京城四十餘里，古有通惠河故道，石閘尚存，永樂間曾於此河船運大木。以此度之，船亦可行。先年曾奏，欲於此河積水船運，又有議欲於三里河從張家灣烟墩橋以西，疏挑二十里灣泊糧船以避水患者，二事俱未施行。今此河道通流，其水約深二尺，不勞疏挑，惟用閘蓄水，令運糧衛所每船二十五隻造一剥船，自備米袋，挨次剥運。如此則運士得省脚費而困憊少蘇矣。事下工部，尚書王復同太傅會昌侯孫繼宗、吏部尚書姚夔等官議得，古通惠河道閘座，設若開通修砌，可以泊船，可以運糧，誠有益於國計。但地形水勢高下并合用軍夫物料，俱難約度。宜請旨簡命户工二部堂上官各一員，會漕運参將袁佑，率識達水利官匠前往相度。如果相應，就將該用軍夫物料修理事宜具奏會議定奪。上以命鼎、毅諭以前元曾引西北諸水行船，尤爲便宜行通，踏勘明白來聞。於是鼎、毅遂同参將袁佑等親詣昌平縣元人引水去處及宛平、大興、通州地方、三里河各河道，將行船故迹逐一踏勘，及據《元史》并各閘見樹碑文所載事跡，稽考回奏云：閘河原有舊閘二十四座，以通水道。但元時水在宫牆外，船得進入城内海子灣泊。今水從皇城中金水河流出，難循故道行船，須用從宜改圖。除元人舊引昌平東南山白浮泉水往西逆流，經過祖宗山陵，恐於地理不宜，及一畝泉水經過白羊口山溝雨水衝截，俱難導引水外，及勘得城南三里河至張家灣運河口，袤延六十餘里，舊無河源。正統年間，因修城壕作壩蓄水，慮恐雨多水溢，故於正陽橋東南低窪處開通壕口，以泄其水，始有三里河名。自壕口三里至八里始接渾河舊渠，兩岸多人家廬舍、墳墓，流向十里迤南，全接舊河，入張家灣白河，其水深處止有二三丈，淺處一尺餘，闊處僅丈餘，窄處未及一丈。今若用此河行船，凡河身窄狹淤淺處，必用濬深開闊。凡遇人家房垣墳所，必須折毁那移。且以今寬處一丈計之，水深二尺，若散於五尺之寬，止深四寸，況春夏天旱，泉脉易乾，流水更少。糧船剥船，俱難行使。兼且沿河堤岸，高者必須剷削，低者、缺者必須增築、填塞。又有走沙急湍處，俱要創閘，派夫修挑。儻水淺少，又須增引别處水來相濟。若引西湖之水，則自河口迤西直至西湖堤岸，未免添置閘座。若引草橋之水，必須於大祀壇邊，一路創鑿溝渠，亦恐有礙。況其源又止出彰義門外玉匠局等處、馬跑泉等地，泉亦不深遠。大抵此河天旱，則淤塞淺澀，雨潦則漫散衝突，徒勞人力，卒難成功，決不可開。況元人開此河曾用金口之水，其勢洶湧，衝没民舍，船不能行，卒爲廢河，此乃不可行之明驗也。今會勘得玉泉、龍泉及月兒、柳沙等泉，諸水其源皆出於西北一帶山麓，堪以導引，匯於西湖。見今平半流出清河。若從西湖源頭將分水青龍閘閉主（按:館本主作住），引至玉泉諸水，從高梁河量其分數，一半仍從皇城金水河流出，其餘從都城外壕流轉通惠（按：館本惠作會），流於正陽門東城壕，再將泄入三里河水閘往（按:館本往作住）并（按:館本并作併）流入大通橋，閘河隨時開閉，天旱水小則閉閘瀦水，短運剥船，雨澇水大則開閘泄水，以行大舟。況河道閘座見成，不用增造，官吏閘夫見有，不須添設。臣等勘時，曾將慶豐、平津、通流等閘下板七葉，剥船一驗可行。若板下至官定水則，其大船亦可通行。止是閘座河渠間有決壞淤淺處，要逐加修濬，較之欲創三里河工程甚省。況前元開創此河，漕運七八十年，公私便宜，後來廢弛。今若復興，則舟楫得以環城灣泊，糧儲得以近倉上納，在内食糧官軍得以就近關給。通州該上納〔按：館本無納字，廣本抱本有納字〕糧儲，又得運米〔校記:廣本米作來〕都城。與夫天下百官之朝覲，四方外夷之貢獻，其行李方物皆得直抵都城下卸。此事舉行，實天意暢快，人心歡悦。是以壯觀我聖朝京師萬萬年太平之氣象也。伏望聖明早賜裁處。乞勅各該衙門會計物料，量撥宫匠并在營見操官軍人等，自西山玉泉一帶并都城周圍壕塹及大通橋直抵通州張家灣一路河道，分工逐一修濬。如此則不惟省一時糧運之脚價，實足以垂萬世無窮之利益矣。疏入，命下于所司。

（憲宗成化實録卷 97　第 9 頁　97.8.1851）

335　十月戊子　朝鮮國王李娎遣陪臣李克培等奉表貢馬及方物來朝，賀萬壽聖節。

（憲宗成化實録卷 97　第 12 頁　97.10.1856）

336　十一月癸卯　賜朝鮮國朝賀陪臣李克培等宴并金織衣、綵段等物有差。

（憲宗成化實録卷 98　第 1 頁　98.1.1862）

337　十二月辛巳　十三道監察御史奏：順天府地方雨水爲患，人民缺食，勅遣都御史楊璿巡視措置。但有司奉行混於所施。糴買不依時價，勸徵不分有無，是以貧者苦於還官之逼，僅足食者累於勸分之多，嗟怨之聲，徹聞遠邇。請勅璿令各府州縣官以漸處置，糴買於産有之處，勸分於富有之家。其賑濟之糧有則量徵，貧則暫止，庶民獲安，使措置於三年之久，未必無成效也。奏入，上曰：預備倉糧正爲安養百姓，宜遵勅旨，斟酌下情，從容處置。豈可一暨逼迫。户部其即移文璿。從之。

（憲宗成化實録卷 99　第 1 頁　99.1.1886）

338　十二月辛巳　文武大臣并六科十三道、英國公張懋、太子少保兼吏部尚書姚夔等上言：……一，……近順天等八府民田并五軍等營草場，無籍之徒往往稱爲空地，投獻内外權要之家，請爲莊田，軍民嗟怨，無所控訴……一，各監局所市物料，多係宛平、大興二縣各舖行貸之京城富家，富家營謀給鈔，利至三五倍。乞凡有所市，止令順天府同御史等官估以時價，兩平收市送用。

（憲宗成化實録卷 99　第 9 頁　99.7.1897）

339　十二月壬辰　朝鮮國子（按:館本子作王）李娎遣陪臣韓致仍等奉表貢馬及方物來朝，賀明年正旦節。

（憲宗成化實録卷 99　第 18 頁　99.19.1921）

340　十二月庚寅　賜五軍、三千、神機等營官軍并錦衣衛官校銀。時英國公張懋等會議時政，言軍士艱窘，故賜之。

（憲宗成化實録卷 99　第 22 頁　99.15.1913）

341　十二月　是歲……漕運京師儹運糧三百三十五萬石，各處運納糧四百七十萬八百六十五石有奇。

（憲宗成化實録卷 99　第 22 頁　99.22.1928）

成化八年（1472）

342 正月乙巳 賜朝鮮國賀正旦陪臣韓致仍等宴并金織衣、綵段等物有差。

（憲宗成化實録卷 100 第 4 頁 100.4.1935）

343 正月丙午 户部議覆都給事中白昂等陳言修省内二事，欲將京城官店賜給勳臣近戚者一一還官，仍税商價，以資國課……詔悉如議，惟店房姑置之。

（憲宗成化實録卷 100 第 5 頁 100.4.1936）

344 正月丁未 兵部議覆都給事中白昂等陳言修省内三事。一，神機、三千、五軍營多役占಼放之弊。宜命文職大臣二員遇操之日分行稽考。……上俱命已之。

（憲宗成化實録卷 100 第 6 頁 100.5.1938）

345 正月戊申 命提督團營太監裴當、撫寧侯朱永、定襄伯郭登通閲各營馬步官軍。凡□□（按：館本□□爲馬軍）之貧弱者退爲步軍，步軍之精壯殷實者補爲馬軍。其馬軍把總官有巽懦無爲者，（按：館本就前有亦字）就步軍把總選驍勇有能者代之。從尚書白圭等言也。

（憲宗成化實録卷 100 第 6 頁 100.5.1938）

346 正月戊午 工部以監察御史夏璣奏：西城頻年雨潦爲害。議以京城壕塹自正統間修城之後，三十餘年未經疏浚，及城内河漕溝渠尤多湮塞，每天雨連日，流洩不及，致壞軍民廬舍。乞勑内外大臣總督疏浚。從之。

（憲宗成化實録卷 100 第 10 頁 100.9.1945）

347 正月己未 工部奏：漕運總兵官楊茂先乞修通州至大通橋舊河石閘，以免官軍車運之費。有旨：命户部尚書楊鼎等勘報。鼎等報云：自西山玉泉并京城壕塹抵張家灣一路河道俱宜修濬，已准撥官軍九萬餘名修理矣。會有災異停各項工役，而修河一事取旨。上命依原擬量撥官軍四萬，令總兵官趙輔、郭登統領，先浚京城壕塹。仍以太監黄順、工部尚書王復兼董其役，其通州一路俟工完以聞。

（憲宗成化實録卷 100 第 11 頁 100.9.1946）

348 正月庚申 陞順天府府丞彭信爲應天府府尹。

（憲宗成化實録卷 100 第 12 頁 100.10.1947）

349 二月戊辰朔 以……監察御史丁川爲順天府丞。

（憲宗成化實録卷 101 第 1 頁 101.1.1955）

350 二月庚辰 調都督同知趙勝于三千營，協同撫寧侯朱永管操。

（憲宗成化實録卷 101 第 6 頁 101.5.1963）

351 二月壬午 鎮守密雲等處内外守臣，各奏古北口南城垣并三門月城及湖（按:館本湖作潮,是也）白二河堤壩俱被水衝塌，請興工修築，已得旨。至是，言工程浩大，軍夫逃亡數多，欲將密雲并該管屯所寄住并義勇後等衛及本衛指揮千百户不空閒舍餘三名、朋作一名相兼修築。工完之日，照例疏放。工部覆奏。俱從之。

（憲宗成化實録卷 101 第 6 頁 101.5.1964）

352 二月癸未 命五軍、三千、神機三大營選補團營官軍之缺。

（憲宗成化實録卷 101 第 7 頁 101.6.1965）

353 二月丁亥 命大同、宣府、薊州、密雲、遼東、甘肅等處及偏頭、雁門、紫荆、倒馬、居庸等關鎮守總兵内外等關修補墩臺、城堡、邊牆壕塹。時延綏、寧夏以有警故不及。

（憲宗成化實録卷 101 第 10 頁 101.8.1970）

354 二月戊子 琉球國中山王世子尚圓遣長史梁應上表來朝，

貢馬及方物。賜宴并綵段等物有差。

（憲宗成化實録卷 101　第 10 頁　101.9.1971）

355　三月丙午　　葬悼恭太子於金山。

（憲宗成化實録卷 102　第 3 頁　102.2.1982）

356　三月戊申　　五軍、三千、神機三營選補團營官軍已畢，兵部奏上。上曰：團營官軍名數自後須每季具籍以聞。

（憲宗成化實録卷 102　第 4 頁　102.3.1984）

357　三月癸丑　　上親閲舉人所封策，賜吴寬等二百五十人進士及第、出進有差。

（憲宗成化實録卷 102　第 6 頁　102.5.1987）

358　三月癸亥　　朝鮮國王李娎遣陪臣成任等來朝，貢馬及方物。賜宴并金織衣、綵段等物有差。

（憲宗成化實録卷 102　第 15 頁　102.12.2003）

359　四月癸酉　　京畿自二月至於是月不雨，大風竟日，運河水涸。遣太傅會昌侯孫繼宗、武靖侯趙輔、襄城侯李瑾祭天地、山川、社稷。

（憲宗成化實録卷 103　第 2 頁　103.2.2009）

360　四月丙子　　是月初四日申時，雷始發聲。欽天監官失于占奏，上命中官責令自陳。監副田蓁言：由當直靈臺郎劉瓚之誤，遂皆服罪。上曰：爾等職居占候，不盡心所事，法當逮問。今既服罪，姑宥之，瓚杖二十。

（憲宗成化實録卷 103　第 3 頁　103.2.2010）

361　五月壬子　　兵部言：裕陵神宫監原有神馬一百匹，遣旗軍二百一十二人牧養。今馬止存十七匹，宜留十七匹（按：館本無匹字）人牧養，其餘退出工作有止留二十人。

（憲宗成化實録卷 104　第 6 頁　104.5.2039）

362　五月丁巳　　占城國遣使臣樂沙來告急言：本朝與安南壤地相接，累被侵奪。近者，遣人來索取犀象寶貨，欲使本國待其來人亦如奉天朝使之禮。本國思與安南俱奉皇朝正朔，不肯屈從，以此構釁。成化七年二月内安南兵至，攻破國城，虜國王槃羅茶王（按:館本王作全）及家屬五十餘人，擴取寶印，焚毁屋廬，殺掠軍民男婦不可勝計。今王弟槃羅茶悦暫領國事，伏聽處分。事下兵部，尚書白圭等言：成化七年，因安南奏言占城越境侵凌，欲悉敝賦以遏其虐。臣等已度黎浩陰有吞併之謀，陽爲奏討之舉，今果破其國虜其君矣。若不有以處之，非惟失占城歸附之心，抑恐啓安南跋扈之意，宜遣官齎勅諭浩，俾以所虜占城國王及其家屬印章等悉還其國，毋致兵連禍結。得旨：不必差官，待安南使臣至日，以勅與之。

（憲宗成化實録卷 104　第 9 頁　104.8.2045）

363　五月庚申　會廣西布政司咨安南國勘定疆界。先是，廣西太平府上下凍州居民言：安南國太源州人，樹立排栅，占過上凍岡〔按:館本岡作崗，廣本抱本作岡〕隴委村之田，今已撤栅歸田矣。又龍州居民言：與安南下〔校記:廣本下作上，誤〕思郎州接境，有山岡横亘爲界。山南石嶺屬龍州，山北土嶺屬下思郎州。今亦被交人植立排栅，以那擃、楞其二村田及叫磨、益〔校記:廣本益作盎〕奄三村田俱圍占之。巡撫都御史韓雍以聞，且謂龍州與下思郎州各執一詞，非彼此會勘，事終不白。于是兵部覆奏：宜令廣西布政司移咨安南國王。諭以大義，令其保守故疆，不許侵超召釁。且令遣人來與廣西三司官履勘明白，設立界址，永爲遵守。故有是命。

（憲宗成化實録卷 104　第 11 頁　104.9.2048）

364　五月壬戌　命神機營都指揮等官領兵三千五百人繕修京城。從兵部尚書白圭等議也。

（憲宗成化實録卷 104　第 12 頁　104.10.2050）

365　六月丙寅朔　增給修城軍民匠四百九十五人口糧月一斗，鹽一斤。

（憲宗成化實録卷 105　第 1 頁　105.1.2051）

366　六月戊寅　　朝鮮國李娎以悼恭太子之喪，遣陪李原效奉慰表并進香、禮物及祭文。上命禮部以祭文詣太子墳所燎之。賜原效衣服、綵段等物。

（憲宗成化實録卷 105　第 3 頁　105.3.2055）

367　六月丁亥　　命封故占城國王槃羅茶全弟槃羅茶悦襲占城國王。槃羅茶全既爲安南所虜并朝廷所賜印符，禮部請如正統間封世子摩訶賁來事例，遣官住（按:館本住作往，是也）封，仍照所乞與之。遂遣工科給事中陳峻、行人司行人李珊以往。

（憲宗成化實録卷 105　第 7 頁　105.6.2061）

368　七月丙午　　修隆善寺畢工。命陞工匠張定住等三十人爲文思院副使，寫碑官尚寶司少卿任道遜爲本司卿，司丞程洛爲少卿。

（憲宗成化實録卷 106　第 2 頁　106.2.2067）

369　七月庚申　　兵部奏：先是，安南國王黎灝奏稱，安府土官岑祖德并欽州民越境侵擾本部，以安南國嘗争奪廣西憑祥縣地，縱夷人趙海潛採珠池。又爲此奏恐其假此爲辭，以逐奸謀，已下兩廣巡撫等官勘實。至是勘報言，岑祖德以爭襲事，懷印逃居鎮安峒，峒民岑望爲盜，事覺，逃入安南太原州通農峒。祖德遣人追捕，（按：據館本捕下脱下獲，被交人毆之而還，欽州民則未嘗有越境侵擾者二十一字）宜因其來使歸諭其王，俾保境安民，毋容納逋逃，遂非文過。制可。

（憲宗成化實録卷 106　第 7 頁　106.6.2076）

370　七月癸亥　　廣東守珠池奉御陳彛奏：南海縣民爲風飄至安南國，被其國王編以爲軍。其後逸歸，言中國人飄泊被留及爲所〔按:館本作所爲。抱本作爲所，是也〕閹禁者百餘人。奏下，户部請移文巡撫鎮守等官，禁約軍民人等，毋得指以商販私通番國，且令守珠軍人設法隄備。從之。

（憲宗成化實録卷 106　第 9 頁　106.7.2078）

371 八月乙丑朔 命署都督僉事劉清于奮武營，都督僉事何忠於勇敢營，俱坐營。指揮僉事趙真於奮武營，馬本於立威營，俱把總管操。

（憲宗成化實録卷 107 第 1 頁 107.1.2081）

372 八月乙酉 勅薊州、永平、海（按·館本海前有山字）、密雲等處守總及居庸、紫荆、倒馬、雁門等關守禦諸將，各嚴兵備虜。時虜寇宣府，兵部尚書白圭等慮其深入，奏遣大臣經略薊州等處，并令居庸等關戒嚴。奏上，有旨：大臣不必遣，當勅鎮守等官嚴備，其移文巡撫都御史陳濂亟往經晝之。

（憲宗成化實録卷 107 第 6 頁 107.5.2090）

373 九月丙申 順天府尹李裕以所隸州縣災傷陳寛恤三事。一，每歲陵墳供祀薪炭皆順義等縣備給，途遠費多，民甚不便。乞令各陵守備人户採辦。一，大通橋至通州閘夫三百三十六人，河久不通舟楫，而應役如故。乞量爲減免。一，順天府州縣津渡之處，每歲水漲及天氣寒沍，官司修造船橋以便往來。近爲無賴之徒，冒貴戚名色私造船渡，勒取往來人財物，深爲民害。乞勅巡按監察御史嚴爲禁止。上皆從之。

（憲宗成化實録卷 108 第 1 頁 108.1.2095）

374 九月戊戌 占城國陪使臣樂沙來朝，貢方物。賜宴并衣服、綵段等物有差。

（憲宗成化實録卷 108 第 1 頁 108.1.2096）

375 九月己亥 安南國王黎灝遣陪臣裴曰良等來朝，貢方物。賜宴并衣服、綵段等物有差。

（憲宗成化實録卷 108 第 1 頁 108.1.2096）

376 九月甲辰 勅左僉都御史張綱往薊州、山海、密雲、居庸等處整飭邊備，兼巡撫順天、永平二府。兵科都給事中梁璟等奏：比者，兵部〔校記：廣本部下有議字〕擬遣重臣一員整飭薊州等處邊備而未得請，但薊州、密雲一帶，外臨虜境，内屏京師，兵務廢弛，殊非細故。且畿内八府境土廣遠，饑饉相仍，巡撫一人兼理邊備，卒遽有警，恐誤事機。乞以河間、保定以南六府專委都御史陳濂巡撫，其薊州、密雲直抵居庸一帶邊關并順天、永平二府屬境，乞便舉重臣一員專督，兼理巡撫之任。詔報云：畿甸内地，恐任非其人，徒爲煩擾，以此不用巡撫。今爾等既以是爲言，其令該部卽選才識練達者以聞。于是兵部尚書白圭與吏部尚書姚夔舉綱，故特任之。

（憲宗成化實録卷 108　第 2 頁　108.2.2097）

377　九月丙午　　勑諭安南國王黎灝勿侵越占城境土。灝遣使臣阮德貞上書自陳言：往因占城侵化州〔校記：廣本州下有城字〕地，故舉兵爲援，由彼國人自相叛亡以取敗北耳。上乃令德貞齎勑歸諭灝曰：比者，占城國奏稱，爾國於成化七年二月間攻破其城，執其國王暨親屬五十餘人，并刼其印，焚燬室廬，殺虜老稚不計其數。朕以單〔校記：館本爲卑，舊校改作單〕詞未可深信。今得王所奏，情詞各異。但王國與占城，勢力大小不待辯說。若彼先啓釁端，是不度德量力，固爲不義。若王無故乘彼小釁，輒興忿兵，凌弱暴寡，亦期爲義乎？勑至，王宜略其小失，益惇大義，將所虜人口盡數發還。戒飭邊吏，毋失事邀功，興兵構怨，旋至報復，自貽伊戚，庶幾天鑒孔昭，永享令名。欽哉。

（憲宗成化實録卷 108　第 4 頁　108.3.2100）

378　九月丁未　　勑府軍左衛帶俸都指揮同知鄒宏守備黄花鎮。昌平縣知縣吴迪言：近以黄花鎮委居庸關守臣帶管，鎮雖屬關，而軍士則屬長陵等衛，事不歸一。况鎮去山近，關去鎮遠，以鎮屬關，似以近就遠。比者，山後烽警迭至，應援爲難。乞仍令永安城守臣提督，或别命一將臣專守。事下兵部，言：居庸守臣不離關口，皇陵守臣止在永安，兩地兼掌，俱未爲便。請舉京營都指揮可任者。既得旨，遂薦宏用之。

（憲宗成化實録卷 108　第 5 頁　108.4.2101）

379　九月庚戌　給大興、宛平二縣養濟院貧民布一千二百餘疋。

（憲宗成化實録卷 108　第 7 頁　108.6.2106）

380　九月乙卯　秀王見澍薨。王英廟第五子也，母淑妃高氏。景泰壬申生，天順丁丑册封爲秀王，六年九月國於河南汝寧府。王孝友温和，言動不苟。王是年薨，二十有一。訃聞，上甚哀悼之，輟朝三日，賜祭葬如禮。上念王乏嗣，不忍遐棄，遣中官奉迎靈柩歸葬於京城之西山。謚曰“懷”。

（憲宗成化實録卷 108　第 10 頁　108.9.2111）

381　九月丁巳　免定邊、神武、通州三衛採運秋青草一萬三千二百餘束。以軍多逃亡故也。

（憲宗成化實録卷 108　第 13 頁　108.11.2116）

382　十月丁卯　停僉海子貼助海户一年。以順天府尹李裕言也。

（憲宗成化實録卷 109　第 1 頁　109.1.2122）

383　十月甲戌　以順天府旱，減五府所屬并親軍等府採取秋青草〔按：館本青下無草字，廣本抱本有草字〕十分之三。

（憲宗成化實録卷 109　第 2 頁　109.2.2123）

384　十月庚辰　順天府府尹李裕言：本府所屬宛平、大興二縣多有玩法之徒，詐稱奉各衙門差遣，往往挾勢囑託，又有在外詐稱内府差去催辦公務，遇吏胥人等需索酒食、財物，多被逼迫逃竄。乞勅都察院懸榜禁約。後有若是者，無問真僞，械送法司，明正其罪，庶使人知警懼。奏下都察院議，如所言。從之。

（憲宗成化實録卷 109　第 3 頁　109.3.2125）

385　十月丁亥　朝鮮國王李娎遣陪臣梁順右等奉表貢馬及方物來朝，賀萬壽聖節。

（憲宗成化實録卷 109　第 5 頁　109.4.2128）

386　十月戊子　巡視京倉監察御史吴道宏奏：京師米價騰踊，

實由官軍月糧于通州支給，且銅錢貿易揀選太過。請十月以後俱給京倉而嚴禁揀錢爲便。又總督漕運官不督所部，縱其沿途留滯，作弊多端，漕法日弛。請勑户部會官遴選，黜其奸庸而進其才能者代之。户部議倉糧銅錢二事，宜如所奏。其欲出總督漕運官，蓋指都御史張鵬，而參將袁佑〔校記：廣本佑作祐〕亦嘗爲給事中俞俊所劾。此皆文武大臣，請自上裁。詔准議，總督參將治事如故。

（憲宗成化實録卷 109　第 7 頁　109.6.2131）

387　十月己丑　　鎮守居庸關太監吴旺奏：黄花鎮地近有都指揮鄒宏守備，其餘如驢鞍嶺隘口二十餘處屬居庸者，道理隔越，難于提督，恐臨事違誤。兼舊掌神鎗火器在鎮，俱乞處分。而宏亦言：鎗砲未敢輕用，欲乞取回。事下兵部，言：黄花鎮迤東隘口宜令鄒宏防禦，迤西令居庸關内外守臣防禦。鎗砲則量留在鎮，餘如宏奏。上曰：鎗砲不必取回，仍遣内官一員同鄒宏守備。

（憲宗成化實録卷 109　第 7 頁　109.6.2131）

388　十一月己亥　　户部奏：歲漕京倉米四百萬餘石，今年將盡，尚有未到者一百一十餘萬石，請貯於天津等五處水次倉，以俟支運。又恐糧數既多，收貯難久，宜令在京官吏旗軍原該通州倉食糧者，悉於天津倉預支明年正月五月俸糧，石與脚價銀五分。疏上，命俱與假半月，令自往支。仍禁沿途糶賣，以絶他弊。

（憲宗成化實録卷 110　第 2 頁　110.2.2137）

389　十一月庚子　　賜朝鮮國朝賀陪臣梁順右等宴并金織衣、綵段等物有差。

（憲宗成化實録卷 110　第 2 頁　110.2.2137）

390　十一月己酉　　賜朝鮮國成化九年《大統曆》。

（憲宗成化實録卷 110　第 5 頁　110.4.2142）

391　十一月戊午　　命减光禄寺成化九年分供應魚果等物共十一萬一千五百斤。光禄寺奏：歲計魚果等物一百三十五萬八千餘斤，近已嘗量減〔校記：抱本減作加，誤〕十三萬。今收積尚多，恐久而浥壞，而比歲水旱饑饉，民力不堪，乞再減其數。從之。

（憲宗成化實録卷 110　第 12 頁　110.10.2154）

392　十二月癸酉　　陞户部郎中李寬爲通政司右參議，管理薊州等處糧儲。

（憲宗成化實録卷 111　第 3 頁　111.2.2158）

393　十二月癸酉　　賑京城乞食饑民。光禄寺寺丞郭良奏〔按：館本無奏字，廣本抱本良下有奏字，是也〕：邇來近京饑民比肩接踵，丐食街巷，晝夜啼號，凍餓而死者在在有之。有司雖有養濟院，而人多不能徧濟，奉行者亦不經心。乞勅户部行順天府及各司府州縣，勘丐食人數，酌量多寡，出米作粥食之，暮則安置寺觀温暖處所。倘有死者，即令火甲收瘞之。户部覆奏。詔曰：京城乞食者，無論〔按：館本論作處，廣本抱本作論，是也〕内外州縣，其令巡視該管官籍其名數，人給口粮四斗，凡外縣民俱令回原籍。其有疾不能去并在内無依倚者，收入養濟院存恤。毋得違悮，以負朕意。

（憲宗成化實録卷 111　第 4 頁　111.2.2158）

394　十二月戊寅　　朝鮮國王李娎遣陪臣貝連中等奉表貢馬及方物來朝，賀明年正旦節。

（憲宗成化實録卷 111　第 6 頁　111.5.2163）

395　十二月　　是歲……漕運京師儹運糧三百七十萬石，各處運納糧四百五十萬一千石有奇。

（憲宗成化實録卷 111　第 9 頁　111.8.2169）

成化九年（1473）

396　正月戊戌　賜朝鮮國賀正旦陪臣貝連中等宴并金織衣段等物有差。

（憲宗成化實録卷 112　第 1 頁　112.1.2172）

397　正月辛酉　命順天府分官賑濟貧民，督勸農桑。時府尹李裕奏：本府所屬州縣，以去（按：館本去下有歲字，是也）旱災，秋麥未熟〔按：館本熟作種，抱本作熟〕，即今民乏農具、種子，田地益荒。本府委通判等官設法借（按：館本借作措）置或借官銀易買，分給耕種。其逃移者招撫復業，缺食者給粮賑濟，及督令廣植桑棗，多蓄鷄豚，務俾人人服勤農事，待秋成之後造册繳報。疏入，上曰：賑荒勸農，教民樹畜，皆王政首務，其亟行之。

（憲宗成化實録卷 112　第 8 頁　112.7.2183）

398　二月乙丑　命府軍前衛帶俸都指揮僉事張英守備天壽山。

（憲宗成化實録卷 113　第 1 頁　113.1.2186）

399　二月辛未　以水旱災，免順天、河間、保定三府所屬州縣秋糧六萬八千七百餘石，草二百萬餘〔校記：廣本萬餘作餘萬〕束，及在京并大寧都司直隸等處凡三十五衛所屯田（按：館本田下有子字，是也）粒六萬六百餘石，草二萬七千五百餘束。

（憲宗成化實録卷 113　第 5 頁　113.5.2193）

400　三月癸卯　黄花鎮西水峪等處野火延燒山林，逼近陵寢，天壽山守備太監李良以聞。上命都督僉事李杲領團營官軍萬人速往救之，既而風迅火延出西北境外，遇雨而滅。巡按御史劾鎮守居庸關都指揮僉事宋英、守備黄花鎮都指揮同知鄒宏、奉御孫鑑不亟撲滅，罪宜逮治。命俱宥之。

（憲宗成化實録卷 114　第 5 頁　114.4.2213）

401 四月丁卯 琉球國中山王尚圓遣王舅武實等來朝，貢方物，謝恩。賜宴如例。武實復奏：國王嘗遣人往滿剌加國收買貢物，被風壞船，漂至廣東，有司轉送福建，俟臣等同還。乞自備工料修船回國。從之。

（憲宗成化實録卷 115 第 2 頁 115.2.2225）

402 四月戊辰 命埋瘞棄屍。時有主簿邵文梧者建言，京畿内外多有棄屍〔按:館本道上無時有等十八字，廣本抱本有〕道路者。因命巡街巡河御史嚴加禁約，仍督所在埋瘞，或勸募置棺，自相義助。

（憲宗成化實録卷 115 第 3 頁 115.2.2226）

403 四月辛巳 仍增修理京城河道、橋樑等處。騰驤左等四衛石匠五百餘人口粮月二斗。

（憲宗成化實録卷 115 第 7 頁 115.6.2233）

404 四月壬午 賜廣德、宜興二長公主任丘縣地九百頃有奇。

（憲宗成化實録卷 115 第 8 頁 115.7.2235）

405 五月甲午 暹羅國遣使臣坤烈者捧沙等來朝，貢方物。賜宴并衣服、冠帶、綵段等方物有差。仍以文錦綵段付使臣，歸賜其國及王妃。使臣以本國天順元年所頒勘合及底簿俱被蟲壞，請頒新者，以便貢獻往來。禮部乞從其請，仍以所壞者繳進〔校記：廣本進下有從之二字，是也〕。

（憲宗成化實録卷 116 第 2 頁 116.2.2244）

406 五月丁巳 申刻，京師雨雹如拳。

（憲宗成化實録卷 116 第 8 頁 116.6.2252）

407 六月癸未 陞順天府府尹李裕爲都察院右副都御史，總督漕運。

（憲宗成化實録卷 117 第 7 頁 117.6.2265）

408 七月辛卯 陞浙江布政司左參政刑簡爲順天府府尹。

（憲宗成化實録卷 118 第 1 頁 118.1.2269）

409　七月庚戌　　東直門火。

（憲宗成化實録卷 118　第 6 頁　118.5.2277）

410　九月丙申　　修葺天地壇正殿、東廡、齋宫正殿并金水河堤岸。

（憲宗成化實録卷 120　第 3 頁　120.3.2311）

411　九月乙巳　　户部覆奏漕運巡撫等官會議宜事：……一，遭選（按：館本遭選作漕運）京糧自張家灣起車赴倉，或陰雨泥濘，車價頓增，累軍陪補。宜暫借京操旗軍及火甲人等，自朝陽門抵張家灣，修築道路約寬四丈，務在高坦堅實，道傍植柳，每五里置舖鑿井，令人守之。仍勑工部於兔兒山將舊於石板可用者，令在京爲事官吏運以甃砌。不足則沿河、安山、泗州、徐州、龍潭、蘇州産石處所〔校記：廣本處所作之處〕採運，庶爲久計……俱如議。

（憲宗成化實録卷 120　第 7 頁　120.5.2316）

412　九月戊申　　户部覆議漕運總兵官平江伯陳鋭、總督漕運都御史李裕言：運糧旗軍連年守凍，至有四年不得回家者，今歲糧已完，然通州空廒數少。前此蒙改後船京糧一十八萬餘石於通上納，今擬仍運京倉，必再守凍，愈益艱難。宜以南昌前衛起至嘉興所止該通州倉上納兑運、支運并改撥陪補、火燒、漂流糧，自（按：館本自下有後字）船扣除四五十萬石，照成化六年例，沿河就船兑與京衛官軍，作本年十月、十一月俸糧，於九月以裹支盡。且定河西務兑者，每石脚價銀四分或米五升，張家灣者銀二分或米三升，通河下南不與脚價爲便。從之。且令速往兑支，無得留滯。

（憲宗成化實録卷 120　第 8 頁　120.7.2319）

413　十月甲申　　朝鮮國王李娎遣陪臣李光（按：館本光作克）墩等奉表〔按：館本表作衣，廣本抱本作表，是也〕貢馬及方物來朝，賀萬壽聖節。

（憲宗成化實録卷 121　第 7 頁　121.6.2344）

414　十月甲申　河西務通濟河廠火，焚椿木五百三十五株，雜草五萬七千餘束。工部參奏監督郎中邢幹怠忽不謹，請究其罪。上命錦衣衛執至京鞫之。

（憲宗成化實録卷 121　第 7 頁　121.6.2344）

415　十一月甲午　賜朝鮮朝賀陪臣李克墩等宴并織金衣、綵段等物有差。

（憲宗成化實録卷 122　第 2 頁　122.1.2348）

416　十一月丁酉　重閲騎射於西苑。

（憲宗成化實録卷 122　第 2 頁　122.2.2350）

417　十一月戊申　賜朝鮮國王成化十年《大統曆》。

（憲宗成化實録卷 122　第 7 頁　122.5.2355）

418　十二月乙丑　命工部右侍郎劉昭提督營造京師及通州倉廒。

（憲宗成化實録卷 123　第 1 頁　123.1.2360）

419　十二月乙亥　朝鮮國王李娎遣陪臣芮承錫等奉表貢馬及方物來朝，賀明年正月（按：館本月作旦，是也）節。

（憲宗成化實録卷 123　第 4 頁　123.3.2364）

420　十二月　是歲……漕運京師儹運糧三百七十萬，各處運納糧五百五萬四千三百八百石〔校記：舊校改作三百八石〕有奇。

（憲宗成化實録卷 123　第 8 頁　123.6.2370）

成化十年（1474）

421　正月丁亥朔　户部奏：順天府并五城兵馬司審勘京城乞食貧民八百一十二口，請給糧賑恤。從之。

（憲宗成化實録卷 124　第 1 頁　124.1.2373）

422　正月癸巳　陞大興縣知縣湯渭爲南京宗人府經歷。

（憲宗成化實録卷 124　第 1 頁　124.1.2374）

423　正月己酉　英廟賢妃王氏薨。妃薊州遵化縣人，父徵，錦衣衛千户，母李氏，宣德庚戌生，甫三歲選入内庭。天順元年册封賢妃，稟性柔和，爲英廟所倚重，至是薨，年四十有五。輟朝五日，謚曰“昭肅靖端”。

（憲宗成化實録卷 124　第 4 頁　124.3.2378）

424　正月庚戌　賜朝鮮國賀正旦陪臣芮承錫等宴并金織衣、綵段等物。禮部以是日宴值英廟賢妃薨，當輟朝，請免宴，令領酒饌。上命如例宴之，但勿用音樂。

（憲宗成化實録卷 124　第 4 頁　124.4.2379）

425　二月甲子　大雪。

（憲宗成化實録卷 125　第 2 頁　125.2.2386）

426　二月己巳　開設順天府永清縣僧會司。

（憲宗成化實録卷 125　第 4 頁　125.3.2388）

427　二月辛未　禁京城舖户毋得與夷人貿易違禁物品。

（憲宗成化實録卷 125　第 5 頁　125.4.2390）

428　三月戊戌　修真武廟工完。内官監太監宿政奏：先是（按：館本是作時），公差御史、給事中、錦衣衛等官常於廟前廟内集衆理事，誠爲褻瀆。事下禮部，乞命都察院揭榜禁約，仍如例禁軍民婦女入廟攪擾。從之。

（憲宗成化實録卷 126　第 6 頁　126.5.2405）

429　三月庚子　初，大應法王劄實巴死，有旨如大慈法王例葬之。中官遂請造寺建塔。工部言：大慈法王惟建塔，未嘗造寺，況今歲歉民貧，寺費難給，宜惟建塔。上是其言，命撥官軍四千供役。

（憲宗成化實録卷 126　第 6 頁　126.5.2406）

430　四月丙辰　琉球國中山王尚圓遣使臣沈滿志等來朝，貢馬及方物。賜宴并綵段等物有差。仍以鈔絹酬其自貢物直。滿志等乞如舊制折給銅錢。不許。

（憲宗成化實録卷 127　第 1 頁　127.1.2413）

431 五月己丑 實授鎮守密雲古北口署都指揮僉事王榮、都指揮僉事、指揮僉事宗玉等四員俱陞署職一級。以盈勝川斬獲虜賊功也。

（憲宗成化實録卷 128 第 4 頁 128.3.2437）

432 六月戊寅 監察御史沈浩言：京城西南一帶，地勢窪下，且被居民侵占街道、壅塞溝渠。凡遇霖潦，水無所泄，渰壞廬舍，受人其患。乞命内外臣董督疏通。事下工部，覆奏。上命内臣張端、工部右侍郎劉昭督團營官軍三千及時疏浚，有故違者奏聞區處。

（憲宗成化實録卷 129 第 5 頁 129.4.2454）

433 閏六月丙戌 監察御史聶友良奏：京城内外多僧道聚集，日犯姦盜等罪，不可勝計。乞爲之禁。事下禮部，覆奏：宜下巡城御史等官嚴加禁約。上曰：僧道果遊食爲非者，從實發遣，其不爲非者，毋一概紛擾。

（憲宗成化實録卷 130 第 2 頁 130.1.2460）

434 七月癸亥 隆慶長公主初奏求武清縣草場三百餘頃，與之。既而又奏乞灤州及玉田、豐潤二縣閑地四千餘頃。事下，順天府勘報主家僮誣府官枉勘，民又羣歐〔校記：廣本歐作毆〕之。户部言，當别遣官覆勘。上乃命内官會同御史及户部官以往。合奏：前地多軍民所耕種納税者，惟蘆葦地一千八百七十頃六十三畝爲閑也〔校記：廣本也作地，是也〕。府官勘有未明，民亦無歐主家僮狀。上命以閑地一千頃二十畝賜主，餘且留之，而宥官府及家僮罪。

（憲宗成化實録卷 131 第 3 頁 131.3.2476）

435 八月甲申 英國公張懋等奏：五軍營舊教場在德勝門外，初以爲狹不能容衆，而三千營兵少教場廣，因兩易之。後立十二營，又以大教場移與團營，而五軍營暫就錦衣衛教場，愈狹不能容。今觀三千營兵終少，宜就錦衣衛教場，仍以舊教場還五軍營爲宜。得旨：允之。

（憲宗成化實録卷 132　第 1 頁　132.1.2485）

436　八月辛卯　　賜防守潮河川、古北口官軍二千員銀名（按：館本名在銀前）人一兩。

（憲宗成化實録卷 132　第 3 頁　132.3.2489）

437　八月癸巳　　南京國子監祭酒周洪謨起復至京調國子監。先是，國子監缺祭酒，有旨，待洪謨起復以聞。故有是命。

（憲宗成化實録卷 132　第 5 頁　132.4.2491）

438　八月甲午　　今（按：館本今作令）兵部左侍郎王詔、都督同知芮成，董後府所屬諸衛軍千人，修葺南海子行殿及圍垣，既而會昌侯孫繼宗等言：後府屬衛軍少，乞行五府所屬共撥千人。從之。

命提督九門内官巡視城池，且榜禁沿河居民毋得穢污。從襄城侯李瑾言也。

（憲宗成化實録卷 132　第 5 頁　132.5.2493）

439　九月己巳　　陞鎮守古北口都指揮僉事王榮爲都指揮同知，官軍人等陞二級者一人，陞一級者十一人，陞一級給賞者四人，陞一級加賞者一人，給賞者三十七人。以殺虜功也。（按：梁本錯簡，本段館本置於卷一三五，據補）

（憲宗成化實録卷 133　第 1 頁　135.3.2534）

440　九月丙寅　　追贈朝鮮國王李娎故所生父世子暲爲朝鮮國王，謚"懷簡"，母韓氏爲王妃。給賜誥命、冠服。從所請也。（按：梁本錯簡，館本此段置於卷一三五，據補）

（憲宗成化實録卷 133　第 2 頁　135.3.2533）

441　九月壬戌　　賜朝鮮國朝賀陪臣韓致仍等宴并金織衣、綵段等物有差。（按：梁本錯簡，館本此段置於第一三五卷，據補）

（憲宗成化實録卷 133　第 3 頁　135.2.2532）

442　十月丙戌　　給賜大興、宛平二縣養濟院孤老貧人一千九百六十六口布人一匹。

（憲宗成化實録卷 133　第 1 頁　133.5.2511）

443　十月丙子　賜朝鮮國王成化十一年《大統曆》。（按：梁本錯簡，館本此段置於卷一三五）

（憲宗成化實録卷 134　第 8 頁　135.6.2539）

444　十月丁丑　太僕寺少卿李剛言：順天府所屬州縣寄養備用馬凡亡失者八千六百九十有奇。蓋由州縣管馬官輕視馬政，提調正官坐觀廢弛，分管寺丞及管馬通判不能提督稽覆，俱合究問。然馬之不完，亦以諸州縣地方災旱，又遇例停追之故。若一時追買，恐失之太迫，宜限來年十月追買。不完，則管馬官可如例罷黜，提調正官、管馬通判革去冠帶，與分管寺丞俱停其俸，俟馬完復職。事下兵部，覆奏，爲責限太寬，恐馬難措置。宜參酌所處，每處限明年五月内追買五十餘匹，至十月終補完，否則如所奏懲督。上曰：馬政本重，但既雲（按：雲疑爲云之誤）民庶疾苦，其令以漸買償，限明年十月内完。（按：梁本錯簡，館本此段置卷一三五）

（憲宗成化實録卷 134　第 8 頁　135.6.2540）

445　十一月辛丑　朝鮮國王李娎遣陪臣韓致仍等奉表貢馬及方物來朝，賀萬壽聖節。（按：梁本錯簡，館本此段置於卷一三四）

（憲宗成化實録卷 135　第 5 頁　134.5.2521）

446　十一月辛丑　光禄寺火。焚蓼花房九間，白米萬一千二百石有奇。巡視御史許進劾奏卿周騤、少卿艾福、秦圯、寺丞陳綱、郭良及巡風官罪。詔宥之，各停俸三月。（按：梁本錯簡，館本此條置於卷一三四）

（憲宗成化實録卷 135　第 6 頁　134.4.2519）

447　十一月庚子　給内帑鈔三百三十一萬貫有奇，償大興、宛平二縣舖户買辦物料之直，近年内府繕造物料。（梁本錯簡，

館本此段置卷一三四）

（憲宗成化實録卷 135　第 6 頁　134.4.2520）

448　十一月甲午　巡撫薊州等處左僉都御史張綱等奏：初以警報寧息，權摘關營軍二十餘人屯田。今邊務方□（按：館本□作殷），乞返其精壯者，令其操守，而以隨軍舍餘補之。事下兵部，議可。從之。（按：梁本錯簡・館本此段置於卷一三四）

（憲宗成化實録卷 135　第 6 頁　134.3.2518）

449　十二月乙未　工科右給事中陳俊等使占城不果入而還，以原領詔勅及鍍金銀印、綵段等物進繳。初，俊等使占城封國王槃羅茶悦，航海至占城新州巷（按:館本巷作港）口，守者拒不容進。譯知其地爲安南所據，而占城王避之靈山。既而之靈山，則知槃羅茶悦舉家爲安南所虜，而占城之地已改爲交南州矣，俊等遂不敢入。然其所賫載私貨及挾帶商人數多，遂假以遭風爲由越境至滿剌加國交易，且誘其王遣使入貢。至是歸，奏安南佔據占城，且奏滿剌加國王以薪米供饋，禮意甚備。事下所司。禮部言：宜候滿剌加入貢使還，降勅獎諭其王。兵部亦言：安南恃強并吞封國，所係非小，宜下公卿博議。於是英國公張懋等以爲安南強暴，固宜聲罪致討，第帝王之於夷秋（按・秋爲狄之誤），以不治治之。且今未得占城所以滅亡之故，不可輕動。而安南明年期當入貢，宜候陪臣至日，令譯日以其事審之，始可區處。……上俱從之。

（憲宗成化實録卷 136　第 7 頁　136.6.2553）

450　十二月己亥　户部奏：先已奏令順天府及五城兵馬司拘審乞丐貧民，有親可依者送發依親，無親者收送養濟院，其他方流來者，待春暖遣回。然今京城内外乞丐者如故。宜仍下所拘審，人給米三斗，且命巡城御史訪察姦弊。詔：審其見數，即給以米，不許每日拘審，致令失所。

（憲宗成化實録卷 136　第 8 頁　136.8.2557）

451　十二月　　是歲……漕運京師儹運糧三百七十萬石，各處運納糧五百七萬一千三百六十石有奇。

（憲宗成化實録卷 136　第 15 頁　136.13.2567）

成化十一年（1475）

452　正月戊辰　　賜朝鮮國賀正旦陪臣金之慶等宴并金織衣、綵段等物有差。

（憲宗成化實録卷 137　第 3 頁　137.3.2573）

453　正月戊寅　　提督十二營總兵官定西侯蔣琬奏：乞會選十二營精兵，每營二千以備調遣。事下兵部，尚書項〔按：館本作頊，舊校改作項〕忠等以團營兵馬先已選定，遇有徵調卽全營起行。今又各營選擇，未免紊亂騷擾。宜令量選精鋭，别爲一等，仍於本伍操候。上曰：團營兵俱要精鋭，有老弱者卽令該營選補，不必更紛等第。敢有託故役占者必罪之。

（憲宗成化實録卷 137　第 7 頁　137.6.2579）

454　二月辛巳　　命内官監左監丞張端、工部右侍郎劉昭㑺修城畢以所督軍夫修玉河堤岸。

（憲宗成化實録卷 138　第 1 頁　138.1.2583）

455　二月壬辰　　順天府永清縣民權義自宫其幼子，欲以求進，爲怨家所告。前此因自宫者衆，有旨，自成化九年五月以後犯者本身處死，全家發烟障地面充軍。至是，刑部奏其事，命發義充廣西南丹衛軍，妻及幼子皆隨往。

（憲宗成化實録卷 138　第 3 頁　138.2.2586）

456　二月辛丑　　順天府府尹邢簡奏：京師自去歲三秋不雨，一冬少雪，今春仍不雨，夏麥既不暢茂，秋禾尤難佈種。請率僚屬并京縣官齋禱，禱于城隍廟。從之。

（憲宗成化實録卷 138　第 5 頁　138.4.2590）

457 二月癸卯 兵部左侍郎李震卒。震自用，初，順天府宛平縣人，故禮部左侍郎嘉之孫。舉進士，選充翰林庶吉士，歷官工科給事中，通政司參議，南京兵部右侍郎，逾年秩滿，轉左侍郎，加正二品俸。震性惇樸，歷官兩京，無廢政，然居侍郎兩考幾二十年弗及遷，而寮長有缺，多從他曹敘補。至是以病發於項而卒。時謂其不能無怏怏缺望云。

（憲宗成化實録卷 138 第 6 頁 138.5.2591）

458 三月壬子 上親閱舉人所對策，賜謝遷等二百九十七人進士及第、出身有差。

（憲宗成化實録卷 139 第 2 頁 139.1.2596）

459 三月己未 琉球國中山王尚圓遣使臣陳鵬來朝，貢方物，謝恩。賜宴并金織衣、綵段等物有差。

暹邏遣使臣奈英者俸沙等奉表來朝，貢方物。賜宴并賜冠帶、金織衣、綵段等物。仍令賫勅并文綿綵段歸賜其王及妃。

（憲宗成化實録卷 139 第 3 頁 139.3.2599）

460 三月壬戌 命都督僉事李璵坐神機營左掖營操。

（憲宗成化實録卷 139 第 4 頁 139.4.2601）

461 三月癸亥 詔順天府等州縣歲久稅粮待秋成輸納。時水旱相仍，頻年逋欠，户部奏差郎中林孟喬、崔徵督責甚急，民不堪命。十三道監察御史薛爲學等以爲言。上是之，遂命停徵。

（憲宗成化實録卷 139 第 5 頁 139.4.2601）

462 三月辛未 命工部員外郎張敏督工修砌京城至張家灣粮運道路。先是，漕運總兵官陳鋭言，每歲漕運京粮至張家灣，陸運至京，遇夏雨連綿，道路泥濘，車輛難行，脚價倍增，皆運軍辦給，艱難（按:館本無難字）苦不勝。請暫撥京操旗軍兼用隨路人夫（按:館本人夫作火夫）修砌，以便往來。上下廷臣會議。英國公張懋等咸以爲宜，且具陳用工事。故有是命。

（憲宗成化實録卷 139 第 6 頁 139.5.2603）

463　三月甲戌　朝鮮國王李娎遣陪臣玄碩圭等貢馬及方物，來朝謝恩。賜宴并金織衣、綵段等物有差。

（憲宗成化實録卷 139　第 8 頁　139.6.2606）

464　四月癸未　朝鮮國王李娎遣陪臣韓各澮曰奉表貢馬及方物，來朝謝恩。賜宴并金織衣、綵段等物有差。

（憲宗成化實録卷 140　第 2 頁　140.2.2611）

465　四月乙酉　朝鮮國王李娎奏：建州野人糾聚毛憐等衛夷人侵擾本國邊境不已，乞朝命戒飾之。事下兵部，尚書項忠等以朝鮮世受封爵，尊事朝廷。曩因建州李滿住烏，朝廷出師問罪，嘗勑朝鮮國應援。今李滿住遺孽既以歸順，而又報復朝鮮舊讎，宜特降勑建州頭目，重加省諭，令悔過睦鄰，自相和好。上從之。

（憲宗成化實録卷 140　第 3 頁　140.3.2613）

466　四月戊子　琉球國使臣程鵬奏：乞如常例，歲一朝貢。下禮部，覆奏：去年福建守臣言，琉球國使臣登岸殺死淮安縣民陳二觀夫妻，焚其房屋，刼其財物，妨察不獲。今鵬等將還，宜令賫勑省諭并定以貢期。上從之。

（憲宗成化實録卷 140　第 4 頁　140.3.2614）

467　四月壬辰　是日夜朝（按:館本朝作乾清，是也）宫門災。

（憲宗成化實録卷 140　第 5 頁　140.4.2615）

468　四月甲辰　命重造朝（按：館本朝作乾，是也）清宫門。工部奏材木數，乞請差官往杭州、荆州、蕪湖并龍江、瓦屑垻取抽分材木三之二應用。詔可。且命三大營撥軍夫二萬，而以襄城伯李瑾董其役。

（憲宗成化實録卷 140　第 6 頁　140.5.2618）

469　五月甲寅　滿剌加國遣正副使端馬密等進金葉表文。并以綵段、紗羅錦，賜其國王及王子、王妃有差。仍令賫勑諭國王蓟丹茫速〔校記:廣本速作刺〕沙曰：比者，朝廷遣給事山等官往占城，爲風飈至爾國，遣人供饋，備悉誠意。兹因使臣回便，特賜王二表裏綵段用示褒答，至可領之。

（憲宗成化實録卷 141 第 3 頁 141.2.2624）

470 五月己巳 中軍都督同知張欽卒。欽字克恭，大興縣人，襲世職留守右衛指揮僉事，以戰功歷陞署都督僉事，進都督同知，充左參將，守延綏。天順己卯，佩靖虜將軍印充總兵官，仍守延綏。成化己酉召還，佐理中軍府事。至是卒。賜祭葬如例。

（憲宗成化實録卷 141 第 7 頁 141.6.2631）

471 六月戊寅朔 增給修乾清宮門各營官軍月粮一斗，鹽一斤。

（憲宗成化實録卷 142 第 1 頁 142.1.2635）

472 八月辛巳 命浚舊通惠河。勑平江伯陳鋭、右副都御史李裕、户部左侍郎翁世資、工部左侍郎王詔督漕卒疏浚。先是，鋭等奏，通州至京舊有運河一道，廢閘尚存，但年久淤塞損壞，欲照尚書楊鼎奏准事理，就借漕卒用工疏浚，閉閘積水，以運粮儲。至是，特令鋭等會議，提督漕卒自下流爲始疏浚壅塞，修閘造船，合用粮料匠作於各司取用，務求成功。仍委附近公差御史，察其不聽約束者以聞。

（憲宗成化實録卷 144 第 1 頁 144.1.2656）

473 八月甲午 夜雷電雨雪。

（憲宗成化實録卷 144 第 3 頁 144.3.2659）

474 八月丁酉 安南國王黎灝遣陪臣黎弘毓等奉表來朝，貢金銀器等物。賜宴并織金衣、綵段等物有差，仍以綵段文錦付弘毓等歸賜其王。

（憲宗成化實録卷 144 第 3 頁 144.3.2659）

475 八月辛丑 安南國王黎灝奏：先年占城國王槃羅茶全因侵犯化州道，爲其弟槃羅茶遂所弑。既自立，將請封，而槃羅茶悦子茶質苔來又殺之。自是其國禍亂相尋，卒無寧日，非臣國之罪。今欽尊聖諭，息兵睦鄰，所得男婦七百四十餘人，俱已遣還彼國矣。奏下兵部，言：灝所奏略不及侵占占城之事，與右給事中陳俊所言不同，情僞叵測。上因其陪臣黎弘毓等歸，乃勑諭灝曰：先因占城槃羅茶悦奏，其王槃羅茶全爲爾國所執，占城無主，來乞封，朕體天地好生之德，徇其陳請〔校記：廣本抱本請作情〕，遣使往封。及使回奏稱，占城土地果被爾國占奪，改爲州邑。朕方疑而未信，今得王奏，備言占城稱兵構怨，侵擾鄰境，以致身亡國破，皆其自取。事雖未明，理或有之，況王情詞懇欵，必非文過。但占城爲國，其傳已久，前此豈無力衆勢大能吞併之者。然史册未聞，得失可見。今若一旦殄絶，非惟有違朝旨，抑恐海外諸蕃，各生疑畏，其起争端，於王之日〔校記：廣本抱本日作國，是也〕得爲利乎？勑至，王宜重加循省，歸其族屬，近〔校記:廣本抱本近作返，是也〕其人民，復其土宇，使不至於殞其宗嗣，則王於興滅繼絶之義，敬天事大之誠而得之矣！王其勉之，圖之。

（憲宗成化實録卷 144　第 4 頁　144.3.2660）

476　八月壬寅　葬恭恪莊僖淑妃紀氏於西山。

（憲宗成化實録卷 144　第 4 頁　144.4.2661）

477　九月丁巳　鎮守密雲古北口等處都指揮同知王榮奏：今歲夏雨連綿，山水泛溢，衝塌古北口及密雲一帶關隘城垣。命巡按直隸監察御史張玉等覆實，督工修繕之。

（憲宗成化實録卷 145　第 6 頁　145.5.2672）

478　九月庚午　户部會官議巡撫漕運官所陳事宜：一，京通二倉缺廒，今宜將支運粮三十五萬石於通州倉收貯，其餘三十五萬石則如本年民運淮安等粮事例，每石正耗折銀五錢，交與官軍帶赴太倉收貯，間月折給官軍俸粮，後不爲例。一，漕運軍士近年多納京粮一分，而各處兑支别無脚價貼補。且河路般剥，車路雇直，費用數多，況有開河之勢。宜每石暫加耗米七升，不爲例。

（憲宗成化實録卷 145 第 9 頁 145.8.2677）

479 十月庚辰 賜大興、宛平二縣孤老貧人男婦二千九百二十餘名口布人一疋。

（憲宗成化實録卷 146 第 1 頁 146.1.2683）

480 十月癸未 增設工部專理河道官一員。漕運總兵官平江伯陳鋭等奏：比奏，詔疏濬通州至京河道，工將就緒，請設官理之，并提督清龍等橋、廣源等閘及西山一帶泉源。時工部郎中陸鏞丁憂服闋，因以命之。

（憲宗成化實録卷 146 第 1 頁 146.1.2684）

481 十月甲申 朝鮮國王李娎遣陪臣李恕長等來朝貢方物，謝恩。賜宴并織金衣、綵段等物有差。

（憲宗成化實録卷 146 第 1 頁 146.1.3684）

482 十月壬辰 朝鮮國王李娎遣陪臣金良璥等奉表貢馬及方物來，賀萬壽聖節。賜宴并織金綵段、衣服等物有差。

（憲宗成化實録卷 146 第 2 頁 146.2.2685）

483 十月癸卯 免順天府所屬霸、薊、通、涿四州、宛平等二十三縣秋糧三萬三千九百餘石，馬草一百四十二萬八千一百六十餘束。以水灾故也。

（憲宗成化實録卷 146 第 4 頁 146.3.2688）

484 十一月辛未 賜朝鮮國成化十二年《大統曆》。

（憲宗成化實録卷 147 第 11 頁 147.9.2707）

485 十二月丁丑 陞順天府良鄉縣知縣武志學爲河南信陽州知州。時初陞縣爲州，吏部以志學嘗知信陽縣，而巡撫都御史張綱又言其練達有爲，故奏用之。

（憲宗成化實録卷 148 第 1 頁 148.1.2709）

486 十二月壬午 陞吏科給事中徐英爲順天府府丞。

（憲宗成化實録卷 148 第 2 頁 148.2.2711）

487　十二月壬辰　　文武羣臣、英國公張懋等上復郕王帝號，乃尊謚議，議曰：……宜上尊謚曰“恭仁康定景皇帝”。

（憲宗成化實録卷 148　第 5 頁　148.4.2715）

488　十二月辛丑　　朝鮮國王李娎遣陪臣金謙光等奉表貢馬及方物來朝，賀明年正旦節。

（憲宗成化實録卷 148　第 8 頁　148.7.2722）

489　十二月　　是歲……漕運京師儹運糧三百七十萬，各處運納糧五百七萬四百二十石有奇。

（憲宗成化實録卷 148　第 10 頁　148.8.2723）

成化十二年（1476）

490　正月丁巳　　夜大風。

（憲宗成化實録卷 149　第 2 頁　149.2.2727）

491　正月癸亥　　賜朝鮮國賀正旦陪臣金謙光等宴并金織衣、綵段等物有差。

（憲宗成化實録卷 149　第 3 頁　149.2.2728）

492　正月甲子　　撒馬兒罕使臣馬黑麻十兒班等……各來朝，貢馬駝。賜宴并衣服、綵段等物有差。

（憲宗成化實録卷 149　第 3 頁　149.2.2728）

493　二月戊子　　命都察院榜示禁戢盜賊。先是，錦衣衛奏京城内外盜賊生發，前後已捕獲七百餘人，其中强盜多係僧人。今歲例該開度。如僧行道童不給有司文憑先期來京者，緝出俱發邊徼居住，并罪其所主之家。或四方無籍之人至京假名潛縱放恣爲非者，亦宜治之。其軍士達官舍余，因操練往回每肆刼掠，自後非操練之日，不許騎馬挾兵羣行途中。又京城尤多惡少，沿途索食，號爲化子，夜遇盜賊招引，即從刼掠，並宜治之。凡擒獲强盗，非應捕人宜分首從，定其多寡，量其陞賞。但以仇嫌妄指冒功圖利者，俱治以罪。乞行都察院揭榜嚴禁。奏上，故有是命。

（憲宗成化實録卷 150　第 2 頁　150.2.2736）

494　二月己丑　　工部言：永平府暨通州等衛各奏：原派疏濬通惠河并直沽新閘（按:館本閘作開）沽人夫地方各有遠近，欲得彼此相易爲便。會保定等縣亦言：各縣河岸衝決數多，有妨耕種，乞存留原派協濟通惠河人夫，以便修築。而本部委官徐九思等亦各言：蘆溝橋及直沽天津迤北南營兒、耍兒渡〔按：館本渡下有中字〕一帶，河道衝決淤塞，有妨漕運。比之通惠河人夫用工，惟耍兒等渡則照原定人夫，不必更動爲便。從之。

（憲宗成化實録卷 150　第 3 頁　150.3.2737）

495　二月壬辰　　增修恭仁康定景皇帝陵寢殿廡、齋房并祭器等物。

（憲宗成化實録卷 150　第 4 頁　150.3.2738）

496　二月乙未　　大能仁寺大悟法王劄巴堅參奏：自貨茶二萬七百斤、絹段綵布一千五百餘匹，乞命沿途軍衛有司供應轉遞往陝西、臨洮、河州、西寧等處熬茶施僧。許之。

（憲宗成化實録卷 150　第 5 頁　150.5.2741）

497　三月丙午　　兵部覆議：英國公張懋等所言修省京營官軍工作事，謂修理營建有緩急大小，若一概撥動官軍，必至勞人挫鋭。宜令工部，遇有内府工作及修理城垣事不容已者，仍舊奏撥軍士，其餘止用工匠修理。若工作甚殷，匠不足用，然後具實奏撥。詔可。

（憲宗成化實録卷 151　第 1 頁　151.1.2755）

498　三月戊申　　琉球國中山王尚圓遣使臣梁應等奉表貢馬及方物，來朝謝恩。賜宴并金織衣、綵段等物有差。

（憲宗成化實録卷 151　第 1 頁　151.1.2756）

三月甲寅　　順天府尹邢簡以災異修省修陳本府事宜：一，

分豁重役。本府所屬州縣人民，除糧差及借倩車輛外，每年户、禮、工三部派買榛、栗、豬、羊、鷄、鵝并櫨木等料，非止一端。雖稱給與官錢，實民間出錢買納。況每年添設夫役數多，及太常寺坐派薦新祭祀品物，俱係重務。又有别項供應出自一時急用者，比之在外府縣科差百倍，民甚苦之。乞勅該部，量派在外司府州縣買辦供用。一、比例便民。内府各監局并各部、光禄寺顔料、紙劄等件，歳以萬計，俱坐宛平、大興二縣并通州各項舖户預先買納，然後估價領鈔。舖户之貧者不免稱貸應用，比及關領，利歸富家，民受侵損。雖經議奏令隨即關與，緣錢鈔俱在内庫，關領甚難。況用脚價陪（按:陪應爲賠之誤）補益多。今在外司府俱有官軍〔按：館本庫下有收貯錢鈔，以備公用。乞於本府亦設官庫十六字〕，銓除庫官二員掌管出納，每年就撥本府所屬户口商税等項錢鈔于此上納。數若不足，則令户部别行撥補。遇有買辦，隨買支給，具數呈部，以防侵欺。下户部議，以所奏有便於民。從之。

（憲宗成化實録卷 151　第 4 頁　151.3.2760）

500　三月丁巳　命守護陵寢旗軍月糧仍支一石。先是，長陵等四衛軍自景泰六年裁減，月支粮八斗。至是守備太監李良奏：各軍貧苦，乞全支如舊。從之。

（憲宗成化實録卷 151　第 5 頁　151.4.2762）

501　三月戊午　命都督同知趙勝、工部尚書王復統五軍、三千、神機三營官軍五千、十二團營一萬五千修京師。先是，有旨撥三大營官軍四萬修理京師九門城垣。總（按：館本總下有兵官英三字）國公張懋等言：三營官軍内除上直及差占工作事故外，五軍營次撥官軍八萬八千一百二十人，止存旗軍二千八百一十九人。三千營官軍九千三百七十八人，止存旗軍一千一十四人。神機營官軍一萬八千二百六十六人，止存旗軍四百七十一人。不及四萬之數。故以團營軍益之。

（憲宗成化實録卷 151　第 5 頁　151.5.2763）

502　三月己未　琉球國使臣梁應等因立皇太子奏乞如朝鮮、安南例，賜詔齎回。禮部以琉球、日本、占城皆海外國，例不頒詔。上是之。命降勅并以文錦、綵段付使臣，歸賜其王及妃。

（憲宗成化實録卷 151　第 6 頁　151.5.2764）

503　三月辛酉　朝鮮國王李娎遣陪臣鄭郊常等奉表箋貢馬及方物有差。

（憲宗成化實録卷 151　第 6 頁　151.5.2764）

504　三月庚午　户部尚書楊鼎奏：各處倉場缺草支用。乞開中二百萬束，召商工納，每草百束，涅石橋等倉給價二兩二錢，壇（按：館本作壩）上南北各倉二兩六錢，壩上倉二兩八錢，東直門牛房倉三兩。其銀俱於太倉庫支給。從之。

（憲宗成化實録卷 151　第 8 頁　151.7.2767）

505　四月戊寅　工部奏：修理京通二倉，原撥官軍三千，近以大臣議罷一切工役。竊惟粮所以養軍，倉所以積粮，二者不可相無。本部人匠但能各執事藝而已。至於土木搬運，非假人力曷能濟事。上曰：倉廒重事，仍照舊例撥軍相兼修理，俟工完日，且奏處分。

（憲宗成化實録卷 152　第 2 頁　152.1.2770）

506　四月丁酉　兵部會文武大臣及科道等官、英國公張懋等議：監察御史薛爲學等所言事，竊見在京十二員（按：館本員作團，是也）營近選馬步官軍三萬人，見留馬一萬五千匹，若遇密雲、山海等處警急即欲起行，宜令户部會計草料，量爲支給。又居庸以東關隘甚多，甚（按·館本頻上無甚字）頻年修築，一遇秋雨輒壞。守備等官私役戍卒田作，不勝疲困。宜令巡撫都御史嚴督關軍，於關隘頽缺者修築之，于私役戍卒者執治之。……上從其役。

（憲宗成化實録卷 152　第 8 頁　152.6.2780）

507 四月戊戌 朝鮮國王李娎遣陪臣朴仲善等奉表箋貢馬及方物，來朝謝恩。賜宴并金織衣、綵段等物有差。

（憲宗成化實録卷 152 第 9 頁 152.7.2782）

508 四月庚子 陞户部郎中張福爲順天府府丞，仍在文華門東耳房書辦。福天順初以奪門功得百户，又夤緣改户部主事以至今官。

（憲宗成化實録卷 152 第 11 頁 152.9.2785）

509 五月丁巳 定京操舍人口糧皆於本衛支給。舊制：京衛武官應襲之子，别於一營食糧操練。其後以營衛隔離，文移不相照會，往往有冒給官糧脱逃操練者，故所司請令各歸本衛給之。

（憲宗成化實録卷 153 第 4 頁 153.3.2792）

510 五月庚申 以久旱命順天府官禱於都城隍之神。從禮部尚書鄒幹等奏也。

（憲宗成化實録卷 153 第 5 頁 153.4.2793）

511 五月壬戌 漕運總兵官平江伯陳鋭奏：邇者，修造通惠河閘成，欲將西山泉河源道并通州等處水關閘座〔按：館本座作坐，廣本抱本作座〕與永通橋圈俱量爲疏浚、修改，以便漕運。上從其議，下所司知之。

（憲宗成化實録卷 153 第 5 頁 153.4.2794）

512 五月丁卯 命靖遠伯王添、定襄伯郭嵩、署都督同知馮昇、都督僉事伯瑜於五軍營，豐潤伯曹振、成安伯郭鏞〔按：館本鏞作鐄，廣本作鏞〕於神機營，俱管操。

（憲宗成化實録卷 153 第 6 頁 153.5.2796）

513 五月庚午 朝鮮國王李娎遣陪臣愼承善等齎箋之貢馬及方物來朝，賀皇太子千秋節。賜宴并織金衣、綵段等物有差。

（憲宗成化實録卷 153 第 7 頁 153.6.2798）

514 六月丁亥 浚通惠河成。自都城東大通橋至張家灣渾河口六十里，與卒七千人，費城磚二十萬，石灰一百五十萬斤，閘板椿木四萬餘，麻、鐵、桐油灰各數萬。計浚泉三，增閘四，凡十月而畢。漕舟稍通，都人聚觀。命增平江伯陳鋭禄米歲二百石，賞侍郎翁世資、王詔綵段表裏。鋭又爲浚河官乞恩。仍命邳州衛指揮僉事單镛、高郵州判官烈等十員俱陞署職一級，其余職役匠卒皆賜綵段絹布有差。是河之源，在元時引昌平縣之三泉，俱不深廣。今三泉俱有故難引，獨西湖一泉，又僅分其半。而河制窄狹，漕舟首尾相銜，至者僅數十艘而已，無停泊之處。河又沙水易淤，雨則漲溢，旱則淺沍，不踰二載而淺澀如舊，舟不暢通。而鋭之禄米猶歲給不絕，識者愧之。

（憲宗成化實録卷 154　第 3 頁　154.3.2805）

515　六月庚子　命廣平侯袁瑄於五軍營、都督僉事王剛于神機營左掖，俱管操。

（憲宗成化實録卷 154　第 9 頁　154.8.2813）

516　七月己酉　京師（按：館本師下有西城二字）有物夜出傷人，其色黑，衆跡蹤之，竟不可得，巡城御史及兵馬司以聞。命設法捕之，仍戒人勿得虛傳，自相驚疑。

（憲宗成化實録卷 155　第 6 頁　155.5.2825）

517　八月己卯　勅羽林右衛署都指揮僉事杜山守備天壽山，羽林前衛署都指揮僉事馬麟守備黄花鎮。

（憲宗成化實録卷 156　第 2 頁　156.2.2846）

518　八月庚辰　定西侯蔣琬言：……今北京止有内城而無外城，正統己巳之變，胡虜長驅直至城下，衆竄（按：館本竄作庶，是也）奔竄，内無所容，前事可鑒也。且承平日久，聚處益繁，思爲憂患之防，須及豐享之日。況西北一帶，前代舊址猶存，若行勸募之令，加以工罰之徒，計其成功，不日可待。

（憲宗成化實録卷 156　第 3 頁　156.2.2846）

519　八月壬午　巡撫直隷監察御史魏景釧言：近聞迤北虜酋滿都魯等久屯境外，萬一擁衆來侵，無以制馭。今居庸東西關隘，軍馬既缺，而粮草亦少。如黄花鎮與白羊口、倒馬關俱無積蓄，紫荆關雖云有草而浥爛者多，于今無事尚爲不足，設有緊急何以爲備？請勑户部計議，令以附近州縣已會計坐派未收糧草，量爲改撥各關并前會計者上納。其黄花鎮等處亦置草場。及盤驗紫荆關浥爛之草，收貯其可用之草備支。户部議，以爲古北與密雲縣倉、居庸與昌平縣倉俱相近，且密邇京師，若紫荆、倒馬等關則皆内地。又與易州、涿州、良倉（按:館本倉作鄉，是也）等倉相近，設若行軍，猶可給濟。惟白羊口、黄花鎮先有積蓄，近以出軍不由此地，故致腐爛，自後會計者少。今請移文順天府，令如所奏上納各倉，以備供給，如糧少，則于昌平、居庸、隆慶倉支給。其欲立場收草，宜令巡撫官相度處分，查盤草數，恐勞人無益，不必行。詔如意（按：館本意作議，是也）。

（憲宗成化實録卷 156　第 4 頁　156.3.2848）

520　九月丁未　　鎮守密雲等處都指揮同知王榮違例受軍民詞訟，刑部請治具罪。詔宥之。

（憲宗成化實録卷 157　第 5 頁　157.4.2866）

521　九月辛亥　　命都指揮同知楊玉、孟英，都指揮僉事顧璽、蔡瑛、谷祥各統原閲聽征騎步兵三千於團營操，遇警馳守關隘。玉居庸關，璽黄花鎮，蔡瑛喜峯口，孟英古北口，祥燕河營，所須馱馬器械至期給之。仍令各營定選官軍一萬五千以補聽征之數。

（憲宗成化實録卷 157　第 9 頁　157.7.2872）

522　九月丙辰　　漕運總兵官平江伯陳鋭奏：通惠河雖已通行，然其間猶有未畢工者，欲再疏浚，使加深濶。擬摘江北運糧衛所軍余一萬名，委都指揮等官督管，于明年二月興工，乞官給以廪給口糧食鹽。然軍一萬該運粮三十萬石，暫於明年該支倉内照數停支，于後三年歲運數内年增十萬石補之。户部議：漕運之粮往者常至四百五十餘萬，今漸減，僅四百萬。減者不能復補，而經費日以加增，所云補運難從。惟薊州粮少，及山海等衛所官軍於此關支不便，宜行浙江布政司，令於明年分各處兑運糧内酌量糧多有收之處，内撥三十萬石。通計正耗數每石收銀四錢，内以十萬石折價順帶至薊州，以便支給。余送太倉庫收，候米賤折京營官軍人等月粮。其省下運粮薊州官軍一萬石，則令如擬。前來興工而口粮食鹽如奏。從之。

（憲宗成化實録卷157　第11頁　157.9.2875）

523　九月癸亥　　命都指揮同知張英、都指揮僉事尹玉、指揮使孫賢、莫廣、指揮同知樊智、汪勇、指揮僉事白斌、白宗、王通、武釗、白祥把總管操。英耀武營，玉、廣俱振威營，賢、斌俱揚威營，智敢勇營，宗、通俱效勇營，勇、祥俱神威營，釗立威營。

（憲宗成化實録卷157　第13頁　157.11.2879）

524　十月丙子　　整飭邊備户部右侍郎程萬里等奏:并桃林（按:館本并在林下，是也）、古北等口、潮河川等關營五十八處，宜增守兵四千四百九十五人。而黄花鎮、居庸、紫荆、倒馬等關亦有兵數不足之處，宜移文東西巡關御史親按治邊諸衛閲兵撥補。事下兵部，請如所言，移文區畫。或諸衛所閲兵不足則斟酌隘口緩急，則量爲增損。報可。

（憲宗成化實録卷158　第2頁　158.2.2887）

525　十月辛巳　　京師地震。薊州等處亦震有聲。

（憲宗成化實録卷158　第6頁　158.5.2893）

526　十月己丑　　朝鮮國王李娎遣陪臣李封等奉表貢馬及方物來朝，賀萬壽聖節。

（憲宗成化實録卷158　第7頁　158.6.2896）

527　十月壬辰　　朝鮮國王李娎爲繼妻尹氏請封。上允之，即以誥命冠服并羅段、西洋布等物，俾所遣陪臣歸賜之。

（憲宗成化實録卷158　第8頁　158.7.2897）

528 十一月癸卯 太監黄賜傳奉聖旨：大隆善護國寺灌頂清心戒行國師班卓兒藏卜〔按：館本藏下無卜字，廣本抱本有卜字〕陞灌頂大國師，大能仁寺覺儀結瓦領占陞禪師，鎖南捨辨陞右講經，龍興寺僧繼祥〔按：館本祥作科，廣本抱本作祥〕陞僧録司覺義，大德顯靈宫道士張道本、王文彬、王應裿、劉應椝，靈濟宫道士楊志享〔按：館本享作亨。抱本作享〕、陳宗然，大和山住持道士毛守玄俱陞通録司。右玄義提點雷普明陞左至靈顯靈宫神，附體童顧綸與冠帶。時僧道官傳奉寖盛，左道邪術之人薦至京師。

（憲宗成化實録卷 159 第 2 頁 159.2.2905）

529 十一月辛亥 賜朝鮮國朝賀陪臣李封等宴并金織衣、綵段等物有差。

（憲宗成化實録卷 159 第 4 頁 159.3.2908）

530 十一月壬戌 鎮守都（按：館本通前無都字）通州都督同知陳逵、監察御史徐鏞各奏：通州密邇京城，四夷貢獻，南北糧運，皆往來貯積于此，城池之制不可不謹。正統十四年虜賊侵境，以倉廒在西城外，乃築新城障之。倉卒經營，未知制度。舊城高三丈五尺，垛口五尺，基廣三丈五尺，而新城不及其半。謂拆舊城西面而展新城北角，以相連接。增其丈尺，使上下齊一。仍建甕城敵臺，于城北開一門以通河道。又于城内空地起造倉廒，遇雨途淖，暫以應運京粮收貯，俟冬月運京。每勑所司會官勘議修理。上命逵會巡撫右僉都御史汪霖覆勘以聞。

（憲宗成化實録卷 159 第 7 頁 159.6.2914）

531 十一月甲子 提督通州等監察御史徐鏞言：京通二倉收糧事例，有每石兩平明加八升者，有每石一尖一平者，然其間斛尖及摭下餘米通約六升，平斛上留二指亦有二升，大約暗合八升之數。然法令不一，軍斗得以高下其手，無賂則加多或過一斗，有賂則減少不及五升，今欲得明加八升爲便。户部以爲此事屢經奏行，乞立定例，永爲遵守。命繼今收糧每石別加八升，聽納户刮鐵行概。

（憲宗成化實録卷 159　第 8 頁　159.7.2915）

532　十二月庚辰　　整飭邊備户部右侍郎程萬里奏：黄花鎮所轄驢鞍嶺諸關口，俱敵衝要地，宜城二郎廟東隙地，增設一千户所屯田（按：館本田下有軍字，是也）四五百人守之。兵部議：令萬里及巡撫等官審議。報可。

（憲宗成化實録卷 160　第 2 頁　160.1.2920）

533　十二月乙亥　　以冬無雪，命英國公張懋、撫寧侯朱永、襄城侯李瑾祭禱天地、社稷、山川之神。

（憲宗成化實録卷 160　第 1 頁　160.1.2920）

534　十二月壬午　　復設順天府通、涿、壩、薊四州判官，宛平、順義二縣主簿各一員，專理柴炭。舊例，諸州縣柴夫百名以上者故設官一員，成化八年以災傷暫停夫役，官亦改任。至是，工部尚書萬祺議復設之。

（憲宗成化實録卷 160　第 2 頁　160.2.2922）

535　十二月癸未　　朝鮮國王李娎遣陪臣尹壕等奉表貢馬及方物來朝，賀明年正旦節。

（憲宗成化實録卷 160　第 3 頁　160.2.2922）

536　十二月　　是歲……漕運京師儹運糧三百七十萬石，各處運納糧五百七萬一百石有奇。

（憲宗成化實録卷 160　第 15 頁　160.13.2944）

成化十三年（1477）

537　正月己未　　賜朝鮮國賀正旦陪臣尹壕等宴，并金織衣、綵段等物有差。

（憲宗成化實録卷 161　第 2 頁　161.2.2950）

538 正月壬戌 大興左衛指揮使周廣奏：近年鈔法不行，每鈔千貫止直銀四五錢，在京勢要殷富之家，往往載於各布政司及府州縣公行囑託，每鈔千貫徵銀五兩，其利十倍。乞通行禁約，後有違犯，許諸人首告，以置于法。上曰：今後依勢賣鈔并有司聽從者，重罪不宥。令巡按御史糾舉以聞。

（憲宗成化實録卷 161 第 3 頁 161.3.2951）

539 閏二月辛丑 復設隆慶州棒槌峪、紅門口二巡檢司。

（憲宗成化實録卷 163 第 1 頁 163.1.2965）

540 閏二月壬戌 通州衛帶俸都指揮僉事孫瑛隸三千營操備脱逃，刑部擬贖杖還職。從之。

（憲宗成化實録卷 163 第 3 頁 163.3.2969）

541 閏二月丙寅 命故通州衛帶俸都指揮僉事王玉子富襲父原職指揮同知。

（憲宗成化實録卷 163 第 5 頁 163.4.2971）

542 三月己巳 安南國王黎灝遣陪臣陳瑾等來朝奏事。賜宴并綵段等物有差。

（憲宗成化實録卷 164 第 1 頁 164.1.2973）

543 三月庚午 修御馬監大馬廄房并貯金鞍等房共一百九十九間。

（憲宗成化實録卷 164 第 1 頁 164.1.2974）

544 三月丙戌 朝鮮國王李娎遣陪臣尹子靈等奉表貢方物，來朝謝恩。賜宴并金織衣、綵段等物有差。

（憲宗成化實録卷 164 第 3 頁 164.3.2977）

545 四月庚子 太監黄賜傳奉聖旨：大隆善護國寺住持定常、龍華寺住持圓和俱陞僧録司右覺義，玄極觀住持經宗浩陞道録司右玄義。

（憲宗成化實録卷 165 第 2 頁 165.2.2983）

546 四月己酉 以京師旱，命順天府府尹邢簡禱于都城隍廟之神。

（憲宗成化實録卷 165　第 6 頁　165.5.2990）

547　四月辛亥　以順天府府尹邢簡爲南京大理寺卿。吏部以南京監察御史任英等建言會推也。

（憲宗成化實録卷 165　第 6 頁　165.5.2990）

548　四月辛亥　暹邏國遣正使坤帖謝提等來朝，貢方物，謝恩。賜綵段并金銀帶等物有差。仍命賫勅并文錦綵段回賜其王及妃。

（憲宗成化實録卷 165　第 7 頁　165.6.2991）

549　四月丁巳　陞江西布政司左參政胡睿爲順天府府尹。

（憲宗成化實録卷 165　第 7 頁　165.6.2991）

550　四月丙寅　琉球國王尚圓復請歲一遣使朝貢，不許。先是，王奏請歲一朝貢，已降勅省諭，令二年一至，至是復以爲請，令仍如前勅。

（憲宗成化實録卷 165　第 10 頁　165.8.2996）

551　六月甲辰　朝鮮國王李娎遣陪臣李約等賫箋貢方物，賀太子千秋節。賜宴并金織衣、綵段等物有差。

（憲宗成化實録卷 167　第 2 頁　167.2.3024）

552　六月癸卯　嚴捕盜之令。兵部奏：近聞通州河西務南抵德州臨清，所在盜起，水陸路阻。加以順天、河間、東昌等府歲饑民苦，若不早爲撲滅，馴致滋蔓，貽患實深。請移文鎮守巡撫等官，嚴督所屬軍衛有司，率所屬軍兵民快，務使擒獲。敢有仍怠忽者，刻期行罰。從之。

（憲宗成化實録卷 167　第 2 頁　167.2.3023）

553　六月壬子　雨錢於京師。

（憲宗成化實録卷 167　第 6 頁　167.5.3029）

554　六月丁巳　順天府官以天久雨妨農，奏乞祈晴。禮部議，宜于二十六日遣官祭告天地、社稷、山川之神。上以孟秋時享齋戒在邇，免行。

（憲宗成化實録卷 167　第 7 頁　167.6.3031）

555　七月己巳　　户部覆奏：監察御史戴縉陳言内一事，欲免順天等四府雜派物料。宜行巡撫巡按官勘報區處。詔可。

（憲宗成化實録卷 168　第 1 頁　168.1.3036）

556　七月壬申　　賑卹京都民之被水患者。亦（按：館本亦作京，是也）城霖雨連旬，壞民居室。上勅給事中御史勘實凡二千二百餘家。命户部賑卹如例。

（憲宗成化實録卷 168　第 2 頁　168.2.3037）

557　七月戊子　　管理河道工部郎中楊恭奏：六月以來，久雨水溢，運河東西兩岸衝決甚多，有妨粮運。乞撥京營官軍修築，仍命文武大臣董之，庶克濟事。章下工部，議：宜移文都督同知陳逵同楊恭，於通州直隸天津等衛附近處所，量起軍餘三千名，順天府沿河州縣起民夫一千名，相兼隄〔校記：廣本隄作防，是也〕淺人夫併工修築，以便漕運。并行户部，每名給與行糧。仍令董〔校記：廣本董作管〕工官盡心提督，務在堅厚，以圖經久。詔從之。

（憲宗成化實録卷 168　第 10 頁　168.9.3052）

558　八月丁未　　調神機營寧陽侯陳瑛于五千營坐營管操。

（憲宗成化實録卷 169　第 4 頁　169.4.3061）

559　九月己巳　　給居庸關守墩夜巡官軍一百六十四人衣鞋。

（憲宗成化實録卷 170　第 2 頁　170.1.3074）

560　九月壬申　　詔逐罷閑官吏人等匿京師者。監察御史許進言：文武官及旗校吏人，有犯罪爲民并冠帶閑住、立功、充軍者，多匿京師。或妄訴寃枉，或夤緣請托，議論時政，謗毁朝臣，無所不至。請一切逐之。有旨：此輩潛住京城，造言生事，非止一端。錦衣衛并巡城御史其督同兵馬司推究姓名，發遣還家。如更容隱，俱重罪不宥。

（憲宗成化實録卷 170　第 3 頁　170.3.3077）

561　九月癸酉　　夜，京師地震三次。

（憲宗成化實録卷 170　第 4 頁　170.3.3078）

562　九月辛卯　　日本國遣正副使妙茂等來朝，貢馬及方物。賜宴并金襴袈、綵段等物。仍令賫勅及白金錦段回賜其國王及妃。妙茂又以國王意求《佛祖統紀》等書。命以《法苑珠林》與之。

（憲宗成化實録卷 170　第 9 頁　170.9.3090）

563　十月己未　　朝鮮國王李娎遣陪臣韓致禮等奉表貢馬及方物來朝，賀萬壽聖節。

（憲宗成化實録卷 171　第 5 頁　171.4.3099）

564　十一月乙亥　　詔許朝鮮國市弓角。朝鮮國王李娎以朝廷禁外國互市銅鐵弓角等物奏言：小邦北連野人，南僻島倭，五兵之兵（按:館本兵作用）俱不可缺，而弓材所需牛角仰於上國。竊惟高皇帝時嘗賜小邦火藥火炮，待遇異於諸藩。今望特許收買弓角，不與胡人一例禁約爲幸。兵部言：朝鮮奏（按：館本奏作奉，是也）正朔、謹朝貢，恪守臣節，與諸藩不同，若一切禁止，恐失効順之心，許以互市而限其數。上以朝鮮奏乞懇切，每歲許買弓角五十，不許過多。

（憲宗成化實録卷 172　第 3 頁　172.3.3107）

565　十一月己卯　　朝鮮國王李娎遣陪臣尹弼商等（按：館本等下有來朝貢方物賜弼商等九字）。及朝賀陪臣韓致禮等（按：館本無等下及至等九字）及朝賀陪臣韓致禮等宴并金織衣、綵段等物有差。

（憲宗成化實録卷 172　第 4 頁　172.4.3109）

566　十一月庚辰　　暹邏國續到副使坤禄羣臣提等奉金葉表文來貢方物。賜宴并金織衣、綵段等物有差。

（憲宗成化實録卷 172　第 4 頁　172.4.3109）

567 十一月乙酉 賜朝鮮國成化十四年《大統曆》。

（憲宗成化實録卷 172 第 5 頁 172.4.3110）

568 十二月己亥 順天府治中吴衡九年秩滿。陞山東布政司右參議，仍于御藥房辦事。

（憲宗成化實録卷 173 第 2 頁 173.2.3121）

569 十二月辛丑 更定京軍月支京通二倉糧例。舊例，每歲官軍俸糧間月於二處支給。至是，太監汪直以春夏雨水泥濘，而官軍又多差役，往通州支不便，宜更定其例。户部遂議：自三月至八月支于倉京（按：館本京在倉前），餘於通州。從之。

（憲宗成化實録卷 173 第 3 頁 173.3.3123）

570 十二月癸卯 禮（按：館本禮下有部字）奏：大能仁寺都綱捨剌藏卜并静修弘善大國師鎮南堅參等奉命往臨洮等處回，各獻馬駝等物。都綱等如講經例給賞，其國師查無賞例。今議擬加賞綵段一表裏。上等馬每匹加賞紵絲一匹。駝隻如回回例，每隻綵段三表裏。從之。

（憲宗成化實録卷 173 第 3 頁 173.3.3123）

571 十二月甲辰 以水災免順天府諸州縣秋糧二萬三百餘石，草九十八萬五百束有奇。

（憲宗成化實録卷 173 第 3 頁 173.3.3123）

572 十二月丙午 以水災免隆慶衛所子粒七百九十餘石，保定府諸州縣秋糧一萬六千四百石有奇，草三十六萬二百餘束，綿花絨一千一百餘斤。

（憲宗成化實録卷 173 第 5 頁 173.3.3125）

573 十二月乙卯 朝鮮國王李娎遣陪（按。疑陪下奪臣字）權瑊等奉表貢馬及方物來朝，賀明年正旦節。

（憲宗成化實録卷 173 第 7 頁 173.6.3130）

574 十二月 是歲……漕運京師儹運糧三百七十萬石，各處運納糧六百一十一萬九千七百石有奇。

（憲宗成化實録卷 173 第 11 頁 173.9.3136）

成化十四年（1478）

575　正月己卯　　賜朝鮮國賀正旦陪臣權瑊等宴并金織衣、綵段等物有差。

（憲宗成化實録卷 174　第 4 頁　174.3.3142）

576　正月辛巳　　賜日本國王錢五萬文，令其使臣妙茂等賫回。從所請也。

（憲宗成化實録卷 174　第 4 頁　174.4.3143）

577　正月丁亥　　禁革倉場積弊。上諭都察院臣曰：京通二倉并各場粮草，俱國用所係。近各衛監支官多不守法度，私立大小把總名色，不肯依期守放，故爲刁蹬遷延，以至軍士到倉日久，不得關支。其貪婪委官通同官攢人等，以斛面高低爲名，就中扣除者有之；軍吏人等指以答應爲由，於内尅減者有之。及關糧到營，十不得七，以致軍士多饑窘失所。及有官旗舍餘人等倚勢用强、攪擾倉場、需索財物者。似此姦弊，非止一端。事覺之日，從重處治，巡視御史及管糧委官坐視不理者一體治罪。其出榜禁約之。

（憲宗成化實録卷 174　第 7 頁　174.5.3146）

578　二月辛丑　　撒馬兒罕速檀馬黑麻王遣使臣寫亦馬速兒等來朝貢馬。賜宴并衣服、綵段等有差。其回賜速檀馬黑麻綵段表裏。又勑付使臣領回給與之。

（憲宗成化實録卷 175　第 2 頁　175.2.3156）

579　二月丁未　　欽天監奏：觀象臺内原設測驗晷景堂俱已損壞，乞工修理。事下工部，言：觀象臺所置渾儀簡儀，是皆測候觀象之器，一時匠作無諳曉者。且本臺之下原有圈券，接連城牆，難於移動，乞勑内官監相度爲便。上是其言。命取簡儀於内官監修理，其餘工部主之。

（憲宗成化實録卷 175　第 3 頁　175.3.3157）

580　二月己酉　罷朝天宫工役。命官軍五千修國子監。

（憲宗成化實録卷 175　第 4 頁　175.4.3157）

581　二月丁巳　禮部奏：會試天下舉人三場已畢，請定名數。上命正榜取三百五十人。

（憲宗成化實録卷 175　第 6 頁　175.5.3161）

582　二月辛酉　禮部引會試中式舉人梁儲等三百五十人陛見。

（憲宗成化實録卷 175　第 7 頁　175.6.3163）

583　二月辛酉　未刻，雨土霾。

（憲宗成化實録卷 175　第 7 頁　175.6.3164）

584　三月辛未　命禁安南國使臣多挾私貨。先是，安南國王黎灝奏，其國朝貢路經廣西憑祥縣及龍州，所遣陪臣往往爲土官李廣寧、趙南傑等索財阻滯。其陪臣陳瑾亦以爲言。上勅守臣體察奏稱：安南朝貢，齎裝甚多，而邊境民少，不足運送，以致構怨。事下禮部，議：其國朝貢使人多挾私貨營利，殊爲邊境之苦，乞嚴加禁約。故有是命。

（憲宗成化實録卷 176　第 6 頁　176.5.3173）

585　三月戊子　安南國王黎灝奏：占城頭目波籠阿麻先與臣國通好，成化十一年，得琉球國海船漂風之衆，遂率以侵掠，爲臣國邊兵所敗。今陪臣黎弘毓回自天朝，恭奉勅諭，責臣占奪占城地方改爲州邑，此臣不能不瀝血陳辭而保其必無也。夫占城提封，全無（按：館本無作非）沃壤，家稀蓄積，野絶桑麻，山無金寶之收，海乏漁鹽之利，止有象牙、犀角、烏木、沉香，而臣國産多用稀，烏足爲貴。得其地不可以居，得其民不可以使，得其貨不足以富，得其勢不足以強。而臣守之甚艱，利之甚淺，損多益寡，禍實名虚。此臣不占奪占城土地改爲州邑之故也。今朝廷又諭臣復其土宇，使不至殞其宗祀，誠恐天使急遽之際，緝訪難詳，而占城避亂之人，與臣國爲深〔按：館本無爲深二字，抱本有〕讐，言不足信。伏望特遣朝使，申晝郊圻，興滅繼絶，使占城上下輯寧，臣國邊陲休息，以藩中國，以康遠人，此臣之大願也。謹遣陪臣阮達濟以聞。上下其章於所司。

（憲宗成化實録卷 176　第 13 頁　176.11.3185）

586　四月辛丑　朝鮮國王李娎遣陪臣玄碩圭等進表箋，貢馬及方物，謝恩。賜宴並金織衣、綵段等物有差。

（憲宗成化實録卷 177　第 5 頁　177.4.3193）

587　四月甲辰　琉球國中山王世子尚真遣長史梁應等進表箋，貢馬及方物，請襲封王爵。賜宴並金織衣、綵段等物有差。

（憲宗成化實録卷 177　第 6 頁　177.5.3195）

588　四月丙午　命兵科給事中董旻爲正使、行人司右司副張祥爲副使齎詔往琉球國，封世子尚真爲中山王，賜以皮弁冠服、金箱犀帶，並以紵絲、羅等物賜王及其妃。

（憲宗成化實録卷 177　第 6 頁　177.5.3196）

589　四月己酉　禮部奏：琉球國已准二年一貢。今其國王尚圓既故，而其世子尚真乃奏欲一年一貢，輙引先朝之事，妄以控制諸夷爲言，原其實情，不過欲圖市易而已。況近年都御史奏，其使臣多係福建逋逃之徒，狡詐百端，殺人放火，亦欲貿中國之貨，以專外夷之利，難從其請。命止依前勅，二年一貢。

（憲宗成化實録卷 177　第 7 頁　177.6.3198）

590　四月乙卯　安南國王黎灝遣陪臣裴山等奉表箋及金銀器來朝，賀立皇太子。賜宴並襲衣、綵段等物有差，仍以文錦、綵段付裴山等歸賜其主。

（憲宗成化實録卷 177　第 9 頁　177.7.3200）

591　五月甲子　安南國陪臣裴山等將還奏言：來時沿途留難，今乞遣官護送。禮部覆奏，謂宜遣通事送至南寧府。上允之，且命慎擇通事之能者送之，毋令失所。

（憲宗成化實録卷 178　第 1 頁　178.1.3204）

592　六月丙申　　英國公張懋等奏：天氣炎蒸，國子監工役軍士告勞，乞暫停止。上曰：工程已有次第，董工官刻期促草，令官軍回營休息。

（憲宗成化實録卷 179　第 2 頁　179.2.3217）

593　六月甲辰　　英國公張懋等奏：京營軍馬所以威服天下，安危所繫。邇來有所營造工程有不可已者，然後撥用，蓋一時之權宜也。今大圖（按:館本圖作圓，是也）通等寺，乃當此天熱連雨之日，動撥官軍修造，下情不堪。況今邊報迭至，正宜養鋭蓄威以備非常。乞暫止工役，以休養士卒爲便。上諭工部曰：懋等所言有理，但寺乃朕皇祖考所建，年久傾頹，已命内官監修理，料物具備，惟假人力一運，工程至秋可成。不必止也。

（憲宗成化實録卷 179　第 6 頁　179.5.3223）

594　六月丁未　　大慈恩寺禪師喃渴領占等乞給銀印。禮部言：先以大學士商輅奏准，番僧受職不侈本土管事者不與印信，未敢擅擬。有旨與之。

（憲宗成化實録卷 179　第 6 頁　179.5.3224）

595　七月癸亥　　詔以久雨停修繕圓通寺工役，俟八月再舉。

（憲宗成化實録卷 180　第 2 頁　180.2.3233）

596　七月戊子　　禁人於西山鑿石。〔按：館本石下有内官監太監宿政奏:正統間有旨，不許軍民於西山鑿石二十二字〕今歲久人不知禁，宜揭榜示衆。都察院覆奏謂：西山形勢，天造地設，環拱京師，千萬載靈長之氣，會聚於此。政言宜從命。再犯者杖八十，依律擬罪如舊例。

（憲宗成化實録卷 180　第 11 頁　180.9.3248）

597　七月己丑　　占城國王遣其叔波羅亞弟及使臣羅四等齎金葉表文來朝，貢方物。賜宴並金織衣、綵段等物有差。

（憲宗成化實録卷 180　第 11 頁　180.9.3248）

598　七月己丑　古北口邊關爲水所衝城垣五千五十丈，敵樓、鋪舍二十三間，墩臺三座。右僉都御史汪霖等已役本境戍兵興工修甓，復奏人力不足，請如兵部初議調兵以佐其役。事下，兵部議行三營總兵，俟九月朔外衛秋班次第步兵至營，即摘撥三〔按：館本三作二〕千人，選委把總官三人統至彼相兼修繕。其興工之時，就挾軍器，遇警戰守。上以邊關切近京師，命即如例分兵往佐其役。

（憲宗成化實録卷 180　第 11 頁　180.9.3248）

599　八月乙未　遣禮部給事中馮義、行人張瑾齎詔封齋亞麻勿庵爲占城國王。齋亞麻勿庵遣人奏稱：安南人還其國南邊地一方，付之長管，復立爲國，而畏懼天威不敢擅立，特遣使具表請封。故有是命。

（憲宗成化實録卷 181　第 2 頁　181.2.3253）

600　八月戊戌　遣京營把總指揮僉事張懷往會密雲守臣伺察虜勢。時鎮守密雲都指揮王榮等奏：是月諜報虜聚境外大小興州並小十八盤等處，去邊可百許里，或五六千騎，或六七百騎，俱以輜重自隨，恐其日久必有入寇之舉。事下兵部，謂密雲緣邊所守關牆圮壞殆盡，且其地戍兵有限，勢誠可慮。京營備征士馬雖已預閲，然無實報，未可輕發。乃請遣懷同通事序班一人馳會榮等嚴加隄備，兼察虜勢，以爲用兵進止。若其衆皆三衛種人，爲北虜所驅而來，即令懷等曉以恩威，遣使去。從之。

（憲宗成化實録卷 181　第 3 頁　181.3.3255）

601　八月丁未　詔停徵順天府民借支倉糧。先是：府尹胡睿奏：成化十二年因地方災傷，人民饑窘，放過賑濟，雜糧種子尚有三萬三千九百餘石徵收未足。今幰所屬州縣通被水患，民業蕩盡，田禾無成，所欠倉糧伏乞暫免追徵，以甦民困。事下户部，議如所奏。從之。

（憲宗成化實録卷 181　第 11 頁　181.9.3268）

602　八月丁未　　詔免順天府所負羊毛。先是，永樂間領官羊一千五百頭，分散所屬州縣養之，令民歲輸毛其斤如頭數，後羊死已盡，而民間輸毛不已。至是，府尹胡睿言：民罹水患，不可重困。乃免前二年逋負及今歲未徵之數凡九千八百餘斤，而明年應輸者約俟秋成裁處。

（憲宗成化實録卷 181　第 11 頁　181.10.3269）

603　八月甲寅　　命遂安伯陳韶管五軍將軍，寧陽侯陳瑛代都指揮僉事黄琮，管圍子手，俱帶刀侍衛。琮回營管操。

（憲宗成化實録卷 181　第 15 頁　181.13.3275）

604　八月乙卯　　命修理天地壇齋宮、神厨。從太常寺卿劉岌等請也。

（憲宗成化實録卷 181　第 16 頁　181.13.3276）

605　九月己未朔　　都察院奏遣監察御史三員往良鄉、固安、通州三路迤南捕盗。從之。舊例每歲凍河時始遣御史錦衣衛官各三員分投捕盗，迨春而還。至是，兵部以直隸、山東等處水災，恐民窮盗起，欲先兩月差遣，故有是命。

（憲宗成化實録卷 182　第 2 頁　182.1.3279）

606　九月庚申　　巡撫順天等府右僉都僉史汪霦被劾，奏乞致仕。詔盡心供職，不允所辭。

（憲宗成化實録卷 182　第 1 頁　182.1.3279）

607　九月乙丑　　詔修居庸關等處關隘、城垣、墩鋪、橋道券門爲水衝塌者。

（憲宗成化實録卷 182　第 4 頁　182.4.3285）

608　九月丁卯　　順天府府尹胡睿奏：畿内雨多水漲，渰傷黍穀，衝倒房屋，小民甚困。乞發太倉銀二三萬兩賑濟，或官爲買米給散。事下，户部覆奏：請以京、通二倉餘米及太倉銀候來春支給，俟豐收之時仍令還官。從之。

（憲宗成化實録卷 182　第 5 頁　182.4.3285）

609　九月乙亥　居庸關邊牆、墩鋪爲水所毀，守臣以聞，請撥二千人往繕。兵部議從其言。命發外衛操軍已至者如數遣之。仍行守臣拘取原閱冬班舍餘三百餘人，以九月中旬赴關協役，併工修繕。

（憲宗成化實録卷 182　第 6 頁　182.5.3288）

610　十月丁酉　朝鮮國王李娎遣陪臣韓致享等奉表貢馬及方物來朝，賀萬壽聖節。

（憲宗成化實録卷 183　第 2 頁　183.2.3297）

611　十月庚子　給宛平、大興二縣養濟院貧人布三千五百餘匹。

（憲宗成化實録卷 183　第 2 頁　183.2.3297）

612　十月庚子　總兵官英國公張懋等奏：密雲古北口、居庸關等處邊關營堡，被水衝塌，欲調外衛秋班京操軍士二千人協助修理。但京營軍士所以保衛京師，非有警急不遣，況今邊報日至，正宜操習以防徵調，宜就令邊軍並量起有司民丁應役。事下兵部，言：懋等所言固探本之論，但關隘外接邊徼，内拱畿甸、陵寢，所繫甚重，恐邊軍自防禦之外，所餘無幾，而民丁亦因歲饑役重，卒難徵發。上是之，命仍摘遣京軍協助修理。

（憲宗成化實録卷 183　第 2 頁　183.2.3297）

613　十一月甲子　賜朝鮮國朝賀陪臣韓致享等宴並金織衣、綵段等物有差。

（憲宗成化實録卷 184　第 2 頁　184.2.3309）

614　十一月己巳　戮死罪囚三十三人於市，凌遲處死者一，斬者二十四，絞者八，皆刑部都察院會官審録於朝而情真罪當者。將行刑，有十九人母妻訟寃登聞鼓下，給事中以聞。詔留重鞠之。其一人雖無訟寃，而獄詞相連，亦留之。

（憲宗成化實録卷 184　第 4 頁　184.3.3311）

615　十一月壬申　太倉米麥積蓄歲久，蒸浥自焚至百餘石。

命典守者皆執送鎮撫司問罪。以太監高通並户部尚書翁世資等提督不嚴，防範不周，亦當究治。姑宥之。

（憲宗成化實録卷 184　第 4 頁　184.3.3313）

616　十一月壬午　　免順天府所屬州縣並涿鹿等四十六衛秋糧子粒共萬一千四百五十餘石。

（憲宗成化實録卷 184　第 5 頁　184.4.3313）

617　十二月丁未　　朝鮮國王李娎遣陪臣李波等奉表貢馬及方物來朝，賀明年正旦節。

（憲宗成化實録卷 185　第 4 頁　185.4.3323）

618　十二月　　是歲……漕運京師儹運糧三百七十萬石，各處運納糧五百五萬四千三百八十石有奇。

（憲宗成化實録卷 185　第 9 頁　185.7.3330）

成化十五年（1479）

619　正月己巳　　命都督僉事韓忠統官軍萬人待報赴密雲等處防禦。

（憲宗成化實録卷 186　第 2 頁　186.1.3334）

620　正月癸酉　　賜朝鮮國賀正旦陪（按：館本陪下有臣字）李波等宴並金織衣、綵段等物有差。

（憲宗成化實録卷 186　第 3 頁　186.2.3335）

621　正月辛巳　　户部奏：京師内外倉場歲用草一千一百八十餘萬束，俱派山東、河南、北直隸徵納。今各處被災，約減五分之二，而其常數乃所以給象、馬、牛、羊不可缺者。請如先年例，以太倉官銀並陝西、河南、長蘆運司鹽課召商納草，與鹽兼中。草每人止許中草一萬束，鹽則聽其全中，而鹽銀則例視各倉場遠近爲多寡之差。制可。

（憲宗成化實録卷 186　第 5 頁　186.4.3339）

622　二月癸巳　詔内官監右少監張志等督官軍三萬人修築蘆溝橋堤岸道路，計二千七百九十餘丈。

（憲宗成化實録卷 187　第 1 頁　187.1.3344）

623　二月戊戌　罷鎮守通州等處都督通知陳逵閒住。時通州地方多強盜，刼財殺人，逵不能捕，乃飾辭推避。兵部請治其罪，故罷之。

（憲宗成化實録卷 187　第 2 頁　187.2.3345）

624　二月庚子　命金吾左衛帶俸都指揮僉事顧璽分守通州等處。

（憲宗成化實録卷 187　第 3 頁　187.3.3347）

625　二月丁未　太監汪直奏：邇來京畿截路強賊，多係各屯堡安插達官達舍，往往潛蹤〔校記:廣本蹤作住，是也〕出入，事發,糾眾拒捕。宜命三千營嚴督分管屯堡都指揮等官統束擒捕。從之。

（憲宗成化實録卷 187　第 4 頁　187.4.3349）

626　二月戊申　禁自宮以求進者。時自宮者至二千人，羣赴禮部乞收用。詔：此曹數違禁例，巡城御史、錦衣衛官督同五城兵馬期十日内盡逐之，京城内外寺觀及豪勢之家敢潛容者並地隣火甲俱究治以罪。自宮者枷號一月，杖一百，押回原籍。如仍來京，必重罪。其父兄不宥。禮部其速出榜諭之。

（憲宗成化實録卷 187　第 4 頁　187.4.3349）

627　三月甲戌　琉球國中山王世子尚真遣使臣李榮等迎封册來朝，並貢方物。賜宴並衣服、綵段等物有差。

（憲宗成化實録卷 188　第 2 頁　188.2.3355）

628　四月癸巳　安南國王黎灝遣陪臣陳中立等來朝，貢金銀器及方物。賜宴並衣服、綵段等物有差。

（憲宗成化實録卷 189　第 3 頁　189.3.3365）

629　四月庚戌　總理易州山廠工部尚書萬祺奏：自易州至彰

義門，橋樑、道路俱爲水衝成渠溝，往來阻滯。乞量取人夫修築。事下工部，以爲即今蘆溝橋工人就緒，宜於内量撥官軍爲便。從之。

（憲宗成化實録卷 189　第 7 頁　189.6.3371）

630　四月乙卯　命在京各營騎操馬於今年收放上操時添給草束兩月，銀草間支。前此，凡上操時自十月至明年三月止僅支兩月。至是，太監汪直欲通支六月。户部查計草數不足，故止加兩月。

（憲宗成化實録卷 189　第 8 頁　189.7.3373）

631　五月甲子　行人司左司副張瑾齎詔往封占城國王，道江西清江縣，風浪破其舡，所賫詔物皆濕損，守臣以聞。禮部議：以詔及禮物請易以新者，别令行人賫付瑾，餘物不出内庫者，令廣東布政司依式造之。且謂奏疏無正使姓名，宜令巡按江西御史按實以聞。從之。

（憲宗成化實録卷 190　第 2 頁　190.2.3378）

632　五月壬申　安南國陪臣陳中立等奏：入貢道經廣西，爲憑祥縣土官知縣李廣寧、龍州土官知州趙源懷挾舊隙，多方阻滯，巡守等官不爲究治。事下禮部，覆奏謂：先因安南陪臣俱奏，已差行人伴送出境。今中立復爲此言，宜仍伴送如前，務令得所，不致怨憤。仍戒各州縣，自後安南使臣入貢，或再阻留者必罪之。詔可。

（憲宗成化實録卷 190　第 6 頁　190.5.3383）

633　五月甲申　太子太保撫寧侯朱永等奏：修築蘆溝橋隄岸外衛京操官軍一萬一千六百二十八人，原有行糧四斗合與口糧四斗並給之。户部以請。詔止給口糧四斗。

（憲宗成化實録卷 190　第 10 頁　190.8.3390）

634　六月庚寅　修通州大通〔校記：館本通作運，廣本抱本作通〕西倉一百四十間。

（憲宗成化實録卷 191　第 1 頁　191.1.3394）

635 六月癸巳 朝鮮國王李娎遣陪臣金瓘等奉箋文貢馬及方物來朝，賀皇太子千秋節。賜宴並金織衣、綵段等物有差。

（憲宗成化實録卷 191 第 2 頁 191.2.3392）

636 六月癸巳 工科給事中劉昂等言：京營牧放馬匹，倒失數多，宜治監收官都指揮楊勝等罪。上曰：牧馬官軍爲幣多端，法當究治，姑宥之。自後不必遣給事中等官點視，只令各營總兵等官點視，不許徇私作弊，有虧馬政。

（憲宗成化實録卷 191 第 2 頁 191.2.3396）

637 七月癸酉 先是，暹羅國使臣坤禄羣等奏：入貢時舡爲海風所壞，乞賜更造。上憫其遠夷，特許之。禮部已行廣東布政司，而巡撫都御史朱英議以銀二百兩付之，俾自造。至是坤禄羣密令其下，誣奏英以求索寶貨不得而故違成命。禮部以番人出入在彼，官司失於防閑，宜令巡按御史究治。仍如前命造船與之。

（憲宗成化實録卷 192 第 3 頁 192.3.3407）

638 八月甲午 修理天地、山川壇、太祀、太歲等殿。

（憲宗成化實録卷 193 第 2 頁 193.1.3412）

639 八月辛亥 命遂安伯陳韶坐神機、三千營。

（憲宗成化實録卷 193 第 5 頁 193.4.3417）

640 九月丙寅 命武成後衛帶俸署指揮僉事柳春守備居庸關。

（憲宗成化實録卷 194 第 1 頁 194.1.3419）

641 九月辛未 户部議：漕運巡撫等官所奏事宜……一，順天府順義縣土城坍塌。合准起軍民夫修築。一，……順天府三河縣泥窪鋪、順義縣牛欄山，宜各設巡檢司。……上曰：……如議。

（憲宗成化實録卷 194 第 6 頁 194.4.3426）

642 十月丙申 命朝鮮國王李娎出兵夾擊建州女直，賜之曰：朕誕膺天命，君主華夷。施位行仁，乃朕素志〔按：館本素下無志字，廣本抱本有志字〕。興兵動眾，豈所願爲？奈何建州女直，逆天背恩，累寇邊陲，守臣交請剪滅。朕念彼中亦有向外者，戈誕〔校記：戈誕舊校改作兵戈〕所至，玉石不分。爰遣大臣撫諭，貸其反側之愆，聽其來京謝恩，悉越常例，陞賞宴待而歸。曾未期歲，賊首伏當加等復糾醜類，侵犯我邊。雖被官軍驅逐出境而未遭挫衂，廷臣（按:館本臣下有皆謂二字）此賊冥頑弗悛，罪不當宥。已令監督總兵管官選領精兵，刻期征勦。我師壓境，王宜遣兵遥相應援。賊至奔竄至國境者，必擒而俘獻之。逆虜既除，而王敵愾之功愈茂，而聲名永享於無窮。報醻之典，朕必不爾緩也。

（憲宗成化實録卷 195　第 5 頁　195.5.3443）

643　閏十月癸酉　　朝鮮國王李娎遣陪臣韓致禮等奉表貢馬及方物來朝，賀萬壽聖節。

（憲宗成化實録卷 196　第 4 頁　196.4.3457）

644　閏十月丙子　　太監李榮傳奉聖旨：……陞大慈恩寺國師乳奴班丹爲灌頂大國師，覺義綽吉堅參爲國師，大隆善護國寺灌頂大國師班卓兒藏卜爲佛子，國師著𣭘領占爲灌頂國師。

（憲宗成化實録卷 196　第 5 頁　196.4.3458）

645　十一月己丑　　賜朝鮮國賀朝陪臣韓致禮等宴並金織衣、綵段等物有差。

（憲宗成化實録卷 197　第 2 頁　197.2.3463）

646　十一月壬寅　　命修天地、山川二壇殿宇、牆垣之損壞者。

（憲宗成化實録卷 197　第 6 頁　197.5.3469）

647　十一月丁未　　賜朝鮮國成化十六年《大統曆》。

（憲宗成化實録卷 197　第 6 頁　197.5.3470）

648　十二月壬戌　　命新寧伯譚祐爲神機營總兵官。

（憲宗成化實録卷 198　第 4 頁　198.2.3478）

649　十二月壬申　　朝鮮國王李娎遣陪臣金永需等奉表貢馬及方物來朝，賀明年正旦節。

（憲宗成化實録卷 198　第 6 頁　198.3.3484）

650　十二月壬申　　太監李榮傳奉聖旨：陞大能仁寺右講經劄巴宗奈爲國師。

（憲宗成化實録卷 198　第 6 頁　198.5.3484）

651　十二月戊寅　　賜宛平、大興二縣官俸改南京本色。初，二縣止得本色月米一石，餘折贓罰器物鈔布。而至是知縣彭鎬授京官，例請給，故有是命。

（憲宗成化實録卷 198　第 8 頁　198.7.3487）

652　十二月　　是歲……漕運京師儹運糧三百七萬石，各處運納糧四百五十萬一千一十石有奇。

（憲宗成化實録卷 198　第 8 頁　198.8.3489）

成化十六年（1480）

653　正月己丑　　陞應天府府丞談倫爲順天府府尹，順天府丞徐英爲河南右布政使。時府尹缺，吏部疏英及倫以請，内批陞倫而（按:館本而下有轉字）英於河南。倫，尚書尹旻心腹，英，内閣學士萬安親也。

（憲宗成化實録卷 199　第 1 頁　199.1.3492）

654　正月癸卯　　賜朝鮮國賀正旦陪臣金永需等宴並金織衣、綵段等物有差。

（憲宗成化實録卷 199　第 4 頁　199.4.3497）

655　二月己未　　命工部右侍郎胡睿提督官軍修理京城。

（憲宗成化實録卷 200　第 2 頁　200.2.3508）

656　二月戊辰　　命後軍都督同知馮昇督領官軍一萬二千人修理朝天宫。既而兵部奏：總兵官張懋等言，在京操備官軍除聽調西征及修理郊壇都城等後，且外衛輪班之數未到，止餘三萬九千餘人，又應下場收馬，軍少役繁，不足調遣。今西北虜寇伺隙及貴州、廣西苗獠爲患未息，宜安不忘危，練養兵力爲急。上曰：朝天宫已擇日興工，其修理天壇並城垣每歲摘撥一千五百人，三營、三千、錦衣衛撥官軍力士一千人併工修理。

（憲宗成化實録卷 200　第 5 頁　200.4.3512）

657　二月壬申　朝鮮國王李娎遣陪臣魚世謙等來獻建州之捷。賜宴於禮部。初，朝廷有事於建州也，勅朝鮮出兵策應，王遣其陪臣右賛成魚有沿（按：館本沿作沼）等率兵至滿浦鎮，江以冰伴（按：館本伴作泮），後期，繼遣左議政尹弼商、節度使金嶠等引兵渡江，進搗賊巢，斬首十六級，生擒男婦十五人，並獲遼東被虜婦女七人，及驅其牛馬，燬其廬舍。至是，乃以捷來上云。

（憲宗成化實録卷 200　第 5 頁　200.5.3513）

658　二月乙亥　下朝鮮國所俘建州衛夷婦十人於浣衣局。

（憲宗成化實録卷 200　第 7 頁　200.6.3516）

659　二月己卯　以朝鮮國王李娎奉勅討建州虜寇有功，遣太監鄭同、姜玉賫銀幣往賜之及其有功官軍。仍以勅諭之曰：往年建賊背叛，朕嘗出師致討。而爾國先生（按：館本無生字）王瑈，發兵來助，用能克捷。兹者，賊猶稔惡不悛，朕從廷議出師討之。王發兵來助，始因江泮，弗獲與我師合勢成功。繼而兵至，乃亦抵巢攻勦，得其所掠我邊衛人口，遣陪臣來獻。王之忠誠，於先世可謂能繼，於朕命可謂無負矣，令聞寧有窮已耶。今遣中使賜王綵段、白玉、文錦、西洋布，其領兵官左參政尹弼商、節度使金嶠亦各如例有賜，以旌勞勩。王其欽承之。

（憲宗成化實録卷 200　第 10 頁　200.8.3520）

660　三月辛巳朔　增給修天地壇軍役七千六百五十人米月一斗，鹽一斤。

（憲宗成化實録卷 201　第 1 頁　201.1.3523）

661　三月乙酉　太監李榮傳奉聖旨：道録司左玄義王應裿、右玄義經宗浩俱陞左至靈，右玄義陳應褔陞右至靈，右玄義蔡應禎、張景房俱轉左玄義，大德顯靈宫道士張明仁、朝天宫道士杜永祺、靈濟宫道士孫玄禧、劉永浩、薛元寧俱除右玄義。

（憲宗成化實録卷 201　第 1 頁　201.1.3523）

662　三月丙戌　日色慘白無光。

（憲宗成化實録卷 201　第 2 頁　201.2.3525）

663　三月戊子　上諭禮部臣曰：順天府並直隸府州縣、山東饑荒特甚，朕憫赤子饑殍流離，不遑寢食。其被災地方派納光禄寺一應供應之物，宜悉量爲減省，以甦民困。《書》曰："民惟邦本，本國（按：國爲固之誤）邦寧"。自今凡可以卹吾民者，其悉以聞。

（憲宗成化實録卷 201　第 2 頁　201.2.3525）

664　三月己丑　禁盗伐陵園樹。景陵衛軍有盗伐陵園樹者。命即昌平縣枷項一月，畢發戍邊衛。仍明都察院申明舊例，揭榜禁約。

（憲宗成化實録卷 201　第 3 頁　201.2.3526）

665　三月辛卯　兵科給事中董旻、行人司司副張祥充正副使，封琉球國世子尚真爲中山王。王贐之金，旻等受之。

（憲宗成化實録卷 201　第 3 頁　201.3.3527）

666　三月乙未　增給京城九門外苜蓿旗軍月糧人二斗，冬衣布花照例関支，凡三百七十四人。

（憲宗成化四年實録卷 201　第 5 頁　201.4.3530）

667　三月庚子　給修理京師城垣軍一萬三千五百人口糧，人月一斗、鹽一斤。

（憲宗成化實録卷 201　第 6 頁　201.5.3532）

668　三月甲辰　琉球國中山王尚真遣使臣齎表箋貢方物，來朝謝恩。賜宴並衣服、綵段等物有差。

（憲宗成化實録卷 201　第 7 頁　201.6.3534）

669　三月乙日（按：日爲巳之誤）　詔發太倉粟米三十萬石，

平價以糶給貧民，並預給在京官吏俸糧三月。以京師米貴故也。

（憲宗成化實録卷 201　第 8 頁　201.7.3535）

670　四月辛酉　琉球國中山王尚忠真（按：館本無真字）奏：臣伏讀祖訓條章，許臣國不時朝貢，故自臣祖父以來皆一年一貢。邇年巡撫福建大臣以臣國使有違法規利者，令臣二年一貢，此誠臣之罪也。然臣祖宗所以懇效貢者，實欲以中華眷顧之恩，杜他國窺伺之患，乞仍舊制，上不允。及其使臣馬怡世陛辭，乃賜尚真勅曰：褢因爾國使臣入貢，往往假以饋送爲名，污我中國臣工，其實以爲己利。又不能箝束傔從，以致殺人縱火，強刼民財。又私造違禁衣服等物，俱有顯迹。故定爲二年一貢之例。朝廷富有萬方，豈有爲一小國而裁省冗費哉。此例既定，難再紛更。特兹省諭，王其審之。

（憲宗成化實録卷 202　第 4 頁　202.3.3543）

671　五月庚寅　陞……浙江布政使杜謙爲順天府府尹。

（憲宗成化實録卷 203　第 2 頁　203.2.3553）

672　六月己未　朝鮮國王李娎遣陪臣申浚等齎箋文貢馬及方物來朝，賀皇太子千秋節。賜宴並金織衣、綵段等物有差。

（憲宗成化實録卷 204　第 4 頁　204.3.3566）

673　六月癸卯　令工部右侍郎胡睿提督修理京通二倉。（按：梁本錯簡。館本此條列於卷二〇五。見校勘記 587 頁，下同）

（憲宗成化實録卷 204　第 7 頁　205.6.3587）

674　六月乙巳　暹羅國遣正副使柰剌捧沙等來朝，貢象及方物。賜宴並金織衣、綵段等物有差。（按：梁本錯簡，館本此條列於卷二〇五）

（憲宗成化實録卷 204　第 7 頁　205.6.3587）

675　六月乙巳　免順天等縣夏税九萬六千八百石有奇。以旱災故也。（按：梁本錯簡。此條館本列於卷二〇五）

（憲宗成化實録卷 204　第 7 頁　205.6.3587）

676　七月庚午　禁重解富户。時户部臣奏：近歲天下解補順天府富户至京，其間多是例不僉補、不勾丁及該放免者。蓋由本府造册之時，鄉老里書懷姦作弊，不與除豁。是致移文四方，一例勾擾。有遠至數千餘里者，文書一臨，如驅戰卒，携妻抱子，朝奔夜行。及至本府，久（按:館本久作又）被里書百端需索，厭足始得放歸，則囊資已罄，往往乞食死於道路。請乞嚴禁。且委官清理原造富户籍册，其有例應放免者，即爲改正。自後造册必令府官一員監督。如襲前弊，每廂五名以上，廂老里書口外爲民。十五名以上，罪坐，縣官停俸二月。三十五以上，則罪坐，府官停俸三月。其富户爲事抵充在廂病故者，免其勾補。逃亡病故者仍勾一丁，終身除豁。奏上。從之。（按：梁本錯簡，館本此條列於卷二〇六）

（憲宗成化實録卷 205　第 7 頁　206.6.3601）

677　七月乙亥　蘇門荅剌國遣正副使馬力麻物等奉金葉表文來朝，貢方物。賜宴並金織衣、綵段等物有差。馬力麻物等乞賜冠帶，不許。（按：梁本錯簡，館本此條列於卷二〇六）

（憲宗成化實録卷 205　第 8 頁　206.7.3603）

678　八月甲寅　命廣西布政司戒諭安南國王黎灝。時雲南總兵官沐琮等人遣人探安南事還自車里，言交人以追捕叛黨爲辭，攻取老撾二十餘寨，殺二萬餘人。又欲往八百之境，得安南僞勅於車里，稱洪德十年。琮等奏上之。下兵部看詳，請集文武大臣及科道官議，謂欲請勅且責之，恐阻其自新之路，欲姑置之，恐長其不臣之心，宜令廣西布政司移咨黎灝，俾歛兵守境，以全臣節。又勅雲南兩廣總兵等官，俾整飭兵備，以防邊患。上悉允之。

（憲宗成化實録卷 206　第 2 頁　206.1.3592）

679　八月己未　暹羅國使臣柰剌捧沙奏：原乘海船損壞，乞令有司修補。又爲其國王乞蟒龍段疋。事下禮部，請令有司爲修海船，而停其賜。上特以蟒龍紅羅賜之。

（憲宗成化實録卷 206 第 3 頁 206.2.3594）

680 十月丁未朔 命太監汪直同傅恭、劉恒於神機營把總，仍提督十二營。

（憲宗成化實録卷 208 第 1 頁 208.1.3619）

681 十月乙卯 户部臣奏：京師米價騰貴，請以通州倉該支本年十一月份糧於十月預放。其十二月與粳米，十七年正月與小麥，俱於十二月内放支。馬料則自今年十月以後俱於通州坐放，不足則於京倉補支，庶幾民不艱食，麥豆不致陳腐。疏上。從之。

（憲宗成化實録卷 208 第 3 頁 208.3.3623）

682 十月癸亥 給賜居庸關沿邊守墩夜哨軍士一百六十三人衣鞋。

（憲宗成化實録卷 208 第 5 頁 208.5.3627）

683 十月戊辰 朝鮮國王李娎遣陪臣韓僩等奉表貢馬及方物來朝，賀萬壽聖節。

（憲宗成化實録卷 208 第 9 頁 208.8.3633）

684 十一月甲申 賜朝鮮國賀朝陪臣韓僩等宴並金織衣、綵段等物有差。

（憲宗成化實録卷 209 第 2 頁 209.2.3641）

685 十一月壬辰 賜朝鮮國成化十七年《大統曆》。

（憲宗成化實録卷 209 第 3 頁 209.2.3642）

686 十一月壬辰 兵部尚書余子俊等言：近者京城内外強盗滋多，蓋因閭巷惡少與各處逋逃罪囚結聚黨類，衆號爲剌虎，横行市肆，強取貨物，莫敢誰何。往往聚徒開場賭博，博窮爲盗，乃以所獲衣物質於印子舖，抵取錢鏹，苟圖自給。官捕之急則又掠取衣甲馬匹，縱横近郊，白晝則剽掠，禁之誠不可緩。宜勅府部共差屬職之有爲者五十餘員，會錦衣衛官並巡城監察御史查究。京城内外官民之家有舍匿遊民與無籍軍匠罪囚者，各聽首實，送户、兵、工三部收役。其中有無籍貫者送五城兵馬司拘候處畫。若赦宥死囚遣而復來者，處死。凡鄰居舍匿之家蔽占不舉者，亦以其罪坐之。仍令諸官審編火夫，非例應優免之家，不拘丁數，俱籍其姓名，令更番坐舖巡警，夜以五十人爲額。或盗拒捕而鄰居不救者俱有罪。及盗既獲，必追究舍匿之家，概治之。又印子鋪、賭場俱宜禁治。自今犯者，其房舍没官，治以重罪。又宜勑禮部查衣服之制，以防僭侈。榜諭臣民，以崇儉朴。各官有弭盗方略，亦聽奏聞。上曰：京師近地，奢僭姦僞，漸不可長。有此情弊，所司官校何爲玩愒日久不爲緝捕，宜亟畫謀擒捕。仍遣官屬勘實造册，有潛住者如擬發遣，隱蔽者並罪之。

（憲宗成化實録卷 209　第 4 頁　209.3.3644）

687　十一月乙未　逮京操官軍在逃者凡七千二百有奇。

（憲宗成化實録卷 209　第 6 頁　209.5.3648）

688　十一月戊戌　撒馬兒罕遣使臣滿剌馬里麻母底等來朝貢馬。賜宴並衣服、綵段等物有差。其回賜在彼頭目綵段表裏及勑，付使臣領回給與之。

（憲宗成化實録卷 209　第 7 頁　209.6.3649）

689　十二月癸亥　初，太監鄭同使朝鮮國還，王李娎遣陪臣許熙伴送。熙還道遼東，行至開州境，建州虜騎二千乘夜邀之，掠其從卒三十餘人，馬二百三十餘匹，他所賫什物稱是。蓋往年往建州，朝鮮國皆以兵來助，故虜懷忿心，伺隙竊發。至是娎奏至，願勑箋夷虜，追還所虜人畜，且云欲令彼邊將臣伺便攻之。事下，兵部請會府部諸臣議。於是英國公張懋、吏部尚書尹旻等議謂：朝鮮奉藩惟謹，今其臣爲黠虜所邀，固宜懲之，第遼東連年用兵，未可輕動。宜降勑嘉娎忠敬及諭以不可用兵之意，許令邊將追其所亡。仍命之養士䘏民。更乞賜勑，諭我遼東守臣整飭邊防，及遣議者多方究其所掠，期於必得。報可。仍以許熙率兵冒險，給綵段二表裏，銀二十兩諭之。

（憲宗成化實録卷 210　第 7 頁　210.5.3662）

690　十二月甲子　　朝鮮國王李娎遣陪臣孫順効等奉表貢馬及方物來朝，賀明年正旦節。

（憲宗成化實録卷 210　第 7 頁　210.6.3663）

691　十二月甲子　　户部臣言：京軍民上言，前此，京師錢價每銀一錢易錢僅得八十文，錢貴米賤，軍民安業。比因僞錢盛行，銀一錢增至一百三十文，錢賤米貴。又（按：舘本又作而）又揀選太甚，小民勤勞，自朝至脯，所得傭直不能養贍。乞勅都察院出榜禁約。如有檢選者，每一罰十，使錢法流通，米價平減。臣等請如先年事例，除僞造並破碎錫錢不用外，自餘不問年代遠近，無得揀選，違者治罪。從之。

（憲宗成化實録卷 210　第 7 頁　210.6.3663）

692　十二月　　是歲……漕運京師攢運糧三百七十萬石，各處運糧五百五十二萬八千七百八十石有奇。

（憲宗成化實録卷 210　第 12 頁　210.10.3672）

成化十七年（1481）

693　正月壬辰　　賜朝鮮國賀正旦陪臣孫順効等宴並金織衣、綵段等物有差。

（憲宗成化實録卷 211　第 3 頁　211.2.3678）

694　正月癸巳　　賜宜興長公主武清縣塌河水甸地一千八百頃。徽王將之國，奏辭所賜莊田，因言：塌河甸、七里海水窪二處，乞撥與宜興長公主。王與公主同母故也。事下户部，覆奏：公主已有莊田八十餘頃，難概撥給。上以王奏，盡賜之。

（憲宗成化實録卷 211　第 3 頁　211.2.3678）

695　正月甲午　以水災免順天等府所屬州縣並鎮朔等衛成化十六年秋糧子粒一萬二千八百五十石有奇，穀草二十一萬五千八百三十束有奇。

（憲宗成化實録卷 211　第 3 頁　211.3.3679）

696　二月乙巳朔　陞順天府滁縣知縣高安爲宛平縣知縣。從府尹肚（按：館本肚作杜）謙等薦也。

（憲宗成化實録卷 212　第 1 頁　212.1.3685）

697　二月甲寅　以水災免順天府、薊州、玉田並大寧都司、營州、中屯等十一衛所成化十五年、十六年秋糧子粒共七千四百三十餘石，草六千四百四十餘束。

（憲宗成化實録卷 212　第 2 頁　212.2.3688）

698　二月丁巳　提督上林苑海子太監蔣琮奏：乞修海子行殿房屋、橋樑、牆垣。得旨。摘撥官軍，差委内外官員提督。而琮又言：先撥官軍人匠，用工急遽，不能堅固，乞發法司徒杖囚犯相兼應役，遇有倒塌，即爲修葺。工部請命錦衣衛堂上官一員，同本部委官及管海子官提督用工，先修牆垣，完日然後會官會計物料，修理殿宇、橋樑。上是其言，命指揮孫瓚不妨衛事與琮提督。

（憲宗成化實録卷 212　第 3 頁　212.2.3688）

699　二月戊午　户部以京城内外私錢濫行，舊錢沮滯，是致錢輕物貴，不便於民，雖嘗奏請禁約，犯者枷項示眾，然愚民貪利，鼓鑄私販者益多，請嚴加禁治，且定銀錢通融則例。上曰：今後只許使歷代並洪武、永樂、宣德錢，每八十文折銀一錢，能告捕私造者量賞，及私販者官校用心緝捕，有知情容隱者咸究問。見今揀錢枷項監問，姑宥之。

（憲宗成化實録卷 212　第 3 頁　212.3.3689）

700　二月癸亥　朝鮮國王李娎遣陪臣韓名澮等貢馬及方物，具奏：繼妃尹氏失德，廢置外第。奉承宗祀不可久缺，乞繼封副室尹氏。從之。賜其陪臣宴並綵段襲衣，遣太監鄭同、金興往封尹氏爲朝鮮國王繼妃，賜以誥命冠服並紵絲、羅段、西洋布等物。

（憲宗成化實録卷 212　第 5 頁　212.4.3692）

701　二月丙寅　朝鮮國王李娎奏：本國三方受敵，近又數被野人侵擾，兵備不可疏缺。每歲許買弓角五十副不足於用，乞依先年事例，收買不拘額數。上許每歲增罪（按:館本罪作買）百五十副。

（憲宗成化實録卷 212　第 5 頁　212.5.3693）

702　三月壬午　户部奏：今年正月以來雨雪愆期，二麥未秀，米價踊貴，軍民艱食。欲將在京文武官員該支南京十七年俸，其公、侯、駙馬、伯、儀賓各支二十石，文職三分分本色，俱於通州倉關支。武職二月、三月分俸銀各扣兩月，每石扣銀五錢，俱在京倉支。仍除南京該支米數。如此則米價自平矣。命官員俸禄准支粳米七分，粟米三分。

（憲宗成化實録卷 213　第 2 頁　213.1.3698）

703　三月辛卯　上親閲舉人所對策。王華等二百九十八人進士及第、出身有差。

（憲宗成化實録卷 213　第 4 頁　213.3.3702）

704　三月乙未　賜内官陳顯定興縣莊地三百九十頃八十三畝。

（憲宗成化實録卷 213　第 7 頁　213.6.3708）

705　三月丁酉　命都督同知白全統官軍五千修築上林苑海子垣牆。

（憲宗成化實録卷 213　第 8 頁　213.7.3709）

706　四月甲子　命修理天地壇、太廟及社稷山川壇、國子監、神樂觀樂器損壞者。

（憲宗成化實録卷 214　第 8 頁　214.7.3726）

707　五月甲申　東朝房火，延及公生門。巡城御史俞振才自以不能撲滅，服罪，且謂火起由左都督趙勝朝房，亦當究治。詔振才不必問，令勝具實陳奏。宥之。

（憲宗成化實録卷 215　第 3 頁　215.2.3734）

708　五月丙戌　命工部修公生門及長安左門外朝房之被火者。

（憲宗成化實録卷 215　第 3 頁　215.3.3735）

709　五月庚寅　順天府薊州雨雹大如鵞卵，損官民房屋及傷禾稼。

（憲宗成化實録卷 215　第 4 頁　215.3.3735）

710　五月辛卯　給修理南海子官軍五千員名人月米一斗，鹽一斤。

（憲宗成化實録卷 215　第 4 頁　215.3.3736）

711　五月戊戌　順天府薊州及遵化縣地震。

（憲宗成化實録卷 215　第 5 頁　215.4.3737）

712　五月戊戌　鎮守密雲等處監丞許常重建宋楊業廟於古北口關外，請廟額。賜名曰“靈威廟”。

（憲宗成化實録卷 215　第 5 頁　215.4.3738）

713　六月甲辰朔　薊州及遵化縣地震有聲，日凡三次。同日永平府及遼東寧遠衛地亦三震，俱有聲。

（憲宗成化實録卷 216　第 1 頁　216.1.3747）

714　六月丁未　給疏濬金水河官軍人匠月粮人二斗，鹽一斤。

（憲宗成化實録卷 216　第 2 頁　216.2.3749）

715　六月壬子　勅安南國王黎灝曰：朕恭膺天命，嗣守天位，以天下爲一家，視萬民爲一體。一言一事，未嘗有弗于天。爾國雖殊方萬里，朕不以爲遠而忽之。徂歲傳聞，王興兵攻殺老撾，又欲進征八百。朕謂王之所以順天者，詩書禮義同於中國，豈應有此？心竊疑之，爰命守臣移咨于王。兹覽王奏云：差頭目追捕邊酋琹公等，必無攻殺老撾之舉。又云：八百地之所在且不知，況欲往征之。則前言乃傳者之誤耳。雖然，試與王卒言之。《書》不云:“惠迪吉，從逆凶”。蓋天與人相爲流通，吉與凶本乎順逆。交民，天民也，老撾民，亦天民也，若果如前所云，無故而戕天之民，是逆天矣。自古焉有逆天而保其無凶禍者哉！繼今王宜安静守常，欽畏天道〔校記：廣本道作命〕，恪秉藩臣之禮，允迪睦隣之誼。非特老撾在所當睦，凡與王國接壤者，皆在所當睦也。若以兵强國富，越境而侵之，天之視聽自我，民其應有不旋踵者。王其深省之。先是，灝率夷兵九萬，開山爲三道，進兵破哀牢，繼進老撾地方，殺宣慰刁板雅蘭〔按：館本蘭作藺〕掌父子三人，其季子怕雅賽歸依八百，宣慰刁攬那遣兵送往景坎地方。既而灝復積粮練兵，且頒僞勅於車里宣慰司，期欲會兵進攻八百。其兵有暴死者數千，傳言以爲雷所震，八百因遣兵扼其歸路，襲殺萬餘，交人大敗而還。刁攬那以報雲南守臣黔國公沐琮等。琮等因奏：灝昔嘗吞併占城，皇上姑賜涵容，冀其悔過，而灝乃肆惡無忌，苛刻不仁。既指擒黄章馬之名，刧虜鎮安村寨，復托解關正等之故，窺伺臨安邊情。擅差經略而駐師蒙自地方，假捕槼公而攻殺老撾父子，請降勅切責之。刁攬那能保障生民，擊敗交賊，請賜敕頒賞，以旌忠義。老撾之子怕雅賽聽其越例襲職，以示撫恤。仍分勅車元江木邦廣南孟良等土官，俾互爲保障。奏至，詔集廷臣議，宜從所奏。刁攬那於雲南布政司給官銀百兩，綵幣四表裏，以酬奬之。怕雅賽亦馳勅賜之，就令襲父職任，免其貢物一年。且言沐琮等保障有方，亦宜賜勅慰免。上從其議。乃賜怕雅賽冠帶、綵弊〔校記:廣本弊作段，是也〕，以示優恤，并勅灝云。

（憲宗成化實録卷 216　第 3 頁　216.2.3750）

716　六月甲寅　賜司設監太監王助淮鹽一千引建寺。初，建寺於西直門外，以上（按:館本上作工，是也）料不足，請存積官鹽二萬引。事下户部，尚書翁世資極言鹽課之難禁約之例。且言邊事方殷，恐用不足。乃命與一千引，後不爲例。

（憲宗成化實録卷 216　第 4 頁　216.4.3753）

717 六月乙卯 朝鮮國王李娎遣陪臣洪貴達等奉箋文貢馬及方物來朝，賀皇太子千秋節。賜宴并金織衣、綵段等物有差。

（憲宗成化實録卷 216 第 5 頁 216.4.3753）

718 七月丁酉 暹羅、蘇門答剌二國使臣朝貢，舟人教其途中買貧民子女，多載私鹽，且爲請不法事。至淮安，有告其事于巡撫都御史張瓚者，會押送行人亦以爲言。瓚因遣官同行人驗按得實，贖子女還民，治舟人罪。因奏：請勅諭諸國，使之擇人爲使，務遵理法，并請明定罪例，出榜禁約。都察院覆奏。從之。

（憲宗成化實録卷 217 第 4 頁 217.4.3765）

719 七月己亥 雷震郊壇東天門脊獸。

（憲宗成化實録卷 217 第 5 頁 217.4.3766）

720 七月辛丑 遣禮科給事中林榮充正使、行人司行人黄乾亨充副使，封滿剌加國故王蘇州（按:館本州作舟）速沙子馬哈木沙爲國王。

（憲宗成化實録卷 217 第 6 頁 217.5.3767）

721 八月癸卯朔 滿剌加國遣正副使端亞媽剌的那查等來朝，貢象及方物，賜宴并衣服、綵段等物有差，仍以織金綵段、文錦等物付使臣歸賜其國王及妃。端亞媽剌的那查等乞賜冠帶，與之。

（憲宗成化實録卷 218 第 1 頁 218.1.3769）

722 八月癸丑 命右都督馮宗董工修都城。

（憲宗成化實録卷 218 第 2 頁 218.2.3772）

723 八月丁巳 朝鮮國王李娎遣陪臣尹弼商等來朝，貢方物謝恩。賜宴并金織衣、綵段等物有差。

（憲宗成化實録卷 218 第 5 頁 218.4.3775）

724 八月辛酉 安南國王黎灝遣陪臣阮文質等奉表箋來朝，貢金銀器及方物。賜宴并衣服、綵段等物有差。仍以文錦綵段等物付使臣歸賜其王。

（憲宗成化實録卷 218 第 5 頁 218.4.3776）

725 八月癸亥 順天府府尹杜謙奏：請較定權量以給民用。從之。

（憲宗成化實録卷 218 第 8 頁 218.7.3781）

726 八月乙丑 户部尚書翁世資奏：遣官勘過五軍中軍營收馬草場，在薊州西花鄉地方總千一百四十餘頃，欲行總兵官英國公張懋照舊收馬及召人承佃，每畝歲徵子粒，以備買補馬匹置辦軍裝之用。從之。

（憲宗成化實録卷 218 第 8 頁 218.7.3781）

727 九月壬申朔 滿剌加國使臣端亞媽剌的那查等奏：成化五年，本國使臣微者然那入貢還，至當洋，被風漂至安南國，微者然那與其傔從俱爲其國所殺，其餘黜爲官奴，而幼者皆爲所宫。又言：安南欲占城池，誠欲併吞滿剌加之本地。國以皆爲王臣，未敢興兵與戰。適安南使臣亦來朝，端亞媽剌的那乞與廷辨。兵部尚書陳鉞以爲此亦往事，不必深較，宜戒其將來。上乃因安南使臣還，諭其王黎灝曰：爾國與滿剌加俱奉正朔，宜修睦好，藩屏王室，豈可自恃富强以干國典，以貪天禍。滿剌加使臣所奏，朝廷雖未輕信，爾亦宜省躬思咎，畏天守法，自保其國。復諭滿剌加使臣曰：自古聖王之馭四夷，不追咎于既往。安南果復侵陵，爾國宜訓練士馬以禦之。

（憲宗成化實録卷 219 第 1 頁 219.1.3785）

728 九月癸酉 給修京城官軍一萬人口粮月二斗，鹽一斤。

（憲宗成化實録卷 219 第 1 頁 219.1.3786）

729 九月丙戌 賜宛平、大興二縣養濟院孤老貧人五千九百七人布各一疋。

（憲宗成化實録卷 219 第 3 頁 219.3.3789）

730 九月壬辰 占城國古來遣王孫哈那巴等奉表貢象虎及方物，來請封。賜金織衣、綵段等物有差。（按：此文梁本失載，據館本補入）

（219.5.3793）

731　九月癸巳　　兵部尚書陳越奏：安南國僻在西南萬里之外，與雲南兩廣接壤。永樂間，王師克伐郡縣，其地其後守臣失馭，隨復陷没。今又轉肆憑陵，東吞占城，西併老撾，殘破八百，僞敕車里宣慰司，殺滿剌加使臣，不可不爲之慮。先年，有邊人還自安南，稱其國欲犯雲南，以其王母諫而止。都御史王恕亦稱，安南遣人僞爲商人來覘虛實。又聞有江西人王姓者，亡命爲僞御史，爲之畫策督兵。累次侵擾，未必非此人之謀。占城使臣亦言，安南治戰船三千，欲襲海南，不可不爲之備。上曰：朕視安南，禮絶外國，每有違拒，亦優容之，而彼外示恭儉，中懷桀黠，迹其所爲，蓋有不可揜者。《兵法》云：毋恃其不來，恃吾有以備之。宜申命雲南兩廣守臣，嚴境亡命之禁，彼若有犯，當整兵禦之。（按：此條梁本失載，據館本補入）

（219.5.3793）

732　九月丁酉　　詔諭安南國王黎灝還占城地。時占城地時占城國（按：館本地下無時占城國四字）古來遣使奏云：天順五年四月内，交阯興兵侵本國，虜國王、毁城池、掠寶印而去，王弟盤羅茶悦逃居佛靈山。成化六年奏請印玉乞封，天使到而盤羅茶悦已先爲交阯所擒矣。臣與兄齋亞麻勿庵潛竄山林。後交人畏懼天朝，自遣人尋訪本國子孫，撥還土地〔按:館本作地土，廣本抱本作土地〕，自邦都郎至占臘地界五處，立齋亞麻勿庵爲王。未幾，齋亞麻勿庵死。今臣當嗣位而不敢擅專〔按:館本作專擅，廣本作擅專〕，乞遣天使仍賜寶印，封以爲王。特諭交人退還本國全境之地二十七處，四府一州二十二縣。東至東海，南至占臘，西至黎人山，北至阿木喇補。凡三千五百餘里。仰祈天恩，爲小國作主。命會官議之。兵部尚書陳鉞、英國公張懋、吏部尚書尹旻等議：占城被安南侵奪已久，朝廷嘗爲之戒諭，安南止還其地五處。今古來不遠萬里來訴。若不俯從所請，無以慰遠人仰望之心。宜遣近臣有威望善辭令者二人使安南，諭其王，使悉還占城故地。詔不必遣官。及安南使臣還，乃勅灝曰：朕奉天子民，薄海内外，咸〔校記：廣本咸作俱〕圖安輯，俾各得所，以溥一視之仁。矧爾安南與占城二國，自秦漢而下皆中國郡縣，距中國非遠。曩者占城奏，爾興兵虜其國王，殺其人民〔校記：廣本作民人〕，奪其城池土地，朕甚惻然。兩降勅令，令爾歸所獲，以熟大義。而爾復奏云，虜獲男婦已發回本國。又云，境土既定，豈可侵争。朕信之不疑。今占城古來差人請封，詢其所以，知其地俱被爾國占據，其退還者不過五之一爾〔校記：廣本爾作耳〕。審若此，則是爾陰遂吞併之謀，陽竊睦鄰之名。敦大義者，果若是耶！朕所以諄諄勅爾者，非私厚占城也，欲爾體朕一視之仁，睦鄰恤民爲兩國生靈福耳。爾猶若罔聞之，獨不觀爾先世與占城報復往迹乎？明鑒伊邇，爾國耆老尚悉其詳，當審思之！古稱有道之國，以德不以力，爾自受封以來，不但侵奪占城，近又殺滿剌加進貢使臣，黥其從人爲奴。鄰封搆怨，控訴交至，爾自以爲福否耶。夫畏天保國，事大恤小，賢者所爲，爾何不此之圖地。勅至，宜念輔車之勢，篤鄰好之誼，盡還占城古地，世守宗祀，不至隕絶。不惟兩國生靈免罹兵禍，而爾令聞垂諸簡册，子能世享休澤〔校記：廣本休澤作富貴〕於無窮矣。其深體之，毋貽後悔。

（憲宗成化實録卷 219　第 5 頁　219.6.3796）

733　九月己亥　太監李榮傳奉聖旨：陞文思院副使張喜爲大使，授司設監人匠陸何原等十七人爲副使。

（憲宗成化實録卷 219　第 10 頁　219.8.3799）

734　十月癸卯　朝鮮國王李娎遣陪臣韓政享等奉表貢馬及方物來朝，賀萬壽聖節。

（憲宗成化實録卷 220　第 1 頁　220.1.3801）

735　十月丙辰　占城國行人司右司副張瑾有罪下獄。先是，瑾與給事中馮義同奉命齎勅勅印封占城國王孫〔按：館本孫作孤，廣本抱本作孫〕齋亞麻勿菴爲王，多挾私貨以圖市利。至廣東聞齋亞麻勿庵已死，而其弟古來遣哈那巴等來請封，慮空還失利。亟至占城，占城人言王孫請封之後即爲古來所殺，而安南已以僞勅立其國人曰提婆苔者權掌國事。瑾等不俟奏報，輒以印幣〔校記:廣本無幣字〕授提婆苔，封爲之王，得其賂黄金百餘兩。又經滿剌加國，盡貨其私物以歸。義至海洋病死，瑾且謀事且納僞勅於朝。禮部劾瑾專擅封立，當正典刑。命下錦衣衛獄鞫治，始得其狀。法司比依大臣專擅選官罪坐斬。時占城哈那巴在舘，禮部譯問之，云古來實王弟，齋亞麻勿菴之死以病，不以殺，而所謂提婆苔者亦不知其爲誰。乃命哈那巴等暫回廣東，令有司以禮優待，俟提婆苔使謝恩使至，并審其情僞，别處之。

（憲宗成化實録卷 220　第 4 頁　220.4.3807）

736　十月戊辰　大隆善護國寺西天佛子斑卓藏卜死。命撥官軍一千五百爲建塔治葬。

（憲宗成化實録卷 220　第 6 頁　220.6.3808）

737　十一月丙子　賜朝鮮國朝賀陪臣韓致享等宴并金織衣、綵段等物有差。

（憲宗成化實録卷 221　第 1 頁　221.1.3813）

738　十一月戊寅　命内官監太監陳貴、泰寧侯陳桓、工部右侍郎張頣督工修太（按：舘本太作大）德顯靈宫。

（憲宗成化實録卷 221　第 2 頁　221.2.3815）

739　十一月丙戌　免萬全都司所屬并直隸隆慶州税粮子粒共六萬九千七百餘石。以是年旱災故也。

（憲宗成化實録卷 221　第 3 頁　221.3.3817）

740　十一月己丑　賜朝鮮國成化十八年《大統曆》。

（憲宗成化實録卷 221　第 5 頁　221.4.3820）

741　十二月戊申　太監李榮傳奉聖旨：陞大隆善護國寺禪師劄石州爲國師，剌麻斑卓劄失、右覺義鎮南倫竹都綱，中書科冠帶儒士李鑾、鴻臚寺序斑儒士白瑛等七人與冠帶，中書科食粮人匠姚敬等七人俱文思院副使，仍舊辦事。

（憲宗成化實録卷 222　第 2 頁　222.2.3825）

742　十二月戊午　　朝鮮國王李娎遣陪臣李克期等奉表貢馬及方物來朝，賀明年正旦節。

（憲宗成化實録卷 222　第 3 頁　222.3.3827）

743　十二月壬戌　　密雲城門銃被盗去，巡關御史李經劾奏鎮守左監丞許常、都指揮同知王榮鈐束不嚴，請究其罪。命宥之。

（憲宗成化實録卷 222　第 4 頁　222.4.3829）

744　十二月　　是歲……漕運京師儹運糧三百七十萬石，各處運納糧五百七萬八千二百九十石有奇。

（憲宗成化實録卷 222　第 7 頁　222.6.3832）

成化十八年（1482）

745　正月乙酉　　賜朝鮮國賀正旦陪臣李克卜〔按：館本克下無卜字，抱本有卜字〕期等宴并金織衣、綵段等物有差。

（憲宗成化實録卷 223　第 2 頁　223.2.2837）

746　正月丁酉　　以順天、河間、保定府諸州縣災，免夏麥三萬三千二百石有奇。

（憲宗成化實録卷 223　第 7 頁　223.6.3845）

747　二月辛酉　　工部臣奏：先因太監汪直請改獐鹿房、神木廠爲倉場。既奉旨於京城内別相隙地，今司苑司及牛房、安仁、器皿三廠并獐鹿房地廣，俱堪改造。上從其請，以牛房地爲倉場，獐鹿房地爲草場。命尚書劉昭、太監張興、廣寧伯劉璇督官軍供役。

（憲宗成化實録卷 224　第 5 頁　224.5.3855）

748　二月戊辰　　京師雨土霾。

（憲宗成化實録卷 224　第 6 頁　224.5.3855）

749　三月辛巳　琉球國中山王尚真遣使臣梁應來朝，貢馬及方物。賜宴并綵絹、緞布有差。

（憲宗成化實録卷 225　第 5 頁　225.4.3864）

750　三月甲申　以水災免順天、永平二府秋糧三萬六千三百餘石，草一百五萬三千四百餘束。

（憲宗成化實録卷 225　第 6 頁　225.5.3865）

751　三月癸未　罷京操達官，令還原衛。初，達官無輪班京操之例，汪直始奏取保安等五衛五百十五員赴操，頗致嗟怨。至是，用兵部議，罷之。

（憲宗成化實録卷 225　第 6 頁　225.5.3865）

752　四月甲辰　琉球國中山王尚真奏：乞以其陪臣之子蔡賓等五人於南京國子監讀書。禮部按洪武、永樂、宣德間例以聞。上曰：海南遠夷，嚮慕文教，朕甚嘉之。矧在先朝已有舊制，其令蔡賓等南監肄業。有司歲給衣服廩餼，毋令失所。務俾通知中國禮義，永遵王化，顧不美歟。

（憲宗成化實録卷 226　第 2 頁　226.2.3873）

753　四月癸丑　琉球國中山王尚真復乞不時進貢。不許。尚真屢上疏，至是復請，稱以小事大如子事父。禮部言：卜其意實假進貢以規市販之利，不聽其所請。上賜勅，諭之曰：朝廷定爾國二年一貢之例事，已具前勅，兹不再言。但臣之事君，遵君之勅可也。屢違勅奏擾，可乎？子之事父，奉父之命可也。屢方命陳瀆，可乎？所以固拒者，非爲惜費，蓋二年一貢，正合中制，朕所以恤小之意實在此。王其欽遵之，毋事紛更。

（憲宗成化實録卷 226　第 5 頁　226.4.3878）

754　四月甲子　禮部奏：琉球國進貢舊例，到京少則四五十人，多則六七十人，俱給賞有差。邇因各夷進貢率多姦弊，每國止許丘（按：館本丘作五）七人，不過十五人到京，餘俱留邊以俟。今福建以例止容正議大夫梁應等十五人赴京，既以給賞，餘六十七人俱留之布政司，宜發官帑以次均給，庶不減削太甚，失柔遠之意。從之。

（憲宗成化實録卷 226 第 8 頁 226.6.3882）

755 六月乙巳 朝鮮國王李娎遣陪臣朴直（按:館本直作植）等奉箋文貢馬及方物來朝，賀皇太子千秋節。賜宴卜并金織衣、綵緞等物有差。

（憲宗成化實録卷 228 第 3 頁 228.3.3905）

756 六月辛亥 朝鮮國陪臣朴植卒于會同館，禮部以聞。命所司給棺木送還本國并賜以祭。

（憲宗成化實録卷 228 第 4 頁 228.3.3906）

757 七月丁丑 增給朝天宫廟户三，佃户七。從真人胡守信奏請也。

（憲宗成化實録卷 229 第 4 頁 229.4.3925）

758 七月己卯 暹羅國差正副使坤望羣、謝提等來朝請封，貢方物。賜宴及金織衣、綵緞、絹布并賜冠帶。仍令賚勅及文錦綵緞，回賜其國王及妃。

（憲宗成化實録卷 229 第 5 頁 229.4.3925）

759 七月庚辰 以刑科給事中林霄爲正使、行人姚隆爲副使，賚詔討（按:館本討作封,是也）暹羅國王世子國隆勃剌略坤息利尤地爲國王。

（憲宗成化實録卷 229 第 5 頁 229.4.3925）

760 七月辛卯 蘇（按:館本蘇作薊，是也）州等處整飭邊備右副都御史李田等奏：居庸關水關、城券及隘口、水門四十九座，城垣、樓舖、墩臺一百二處爲水衝決，乞撥官軍修理。事下，工部覆奏之。

（憲宗成化實録卷 229 第 7 頁 229.6.3929）

761 九月辛亥 命給占城國古來使臣呵羅沙等海舡回國。呵羅沙等於廣東候提婆苔謝恩使臣，而證張瑾擅封事，已踰一年，皆不耐冬寒，告于監察御史王弁以聞。禮部覆奏，令其暫回本國，待提婆苔差人謝恩時仍自來京而證。故有是命。

（憲宗成化實録卷 232　第 4 頁　232.3.3962）

762　九月辛酉　命獻陵衛帶俸都指揮僉事王玉守備黄花鎮。

（憲宗成化實録卷 232　第 6 頁　232.5.3965）

763　十月辛未　朝鮮國王李娎遣陪臣韓倜等奉表貢馬及万萬（按：館本万萬作方物，是也）來朝，賀萬壽聖節。

（憲宗成化實録卷 233　第 1 頁　233.1.3969）

764　十一月甲辰　賜朝鮮國朝賀陪臣韓倜等宴并金織衣、綵段等物有差。

（憲宗成化實録卷 234　第 2 頁　234.2.3979）

765　十一月庚戌　賜朝鮮國成化十九年《大統曆》。

（憲宗成化實録卷 234　第 4 頁　234.4.3983）

766　十二月丁卯　以水災免順天府蘇（按：館本蘇作薊，是也）州等州、香河等縣共粮三萬七千一十餘石，草一百三十七萬四千四百餘束。

（憲宗成化實録卷 235　第 1 頁　235.1.3991）

767　十二月丁卯　器皿廠火，焚廠房三十八間及竹木物料。命逮工部管廠主事李濬、兵部副指揮宋镛等，問罪如律。

（憲宗成化實録卷 235　第 1 頁　235.1.3991）

768　十二月戊寅　順天府府尹談倫服闋復任。

（憲宗成化實録卷 235　第 9 頁　235.8.4005）

769　十二月庚辰　朝鮮國王李娎遣陪臣李克增等奉表貢馬及方物來朝，賀明年正旦節。

（憲宗成化實録卷 235　第 11 頁　235.9.4008）

770　十二月　是歲……漕運京師儹運糧三百七十萬石，各處運納糧五百八十七萬三千七百一十石有奇。

（憲宗成化實録卷 235　第 15 頁　235.13.4015）

成化十九年（1483）

771 正月丙辰 命工部左侍郎杜謙督工修築蘆溝橋堤岸。

（憲宗成化實録卷 236 第 2 頁 236.2.4020）

772 正月丁巳 賜朝鮮國賀正旦陪臣李克增等宴并金織衣、綵段等物有差。

（憲宗成化實録卷 236 第 3 頁 236.2.4020）

773 正月戊午 總督粮儲户部尚書殷謙奏：京通二處倉廒數少，乞展地添造。招撥官軍一萬人，命太監張興、都督馮昇、工部右侍郎張頤董其役。

（憲宗成化實録卷 236 第 3 頁 236.2.4020）

774 正月辛酉 太監覃昌傳奉聖旨，陞大能仁寺灌頂大國師結幹鎮占爲佛子。

（憲宗成化實録卷 236 第 4 頁 236.3.4021）

775 二月甲戌 命總兵官太子太保襄城侯李瑾統軍夫萬人修大慈恩寺。

（憲宗成化實録卷 237 第 2 頁 237.2.4025）

776 二月乙亥 建豐盈倉於豐潤縣，以儲歲運糧儲。先是，提督永平等處糧草户部郎中官廉奏：永平、山海邊關官軍俱於薊州倉支糧，遠者五六百里，近者三四百里，往還頗艱。豐潤縣有河，西流經玉田縣折而南，與薊州運河相通。宜於豐潤立倉，以便支給。仍將一帶河道量起丁夫疏浚，以通糧運。從之。

（憲宗成化實録卷 237 第 2 頁 237.2.4025）

777 二月辛卯 給修大慈恩寺官軍一萬人月米三斗，鹽一斤。

（憲宗成化實録卷 237 第 7 頁 237.6.4033）

778　三月丙申　　給修造京邇（按：館本邇作通，是也）二倉官軍一萬人月支口粮四斗。

（憲宗成化實録卷 238　第 1 頁　238.1.4036）

779　四月壬申　　封朝鮮國王李娎長子㦕爲世子。上諭禮部臣曰：娎敬事朝廷，與他國不同，宜厚與之。其世子賜金織紵絲紗羅各四表裏。仍降勅論娎曰：朕惟有爵土者莫不爲長世子之命，太監鄭同爲正使、金興爲副使往封爾長子㦕爲朝鮮國王世子。於戲！朝廷之命王其冢（按:館本冢作录，是也）之，藩邦之器世子其主之。知天地之分不可踰，益循事之上（按：館本上在之前）誠，知繼體之道不可忽，罔替秉禮之訓。若是，則本愈固，譽愈隆。王國享福，詎有窮邪。

（憲宗成化實録卷 239　第 3 頁　239.2.4054）

780　四月癸酉　　撒馬兒罕及亦思罕地面鎖魯檀阿哈麻等遣使貢獅子貢於朝。

（憲宗成化實録卷 239　第 3 頁　239.3.4055）

781　四月甲戌　　朝鮮國王李娎遣陪臣韓名僧等來朝貢馬及方物。賜宴并金織衣、綵段等物有差。

撒馬兒罕及亦思罕地面鎖魯檀阿哈麻等復進西馬番力糖霜、兜羅梭甫等物，賜宴於禮部。仍詔合賜金織襲衣、綵段表裏等物，從特厚給之。

（憲宗成化實録卷 239　第 3 頁　239.3.4055）

782　四月乙亥　　陞順天府通判陳肅爲本府治中。

（憲宗成化實録卷 239　第 4 頁　239.3.4056）

783　五月丙午　　提督山廠工部尚書萬祺奏：彰義門外義井、新店、趙林、義河一帶，官路低窪，又因山水驟漲，運車皆爲所阻。乞以蘆溝橋餘工修治。命都督同知白全督工填塾凡三千餘丈。

（憲宗成化實録卷 240　第 4 頁　240.2.4064）

784　五月乙卯　保國公朱永等奏：團營見軍共九萬三千四百有奇，各處更番赴工者五萬二千，下場者二萬四千六百，操練者僅一萬六千七百而已，勞役頻繁，不遑蓄鋭。且馬亦散牧遠郊，一有警急，卒難調集。乞暫令回營以候調遣。得旨，官軍繕修蘆溝堤岸并通州倉者，工畢卽回營。京倉且勿修，俟明春議之。大慈恩寺令王順等趣工，下場士馬令嚴加閲視，勿容逃損誤事。

（憲宗成化實録卷 240　第 6 頁　240.5.4069）

785　六月己巳　朝鮮國王李娎遣陪臣朴樞等奉箋文貢馬及方物來朝，賀皇太子千秋節。賜宴并金織衣、彩段等物有差。

（憲宗成化實録卷 241　第 2 頁　241.2.4073）

786　七月乙未　命皇城四門執馬旗軍如舊制。國初，皇城四門駕房直宿，每門旗手十一名，馬十一匹。至宣德十年户部議省馬草，每門暫減旗手四名，馬六匹，送三千營操備。景泰間增補如初。至是，總兵官朱永復令送營。兵部言其變更不一，人難遵守。詔如舊行之。

（憲宗成化實録卷 242　第 1 頁　242.1.4084）

787　八月乙亥　陞順天府府丞張海爲太僕寺卿……監察御史黄傑爲順天府丞。

（憲宗成化實録卷 243　第 11 頁　243.9.4113）

788　八月甲申　户部以提督薊州糧儲郎中官廉近以永平、山海等處邊軍糧豆，歲於薊州倉支給不便，奏於豐潤縣置倉，歲運遮洋官軍糧十萬石於此收納，今年暫運四萬石，每石加耗米八升，内除六升以爲盤剥之費，所收糧先爲放支。今總督漕運都御史徐英又奏：河道淤淺，舟不能通，而陸路車亦難行，恐阻滯過期，有誤來年兑運。欲請暫納薊州，宜令盡除前所加耗，仍納於豐潤。詔如議。

（憲宗成化實録卷 243　第 14 頁　243.12.4120）

789　八月己丑　賜朝鮮國陪臣金鑵等宴并金織衣、彩段等物有差。國王李娎遣謝世子恩也。

（憲宗成化實録卷 243　第 17 頁　243.14.4123）

790　九月癸丑　給賜密雲古北口諸邊守墩夜哨軍士九百六十五人衣鞋。

（憲宗成化實録卷 244　第 10 頁　244.9.4143）

791　十月戊寅　撒馬兒罕貢使怕六灣等以進獅子，乞如永樂間賞例。事下禮部，覆奏：速檀阿黑麻萬里遣使來貢獸，誠有可嘉，宜如正統四年賞例。有旨：加賞綵段五表裏。繼而使臣堅執必欲如永樂賞例。禮部奏以爲歲久難從，宜於見賞例外加賜，以酬其勞。有旨：正副使再加二表裏，其餘人加一表裏。

（憲宗成化實録卷 245　第 5 頁　245.4.4155）

792　十月己卯　朝鮮國王李娎遣陪臣韓僩等奉表貢馬及方物來朝，賀萬壽聖節。

（憲宗成化實録卷 245　第 5 頁　245.4.4156）

793　十月甲申　司禮監太監懷恩、户部尚書余子俊等上所閲團營官軍之數，共一十六萬八千有餘。且言：兵戎國之大事，國初定制，恩典獨厚，官皆世禄，非奉旨不得執問。士卒平居，月有粮，歲有布花，征進有賞，凱還有陞，有罪不刺字，恩禮無以復加。以死圖報，猶恐不稱。近年以來，上下交相徇私，不思國家兵戎爲重，皇上洞見其弊，命内外官嚴加揀選，精鋭者弟爲二撥，列奮武等十二營，簡命總兵等官操督，復命給事中御史不時按閲，仍定占役逃竄之罪，立法可謂〔按：館本謂作爲，廣本抱本作謂〕至矣。近以邊方頗静，十二團營或借以興王（按:館本王作土，是也）木之役，此源一開，所司乘機作弊，不可勝言。所以上廑聖慮。今既閲實，更無隱蔽抗拒占恡之弊，造爲三策〔校記：廣本策作册，是也〕，分送兵科、兵部及十二團營收照。頭撥專一在營團操，遇有急切工役，正（按:館本正作止，是也）於三大營次撥官軍内量撥。仍乞勅内外衙門，毋得擅自擬奏，輕動營團官軍，沮壞軍法。上曰：京營官軍點選已定。今後内外提督等官，務盡心操備，振揚威武，痛革宿弊，撫恤下人，毋仍怠玩。兵部仍具前後事例以聞。

（憲宗成化實録卷 245　第 7 頁　245.6.4159）

794　十一月丁酉　　賜朝鮮國朝賀陪臣韓儧等宴并金織衣、綵段等物有差。

（憲宗成化實録卷 246　第 1 頁　246.1.4164）

795　十一月丁未　　賜朝鮮國成化二十年《大統曆》。

（憲宗成化實録卷 246　第 3 頁　246.3.4167）

796　十二月戊辰　　上以一冬無雪，命禮部以本月初十日爲始，致齋三日，仍禁屠宰。遣英國公張懋等祭告天地、社稷、山川，定西侯蔣琬等行香於各宫觀寺廟。

（憲宗成化實録卷 247　第 2 頁　247.2.4177）

797　十二月壬申　　免順天府柴夫四分之一。以災傷故也。

（憲宗成化實録卷 247　第 2 頁　247.2.4177）

798　十二月丁丑　　巡按廣東監察御史徐瑁奏：出使滿剌加國使臣從行軍民二十八人，皆被風破舟，漂至安南國。國王黎灝給廩具舟，遣使送回，其咨文字畫真謹，辭語卑遜，足見尊敬朝廷之意，謹具以聞。上曰：安南國王資送漂流軍民回還，誠敬可嘉。速令廣東布政司移咨，令王知之。

（憲宗成化實録卷 247　第 4 頁　247.3.4180）

799　十二月癸未　　朝鮮國王李娎遣陪臣李繼孫等奉表貢馬及方物來朝，賀明年正旦節。

（憲宗成化實録卷 247　第 6 頁　247.5.4184）

800　十二月　　是歲……漕運京師儹運糧三百七十萬石，各處運納糧四百八十五萬一千一百五十四石。

（憲宗成化實録卷 247　第 12 頁　247.10.4192）

成化二十年（1484）

801　正月庚辰　是日京師地震。是日永平等府及宣府、大同、遼東地皆震，有聲如雷。宣府因而地裂，湧沙出水。天壽山、密雲、古北口、居庸関城垣、墩臺、驛堡倒裂者不可勝計。人有壓死者。

（憲宗成化實録卷 248　第 1 頁　248.1.4195）

802　正月甲午　免修理沙河行殿、橋梁工役官軍五千人。

（憲宗成化實録卷 248　第 3 頁　248.2.4198）

803　正月戊戌　欽天監火，凡焚屋十九間。監生田蓁等具奏服罪。命姑宥之。

（憲宗成化實録卷 248　第 4 頁　248.3.4199）

804　正月戊申　賜朝鮮國賀正旦陪臣李繼宗等宴并金織衣、綵段等物有差。

（憲宗成化實録卷 248　第 5 頁　248.4.4202）

805　正月壬子　發薊州迤東等處軍民大疏浚鴉鴻橋河道，并造豐潤縣海運儲倉。寶坻縣迤西等處軍民大疏浚薊州新開沽河道。先是，東西二路丁夫混派。至是，巡撫都御史李田請各移附近爲便。從之。

（憲宗成化實録卷 248　第 7 頁　248.5.4204）

806　正月甲寅　免順天所屬二十七州縣并直隸遵化等五衛所去年夏税小麥二萬二千二百餘石。以旱災故也。

（憲宗成化實録卷 248　第 7 頁　248.6.4206）

807　二月甲戌　命加賜撒馬兒等處速檀阿黑麻所遣正副使銀五十兩，從人十五名銀各五兩，并前所賜卽給與之，且促其去。初，其國貢獅子等物，上特賜王及使臣加厚。至是，使臣以道路阻遠，奏求不已，故加賜之。

（憲宗成化實録卷 249　第 7 頁　249.6.4221）

808　二月甲戌　命摘撥京營軍士二千人修理居庸關樓櫓、墩台。以地震傾圮故也。

（憲宗成化實録卷 249　第 7 頁　249.6.4221）

809　三月庚寅　上親閱舉人所對策，賜李旻等三百人進士及第、出身有差。

（憲宗成化實録卷 250　第 2 頁　250.2.4229）

810　三月丙申　清勾兵仗局逃故軍民人匠八千二百七十三石〔校記：抱本石作名，是也〕。從工部請也。

（憲宗成化實録卷 250　第 3 頁　250.3.4231）

811　三月乙巳　琉球國中山王尚真遣使臣程鵬等來朝，貢馬及方物。賜宴并綵段、布絹有差。

（憲宗成化實録卷 250　第 4 頁　250.3.4232）

812　三月丁未　以順天府府尹談倫爲工部右侍郎，總理易州山廠柴炭。

（憲宗成化實録卷 250　第 4 頁　250.4.4233）

813　三月戊申　琉球國中山王尚真奏：永樂年間賜船破壞已盡，今止存其三。乞自備物料於福建補造。下禮部，覆奏：宜聽補造其一。從之。

（憲宗成化實録卷 250　第 5 頁　250.4.4234）

814　三月己酉　兵部尚書張鵬等奏：虜中逸歸人言，瓦剌酋首充失欲與迤北小王子連和，俟秋高馬肥，擁衆入寇，不可不備。乞於京營總兵官預擇一人，佩大將軍印充總兵官，定擬調兵若干，督同白瑜、李俊原領軍馬，待報啟行。及監督軍務并監鎗内臣，均乞早爲裁處。更簡命將臣一人往代白瑜備禦密雲，兼提督黄花鎮、古北口一帶關堡。議入，上曰：虜賊欲乘機入寇，誠宜預備。爾等其將原選聽征嚴加訓練。令太監張善監督軍務，定西侯蔣琬佩印充總兵官，宋祥監鎗待報，往赴大同、宣府，與總督軍務尚書余子俊同提督各路軍馬勦殺。堪充右參將并備禦密雲等處將官再各推舉以聞。隣境應調官軍，仍令余子俊酌量其數及虜情緩急、應否出師日期，奏聞區晝〔按：館本晝作處，抱本作畫〕。既而兵部復舉左軍都督僉事王義堪充右參將，東寧伯焦俊堪備禦密雲。俱從之。

（憲宗成化實録卷 250　第 5 頁　250.5.4235）

815　三月庚戌　命修長陵神宫監。

（憲宗成化實録卷 250　第 6 頁　250.5.4236）

816　三月壬子　上諭兵部曰：邇來官軍工匠多有奸頑之人，逃伍缺工，潛住京城内外，已寬宥，令一月内首役者免罪。其有違犯不悛者，令巡城御史、錦衣衛官督同五城兵馬徺捕。初犯者杖七十，再犯一百，俱各還職役，三犯者官軍押發邊衛差操，工匠枷鎖三月復役，地方隣佑容隱者一體治罪不宥。其即出榜諭之。

（憲宗成化實録卷 250　第 6 頁　250.5.4236）

817　三月丙辰　命工部右侍郎賈俊、右軍署都督僉事李杲督修天壽山四陵。以地震有損也。

（憲宗成化實録卷 250　第 9 頁　250.7.4240）

818　四月戊午　天壽山守備太監李良、巡撫都御史李田言：長陵等三衛官軍三千員名，倫（按：館本倫作輪，是也）守黄花鎮者往往有缺無補。不若於兩班數内選閲精鋭一千五百人，常令在守鎮禦，餘留備陵寢洒掃役使，庶事體兩便。從之。

（憲宗成化實録卷 251　第 1 頁　251.1.4241）

819　四月甲子　以四川左布政使劉潺爲順天府府尹。

（憲宗成化實録卷 251　第 4 頁　251.3.4246）

820　四月甲子　給修天壽山陵寢官軍二千員名月米人四斗，鹽一斤。

（憲宗成化實録卷 251　第 4 頁　251.4.4247）

821　四月丁丑　以水災免順天府蘇（按：館本蘇作薊，是也）州及玉田縣并蘇（按：館本蘇作薊，是也）州等五衛粮八千八百三十餘石，草二萬三千四百餘束。

（憲宗成化實録卷 251　第 7 頁　252.6.4252）

822　五月癸卯　選順天府寄養備用馬一千二百三十匹給遼東軍士。從遼東總兵等官侯謙等奏請也。

（憲宗成化實録卷 252　第 7 頁　252.6.426）

823　六月己卯　朝鮮國王李娎遣陪臣金監壽等奉箋文貢馬及方物來朝，賀皇太子千秋節。賜宴并金織衣、綵段等物有差。

（憲宗成化實録卷 253　第 5 頁　253.5.4283）

824　七月辛卯　勅占城國王古來撫諭提婆苔，令納原降占城國王印，宥其受安南國僞封之罪。仍令爲頭目，本國居住。

（憲宗成化實録卷 254　第 2 頁　254.2.4289）

825　七月壬辰　勅遼東鎮守太監胡〔按：館本胡作韋，抱本作胡〕朗、總兵官侯謙、巡撫都御史馬文升等嚴督分守，副參遊擊等官練兵防禦。并行薊州、永平、山海、密雲、古北口、黄花鎮、居庸等關共爲提備，京營提督總兵官等練兵俟調及安順伯薛瑶〔按：館本瑶作琺〕、東寧伯焦俊聽候起行。以遼東廣寧西路邊報日急，從兵部奏請也。

（憲宗成化實録卷 254　第 2 頁　254.2.4290）

826　八月己未　賜占城國提婆苔所遣孫巴羅質、副使轡底代、通事梅者亮等綵段有差。初，提婆苔以頭目冒封國王，遣巴羅質等謝恩。其表文方物已令其賫還。巴羅質等奏稱，遠來孤貧，乞賜衣服。禮部言：海外遼遠，宜量優恤。從之。

（憲宗成化實録卷 255　第 2 頁　255.1.4305）

827　八月辛未　遣户科給事中李孟暘充正使、行人司行人葉應充副使奉詔及禮物，封占城國王齋亞麻勿菴弟古來爲占城國王。既而孟暘等言：占城久爲提婆苔所據，乞以封古來勅印先令其使人順賫以往，使彼國中預知〔按：館本無知字，廣本有，是也〕朝廷封古來之意，以定人心。其提婆苔所遣王孫來謝恩留質廣東者，亦釋遣之。臣等俟舟完風便，然後至古來所居之地開讀。章上，會廷臣議。從之。

安南國王黎灝遣陪臣黎德慶等奉表貢方物。賜宴并金織衣服、綵段等物有差。

（憲宗成化實録卷 255　第 3 頁　255.2.4308）

828　九月庚子　陞撒馬兒罕都督僉事怕六灣馬哈麻爲都督同知、指揮僉事哈只兒卒等四人俱指揮同知。怕六灣等以西域道阻，乞從海道歸，欲從長蘆買食鹽百引。許之。

（憲宗成化實録卷 256　第 9 頁　256.8.4331）

829　十月甲子　朝鮮國王李娎遣陪臣韓致亨等奉表貢及方物來朝，賀萬壽聖節。

（憲宗成化實録卷 257　第 4 頁　257.3.4342）

830　十月甲子　給宛平、大興二縣養濟院貧民布五千五百疋有奇。

（憲宗成化實録卷 257　第 4 頁　257.4.4343）

831　十一月丙戌　太監覃昌傳奉聖旨：陞大慈恩寺西天佛子劄失藏卜、劄失堅剉、乳奴班丹、大能仁寺西天佛子鎖南堅參、結斡領占俱爲法王，大隆善護國寺灌頂大國著乩領朶兒只巴西天大佛子，大慈恩寺國師綽吉堅參灌頂大國師，國師堅剉星吉灌頂國師，禪師班麻朶兒只、札失班卓爾、講經真巴念俱國師，講經領占巴剌赤羅竹、覺義札巴遠丹、答兒麻三加竹俱禪師，都綱領占班卓爾覺義，剌麻鎖南領占、鎖南陸竹、咋巴領南、乳奴也失、喃渴陸竹、乳奴短竹、乳奴班丹、咋巴短竹、三加朶兒只、領占陸竹、札失倫竹、班丹堅剉倫竹藏卜、領占藏卜、班丹陸竹、展羊、領南、鎖南札失、陸竹札巴、朶兒只官著巴、奔攝悉斡、札失失遠奴、乳奴堅剉、遠丹札失俱都綱。大隆善護國寺剌麻端竹羅卓、覺義僧戒憎右〔按:館本右作左，抱本作右〕覺義。大能仁寺覺義領占竹講經，都綱鎖巴列、公葛拴剌、結思念俱覺義，覺義鎖南加札巴藏播禪師，鎖南耶舍講經都綱，鎖南班丹、覺義僧本隆右覺義。香盤寺都綱綽吉領占覺義，剌麻領占札失都綱。冠帶儒士唐鋭等五人俱爲工部司務。孟會、趙軏鴻臚寺序班。凌貴與冠帶中書科出身，錦衣冠帶。總旗楊瑀營繕所副。徐茂、何瑞俱錦衣衛百户。錦衣衛舍人馮濟本衛所鎮撫。僧繼雲、惠聰俱右覺義。

（憲宗成化實録卷 258　第 1 頁　258.1.4353）

832　十一月戊子　　免順天府州夏税一萬一千三百餘石。以旱災故也。

（憲宗成化實録卷 258　第 2 頁　258.2.4355）

833　十一月庚寅　　賜朝鮮國朝賀陪臣韓致亨等宴并金織衣、綵段等物有差。

（憲宗成化實録卷 258　第 2 頁　258.2.4355）

834　十一月庚寅　　詔順天、永平及保定等府：僧道輸粟十五石於大名等府被災處賑濟、給度牒之。從巡撫保定等處都御史侣鐘請也。

（憲宗成化實録卷 258　第 4 頁　258.3.4358）

835　十一月乙未　　日本國王源義政遣使臣周瑋等奉表貢馬及方物，來朝謝恩。賜金襴袈裟、金織衣、綵段等物有差。仍命賚勅并白金文綺等歸賜其國王及妃。

（憲宗成化實録卷 258　第 4 頁　258.4.4359）

836　十一月癸卯　　賜朝鮮國成化二十一年《大統曆》。

（憲宗成化實録卷 258　第 6 頁　258.5.4361）

837　十二月戊辰　　朝鮮國王李娎遣陪臣李克墩等奉表貢馬及方物來，賀明年正旦節。

（憲宗成化實録卷 259　第 5 頁　259.4.4374）

838　十二月甲戌　　免順天、河間府秋粮二萬七千三百餘石。以旱災也。

（憲宗成化實録卷 259　第 7 頁　259.6.4378）

839　十二月　　是歲……漕運京師儹運糧三百七十（按：疑十後佚萬字）石，各處運納糧四百一十八萬二千六百九十九石。

（憲宗成化實録卷 259　第 12 頁　259.10.4385）

成化二十一年（1485）

840　正月戊子　　命太監傅恭仍總制三營軍馬兼提督十二營操練。

（憲宗成化實録卷 260　第 2 頁　260.2.4389）

841　正月己丑　　户部尚書余子俊等言八事：……一，近時權貴之家，多于在京、通州張家灣等處修造市肆，邀留商賈，與民争利。宜盡革去，違者没入其肆。……一，成化十七年以前，京城内外勅賜寺觀至六百三十九所，後復增建，以至西山等處相望不絶。自古佛寺之多，未有過于此時者。宜申嚴著令，敢有增修請額及妄有復興古刹者罪之。

（憲宗成化實録卷 260　第 3 頁　260.2.4389）

842　正月己亥　　賜朝鮮國賀正旦陪臣李克墩等宴并金織衣、綵段等物有差。

（憲宗成化實録卷 260　第 2 頁　261.2.4425）

843　正月丁未　　京師陰霾蔽日，自辰至午乃散。

（憲宗成化實録卷 261　第 3 頁　261.3.4427）

844　正月戊申　　軍器局金匠金福郎奏：正統年間本局官軍民匠五千七百八十七員名，止有太監一員，内使一員，工部侍郎一員提督。近年以來，人匠逃亡事故，止餘二千餘名，而監督内臣乃增至二十員，除占用辨納，月錢視舊已去十之七八，而其中之精以藝者又爲各官取以私用，止存其不堪者分班應役。以至缺人成造，未免僱倩外人，歲計其直，用銀二千餘兩，其各官占用者月糧仍舊關支。乞勅廷臣會議，一如舊例，減去提督冗員，清出占用工匠爲便。事下，工部議：其言有理。宜如近日户部奏准取回各倉場内臣事例，量爲存留監督，定擬每日該班匠役名數，關支口糧，而退出占用者，庶軍器無缺。從之。

（憲宗成化實録卷 261　第 4 頁　261.3.4427）

845　二月丙寅　旗手衛軍曹銘奏：午門門官内使數員繁冗，不嚴門禁，惟事貪求，巧立網巾、煤炭各色，逼取守衛軍士銅錢。本衛以一歲計之，共爲錢一十一萬二千八十文。衛所將領順承科歛，月粮直米糶賣無餘，門禁關防全不整肅。事下，兵部請禁治之。有旨：守門内官俱處治矣。自後官軍敢有仍前科歛賄送侵尅者，官降一級，軍調邊衛。仍通行各門守門守衛内外官軍人等遵守。

（憲宗成化實録卷 262　第 5 頁　262.4.4440）

846　二月辛未　長陵衛千户王剛奏：長陵神宫監，宣德、正統間原設太監等官不過二三員，今增至十二員，多役守陵旗軍，或辨納月粮，或種田養馬，歲無休期，人多逃竄。乞照舊制，量爲去留，以甦軍困。下兵部，尚書張鵬等請勅司禮監查例奏。有旨：祖宗陵寢所在，亦須用人管理，設置既定，俱不更動。但查各人役使旗軍數目以聞。

（憲宗成化實録卷 262　第 6 頁　262.5.4441）

847　二月壬申　夜，順天府遵化縣地再震。有聲如雷。

（憲宗成化實録卷 262　第 8 頁　262.7.4443）

848　三月庚寅　命御馬監太監李良監五軍營兼提督十二營操練。

（憲宗成化實録卷 263　第 6 頁　263.5.4457）

849　三月乙未　工部尚書劉昭奏：西山密邇京城，國家千萬年風氣攸繫，屢奉旨禁約，不許開鑿。近年軍民人等往往投託内外勢要，或開窯取煤，或鑿山取石，巡視者畏其聲勢，莫敢誰何。宜嚴加禁約。

（憲宗成化實録卷 263　第 8 頁　263.7.4461）

850　三月乙未　錦衣衛軍靳璽奏：京城内外，邇來姦惡之徒日滋月盛，三五成羣。日則在街行兇害人，夜則荒淫賭博。甚至占人妻女及爲人報復私仇，爲害不可枚舉。强竊盜賊，多起於此。乞令巡城等官緝捕爲便。都察院覆奏。上諭之曰：昔漢郭解，一豪俠之雄耳，武帝因公孫宏弘之言殺之以懲不逞，論者謂其有關治體。今羣惡少相倚爲姦，恐將來效尤者無所不至。宜榜禁之。仍令保伍互相覺察。有怙終不悛、知而不告者，各治其罪。

（憲宗成化實録卷 263　第 9 頁　263.7.4462）

851　三月丁酉　自正月至是，風霾不雨。

（憲宗成化實録卷 263　第 9 頁　263.8.4463）

852　四月戊午　復置密雲後衛使司儒學。從巡撫右僉都御史楊繼宗奏請也。

（憲宗成化實録卷 264　第 3 頁　264.3.4475）

853　閏四月戊子　命錦衣衛指揮同知劉綱提督疏浚京師溝渠。

（憲宗成化實録卷 265　第 3 頁　265.3.4489）

854　閏四月癸巳　順天薊州遵化縣地震有聲。十四日十五日復震。城垣居民有頹仆者。

（憲宗成化實録卷 265　第 4 頁　265.4.4491）

855　五月丁巳　陞中兵馬司指揮胡觀爲順天府治中，管理河道。

（憲宗成化實録卷 266　第 2 頁　266.1.4500）

856　五月壬戌　萬全永寧衛、隆慶衛、龍門守禦百户所，俱地震有聲。

夜，京師地再震。

（憲宗成化實録卷266　第3頁　266.3.4504）

857　五月乙丑　致仕太子少保都察院左都御史李賓卒。賓字廷用，順天府順義縣人，正統乙丑進士，初授監察御史，有伉直名，時俞士悦爲都憲，賓面抗之無所屈，超遷太僕寺卿，循名責實，雖鄉里亦無所回護。

（按：此條梁本失載，據館本補　266.3.4504）

858　五月丙子　太子少保都察院右都御史朱英奏：比者，京師流移之民聚集日多。宜令順天府縣并五城兵馬司月給大口米三斗，小口一斗五升，毋令失所。上曰：京畿旱荒，民不自保，皆入城就食，情實可矜。若不有以賑恤之，彼進退無據，將死於溝壑矣。其如英議，給與之。

（憲宗成化實録卷266　第6頁　266.6.4510）

859　六月己丑　朝鮮國王李娎遣陪臣成俔等奉箋文貢馬及方物來朝，賀皇太子千秋節。賜宴并金織衣、綵段等物有差。

（憲宗成化實録卷267　第2頁　267.2.4516）

860　六月丙午　致仕太子少保工部尚書王復卒。復字初陽，順天府固安縣人，正統壬戌進士。初授刑科給事中，陞同政司右參議……卒年七十。

（憲宗成化實録卷267　第7頁　267.5.4522）

861　七月戊午　鎮守薊州等處總兵官署都督僉事李銘等以六月雨久，山水暴漲，鲇魚口一帶關口墩塹、城垣衝決頹圮，請起倩各營軍士修治。從之。

（憲宗成化實録卷268　第3頁　268.3.4529）

862　八月己丑　陞順天府府尹劉潺爲都察院右副都御史，巡撫遼東。

（憲宗成化實録卷269　第3頁　269.3.4545）

863　八月乙未　以雲南布政使吴玘爲順天府府尹。

（憲宗成化實録卷 269　第 6 頁　269.5.4549）

864　十月庚辰　朝鮮國王李娎遣陪臣韓僩等奉表貢馬及方物來朝，賀萬壽聖節。

（憲宗成化實録卷 271　第 1 頁　271.1.4573）

865　十月甲午　英廟惠妃王氏薨。妃世爲順天府大興縣人，父彬，錦衣衛百户，母范氏。宣德乙酉生，癸丑選入内庭，天順改元，册爲惠妃。妃德性天成，柔儀夙習，爲六宫所敬仰。生子一，封許王，早卒，女一，封嘉善公主。至是薨，年五十有七。輟朝五日，謚曰"端静安和"。

（憲宗成化實録卷 271　第 4 頁　271.3.4578）

866　十一月乙卯　賜朝鮮國朝賀陪臣韓僩等宴并金織衣、綵段等物有差。

（憲宗成化實録卷 272　第 2 頁　272.2.4587）

867　十一月甲子　賜朝鮮國成化二十二年《大統曆》。

（憲宗成化實録卷 272　第 5 頁　272.4.4592）

868　十一月丙寅　京師地震。

（憲宗成化實録卷 272　第 5 頁　272.4.4592）

869　十一月癸酉　順天府遵化縣地震有聲。

（憲宗成化實録卷 272　第 6 頁　272.5.4594）

870　十二月戊子　朝鮮國王李娎遣陪臣李世佐等奉表貢馬及方物來朝，賀明年正旦節。

（憲宗成化實録卷 273　第 3 頁　273.2.4600）

871　十二月戊子　京城外有軍民葉玘、靳鸞等發人墓，取其髑髏及頂骨，以爲葛巴剌椀并數珠，假以爲西番所産，乘時市利。愚民競趨之，所發墓甚衆。至是緝事者聞于朝，番僧嘗買以進者皆遁去。獲玘等送刑部鞫治，得其黨，俱坐罪如律。上曰：律載，發墓其罪皆死，況此輩取人髑髏，市於左道以邀厚利，其去支解之罪相去幾何？其即誅之。錦衣衛仍嚴加緝捕。

（憲宗成化實録卷 273　第 3 頁　273.3.4601）

872　十二月己亥　以水災免順天府薊州、遵化等六州縣并薊州等六衛秋粮一萬六千六百四十餘石，草十三萬二千五十餘束，綿花二百十斤。從監察御史吴哲請也。

（憲宗成化實録卷 273　第 6 頁　273.5.4605）

873　十二月　是歲京通各倉場見糧一千九百二十二萬四千七十餘石，豆一十九萬九千四百四十餘石，草五百一萬一百一十餘束，銀四十九萬五千四百二十餘兩，錢二百二十五萬三千四百餘文。

是歲……漕運京師儹運糧三百七十萬石，各處運納糧四百一十八萬五千九百九十五石。

（憲宗成化實録卷 273　第 9 頁　273.7.4610）

成化二十二年（1486）

874　正月丙寅　賜朝鮮國賀正旦陪臣李世佐等宴并金織衣、綵段等物有差。

（憲宗成化實録卷 274　第 3 頁　274.3.4615）

875　正月丁卯　罷〔按:館本罷作羅，誤〕修理沙河橋。先是，二十一年，順天府尹論（按:館本論作談，是也）倫以沙河石橋北通天壽山陵寢及宣府大同等處邊關，奏准修理，會有詔停止。工部言：此橋非比其餘不急之務，復准修理。遂以閏四月興工。上以其有妨農作，責令工部回奏。既宥其罪，命待來春。至是上請，仍詔罷之。

（憲宗成化實録卷 274　第 4 頁　274.3.4616）

876　二月辛卯　減免通州、興州、定遠、遵化、武成府軍、永清等衛、梁城、寬河二千户所去年屯田子粒共四千三百七十石有奇。以雨多傷稼也。

（憲宗成化實録卷 275　第 5 頁　275.4.4628）

877　三月庚戌　太監韋泰傳奉聖旨：大德顯靈宮真人王應裿兼本宮住持，高士陳應𥛚、劉紹仙俱陞真人，左演法陳崇仁、左至靈鄧思誠俱陞高士，左至靈楊雲綱陞左演法，左至靈景德暹陞右演法，右至靈韓文富、楊應祐俱陞左至靈。左玄義張道本、劉雲徽俱陞右至靈。右演法張通玄、左至靈臧守中、右至靈吴仲芳、李谷泉、蕭景清、左玄義常復成、張崇禮、劉德昇、右玄義槐用賢、尚德溍、苗雲崇、錢雲嘆、左文亮、閻本庸、蔡宗白、陳良福、柏尚寬俱管道録司。右演法劉洞虚陞左演法。右至靈劉應檪陞左至靈。左玄義張用仁陞右至靈。道士李守誠陞右玄義。僧録司左講（按：館本講下有經字）定任德端、左覺義定玉智遂、右覺義祖能定法德魯常欽真定俱令管事，仍兼住持。永安寺住持僧宗鏈陞左覺義。大隆善護國寺禪師班麻扎失陞灌頂大國師。覺義端竹羅卓陞禪師。剌麻竹麻扎失、星吉班丹、汪秀堅挫俱陞都綱。

（憲宗成化實録卷 276　第 2 頁　276.1.4644）

878　三月壬申　琉球國中山王尚真咨禮部：官生蔡賓等五人在南京國子監肄業，已經五年，乞放回本國省親。禮部覆請。上曰：昔陽城在太學諸生三年不歸省者斥之。矧在遠方外國，豈可長留不遣？即（按：館本卽上有其字）放歸，以遂其定省之私。

（憲宗成化實録卷 276　第 11 頁　276.10.4661）

879　四月戊寅　太監覃昌傳奉聖旨：大能仁寺灌頂大國師扎巴藏布陞佛子，國師鎖南加陞灌頂國師，講經鎖南班丹陞禪師，剌麻鎖南朵只領占、甯些領占、寧播盆剉巴俱陞都綱。僧録司右覺義本隆陞左覺義，俱仍舊。道録司左演法李永華陞高士，左至靈陳永仁陞右演法，右玄義孫玄禧、劉永浩陞右至靈，馬志昂、張永新、堵崇德、賢永昇、陳永福、邢崇源俱陞左玄義，俱令管事。道士孫得弘、董得明俱陞右玄義。

（憲宗成化實録卷 277　第 1 頁　277.1.4664）

880　四月辛巳　　琉球國中山王尚真遣使臣蔡曦等來朝，貢馬及方物。賜宴并綵段等物有差。

（憲宗成化實録卷 277　第 3 頁　277.2.4666）

881　四月乙未　　命户部清理畿田（按：館本田作内，是也）莊田。時駙馬游泰奏請武清縣□（按：館本□作六）道口葦地，户部因奏：勳戚勢家所據太多，且不納税。今請以先年賜予有文案可驗者爲準，其無者悉從減輕則例納税，以充國用。已經承佃起科者仍舊，侵占民地者悉令給還。從之。

（憲宗成化實録卷 277　第 6 頁　277.5.4672）

882　五月己未　　鎮守密雲都指揮同知王榮坐罪。降指揮僉事，還密雲中衛閒住，而以武清衛指揮使張瓊代之。

（憲宗成化實録卷 278　第 3 頁　278.2.4684）

883　五月癸亥　　保國公朱永言：團營備征官軍失伍者多，今邊務方殷，若待報選補，恐緩不及事。請遣坐營將領卽草場精選□（按：館本□作萬）人補之。仍閲正馬萬匹、馱馬五千匹在場牧放。

（憲宗成化實録卷 278　第 3 頁　278.2.4684）

884　五月癸酉　　命分順義縣仁智鄉莊田一所，以其半給常德長公主香火，其半賜興濟郡主。

（憲宗成化實録卷 278　第 6 頁　278.5.4689）

885　五月癸酉　　内官監太監韋洛奏：奉旨同鴻臚寺署丞海濱伴送撒馬兒罕地面使臣怕六灣馬黑麻至廣東，濱沿途教誘使人，需索紛擾，期（按：館本期上有後字）始至。總鎮兩廣太監亦奏，怕六灣馬黑麻道經山東東昌府，買軍民子女爲妻妾。事下禮部，覆奏：宜置濱於法。上命錦衣衛執訊問之。

（憲宗成化實録卷 278　第 6 頁　278.5.4690）

886　六月癸巳　朝鮮國王李娎遣陪臣朴安性等奉箋文貢馬及方物來朝，賀皇太子千秋節。賜宴并金織衣、綵段等物有差。

（憲宗成化實録卷 279　第 9 頁　279.8.4707）

887　六月庚子　禮部奏：蘇門答剌國遣使進貢，廣東布政司因無印信勘合，奏准將本國所進表文寄貯廣東官庫，省令各夷回還。内借撥番人斤藹等三名管送貢物來京，每人量賞生絹一疋、綿布二疋、胖襖及鞋，以酬其勞。從之。

（憲宗成化實録卷 279　第 12 頁　279.10.4711）

888　七月丙辰　鑄午門，端門，承天，長安右，東上，南、北、東，中東，西安，壯（按:館本壯作北，是也）中，北安并内府壯（按：館本壯作北，是也）安門照出入大小銅關防印子三十顆。以舊木石印子缺壞也。

（憲宗成化實録卷 280　第 3 頁　280.3.4719

889　七月丙辰　太子少保工部尚書劉照（按：館本照作昭）自言嘗被謗毁，即合辭退，緣方督造靈濟宫而止。今工程已畢，敢請休致。上以昭年未衰老，既自陳何得引人謗毁、工程完備爲詞？不許。仍命悉心辦事。

（憲宗成化實録卷 280　第 3 頁　280.3.4719）

890　九月戊戌　順天府府尹吴玘等以鄉試小録内誤寫中式舉人劉經爲劉綸，奏乞改正，且待罪。有旨：科舉重事，何不詳審查對，以致差訛。姑宥其罪，令改正。

（憲宗成化實録卷 281　第 10　281.8.4748）

891　九月戊申　太監韋興奏：靈濟宫重建已成，舊額廟户二十户，老弱不堪洒掃，乞令僉易。而原賜田地亦别撥佃户十户給復其家，使專守廟。户部議：行順天府如奏僉點。從之。

（憲宗成化實録卷 282　第 2 頁　282.2.4755）

892　九月戊申　賜薊州、永平、山海諸處守墩夜哨官軍民舍四千二百四十三人衣鞋。

（憲宗成化實録卷 282　第 3 頁　282.2.4756）

893　九月癸丑　　以旱災免順天〔按：館本天作德，抱本作天〕府屬縣今年夏税麥六千三十餘石，絹九百餘疋。

（憲宗成化實録卷 282　第 5 頁　282.5.4761）

894　九月己未　　命工部右侍郎杜謙提督修理京、通二倉廒。

（憲宗成化實録卷 282　第 15 頁　282.13.4778）

895　九月庚申　　申定國子監生撥歷之例。先是，國子監以納粟監生四千六百七十餘名行取復班，欲如例與科貢監生相兼撥歷，行禮部奏乞處置。有旨，命本部會同吏部國子監斟酌以聞。至是覆奏：納粟與科貢監生相兼撥歷，已有定例，但今納粟者多而科貢者少，宜從國子監通行欽〔校記：舊校改欽作叙〕出，各取其復班歲月深淺以定其名次先後。臨撥之際，以兩途人數多寡酌量均平，相兼撥歷。如此既不乖祖宗一定之法，亦不失朝廷權宜之信。仍行南京國子監如例施行。上從之，命本監臨期務必酌量均平，不許徇私。

（憲宗成化實録卷 282　第 16 頁　282.14.4779）

896　九月乙丑　　重建洪恩靈濟宫成。遣太子太傅英國公張懋祭后土之神。

（憲宗成化實録卷 282　第 17 頁　282.14.4780）

897　九月丁卯　　陞禮部郎中高敞爲順天府府丞。

（憲宗成化實録卷 282　第 17 頁　282.15.4781）

898　九月丁卯　　給居庸關花園等墩夜哨軍士一百六十二人衣鞋。

（憲宗成化實録卷 282　第 17 頁　282.15.4782）

899　十月庚辰　　太監覃昌傳奉聖旨：陞大慈恩寺西天佛子捨剌星吉、大隆善護國寺西天佛子著乩領占朵而只也爲法王。

（憲宗成化實録卷 283　第 2 頁　283.2.4788）

900　十月辛巳　　朝鮮國王李娎遣陪臣韓澗等奉表貢馬及方物來朝，賀萬壽聖節。

（憲宗成化實録卷 283　第 3 頁　283.2.4788）

901 十月壬午 太監韋泰……又傳奉聖旨：陞大慈恩寺講經領占孫卜、覺義領占綽爲灌頂大國師，講經羅納發刺、戒師公葛朶而只爲國師。

（憲宗成化實録卷 283 第 3 頁 283.3.4789）

902 十月辛卯 英廟安妃楊氏薨。上輟朝五日，具淺淡服於奉天門視事。其初喪及祭葬禮儀悉如制。

（憲宗成化實録卷 283 第 7 頁 283.6.4795）

903 十月戊戌 太監韋泰傳奉聖旨：陞大慈恩寺灌頂大國師喃渴、領占、星吉藏卜爲西天佛子，禪師三加班丹、星吉扎失、都綱喃渴扎失、鎖南藏卜、覺義拾刺扎失爲國師。

（憲宗成化實録卷 283 第 9 頁 283.7.4798）

904 十一月丙午 太監覃昌傳奉聖旨：陞大能仁寺灌頂國師鎖南加、講經領占竹爲灌頂大國師。覺義公葛刺、都綱結敦領占爲禪師。刺麻羅丹扎失、倫竹監參、沙加鎖南、領占監剉、公葛扎失、羅竹監參、公葛領占、你麻堅參、公葛綽、奴珌丹、領占扎扎失、朶只領占綽、拾刺扎失、鎖南倫卜、領占汪秀、三竹堅參、扎實遠丹、鎖南巴藏藏卜領占、藏卜拾刺爲都綱。

（憲宗成化實録卷 284 第 1 頁 284.1.4802）

905 十一月戊申 太監覃昌傳奉聖旨：陞大能仁寺禪師公葛堅參爲灌頂大國師，都綱桑加星吉、謹敦堅剉爲國師，刺麻端竹堅剉，星吉藏卜、三月扎失爲禪師。

（憲宗成化實録卷 284 第 2 頁 284.2.4803）

906 十一月癸丑 巡按廣東監察御史徐同愛等奏：占城國王子古來攻殺交阯所置僞王提婆苔，交阯怒，舉兵壓之境，必欲得生提婆苔，古來懼，率其王妃、王孫及部落千餘人載方物至廣東崖州，欲赴愬于朝〔按：館本無欲赴愬于朝五字，廣本有〕。事下禮部，覆議。上曰：古來以殘敗餘息，間關萬里，提携眷屬投附中國，情可矜憫。其令總兵鎮守巡撫等官加意撫恤，量與廩餼，從宜安置，毋致凍餒。仍嚴密關防之。

（憲宗成化實録卷 284　第 4 頁　284.3.4806）

907　十一月甲寅　賜朝鮮國朝賀陪臣韓澗等宴并金織衣、綵段等物有差。

（憲宗成化實録卷 284　第 4 頁　284.4.4807）

908　十一月庚申　賜朝鮮國王成化二十三年《大統曆》。

（憲宗成化實録卷 284　第 6 頁　284.5.4809）

909　十一月己丑　以營建大永昌寺興工，遣内官祭后土之神。

（憲宗成化實録卷 284　第 6 頁　284.5.4810）

910　十一月丁卯　太監韋泰傳奉聖旨：追封已故西天佛子端竹領占爲法王，賜祭一壇。陞爲（按:館本爲作烏斯，是也）藏薩嘉寺完卜鎖南堅剉爲灌頂大國師。大能仁寺覺義鎖南巴列、都綱扎失堅參、領占巴堅剉扎失、葛端竹爲禪師。剉麻那卜堅參、掌出班丹、扎失班丹、扎失倫竹、遠丹宗奈、拾剌羅竹、班丹端竹、扎巴藏卜、結列扎失、班丹堅參、班丹扎失、端竹扎失、喃渴鎖南藏卜、短竹遠丹藏播、朵而只巴藏卜、扎失桑加遠丹爲都綱。住持僧人明茂爲僧録司左覺義。

（憲宗成化實録卷 284　第 8 頁　284.6.4812）

911　十二月丙戌　加永昌寺工作官軍四萬人米月四斗，鹽一斤。從□□□□□（按：館本□爲襄城侯李瑾五字）請也。

（憲宗成化實録卷 285　第 3 頁　285.3.4821）

912　十二月丁亥　朝鮮國王□□□□（按：館本□作李娎遣陪臣五字）柳子光等奉表箋貢馬及方物來□□□□□（按:館本□作朝賀明年正旦六字）節。

（憲宗成化實録卷 285　第 3 頁　285.3.4821）

913　十二月辛卯　以旱災免順天府所屬通州等州縣夏税七千九百餘石。

（憲宗成化實録卷 285　第 5 頁　285.4.4823）

914　十二月　　是歲京通二倉實在糧二千萬五千五百五十餘石，料二十萬六千六百三十餘石，草七百八十二萬五千九百餘束，糧草等項折銀八十一萬九千八百一十一兩有奇。歲二百二十五萬三千四百餘文。

是歲……漕運京師儹運糧三百七十萬石，各處運納糧五百四十一萬六千九百一十六石。

（憲宗成化實録卷 285　第 8 頁　285.6.4828）

成化二十三年（1487）

915　正月辛亥　　皇貴妃萬氏薨……謚曰“恭肅端慎榮靖”。葬天壽山西南，凡喪禮皆從厚。

（憲宗成化實録卷 286　第 2 頁　286.1.4830）

916　正月庚申　　賜朝鮮國賀正旦陪臣柳子光等宴并金織衣、綵段等物有差。

（憲宗成化實録卷 286　第 4 頁　286.3.4834）

917　二月乙亥　　命工部右侍郎陳政代本部左侍郎賈俊董修皇貴妃萬氏墳塋。以尚書謝一夔有疾，俊當署掌部事故也。

（憲宗成化實録卷 287　第 2 頁　287.2.4847）

918　三月乙卯　　上御奉天殿策試舉人程楷等三百四十九人。

（憲宗成化實録卷 288　第 5 頁　288.4.4869）

919　三月丁巳　　上親閱舉人所對策，賜費宏等進士及第、出身有差。

（憲宗成化實録卷 288　第 6 頁　288.5.4871）

920　三月丁卯　　巡撫薊州等處右副都御史彭韶奏：二月中有盜三十餘人入良鄉、武清二縣，燒縣治，刼官庫，因劾守備涿州指揮同知靳清、分守通州都指揮僉事扈璽畏懦之罪。乞選人代之。上以賊久不獲，分守守備官不能嚴謹提督，璽、清俱停俸，戴罪緝捕。

（憲宗成化實録卷 288　第 8 頁　288.7.4876）

921　三月丁卯　天方國回回阿立〔按：館本立作力〕，以其兄納的遊方在中國四十餘年，欲至雲南訪求之。因自備寶物累萬，於滿剌加國附行人左輔至京進貢，而爲内官韋眷所侵尅，奏乞查驗。禮部請佑其貢物，酧以直，而許其訪兄於雲南。上曰：阿立實以姦細竊携貨物，假進貢索原利。且在館悖言肆惡，其遠夷姑宥不問。錦衣衛其速差人押送廣東鎮撫官收管，遇便遣回。

（憲宗成化實録卷 288　第 8 頁　288.8.4877）

922　六月丙子　朝鮮國王李娎遣陪臣柳洵等奏箋貢馬及方物來朝，貢皇太子千秋節。賜宴并金織衣、綵段等物有差。

（憲宗成化實録卷 291　第 3 頁　291.3.4925）

923　七月庚申　暹羅國王遣正副使坤江悦等倖金葉表文來朝，貢方物。賜宴并金織衣、綵段等物有差。仍以勑并文錦綵段付使臣，歸賜其國王及妃。

（憲宗成化實録卷 292　第 10 頁　292.9.4953）

924　七月辛酉　詔京城九門復種苜蓿地。先是，東厰太監羅祥奏：正陽等九門外舊有苜蓿地一百餘頃，遞年種租以飼御馬，今階（按：疑階爲皆之誤）爲御馬監太監李良、都督李玉等占種。上宥良而停玉倖三月，且命司禮監左少監孫泰、户部尚書李敏、郎中李紳、給事中李獻、御史許鋭等勘報。敏等覆奏：其地除作皇莊及宫用三頃外，其餘地皆良及太監任秀、錦衣衛指揮劉紀等與軍民人等占種，并建寺造墳。而玉及指揮彭麟、白鑑職專提督把總，不能覺查，俱宜坐罪。有旨：苜蓿官地，提督把總官何得容人侵佔？本當執問，姑從輕典。李玉、彭麟、白鑑俱停倖三月，任秀、劉紀等亦當執問。因循日久，悉宥之。寺及無主墳免拆毀平治。查出地御馬監督令官軍仍種苜蓿飼馬，給事中御史如期巡視，毋或怠玩。

（憲宗成化實録卷 292　第 11 頁　292.9.4953）

925　八月戊辰朔　　兵部奉旨，英（按：館本英前有會字）國公張懋等推舉平江伯陳鋭、遂安伯陳韶、伏羌伯毛鋭、左都督范瑾四人堪任三千、神機二營總兵。有旨：京營總兵，朝廷託任重，若等所舉未當，仍從公舉堪任者以聞。乃復疏成國公朱儀、安遠侯柳景、都督周玉、王璽并前四人。奏上。上乃命襄城侯李瑾偕朱永提督十三營，仍與張懋管五軍營，命范瑾管三千營。

（憲宗成化實録卷 293　第 1 頁　293.1.4967）

926　十二月丁亥　　户部尚書李敏奏：永清公主守墳家人劉源與嘉祥公主家人郭瑞互争東安縣莊地八十餘頃。本地原係給賜永清公主管業，宣德八年公主薨逝，被太監王振家人侵占，後没入官。今二家累訴不已，合執送法司問斷。有旨：劉源、郭瑞錦衣衛執問明白以聞。（按：此段文字梁本佚，據館本補）

（293.6.4977）

927　十二月壬午　　葬茂陵。上在位改元“成化”，歷年二十有三，壽四十有一。

（憲宗成化實録卷 293　第 5 頁　293.6.4978）

成化二十三年（1487）

1 **八月己丑** 以大行皇帝賓天，告于奉先殿。頒遺詔於天下，報訃音於宗室諸王，嚴京城守衛。

（孝宗弘治實録卷 1 第 2 頁 1.2.0003）

2 **八月甲午** 令禮部右侍郎倪岳及欽天監監正李華等擇山陵地。

（孝宗弘治實録卷 1 第 4 頁 1.3.0006）

3 **九月丙午** 工部奏：玆者，營造山陵、喪儀應用物料甚夥，不免取辦於民，但甫頒寬恤之詔，遽爾責民供辦，恐有乖德音。詣如天順八年例，先以内府各監局見儲物料支用。從之。

（孝宗弘治實録卷 2 第 11 頁 2.9.0025）

4 **九月己酉** 給賜密雲古北口等處哨巡軍士一千四十三人衣、鞋各一副。

（孝宗弘治實録卷 2 第 16 頁 2.13.0033）

5 **九月己酉** 安南國王黎灝遣陪臣黎能讓等以歲例進表箋、方物、馬匹。禮部以聞。命免引奏陳設，賜宴不用樂。并賜王錦段、能讓等綵段衣物有差。

（孝宗弘治實録卷 2 第 17 頁 2.14.0035）

6 **九月己酉** 暹羅國王國隆勃剌略坤息利尤地亞遣使臣坤汍（按：館本汍作江）悦等齎金葉表文入貢謝恩。且言：舊例，本國番字與回回字互用。近者，請封金葉表文及勘合咨文，間有同異，國王疑國人書寫番字者之弊。乞賜查辨〔按：館本辨作辯，抱本作辨〕。而表文番字難于辨識，乃命本國自行究治。仍令今後止許用回回字樣，不得寫難識番字，以絶弊端。

（孝宗弘治實録卷 2　第 18 頁　2.14.0036）

7　九月辛亥　　營建大行皇帝陵寢于天壽山，薦名“茂陵”。命内官監太監黄順、御馬監太監李（按：館本李下有良字，是也）、太傅兼太子太師保國公朱永、工部侍郎陳政提督軍夫人匠營造。

（孝宗弘治實録卷 3 頁　第 1 頁　3.1.0037）

8　九月辛亥　　禮部尚書周洪謨等上大行皇帝尊謚……曰：“繼天凝道誠明仁敬崇文肅武宏德聖孝純皇帝”，廟號“憲宗”。

（孝宗弘治實録卷 3　第 2 頁　3.2.0040）

9　九月辛亥　　保定府黑洋淀地一百餘畝，原係三千營牧馬草場，爲本營太監廖屏、帶俸指揮萬道占種。保國公朱永奏其事。遣給事中夏昂會同御史周南往勘。至是報。上命復之。

（孝宗弘治實録卷 3　第 4 頁　3.3.0042）

10　九月乙卯　　山陵啟土，遣駙馬都尉周景、王增、蔡震、楊偉分告長陵、獻陵、景陵、裕陵。太監黄順、李良、保國公朱永分告天壽山后土及司工之神。

（孝宗弘治實録卷 3　第 6 頁　3.5.0045）

11　九月丁巳　　增給茂陵上工官軍行粮及食鹽。從提督官保國公朱永請也。

（孝宗弘治實録卷 3　第 6 頁　3.5.0046）

12　九月乙未　　修仁壽等工（按：疑工爲宫之誤）。

命工部右侍郎張悦督修倉廒。先是，修理京、通二處倉廒，命左侍郎陳政提督。至是政被命營造山陵，故以命悦。

（孝宗弘治實録卷 3　第 9 頁　3.7.0050）

13　九月壬戌　　初，御馬監太監黎春及軍人馮增等占種順天府鄭村壩等處馬房草場官地，東廠太監羅祥發其事。先帝命治增等罪，春等姑置之，且命内官同户部科道官勘實以聞。及給事中宋琮等勘報至，户部因言：據勘報，册内有私造寺菴四處，無主墳二千七百餘塚，又有民地之未徵糧者頗多，類在未立馬房前所創立埋葬開墾者。上曰：居民餘地令照例起科，寺菴墳塋各照舊勿動。

（孝宗弘治實録卷3　第10頁　3.8.0051）

14　十月丁卯朔　禮部疏：上傳陞大慈恩等寺法王、佛子、國師等職四百三十七人及剌麻人等共七百八十九人，光禄寺日供應下程并月米及隨從館夫軍校動以千計，多誘中國軍民子弟，收以爲徒。請一切禁革。命法王、佛子降國師，國師降禪師，禪師降都綱，自講經以下革職爲僧，各遣回本土、本寺，或邊境居住。乃追奪誥勅、印信、儀仗并應還官物件。内降職留爲大慈恩等寺住持者五人，革職留隨住者十人。其漢人習學番教者，不拘有無官職者，俱發回原衛有司當差。如隱冒鄉貫自首改正者，許換與度牒。

（孝宗弘治實録卷4　第2頁　4.1.0056）

15　十月丁卯朔　工部疏：上傳陞匠官工部右侍郎蒯綱（按：疑綱爲祥之誤）及太僕寺卿楊通、順天府通判周禮興等十二員，營膳所等衙門所正等官玉貴等一千三百五十八員，命降綱（按：疑綱爲祥之誤）爲順天府治中，通爲通判，其餘六品者降文思院副使，七品八品者降軍器局副使，九品而下俱革職，與冠帶，仍舊應役，月給米一石。

（孝宗弘治實録卷4　第2頁　4.2.0057）

16　十月壬申　南京閒住右少監梁芳辭還原賜和遠官店及永清縣莊田。詔以店賜都督同知張巒，莊田令有司守視。

（孝宗弘治實録卷4　第8頁　4.7.0061）

17　十月己卯　卽廣東封占城國王子古來爲王，護歸國。勅安南國還其侵地。初，遣給事中李孟暘、行人葉應充正副使往占城册封，未至而古來爲安南侵奪，因棄〔按:館本棄作葉，誤〕國航海至廣州。將入訴於朝，巡撫都御史以聞。遣南京都察院右都御史屠滽往廣東議處其宜。滽至，上奏曰：據古來稱，本國原有八州二十五縣，盡爲安南所併。成化中，占城將赴訴于朝，始歸拜（按:疑拜爲邦之誤）都郎、馬那里等四州五縣。其後占城頭目提婆苔叛入安南，安南又以一州三縣與之，占城止存三州二縣。今提婆苔已死，安南復逼取其生身，欲盡以邦都郎等地，立提婆苔之子爲王。然古來之子蘇麻及頭目萬人，方固守以待。古來之意欲即于廣東受封，請兵護送。併乞移文正其疆界，庶得安全。臣等欲如其請，令孟暘等就此册封，俟冬遣武臣護歸其國，孟暘等不必親行。仍請勑安南國，還其侵地。兵部覆奏。從之。遂賜安南國王黎灝勑曰：比得廣東守臣會奏，占城國王子古來訴稱，其國原設班者班城等八州及打要等二十五縣，成化七年，爾國興兵占奪前項地方。十三年三月内退還邦都郎、馬那里等四州五縣，尋將埋打里奔底把底等一州三縣撥與反叛頭目提婆苔掌管，後又潛令提婆苔興兵尋殺古來，致被古來部下人馬殺死。爾國乃差頭目領兵逼取提婆苔生身。以此古來窘迫，挈家涉海遠來伸訴。及查爾國先年奏稱，占城地土，皆自彼國土酋自相割據，今審古來所訴，則爾國奪占逼逐之迹似有可驗，不然，古來何爲蕩析離居一至于此！但爾國素稱秉禮，肯（按：館本肯作豈，是也）肯陰惡陽善，飾非文過，上虧事大之忠，下失睦鄰之義？意者，不或不知，而爲守邊頭目黨逆構怨隱欺蒙蔽之所致歟！廣東布政司已嘗備咨爾國，未有咨報。今因使回，特賜勑諭王，當以救災恤患爲心，副我朝廷興滅繼絶至意，嚴加禁飭守邊之人，毋以强凌弱，毋稔惡府辜，悉以茅嶺界外八州二十五縣之地歸屬古來，敦睦鄰好，共享太平。非獨占城爲然，雲南守臣亦累奏，爾國土官舍人刁祝，在我五邦蠻嵋等寨住坐，假稱寧遠州知州主人名號，擾我邊民，已被戍兵驅逐去矣。然其留蠻未已，不能無復來之念。王宜加意訪察，差人將刁祝并其家屬盡行拘回，置之于法。毋容蒙蔽，仍來潛住，假稱名號，虧爾忠義，自取弗靖。此事蚤爲回奏，庶見爾誠。若徒事矯誣，福善禍淫，天道有在，王其審圖之。欽哉。故諭。

（孝宗弘治實録卷 4　第 16 頁　4.13.0079）

18　十月己卯　　改武成後衛爲茂陵衛。

（孝宗弘治實録卷 4　第 18 頁　4.14.0082）

19　十月壬午　　命……神武後衛署指揮同知楊能分守居庸關，義勇左衛指揮使孫鑑協守興武營。

（孝宗弘治實録卷 5　第 1 頁　5.1.0083）

20　十月癸未　　尚衣監太監廖屏養病，辭還先賜保定府定興縣莊田百七十二頃有奇。命户部遣人守視。

（孝宗弘治實録卷 5　第 1 頁　5.1.0083）

21　十月乙酉　　朝鮮國王李娎遣陪臣同知中樞府事韓僨等奉表文及方物來朝貢。賜宴并衣服、綵段等物有差。

（孝宗弘治實録卷 5　第 5 頁　5.1.0084）

22　十月癸巳　　以户部折銀二千兩送昌平縣，給黄花鎮官軍月粮。從户部主事許垣奏也。

（孝宗弘治實録卷 5　第 8 頁　5.7.0095）

23　十一月戊戌　　革京通等處倉場總督太監二員。京通二倉及淮安、徐州、臨清三倉監督内官七員，俱天順元年以後增設者也。

（孝宗弘治實録卷 6　第 1 頁　6.1.0098）

24　十一月乙巳　　命武功左衛署指揮同知王宣分守通州。

（孝宗弘治實録卷 6　第 6 頁　6.5.0106）

25　十一月甲寅　　是日曉刻大風，揚塵蔽空，良久息。

（孝宗弘治實録卷 7　第 4 頁　7.3.0120）

26　十一月辛酉　　以孝穆慈慧皇太后開土啟玄宫（按：館本宫

下有奉字，是也）遷祔葬茂陵，遣英國公張懋告天地，駙馬都尉周景告宗廟，襄城侯李瑾告社稷。

（孝宗弘治實録卷 7　第 17 頁　7.14.0141）

27　十一月甲子　朝鮮國王李娎遣陪臣同知中樞府事卞宗仍户曹判書李封等進香，并奉慰表文，方物。命免引奏陳設，賜宴不用樂。并賜襲衣、綵段等物有差。

（孝宗弘治實録卷 7　第 23 頁　7.18.0150）

28　十一月乙丑　巡撫順天等府右副都御史彭韶劾奏：黄花鎮守備奉御孫鑑在鎮年久，人情稔熟，都指揮王玉扶同行事，紀律不嚴。請俱罷之。上命罷玉，鑑仍留守備。

（孝宗弘治實録卷 7　第 25 頁　7.20.0154）

29　十二月戊辰　琉球國中山王尚真遣陪臣馬審禮等進表箋貢方物謝恩。賜宴并賜冠帶、衣服、綵段等物有差。仍命使臣領詔書並賜國王、王妃文錦、綵段等物，回國開讀給賜。

（孝宗弘治實録卷 8　第 2 頁　8.2.0157）

30　十二月庚午　以即位遣右春坊右庶子兼翰林院侍講董越、工科右給事中王敞充正副使頒詔於朝鮮國，翰林院侍講劉戩、刑科給事中吕獻充正副使頒詔於安南國，并賜各國王及妃幣帛、文錦。越等各賜金織衣一襲，鈔百錠。

（孝宗弘治實録卷 8　第 3 頁　8.2.0158）

31　十二月庚午　分守馬蘭谷等營左參將都指揮使王玘乞致仕。許之。

（孝宗弘治實録卷 8　第 3 頁　8.2.0158）

32　十二月戊寅　是日大風揚塵蔽空。

（孝宗弘治實録卷 8　第 8 頁　8.7.0167）

33　十二月戊寅　憲宗純皇帝梓宫發引。……昏刻，梓宫次清河。

（孝宗弘治實録卷 8　第 8 頁　8.7.0167）

34　十二月辛巳　　梓宫至山陵獻殿，遣駙馬都尉王增等祭長陵、獻陵、景陵、裕陵，工部尚書陳政祭后土之神，保國公朱永祭天壽山之神。置茂陵陵〔按:館本陵下無陵字，抱本有陵字〕户四十户。

（孝宗弘治實録卷 8　第 8 頁　8.7.0167）

35　十二月壬午　　奉憲宗純皇帝梓宫葬茂陵。

是日孝穆慈慧皇太后祔葬畢，奉還官奉安神主于茂陵獻殿。

（孝宗弘治實録卷 8　第 9 頁　8.7.0168）

36　十二月壬午　　訓導王紀言：守京城九門内官監收商税弊多而課不增。户部議覆，以爲監收主事原有二員，宜增差二員，御史原止一員兼巡城，宜差四員專一監税。上曰：不必增差，第令各官用心監收，毋得欺隱，以損國課。

未刻，大風揚塵四塞。

（孝宗弘治實録卷 8　第 9 頁　8.7.0168）

37　十二月甲申　　朝鮮國王李娎遣陪臣盧思慎、李崇原等各賫表文方物，賀登極及正旦節。賜宴及襲衣、綵段有差。

（孝宗弘治實録卷 8　第 9 頁　8.8.0169）

38　十二月丁亥　　給賜朝鮮國弘治元年《大統曆》。

（孝宗弘治實録卷 8　第 12 頁　8.9.0172）

39　十二月戊子　　監察御史歐陽旦言：今冬末春初，寒凍之日尚多，茂陵補役官軍約五萬人。請如前旨，給賜冬衣。上曰：天氣正寒，衣鞋令工部亟給之，毋誤。

（孝宗弘治實録卷 8　第 12 頁　8.10.0173）

40　十二月癸巳　　命欽天監監正李華致仕。先是，欽天監冠帶儒士朱祚陳本監利病。一謂天文生晝夜觀候，冬月露作艱苦，宜二年一給毛襖，并依期給與歲例木炭。一謂國朝外設觀象臺，令天文生占候；内設靈臺，令内臣占候，用較察異同勤惰。而近時外臺生每預報，内臺官雷同附和。又本監曆書政事，内臺往往干預，皆宜禁止。……上俱從之。

（孝宗弘治實録卷 8　第 17 頁　8.14.0181）

41　十二月　　是歲……儹運粮四百萬石，各處運納米麥共一千五百二萬一千七十五石四斗一合三勺四抄三撮七粟六粒。

（孝宗弘治實録卷 8　第 18 頁　8.15.0184）

弘治元年（1488）

42　正月甲寅　　召致仕太常寺卿童軒掌欽天監事，陞五品靈臺郎高鍾爲監副。先是，監副吴昊言：軒操履端方，兼究天文曆事，乞勑吏部行取總理監事，以啟迪後進。故有是命。

（孝宗弘治實録卷 9　第 4 頁　9.3.0190）

43　正月乙卯　　朝鮮國來貢陪臣有歿于通州者，禮部以聞。命送歸國。

（孝宗弘治實録卷 9　第 5 頁　9.4.0192）

44　正月丙辰　　改造京營并外衛兩班操練官軍懸牌。

（孝宗弘治實録卷 9　第 6 頁　9.5.0193）

45　正月戊午　　命以楊村河西地二百頃有奇仍給郕府汪氏。河西地景泰中爲皇莊，天順時以賜郕府，成化中改爲草場，旋以賜萬喜，至是還官。郕府妃復請，因以賜之。

（孝宗弘治實録卷 9　第 7 頁　9.6.0195）

46　正月壬戌　　命户部以近賜大慈〔校記：廣本慈下有恩字，是也〕延福宫地六百餘頃召民佃種。先是，上以宫爲太皇太后所建，因賜地爲香火田。既而科道有言，太皇太后亦自以爲不可，遂有是命。

（孝宗弘治實録卷 9　第 9 頁　9.7.0198）

47　正月壬戌　　虜寇密雲古北口，燒炕窖，射傷軍民。巡按御史曹英劾奏分守左少監楊友、署都指揮僉事張瓊之罪。詔宥之。

（孝宗弘治實録卷9　第9頁　9.7.0198）

48　正月甲子　　命却琉球國入貢使臣之從浙江來者。舊例，琉球二年一貢，俱從福建布政司比號。今來非正路，又非年例。故有是命。

（孝宗弘治實録卷9　第10頁　9.8.0199）

49　正月乙丑　　造茂陵歲時祭器。

（孝宗弘治實録卷9　第10頁　9.8.0200）

50　閏正月丙寅朔　　巡撫順天等府都察院右副都御史彭韶言：畿内之民徭役繁重，而大興、宛平、昌平、漷縣尤甚。乞裁損夫役，以蘇民困。户部覆奏：擬以各項夫役下順天府酌量分派。宛平、大興二縣止派三分之一，餘俱派外縣。其勇士、校尉等户止優免三丁，不得概户全免，以重累貧民。從之。

（孝宗弘治實録卷10　第1頁　10.1.0203）

51　閏正月丁卯　　初，太監梁芳、韋興、張軒、莫英、陳喜先後以獻珍珠得寵，一時後宫器用以珍寶相尚，京師上下亦然。芳等益搜訪于民間，物價騰踴，一珠至數十金，市者皆乘以取富。於是指揮使張紀、指揮僉事任義、千户馮宇、沈達、百户楊春、所鎮撫徐昌、袁凱與賈人馮謙、王通、李祥、王智、夏線兒等日求採供獻。至是，以言官劾奏下獄。上曰：紀等交結内侍，進獻珍玩，盗支内府財物數多，雖遇赦，難依常例。紀、義、宇、達俱發遼東鐵嶺衛，春等六人發口外開平衛，俱永遠充軍。昌、凱革職，調永寧衛。

（孝宗弘治實録卷10　第2頁　10.1.0204）

52　閏正月癸酉　　設茂陵祠祭署，除奉祀丞各一員。

（孝宗弘治實録卷10　第9頁　10.7.0216）

53　閏正月甲戌　　太僕寺卿李温奏：舊制，每年備用馬二萬匹，本寺七分，南京太僕寺三分，責限解京轉發順天府所屬州縣寄養。近來倒失數多，賠償不給，徒費民財，無益國用。今順天府見在寄養馬及本寺收養馬價銀暫可濟用。乞將元年該派本色馬不必解京，但依數揀選，暫且存留本處飼養，以聽調取。從之。

（孝宗弘治實録卷 10　第 9 頁　10.8.0217）

54　閏正月甲申　修國子監以將視學也。

（孝宗弘治實録卷 10　第 17 頁　10.14.0229）

55　閏正月丙戌　禮部覆奏：左都御史馬文升所奏四事。其曰逐術士者。宜令各該巡城監察御史及五城兵馬司并錦衣衛巡捕官逐一搜訪，但有扶鸞禱聖、驅雷喚雨、捉鬼耳報一切邪術人等及無名之人，俱限一月内盡逐出京。仍有潛住者，有司治之，治以重罪。主家及四隣知而不舉者連坐。其曰清僧道者。宜令兩京僧道録司并天下諸司通勘勅建勅賜并古刹共若干所，給度僧道若干人，備造文册，送部存照。仍將十年一度之例停止，待額數不足之日，所在官司照額起送給度。内外衙門不得指以救荒、納粟爲由，奏請給度。違者，科道官糾之。其有擅自修蓋者，即便拆毀。如無度牒，僧道行童發回當差。敢有私造寺觀及容隱僧行道童者，僧道官并住持俱發附近衛分充軍，所司官員不舉，以枉法論。其曰懷四夷者。今後入貢夷人筵宴，宜令光禄寺堂上官一員提調，務要豐潔。本部差官一員督察，其朔望并陛辭酒食，令該日視班巡視御史〔校記：三本視作侍。抱本閣本巡視御史作御史巡視，是也〕，但有尅減菲薄者，將光禄寺官并局長等究問。其曰節財用者。成化四年以前，每歲用甘松等料共千六百三十五斤，以後增至千八百八十五斤，十一年後又增至二千六百八十五斤，雖稱各年間有拖欠，本部亦已累行催納，緣俱係民間出辦，差人解運，勞費實多。其光禄寺供用牲口，正統年間每年各色數止四萬，至天順間漸增數多，成化年奏准每年不過十萬。十六年以鷄三千折猪三千，鵝五百折羊五百，添派湖廣等處買辦。以小易大，價過十倍。況近年以來，各處凶荒，人民艱食。乞將内府供用庫二次增添香料數内量減一二。光禄寺牲口原納鷄鵝者，免其折納猪羊，仍於十萬數内量減，以蘇民困。上曰：所言皆是。逐術士爾部中仍出榜禁約，香料照成化四年數解納，折納猪羊令光禄寺計算以聞。

（孝宗弘治實録卷 10　第 17 頁　10.14.0230）

56　閏正月戊子　工部覆奏：都御史馬文升所奏乞減夫價事，擬將順天等處擡柴夫工價每名月與銀一兩四錢，以少寬民力。從之。

（孝宗弘治實録卷 10　第 20 頁　10.16.0233）

57　閏正月己丑　都督同知張巒請以萬喜等辭還順天、保定等府莊田通賜管業，户部議不可。上是之，差人守視如故。

（孝宗弘治實録卷 10　第 21 頁　10.16.0234）

58　閏正月己丑　監生楊璽奏：永昌寺工役即已奉旨停罷。請撤〔按：館本無撤字，三本有撤字〕其材木、甎瓦諸料助營建〔按：館本無建字，誤〕茂陵及太廟門牆之用。工部覆奏。從之。

（孝宗弘治實録卷 10　第 21 頁　10.16.0234）

59　閏正月辛卯　朝鮮國王李娎遣陪臣書狀等官鄭致亨等奉表慶賀。賜宴并綵段、絹布有差。

（孝宗弘治實録卷 10　第 21 頁　10.17.0235）

60　二月丁酉　占城國王古來遣陪臣王孫哈那巴等奉金葉表文來朝，貢方物。賜宴并衣服、綵段等物有差。仍命領回，賜國王及王妃衣服、綵段如例。

（孝宗弘治實録卷 11　第 2 頁　11.2.0239）

61　二月己亥　未刻，黄塵四塞。

（孝宗弘治實録卷 11　第 3 頁　11.3.0241）

62　二月庚子　户部言：各項辭退莊田在順天〔按：館本無天字，誤〕府等處者，雖累有旨令人守視，然未免地有遺利。請查官查勘，計其頃畝，召人佃種，畝收銀三分以備用。從之。

（孝宗弘治實録卷 11　第 3 頁　11.3.0241）

63 二月辛丑 户部請兩京各差御史及主事一員，監收崇文門宣課分司并南京上新河税課司商税，其河西務、臨清、淮安、揚州、蘇州、杭州、劉家隔、正陽鎮税課司局各委府州佐貳〔按：館本貳作二，誤〕官一員監收。凡課程除崇文門、上新河、張家灣及天下課税司局仍舊錢鈔兼收外，餘鈔關税課司，及〔按：館本天上無及字，三本有及字〕天下户口食鹽，每鈔一貫折收銀三釐，每錢七文折收銀一分，類解本部。其存留者准折本處官軍俸粮，照在京例，每銀一兩折鈔七百貫。從之。

（孝宗弘治實録卷 11　第 3 頁　11.3.0241）

64 二月乙巳 陞雲南鶴慶軍民府知府張海爲順天府府尹……吏部奏，詔例舉用也。

（孝宗弘治實録卷 11　第 8 頁　11.6.0248）

65 二月丁巳 朝鮮國王李娎遣陪臣安處良等以上太皇太后、皇太后尊號及册封中宫，奉表慶賀、貢方物。賜宴并衣服、綵段有差。

（孝宗弘治實録卷 11　第 15 頁　11.12.0259）

66 三月丙寅 以雨不止，命視學移初九日。

（孝宗弘治實録卷 12　第 1 頁　12.1.0269）

67 三月己巳 册封占城國正副使禮科都給事中李孟暘、行人司行人葉應還自廣東。

（孝宗弘治實録卷 12　第 3 頁　12.3.0273）

68 三月庚午 初，外夷貢玉給直俱有例。至是，西番撒馬兒罕等處使臣阿剌倒剌乩等所貢玉内，驗有把咱石者，有夾石者。内府承運庫奏，欲却還之。禮部議，謂外夷効順中國，遠來入貢，今已貢而復却，恐非懷遠之道，宜量給賞賜，以慰其意。上從之，仍令通事省諭仰謹其後。

（孝宗弘治實録卷 12　第 4 頁　12.3.0273）

69 三月癸酉 上視學，行釋奠禮，御彝倫堂授經。

（孝宗弘治實録卷 12　第 5 頁　12.4.0276）

70 三月戊寅 先是，琉球國使臣皮楊那等自浙江來貢，禮部言與二年一貢例限不合，且路不當由浙江而來，請却之。至是，皮楊那等復齎上本國移禮部咨言：成化二十一年，本國正議大夫程鵬等進貢回國，報知皇太子册妃，乃遣使者表賀，并具方物進貢。禮部復言：琉球入貢雖於例限不合，然遠夷之情可念，況箋文方物已至京，難於終却，請宜暫賜容納，繼後仍以舊例裁之。或因福建風水不便，取路自浙江來者，亦令審實奏請，方得起送。今次所給正副使綵段等物，宜如舊例，獨於番伴從人減半，以示裁抑之意。從之。

（孝宗弘治實録卷 12 第 8 頁 12.6.0280）

71 四月丁酉 監察御史曹璘言：居庸關爲京師北門，舊設隆慶衛軍二千七百餘人，今多投〔校記:抱本閣本投下有充字〕内府爲軍匠，以影射差役，而本處自架砲守口備禦永寧城外不及一千。乞勅兵部重覆各監局，人匠係隆慶衛者，果有技藝不可缺，則量留供應，餘悉〔校記：抱本閣本悉作宜〕送原衛徧操。從之。

（孝宗弘治實録卷 13 第 1 頁 13.1.0294）

72 四月庚子 命工部侍郎劉璋督修京通二處倉廒。以右侍郎張悦改任故也。

（孝宗弘治實録卷 13 第 2 頁 13.2.0295）

73 四月辛丑 琉球國官生蔡賓隨其國使臣來朝貢，因言：成化中蒙本國奏送南京國子監讀書，今吏部侍郎〔按：館本侍郎作尚書，誤。抱本閣本作侍郎，是也〕劉宣時爲祭酒，特加撫恤，今乞容執贄於宣所致謝。許之。

（孝宗弘治實録卷 13 第 5 頁 13.4.0299）

74 四月丁未 琉球國使臣正議大夫程鵬等及占城國通事梅晏化等來貢。賜宴并綵段、衣服有差。

（孝宗弘治實録卷 13 第 7 頁 13.6.0304）

75 四月丁巳 以茂陵營建工完，遣駙馬都尉王增、楊偉、游泰、長寧伯周彧、瑞安伯王源分祭長陵、獻陵、景陵、裕陵、茂陵。泰寧侯陳桓祭天壽山之神。

賜督工太監黄順、李良并太傅兼太子太師保國公朱永、工部左侍郎陳政及營造官軍匠作人等銀幣、羊酒、鈔錠有差。

（孝宗弘治實録卷 13　第 16 頁　13.13.0317）

76　四月庚申　天壽山雨雹。遣英國公張懋、駙馬王增、楊偉、游泰、瑞安伯王源致祭長陵等陵，慶雲侯周壽祭天壽山。

（孝宗弘治實録卷 13　第 17 頁　13.14.0319）

77　四月壬戌　禮部尚書周洪謨等言：天壽山雷電風雹，各陵樓殿厨亭并各監廳屋瓦獸角擊碎甚多。

（孝宗弘治實録卷 13　第 18 頁　13.15.0321）

78　五月乙丑　命保定府歲運涿州、良鄉草四萬束，每束折米麥五升，貯常盈等倉。從户部主事崔巖奏也。

（孝宗弘治實録卷 14　第 1 頁　14.1.0326）

79　五月丙寅　頒詔正使右春坊右庶子兼翰林院侍讀董越、副使工科給事中王敞歸自朝鮮。

（孝宗弘治實録卷 14　第 3 頁　14.2.0328）

80　五月乙亥　賜神宫監太監陸愷保定府定興縣等處地二百頃。從其請也。

（孝宗弘治實録卷 14　第 8 頁　14.7.0338）

81　五月辛巳　賜迤西地面鎖魯檀馬哈木阿民斡子伯王琵琶、銀壺、金盌各一事，迤西阿黑麻曲兒干王、迤西日落國亦思刊答兒魯密帖裹牙王紵絲、磁器、夏布等物。從其請也。

（孝宗弘治實録卷 14　第 13 頁　14.11.0345）

82　六月壬寅　朝鮮國王李娎遣陪臣工曹參判蔡壽等奉表貢方物，賀萬壽聖節。別遣同知中樞府事成俔等謝頒詔恩。賜宴并綵段、衣服等物有差。

（孝宗弘治實録卷 15　第 6 頁　15.5.0367）

83 六月丁未 命薊州衛指揮同知龐濟守備薊州等城，以都指揮體統行事。

（孝宗弘治實録卷 15 第 8 頁 15.7.0371）

84 六月戊申 命都察院左都御史馬文升提督團營操練。先是，鴻臚寺右少卿李燧奏：京營操練，舊以文武大臣協同提督，頃年以來，止用武職總兵，而文臣不與。乞於文職大臣内簡命一員往任其事，或遇有警，即同征勦，則文武相資，而戎務有備矣。事下，廷議列銜以請。上命文升莅其事。賜之勅曰：朕惟國家費粮餉〔按：館本餉作賞，誤〕以養其軍士，無非爲衛國安民之計。先因五軍、三千、神機三大營官軍有名無實，役占數多。曾命内外官員會同清理，揀選精壯官軍十二萬，分爲十二營操練，每營用内外官各一員坐營管操，既又重加揀選補換。兹命爾同太監傅泰、李良、太傅襄城侯李瑾通行提督。務令各營官軍常川操練馬匹，如法喂養，器械必須整齊，武藝必須精熟，使人人可以臨陣應敵，折衝禦侮，不至如往時虚應故事，乃爲盡職。然欲得其勇力，在養其鋭氣，爾等尤須加意撫卹，不許該管官員科擾役占。其坐營管操内外官并把總以下官，敢有不遵號令者，聽爾等參奏拿問。如役占軍士五名以下者降一級，五名以上者降二級，馬匹私借騎用及撥與騎主者，五匹以下降一級，五匹以上降二級，俱仍發邊遠立功。提督官若容情故縱或被人舉發，或朝廷緝訪得出，一體治罪。軍士缺伍，聽於三大營選撥。其三大營太監總兵官，仍自照舊操練所留官軍，以壯威武，每月兩赴十二營與爾等會操試驗。遇有調發，公共計議，不得自行彼此。爾等受朝廷簡命，宜竭忠盡誠，持廉秉公，以强兵衛民、安夏攘夷爲己任。毋因循以度日，毋姑息以徇情，毋舉措乖方以賈怨。惟兵强馬壯，武備修舉，斯爾等之能。不然，惟爾勿任。其欽承朕命毋怠。故諭。

（孝宗弘治實録卷 15 第 11 頁 15.9.0376）

85 七月癸未 順天府密雲縣地震有聲。

（孝宗弘治實録卷 16 第 12 頁 16.10.0401）

86 七月甲申 命武靖伯趙承慶领神機營、五千下管操，都督僉事張海領右掖營管操。

（孝宗弘治實録卷 16 第 12 頁 16.10.0401）

87 八月壬辰朔 罷五軍營左掖坐營廣平侯袁輅、右掖坐營都督同知白玘。先是，二營缺官，英國公張懋、襄城侯李瑾疏舉輅、玘二人堪任。至是，兵科都給事中夏祚、浙江道監察御史魏璋等劾奏輅、玘謀勇未聞，奸貪素著。廣平侯先年革爵，輅賫緣太監梁芳，獻其第宅爲護國永昌寺，遂得復爵。玘經科道官交劾，幸不能卽罷歸，仍以帶俸督府。二人不自量度，復事請託。懋、瑾不以將官爲重，惟以親戚爲私，請各罷黜。上於是罷輅、玘，仍命吏部查輅應否襲爵，玘令帶俸差操，懋、瑾釋不問。

（孝宗弘治實録卷 17 第 1 頁 17.1.0409）

88 九月乙巳 國子監生張時泰進所撰《續資治通鑑綱目廣義》十七卷。

（孝宗弘治實録卷 18 第 5 頁 17.4.0416）

89 九月壬子 禮部奉旨：會考欽天監天文生及陰陽人等，請存留供事者二百六十一人，黜退者一百八人，其以事故未經考選者，從本監陸續考選。聞奏。從之。

（孝宗弘治實録卷 17 第 8 頁 17.7.0421）

90 九月癸亥 朝鮮國王李娎遣陪臣成俔等奉表并方物謝恩。賜宴并衣服、綵段等物有差。先是，朝鮮人有覆舟於登來者，所司以聞。命其舟檝資送還本國。至是，其國王乃遣使入謝。

（孝宗弘治實録卷 18 第 1 頁 18.1.0427）

91 九月乙酉 順天府奏：舊制，本府以十月初一日行鄉飲酒禮，緣是日時享齋戒，乞移於初二日。從之。

（孝宗弘治實録卷 18 第 8 頁 18.7.0439）

92　九月甲寅　巡撫雲南都察院左僉都御史楊繼宗卒。字承芳，山西陽城縣人，天順元年進士……整飭薊州等處邊備兼巡撫順天等處，爲治中陳冀訐奏……及爲都御史，畿内多權貴莊田，有侵占民聞者，奪而還之，其風力如此。

（孝宗弘治實録卷 19　第 11 頁　19.9.0459）

93　十一月庚申朔　兵部言：在京各營馬多耗損，請治典守者罪。命都指揮僉事支林等一百七十六員各停俸，責限買補。

（孝宗弘治實録卷 20　第 2 頁　20.2.0465）

94　十一月壬申　兵部郎中陸容言八事。……一曰經理京衛。謂兩京各衛所有軍伍全缺者，宜以清查。近來投充武驤左等四衛冗食軍士及近邊召募義勇人丁，掇此補彼，冀足原額之數，如公廨未立及傾圮者，以私創寺觀改作修理。一曰選練禁軍。謂今之守衛上直官軍與京城備操官軍，即古南北軍之遺制。然京營之兵，似覺偏重宿衛之兵，若在不急，失伍離次，全無紀律，宜補其殘缺，嚴督訓練，用戒不虞。……命下其奏於所司。

（孝宗弘治實録卷 20　第 7 頁　20.4.0470）

95　十一月丁丑　下欽天監監副吴昊、張紳、高鏜等于都察院獄。以本監奏是月十六夜月食不應故也。初，上奏，時太常寺卿童軒實等〔校記：舊校改等爲掌〕監事。至是，已陞都察院右副都御史巡撫四川，亦上狀服罪。特宥之。

（孝宗弘治實録卷 20　第 9 頁　20.7.0476）

96　十二月丁酉　時京師多盗，上命兵部條上禦盜事宜。兵部因疏内外編次大（按：館本大作火，是也）夫舊例，請申明處置。且言：京城内外軍民雜揉，盗易潛匿。宜令五城兵馬司，家給一小由帖，揭之門外，各填衛所、府縣、軍民等甲（按：館本作年甲）、人丁、鄰里。如有異言異服者，自能覺察。法司問理盗賊，務令招出由帖事理，以憑追究。或有罷閒官吏、遊民、僧道諸色人縱容居住，以枉法坐之。又五城兵馬司相去遼遠，不便巡邏，宜各擇地方立二〔校記:廣本二作一〕分司，以爲夜巡官往來止息之所。每夜小甲率火夫會巡，亦至此暫憇。仍乞命錦衣衛兵馬司各衛巡捕官，每夜各率旗校兵牌火夫軍人十五名，於所莅地方巡警。從之。

（孝宗弘治實録卷 21　第 5 頁　21.4.0489）

97　十二月戊申　賜朝鮮國弘治二年《大統曆》百本。

（孝宗弘治實録卷 21　第 7 頁　21.6.0494）

98　十二月戊申　給宛平、大興二縣養濟院孤老六千一百七十一人各冬衣布一疋。

（孝宗弘治實録卷 21　第 7 頁　21.6.0494）

99　十二月己酉　平鄉伯陳信三千營坐司，惠安伯張瓚五軍營右哨坐營。

（孝宗弘治實録卷 21　第 8 頁　21.8.0494）

100　十二月乙卯　立春。順天府官進春。上御奉天殿受之。文武羣臣公服行五拜三扣頭禮。

（孝宗弘治實録卷 21　第 9 頁　21.8.0497）

101　十二月丙辰　監察御史陳瑶言：崇文門舊設宣課分司以收商税。近者，户部奏差御史主事往監其事，率以掊克爲能，遂致商旅不通，物價騰踴，有傷國體。乞取回原委官員，止循舊例收税。間有奸弊，宜令巡城御史督察。上曰：御史言是，但此分司曩被校尉及無籍者挾制攪擾，因命御史主事監收。今後只許秤盤客貨，其餘行李車輛，毋得搜檢阻遏。

（孝宗弘治實録卷 21　第 9 頁　21.8.0497）

102　十二月丙辰　國子監舊例：監生自備柴米願留坐班，三年滿，照例歸省復班，無虚曠，卽與收糧一月以上。遇有清軍、清黄、續黄〔校記：廣本作謄黄〕、寫誥及天財庫辦事等項年半役滿者，挨次撥補。後又以自備柴米願留坐班者，意圖越次出身，奏止之。至是，納粟監生許龍等皆以自備柴米坐班三年歸省復班，具奏乞如舊例收粮撥歷。下禮部，覆奏，議以龍等願坐俱係新例，前其收糧撥歷宜如舊例，今後有願自備柴米坐班者，皆不聽。從之。

（孝宗弘治實録卷 21　第 10 頁　21.8.0498）

103　十二月　是歲……儹運糧四百萬石，各處運納米麥共一千五百五〔校記：三本五作三〕萬二千七十五石四斗一合五勺四抄五撮七粟六〔校記：廣本六作三〕粒。

（孝宗弘治實録卷 21　第 13 頁　21.10.0504）

弘治二年（1489）

104　正月丙寅　先是，西僧鎖南堅參爲言官所劾，自法王降國師，勒還本土，久而未發。至是，其徒爲之請留居京師大能仁寺。許之。

（孝宗弘治實録卷 22　第 2 頁　22.2.0507）

105　正月丁卯　命户部：以天順中所賜故太監葉達固安縣田二百二十五頃入官别用，并通查先蒙賜田今病故者，各開具以聞。

（孝宗弘治實録卷 22　第 2 頁　22.2.0507）

106　正月丙子　朝鮮國王李娎遣陪臣同知中樞府辛鑄等奉表及方物來，賀正旦并謝恩。賜宴并綵段絹布有差。

（孝宗弘治實録卷 22　第 3 頁　22.2.0508）

107　正月丁亥　京城德勝門晏啟，赴操軍士争門，蹂死者十七人。錦衣衛帶俸都指揮僉事王泰坐視無法，下法司贖杖還職。

（孝宗弘治實録卷 22　第 8 頁　22.6.0516）

108　二月己未　以水災，免直隸、營州、天津、密雲等十四衛所弘治元年屯粮一萬二百二十一石，草五千九百六十七束；

永、順天府、霸、薊等九州縣秋粮三千四百一十石，草一十萬四百三十一束。

（孝宗弘治實録卷 23　第 4 頁　23.3.0524）

109　二月甲寅　太僕寺卿彭禮等言：順天府寄養馬匹日漸消耗，而民力愈困。乞弘治二年各處年例，備用馬許其銀馬中半起解，每匹折銀十兩，庶解馬者不設常額，養馬者不致久困。下兵部，覆奏。准暫行一年，不爲例。

（孝宗弘治實録卷 23　第 11 頁　23.9.0536）

110　三月癸亥　京師連日黄塵四塞，風霾蔽天。

（孝宗弘治實録卷 24　第 2 頁　24.2.0541）

111　三月癸亥　命司禮監太監章泰、兵部尚書馬文升，會同提督京營文武大臣，簡閲各營士馬。

（孝宗弘治實録卷 24　第 2 頁　24.2.0541）

112　三月乙丑　以東安、良鄉二縣田六十餘頃賜駙馬都尉黄鏞，而以鏞原受賜永清縣田二百八頃，賜皇親錦衣衛紀貴。

（孝宗弘治實録卷 24　第 2 頁　24.2.0541）

113　三月庚午　陞欽天監監副吴昊爲本監監正。

（孝宗弘治實録卷 24　第 7 頁　24.6.0549）

114　三月壬申　以久旱，命十六日爲始至齋三日，至十九日。遣英國公張懋告天地，新寧伯譚佑告社稷，平江伯陳鋭告山川。是日遂雨一晝夜。至十八日又大雨，遠近霑足。

（孝宗弘治實録卷 24　第 7 頁　24.6.0550）

115　三月癸酉　巡按直隸監察御史宋鑑言：隆慶衛官軍俸糧，每年春、夏、秋三季俱於京倉支給，不便。下户部，議自八月至十二月，俱於本處給銀，十一月至正月給米，餘月仍舊。從之。

（孝宗弘治實録卷 24　第 7 頁　24.6.0550）

116　三月甲戌　命成山伯王鏞神機營管操。

（孝宗弘治實録卷 24　第 8 頁　24.7.0551）

117　三月戊寅　太僕寺少卿彭禮奏：自成化二十二年以來，畿内州縣寄養馬，死者二萬有奇。責令一併買補，恐人不堪。請限在弘治元年、二年者，責成所司追買，不及五分以上者，掌印及管馬官停俸。兵部以爲宜，因請弘治三年以後買補，不及數者，削管馬官二級，調邊任；分管官擬罪。奏請先期足者獎勵之，其有盜賣買者，各治以罪。從之。

（孝宗弘治實録卷 24 第 9 頁 24.8.0553）

118 三月壬午 修京城九門内外牆垣隄岸。

（孝宗弘治實録卷 24 第 9 頁 24.8.0554）

119 三月甲申 保國公朱永奏：侯家營皇莊與三千營牧馬草場接壤，先已遣官勘立封界，而管莊内臣今猶阻撓其間。得旨：除皇莊五十四頃外，餘皆撥回三千營牧馬。

（孝宗弘治實録卷 24 第 11 頁 24.9.0556）

120 四月辛亥 大興隆寺僧戒璇、錦衣衛指揮劉綱，争訟直隸安肅縣田四十頃。得旨入官别用。户部請給民耕種，徵租如例。從之。

（孝宗弘治實録卷 25 第 8 頁 25.7.0571）

121 五月乙酉 命修承先（按：館本先作光，是也）殿及西海子石橋。

（孝宗弘治實録卷 26 第 7 頁 26.7.0591）

122 六月壬辰 修社稷壇。

（孝宗弘治實録卷 27 第 1 頁 27.1.0596）

123 六月甲午 朝鮮國王李娎遣陪臣户曹參判趙益貞等貢方物馬匹，賀萬壽聖節。賜宴并綵段、絹鈔等物有差。

（孝宗弘治實録卷 27 第 2 頁 27.1.0596）

124 七月辛酉 增給京營馬明年春季内草一月，如例折銀。舊例：京場草止供御馬監并將軍勇士等項馬匹支用，京營馬令各軍夏秋採草，以備冬春之用，例不支給。正統間暫支兩月，其後襲以爲常。至是，司禮監太監韋泰奉命選團營軍，請暫添一月，故有是命。

（孝宗弘治實録卷 28　第 1 頁　28.1.0606）

125　七月辛酉　命後軍都督府帶俸都指揮僉事馬昇管顯武營，李澄管効勇營，應城伯孫繼先管神機營左掖。

（孝宗弘治實録卷 28　第 2 頁　28.1.0606）

126　七月壬戌　刑部尚書何喬新言：六月以來，滛雨爲災，京城内外房屋多有傾頽，通州、張家灣、蘆溝橋一帶被害尤甚。意者，刑罪未定當罪，以致於是。請勅兩京法司審詳罪囚，勿拘成案。其通州等處被水之家，視近日京城例，一體賑恤。從之。

（孝宗弘治實録卷 28　第 3 頁　28.3.0609）

127　七月乙丑　朝鮮國王李娎遣陪臣户曹參判趙益貞等進慶賀皇太后聖旦表文。回賜王綵段等，并賜益貞等綵段、鈔錠等物。仍賜宴并遣通事伴送至遼東如例。

（孝宗弘治實録卷 28　第 5 頁　28.4.0612）

128　七月壬申　修薊州、冷口、喜峰口、潘家口、青山口、義院口、一片石、箭幹〔按:館本幹作簳〕嶺、沙坡谷、豬圈頭等處墩台、城塹、廨舍。以積雨水溢衝壞也。其甲服弓矢等器被漂没者，令於各衛局如數給之。

（孝宗弘治實録卷 28　第 8 頁　28.7.0617）

129　七月癸酉　順天府府尹張海等言：本府并永平、河間、保定等府所屬州縣，水潦爲患，民不聊生。前寄養及孳生馬并驢牛倒失追償未完者，請暫停免，待豐稔之日追補。并管馬官坐欠馬停俸者，亦請暫令支給，以養其廉。從之。

（孝宗弘治實録卷 28　第 9 頁　28.8.0619）

130　七月戊寅　户部尚書李敏奏：河間、永平二府近被水災，請分遣郎中陳瑗等往賑之，户給米一石，如近日京城例，其溺死者加一石，無主者官爲掩埋，貧不能自存者量爲修葺廬舍，并免夏秋糧税。從之。

仍命給畿内貧户二麥種各一石，令及時播種。

（孝宗弘治實録卷 28　第 15 頁　28.12.0628）

131　七月己卯　　户部尚書李敏等以災異上疏言：臣惟災異之來，率由民心積怨所致。切見畿内之地，皇莊有五，共地一萬二千八百餘頃；勳戚太監等官莊田三百三十有二，共地三萬三千一百餘頃。比來官庄宫校人等，往往招集無賴羣小，稱爲庄頭，伴當佃户家人名目，占民地土，斂民財物，奪民孳畜。甚者〔按：館本者作至〕污人婦人，誣人性命，民心傷痛入骨。少與分辨，輒被誣奏，至差官校拘拏。舉家驚憾，怨聲交作。災異之興，皆由於此。且皇庄之設，在祖宗時未有。正統間以諸王未封，供用浩繁，不欲重徵小民。又見彼時地廣民稀，因其閑地立庄，以資公用，諸王之國，地仍歸官。其後因襲，遂有皇庄之名。且普天之下莫非王土，若以此地爲皇庄，則其餘者非朝廷之土乎？今若革去管莊之人，撥付小民耕種，每畝徵銀三分，歲可得銀三萬八千餘兩，比之官校掌管所得猶多。以此報歸之内帑，充各宫用度，則不顯立皇莊之名而有實用之効矣。其勳戚太監等官下投充管莊家人以宜盡革，就於居民佃户擇其年高有行者掌管，如例徵銀，有司收完，聽各官家人領用，則受田之家享自然之利，佃户之人免剥害之苦，尚何天意之不可回者！上曰：皇莊留與朕弟諸王，其餘功臣等項田土管業已定，難令有司督辦，俱如舊。今後管莊之人，敢有生事害人者，聽巡按御史指實參奏，從重治之。

（孝宗弘治實録卷 28　第 15 頁　28.13.0629）

132　七月癸未　　命直隸保定府及涿州、良鄉諸倉所收各處税糧，如遇有災則全收本色，豐年仍本色與行色兼收。

（孝宗弘治實録卷 28　第 19 頁　28.16.0635）

133　七月癸未　　修通州至天津河道。以原額人夫不足，命役軍民夫三千助之，月各給米三斗。

（孝宗弘治實録卷 28　第 20 頁　28.17.0637）

134　七月乙酉　　薊州遵化寬河地震四次，有聲如雷。

（孝宗弘治實録卷 28　第 21 頁　28.17.0638）

135　八月戊子　　内閣大學士劉吉等以異災言七事。一，溥恩施。謂今歲北直隸八府災傷，軍民饑荒，已命巡城御史及順天府官取勘京城内外及通州、蘆溝橋等處被水渰没房屋人畜之家，各給一米。……一，稽工程。謂近年以來，凡遇修理城垣、宫殿、内府房屋及成造各處墳塋等項，俱於京營摘撥軍士應役，其内外管軍官員，又不許計算工役大小、財力多寡，有興一役本用五千人而奏請一二萬者，本用五百人而奏請一二千者，朝廷雖不盡數撥與，其實所役倍多。況有（按：館本有作又，是也）無所稽考，以致遷延歲月，罷敝愈甚。近英國公張懋等雖奏有計工定限事例，但臨期無人督管，未免延遲誤事，又行奏添煩瀆聖聽。乞勅工部大臣一員，同内官監管工官，即令先去西城垣、天壽山、蘆溝橋河，相看工程大小，計其緩急次第，應修理者，務要公同本部計算該用人力多少，日月幾何，開具實數，奏請摘撥。用工之日，仍差武職大臣一員、科道官各一員與内官監官相兼督工修理，務要均其勞逸，時其飲食，驗其實在數目。但有用錢買閑及收受刁蹬等弊，聽各官指實參奏，從重處置。奏上。俱從之。

（孝宗弘治實録卷 29　第 1 頁　29.1.0639）

136　八月壬寅　　蘆溝橋河堤壞。命新寧伯譚佑、工部侍郎陳政、同内官監太監李興及科道官各一員督官軍二萬築之。

（孝宗弘治實録卷 29　第 12 頁　29.10.0627）

137　九月丙辰朔　　禮科給事中孫儒等奏：奉旨清查畿内諸已故太監莊田，中間有轉賣寄托及佃户自占者凡二千七百一十八頃有奇。户部請籍之於官，召民佃種。上命：不及二十頃者仍與管業人耕種，准民田例征糧。二十頃以上者量除五頃。三十頃以上者，每三十頃遞除五頃，并留與見管業人耕種納粮。不願耕種者聽。餘地并收入官，召人耕〔按：館本耕作佃〕種。

（孝宗弘治實録卷30 第1頁 30.1.0665）

138 九月丙辰朔 京城阜財坊有盗十餘人，僞稱巡夜，縛火夫、刼指揮張淳家，總甲人等救之被殺，盗遂縋城逸之去。上怒，命革巡捕官冠帶，軍校兵牌鎖項捕賊。仍停提督巡捕錦衣衛指揮劉良、巡城御史張璡、陳震俸，務令捕獲。

（孝宗弘治實録卷30 第1頁 30.1.0665）

139 九月癸亥 給薊州、永平、山海各邊守瞭官軍衣鞋四千二百八十五副。（按：梁本脱誤，據館本補）

（30.4.0672）

140 九月己卯 給居庸關沿邊守瞭官軍衣鞋一百六十四副。

（孝宗弘治實録卷30 第5頁 30.7.0678）

141 九月庚辰 命修長安東、西街、玉河橋等處溝渠。

（孝宗弘治實録卷30 第6頁 30.8.0679）

142 九月癸未 命晉寧伯劉福及科道官并工部郎中各一員督官軍八千〔按：館本無千字〕修通州弘仁橋。

（孝宗弘治實録卷30 第6頁 30.8.0679）

143 十月己丑 欽天監監正吴昊言五事：一，凡選擇日時，當遵用《大統曆》及洪武年所定選擇曆書。其差穀選揀雜書，俱令首官燒燬。一，觀象臺所用渾儀、簡儀俱南京舊制奉（按:奉字疑衍），兩（按:館本兩前有今字）京相去三〔按:館本三作二，抱本閣本作三〕千七百餘里，去極高下不同，又歳久，推驗漸差。欲修改或別造，以正一代之制。一，本監天文書籍，俱國初抄本，中間多損壞殘缺。欲加考訂修補。一，本監算曆觀候及回回天文生、陰陽人等，多有怠玩不遵禮法者。欲令每日到監書畫卯酉簿。每班選立班長二人，籍其善惡勤惰并術業精踈之實，以俟按季考枚（按：館本枚作校），爲之進退。一，天文生及陰陽人徭役乞優免。下禮部，覆議，悉如所請，惟渾儀、簡儀，令監副張紳造成木樣，以待試驗改造。天文生本身外免一丁，陰陽人止免本身。上曰：雅（按：館本雅作雜）書不必燒。今後選擇，只依洪武年間欽定曆書。餘如議。

（孝宗弘治實録卷 31　第 3 頁　31.2.0684）

144　十月庚寅　旌表……李琚，順天府密雲縣人，自始祖大公至琚，同居五世，長幼和協，室無異財。旌其門曰“五世同居”。

（孝宗弘治實録卷 31　第 4 頁　31.3.0686）

145　十月丁酉　占城國王方（按：館本方作古）來既返國，復遣弟卜古良等移咨兩廣守臣言：安南仍肆侵占，居處無所，乞如永樂時差官督兵守護。鎮守太監韋眷、巡撫都御史秦紘會議以請。事下兵部，覆奏：安南、占城俱僻處海濱，世奉朝貢，乃祖訓所載不征之國。比古來絜家至廣東，朝廷已降勅安南，令其體悉。今回奏尚未至。且永樂時遣將發兵，乃正黎季犛殺逆之罪，非爲隣境交惡之故。玆黎灝修貢惟謹，而古來膚受之愬，容有過情。若據其單詞遂爲遣兵，冒險涉海，征所不征，恐非懷柔之道。宜但令鎮守等官回咨古來，謂前此國王赴訴朝廷，已命大臣處置，優恤備至。今送王人回，具悉王國事情，正交人殺害，王子古蘇麻王卽率衆敗之，仇耻已復，安南再未見侵擾。王之國王已亡而復存，王之部落已散而復聚，是皆天威所致。今又云安南欲奪占前地。安南素稱秉禮，豈其昏繆自取弗靖一至於此！我守臣以王咨上聞，朝廷特以安南未回奏，事未盡明，恐王猶以舊怨未釋，言或過情，遽難偏聽，待安南奏至別處，咨王知之。王亦宜自强修政，撫恤部落，保固疆圉，仍與安南敦睦如舊，其餘小嫌細故，悉宜除棄。若是不能自强，專仰朝廷發兵遠戍，代王守國，古無是理。仍以此意論（按：疑論爲諭之誤）卜古良，給賜令回。從之。

（孝宗弘治實録卷 31　第 9 頁　31.7.0694）

146　十月戊戌　陞國子監祭酒費誾爲詹事府少詹事兼翰林院

侍讀，充實録纂修官。

（孝宗弘治實録卷 31　第 10 頁　31.8.0696）

147　十月庚子　陞浙江按察司提學副使鄭紀爲國子監祭酒。

（孝宗弘治實録卷 31　第 11 頁　31.8.0696）

148　十月辛丑　命公侯駙馬伯儀賓弘治三年南京禄米各於通州倉預支二十石，在京文職官正月分俸米、武職官正月〔按：館本月下有二月分三字〕俸銀每米一石折銀伍錢，亦俱於通州倉預支，通限十一月内支盡。其京衛官軍五月分糧，俱限於十二月〔校記：閣本月下有内字〕放支，八月〔校記：三本月下有分字〕糧俱限于正月分放支。蓋以京都時方米價騰踴故也。

（孝宗弘治實録卷 31　第 11 頁　31.9.0697）

149　十月己酉　工部言：近修理蘆溝、弘仁二橋，支費繁多。況天氣漸寒，人亦勞甚。乞暫停京城外内修渠之役，候二橋訖工，乃修理京城牆垣，至時并内外溝渠修治。從之。

（孝宗弘治實録卷 31　第 16 頁　31.14.0707）

150　十一月丙辰　以水災免直隸隆慶州秋糧三千二百石，草四千一百束有奇。

（孝宗弘治實録卷 32　第 1 頁　32.1.0712）

151　十一月丁巳　以順天府〔按：館本無府字〕所屬州縣水災，命支京通二倉粟米各二萬石、薊州倉一萬石，並發户部原折糧銀五萬兩與本府預備倉糧相兼支放，以濟軍民。仍許軍民人等得輸粟若銀，受散官冠帶，如例。

（孝宗弘治實録卷 32　第 1 頁　32.1.0712）

152　十一月戊午　命户部發京倉米七萬石、通倉米三萬石，自明年二月至四月減價糶之，以平京師米價。粟每〔按：館本無每字〕石銀四錢五分，粳每〔按：館本無每字〕石五錢。其保定等府預備倉糧減價發糶，臨時具數以聞。從户部奏也。

（孝宗弘治實録卷 32　第 2 頁　32.1.0712）

153　十一月戊辰　　陞……順天府府尹張海爲兵部右侍郎。

（孝宗弘治實録卷 32　第 4 頁　32.3.0716）

154　十一月辛未　　户部員外郎陳瑗言：順天府所屬州縣，近罹水災，民實貧困，凡官馬之寄養於民者，多致倒死。請即俸給各營騎操，而以各營朋買馬價付太僕寺官庫，以俟支用。兵部覆議。從之。

（孝宗弘治實録卷 32　第 5 頁　32.4.0717）

155　十一月壬申　　舊例：撒馬兒罕入貢，俱由甘肅驗送。至是，阿黑麻王遣使從滿剌加國取路，進獅子、鸚鵡等物至廣州，兩廣總鎮等官以聞。上曰：珍禽奇獸，朕不受獻，況番使姦詐，又不由正路以來，其卽遣官阻回。廣東鎮撫官違例起送，宜坐罪，姑從寬宥，禮部仍移文諭之。禮部覆議：夷使雖違例進貢，然不可絶之已甚，宜薄給賞賜，並量回賜阿黑麻綵段、表裏等物，以答其意，使知朝廷懷遠之仁。從之。

（孝宗弘治實録卷 32　第 5 頁　32.4.0717）

156　十一月戊寅　　舊例：京營軍官馬自四月下場牧放，十月回京赴操，牧放時草料俱不給，赴操時給草束月價銀二錢。至是，保國公朱永等以災傷草貢價少，請加銀一錢。從之。

（孝宗弘治實録卷 32　第 5 頁　32.4.0718）

157　十一月戊寅　　順天府薊州地震。

（孝宗弘治實録卷 33　第 6 頁　32.5.0719）

158　十一月壬午　　陞湖廣布政司右布政使唐珣爲順天府府尹。

（孝宗弘治實録卷 32　第 6 頁　32.5.0720）

159　十一月壬午　　天地壇齋宫祭服庫火。掌太常寺事禮部左侍郎丁永中請罪。宥之。

（孝宗弘治實録卷 32　第 6 頁　32.5.0720）

160　十二月辛卯　　致仕應天府府尹于冕奏：乞贈謚其父謙并移祠宇於祖塋，賜與祠額、祭文。事下禮部，覆奏謂：古今忠義之臣，能爲國家建大議、決大事而成非常之功者，生則有旌擢之恩，没則有褒恤之典，非特酬其一時之功，實以爲後來人臣之勸也。故少保兵部尚書于謙，當正統十四年，虜寇犯順，中外危懼，而能奮其忠勇，衛安宗社一時，修武備、靖疆域之功固多，其間斥和議、立團營之功尤大。已用言者，准令立祠致祭。今冕奏年老無嗣，恐後頽廢。乞憫其情，令有司移杭民所建祠宇於墳所，賜與祠額、祭文，加增一祭，春秋行禮。仍如詔書例，給一夫守視，復其雜徭。上曰：謙能安社稷以遏寇略，其定國捍患之績著矣。中罹權姦之害，雖先帝已嘗昭雪，優加褒恤，然不使之廟食於後，猶未足爲爲國効忠者勸。其祠額可賜曰"旌功"，加贈特進光禄大夫柱國，謚"忠愍"。

（孝宗弘治實録卷 33 第 2 頁 33.1.0722）

161 十二月庚子 以水災免直隸隆慶州永寧縣秋糧六百石，草七千八百二十束有奇。

（孝宗弘治實録卷 33 第 4 頁 33.3.0726）

162 十二月庚子 户部言：近覆實順天、河間二府並錦衣、天津等衛所軍民被災地凡三萬四千三百六十三頃有奇，内災僅三分者一萬二百三十七頃，仍舊徵税，其餘如例遞免。從之。

（孝宗弘治實録卷 33 第 4 頁 33.3.0726）

163 十二月庚子 賜朝鮮國弘治三年《大統曆》一百本。

（孝宗弘治實録卷 33 第 4 頁 33.4.0727）

164 十二月辛丑 户部以畿内被水，草價昂貴，民難於輸納，請令今歲該納京城五場草每束折收銀四分，貯之太倉。軍士支草時並場中秋青草兼給，每月馬支草二十束，銀一錢二分。從之。

（孝宗弘治實録卷 33 第 4 頁 33.4.0727）

165 十二月 是歲……儹運糧四百萬石，各處運納米麥共一千五百二萬一千七十五石四斗一合三勺四抄三撮七粟九粒八圭。

（孝宗弘治實録卷 33 第 7 頁 33.6.0732）

弘治三年（1490）

166　正月庚午　朝鮮國王李娎遣陪臣同知中樞府事尹效孫等奉表及方物來，賀正旦。賜宴並衣服、綵段等物有差。

（孝宗弘治實録卷 34　第 3 頁　34.4.0739）

167　正月壬申　命改建料甎廠於張（按：館本張作長，誤）家灣渾河口。以工部主事陳雍言舊廠去水次頗遠，軍民船運納料磚不便故也。

（孝宗弘治實録卷 34　第 5 頁　34.4.0742）

168　正月丙子　命減價糶京倉及各府預備倉糧，以濟貧民。京通二倉糶粳米三十萬石。

（孝宗弘治實録卷 34　第 7 頁　34.6.0745）

169　正月己卯　以水災免直隸隆慶衛並居庸關等驛弘治二年地畝糧一千三百六十石有奇。

（孝宗弘治實録卷 34　第 9 頁　34.8.0749）

170　二月己丑　中軍都督府帶俸安順伯薛瑶卒。瑶山後人，世居順天府昌平縣，曾伯祖貴，洪武間歸附，累功封伯爵，四傳至瑶，歷管五軍營，調顯武營兼掌府軍前衛印。弘治元年以疾解任。至是卒。輟視朝一日，賜祭葬如例。自凡外夷入附者其封爵多從順字，今永順伯與瑶之先，蓋兄弟也。

（孝宗弘治實録卷 35　第 2 頁　35.2.0755）

171　二月己亥　太傅兼太子太師英國公張懋陳禁革處置夷情事宜謂：京城原設兩會同館，各有東西前後九照廂房，專以止宿各處夷使及王府公差内外官員。但北館有宴廳後堂，以爲待宴之所，而南館無之，每賜宴止在東西兩照房分待，褊迫不稱。乞勅工部將近日圻卸永昌等寺木料改造宴廳於南館，仍葺兩館頽壞牆屋，至設宴之日，該宴者諭令依次序坐，未該預宴者勿令近前混攘。……又各處使臣多習巧詐，往往交道館夫及市人，不待禮部開市之期，預將違禁貨物私賣。近哈蜜等國夷人帶來玉石等貨，又爲姦人賒賣，久不還價，夷人延住經年，或出外飲酒爲非，通事累促起程，亦被撥置奏害，雖有榜禁，漫不知畏。乞勅禮部申嚴禁約，令緝事官校訪捕，如弊在通事及館夫人等，則治以重罪，如弊在夷人，亦宜没入違禁貨物，俾知懲戒。又永樂間創立四夷館，内分八館，俱取諳曉番字語言教師，並選各國子弟同國子監年幼監生送館習學，各授官職，以通各國夷情。後亦取在京官民子弟教習成效，授職辦事。比來各館缺官，既無教師訓誨，又無子弟學習，提督官曾以爲言，未得處分。乞勅禮部查例舉行。禮部覆奏。俱從之。

（孝宗弘治實録卷 35　第 5 頁　35.4.0759）

172　二月庚子　修南城龍德等殿，撥錦衣衛力士三百人助役。

（孝宗弘治實録卷 35　第 6 頁　35.5.0761）

173　三月丙辰　發順天府薊州倉粟米四萬石減直糶之，以濟饑民。

（孝宗弘治實録卷 36　第 2 頁　36.1.0772）

174　三月丙辰　撒馬兒罕馬黑麻王、天方國速壇阿黑麻王、土魯番速壇阿黑麻王、哈密衛左都督罕慎及把丹沙等地面失保丁等各遣使貢駝馬、玉石等物。時罕慎自遣使，後尋爲速壇阿黑馬所殺。禮部謂：阿黑麻及其使臣宜量減賞賜，其應賜罕慎者，則請給付罕慎弟襲本衛都督奄克孛剌收領。從之。

（孝宗弘治實録卷 36　第 2 頁　36.2.0773）

175　三月丙寅　修正陽等門城垣、閘壩、隄岸。

（孝宗弘治實録卷 36　第 8 頁　36.7.0783）

176　三月庚午　上御奉天殿，賜錢福等進士及第、出身有差。文武羣臣行慶賀禮。

（孝宗弘治實録卷 36　第 10 頁　36.8.0785）

177　三月甲戌　命兵部右侍郎張海、通政司左通政元守直閱實居庸、山海等邊關。

（孝宗弘治實録卷 36　第 10 頁　36.8.0786）

178　三月乙亥　發太倉銀一萬兩，賑給順天府東安等縣。達官舍餘人等及糶永豐等倉糧，每米一石官收價四錢五分。既而順天府言：固安、文安二縣饑民獨多，貧不能糴，請暫將永豐等倉糧驗口給賑，每口月支米二斗，與銀兼支，秋收抵斗還官。從之。

（孝宗弘治實録卷 36　第 10 頁　36.9.0787）

179　三月辛巳　琉球國中山王尚真聞大行皇帝賓天，遣使者馬仁等進香。

（孝宗弘治實録卷 36　第 11 頁　36.9.0788）

180　四月乙酉　初，民有自宫者六百二十六名，皆充軍或爲民。至是，命發南海子編充海户。

（孝宗弘治實録卷 37　第 1 頁　37.1.0789）

181　四月辛卯　上林苑監奏：蕃育、良牧二署人户，近被水災，逃移過半。乞並加賑恤。上命户部以錢八十五萬賑之。

（孝宗弘治實録卷 37　第 2 頁　37.2.0791）

182　四月甲午　賜瑞安伯王源順天府〔按：館本無府字〕固安縣〔按：館本無縣字〕莊地二百二十五頃。

（孝宗弘治實録卷 37　第 3 頁　37.2.0792）

183　四月丁酉　安南國王黎灝遣部臣覃文禮等來賀。賜宴並綵段等物有差，並賜國王綵段文錦如例。

（孝宗弘治實録卷 37　第 4 頁　37.3.0794）

184　四月癸卯　琉球國中山王尚真遣其舅麻勃都等來貢。賜宴並金織襲衣、綵段等物有差。

禮部覆奏：琉球國中山王尚真所奏，一謂本國來貢人員近止許二十五人赴京，物多人少，恐致疎失，宜更增五人，以順其情。一謂本國貢船抵岸，所在有司止給口糧百五十名，其餘多未得給，亦宜增給二十名。議上，從之。

（孝宗弘治實録卷 37　第 5 頁　37.4.0795）

185　四月丙午　命永康侯徐錡五軍營、襄城伯李黼幼官營坐營，東寧伯焦俊領三千營坐司管操。

（孝宗弘治實録卷 37　第 6 頁　37.5.0798）

186　五月壬戌　修築盧溝橋成。内官監太監李興乞陞文思院副使潘俊等官。吏部尚書王恕言：官匠營造，乃其職分。自成化初年以前，修河築堤並無陞官事例。至十九年以後，修築盧海（按：館本海作溝）橋決口、恭慎夫人墳墓、大慈恩寺殿宇始濫陞匠官並欽天監、太醫院等衙門官。日增月益，大壞名器。比因科道之言，一切罷去者，以爲太平盛事。今一旦復濫陞如舊，人其謂何？比者，營先帝山陵所役軍匠至四萬人，亦未陞職者，此役較之山陵不及三分之一，顧欲妄濫陞官，甚失輕重之序。況修城等役，今方並興，若具照例，其爲冗濫又復如前，豈不爲新政之累？上從其言，命給賞有差。

（孝宗弘治實録卷 38　第 5 頁　38.4.0808）

187　五月庚午　撒馬兒罕速魯壇阿黑麻王及土魯番速壇阿黑麻王各遣使貢獅子並哈剌虎剌等獸。陝西鎮守太監傅惠、總兵官周玉等先圖形來上，隨遣人馳驛起送。巡按監察御史陳瑶論其縻費騷擾，請却之。事下禮部，議謂：宜量容一二人赴京，依例給賞，其餘使人並所貢獸，一切却回，量給犒勞。且劾鎮守等官，以爲聖明在御，屢却外夷貢獻異物，惠德不能奉〔按：館本德前有順字〕德意，顧爲畫圖奏進，請治以罪。上曰：爾等所言是，既貢使將至陝西，不必阻回，令鎮巡官止起送一二人來京，其餘給予口糧，令住城内，候事完量與賞勞，發遣還國。獅子等每獸日止給一羊，不許妄費。傅惠等姑貸其罪，仍移文諭之。

（孝宗弘治實録卷 38　第 7 頁　38.6.0811）

188　五月壬申　占城國王古來遣弟卜古良等貢方物，並奏安南國侵占境土，截掠欽賜表裏，乞兵守護。命下所司知之。

（孝宗弘治實録卷 38　第 7 頁　38.6.0812）

189　五月乙亥　　修社稷壇。

（孝宗弘治實録卷 38　第 8 頁　38.6.0812）

190　五月丙子　　先是，有勑誥責安南國王黎灝侵逼占城及爭擾我雲南建水州民夷之罪。至是，灝遣使上章自辯，言占城乃彼國王酋自相割據，雲南則本國土人舊奠居之所，非敢越境主事。已而占城復遣使，奏安南仍欲吞滅其國，乞天兵守護。時安南陪臣黄伯楊猶在館，命兵部臣召至。禮部諭之曰：歸語爾國王，勿徒爲多言，其各守封疆，以享太平。不然，朝廷一旦赫然震怒，天兵壓境，如永樂間故事，得無悔乎？其使臣恐悚而去。

（孝宗弘治實録卷 38　第 8 頁　38.7.0813）

191　五月庚辰　　以暑熱，暫停修成（按：館本成作城）工役。

（孝宗弘治實録卷 38　第 10 頁　38.9.0817）

192　五月戊寅　　命故安順伯薛瑶之子昂襲燕山右衛指揮使。初，昂曾伯祖貴永樂中以軍功封伯，宣德初加封侯，卒，無子，其弟可可帖木兒請襲封，英宗命世襲指揮使。瑶可可子，天順初奉詔例襲伯爵，至是瑶卒，昂復據詔例以請。吏部言：詔書原無世襲字，故有是命。

（孝宗弘治實録卷 38　第 9 頁　38.10.0815）

193　六月甲申　　修長陵東、西井香殿及廂房、牆垣。

（孝宗弘治實録卷 39　第 2 頁　39.2.0821）

194　六月乙酉　　增設在城京五城夜巡公廨十所。從監察御史閻價奏也。

（孝宗弘治實録卷 39　第 2 頁　39.2.0822）

195　六月庚寅　　密雲古北口大雨雹。

（孝宗弘治實録卷 39　第 4 頁　39.3.0824）

196　六月辛卯　　賜占城圖圖（按:館本圖作國）來貢使臣宴並金

織衣、綵段、絹布有差，仍賜國王王妃文錦、綵段如例。

（孝宗弘治實録卷 39　第 4 頁　39.3.0824）

197　六月乙巳　修四夷館公廨。初，宣德間設四夷館於（按：館本安上有東字）安門外，年久廢弛。至是增選習譯生徒，乃命工部修治。從大學士劉吉等奏也。

（孝宗弘治實録卷 39　第 6 頁　39.5.0827）

198　七月庚申　朝鮮國王李折（按：折爲娎之誤）遣陪臣議政府右參贊成俊等賀萬壽聖節。賜宴並襲衣、綵段、絹布有差。

（孝宗弘治實録卷 40　第 3 頁　40.3.0833）

199　七月辛未　禮部言：陝西行都司起送撒馬兒罕等處貢使數多，在邊則虧耗軍儲，沿途則騷擾驛遞，既到京則會同館無安歇之所，光禄寺患供應之難，恐因循日久，濫冒愈甚。請令監察御史查究守邊撫夷官及起送者之罪。仍勅甘肅鎮巡等官，今後夷人進貢須審實放入，若時月人數有違舊例者，論之使回。從之，著爲例。

（孝宗弘治實録卷 40　第 8 頁　40.6.0840）

200　七月癸酉　命修築薊州等處關隘八十八處。從守臣請也。

賜密雲古北口等處官軍衣鞋。以三年一給例也。

（孝宗弘治實録卷 40　第 9 頁　40.7.0842）

201　七月丙子　罕東左衛都督只克等差使臣千户阿黑那等，撒馬兒罕等地面差使臣巴巴等各來貢。賜宴並綵段、衣服等物。其回賜只克等衣服、表裏付使臣領回給之。

（孝宗弘治實録卷 40　第 10 頁　40.8.0844）

202　七月丙子　都察院右僉都御史屠滽奉命往廣東處置占城事宜既還，其國王古來遣使臣班把底謝恩，因以速香等物附餽滽。有旨，命滽受之。滽具疏辭。不聽。滽復上疏言：臣昔時權宜處置，雖嘗効一得之愚，然發縱指示奉行九重成算。今占城之所以滅而復興者，皆出皇上威德，臣何力之有？爲古來者，當子子孫孫圖報朝廷恩德，如臣者何足爲謝。況臣居憲官之長，風紀攸係，受此餽謝，他播之天下，傳之後世，不足爲臣之榮，而以爲朝廷之累。所愧（按：館本愧作餽）禮物，臣不敢受。上乃聽辭。時占城使臣辭行未遠，禮部請遣人以其禮物追與之，俾外國君臣知吾大臣之所以自處者如此。從之。

（孝宗弘治實録卷 40　第 11 頁　40.9.0845）

203　七月丁丑　陞虎賁右衛指揮使吴釗爲署都指揮僉事充左參將，分守馬蘭峪。命會州衛帶俸署都指揮僉事魯廣充右參將，分守密雲古北口。

（孝宗弘治實録卷 40　第 11 頁　40.9.0845）

204　八月乙未　分守密雲古北口等處内官監左少監田亮奏：援楊友例乞免聽薊州鎮巡等官節制。兵部議謂：密雲古北口分守内外官，先年徑隸京師，不受節制者，以便於警報。近奉成命，俱屬薊州鎮巡等官節制者，以便於併力捍禦，亮所宜，勿許。上特許之。

（孝宗弘治實録卷 41　第 6 頁　41.5.0858）

205　九月乙卯　撒馬兒罕等地面速魯壇阿黑麻等王各遣使來貢。賜綵段、表裏等物有差。

（孝宗弘治實録卷 42　第 2 頁　42.2.0867）

206　九月丙辰　巡撫順天等府都御史徐懷奏：順天府先年賑濟糧銀，例當追徵還官，但今年雖頗收而民猶不給，若一概追徵，必有逼勒之苦。乞先令衣食稍給之家徵十之五，其次徵三之一，極貧者暫爲停徵，庶小民可以蘇息。上曰：賑濟所以救民，民尚不給，又復追徵，是重困也。户部即如奏施行，務俾貧民稍安，待來年再議。

順天府大興縣幼童華淳八歲能書大字。命送翰林院習字。

（孝宗弘治實録卷 42　第 3 頁　42.3.0868）

207　九月辛酉　迤西夷人馬黑麻打力等以貢獅子至，通事馬諫引入内府獅子房，至夜不歸，禮部請治諫及大通事王英、各門守衛官軍之罪。禮科左給事中韓鼎等亦以爲言。上曰：朕偶因事容夷人入内，隨卽止之。英、諫及守衛官軍置勿問。

（孝宗弘治實録卷 42　第 4 頁　42.3.0870）

208　九月乙丑　　監察御史白鸞爲言：白河抽分竹木局月抽柴草不多，而官攢軍士四十二員名，歲食糧四百餘石，以所抽之貨較所食米十不償一，且置有用之人於無用之地，宜行革罷，歸併廣積局抽分。事下工部，覆奏，以爲白河局是（按：館本是作爲）設立舊規，内官監惜薪司歲柴草木炭，率皆取辦於此。況其他（按：館本他作地）相去頗遠，難以歸併，其白河軍士，宜行經該抽分。監察御史選其壯者三十名歸伍，存留十名仍舊巡視。從之。

（孝宗弘治實録卷 42　第 5 頁　42.4.0872）

209　九月戊辰　　神樂觀齋宫庫房之火，乃道士董素雲等盗去祭服，遂縱火以滅其跡。禮部左給事中韓鼎等因劾：掌太常寺禮部左侍郎丁永中等平時不能鈐制，及事機敗露又曲爲回護。今雖下獄，恐尚夤緣，以致漏網。乞勅法司重治其罪。上命待鎮撫司奏至處之。

（孝宗弘治實録卷 42　第 6 頁　42.5.0878）

210　九月戊寅　　户部會議漕運各處巡撫都御史所陳事宜……一，東安、永清二縣界，涿州各縣，盗賊竊發，而巡捕官無統攝，故無所警畏。宜令分屬通州、涿州守備都指揮等官提督巡捕。

（孝宗弘治實録卷 42　第 7 頁　42.6.0876）

211　九月戊寅　　改順天府固安縣河寧巡檢司於牛塥舗。

（孝宗弘治實録卷 42　第 8 頁　42.7.0877）

212　閏九月辛巳　　安南國王黎灝遣陪臣阮克恭等來貢方物。賜宴並綵段、衣服等物如例有差，仍回賜灝錦段等物如例。

（孝宗弘治實録卷 43　第 1 頁　43.1.0879）

213　閏九月乙未　　賜淳安大長公主饒陽縣莊田一百六十頃有奇。

（孝宗弘治實録卷 43　第 4 頁　43.3.0884）

214　閏九月丙申　　賜秀府順義郡主永清縣莊田二十七頃。

（孝宗弘治實録卷 43　第 4 頁　43.3.0884）

215　閏九月戊戌　　命在京各衛所監局官軍、匠作人等十一月糧米預於十月支給，及明年六月者於今年十一月支給。以米價騰貴也。

（孝宗弘治實録卷 43　第 5 頁　43.4.0885）

216　十月乙丑　　命以順天府所屬户口、食鹽錢鈔給京縣，舖户市物米給之價。

（孝宗弘治實録卷 44　第 7 頁　44.6.0900）

217　十月癸酉　　以水災，暫免順天府州縣貧民該徵馬匹。

（孝宗弘治實録卷 44　第 8 頁　44.7.0901）

218　十一月甲辰　　内閣大學士劉吉等言：……如沙河橋，自成化十四年被水衝壞，止用木橋往來亦便，何必動衆改造？今天氣極寒，軍士不得休息。又如江西磁器，内府所收，計已足用，今又無故差内官燒造，未免擾人。南海子牆垣，自有海户可以修築，今勞動軍士數千，將及經年，未見畢工。其他差官勘事等項尤爲繁瑣，不能悉言。乞將沙河橋、南海子做工軍士盡放回營休息。……

上曰：……其令金山口、沙河橋、南海子及王府做工官軍人等俱與休息。

（孝宗弘治實録卷 45　第 6 頁　45.5.0914）

219　十二月戊午　　守備天壽山都指揮僉事杜山致仕。命義勇後衛指揮同知解端代之。

（孝宗弘治實録卷 46　第 3 頁　46.2.0922）

220　十二月己未　　申刻，京師地震者再。

（孝宗弘治實録卷 46　第 3 頁　46.2.0922）

221　十二月庚申　　監察御史涂昇以災異言六事：……今蘆溝橋抽分客商木植、板料、每五抽一，似乎太重。小民駄載石灰、煤䂳、柴草等項貨賣，一概抽分，紛紜騷擾，殆非美事。伏願查照原定則例，量減一半，其餘一切免稅。命所司議處以聞。

（孝宗弘治實録卷 46　第 6 頁　46.4.0925）

222　十二月癸亥　　朝鮮國王李娎遣陪臣李陞（按：館本陞作陸）等來賀正旦，别遣安瑚等獻馬。回賜王錦段等物，並賜李陸等宴及綵段、衣服等物有差。

（孝宗弘治實録卷 46　第 7 頁　46.6.0929）

223　十二月癸亥　　掌錦衣衛事都指揮使朱驥卒。字尚德，順天府大興縣人。初襲錦衣衛正千户，天順初，坐前兵部尚書于謙親黨，謫戍威遠，尋召還。成化初，陞指揮僉事，以提督官校擒捕妖言、並前在謫所斬獲酋虜功，陞指揮同知，歷指揮使、都指揮同知、都指揮使掌衛事，至是卒。特賜祭葬。驥任事最久，得憲廟倚注甚深。性本寛大，且識事體。成化間，饑民有攘奪以苟朝夕者，所司逮捕，得斗粟者輒坐死，囹圄至不能容。驥曰：此窮民耳，其情可憫，多從末減。有妖人真惠者，爲僞書惑衆，語涉不道。事覺，逮繫數百人，皆當死。驥獨罪真惠，餘並請釋戍邊。其持法平恕，多類此。

（孝宗弘治實録卷 46　第 7 頁　46.6.0929）

224　十二月癸亥　　賜固安郡主固安縣附郭地五十頃。郡主景皇帝女也。

（孝宗弘治實録卷 46　第 8 頁　46.7.0931）

225　十二月戊辰　　陞左春坊左諭德林瀚爲國子監祭酒。

（孝宗弘治實録卷 46　第 8 頁　46.7.0932）

226　十二月戊辰　　給賞侍衛將軍、官軍、圍子手及皇城各門守衛軍並養象軍奴衣鞋各一副。

（孝宗弘治實録卷 46　第 9 頁　46.7.0932）

227　十二月己巳　賜朝鮮國弘治四年《大統曆》一百本。

（孝宗弘治實録卷 46　第 10 頁　46.8.0934）

228　十二月　是歲……償運糧四百萬石，各處運納米麥共一千五百二萬一千五十五石四斗一合三勺四抄五撮七粟六粒。

（孝宗弘治實録卷 46　第 15 頁　46.12.0942）

弘治四年（1491）

229　正月己丑　朝鮮國王李娎遣陪臣禮曹參判李陸並僉知中樞府事安瑚等貢方物朝賀。賜宴並衣服、綵段等物有差。

（孝宗弘治實録卷 47　第 2 頁　47.2.0945）

230　正月乙未　太僕寺少卿彭禮奏：順天府東北州縣人民與邊關軍士雜處，軍士馬死懼告官責罰，多私買民間寄養馬毛色相類者償之，號爲冷補。官司莫能辨詰。京營官軍亦有此弊。今後民馬，宜令照舊印左，至給付官軍則加印於其右。其京營及邊關官軍，見在馬匹皆如例印右，以便審詰。民間寄養官馬之損失者，已奉詔減價責限追徵，漸次完復。近日順天府又以旱奏請寬免下户，用是人皆冀幸苟免，舊負遂難迎（按：館本迎作追，是也）補。今後凡有建言馬政者，宜悉下兵部議處，庶事體歸一，而所司亦難於舉職矣。從之。

（孝宗弘治實録卷 47　第 4 頁　47.3.0948）

231　正月丙申　命神策衛帶俸指揮使于宣守備黄花鎮，以都指揮體統行事。

（孝宗弘治實録卷 47　第 5 頁　47.4.0950）

232　二月己酉　内官監奏：修沙河橋乞撥官軍二萬五千人，益以長陵等五衛夫力，庶幾工得速成。工部尚書賈俊等覆奏：四方灾變日聞，乾象示警，況見營太廟後殿，修橋之役難以並舉。

請俟歲豐別議。從之。

（孝宗弘治實録卷 48　第 2 頁　48.2.0961）

233　二月壬子　　以營建太廟後殿，遣保國公米（按：館本米作朱，是也）永、工部尚書賈俊董其役。

（孝宗弘治實録卷 48　第 3 頁　48.3.0963）

234　二月戊午　　禮部火。

（孝宗弘治實録卷 48　第 4 頁　48.3.0964）

235　二月庚午　　内府寶鈔司言：本司歲造供用草紙七十二萬張，該部每季只撥輪班匠十二名，不足供役，請量增其數。工部覆奏：各處匠役其初爲一年或二年一班，後乃定爲四年一班，其中又有南部上工及造船、炒鐵、運筏與夫修建王府之役，間亦有徵價免役者，以是當班之數日減於前，而内外監局並諸司應用之數皆前此酌量奏擬，已爲定例，不宜紛更。從之。

（孝宗弘治實録卷 48　第 11 頁　48.9.0976）

236　二月壬申　　内府供用庫新收幼匠三百名，每人月給米五斗。

（孝宗弘治實録卷 48　第 13 頁　48.11.0979）

237　三月己卯　　内官監太監李廣督修在京王府，乞月增應役官軍口糧人四斗、鹽一斤，已得請。户部言：儲歲入有限，官軍原有月糧一石，今給賜過多，恐後不可繼。上從之，命止給口糧，人二斗。

（孝宗弘治實録卷 49　第 1 頁　49.1.0984）

238　四月辛亥　　保國公朱永奏：太廟後殿之建，所用石多取於大石窩官廠。官吏人役隨行督工者，乞賜廩給口糧。許之。

（孝宗弘治實録卷 50　第 2 頁　50.2.1001）

239　五月丁丑　　時撥京營官軍營建太廟後殿，保國公朱永請人月給口糧四斗。户部以太多。命占（按：館本占作與）三斗。

（孝宗弘治實録卷 51　第 1 頁　51.1.1009）

240　五月庚辰　　復賜茂陵神宮監太監陸愷定興縣地百七十二

頃有奇。初，愷以冒稱皇親，得賜莊田甚多。李文貴等事敗，所賜盡歸之官。至是，愷復以請。户部執不可。上以愷奉陵寢有勞，命姑從寬量占之。

（孝宗弘治實録卷 51　第 2 頁　51.1.1010）

241　五月乙未　　修恭讓章皇后陵寢。

（孝宗弘治實録卷 51　第 6 頁　51.5.1018）

242　五月甲辰　　修社稷壇牆及井亭牲〔按：館本牲作於，誤〕案。

（孝宗弘治實録卷 51　第 9 頁　51.8.1023）

243　六月庚戌　　保國公朱永等奏：京營聽征官軍二萬人，計用馬三萬匹。今存操及下場馬止有三萬一千餘，内多疲憊瘦損。欲照近例，以團營樁頭銀每馬一匹計銀十兩送太僕寺收貯，仍選順天府所屬寄養馬給付官軍騎操。事下兵部，覆奏：以永等所言爲宜。從之。

（孝宗弘治實録卷 52　第 1 頁　52.1.1026）

244　六月辛亥　　是日丑刻，京師地震者三。

（孝宗弘治實録卷 52　第 2 頁　52.2.1027）

245　六月戊辰　　録古北口羊川墩等處殺賊功，兵部擬陞一級加賞者一人，陞一級者六十三人，給賞者六十二人，量賞者三百三十一人，其右監丞楊聰、左參將繩律擬以功贖罪。議上。從之。

（孝宗弘治實録卷 52　第 7 頁　52.5.1034）

246　七月丙戌　　朝鮮國王李娎遣陪臣同知中樞府事朴崇質等貢方物朝賀。賜宴並綵段、絹鈔等物有差。

（孝宗弘治實録卷 53　第 3 頁　53.3.1041）

247　八月庚午　　命順天府宛、大二縣民納存留草束於本縣倉場，每束折銀二分五釐，願輸麥五升者聽。

（孝宗弘治實録卷 54　第 9 頁　54.8.1065）

248　八月庚午　　暹羅國王國隆勃剌畧坤息利尤地亞遣陪臣正

副使坤貼謝提等齎金葉表文貢方物。賜宴並綵段、絹鈔等物有差。仍回賜國（按:館本國下有王字）及妃文錦、綵段，付使臣領回給與。

（孝宗弘治實録卷 54　第 9 頁　54.8.1065）

249　九月癸卯　給内府供用庫幼匠三百人歲各布一疋，綿花一斤。從太監張韶等請也。

（孝宗弘治實録卷 55　第 6 頁　55.5.1078）

250　十月甲辰朔　初，有旨命給内府上衣監匠役米饌。光禄寺卿胡恭言：此輩俱有本等月糧，又曰支直米，可無復與。上命姑依旨送用，工完即止。

（孝宗弘治實録卷 56　第 1 頁　56.1.1079）

251　十月癸丑　户部會議總督漕運及巡撫官所奏事宜：……一，禁約順天府所轄人户不許投充軍匠。……從之。

（孝宗弘治實録卷 56　第 6 頁　56.3.1083）

252　十月丙辰　賜益王順天府望軍台地五百頃。

（孝宗弘治實録卷 56　第 5 頁　56.4.1085）

253　十月丁卯　修太廟及神官監。

（孝宗弘治實録卷 56　第 7 頁　56.6.1089）

254　十一月丁丑　虜駐牧古北口，分守少監田亮連遣諜者詛（按：館本詛作調）之，前後被殺者七人，射傷走回者五人。兵部言：亮及把總指揮僉事張鋭輕率寡謀，請按其罪。姑（按：館本姑作命）宥之，令亮戴罪殺賊，鋭罰俸兩月。

（孝宗弘治實録卷 57　第 2 頁　57.2.1096）

255　十一月庚寅　陞整飭薊州等處邊備都察院右副都御史秦民悦爲户部右侍郎，提督倉場。

（孝宗弘治實録卷 57　第 6 頁　57.5.1102）

256　十一月辛卯　命崇文門宣課分司商税兼收五等鈔。鈔以一千貫爲率，内新好鈔爲一等，次折腰舒開者爲二等，次折腰磨動者爲三等，次磨動微損者爲四等，損角者爲五等，各得二百。

從東廠太監楊鵬奏也。

（孝宗弘治實録卷 57　第 8 頁　57.6.1104）

257　十一月丁酉　陞順天府府尹唐珣爲都察院右副都御史，整飭薊州等處邊備兼巡撫順天等府。

（孝宗弘治實録卷 57　第 14 頁　57.12.1115）

258　十二月甲辰　萬全都司及直隸保安州同日地震。

（孝宗弘治實録卷 58　第 1 頁　58.1.1117）

259　十二月丙辰　陞陝西布政司左參議黄傑爲順天府府〔按：館本府下無府字〕尹。

（孝宗弘治實録卷 58　第 1 頁　58.1.1118）

260　十二月己未　昌平縣黄花鎮倉舊以巡檢司攝其事，巡按御史疏其不便，請置官吏各一人典守。從之。

（孝宗弘治實録卷 58　第 2 頁　58.2.1120）

261　十二月辛酉　賜朝鮮國弘治五年《大統曆》一百本。

（孝宗弘治實録卷 58　第 3 頁　58.2.1120）

262　十二月　是歲……儹運糧四百萬石，各處運納米麥共一千五百二萬一千七十五石四斗三合四抄三撮七粟六粒。

（孝宗弘治實録卷 58　第 9 頁　58.7.1130）

弘治五年（1492）

263　正月己丑　朝鮮國王李娎遣陪臣同知中樞府金自貞等賀正旦。賜宴並綵段、衣服有差。

（孝宗弘治實録卷 59　第 1 頁　59.1.1132）

264　正月壬辰　故事：社稷壇春秋祭，每用舖壇五色土二〔校記：閣本二作六〕百六十石。順天府民取而輸之，神宮監石加八斗。本府言：土以飾壇，義取別其方色，初不已（按：館本已作以）多爲貴，況小民取之山谷，勞費不貲，請著爲定例，庶民勞可舒，而有司亦無延誤之失。命工部尚書賈俊會神宫監、太常寺覈用土多寡之數。俊等至壇相度言：常年所輸土用以舖壇，厚可二寸四分。若用厚正一寸，則厘用百十石而足。遂以爲請。得旨：舖壇土止以厚一寸爲度，令今後但以此辦納。

（孝宗弘治實録卷59 第2頁 59.2.1133）

265 正月癸巳 兵部覆議巡撫順天府右副都御史秦民悦所奏恤災事：請令順天府所屬該徵米寄養馬，自弘治元年至三年者俱寬限於弘治五年内徵之，四月以後至年終者，於弘治六年内徵之。

（孝宗弘治實録卷59 第2頁 59.2.1133）

265 二月丁卯 命武進伯朱潔三千營坐司管操。

（孝宗弘治實録卷60 第9頁 60.8.1158）

267 二月戊辰 賜益王望軍臺地二百頃。從王請也。

（孝宗弘治實録卷60 第10頁 60.8.1158）

268 三月乙亥 京師風霾蔽天。

（孝宗弘治實録卷61 第1頁 61.1.1162）

269 三月戊寅 以册立皇太子禮成，詔告天下：……一，順天府所屬人民，多有私自投充陵户、海户及勇士、校尉、厨軍、躲避糧差負累。見在人户貧難者，所司查出，除本役外，其户下人丁悉照舊納糧當差，以後不許私自投充。

（孝宗弘治實録卷61 第4頁 61.3.1166）

270 三月癸未 管巾帽局事太監黄瑜等奏：本局人匠逃亡數多，而工作甚繁。請於在京各衛及順天府所屬募取千人習學。兵部議謂：在京各衛軍匠比舊額已逃亡過半，其該管官旗或以己俸代償月錢，或以月糧覓人應役。況近日軍餘已揀選送操，若又募充匠役，增者未必可用，一旦逃去，復爲官旗增害矣。各監局亦將比例求增，何以塞其請哉？宜但以逃亡之數付清軍御史，嚴督有司清補，庶人匠可增而官無貽累。得旨：命即移文清軍御史，限今年十月内俱解部應役，毋容情隱匿。

（孝宗弘治實録卷 61　第 14 頁　61.12.1183）

271　三月乙酉　陞燕山右衛指揮僉事王志爲署都指揮僉事充右參將，分守密雲古北口。

（孝宗弘治實録卷 61　第 15 頁　61.12.1184）

272　三月戊子　刑科都給事趙竑言：遭（按：館本遭作漕，是也）運軍士沿途艱苦，舟抵張灣又雇車轉献，一遇霖雨即有留滯漂没之患，輸納未畢而河水已合，往往賣船舉債，繼以逃竄，其苦不可聲言。請從漕司往年議，疏濬城東故河，由大通橋東抵通州，修理廢閘。凡一閘之内，令漕司或軍民造小舡數十，彼此轉輸，不惟運士獲濟，而使船舶亦且各蒙其惠。工部覆奏，謂竑言可行，第未及試驗，請俟漕運等官至日，暫取剥舡數隻試而後用。從之。

（孝宗弘治實録卷 61　第 16 頁　61.13.1186）

273　三月己亥　以册立皇太子，命兵部郎中艾璞充正使、行人司行人高胤先充副使頒詔朝鮮國。刑部郎中沈庠充正使、行人董綖充副使頒詔安南。並賜二國王及妃綵幣、文錦等物。璞等各賜衣一襲遣之。已而璞等奏：前此奉使二國開讀詔書者，其國王俱請留詔書於本國，今預乞成命。從之。

（孝宗弘治實録卷 61　第 19 頁　61.16.1192）

274　三月庚子　命寧晉伯劉福鎮守薊州、永平、山海等處。

（孝宗弘治實録卷 61　第 19 頁　61.16.1192）

275　四月癸卯　琉球國中山王尚真遣正議大夫梁德等來貢。賜王錦段等物，賜德等宴並衣服、綵段等物有差。

（孝宗弘治實録卷 62　第 1 頁　62.1.1193）

276　四月戊申　調五軍圍子手坐管（按：館本管作營），應承伯孫繼先管鼓勇營，以彭城伯張信代之。

（孝宗弘治實録卷 62　第 3 頁　62.3.1197）

277　四月甲寅　命加鎮守薊州等處寧晉伯孫福爲總兵官。凡武職不佩將軍印者不得稱總兵，福以伯爵出守，援例以請。從之。尋給總兵關防。

（孝宗弘治實録卷 62　第 4 頁　62.3.1198）

278　四月癸亥　　順天府香河縣雨雹傷禾。

（孝宗弘治實録卷 62　第 8 頁　62.6.1203）

279　四月乙丑　　禮部以自春至夏雨澤少降，麥穀欠茂，請順天府祈禱。從之。

（孝宗弘治實録卷 62　第 8 頁　62.6.1204）

280　五月癸酉　　加兵部尚書馬文昇、工部尚書賈俊太子少保。文昇等具疏賜辭，俱不允。以督工營建太廟後殿落成故也。

（孝宗弘治實録卷 63　第 1 頁　63.1.1207）

281　六月己未　　朝鮮國王李娎遣陪臣李自新、鄭佑等貢方物朝賀。賜宴并綵段、衣服等物有差。

（孝宗弘治實録卷 64　第 6 頁　64.5.1238）

282　七月庚辰　　虜入古北口羊兒（按：館本兒下有谷字），殺傷軍士。分守右參將王志失于防禦，停俸兩月。

（孝宗弘治實録卷 65　第 3 頁　65.2.1244）

283　七月戊子　　重修禮部成。

（孝宗弘治實録卷 65　第 5 頁　65.4.1247）

284　七月丙申　　朝鮮國王李娎以詔使至，遣陪臣韓偃等奉表箋貢方物謝恩。賜堰等宴并綵段、絹布等物有差。

（孝宗弘治實録卷 65　第 7 頁　65.7.1253）

283　七月戊戌　　户部言：舊例，凡災三分以下者税粮不免，三分以上者税粮遞減之。比順天府所屬州縣以旱災覈實數告，間有不當免者，但京畿民困，尤宜加恤。今年夏税請照數悉與蠲免。從之。

（孝宗弘治實録卷 65　第 9 頁　65.7.1254）

286　八月丙午　　朝鮮國王李娎遣陪臣同知中樞府事李季男等

謝頒詔恩。賜宴并衣服、綵段如例。

（孝宗弘治實録卷 66 第 3 頁 66.2.1260）

287 八月辛酉 初，哈密衛及土魯番、撒馬兒罕等處進貢，賞賜俱有例……而撒馬而罕等番王亦遣頭與之俱來。兵部會禮部議，奏謂：今次賜各使臣綵段、衣服等物，自一等至五等者，宜如舊例全給之。……從之。

（孝宗弘治實録卷 66 第 9 頁 66.8.1271）

288 八月丙寅 惜薪司左司副何鼎奏：通州倉儲糧一時權宜，初非經久，軍士不便於關支，警急不便於防守。請於都城隙地增置倉廒，移通州倉糧於其中，且請疏濬大通橋以東石閘、河道，令漕舟直至橋下，以省轉輸之勞。户部會議，以爲京倉之建固善，但時詘未可舉，河閘之説請試之，果便，然後施行。從之。

（孝宗弘治實録卷 66 第 11 頁 66.9.1273）

289 九月己巳朔 直隸鳳陽府知府章鋭應詔言六事：……一，增保障。近京地名深溝、泥井、盧溝橋等處經過官吏、解户、客商人等，賊來無禦，每被刼殺，其在外楊青、甲馬營等處一帶河道，抽幫刼船，爲害尤甚。乞差官踏勘，自京城至通州張家灣、良鄉、涿州、真定、保定、河間、臨清等處陸路并楊青迤南，直抵瓜州水路，量其遠近，審其要害，各立土堡一座，招募附近軍民，開店買賣，安泊商旅。仍撥千百户一二員管領官軍一百，或僉選老人一二名管領民壯，亦以百名爲序，分班備禦。

（孝宗弘治實録卷 67 第 1 頁 67.1.1276）

290 九月壬申 虎剌撒國回回怕魯灣等從海道至京，貢玻璃、瑪瑙等物。

（孝宗弘治實録卷 67 第 2 頁 67.2.1277）

291 九月壬申 朝鮮國陪臣韓偃，以求貢病卒于舘。上愍其遠來客死，命有司給官致祭，仍傳送其喪以歸。

（孝宗弘治實録卷 67 第 2 頁 67.2.1277）

292　九月甲戌　朝鮮國王李娎遣陪臣朴安性等來賀皇太子千秋節。賜宴并衣服、綵段等物有差。

（孝宗弘治實録卷 67　第 2 頁　67.2.1277）

293　九月乙酉　賜秀府順義郡主東安縣地二十七頃。

（孝宗弘治實録卷 67　第 6 頁　67.4.1282）

294　九月丙申　給故壽寧侯張巒圹地三十頃于翠微山。

（孝宗弘治實録卷 67　第 7 頁　67.6.1286）

295　十月庚子　命豐潤伯曹愷神機營左掖坐營。

（孝宗弘治實録卷 68　第 1 頁　68.1.1287）

296　十月丙辰　户部會議各處巡撫都御史所陳事宜：……一，順天府逃回富户，乞令所在官司每歲徵銀五兩解部，給付宛、大二縣，以備原設衙門雇役之用，庶免清勾擾人。

（孝宗弘治實録卷 68　第 9 頁　68.6.1298）

297　十月壬戌　完（按：館本完作先）是，欽天監監正李華犯罪被黜，因同中官擇茂陵地，自叙其勞，奏獲復任。禮部議謂：本監例不用有過之人。命華仍致仕。

（孝宗弘治實録卷 68　第 11 頁　68.9.1303）

298　十月癸亥　鴻臚寺序班郭理言五事：一，肅慶賀。謂：文武衙門雖異，而敬上之心宜同。近者，往外文武官，每遇官拜賀節令，習儀行禮，各於一處，殊爲非禮。乞令在外衙門，但係一城之内，無分軍衛，有司先期并於寺觀習儀，至日於有司衙門行禮。一，遵制度。謂：皇城四門設下馬（按：館本馬下有牌字）者，所以尊崇天極，表正四方，此臣民所當遵守者也。近有官員人等，到於大明門下牌側，已入牌内三五步方下馬轎，至上馬轎亦如之。又有過頑者懶於下馬，其過北安等三門，順街斜〔校記：閣本無斜字〕走數步，常行抄過，甚爲不敬。乞命守門官軍常加巡視，務須未至牌邊先下馬轎，過牌數步，方許騎乘。一，造橋樑。謂：順天府通州、薊州等處河道，設立舟楫橋樑，以便往來。近有無籍之徒，每當春夏水溢之時，以官舡競覓私利，至秋冬橋樑既成，又行焚燬，仍以舟楫渡之，貽害不可勝言。乞令各處有司，凡設津渡去處，務要公直人役，輪日看視，以革前弊。一，釋冗員。口北隆慶、保安、渾源、應、蔚、朔六州，極邊小處，地瘠民貧。近來添設監收糧草判官，吏目數多，俱有祗候、馬夫、門子等役，民甚不堪。乞照京通二倉收糧經歷三年起送事例，准令細由，以免坐困邊眠（按：館本眠作氓）。一，禁宰牛。謂：私宰耕牛，律例故有明禁，奈何京城殺牛覓利者，無處無之，在外亦然。不爲之禁，販賣愈多，屠宰愈衆，非止民缺耕載之用，抑亦有傷天地之合。乞在京令兵馬司、在外聽軍衛有司嚴加禁止，犯者照律例罪之。命下其罪於所司。

（孝宗弘治實録卷 68　第 11 頁　68.9.1304）

299　十月丙寅　　增太常寺厨役三百名。

（孝宗弘治實録卷 68　第 13 頁　68.11.1308）

300　十一月甲申　　大慈恩寺番僧國師乳奴班丹死，其姪都綱完卜沙加堅參奏，乞襲職并建塔祭葬。上特贈乳奴班丹爲法王，餘不允。

（孝宗弘治實録卷 69　第 4 頁　69.3.1314）

301　十一月辛卯　　左軍都督府帶俸安鄉伯張寧卒。寧，順天府人，景泰三年襲爵，初掌南京後軍都督府事，尋召還，管五軍右哨，未幾復調南京。成化七年領神機營五千下營事，後以老疾帶俸，至是卒。輟朝一日，賜祭葬如例。

（孝宗弘治實録卷 69　第 5 頁　69.4.1316）

302　十二月己酉　　以畿甸無雪，遣英國公張懋祭告天地，平江伯陳鋭告社稷，新寧伯譚祐告山川。

（孝宗弘治實録卷 70　第 1 頁　70.1.1318）

303　十二月丁巳　　賜朝鮮國《大統曆》一百本。

（孝宗弘治實録卷 70　第 4 頁　70.3.1322）

304 十二月庚申 朝鮮國王李娎遣陪臣吏曹參判金克儉等來賀正旦。賜宴并綵段、衣服等物如例。

（孝宗弘治實録卷 70 第 5 頁 70.4.1324）

305 十二月壬戌 禮部奉旨查奏：先年自宫發遣充軍寧家者内于剛等二千二百四十六名年籍相同，周英等八百三十八名無從查覈。又杜剛等二百一十二名，不係先年發遣之數。命于剛等發充南海子净軍種菜，周英并杜剛等送户部編充海户，常令築牆種菜當差，逃者殺之。仍命禮部榜諭，今後敢有私自净身者，本身并下手人處斬，全家發邊遠充軍，兩鄰及歇家不舉者同罪。有司里老人等時加訪察，有卽執送于官，如有容隱亦治罪不貸。

（孝宗弘治實録卷 70 第 6 頁 70.5.1326）

306 十二月 是歲……儹運粮四百萬石，各處運納米麥共一千五百二萬一千七十五石四斗一合三勺四抄三撮七粟六粒。

（孝宗弘治實録卷 70 第 9 頁 70.7.1329）

弘治六年（1493）

307 正月癸未 兵部主事莫驄言六事：一，平差役。欲令京操衛所酌量丁力分爲三等，上中户京操運糧，下户補衛所雜差……上從其議。

（孝宗弘治實録卷 71 第 3 頁 71.3.1335）

308 正月丙戌 有自宫者數百人擊登聞鼓求進用。命錦衣衛并五城兵馬執送鎮撫司根究治罪。以給事中魏玒違例接鼓狀，下刑部如律。

（孝宗弘治實録卷 71 第 4 頁 71.4.1337）

309 正月辛卯 内府承運庫以本庫民匠逃亡者多，請行順天府等責限追捕，如本户丁絶者補以他户。工部議謂：今天下官民軍匠俱有定籍，匠之丁絶者難以他户更補，惟逃亡者當拘遣赴工。得旨：命行該府縣并五城兵馬司嚴行俟解，若果無人，查其初起是何州縣，行移原籍官司按名勾解。丁盡户絶者，別選人補之。

（孝宗弘治實録卷 71　第 6 頁　71.5.1339）

310　二月壬寅　　命巡撫都御史魏富閲實山海諸關，張琳閲實居庸諸關墩牆、軍器等事。

（孝宗弘治實録卷 72　第 3 頁　72.2.1346）

311　二月壬戌　　禮部會試取中式舉人汪俊等三百名。

（孝宗弘治實録卷 72　第 11 頁　72.9.1360）

312　三月癸酉　　禮部奏：今次會試所取副榜舉人，凡在監五年以下并未入監及新科年歲相應者，俱令就教職，不許告免，遵天順八年詔例。署職九年考滿者方許再會試一次。從之，仍命署職六年以上有舉人者，亦許會試。時副榜舉人多不願就教職者，故禮部奏嚴其限。

（孝宗弘治實録卷 73　第 2 頁　73.2.1365）

313　三月癸未　　上御奉天殿，賜毛澄等進士及第、出身有差。文武羣臣行慶賀禮。

（孝宗弘治實録卷 73　第 5 頁　73.4.1370）

314　四月辛丑　　命廣寧伯劉佶三千營坐司管操。

（孝宗弘治實録卷 74　第 5 頁　74.5.1385）

315　四月癸卯　　命以寶源店後房七十六間賜壽寧侯張鶴齡管業。

（孝宗弘治實録卷 74　第 7 頁　74.6.1387）

316　四月己酉　　上以京師及河南、山東等處久不雨，齋戒三日。遣新寧伯譚佑祭告天地，遂安伯陳韶告社稷，平江伯陳鋭告山川。

（孝宗弘治實録卷 74　第 9 頁　74.8.1391）

317　四月乙卯　　增恭讓章皇后守陵軍八十人，命於守視皇子墳及懷獻世子許悼王墳軍内分撥。

（孝宗弘治實録卷 74　第 13 頁　74.11.1398）

318　四月辛酉　自去冬無雪，至於是月不雨。勅諭文武羣臣。

（孝宗弘治實録卷 74　第 15 頁　74.13.1401）

319　五月辛未　舊例，京營馬皆軍士自採草飼之。正統末暫給官草，兩月後以爲常。其存操馬以四月春草漸生，止與料豆一半。至是，英國公張懋請全支併添支下場馬草一月。户部議不可。命四月分料豆許全支，草束不必添。

（孝宗弘治實録卷 75　第 2 頁　75.2.1405）

320　五月癸酉　户部尚書葉淇應詔陳五事：……一，止勘官以安地方。比者，衡府奏乞雄縣莊田，所報四至皆非閒曠，而王乞遣重臣再勘。民方饑病，重以驚惶，其何能堪。今查順天府豐潤縣加南等社有田八百餘頃，乞定數撥給而免遣官往勘。

（孝宗弘治實録卷 75　第 8 頁　75.7.1415）

321　五月癸酉　禮部尚書耿裕等應詔陳八事：……順天府大、宛二縣户口日減，差役日繁，乞量爲減免。其光禄寺各監局供應，皆先令舖行買完，然後給價，月久費多，所得十無二三。宜委官依時估平買，庶民不受害。

（孝宗弘治實録卷 75　第 9 頁　75.8.1417）

322　五月乙亥　以順天府大興、宛平二縣旱災，命發預備倉賑之。下户兩月，稍優者一月。大口各給粮三斗，小口半之。從府尹黄傑請也。

（孝宗弘治實録卷 75　第 12 頁　75.10.1422）

323　閏五月戊戌　宣府隆慶、懷來二衛地震有聲。

（孝宗弘治實録卷 76　第 2 頁　76.2.1449）

324　閏五月壬寅　申刻京師雨雹。

（孝宗弘治實録卷 76　第 4 頁　76.3.1451）

325　閏五月丁未　順天府薊州大風雨、暴雷，拔木偃禾，牛馬有震死者。

（孝宗弘治實録卷 76　第 14 頁　76.12.1469）

326　閏五月乙卯　光禄寺卿胡恭等奏：本寺供應瑣屑，費出無經。乾明門貓十一隻，日支豬肉四斤七兩、肝一付。刺蝟五箇，日支豬肉十兩。羊二百四十七隻，日支菉豆二石四斗三升、黄豆三升二合。西華門狗五十三隻，御馬監狗二百一十二隻，日共支豬肉并皮骨五十四斤。虎三隻，日支羊肉十八斤。狐狸三隻，日支羊肉六斤。虎豹一隻，支〔校記：閣本支上有日字，是也〕羊肉三羊。豹房土豹七隻，日支羊肉十四斤。西華門等處鴿子房日支菉豆、粟穀等項料食十石。一日所用如此，若以一年計之，共用豬肉羊〔校記:舊校删羊上肉字〕肉并皮骨三萬五千九百餘斤，肝三百六十付，菉豆、粟穀等項四千四百八十餘石。臣等仰惟皇上臨御以來，凡百錢糧，悉從減省，以寬民力，惟前項牲口料食仍舊支送，以無益之事，費有用之財。卽今各處災傷，人民艱窘，若不痛爲減省，則民財日耗，有傷和氣，災異無從而弭矣。疏入。上納之。御馬監二異狗并羣狗七十七隻，俱令退出支食。牲口房雜鷄八十六隻、鵝四十一隻、鴨九十六隻、花豬二十一口，俱送光禄寺供應。餘皆仍舊。

（孝宗弘治實録卷 76　第 17 頁　76.14.1474）

327　閏五月戊午　平江伯陳（按:館本陳下有鋭陳二字）五事：一謂在京各營號頭把總等官乃〔校記:閣本乃作仍〕布傳號令，管領隊伍，時常操練，以備他日之用者。而比來賢否溷淆，不足以昭示勸懲。請命兵部會同總兵官，考選年力精健才職可取者留之，老疾貪婪者革退，别於聽缺并隨伍官内選補。凡推選宜勿專騎射，此後仍五年一次行之。一謂居庸、倒馬、紫荆、山海諸關，黄花、密雲、古北口、喜峯諸鎮，修理墩牆，多虚應故事。一遇山水衝激，輒復損壞。況山木爲人砍伐，險阻變爲坦途，雖常差官點視，不能周徧。此後巡邊大臣宜同巡關御史及鎮巡等官，徧歷踏勘。某地可增墩堡，某地可置溝牆，某樹可植，某岩可削，某地近可使兼管，某地遠可加分守，逐一處置，務求至當。……從之。

（孝宗弘治實録卷 76　第 18 頁　76.15.1476）

328　六月丙寅　蝗飛過京師三日，自東〔校記：閣本無東字〕南向西北，日爲之蔽。

（孝宗弘治實録卷 77　第 2 頁　77.2.1483）

329　六月庚午　户部以蝗生畿内，請遣順天府丞畢亨行縣督捕，其直隸府衛及各布政司各令正佐官行視。從之。

（孝宗弘治實録卷 77　第 3 頁　77.2.1484）

330　六月甲申　工部覆奏：吏部侍郎張悦所言，乞禁内外各衙門成造修理及違例奏請墳塋屋宇。宜令悉遵成法，不宜輕改，其所派物料，宜從本部裁減允當，方許奏請支撥，工完仍以餘料送部還官，以備别用。凡違例陳請者，一切停止。如違，聽科道官劾奏。從之。

（孝宗弘治實録卷 77　第 5 頁　77.4.1487）

331　六月壬午　朝鮮國王李娎遣陪臣李誼等來賀萬壽聖節。賜宴并綵段、衣服等物有差。

（孝宗弘治實録卷 77　第 6 頁　77.5.1490）

332　六月丁亥　京師大霧四日。

（孝宗弘治實録卷 77　第 8 頁　77.6.1492）

333　八月辛未　京師雨雹，大者如彈丸。

（孝宗弘治實録卷 79　第 2 頁　79.2.1513）

334　八月甲戌　以旱災，免順天府所屬州縣弘治六年夏麥一萬五千三百九十餘石，并免外象房及滘石橋等馬房豆料之半。

（孝宗弘治實録卷 79　第 2 頁　79.2.1513）

335　八月癸未　暹羅國王遣副使悶團那貼等來貢。賜王錦段、衣服等物如例。并賜悶團那貼等宴及綵幣等物有差。

（孝宗弘治實録卷 79　第 4 頁　79.3.1516）

336　八月丙戌　南京太僕寺卿張謙卒。謙，字益之，保定清苑人，成化二年進士，授禮科給事中，歷都給事中，憲廟識其音吐洪鬯，遷鴻臚寺左少卿，尋改尚寶司卿，陞南京太僕寺卿。弘治三年服闋還任，至是卒于官。訃聞，賜祭葬如例。謙體貌魁梧，居官無失德，居家能孝友，樂施于人，頗稱之。

（孝宗弘治實録卷 79　第 5 頁　79.4.1518）

337　九月壬寅　以旱災免直隸河間、保定二府弘治六年夏税有差。

（孝宗弘治實録卷 80　第 2 頁　80.2.1523）

338　九月壬子　朝鮮國王李娎遣陪臣工曹参判安琛等來賀皇太子千秋。賜綵段、衣服等物如例。

（孝宗弘治實録卷 80　第 5 頁　80.4.1527）

339　十月丙寅　安南國王黎灝遣陪臣黎前等以歲例米來貢。賜宴并綵段、衣服等物有差，仍回賜王錦段等物如例。

（孝宗弘治實録卷 81　第 1 頁　81.1.1533）

340　十月壬午　增設長蘆都轉運鹽使司利民場副使一員。

（孝宗弘治實録卷 81　第 6 頁　81.5.1542）

341　十月甲申　命兵部會提督京營文武大臣選諸營把總官。

（孝宗弘治實録卷 81　第 7 頁　81.6.1543）

342　十一月戊戌　增置收糧公舘五區於太倉之右。

（孝宗弘治實録卷 82　第 1 頁　82.1.1547）

343　十一月庚子　修太社太稷壇。

（孝宗弘治實録卷 82　第 2 頁　82.1.1548）

344　十一月戊申　順天府府丞高敞改應天府。俱以丁憂服闋也。

（孝宗弘治實録卷 82　第 3 頁　82.3.1551）

345　十一月己酉　以災傷，免保定左等五衛折草銀五分之二。

給侍衛將軍、圍子手及皇城各門守衛官軍、象奴衣鞋各一副。

（孝宗弘治實録卷 82　第 4 頁　82.3.1551）

346　十一月甲寅　安南國王黎灝遣陪臣阮弘碩等奉表貢方物來賀册立東宫。賜弘碩等宴并衣物等物有差，賜其王錦段等物如例。

（孝宗弘治實録卷 82　第 4 頁　82.3.1552）

347　十一月乙卯　賜朝鮮國弘治七年《大統曆》一百本。

（孝宗弘治實録卷 82　第 5 頁　82.4.1553）

348　十一月戊午　安南國陪臣杜綱〔按：館本綱作絅〕，以朝賀未至道死。命賜綵段、紗羅各一匹，以慰其家。

（孝宗弘治實録卷 82　第 6 頁　82.5.1555）

349　十一月庚申　順天府府尹黄傑言：畿内地方水旱相因，貧民流移來京者以萬計，晝丐夜露，多轉溝壑。乞收入養濟院，全活必衆，實發政施仁之首事〔按：館本事作政〕也。户部議：以在京養濟院狭小，豈能容此？例應給糧遣還，但隆冬之時，恐在道失所。宜命順天府籍其名于官，大者人給粮三斗，小者半之，俟春煖仍送回，俾所在有司賑濟。

（孝宗弘治實録卷 82　第 6 頁　82.5.1556）

350　十二月戊辰　初，京城九門各有守衛軍率（按：館本率作卒），籍禁甚嚴，成化中門率（按:館本率作卒）往往納賂門官，因而縱免，名曰納辨月錢，乃令科道兵部官各一員巡視。至是，太監陳良等奏請不遣科道官，止留兵部主事一員，每月二次點視。從之。

（孝宗弘治實録卷 83　第 2 頁　83.2.1559）

351　十二月丙子　朝鮮國王李娎差陪臣金首孫等奉表貢方物來，賀正旦節。賜宴并綵段等物有差，仍賜國王錦段等物如例。

（孝宗弘治實録卷 83　第 3 頁　83.3.1561）

352 十二月 是歲……儹運粮四百萬石，各處運納米麥共一十五百二萬一千七十五石四斗一合三勺四撮七粟六粒。

（孝宗弘治實録卷 83 第 10 頁 83.8.1571）

弘治七年（1494）

353 正月壬子 以順天府所屬州縣、直隸永清右等衛所水灾，薊州等州縣、忠義中等衛所并馬蘭谷〔校記:閣本谷作峪〕等營堡蝗灾，免弘治六年粮草有差。

（孝宗弘治實録卷 84 第 5 頁 84.4.1580）

354 二月丁丑 虜入古北口地方，殺邏卒三人。命罰分守右參將土（按:館本土作王）志俸三月，與太監田亮俱戴罪殺賊。哨守官逮治之。

（孝宗弘治實録卷 85 第 4 頁 85.3.1590）

355 二月壬子 賜重慶大長公主通州田十三頃。

（孝宗弘治實録卷 85 第 5 頁 85.4.1592）

356 二月壬子 命以原賜故御用監太監白俊武清縣莊田七十六頃還官。

（孝宗弘治實録卷 85 第 5 頁 85.4.1592）

357 二月戊子 户部覆奏：監察御史張泰所陳二事，一均平賦役，謂莊〔校記：三本莊上有皇字〕王田及皇親等莊田雖遇災傷，不得比軍民田地量免徵税，請自今令所在有司將軍民田別〔校記：三本別作并〕皇莊等項通行踏勘，議定該免分數一體徵〔校記：舊校徵上增免字〕。……上曰：皇莊皇田，遇有災傷，仍令管莊人員奏來處置。餘從所議。

（孝宗弘治實録卷 85 第 6 頁 85.5.1594）

358 三月壬辰 裁……隆慶州鵰鶚堡并長安嶺二倉收粮吏目

各一員。

（孝宗弘治實録卷 86　第 1　86.1.1597）

359　三月癸巳　陞大理寺左少卿屠勳爲都察院右副都御史，整飭薊州處邊備，兼巡撫順天等府地方。

（孝宗弘治實録卷 86　第 1 頁　86.1.1597）

360　三月辛亥　刑科給事中林霄成化中奉詔使暹羅，歿於其國。至是，其子菲援例乞讀書以自效。上曰：以死勤事，古人所恤，林霄奉使歿於萬里外，情亦可憫。其子菲奏欲送監讀書，非尋常濫乞恩澤者比。特允之。

（孝宗弘治實録卷 86　第 6 頁　86.5.1606）

361　三月甲寅　分守通州等處都指揮僉事王宣因公致死人命。命罰俸兩月，仍追埋葬銀十兩給死者之家。

（孝宗弘治實録卷 86　第 8 頁　86.6.1608）

362　三月戊午　賜永康長〔按：館本無長字〕公主順義縣地二百三十一頃有奇。

（孝宗弘治實録卷 86　第 8 頁　86.7.1609）

363　四月壬戌　琉球國中山王尚真遣正議大夫梁德等奉表來朝，貢方物。賜宴并綵段、衣服等物有差，回賜王錦段等物如例。

（孝宗弘治實録卷 87　第 1 頁　87.1.1612）

364　四月辛巳　内府織染局以匠役逃亡者多，乞於京衛軍餘揀選壯丁一千名習學工作。兵部執不可，請就本局人匠中選幼丁三百名。上從之，仍令原逃亡者所司速爲清解補役。

（孝宗弘治實録卷 87　第 5 頁　87.4.1618）

365　五月癸丑　降順天府府丞畢亨爲兩淮都鹽運使司同知。初，軍人任栢樹張酒肆於宗（按:宗爲崇之誤）文門外，有老人巴秀者索俱（按：館本俱作供）應光禄寺酒瓶，因與忿争。鄰有楊玉，從旁觀之，栢樹疑秀與玉同謀害己，併訟於府。亨怒玉不輸情，杖之，數日而死。東廠官校發其事，既而科道交劾，下獄，命法司、錦衣衛會鞫以聞。得旨：亨降一級，調外任。時議者謂兵科都給事中藺琦欲代其位，嗾臺諫有言。亨既降，琦果代之。

（孝宗弘治實録卷 88　第 8 頁　88.7.1634）

366　六月庚申　禮部尚書倪岳等言：先是，以都御史馬文升之奏，命兩京并各布政司通查度過僧道，造册繳部，後有事故等項照名開除。仍將十年一度之例停止。待各處額數不足，方許所在官司照缺起送，赴考（按:館本考作部）起度，不許内外衙門指以救荒納粟爲由，奏請起度。今數年之間，各處文册繳到者少，恐無知小人，指以十年一度爲期，不知禁例，以致各處僧道行童互相扇誘，來京潛住，投禮僧道官住持，以圖至期僉緣請給，京師米價必致踴貴。宜預爲查處。況今年水旱災傷，盜賊竊發，中間所獲，多係僧徒，是皆先年濫度所致。今天下軍多缺伍，匠多缺役，里甲册籍，日見凋耗。若不早爲限量，將恐天下之人，皆流爲僧道之歸。宜通行查勘，額數果有不足，許待豐年具奏定奪。仍禁約各處僧道，不許指名請給，來京攪擾。各該關津，嚴加盤請。仍行錦衣衛五城嚴加搜訪，各寺觀不許容留，違者坐罪。無度牒之人，發回原籍當差。京城内外官員軍民之家，亦不容許留僧俗混雜，有壞風化，事發一體究治。從之。

（孝宗弘治實録卷 89　第 1 頁　89.1.1637）

367　六月丁卯　陞……兵科都給事中藺琦爲順天府府丞。

（孝宗弘治實録卷 89　第 6 頁　89.5.1646）

368　六月癸未　朝鮮國王李娎遣陪臣户曹參判河叔溥等奉表貢方物，賀萬壽聖節。賜宴并綵段、衣服等物有差。賜王錦段等物如例。

（孝宗弘治實録卷 89　第 10 頁　89.8.1652）

369　七月乙巳　是日寅刻，京師地震。

（孝宗弘治實録卷 90　第 4 頁　90.3.1658）

370 八月戊申 監察御史張縉言：張家灣至京城一路，實爲京師要衝。凡入貢、軍需粮運以至商賈經營、官民趨赴，率皆由此。但橋樑坍塌，道途低窪，一經淫雨，水積不流。今者，粮運赴京，車陷不前，以致脚價翔貴。白晝之間，盜賊乘之出没。無籍之徒，故坎平地，使泥濘車陷，因以爲利。乞勅該部量撥軍夫，委官專管，并行通州巡倉御史往來提督，削平填墊，旁用石砌，中以土雜瓦礫築實，外開溝渠。以通水道。所用大石，定爲則例，募人收買，給與冠帶。或預行各處軍民運船帶納磚石，足用然後與橋樑併工修理。仍下所司，時加甃補，歲今巡城御史，每於季首，由京城至張家灣巡視一次。仍有盜石坎土者，從重究治。工部覆奏。從之。

（孝宗弘治實録卷 91 第 1 頁 91.1.1665）

371 八月壬戌 裁革順天府宛平縣清澄、高梁二閘官各一員。

（孝宗弘治實録卷 91 第 2 頁 91.2.1667）

372 八月壬戌 户部請以太倉銀折給在京衛所監局官軍人等九月俸糧，每石折銀五錢，其冬三月俸糧請各先一月預給，以平米價。從之。

（孝宗弘治實録卷 91 第 2 頁 91.2.1667）

373 八月壬戌 命西寧侯宋愷神機營五千坐營管操。

（孝宗弘治實録卷 91 第 2 頁 91.2.1667）

374 八月甲子 整飭薊州等處邊備御史屠勳奏：故豬圈頭關平漫難守，關之北三里曰北水谷，南八里曰南水谷，成化中各因山增設二關，險要可守，但區畫未備。請於二關内加修城垛，增墩堡，摘守關官軍分守其中，因耕其隙地，以足軍食。兵部覆奏。從之。

（孝宗弘治實録卷 91 第 2 頁 91.2.1668）

375 九月壬寅 工部奏：自永樂以來，本部所用竹木，率於蘆溝橋客商所販木筏抽分。今兵部奏請禁伐邊山林木〔按：館本林木作材木〕，固保障邊方遠慮，但有司奉行決其初意於非應禁止，以致蘆溝水次盡其木筏，恐誤供應。乞移文山西大同，查延綏、寧夏、遼東、薊州、紫荆、密雲等處鎮巡等官各下所屬，相度山川形勢，若非通賊緊要道路，仍許採取鬻販，庶幾不誤應用。

（孝宗弘治實録卷 92　第 9 頁　92.7.1696）

376　九月甲辰　　朝鮮國王李娎遣陪臣許琛等奉箋文禮物來，賀皇太子千秋節。賜宴并綵段、文服等物有差。

（孝宗弘治實録卷 92　第 9 頁　92.8.1697）

377　九月壬子　　朝鮮國海南夷十一人，以捕魚爲颶風漂其舟至福建漳州府，時無譯者，莫知其所自來，福建守臣送至京，大通事譯審乃得其實。上命給之衣食，候其國進貢陪臣還日歸之。

（孝宗弘治實録卷 92　第 11 頁　92.9.1699）

378　十月壬戌　　命遂安伯陳韶領官軍万人，修内府萬春、壽安等宫及各處殿宇、房屋、牆垣、橋樑。從内官監太監學廣言也。時欽天監以年歲不利，請俟弘治十年興工。而兵部尚書馬文升、英國公張懋等亦合詞奏云：武備盛衰，國家安危所係。近來各處興造，已撥軍士一萬四千有奇。況京操者，春秋往來，無有休期。加以月粮減去四斗，或有經年不曾支給，中間亦有餘丁抵充正身。比及到營，差役無窮，勞苦萬狀，故每歲到京之數十僅三四，雖有嚴法莫能禁止。其團營軍士，居重馭輕，所係甚大，比來亦多逃亡。若更差撥，必致誤事。今欽天監既稱年歲不利，計去興工之日止是二年。乞賜預備物料，臨期修蓋，庶於人情事體爲便。上仍命給之。

（孝宗弘治實録卷 93　第 3 頁　93.2.1704）

379　十月癸亥　　命興王辭還原賜武清縣田六百八十七頃有奇，召民佃種，畝徵銀三分，以備内府之用。

（孝宗弘治實録卷 93　第 4 頁　93.3.1705）

380　十月丙寅　致仕户部尚書李衍卒。衍，字文盛，直隸隆慶州人，景泰二年進士。……巡視山海邊關，置牀子弩，可射三百餘步，設飛石、飛木各數十萬，削山坡成峭壁，東西數百里，賜鈔四百貫，……總督京倉，以言官劾其偏酷，不合人情，遂致仕。弘治初，以立東宫恩，進一品階，家居八年而卒，年七十四。

（孝宗弘治實録卷 93　第 5 頁　93.4.1707）

381　十月乙亥　皇親瑞安侯王源之母阜國夫人段氏奏：以原賜高陽縣田一百頃還官，而乞興府辭退武清縣田六百頃爲業。户部言：興府辭退田，他日當改給親王出府者，非勳戚家所宜請。上命高陽田不准辭，别以肅寧縣洋東淀田二百頃益之。

（孝宗弘治實録卷 93　第 8 頁　93.7.1713）

382　十月丙子　朝鮮國王李娎遣陪臣工曹判書申浚等以謝恩至。賜宴并綵段、衣服等物如例。

（孝宗弘治實録卷 93　第 8 頁　93.7.1713）

383　十月己卯　先是，以在京富户逃回原籍者，令每歲各徵銀五兩，解順天府僱役，免勾擾之患。至是，巡撫都御史唐珣奏：逃回者名雖富户，其實貧難者十八九，歲復一歲，隣里俱被其擾。乞歲止徵銀三兩。從之。

（孝宗弘治實録卷 93　第 9 頁　93.2.1714）

384　十月癸未　刑科給事中王淯言，聞蘆溝橋迤西開窰之家，或誘略良家子女，或收留迷失幼童，驅之入窰，日常負煤出入，斷其歸路，如墮眢井。有逃出者，必追獲殺之，細人之姦，無踰於此。乞敕都察院榜諭，仍移文巡山給事中、巡城御史、錦衣衛巡捕官督五城兵馬親詣其地研審，有犯者許自首，隱匿及再犯者枷號充軍。從之。

（孝宗弘治實録卷 93　第 10 頁　93.3.1716）

385　十一月丙戌朔　太僕寺少卿張九功言：順天府寄養馬匹，

例皆挨次選俵。但新馬有齒歲大於舊馬者，取用之際，惟宜論齒歲以盡通融之法。兵部議謂：選馬固當論齒，然論齒之中，必須挨次方爲無弊。請令太僕寺，凡遇京營及各邊取用馬匹，皆先儘舊馬之數，兒馬八歲以上，騸馬十歲以上，以次取之。舊馬不足，然後及於新馬。若兒馬七歲以下，騸馬九歲以下，皆存留寄養。仍禁約管馬官交俵之弊及應俵不俵及不應俵而俵者。從之。

（孝宗弘治實録卷 94　第 2 頁　94.1.1720）

386　十一月己丑　太僕寺卿彭禮言：順天府養馬之民，困窮已極，征徭繁重。今本寺改到各處備用新馬，乞分派於保定之易、雄，深（按:館本深作淶，是也）水、新城、新安、定興、容城七州縣及河間之静海、任丘、青三縣寄養，不必更給種馬。其原給種馬有堪用者，則派於别州縣缺種馬處所，不堪用者照例鬻之。又凡養馬者，皆以丁糧相應之家，必不得已取之下户，則以數户明（按：疑明爲朋之誤）合，共養一馬。從之。

（孝宗弘治實録卷 94　第 3 頁　94.2.1722）

387　十一月丁酉　賜朝鮮國弘治八年《大統曆》一百本。

（孝宗弘治實録卷 94　第 4 頁　94.4.1725）

388　十一月辛亥　以岐王將之國，命兵部右侍郎李介、工部右侍郎謝綬同往通州，整理車船夫役。

（孝宗弘治實録卷 94　第 9 頁　94.8.1734）

389　十一月壬子　夜，京師地震，連震有聲。

（孝宗弘治實録卷 94　第 10 頁　94.9.1735）

390　十一月壬子　居庸関地震有聲。

（孝宗弘治實録卷 94　第 10 頁　94.9.1735）

391　十一月甲寅　兵部奏：比來各邊虜數入寇，每得厚利，皆由墩臺疏濶、烽火不接及守墩軍士困憊所致。乞諭各邊鎮巡等官，相視地形，修理墩堠，沿邊每十里或七八里爲一大墩，四里五里爲一小臺，大墩守軍十人，小臺守軍五人。自邊至城或十里或八里，止用大墩，築牆圍之，環以壕塹，留一小門，撥夜不收五人戍守，遇警接遞傳報。凡遇寇近邊，天晴則舉砲，天陰晝則舉烟，夜則舉火。總兵等官仍爲預定烽砲之數，著爲號令。使各邊使〔按：舘本無各邊使三字〕各城將官以此爲驗，領軍截殺。其守墩軍必簡精壯者，分爲二班，每月一更。若無水之處，則修水窖一所，冬蓄冰夏藏水。每墩預採平日柴薪於内給用，免致汲水採薪爲賊所掠。本管將官，每半月一次行邊點閲。巡哨提督、墩臺官仍不時往來巡視。若近邊軍士屯種之處，則修築小堡一座，量貯粮芻，令按伏馬軍三五百於其中，庶有警可以防禦。從之。

（孝宗弘治實録卷 94　第 11 頁　94.9.1735）

392　十一月乙卯　　增設直隸隆慶州獨石廣積倉大使一員。

（孝宗弘治實録卷 94　第 11 頁　94.9.1736）

393　十二月己未　　巡撫順天等府都御史屠勳奏：古北口潮河川，實京畿北門重地。今分守密雲太監田亮、參將王志同住密雲中衛，相距古北口百餘里，緩急之間，應援不及。宜令王志移住密雲後衛，稍近川口，而以所管振武營官軍分駐二處，扼其險隘，以便策應。兵部覆奏：密雲後衛，正當古北口潮河川之衝，專爲守關而設。若移參將於此，則營舍必須預爲之處，勞費不貲。況振武營官軍止有千數，若分而二，未免兵勢寡弱。惟簡委都指揮或指揮二員，分撥本營官軍五百名，令其率領備禦，半年一更。有警則令參將截殺，分守策應。從之。

（孝宗弘治實録卷 95　第 2 頁　95.1.1738）

394　十二月乙丑　　以水災，免順天府所屬州縣及直隸東勝右等衛所粮草有差。

（孝宗弘治實録卷 95　第 3 頁　95.3.1741）

395　十二月戊辰　　修内府軍器局各庫房屋。

（孝宗弘治實録卷 95　第 6 頁　95.5.1745）

396 十二月庚辰 陞順天府府尹黄傑爲户部右侍郎。

（孝宗弘治實録卷 95 第 10 頁 95.10.1753）

397 十二月甲申 朝鮮國李娎遣陪臣知中樞府事卞宗仍等來賀正旦節，遣使進種馬。賜宴并衣服、綵段等物有差。

（孝宗弘治實録卷 95 第 12 頁 95.11.1757）

398 十二月 是歲……儹運粮四百萬石，各處運納米麥共一千五百二萬一千七十五石一合三勺四抄三撮七粟六粒。

（孝宗弘治實録卷 95 第 13 頁 95.11.1757）

弘治八年（1495）

399 正月辛卯 陞……福建布政司右布政使張玉爲順天府府尹。

（孝宗弘治實録卷 96 第 3 頁 96.2.1762）

400 正月癸丑 初，永樂間因征北虜獲羊萬餘，令順天府所屬州縣分牧，歲辦羊毛價銀九百六十餘兩，輸司設監供用，謂之長生羊毛。弘治間府尹黄傑言：歲久，羊已無存，牧養人口坐是亦多逃絶，其價皆見存户陪納，民甚苦之。已得旨除豁，不復追徵。至是，司設監復以前令爲言。事下所司看詳，工部其前旨以請。上曰：羊亡毛存，是無名之征也。況已有前旨，其悉除之。

（孝宗弘治實録卷 96 第 9 頁 96.8.1774）

401 正月甲寅 懷柔伯施鑑卒。其先通州人，祖聚，累功陞懷柔伯，受券世襲，聚傳茂，茂傳鑑，以成化二年襲爵，其明年奉勅坐五軍中〔校記：三本中下有軍字〕營，轉圍子手營，弘治二年轉練武營。四年奉勅南京守備兼掌右軍都督府，至是以病卒于南京私第。輟朝一日，賜葬祭如例。子瓚嗣。

（孝宗弘治實録卷 96 第 9 頁 96.8.1774）

402　二月甲戌　巡撫順天等府都御史屠勳奏：虜入密雲古北口境内，散掠人畜。請發京營兵及馬蘭谷兵出境剿之。兵部議謂：三衛達賊近邊住牧者，僅百有餘家，剿之不難。若大軍出境，恐殺及無辜，重增邊釁。請令鎮撫總兵官精選薊州西路兵十騎，送馬蘭谷參將吴釗與右參將王志，會兵伏於關内，俟敵來則應之。庶兵出有名，而無辜不至濫殺。其前此誤事者，則按實以聞。從之。

（孝宗弘治實録卷 97　第 6 頁　97.5.1784）

403　二月庚辰　神宫監太監陸愷仍援孝穆皇太后外親之故，爲其妹李氏奏乞岐王所辭永清縣莊田爲業。户部議謂：愷所奏莊田計九百餘頃，俱係本部奏准留待親王出府聽候恩命給撥之數。今若歸之李氏，他日親王出府又將何所給之。得旨：俱留撥給親王，不許勳戚等家奏請。

（孝宗弘治實録卷 97　第 8 頁　97.7.1787）

404　三月乙酉　朝鮮國王李娎以朝廷發還其國漂海人，遣陪臣吏曹參判趙益貞等奉表貢方物來謝。賜宴并綵段、衣服等物有差。

（孝宗弘治實録卷 98　第 1 頁　98.1.1789）

405　三月癸巳　朝鮮國王李娎以去歲十二月卒。至是，其世子㦕遣陪臣户曹參判書李季仝等來告訃，具請謚，并奉國人表箋，爲世子請襲封。詔賜娎謚曰“康靖”，并賜賻絹布各五疋。

（孝宗弘治實録卷 98　第 4 頁　98.3.1794）

406　三月丙申　罷分守密雲古北口右參將王志，以分守馬蘭谷左參將吴釗代之。

（孝宗弘治實録卷 98　第 4 頁　98.4.1795）

407　三月辛亥　增賜順義羣（按：館本群作郡）主東安縣莊地三十一頃有奇。

（孝宗弘治實録卷 98　第 13 頁　98.11.1809）

408　四月甲寅　　宣府懷來衛地震有聲。

（孝宗弘治實録卷 99　第 3 頁　99.2.1814）

409　四月壬戌　　命太監金輔、李珍、行人司行人王獻臣往朝鮮國，封世子李㦕爲國王。賜之勅曰：得奏，爾父王娎於弘治七年十二月二十四日薨逝，兹特遣太監金輔、李珍、行人王獻臣齎之諭祭，并齎詔於爾國人，封爾㦕爲朝鮮國王，繼主國事。爾宜祗承君命，勉紹先業，惇孝崇信，保境安人，俾民物康阜，疆圉寧謐，以爲中朝藩屏之重。并封爾妻慎氏爲王妃。特頒賜爾及妃誥命、冕服、冠服、綵幣等件，至可領之。故諭。

又詔其國人曰：我國家受命爲天下主，雖遐方極壤，各建君長，俾其臣民有所繫屬，以奉貢賦、承教化。蓋自累朝以來，其有易世代者，必慎簡親賢，使繼有爵土。朕嗣守大業，惟舊章是循，嘉與萬方，同享至治，期于永久。故朝鮮國王李娎，早承世爵，藩我東方，恭順之節，久而弗替，越二紀餘矣。比者，部臣告訃，禮部以封爵請。眷兹統緒，宜有攸歸。今特封王之世子㦕爲朝鮮王，繼統國政。本國大小臣民，其悉奉教令，上下和輯，用修職承化，克繼于爾先王，以稱朕彰善柔遠之意。故兹詔示，想宜知悉。

（孝宗弘治實録卷 99　第 5 頁　99.4.1818）

410　四月癸亥　　命承安伯郭寧於五軍幼官舍人營，惠安伯張偉於神機營中軍，各坐營管操。

（孝宗弘治實録卷 99　第 6 頁　99.5.1819）

411　四月癸酉　　先是，薊州等處官軍俸粮，每米一石折銀三錢。至是，鎮巡等官以米價方貴，欲照密雲例，每米一石給銀五錢，俟秋成仍舊。從之。

（孝宗弘治實録卷 99　第 7 頁　99.6.1821）

412　五月乙酉　　工部帶俸郎中蒯鋼，先以木工管理營造，累官至工部右侍郎。上卽位，以科道論劾，降順天府治中。久之，復陞今官。至是，三年考滿，年已七十一歲，例當致仕。内官監太監李廣奏留之。上命復職。

（孝宗弘治實録卷 100　第 1 頁　100.1.1833）

413　五月甲辰　　國子監祭酒林瀚奏：天順以前，監生多在監讀書，十餘年方得撥歷。後因積滯人多，頻減撥歷歲月以疏通之。至是，監生在監者益少，吏部聽選積至萬餘人，有十餘年不得選者。請量開科貢，且照舊例撥歷。下禮部，覆奏：科舉名數已有定額，不可再增。各處歲貢生員，自明年以後請如永樂三年例：府學一年二貢，州學二年三貢，衛學、縣學一年一貢。其順天、應天二府學一年三貢，俱至弘治十二年止。四年之間歲貢人數增三千五百餘名，分送南北兩監，庶足坐班撥歷之用。其兩監撥歷等項，亦請自明年爲始，正歷監生三月考勤之後仍歷一年，其餘寫本者一年，清黄、寫誥、清軍、清匠者三年，以至隨從御史出巡之類，俱照舊制，月日滿後，方與更代，俟監生如前積至一萬以上，再行查處。如此庶諸生坐監稍久，各司差撥不缺，不惟監學舊制可復，而仕途亦不致壅滯矣。從之。

（孝宗弘治實録卷 100　第 5 頁　100.4.1840）

414　六月乙卯　　申刻，京師雨雹。

（孝宗弘治實録卷 101　第 2 頁　101.2.1849）

415　六月己巳　　虜入密雲境，殺掠軍民男婦，女（按：館本女作死，）傷者十有四人，焚毁廬舍。下巡按御史問擬守備等官指揮孫永、王壽二人充軍，分守署都指揮王志及把總管操指揮劉寬、高壽等八人俱贖杖還職。都察院覆奏：永等俱情輕律重，命永、壽克（按:館本克作免）充軍，各降二級，帶俸差操。志革去署職，帶俸閒住。餘如所擬。

（孝宗弘治實録卷 101　第 4 頁　101.3.1852）

416　六月壬申　　朝鮮國王李娎（按:館本娎作㦕，是也。時娎已故，封㦕爲國王）遣信（按:館本信作陪）臣班臣尉、姜子順等奉表貢方物，賀萬壽聖節。賜宴採（按：館本採作綵，是也）段等物有差。

（孝宗弘治實録卷 101　第 5 頁　101.4.1854）

417　七月甲午　　兵部主事歐陽鉦勘驗密（按：館本密下有雲字，是也）等處邊備事竣，因奏：密雲逼近京師，東西綿亘千有餘里，戍軍不過五千餘，兩潮河一川直衝境外，川口横闊一百七十餘丈。使虜騎長驅而來，亦可慮之大者。宜預爲之圖，以遏虜衝，爲京師屏蔽。請摘馬蘭、燕河二邊官軍各一千五百，助密雲備禦。仍增設兵備副使以守之。兵部會議謂：事難懸度，請勅大臣一員往潮河相度，議作石城。且割密雲東路隸馬蘭谷戍守，其東路兵則退守密雲，并增設副使整飭兵備，兼理永平諸衛屯田、山東按察司帶俸。從之。

（孝宗弘治實録卷 102　第 6 頁　102.5.1868）

418　七月甲午　　夜，京師北方白蜺見，色蒼白鮮明，良久漸散。

（孝宗弘治實録卷 102　第 7 頁　102.6.1870）

419　八月己未　　順天府薊州尊（按：館本尊作遵，是也）化等城及永平府灤州各地震有聲。

（孝宗弘治實録卷 103　第 2 頁　103.2.1882）

420　八月庚申　　宣府懷來衛地震。

（孝宗弘治實録卷 103　第 3 頁　103.2.1882）

421　八月辛未　　宣府懷來衛地復震。

（孝宗弘治實録卷 103　第 7 頁　103.2.1890）

422　八月癸酉　　修天壽山諸陵廟（按：館本廟作朝）房。

（孝宗弘治實録卷 103　第 8 頁　103.7.1891）

423　九月甲申　　分守密雲右監丞王增奏：密雲去薊州千里，而總受薊州鎮守官節制不便。兵部言：近者三衛虜賊入寇，勢漸猖獗。本路兵力寡弱，非指重薊州鎮守之援，恐緩急不足以自衛，仍宜受節制。得旨：令免聽節制。

（孝宗弘治實録卷 104　第 1 頁　104.1.1900）

424 九月乙酉 朝鮮國王李㦕遣陪臣議政府右参政鄭佸等奉表貢方物謝恩。賜宴并綵段、衣服等物有差。

（孝宗弘治實録卷 104 第 2 頁 104.1.1900）

425 九月戊子 暹羅國夷人挨瓦等六人舟被飄至瓊州府境，廣東按察司以聞。命給之口粮，俟有進貢夷使還，令携歸本國。

（孝宗弘治實録卷 104 第 2 頁 104.2.1901）

426 九月辛卯 朝鮮國王李㦕遣陪臣金斌等奉表箋文方物，賀太子千秋節。賜宴并綵段、衣服等物有差。

（孝宗弘治實録卷 104 第 2 頁 104.2.1901）

427 九月癸巳 爪哇國王不剌各得那眉遣使入貢，遇風舟壞，溺死者百餘人，并漂没方物，所餘者惟金葉表文。提督廣東市舶司事太監王宣等以聞，請別遣人賫表文以進。從之。

（孝宗弘治實録卷 104 第 3 頁 104.2.1902）

428 十月乙卯 給蘇（按：館本蘇作薊，是也）州等處及居庸關官軍民含（按：館本含作金）銀六千七百七十三兩。准歲例衣鞋之數。

（孝宗弘治實録卷 105 第 1 頁 105.1.1912）

429 十月乙丑 占城國王古〔校記：廣本古作右〕來遣王孫并副使沙古性等奉金葉表文，貢方物。賜宴及冠帶、衣服、綵段如例，仍回賜王及妃錦段如例。

（孝宗弘治實録卷 105 第 4 頁 105.3.1916）

430 十月壬申 兵部左侍郎李介承命修築潮河川，既而有疾。改命右侍郎王宗彝代之，賜之勑曰：近兵部等衙門議主事歐陽鉦所奏，密雲地方逼近京師，潮河一川直衝境外，不宜單薄。況今朶顔三衛，達賊累犯我邊，乞遣大臣相度處置。今命爾與工部左侍郎徐賓會都御史屠勳并本處分守内外官親詣其地，相度形勢。如果堪照蘆溝橋修砌，就爲會計，該用人夫物料錢粮等項，應令措辦。關隘要害，令增戍守。仍遍詣黄花鎮直抵居庸關一帶邊關，逐一看驗地形，荒漫山坡、平坦及隘口衝要，應合修治、把截去處，務在計處周詳，足以折胡虜窺覘之心，爲京畿保障之計，然後奏聞，別議修造。如或勢有難爲，力有不給，徒費財用，難保成功，亦須明白奏來，毋得輕易。爾等其慎之。故勅。

（孝宗弘治實録卷 105　第 7 頁　105.6.1921）

431　十月丁丑　占城國王古來奏，正（按:館本正作其）國累被安南侵地欲（按·疑欲爲刼之誤）人，雖蒙朝廷降勅諭使敦睦，而陽順陰逆，稔惡弗悛。因遣從子沙古性詣闕，請大臣往爲，講詞甚哀。下廷臣集議，謂:故事無遣大臣爲外夷講和者。請下兩廣守臣移文安南，諭令敦睦鄰好，返其侵地。兼諭古來，撫綏人民，修飭武備，爲自立之計。事定，令兩國各具實以聞。議上。上意欲遣官。大學士徐溥等言：占城國乞差天臣往本國，將安南所侵境土尋數退還。各衙門兩次會議，皆以爲不必請勅。續該司禮監傳示聖意，欲准差官往諭。臣等仰見皇上一見同仁之心，不以夷夏而有間也。但臣等竊以事理睽之。《春秋·傳》有曰，王者不治夷狄。蓋馭夷之法與治内不同。安南雖奉正朔、修職貢，終是外夷，恃險負固、違越侵犯之事往往有之。累朝列聖，大度兼包，不以爲意。若占城者，尤小而疏。臣等伏覩《皇明祖訓》有曰:占城諸國來朝貢時，内帶行商，多行譎詐。故阻之。自洪武八年阻，至洪武十二年乃得止。後於成化七年爲安南所侵，累來奏訴，憲宗皇帝屢勅總鎮兩廣都御史爲之區處。而安南上奏疆（按,疆爲彊之誤）辯，謂已還其侵地，實未嘗輸情伏罪。今若降勅遣官，遠至其國，從掉口舌，難施威力，海島茫茫，無從勘驗。彼豈能翻然改悔，舉數十年之利一旦棄之？小必掩過飾非，大或執迷抗令，則使臣無以復命于朝，兵將無以揚威於外，致虧國體，貽患地方。當此之時，何以爲處？若置而不問，則威損愈多；若問罪興師，則後患愈大。臣等又覩《祖訓》有曰，四方諸夷，皆限山隔海，僻在一隅。得其地不足以供給，得其民不足以令使，若其自不揣量，來撓我邊，則彼爲不祥。彼既不爲中國患，而我興兵輕伐，亦不祥也。吾恐後世子孫，倚中國富强，貪一時戰功，無故興兵，致傷人命，功記不可。大哉聖言，誠萬世如見之論也。況今國計之虚實何如，兵馬之強弱何如，而欲費不貲之財，涉不毛之地，爲無益之舉，尤不可也。且哈密爲土魯番所奪，二十三年間命官遣將，隨復隨奪，至今未寧。及各處土官互相讐殺，亦不能概以王法爲斷。蓋夷狄〔按:館本作夷犯，廣本抱本作夷狄〕相攻，乃其常性，今占城名號如故，朝貢如故，境土侵奪，有無誠僞，尚未可知。情雖可矜，理難尋許。得令有司行文論之足矣，何必尚廑聖慮，特爲遣官？況朝廷大事，未有不詢於羣臣者。今衆口辭以爲本（按:館本本作未）可。但其所言，不過據理。而於利害得失之除，尚恐文穆傳播外國，不敢尋言。臣等居密勿之地，膺腹心之託，若不爲皇上言之，萬一事有乖張，死莫能贖。所以不避煩瀆者，實爲皇上計，爲宗社生民計，非敢苟同於衆也。如時庶可爲，事理無害，臣等自當贊皇行之，何敢故爲此逆耳之言哉。上納之，遂從衆議。

（孝宗弘治實録卷 105　第 7 頁　105.6.1922）

432　十月戊寅　宣府順聖川地震，自丙子至是日。

（孝宗弘治實録卷 105　第 9 頁　105.8.1925）

433　十一月甲申　禮部尚書倪岳等以災異修省會同五府、六部、都察院等衙門條陳二十二事:……一，暫停工役。修造萬春等宫、内承運庫、古今通集庫、浣衣局、混堂司新房、六科廊、安定宫、門、殿宇、橋梁、承光殿後石橋、大山子膳房、天壇、皇陵朝房、皇城紅舖、象房、犛房并皇親宅，諸役并興，其費動以數十萬計。即今水旱相仍，災異迭見，乞量爲停止。

（孝宗弘治實録卷 106　第 1 頁　106.1.1928）

434　十一月乙酉　户部會各部都察院議處明年漕運并各處合行事宜：一，遮洋船運糧於薊州倉，近例以十二萬石，每石折收銀七錢，請石減五分，不爲例。……一，隆慶衛官軍赴京操備，與在京大寧前等衛官軍赴居庸關走遞者數略相當。請兩易之，以免往來煩勞及行粮草料之費。

（孝宗弘治實録卷 106　第 5 頁　106.5.1935）

435　十一月乙酉　　增設順天府良鄉縣磁家務店巡檢司。

（孝宗弘治實録卷 106　第 8 頁　106.6.1938）

436　十一月庚子　　賜朝鮮國弘治九年《大統曆》一百本。

（孝宗弘治實録卷 106　第 12 頁　106.10.1945）

437　十一月丁未　　工部覆奏：前會議暫停工役事，令（按：疑令爲今之誤）得旨，皇陵朝房、內承庫、古今通集庫、混堂司、六科廊房、皇親房屋工程暫且停止。既而復請。以已派物料未解至者，今（按：疑今为令之誤）該府州縣收貯，俟異時取用，命仍解赴內官監收貯，不許那移別用。

（孝宗弘治實録卷 106　第 13 頁　106.11.1948）

438　十二月癸丑　　先是，户部奏，于通州舊城西增置倉廒一百六十八間。上命於京城內相地建置。至是，命户部右侍郎劉大夏、工部右侍郎曾鑑領其事。

（孝宗弘治實録卷 107　第 1 頁　107.1.1950）

439　十二月丙辰　　昌平縣民有私出境外伐木者。事聞，命逮問把總指揮謝昂，守備黄花鎮都指揮僉事于宣罰俸兩月。其伐木者命枷號示衆，仍發邊衛充軍。

（孝宗弘治實録卷 107　第 3 頁　107.3.1953）

440　十二月癸亥　　先是，有旨令順天府支太倉銀買上供速香千斤及令廣東布政司解送各品香五千斤。至是，户部以速香難得，請暫買黄速、黄熟香代之。得旨，令速黄（按：疑速黄二字衍）、黄速香、黄熟香各買五千斤。

（孝宗弘治實録卷 107　第 5 頁　107.5.1957）

441　十二月丙寅　　修社稷壇牆。

（孝宗弘治實録卷 107　第 5 頁　107.5.1957）

442 十二月庚午 朝鮮國王李㦕遣陪臣工曹判書鄭崇祖等奉表貢方物來賀正旦節。賜宴并綵段、衣服等物有差。

（孝宗弘治實録卷 107 第 9 頁 107.8.1963）

443 十二月庚午 兵部右侍郎王宗彝奏：臣奉命同工部左侍郎徐貫、巡撫都御史屠勳按視潮河川形勢。切見東西闊百七十餘丈，地皆流沙，土脉不堅，水勢衝突，城之不便，惟宜增兵歲守。川内舌北口一帶，見在軍馬數少，近京雖奏撥京營官軍三千分番防守，俱無盔甲器械，且皆内地人，不習戰鬭。宜掣回京營，而以附近營興密雲六衛京操官軍四千餘人代之。又密雲一帶操手（按：館本手作守）官軍三千，無馬者三分之一。其操練舍人四百餘，俱無衣甲軍器。請以附近州縣寄養馬一千匹并鄰近衛分見在軍器給之。又響水谷以東直抵古北口一帶，乃虜騎往回總會之地，而墩座稀少。請於内各添設大墩一，每墩闊十二丈，高三丈，止（按，疑止爲上之誤）置草屋，下挑墩塹，各遣諜者二十人分班瞭望。其交代之日，仍令官軍百人護送。又黄花鎮操守官軍，亦皆京營調撥外衛輪班之數，交代常失期。請仍如先年例，撥長陵等三衛官軍二千人於本鎮操守，免其赴京月糧，隨衛關支，遇上班量給口糧三斗。其外衛官軍輪操京營者，仍退回原營操備。兵部覆奏謂：宗彝等所言皆宜，惟營興諸衛官軍，宜止留二千於古北口防守，餘二千仍令京營操備。從之。

（孝宗弘治實録卷 107 第 9 頁 107.8.1963）

444 十二月辛未 甘肅守臣奏：近有詔，移土魯番貢使失黑納咱兒等二十二人陜西暫住。緣撒馬兒罕等使臣火者陜西丁等二十八人亦在甘州，欲并發遣。兵部覆奏：撒馬兒罕等使不可與土魯番使概送陜西，欲遣之回。則今方有事哈密，恐其漏我邊情，或誤大計。請仍留甘州暫住，支與餼廩，待哈密事竣之日遣回。從之。

（孝宗弘治實録卷 107 第 10 頁 107.8.1964）

445　十二月甲戌　　順天府府尹張玉等奏：所屬州縣，頻年災傷，民貧役重。乞以台柴夫分派真、保定二府，欲柴夫分派河南、山東二布政司。工部議，謂:河南、山東近因修河之役，財力俱困，不可分派。惟真定、保定二府，原無坐派台柴夫役，宜令與順天府供當。從之。

（孝宗弘治實録卷 107　第 11 頁　107.9.1966）

446　十二月　　是歲……儹運糧四百萬石，各處運納米麥共一十〔校記:舊改十作千〕五百二萬一千七十五石四斗一合三勺四抄三撮七粟六粒。

（孝宗弘治實録卷 107　第 15 頁　107.13.1973）

弘治九年（1496）

447　二月壬戌　　順天府薊州及遵化縣地震二次，俱有聲如雷。

（孝宗弘治實録卷 109　第 8 頁　109.6.2000）

448　二月甲子　　先是，京師奸民馬紀，夜聚諸惡少馬聰等持刀入民婦家，逼而滛之，刼其財，復搶持以出，諸惡少遞滛於通衢，至曉舁入酒肆，不納，棄而去之，爲邏者所獲，紀辭伏。時掌錦衣衛事都指揮僉事陳雲，受其家訴詞，欲出之，東厰緝事官校發其事。三法司擬紀、聰等依强姦律絞，併劾雲罪。上以紀凶惡異常，蔑視法度，命卽斬之，梟首於市。家屬俱械發邊衛永遠充軍。聰等處絞，雲逮問。

（孝宗弘治實録卷 109　第 8 頁　109.6.2000）

449　二月壬申　　夜，京師及直隸漆（按:館本漆作淶，是也）水縣地震。

（孝宗弘治實録卷 109　第 10 頁　109.8.2004）

450　二月癸酉　宣府隆慶衛地震。

（孝宗弘治實録卷 109　第 11 頁　109.9.2005）

451　二月戊寅　命定西侯蔣驥充總兵官，鎮守薊州等處。

（孝宗弘治實録卷 109　第 11 頁　109.9.2005）

452　三月己丑　户部右侍郎黄傑奏：凡漕粟至通州，俱自朝陽、崇文、東直三門輓載入倉。往歲霖雨連綿，道途淖陷，脚價騰貴。官軍歲貸太倉之銀，以供所需，而不能償。乞命官修築橋道，開浚溝渠，庶車行無阻，而漕卒之困可以少蘇。章下，工部覆奏：頃因御史建議，已行兵部推擇都指揮二員，三營官軍二千及令通州并該城兵馬指揮司各委官修理，本部遣屬官一員及通州巡倉御史督之。日久未完，今宜再行督趣官軍，改命武職大臣一員管領。從之，命各委官速行修築。或不完固，仍命總督粮儲内外官奏聞。

（孝宗弘治實録卷 110　第 4 頁　110.3.2011）

453　三月癸巳　上御奉天殿，策試舉人陳瀾等三百人。

（孝宗弘治實録卷 110　第 4 頁　110.4.2013）

454　三月丙申　上御奉天殿，賜朱希周等進士及第、出身有差，文武羣臣行慶賀禮。

（孝宗弘治實録卷 110　第 5 頁　110.4.2014）

455　三月辛丑　虜入黄花鎮，殺掠人畜。命守備都指揮于宣下巡按御史逮問。以監丞吴英到任未久，宥之，令帶罪殺賊。

（孝宗弘治實録卷 110　第 6 頁　110.5.2016）

456　閏三月戊申朔　虜入蘇（按：舘本蘇作薊）州境，軍士被殺者二人。命守寨官下巡按監察御史逮問。管墩等官各罰俸一月，分守監丞孫敏、都指揮楊盛等令戴罪殺賊。

（孝宗弘治實録卷 111　第 1 頁　111.1.2019）

457　閏三月庚戌　命中義軍衛帶俸署都指揮僉事吴玉守備黄花鎮。

（孝宗弘治實録卷 111　第 1 頁　111.1.2020）

458　閏三月丙辰　　日本國王源義高遣副使壽蓂等來貢。回賜王及王妃錦緞、白金等物。賜壽蓂等宴并綵緞等物如例。

（孝宗弘治實録卷 111　第 2 頁　111.2.2022）

459　閏三月戊午　　命選長陵三衛官軍一千及中都留守司、河南、山東、大寧三都司官軍各二千，春秋分班往戍黄花鎮。從兵部奏也。

（孝宗弘治實録卷 111　第 3 頁　111.2.2022）

460　閏三月辛未　　京師及直隸永平衛同日地震。

（孝宗弘治實録卷 111　第 5 頁　111.4.2026）

461　閏三月癸酉　　以故太監覃昌武清縣莊田六十四頃賜神宫監太監陸愷。

（孝宗弘治實録卷 111　第 6 頁　111.5.2027）

462　四月丙戌　　琉球國中山王尚真遣王議大夫鄭玖等貢方物謝恩。回賜王及王妃錦緞等物如例，賜玖等宴并綵緞、表裏有差。

（孝宗弘治實録卷 112　第 2 頁　112.2.2033）

463　四月庚寅　　賜仁和長公主直隸清苑、安肅二縣田五十七頃有奇。從其請也。

（孝宗弘治實録卷 112　第 6 頁　112.5.2040）

464　四月庚寅　　虜再入薊州燕河營之境，殺邏卒三人。命把總指揮劉鎮等五人下巡按監察御史逮問，罰分守右參將楊勝俸兩月，與守備奉御高孜俱戴罪殺賊。

（孝宗弘治實録卷 112　第 6 頁　112.5.2040）

465　四月癸巳　　户部奏：永平、盧龍、撫寧、山海等六衛并沿邊關營七十八處官軍萬六千餘人，舊例俱於薊州支糧，往返不便。請行管糧郎中，以永平者原起運薊州夏秋税并脚價米三萬石，折徵草束米一萬石，及量撥薊州糧價銀買米五萬石，俱存留附近去處，以便官軍十一月至四月支給。仍行漕運衙門自弘治十年爲始，以海運原額糧米十四萬石折銀九萬八千兩，歲解薊州，供官軍五月至十一月供給。從之。

（孝宗弘治實録卷 112　第 6 頁　112.5.2040）

466　五月庚戌　陞陜西布政司左布政使張淮爲都察院右副都御史，整飭薊州等處邊備兼巡撫順天等府。

（孝宗弘治實録卷 113　第 2 頁　113.2.2051）

467　五月丙辰　申刻，京師雨雹。

（孝宗弘治實録卷 113　第 3 頁　113.3.2053）

468　五月乙未　上諭兵部：就團營聽征官軍内選萬三千人、馬萬五千匹，命平江伯陳鋭及都督馬昇、楊玉、李澄操練以備之。

（孝宗弘治實録卷 113　第 4 頁　113.3.2054）

469　六月辛未　先是，内官監以工役繁興，請暫停增修倉廒之後（按：館本後作役）。有旨，令不必停止。至是，工部覆奏：請先造五十間，餘俟各處工役告成，以漸修蓋。從之。

（孝宗弘治實録卷 114　第 4 頁　114.2.2061）

470　六月癸未　朝鮮國工李㦕遣陪臣鄭敬祖等奉表貢方物，來賀萬壽聖節。賜王錦緞等物，并賜敬祖等宴及綵緞等物如例。

（孝宗弘治實録卷 114　第 2 頁　114.2.2061）

471　六月甲申　工科都給事中柴昇等奏：近命真、保定二府僉惜薪司臺柴夫與順天府共當一年，二府前無此役，百姓聞命，不勝驚駭，至相率訴免。然成命已定，不可改已。臣等查得舊例，每夫一月出價銀一兩四錢，誠恐太重，民不堪命。乞將二府臺柴夫照依在京直堂看監及柴薪皂隸事例，每夫一年出銀十兩或十二兩，庶二府之民少寬其力。事下工部，覆奏，謂宜如昇言，每夫一年出銀十二兩，既不損民，亦不缺用。上從其議。然竟不果行。

（孝宗弘治實録卷 114　第 2 頁　114.2.2062）

472　七月壬戌　增給内府織染局幼匠四百二十九人月米各一石。

（孝宗弘治實録卷 115　第 7 頁　115.6.2089）

473　七月壬申　户部右侍郎黄傑卒。傑字士英，河南洧川縣人，成化二年進士，授濟南府推官，選爲監察御史，陞順天府丞，以能稱。會忤權貴，左遷廣東肇慶府同知，未幾轉慶陽府知府，陞陝西布政司左參政，尋召爲順天府尹，遷户部右侍郎，總督京儲，以病乞致仕，得允，遂卒。賜祭葬如例。

（孝宗弘治實録卷 115　第 10 頁　115.8.2094）

474　八月庚辰　禮部奏曰：日本國遣使入貢，至濟寧州，夷衆有持刃殺人者，其正副使壽蓂等不能約束，乞賜裁抑。上命今後日本國進貢使臣止許起送五十人來京，餘存留浙江，館穀者嚴爲防禁。

（孝宗弘治實録卷 116　第 1 頁　116.1.2095）

475　八月丙戌　守備黄花鎮署都指揮僉事于宣〔校記：廣本抱本宣作宜〕、把總指揮僉事錢璠，坐前虜寇入境殺士卒一人、掠馬五匹。巡按直隸監察御史馬碁劾，律當免杖充軍。都察院覆議：情輕律重，各命降一級，帶俸差操。

（孝宗弘治實録卷 116　第 2 頁　116.1.2096）

476　八月丁亥　有黑熊自都城蓮池畔緣附上城，西直門官軍逐之，乃下池去，不能獲。嚙死者一人，傷者一人。

（孝宗弘治實録卷 116　第 2 頁　116.2.2097）

477　八月丙申　隆慶衛官軍折俸例于涿州庫支絹，至是告乏。命以保定、真定二府原解京庫絹與之，每匹折八錢。

（孝宗弘治實録卷 116　第 4 頁　116.3.2100）

478　八月辛丑　賜皇親夫人金氏寶源局房六十七間。

（孝宗弘治實録卷 116　第 6 頁　116.5.2103）

479　九月丁未　兵部覆：京師九門，每門守視軍士原百〔按：館本百上有二字〕餘人，指揮千户各數員。後添設守門内官數多，軍士多被私役，守門不（按：館本門下有者字）過羸弱五六十人，各鋪柝聲不聞。其原設器械亦各敝壞,不可陳列。頃歲盜自正陽門越城而出，近日黑熊上西直門城牆，門禁廢弛，一至於此。且城河之水來自西湖，常須盈滿，亦可助險。比因濱湖之家，引水灌田，以致淺涸。乞令本部及工部各差官一員，通察九門守衛器械，修廢補缺。仍委本部點城官時一點閲。若軍人失伍數多，守門官俱逮問。指揮至三十名、千户至二十名以上者，調外衛差操。仍乞定守門内臣員數，不得增設軍伴，除正數外，有私役者罷斥之，并禁西湖濱河人家不得引水灌溉，違者治罪。上曰：京城門禁，事體甚重，但承平既久，積弊多端，因循玩愒，不可不及時整備。守門内官，每門不得過四員。餘悉如所擬而行。

（孝宗弘治實録卷 117　第 1 頁　117.1.2110）

480　九月庚申　　虜入兩（按:館本入兩作兩人）密雲古化（按:館本化作北）口殺掠人畜，鎮巡等官劾分守参將吴釗、監丞王增等罪。兵部覆奏，謂：兵備副使張璉涖職已久，亦不得無罪，請併治之。上命罰釗、璉各兩月，與增俱戴罪殺賊。

（孝宗弘治實録卷 117　第 5 頁　117.5.2117）

481　九月甲子　　朝鮮國王李㦕遣陪臣工曹参判元仲秬等來貢皇太子千秋節。賜宴并綵緞、衣服等物如例。

（孝宗弘治實録卷 117　第 6 頁　117.5.2117）

482　九月丙寘　　寅（按：館本寅作宣，是也）府隆慶衛地震。

（孝宗弘治實録卷 117　第 6 頁　117.5.2118）

483　九月庚午　　賜汝上玉田縣望軍臺莊田七百畝。從其請也。

（孝宗弘治實録卷 117　第 6 頁　117.5.2118）

484　十月丙戌　　户部會議各處巡撫都御史所奏事宜：……，一，改直隸四海冶守禦千户所屬永寧衛，仍守禦四海冶。……上俱從之。

（孝宗弘治實録卷 118　第 7 頁　118.6.2134）

485　十月戊戌　　古北口境外虜殺瞭望軍士二人。上命罰分守参將吴釗俸一月，具提調千户錢真等逮治。

（孝宗弘治實録卷 118　第 9 頁　118.7.2134）

486　十月癸卯　　守備薊州鮎魚石等關奉御羅紃令軍士出境伐木，被虜傷死者各二人。鎮巡官請治分守参將劉祥及守官千百户等官之罪。上命罰祥俸兩月，紃等下巡按御史逮問之。

（孝宗弘治實録卷 118　第 10 頁　118.8.2138）

487　十一月丙午　　命户部運折糧銀二萬兩於隆慶諸倉，以備軍餉。

（孝宗弘治實録卷 119　第 2 頁　119.2.2142）

488　十一月丁未　　命蘇（按:館本蘇作薊，是也）州衛指揮使馬章守備遵化等處。

（孝宗弘治實録卷 119　第 3 頁　119.2.2142）

489　十二月丁丑　　命懷柔伯施瓚神機營左哨坐營管操。

（孝宗弘治實録卷 120　第 1 頁　120.1.2149）

490　十二月丁丑　　府庫左衛指揮使朱亮等直東直門時，有丐者夜死于門外之冷舖，而守舖軍十名俱不在。事聞：下刑部治之，移文兵部查例處分。兵部言：近例，皇城各門守衛官有放縱所部軍離直十名以上者，降調邊遠，帶俸差操。然皇牆各舖直宿與皇城各門守衛稍異，且亮等亦無受財故縱之情，謂宜免其降級，止調邊衛帶俸差操。自今守衛官有縱放皇牆外坐舖軍十名以上者，宜准此例。上從之，命今後守衛官員，有犯該調衛如此比者仍奏請區處。

（孝宗弘治實録卷 120　第 1 頁　120.1.2149）

491　十二月己丑　　朝鮮國王李㦕遣陪臣禮曹参判申從護等來賀正旦節。賜宴并綵段、衣服等物如例。

（孝宗弘治實録卷 120　第 4 頁　120.3.2154）

492　十二月癸巳　　賜朝鮮國弘治十年《大統曆》一百本。

（孝宗弘治實録卷 120　第 5 頁　120.4.2156）

493　十二月　是歲……儹運糧四百萬石，各處運納米麥共一十〔校記：舊校改十作千〕五百二萬一千七十五石四斗一合三勺四抄一撮七粟六粒。

（孝宗弘治實録卷 120　第 11 頁　120.9.2166）

弘治十年（1497）

494　正月壬申　舊例：直隸隆慶衛官軍俸糧，每歲八月至正月俱於本衛關支本色折色各三月，其二至七月則於京倉關支本色。至是，官軍有以赴京關支不便爲言者。户部請改令於本衛關支折色，每石銀四錢五分。從之。

（孝宗弘治實録卷 121　第 6 頁　121.5.2176）

495　二月己卯　修崇文門外宣課分司。

（孝宗弘治實録卷 122　第 5 頁　122.4.2183）

496　三月乙巳　時以修蓋倉廒起各營軍職役，兵部尚書馬文升等言：經（按：館本經作京）營乃朝廷自將之兵，居重馭輕，所係甚大。往時有旨，不許奏討團營軍赴工。近修萬春宫已役萬餘人，若三大軍多内直執事之人，比修皇親宅第及公主營它（按：館本作塋宅）及庫藏倉廒，已用一萬一千餘矣。且連年民困於往求（按：館本作征求），軍困於工役，今各處災異頻仍，土木之工宜少息，以謹天戒。上嘉納之。

（孝宗弘治實録卷 123　第 1 頁　123.1.2194）

497　三月丙午　監察御史熊達以神樂觀失火，燒燬庫舍器服，劾太常寺卿崔志端姦邪詼諧、縱容道流飲博、歌呼褻瀆所致，雖嘗罰俸，尚未明正其罪。乞褫其職名，代以端人，以重郊祀。上曰：崔志端事既處分，姑宥之。

（孝宗弘治實録卷 123　第 2 頁　123.2.2195）

498　三月己酉　　申刻雨土。

（孝宗弘治實録卷 123　第 3 頁　123.3.2197）

499　三月戊午　　安南國王黎灝遣陪臣黎俊等來貢。回賜王錦緞等物，賜俊等宴并綵段、衣服等物有差。

（孝宗弘治實録卷 123　第 5 頁　123.4.2200）

500　三月辛酉　　兵部尚書馬文升言：京師屬有一人殺一家三人者，又有日中殺人於路、衆莫敢顧者。一事前後蓋踰二旬，而殺人者今尚不獲。乞嚴爲之禁。上命停巡城御史及廵捕官俸，責限捕之。

（孝宗弘治實録卷 123　第 7 頁　123.6.2203）

501　三月丁卯　　順天府通州雨冰雹，深一尺。

（孝宗弘治實録卷 123　第 10 頁　123.8.2208）

502　四月甲戌　　舊例：京城各營備并守衛軍人月支粮一石，各門夜廵事衆等軍人月八斗。新寧伯譚佑以夜廵事重，請如操備守衛軍例，俱月支一石。從之。

（孝宗弘治實録卷 124　第 1 頁　124.1.2211）

503　四月戊寅　　工部奏：在京二大木廠杉楠諸木，俱永樂、宣德營建宮殿取之四川、湖廣等處，經數千里，歷三四年，方能抵京，勞費不貲，故設官卒多方愛護。近各處修造，恣意取用，其防護軍卒亦多被役占。請廵城監察御史及本部委官閲查，堪用及朽壞者各若干，其暴露者卽行覆蓋。仍查各廠軍民夫等逐年所作工程、運過物料各若干，有飾詞欺誑者悉治以法。上從之，命委官查驗明白。仍用心苦（按：館本苦作苫）蓋，今後不許輕用。

（孝宗弘治實録卷 124　第 2 頁　124.2.2213）

504　五月丁未　　安南國陪臣黎峻卒於會同館。賜祭一壇，仍驛其葬還國。（按：梁本此條誤入弘治元年十月卷）

（125.2.2227）

505　五月己未　　令薊州沿途東西關營貼守舍人軍餘三千七百

餘人各歸原衛屯種。從巡撫都御史屠勳請也。（按：梁本此條誤入弘治元年十月卷）

（125.4.2231）

506　五月戊辰　虜寇潮河川，把總指揮王玉等禦之，追至泉川灣，虜伏兵四起，玉等戰不勝，指揮劉欽等二十七人俱死之，玉僅以身死。事聞，兵部劾守臣罪。上曰：失機官員即選差御史會問明白，奏聞處治。巡撫都御史張淮姑宥之。

命都督僉事李澄防守密雲等處。

（孝宗弘治實録卷 125　第 5 頁　125.6.2235）

507　六月甲戌　宣府懷來衛地震。

（孝宗弘治實録卷 126　第 3 頁　126.2.2240）

508　六月丁丑　户部奏：近者邊處告急，古北口草豆未充。請運通州倉豆一萬給之，而以本州庫見收折草銀二千兩爲之脚價。今本色與折色間日支給，仍運原折草銀六千七百餘兩，以備折色支用。每草一束折銀三分，候秋成時全支本色。并招商令納豆一萬石，草十萬束。七月内完者，豆每石五錢八分，草每束銀五分，以後納者別議其直。從之。

（孝宗弘治實録卷 126　第 3 頁　126.3.2241）

509　六月己卯　兵科都給事中楊瑛等言：大同軍儲營堡，宜命户兵二部大臣各一員經畫之。在場見牧聽征馬匹，宜取回京營或散牧近地，以便調用。密雲切近京師，其分守内外官宜從近日巡撫等官建議，改屬薊州鎮守官節制，本處宜增兵防守。事下，廷臣覆議，遂推經畫大臣疏上户部左侍郎劉大夏、右侍郎韓文、兵部左侍郎李介、右侍郎王宗彝以請。密雲與燕河營、馬蘭谷二處，分爲東西中三路，俱聽薊州鎮守官節制。密雲防守益以兵馬各一千，仍請每軍賞銀二兩、布二匹、預辦軍裝。未得旨，瑛等又奏：請命文武大臣一員同太監楊穆、平江伯陳鋭揀選團營聽征人馬，就令參贊機務。其聽征官軍於臨期賞賜外，宜預支俸粮四月，布一匹，以瞻其家屬。……上納之。

（孝宗弘治實録卷 126 第 3 頁 126.3.2242）

510 六月庚辰 命忠義中衛帶俸署都指揮僉事吴玉充右参將，分守密雲古北口等處。

（孝宗弘治實録卷 126 第 4 頁 126.4.2243）

511 六月丙戌 朝鮮國王李㦕遣陪臣丘致崑等奉表貢方物來，賀萬壽聖節。賜宴并綵段、衣服等物有差。

（孝宗弘治實録卷 126 第 5 頁 126.5.2245）

512 七月乙巳 兵部奏：近自古北口虜賊寇抄之後，永平一帶時有警報。至萬壽聖節，三衛夷人不入賀，恐與北虜合謀入寇。建昌、三屯二營兵馬雖多，去馬蘭谷、燕河二營道遠，有警必須裨將領軍往來截殺，庶充有濟。況各邊總鎮處所，皆有副將及游擊將軍。今永平比之各鎮尤重，請暫設游擊將軍一員，常駐三屯。燕河營山多平漫，非如馬蘭谷有險可據。参將楊勝不能獨守，請添設協同一員常駐燕河，與楊勝同心共濟，其遊兵於三屯、建昌二營揀選。俱待事寧之日，別議裁革。從之，遂命河南都司署都指揮同知王杲充永平等處遊擊將軍，金吾左衛指揮僉事白琮，協同楊勝分守燕河營。

（孝宗弘治實録卷 127 第 2 頁 127.1.2252）

513 七月戊申 先是，廵視東城監察御史程文，以鄭村灞軍餘劉普善妄稱天仙玉女託夢於己令蓋造廟宇、各處男女聽其誘惑、争趨禮拜、布施錢物，請賜禁治。命都察院揭榜嚴禁之。既捕惑，都察院請治以左道惑衆之罪。上曰：普善輩左道惑衆，有壞風俗，卽示禁止。但愚民無知，姑從輕處置。悉杖而遣之。

（孝宗弘治實録卷 127 第 4 頁 127.3.2256）

514 八月庚午朔 命户科發銀五萬兩于居庸關，召商上納銀料各二萬石，草二十萬束，以備邊儲。

（孝宗弘治實録卷 128 第 2 頁 128.1.2262）

515　八月乙亥　　陞……順天府府尹張玉爲右副都御史，巡撫遼東。

命遵化衛指揮僉事馬善守備薊州等城，以都指揮体統行事。

（孝宗弘治實録卷 128　第 5 頁　128.4.2271）

516　八月戊寅　　陞浙江布政司右布政使張憲爲順天府府尹。

（孝宗弘治實録卷 128　第 5 頁　128.4.2272）

517　八月庚辰　　户部請以原貯折粮草銀四千五百兩增給密雲中後二御官軍俸粮，每石銀三錢五分。從之。

（孝宗弘治實録卷 128　第 6 頁　128.5.2273）

518　八月乙酉　　先是，虜入古北口境，官軍死者二十九人，傷者四十八人，及喪器械馬匹甚多。分守右監丞王增、参將吴釗、兵備副使張璡、千户刑煜等，下巡按御史逮問。擬釗處斬，增及煜等充軍，璡贖徒還職。上以增情輕律重，免充軍。增降内使，煜等各降二級，餘從所擬。

（孝宗弘治實録卷 128　第 7 頁　128.6.2275）

519　九月辛丑　　暹羅國所遣道（按：館本道作通）事柰羅，自陳爲福建清流縣人，因渡海漂風，流寓暹羅。今使回，便道乞展墓，依期歸國。許之。

（孝宗弘治實録卷 129　第 1 頁　129.1.2277）

520　九月乙巳　　先是，江西南城縣民軌〔按：館本軌作萬軏，下同〕商往瓊州，因飄流寓暹羅爲通事，屢以進貢來京。至是乞回原籍，且欲補充暹羅通事在京辦事。下〔校記：閣本下上有事字〕禮部，覆奏，謂前無此比，且言軌既不回外國，則所賜冠帶亦宜革去，聽其附籍供役。從之，仍令給冠帶閑住。

（孝宗弘治實録卷 129　第 2 頁　129.2.2279）

521　九月壬子　　户部請以壽王辭還舊賜涿州、良鄉、永清、大興、固安、寶坻、宛平及劉武〔按：館本武後有營字〕莊田共五百四十三頃有奇，召民佃種起科。從之。

（孝宗弘治實録卷129　第3頁　129.3.2281）

522　九月壬子　暹羅國王國隆勅剌略坤息利尤地亞遣正副使乾〔按:館本乾作坤〕明齋等來貢。回賜王及王妃錦段等物，賜坤明齋等宴并綵段、衣服等物有差。

（孝宗弘治實録卷129　第3頁　129.3.2281）

523　九月甲寅　朝鮮國王李㦕遣陪臣同知中樞府事權景佑等奉箋來賀皇太子千秋令節。賜宴并綵段、衣服等物有差。

（孝宗弘治實録卷129　第3頁　129.3.2281）

524　九月乙卯　時暹羅國進金葉表文，而四夷館未有專設暹羅國譯字官，表文無能譯辨，大學士徐溥等以爲請。上曰：既無曉譯通事，禮部其文廣東布政司，訪取諳通本國言語文字者一二人，起送聽用。

（孝宗弘治實録卷129　第4頁　129.3.2282）

525　九月庚申　命以良鄉縣莊地賜大慈仁寺〔按：館本大慈仁寺作大慈延福宫〕一百十二頃，昌平縣莊地賜大慈仁寺凡一百五十頃。

（孝宗弘治實録卷129　第6頁　129.5.2286）

526　十月丙子　户部會官議處總督漕運并各巡撫都御史等官所奏事宜：弘治十一年漕運京通倉粮四百萬石内，請以五千石暫折銀，每石六錢五分，其兑運加耗米每石折錢四錢。……一、順天府三河、懷柔二縣，在永樂間嘗領養官牛二百五十餘隻，歲取乳供用。今牛已不存，而光禄寺歲率（按:館本率作索）供乳如舊（按：三本索上有需字。抱本閣本需上有歲字）。請悉除之。……

上命漕運折徵米每石折銀六錢，……餘從所擬。

（孝宗弘治實録卷130　第3頁　130.3.2299）

527　十月己卯　兵部議英國公張懋等陳言事，謂：今官軍爲皇親金夫人營造房屋者八千人，神樂觀修造五千人，又採取柴薪者一萬人，修理城樓者三千人，重慶大長公主造墳者三千人。且京城近年以來，十木大興，以摘撥官軍爲常，其數動以千万計，勞苦不可勝言。請量爲停止。又京營戰馬不許撥借，比神樂觀樂舞生妄意陳乞，每遇山陵供祀，輒撥馬百餘匹，往返數日，以致罷敝。請如例停撥。又邊關禁例，歲久人玩，恐奸細出入漏我邊城情。請嚴加禁止。得旨：皇帝房屋，令即興造完，餘從所議。

（孝宗弘治實録卷 130　第 5 頁　130.5.2304）

528　十月丁亥　以旱災免順天府所屬十四州縣弘治十年夏秋糧一萬九千四百二十餘石，草四十萬九百二十八束。

英國公張懋言二事：一謂内府供應柴炭價銀太高，一謂公侯駙馬伯都督及内官等營葬供役人數太多。乞請爲裁損〔按：館本損下有工部議謂：柴炭價銀宜如懋所言裁損十五字〕其營夫役。凡公侯駙馬府撥夫二十〔校記:閣本十二作二十〕名，順天府十二名。左右都督及同知僉事等官撥夫十二名，順天府八名。内官有特旨兼造享堂者撥二十五名，順天府加五名。比例造墳者府撥二十名，順天府亦加五名。其山陵運薪〔校記:廣本薪作柴〕炭夫悉如舊。從之。

（孝宗弘治實録卷 130　第 7 頁　130.6.2305）

529　十一月甲辰　虜再入薊州龍洞峪〔按：館本峪作谷〕關等處，殺卒（按:館本卒上有戍字）七人，傷者四人，虜者一人。命逮問把總指揮高冲等九人，罰分守右參將劉祥俸一月，于（按：館本于作與）守備奉御王海俱戴罪殺賊。

（孝宗弘治實録卷 131　第 3 頁　131.3.2315）

530　十一月癸丑　增撥憲廟端僖安妃等墳户五户。

（孝宗弘治實録卷 131　第 7 頁　131.6.2321）

531　十一月壬戌　户部覆議：巡撫順天等府都御史張淮所奏，西城坊額設庫秤十名，太倉銀庫子十名，俱宛平、大興二縣僉充，後至五十,三年方滿，富民輪當已困。今宜每年每處裁減二名。崇文門分司收鈔主事所用銀硃紙墨，舊例取辦於宛、大二縣，今宜令于商税錢内支用。從之。

（孝宗弘治實録卷 131 第 7 頁 131.6.2322）

532 十二月戊寅 以水災免順天府所屬州縣及直隸遵化等衛所粮草籽粒之半。

（孝弘宗治實録卷 132 第 4 頁 132.3.2332）

533 十二月己丑 賜朝鮮國《大統曆》一百本。

（孝宗弘治實録卷 132 第 7 頁 132.6.2337）

534 十二月辛卯 朝鮮國王李㦕遣陪臣鄭宗（按：館本宗作崇）祖等奉表箋來，賀正旦節。賜宴并綵段、衣服等物如例。

（孝宗弘治實録卷 132 第 8 頁 132.7.2339）

535 十二月壬辰 分守密雲都指揮僉事吴釗先以失誤軍機論斬，且疏辯理，下巡撫。巡按官覆奏。上以釗情輕律重，特貸死，降正千户，原衛帶俸差操。

（孝宗弘治實録卷 132 第 8 頁 132.7.2339）

536 十二月 是歲……儹運糧四百萬石，各處運納米麥共一十〔校記：舊校改十作千〕五百二萬一千七十〔校記：抱本十作百〕五石四斗一合三勺四抄一撮七粟六粒。

（孝宗弘治實録卷 132 第 10 頁 132.8.2342）

弘治十一年（1498）

537 二月乙亥 罰户部尚書周經等俸一月，司屬官各兩月。以奉旨勘報豐潤縣莊田與前數不合也。

（孝宗弘治實録卷 134 第 3 頁 134.3.2357）

538 二月壬辰 命保國公朱暉領五千營，成國公朱輔領三千營，俱管操。

（孝宗弘治實録卷 134 第 6 頁 134.5.2362）

539　二月乙未　　傳旨：陞大能仁寺右覺義塔兒麻䄍耶爲左覺義，兼住西域寺；都綱麻而葛思帖囉等四人俱爲右覺義，兼住西竺等寺。

（孝宗弘治實録卷 134　第 7 頁　134.6.2363）

540　三月庚戌　　守備鮎魚石等關都知監奉御羅紃，私役軍士出境採木，被賊殺傷四人。

（孝宗弘治實録卷 135　第 3 頁　135.2.2370）

541　三月乙卯　　修長陵殿宇及廂房牆垣。

（孝宗弘治實録卷 135　第 3 頁　135.3.2371）

542　三月丁巳　　命建平伯高露領五軍營管操。

（孝宗弘治實録卷 135　第 4 頁　135.3.2372）

543　四月己巳　　命京衛武學教官俸本色折色如京官例。

（孝宗弘治實録卷 136　第 1 頁　136.1.2375）

544　四月庚午　　巡撫順天等府都察院右副都御史張淮卒。淮字邦鎮，河南褒城縣人，成化五年進士……弘治元年陞江西按察司僉事、四川按察使、陝西布政司，進右副都御史整飭薊州等處邊備，兼巡撫順天等府，至是卒。訃聞，賜祭葬如例。

（孝宗弘治實録卷 136　第 1 頁　136.1.2376）

54　四月庚辰　　陞福建左布政使洪鐘爲都察院右副都御史，整飭薊州等處邊備，兼巡撫順天等府。

（孝宗弘治實録卷 136　第 2 頁　136.2.2377）

546　五月己亥　　府部臣英國公張懋等言：頃歲工役太繁，内而壽安、欽安宫、西七所、毓秀亭之修建，外而神樂觀、太倉、城樓及皇親屋宇之創造，……伏望於前項工役，已行者損其規制，未行者悉令停免。……上曰：卿等所言有理。卽今天氣向炎，工役未完者待督工官奏來停免。

（孝宗弘治實録卷 137　第 1 頁　137.1.2387）

547　五月癸丑　　命豐城侯李璽揚威營坐營管操。

（孝宗弘治實録卷 137　第 5 頁　137.4.2393）

548　五月辛酉　　是日雨雹。

（孝宗弘治實録卷 137　第 6 頁　137.5.2396）

549　六月己丑　　朝先（按：館本先作鮮）國王李㦕陪（按：館本陪前有遣字）臣曹偉等奉表文貢方物來賀萬壽聖節。賜宴并衣服、綵段等物有差。

（孝宗弘治實録卷 138　第 4 頁　138.3.2402）

550　六月辛卯　　修山川壇牆垣。

（孝宗弘治實録卷 138　第 4 頁　138.3.2402）

551　七月丁巳　　虜入密雲古北口境，邊民被殺者二人，掠去者二十一人。分守右參將吴玉、兵備副使張璡等自劾，且請治提調指揮宗琇等失於防禦之罪。……從之。

（孝宗弘治實録卷 139　第 6 頁　139.5.2414）

552　八月己巳　　賜永平、密雲防守官軍六千人各銀二兩、布二疋。以邊報方急。

（孝宗弘治實録卷 140　第 2 頁　140.2.2427）

553　九月己酉　　朝鮮國王李㦕遣陪臣韓斯門等奉箋及方物來賀皇太子千秋節。賜宴并綵段、衣服等物有差。

（孝宗弘治實録卷 141　第 3 頁　141.3.2441）

554　十月甲戌　　夜，清寧宫災。

（孝宗弘治實録卷 142　第 4 頁　142.3.2449）

555　十月丙子　　内閣大學士劉健等奏：切見近年以來，災異頻仍，内府火灾猶甚。軍器火庫（按：館本火庫爲庫火）、番經廠火、乾清宫西七所火、内宫盤〔按：館本盤作監〕火。而前日清寧宫之灾爲異……奏入。上嘉納之。

（孝宗弘治實録卷 142　第 4 頁　142.3.2450）

556　十月戊子　　以旱灾免順天、廣平、順德、河間、保定五府弘治十一年夏税麥四萬七千八百七十石，絹八百六十疋各有奇。

（孝宗弘治實録卷 142　第 10 頁　142.9.2461）

557　十一月癸巳朔　户科給事中李禄言：近來各寺觀齋醮，所費甚大，光禄寺令鋪户預先出息辦納，至數月不得關支錢鈔，以致負債貧苦。乞爲罷免。外衛官軍有因地方灾傷來遲者，有因工作頻繁逼累在逃者。乞限兩月以裏許其自首。在京内外衙門，凡遇各處解到錢粮，往往需求，以致累民。乞加禁革。下所司知之。

（孝宗弘治實録卷 143　第 1 頁　143.1.2470）

558　十一月甲午　命以宛卒（按：館本卒作平）縣地七頃有奇給大康公主墳所管業，并給墳户十户，守視旗軍四十名。

（孝宗弘治實録卷 143　第 2 頁　143.2.2471）

559　十一月戊戌　户科給事中叢蘭言：京師之美惡，四方所視效也。近年以來，正月上元日，軍民婦女出遊街巷，自夜達旦，男女混淆。又每月朔望及四月八日，假以燒香遊山爲名，出于寺觀，亦有經宿或數日不回者。乞痛加禁約，以正風俗。疏下都察院，覆奏：請通行兩京，并天下一體嚴禁。從之。

（孝宗弘治實録卷 143　第 7 頁　143.6.2479）

560　十一月甲辰　命襄城伯李鄘神機營右掖坐營管操。

（孝宗弘治實録卷 143　第 15 頁　143.13.2493）

561　十一月壬子　五府六部等衙門、英國公張懋等應詔言三十四事。……曰均民差。大興、宛平二縣人户，自天順年來投充别役，不當民差者一户查有五丁以上，止留一二丁仍當原差，其餘取回以當民差。

（孝宗弘治實録卷 143　第 17 頁　143.14.2496）

562　十一月庚申　命以壽王辭還涿州等處莊田賜涇王管業。

（孝宗弘治實録卷 143　第 22 頁　143.19.2505）

563　閏十一月甲戌　順天府府尹張憲等言，遵成命以養京民，均馬政以遂民生，定車輛以恤民難，禁冗費以省民財四事。下兵部，覆奏謂：將軍力士校尉，原無優免户丁事例，惟勇士自迤北來者乃優免三丁，投充勇士不在優免之内。今順天府人户，凡充軍力士勇士校尉者，俱不應差役，故平民多用計投充將軍等役，此京畿之民所以貧困逃亡。請如憲等奏，凡將軍力士校尉及投進將軍，止許免户一丁，其原籍户下人户不許一概優免。亦不許將户下人丁報造營衛籍册，影射民差，庶民不致重困。又順天府寄養馬匹，今止每年暫收一萬匹，近又添十州縣分領，所養不爲太多。今憲等欲將南直隸馬匹盡數折解銀兩，倘有警急，則缺馬征操，宜仍舊銀馬相兼解俵，庶克有濟。共三年一次揀選馬匹，乃見行事例，若不論老少一概開除，恐小民愈不知警，馬益消耗。宜移文太僕寺分管官，此後揀選，督同府州縣官將寄養賠補等項從公揀選。果有羸老不堪者，年齒二十歲以上者，免其罰銀。齒歲不及者，每匹罰銀二兩，有堪變賣者准其變賣，不堪者送光禄寺供用，庶蘇民困。又親王之國，其官員軍校車輛已有奏准事例，宜申明禁約。又通州路當要衝，内外官員，公私往來，日逐應付，人夫車輛，下程本州，官吏迫於勢要，騷擾地方，貽害小民。宜移文所司嚴加禁約。此後非公差不該應付者不許分外需索。勢要之人凌辱官吏，許各衙門逮問〔按:館本無逮問二字〕參奏，庶人知警懼。從之。

（孝宗弘治實録卷 144　第 3 頁　144.3.2511）

564　閏十一月丁丑　安南國王黎灝卒。世子黎暉遣陪臣潘綜等以訃聞。命行人司行人徐鈺往祭之。賜綜等宴，并綵段、衣服等物如制。綜等請宴時免用樂。從之。

（孝宗弘治實録卷 144　第 5 頁　144.4.2513）

565　十二月壬辰朔　命司經局洗馬梁儲兼翰林院侍讀充正使、兵科給事中王縝充副使持節往安南，封其世子黎暉爲安南國王。

（孝宗弘治實録卷 145　第 2 頁　145.2.2525）

566　十二月丙申　命武進伯朱瀠領五軍營圍子手，燕山左衛署都指揮僉事龔勛神機營右掖，俱坐營管操。

（孝宗弘治實録卷145　第4頁　145.3.2528）

567　十二月庚子　　巡撫薊州都御史洪鍾〔按:館本鍾作鐘〕奏：潮河川去京師僅二百里，居兩山之間，廣約百餘丈。每夏秋山水漲溢，則汪洋臣（按:館本臣作巨）浸，水退則坦然平路，虜可擁衆而入。臣往往欲置城鑿渠，以地皆流沙，艱於疏鑿而止。今相度地，宜請於本關之東三里許第二、第三兩寨之間，其山外高内低約餘二丈，鑿爲兩渠，以殺水勢。復於口外斜砌石堰，使水由川中行。仍於石堰之内築立外關一座，以百人防守，使虜不得衝突。下兵部議，謂所言可行。從之。

（孝宗弘治實録卷145　第6頁　145.5.2532

568　十二月庚子　　命武平伯陳勛三千營坐司管操。

（孝宗弘治實録卷145　第6頁　145.5.2532）

569　十二月壬子　　以清寧宫災詔天下。詔曰：……所有寬恤事宜條列於後。……一，順天府拖欠買辦措辦麥麪、香油、紙筯等物，弘治八年以前俱免。

（孝宗弘治實録卷145　第11頁　145.9.2540）

570　十二月癸丑　　朝鮮國王李㦕遣陪臣禮曹參判李仍亨等來賀正旦節，别遣僉知中樞府事李蓀等來貢種馬。賜宴并織金衣、綵段等物有差。

（孝宗弘治實録卷145　第17頁　145.14.2549）

571　十二月丁巳　　賜朝鮮國弘治十二年《大統曆》一百本。

（孝宗弘治實録卷145　第18頁　145.15.2551）

572　十二月戊午　　整飭薊州府處都御史洪鐘奏：薊州永平偪臨虜境，素無營壘，虜易出没。關多軍少，分布不及。欲將遵薊州化（按:館本作薊州遵化）以東十四衛京操官軍九百二十人，存留本地防守。事下兵部，覆奏。從之。

（孝宗弘治實録卷145　第18頁　145.15.2552）

573 十二月 是歲……儹運糧四百萬石，各處運納米麥共一千五百二萬一千七十五石四斗一合三勺四抄一撮七粟六粒。

（孝宗弘治實録卷 145 第 19 頁 145.16.2554）

弘治十二年（1499）

574 正月戊寅 鎮守薊州等處總兵官蔣驥奏：密雲等處關隘兵力寡弱。乞將興營等六衛京操官軍三千留本鎮防守，正（按：館本正作止）支正粮，不支行粮賞賜。又沿邊墩臺牆塹未修補者尚多，而山林樹木蒙密及爲賊虜巢窟。請勑知兵大臣或科道官同出至邊牆外，隨宜修築斬伐，以寧地方。兵部覆奏：存留興營等衛官軍就近防守，宜從所請。其修邊牆伐林木，令鎮巡等官自行處置。從之。

（孝宗弘治實録卷 146 第 5 頁 146.5.2565）

575 正月乙酉 命官護送安南陪臣潘綜還國。

（孝宗弘治實録卷 146 第 8 頁 146.7.2569）

576 正月己丑 朝鮮國王李㦕遣陪臣李蓀等貢種馬。賜綵段、衣服等物有差。

（孝宗弘治實録卷 146 第 10 頁 146.9.2573）

577 二月戊戌 命府軍右衛帶俸署都指揮僉事李謹五軍營右掖坐營管操。

（孝宗弘治實録卷 147 第 3 頁 147.3.2579）

578 二月辛丑 先是，劾（按：館本劾作効，是也）義營有餘丁四千七百餘名，冬操夏歇，月各支粮米四斗。至是，以清寧宫赴工，命各月添支糧六斗，俟工完日仍舊。從英國公張懋請也。

（孝宗弘治實録卷 147 第 6 頁 147.5.2584）

579 二月乙巳 罷分守居庸関署都指揮僉事楊能，以忠義前衛指揮僉事王璽代之。

（孝宗弘治實録卷 147 第 7 頁 147.6.2585）

580 三月癸酉 命工部會同内官監錦衣衛及巡城御史疏濬京城溝渠。

（孝宗弘治實録卷 148 第 4 頁 148.4.2603）

581 三月丁丑 上御奉天殿，賜倫文敘等進士及第、出身有差。文武羣臣行慶賀禮。

（孝宗弘治實録卷 148 第 6 頁 148.5.2606）

582 四月甲午 命後軍都督府左都督劉寧果勇營坐營管操。

（孝宗弘治實録卷 149 第 5 頁 149.4.2623）

583 六月己丑朔 以豐潤縣田五百頃賜榮王。從其請也。

（孝宗弘治實録卷 151 第 1 頁 151.1.2659）

584 六月己酉 占城國王古來奏：本國新州港地方，舊爲安南侵奪，殺虜人民，患猶未息。且臣年老，請及臣未死，命長子沙古卜洛襲封，庶他日可保守新州港之地。上命禮部、兵部會官議處以聞。僉爲安南爲占城之害已非一日，朝廷嘗因占城之愬，累降璽書，曲垂誨諭，兼命守臣責以大義，譬以禍福。而安南前後奏報，皆謂祗承命朝，土地人民盡已退還，自聲華恩義四州之外，任被（按:館本被作彼）土猶（按:館本猶作酋）自相割據，本國并無干涉。然安南辯釋之語方陳，而占城控訴之詞又至，恐真有不得已之情。詣（按：館本詣作請）仍令守臣移文，切諭安南，俾毋貪人土地，自貽禍患。否則議遣偏私（按：館本私作師）往問。其占城王長子（按:館本子下有父字）在無襲封之理。請令先立爲世子，攝國事，他（按:館本他上有俟字）日當襲封時如例請封。從之。

（孝宗弘治實録卷 151 第 10 頁 151.8.2674）

585　六月乙卯　　占城國王古來差王孫沙不登古魯等奉表及方物來貢。賜宴并綵段等物有差。

（孝宗弘治實録卷 151　第 13 頁　151.11.2679）

586　六月丙辰　　陞大隆善護國寺國師著乩領占爲西天佛子，命所司給應用衣物。從其情（按：舘本情作請）也。

（孝宗弘治實録卷 151　第 13 頁　151.11.2679）

587　六月丁巳　　端門守臣官奉御王璽等以本門左直房五間奏（按：奏上有空閒二字）討住。下工部，查奏謂：本房係左右春坊司經局等衙門候朝公會押文移及收貯卷籍之所，凡東宫官屬侍班講書亦于此伺候，不係空閒房屋。有旨：既係各衙門公會之所，今後不許奏討。

（孝宗弘治實録卷 151　第 13 頁　151.11.2679）

588　七月丙寅　　命以大興縣原撥民承佃地三十三頃還猪房并除豁具（按：舘本具作其）税。

（孝宗弘治實録卷 152　第 3 頁　152.2.2686）

589　七月辛未　　朝鮮國王李㦕遣陪臣禮曹參判金壽童等奉表及方物來貢，來賀萬壽聖節。賜宴并綵段、衣服等物有差。

（孝宗弘治實録卷 152　第 5 頁　152.4.2688）

590　七月丙子　　順天府永清縣、保定府新城縣及西山一帶俱有盗剽掠居民行旅。命錦衣衛巡捕官并守備兵備等官各督所屬緝捕。

（孝宗弘治實録卷 152　第 6 頁　152.5.2690）

591　七月丙戌　　修理長陵等朝房。從監察御史楊璋等請也。

（孝宗弘治實録卷 152　第 12 頁　152.10.2699）

592　八月辛卯　　撒馬爾罕地面頭目若力于（按：舘本若作苦，于作干）等遣使臣宰納阿必丁等來貢。賜宴并綵段等物有差。

（孝宗弘治實録卷 153　第 2 頁　153.2.2705）

593　八月辛卯　　巡撫保定等府都御史高銓奏：居庸關外東西山隘口，各有人馬可通空濶處所，雖在隆慶左、右、懷來、永寧四衛復裏地方，然山南山北道路相通。外口不密，賊入内境，人馬并進，誰能爲備？請以隆慶衛原撥永寧備禦及京官軍二百五十人掣回，分撥各口協同守禦。……從之。

（孝宗弘治實録卷 153　第 2 頁　153.2.2705）

594　八月癸巳　　占城國王古來遣王孫沙不登古魯并使臣偃善拏巴等來貢。賜宴并綵段、衣服有差。

（孝宗弘治實録卷 153　第 2 頁　153.2.2706）

595　八月己亥　　賜占城國來貢王孫沙不登古魯及正副使偃善拏巴地等冠帶。

（孝宗弘治實録卷 153　第 6 頁　153.5.2712）

596　八月辛丑　　整飭薊州邊備都御史洪鐘奏：洪山口關原設于松棚谷境，與營州去不遠，成化間關移今所，而營堡仍舊。今營去關三十餘里，且以領道狹，人馬不得并行，遇警卒難策應。請移營于附近李家谷口。從之。

（孝宗弘治實録卷 153　第 7 頁　153.6.2714）

597　八月己酉　　先是，以京師多盜者，有旨選委營見操千户百户十五人領旗軍二百人巡捕。久之，官多私役，軍多買閒，甚至爲方（按：館本方作坊）市之害。兵部仍請勅歸團營操練。

（孝宗弘治實録卷 153　第 12 頁　153.10.2721）

598　九月壬戌　　户科給事中叢蘭言：……又順天府所屬州縣人民差役浩繁，其間有投充别後（按：館本後作役）遺下賦税負累見在人户，以致勞逸不均。乞清查取回，仍當民差。五府各衛首領官今後每月回〔按：館本回作面〕奏，不許類以俱各辦事爲詞，務具本從實開報某官不辦事，以憑查考。下所司知之。

（孝宗弘治實録卷 154　第 3 頁　154.2.2734）

599　九月庚午　　命給占城國來貢使臣人等六十五名行糧人九斗。其原舡遭風損壞，命兩廣守臣爲之整理。從其請也。

（孝宗弘治實録卷 154　第 7 頁　154.6.2742）

600　九月戊寅　　朝鮮國王李㦕遣陪臣户曹參判金應箕等奉箋文、方物來貢，賀皇太子千秋節。賜宴并綵段、衣服等物。

（孝宗弘治實録卷 154　第 12 頁　154.10.2749）

601　九月庚辰　　光禄寺卿李燧言：京師私宰耕牛者有禁，而四方私宰如故。請勅在外諸司照例榜示。從之。

（孝宗弘治實録卷 154　第 13 頁　154.11.2751）

602　九月甲申　　重建清寧宫成。

（孝宗弘治實録卷 154　第 15 頁　154.13.2755）

603　十月戊子　　以清寧宫完，命督工太監李興、黄瓚、姚訓，英國公張懋，兵部尚書〔按：館本書下有馬文升各子姪一人爲錦衣衛百户，工部尚書十九字〕徐貫陞太子太保，尚書如故。

（孝宗弘治實録卷 155　第 2 頁　155.1.2760）

604　十月戊申　　時清寧宫新成，有旨：命大能仁等寺灌頂國師那卜堅參等設壇作慶讚事三日。

（孝宗弘治實録卷 155　第 13 頁　155.11.2780）

605　十月乙卯　　户部會議巡撫等官所陳事宜：……一，薊州遵化鉄廠歲運京鐵，請止令有司自運，工部不必差官，以免勒取車脚之費。

（孝宗弘治實録卷 155　第 16 頁　155.14.2785）

606　十月乙卯　　爪哇國遣使來貢，渡海遇風舡壞，惟通事一舡僅得達廣東，所存者惟原承吏部半印勘合及方物數千斤。禮部請行令鎮巡等官審驗，量給賞賜回（按：館本回上有遣字），其方物仍遣人解京。從之。

（孝宗弘治實録卷 155　第 19 頁　155.16.2789）

607　十一月己未　　安南國世子黎暉遣陪臣阮觀賢等來貢。回賜暉錦段等物及賜觀賢等宴，并綵段、衣服等物有差。

（孝宗弘治實録卷 156　第 1 頁　156.1.2792）

608　十一月乙丑　　兵部尚書馬文升等奏：薊州、永平、密雲、喜峯口外，洪武間大寧都司設營州等十餘衛，又封建寧王以鎮之。永樂初，徙司衛于保定諸内地，徙寧王於江西，虚其地以處。今朶顔等三衛，爲我藩籬，朝貢不絶，歲久弗馴，漸生寇擾。宣德四年，宣宗皇帝親率六師征剿。正統九年，復命將出征，自是虜不敢〔按:館本敢作能，三本作敢〕犯。弘治初，守邊官軍貪功啟釁，遂致頻年侵寇，大約密雲境二十四次，馬蘭峪境七次〔按：館本作十七次。廣本作七次〕，燕河營境十七次。密雲關外官軍邏卒，多爲邏殺，賊皆步入，如蹈無人之境。恐其久而習玩，導虜爲患，況密邇京師，事有大可憂者。今守邊馬步軍三萬五千餘，兵既多，不獲一虜以爲功。請督責鎮巡等官，各陳守邊衛民方略。又今宣府大同等邊，各分爲三路，鎮巡官居中，左右參將各一路，而薊州獨不然。請令熟既其便，并以聞奏。從之。

（孝宗弘治實録卷 156 第 3 頁 156.3..2795）

609 十一月壬午 廣東南雄府委官大使蔡賡等件（按：館本件作伴）送安南國陪臣阮觀賢朝貢。觀賢自南雄顧（按：館本顧作雇，下同）南海民九人，治途給役，至儀真又顧裁縫數人。及抵京，爲緝事者所發。以賡等知而不舉，命逮問如律。

安南國夷使十六人并真臘國夷使一人，俱以遭風舡壞，漂至廣東地方。巡視海道按察司使以聞，請給粮養贍，待本國朝貢人便付與帶回。禮部覆奏。從之。

（孝宗弘治實録卷 156 第 11 頁 156.8.2801）

610 十二月戊子 命專委户部官屬一人督理長安等四門倉粮出納。從户部奏也。

（孝宗弘治實録卷 157 第 2 頁 157.2.2814）

611 十二月己亥 顯武營把總管操都指揮同知劉寧、都指揮僉事陳瑄、神機營操備都指揮僉事龔勳，俱坐所督牧馬數少，爲兵部所劾下獄，贖杖還職。

（孝宗弘治實録卷 157 第 8 頁 157.6.2822）

612 十二月丙午 賜朝鮮國弘治十三年《大統曆》一百本。

（孝宗弘治實録卷 157 第 10 頁 157.9.2827）

613 十二月乙卯 朝鮮國王李㦕奏：本國人屢有違禁下海者，因逃往海島不歸，復誘引軍民，漸至滋蔓。乞許本國自遣人搜刷還國。若係上國地方者，請勅官司搜發處分。于此，遼東守臣亦奏：近海軍民或有逃聚海島者，請及時逐散。下兵部議，謂所（按：館本宜上無所字）宜如所奏。從之。

（孝宗弘治實録卷 157 第 15 頁 157.12.2834）

614 十二月 是歲…儹運糧四百萬石，各處運納米麥共一千五百二萬一千七十五石四斗一合三勺四抄一撮七粟六粒。

（孝宗弘治實録卷 157 第 16 頁 157.13.2836）

弘治十三年（1500）

615 正月甲戌 朝鮮國王李㦕遣陪臣工曹判書金永真等奉表箋、方物來貢正旦節。賜宴并綵段、衣服等物有差。

（孝宗弘治實録卷 158 第 3 頁 158.3.2841）

616 正月丙子 時有旨：命尚衣監太監趙榮監督通州倉。户部尚書周經等言：本部前奉登極詔旨，令各處管粮內外官員，自天順元年以後添設可併省者俱取回别用。弘治十年，又以言官奏，令各倉場管事内官見在者姑留，以後仍照詔〔校記：閣本詔下有書字〕例减（按：館本减作減）革。天下相傳，以爲美事。詎意近日京通二倉總督監督添至五六員，役占、餽送，科索，不勝其擾。乞如前旨裁革，以俟有缺再補。上曰：各官既已差用，姑置之。以後止許設總督二員，京通監督各三員。著爲令。

（孝宗弘治實録卷 158 第 3 頁 158.3.2841）

617 正月丁丑 修順天府儒學。

（孝宗弘治實録卷 158 第 3 頁 158.3.2842）

618 正月癸未 以旱災，免順天府及東勝等三十二衛所弘治十二年分糧一萬八千六百七十九石，草五十六萬一千二百九十餘束。

（孝宗弘治實録卷 158 第 6 頁 158.5.2846）

619 二月乙酉朔 禮部火。

（孝宗弘治實録卷 159 第 1 頁 159.1.2850）

620 二月戊子 大隆善護國寺番僧綽節班丹奏請襲其師灌頂大國師之職。從之。

（孝宗弘治實録卷 159 第 2 頁 159.1.2850）

621 二月癸巳 命遣通事護送安南國陪臣阮觀賢等還國。

（孝宗弘治實録卷 159 第 3 頁 159.3.2853）

622 二月乙未 時命于大德顯靈宫作春祈醮事三日。禮科給事中于瑁乞罷其事，且請上躬行節儉，免賞賚，崇正道，黜邪説，裁革近年僧道官之傳陞乞陞者。上曰：春祈秋謝齋醮乃本朝舊典，給事中不諳事體，輒來奏擾，本當究問，姑宥之。

（孝宗弘治實録卷 159 第 4 頁 159.3.2854）

623 二月乙亥 先是，會同館夷人考郎兀衛都指揮早哈與成討温衛都指揮婁得會飲争坐，早哈手刃婁得，斃之。禮部以聞。下法司會議禁約事宜：一，今後進貢夷人到邊鎮守短（按：館本守短作巡等）官收其兵器，不許藏帶，仍差通事伴送，務要謹慎約束，不許撥置各夷生事及索取有司財物。到京之後，伴送人員與同通事俱要用心鈐束。其禮部原委主事遵依原擬職掌事例，逐一舉行。大通事每五日一次到館，戒諭夷人，各令守分。所有禮部衙門各年事例，會議斟酌，逐一開陳。一，兵部委官點閘夫牌，戒諭伴送，仍巡察一應姦弊。工部委官點視器用、房屋，毋容損失。一，今後但遇夷人筵宴，光禄寺堂上官提調，務在豐潔整齊。其朔望日（按:館本無日字）見辭酒飯，行該日侍班監察御史巡視，但有菲薄，聽其舉奏。一，今後夷人進貢到京，軍民人等敢有在街聚觀、嬉戲、抛擲瓦礫打傷夷人者，枷號示衆。一，禮部主事令專一在舘提督。凡遇夷人到館，務俾舍止得宜，出入有節。鈐束下人，無到（按:館本到作侵）侵盜。貿遷日期，估計時價，無令姦詐之徒巧取夷人財物。一，今後有違例將器（按:館本器前有軍字，器後有貨字）與夷人者，問擬斬罪。在京在外軍民人等，與朝貢夷人私通往來，投托買賣及撥置害人，因而透漏事情者，俱發邊衛充軍，軍職調邊衛。通併（按：館本通後有事字，併作伴）送人等有犯，係軍職如例，係文職者除名。一，夷人朝貢到京，例許貿易五日，有司拘集鋪行，令將帶不係違禁貨物兩平交易。若原來伴送及舘夫、通事人等，引領各夷潛入大（按：館本大作人）家私相交易者，没入價值私貨。夷人未給賞者，量爲遞減。通行守邊官員，不許將曾經違犯夷人起送。若夫牌鋪行人等違例私相買賣，枷號示衆。一，在京及沿途官吏一應人等，敢有將引夷人收買違禁之物及引誘宿娼，就于各該地方枷號示衆。其夷人回還，禮兵二部各委官盤點行李，驗（按：館本驗下有無夾二字）帶違禁之物，方許起程。議入，上命通行榜諭禁約，違者重罪不宥。

（孝宗弘治實録卷159　第6頁　159.5.2858）

624　二月庚子　　傳旨：陞崇化寺僧鄭瑞爲右覺義，大德顯靈通道士李正玒等四人爲右玄義。禮科給事中寧舉等劾之，謂鄭瑞等夤緣奔競、阻壞選法，乞送法司究治。不允。

（孝宗弘治實録卷159　第8頁　159.7.2861）

625　三月乙丑　　四川平茶峒長官司吏目許瀚陳四事：……一，通剥運以蘇漕卒之罷。都城西山之水流注通州白河，向年浚之以通漕運，粮舡至大通橋矣，但以河狹岸峻，沙土易壅，不能久耳。設欲浚堀深廣，恐犯拘忌。今擬止於河身仍舊，惟於舊閘壩上及張家灣河口量增壩堰，畧高數尺，引水貯滿，其榜（按：館本榜作傍）各爲減閘，以洩潦漲。每壩之上置造剥舡，如浙江市河舡式。每遇粮舡到壩，以之遞送，每壩倒换，無間陰晴。民間有能造舡裝載者亦聽其便。仍於大通橋南一帶，創造塌房。暫上堆停。旋令小車驢贏運入各倉收納，甚爲利便。竊計車運工價，若遇泥濘時，每米一石約銀一錢，以剥舡運之，每舡貯米一百餘石，每石正錢幾文，較之車價，奚止倍蓰。乞勅該部講議舟車利便，定爲經久之規，以濟民用。……下其奏於所司。

（孝宗弘治實録卷 160　第 3 頁　160.2.2870）

626　三月壬戌　琉球國中三（按：館本三作山，是也）王尚真遣正議大夫鄭玖等來貢。回賜錦段等物如例，賜玖等宴并綵段、表裏等物有差。

（孝宗弘治實録卷 160　第 8 頁　160.6.2876）

627　四月庚寅　修西安、北門二倉。

（孝宗弘治實録卷 161　第 2 頁　161.1.2882）

628　四月癸卯　順天府薊州及直隸肅寧、藁城、棗强、清豐四縣風雨冰雹交下，斃人畜，傷田禾。

（孝宗弘治實録卷 161　第 5 頁　161.4.2888）

629　四月癸丑　酉刻雨雹。

（孝宗弘治實録卷 161　第 18 頁　161.11.2901）

630　五月丙辰　命保國公朱暉，太子太保鎮遠侯顧溥提督三千營，惠安伯張偉提督神機營，溥仍提督團營，太傅兼太子太傅新寧伯譚祐罷提督團營，專督神機營。

（孝宗弘治實録卷 162　第 1 頁　162.1.2912）

631　五月庚午　命成國公朱輔神機營、五千下管操，都督同知李俊立威營管操。

（孝宗弘治實録卷 162　第 10 頁　162.8.2926）

632　五月丙子　監察御史戈福言六事：一、巡撫永平等處都御史洪鍾修理潮河川，歲久無功，致使山石崩墜，壓死軍民數百。……乞差科道官體訪洪鍾所鑿山口及壓死幾何，即賜罷黜，以謝死者之家。

（孝宗弘治實録卷 162 第 12 頁 162.10.2929）

633 六月甲申 工部覆奏府部等衙門所言停改造、恤邊民二事，謂：奉天殿及山川壇舊中和樂器尚堪用，請如所言暫停派造物料……上命…中和樂器仍舊成造。

（孝宗弘治實録卷 163 第 1 頁 163.1.2937）

634 六月戊子 兵部以邊報方急，請……都督李澄、張晟各領兵分督密雲潮河川、古北口、大水谷及居庸關、黄花鎮、白羊口等處，俱協同本地官軍防守。令本部左侍郎王家夔量兼憲職，以便經略衆務。上命家夔兼都察院左僉都御史，經畧密雲潮河川、古北口、大水谷等處軍務。

（孝宗弘治實録卷 163 第 2 頁 163.2.2939）

635 六月丁酉 順天府府丞藺琦乞致仕。不允。

（孝宗弘治實録卷 163 第 10 頁 163.8.2951）

636 六月己亥 朝鮮國王李隆（按：館本隆作㦕）遣陪臣同知中樞府事金諶等奉表文方物來賀萬壽聖節。賜宴并綵段、衣服等物有差。

（孝宗弘治實録卷 163 第 12 頁 163.10.2955）

637 六月庚子 命造拒馬木二千架，竹簰二千面，袞刀五十把，爲武備之用。從兵部尚書馬文升請也。

（孝宗弘治實録卷 163 第 13 頁 163.11.2958）

638 七月丁巳 分守通州等處都指揮僉事王宣以州城無角樓、敵臺，請增置懸樓十座以代之。仍借用通州左、右、神武、定邊四衛軍器以資守禦，并修換新舊城門，以備不虞。工部覆奏。從之。

（孝宗弘治實録卷 164 第 3 頁 164.3.2973）

639 七月己未 順天府霸州等處民田，有爲草場葦場封占、不堪耕佃者，而賦役如故。勅工科右給事中李禄勘處。至是，禄其圖以上。特命免之。

（孝宗弘治實録卷 164　第 5 頁　164.4.2975）

640　七月己巳　　夜，京師地震有聲。

（孝宗弘治實録卷 164　第 10 頁　164.8.2984）

641　七月辛巳　　命南和伯方壽祥領神機營五千，下右軍都督府帶俸都指揮使（按：館本指揮使作僉事）神英果勇營，錦衣衛帶俸都指揮僉事（按：館本指揮僉事作指揮使）王銘領神機營左掖，俱坐營管操。

（孝宗弘治實録卷 165　第 17 頁　164.14.2996）

642　七月壬午　　命襄城伯李鄘提督五軍營。

（孝宗弘治實録卷 165　第 17 頁　164.15.2997）

643　九月甲寅　　修四夷舘。

（孝宗弘治實録卷 166　第 1 頁　166.1.3017）

644　九月丁巳　　命安遠侯柳景三千營頭目，楊武侯薛倫五軍營幼官舍人營，俱管操。

（孝宗弘治實録卷 166　第 1 頁　166.1.3018）

645　九月庚午　　朝鮮國王李㦕遣陪臣户曹參判曹淑沂等奉箋文方物來賀皇太子千秋節。賜宴并金織衣、綵段等物如例。

（孝宗弘治實録卷 166　第 4 頁　166.3.3022）

646　九月丁丑　　内臣奏：伐沿邊樹木，巡撫官奏修河川口，鑿山築城，二者俱爲害不細，乞爲禁止。議上。從之。

（孝宗弘治實録卷 166　第 6 頁　166.5.3026）

647　十月戊子　　命司禮監太監會同各營内外提督官閲視京營武職，較量其藝能第等〔校記：舊校改作等第〕以聞。

（孝宗弘治實録卷 167　第 2 頁　167.2.3031）

648　十月辛丑　　朝鮮國王李㦕遣陪臣吏曹參判李季男等來貢（按：館本無貢字）奏事。賜宴并綵段、衣服等物有差。

（孝宗弘治實録卷 167　第 5 頁　167.4.3035）

649　十月戊申　　夜，京師及南京并鳳陽府（按：館本府下有俱字）地震〔按：館本作地震有聲。三本作地震〕。

（孝宗弘治實録卷 167　第 10 頁　167.8.3044）

650　十一月辛酉　命防守密雲等處都督僉事李澄回京。

（孝宗弘治實録卷 168　第 3 頁　168.3.3051）

651　十一月己巳　初，天下都司衛所造完軍器，解至京師，皆貯之九門城樓，以便關領。後内官監太監陳良請送内庫交收，由是留難需索，費用不貲，解人苦之。至是，各處解到斬馬大刀萬五千五百，兵部請仍舊貯之城樓爲便。有旨：命工部收貯，類送内庫收。留難需索者罪之。

（孝宗弘治實録卷 168　第 5 頁　168.4.3054）

652　十二月癸未　命隆慶衛指揮孫衡把總居庸關。

（孝宗弘治實録卷 169　第 1 頁　169.1.3058）

653　十二月癸卯　賜朝鮮國弘治十四年《大統曆》一百本。

朝鮮國王李㦕遣陪臣曹參判韓斯門等來貢正旦節。賜宴并綵段、衣服等物有差。

（孝宗弘治實録卷 169　第 14 頁　169.6.3068）

654　十二月乙巳　虜入薊州境，軍士死者三人，被虜者五人。詔提問把總等官、指揮劉翰等九人，罰分守右參將白琮俸一月，與左監丞郭順俱戴罪殺敵。

（孝宗弘治實録卷 169　第 16 頁　169.8.3071）

655　十二月　是歲……儹運糧四百萬石，各處運納米麥共一千五百二萬一千七十五石四斗一合三勺四抄一撮七粟八粒。

（孝宗弘治實録卷 169　第 19 頁　169.10.3076）

弘治十四年（1501）

656　正月壬申　提督會（按：館本會下有同字，是也）館禮部主事劉剛言：舊例，各處夷人朝貢到館，五日一次放出，餘日不許擅自出入。維朝鮮、琉球二國使臣則聽其出入貿易，不在五日之數。近者。刑部等衙門奏行新例，乃一概革去，二國使臣頗觖望。有（按：館本有作又）舊例，夷人领賞之後，告欲貿易，聽（按：館本聽後有鋪字）行人等持貨入館，開市五日，兩平交易。而新例，凡遇夷人開市，令宛平、大興二縣委官選送鋪户入館，鋪户夷人兩不相投。其所賣者多非夷人所欲之物。乞俱仍舊爲便。又新例，外夷到館，凡事有違錯，不分輕重，輒參問提督主事及通事伴送人等。且主事在館提督，不過總其大綱，與通事伴送專職者不同，今一體參問，情既無辜，且不足以示體統于四夷。乞量爲處分。禮部謂：前二事宜如綱奏。外夷到館，如有殺人重事，乃參問提督官，其餘事情止參問通事伴送人等。從之。

（孝宗弘治實録卷 170　第 6 頁　170.5.3086）

657　二月丙戌　命守備宣府中路指揮同知李稽充左參將，分守萬全右衛，守備黄花鎮署都指揮僉事張桓充右參將，分守順聖川等處。

（孝宗弘治實録卷 171　第 4 頁　171.3.3106）

658　二月己丑　以水旱災，免順大、河間二府及天津左等四衛等税糧子粒有差。

（孝宗弘治實録卷 171　第 5 頁　171.4.3108）

659　二月庚子　舊例，順天府鄉試，凡修理試院及禮請考官、鋪陳筵宴之類，費俱出於本府，真定等七府僅出銀五百兩助用。至是，府尹張憲請照應天府鄉試事例，各均其費於七府。禮部議謂宜總計一年科舉所費，以銀二千兩爲率，令七府共出四之三，順天府出四之一。從之。

（孝宗弘治實録卷 171　第 11 頁　171.9.3117）

660　二月丁未　虜入薊州石匣口，邏卒死者四人，虜去者一人。命逮問把總指揮唐臣罪，罰總兵阮興、御史洪鐘俸各一月。

（孝宗弘治實録卷 171　第 13 頁　171.11.3121）

661 三月壬子 江西信豐縣民李招貼與邑人李廷方、福建人周程等，私往海外諸蕃貿易，至爪哇，誘其國人哽亦宿等齎番物來廣東市之。哽亦宿父八稀烏信者，其國中頭目也，招貼又令其子誘之，得瓜字三號勘合底簿故紙，藏之以備緩急。舟經烏州洋遭風，飄至電白縣境，因僞稱爪哇國貢使奈何噠亞木，而以所得底簿故紙，填寫一行番漢人姓名凡百有九人及所貨椒木、沉香等物，謂爲入貢。所司傳送廣州，給官廩食之。守臣以聞。禮部議：爪哇貢使例齎哇字十二號勘合，開寫進貢方物各數。今所齎乃先年降去底簿，非號紙，且又填爲批差，亦非例，其事可疑。行守臣覈實，始得其情。奏至，禮部請以招貼等付廣東按察司問擬奏請，其所齎番物則令布政司貯之。八稀烏信盗出底簿故紙與其子，宜令布政司移文國王重治以罪。仍令謹收勘合底簿，毋俾姦人竊出。廣東守臣自今遇外國進貢人至，務審其齎有原降勘合，方許具奏。從之。

（孝宗弘治實録卷 172 第 4 頁 172.3.3127）

662 三月癸丑 修國子監。

（孝宗弘治實録卷 172 第 4 頁 172.4.3129）

663 三月己未 暫免山西、河南、山東及順天、真定等八府明年歲辦果品、厨料及内府供用庫料物有差。從府部等衙門奏也。

（孝宗弘治實録卷 172 第 7 頁 172.6.3133）

664 三月丙子 命南和伯方壽祥顯武營、會昌侯孫銘五軍營〔按：館本營下有大營二字〕管操。

（孝宗弘治實録卷 172 第 11 頁 172.9.3140）

665 四月壬午 賜安南國王黎暉皮弁冠服一副，常服一襲，金犀帶一事。從其請也。

（孝宗弘治實録卷 173 第 2 頁 173.2.3145）

666 四月丁亥 先是，虜犯薊州馬蘭谷小毛山口，邏卒死者九人，掠去者二人，男媍燔死者十五人。命逮問把總指揮夏人八人罪，罰分守右參將高瑛俸一月，與左監丞邢玉俱戴罪殺賊。鎮守太監張忭、總兵官阮興、巡撫都御史洪鐘，姑宥之。

（孝宗弘治實録卷 173　第 6 頁　173.5.3152）

667　四月甲辰　　司設監太監韋鮮等奏：近收充幼匠一千名，乞通附錦衣衛，月支米一石，歲給之冬衣布花。户部議不可，請量給米五斗，花布免支。命月給米八斗。

（孝宗弘治實録卷 173　第 14 頁　173.12.3166）

668　四月甲辰　　命興安伯徐盛神機營五千管操，靖遠伯王憲三千營坐司管操。

（孝宗弘治實録卷 173　第 14 頁　173.12.3166）

669　五月辛亥　　命禮部重造暹羅國弘治改元勘合。以先所造未給而燬於火也。

（孝宗弘治實録卷 174　第 2 頁　174.2.3175）

670　五月辛亥　　巡按直隸監察御史張烜奏：都御史洪鐘建議修潮河川，功久不成。且今栢楂山既以築牆，則川仍在牆内，雖鑿之亦無大利。兵部覆奏，亦言其勞人費財，違衆斂願，乞停之。上曰：潮河川工程既有前旨，其不必停。

（孝宗弘治實録卷 174　第 2 頁　174.2.3175）

671　五月甲寅　　兵部以順天等府原寄養馬匹已分給各邊，請發太僕寺所貯馬價銀。命本寺選擇收買，以補寄養之數。

（孝宗弘治實録卷 174　第 2 頁　174.2.3176）

672　五月庚申　　安南國王黎暉遣陪臣劉興孝等奉表箋方物來謝恩。回賜暉錦段等物，并賜興孝等宴及綵段、衣服等物有差。

（孝宗弘治實録卷 174　第 4 頁　174.3.3178）

673　五月壬戌　　修會同館，增房舍四十三間。

（孝宗弘治實録卷 174　第 6 頁　174.5.3182）

674　五月己巳　　内官監太監李興清建僧寺一所于大興縣東皋村，以僧録司左覺義定錡住持，仍乞賜寺額護勑。又以寺西有官路不便于寺，乞以某私地易路東首（按：館本首作苜）蓿官地爲之。得旨，仍陞定錡爲右講經，兼本寺住持，賜寺額曰“隆禧”。禮科給事中寧舉等劾之。……上以前既有旨，置勿論。既而户部又奏，謂首（按：館本首作苜）蓿之地宜令改正還官。從之。

（孝宗弘治實録卷 174　第 8 頁　174.6.3184）

675　五月甲戌　改雲南大理通判劉傑爲順天府通判。從其姪鎮守陝西太監雲請也。都給事中王㴵等交章論劾，請逮治傑，仍究雲先年鎮守債事之罪。不從。

（孝宗弘治實録卷 174　第 9 頁　174.7.3186）

676　六月丁丑朔　陞順天府府尹張憲爲工部右侍郎。管理易州山廠柴炭炭。

（孝宗弘治實録卷 175　第 1 頁　175.1.3189）

677　六月戊寅　户科給事中叢蘭等言：近奉旨揀選官軍，正陽等九門官軍宜併從揀選。督九門太監陳良等奏稱，門禁要害，不可暫離，乞免揀選。有旨許之。蘭等復言，門軍輪班守門，則下班之日可選。況應役者少，辦錢免役者多，揀選之法不宜獨免。事下兵部，覆奏。從之。

（孝宗弘治實録卷 175　第 1 頁　175.1.3189）

678　六月己卯　改應天府府尹韓重爲順天府府尹。以丁憂服闋也。

（孝宗弘治實録卷 175　第 1 頁　175.1.3190）

679　六月癸未　命番僧鎖南揪奈襲其師大崇教寺國師沙加之職。從其請也。

（孝宗弘治實録卷 175　第 2 頁　175.1.3190）

680　六月乙酉　命工部右侍郎張達往勘潮河用工役。

（孝宗弘治實録卷 175　第 2 頁　175.2.3191）

681　六月戊戌　朝鮮國王李㦕遣陪臣同知中樞府事李承健等，奉表文方物來賀萬壽聖節。賜宴并綵段、衣服等物有差。

（孝宗弘治實録卷 175　第 6 頁　175.5.3197）

682 六月己亥 先是，上賜安南國王黎暉皮弁冠服及常服，其陪臣劉孝興等復奏稱：本國王既受王爵之封，而所賜常服尤有烏紗帽等件，與臣下無辨，似有未稱。乞改賜王爵常服。禮部議謂：安南僻處南荒，素慕文教。我祖宗朝以其能守臣節，仍〔校記：廣本仍作乃〕封其主爲安南國王。蓋使之統治一方，藩屏中國耳。然名爲王，實則臣也，是以前後相承百有餘年，其名位衣冠之品式，朝貢燕賚之禮儀，俱有定制。凡彼國王有故，乞恩嗣立，朝廷俯念遠人，遣使詔封諭祭并賜王者弁服一副，使不失君主一國之榮，又賜一品常服一襲，使不忘臣服中國之敬。蓋恩禮兼隆，名分不紊。今陪臣劉孝興等不諳大體，欲將欽賜國王常服通易王爵冠服，使得異于其臣，是不知彼國之王，其名分亦爲臣，而朝廷之制，其名器固有在也。然此非孝興等實爲之，乃彼國通事沈〔按:館本沈作范〕懷瑾飭詐懷姦，倡爲此奏。請并加究問，以警將來。上曰：范懷瑾、劉孝興本當究治，姑不問，禮部省諭之。

（孝宗弘治實録卷 175 第 6 頁 175.5.3198）

683 六月乙巳 命義勇衛署都指揮僉事解端充右參將，分守懷來等處。

（孝宗弘治實録卷 175 第 8 頁 175.7.3201）

694 七月丁未朔 命金吾左衛署都指揮僉事王瑶成天壽山守備。

（孝宗弘治實録卷 176 第 2 頁 176.2.3209）

685 七月丁未朔 初，整飭薊州等處邊備都御史洪鐘奏，潮河川成功。上遣司禮監太監李璋、工部右侍郎張達閲視之。勅曰：近該都御史洪鐘奏，潮河川新開功成。舊河水勢分泄，可免衝決。砌城築臺，可禦虜寇。又所砌牆内得地數百頃，可撥軍士承種，以益邊儲。又於薊州、永平、山海一帶修築長城五萬餘丈，隄岸三百餘里，牆堡亦以百計，欲乞差官閲視加賞。今特命爾前去功完處所，查照本官所奏，并兵部擬奏事理，并增築邊情墩堡等項〔按：館本項作處〕，逐一閱視。如果足爲捍敵遠圖，不係目前淺計，晝圖貼説，并將有功官員分别列第明白開奏，以憑賞勞。若使〔按:館本使作是〕徒費工力，無益於事，亦要指實奏來。故勅。

（孝宗弘治實録卷176　第2頁　176.2.3209）

686　七月戊申　　左軍都督府都督僉事張晟卒，晟之先，山後金山人，高祖伯顔帖木兒，洪武時率衆來歸，官之，賜姓張氏。祖能襲大興左衛指揮使，戰歿，録晟襲陞都指揮同知。成化中歷陞都督，领神機營右哨，復管伸威營。弘治十三年虜大舉犯塞，晟統兵守居庸關。至是卒。賜祭葬。子賢襲指揮使，帶俸錦衣衛。

（孝宗弘治實録卷176　第3頁　176.2.3210）

687　七月戊午　　命順天等府如舊例歲起人夫赴内府惜薪司應役，免解送夫價。從巡撫都御史張縉等奏也。

（孝宗弘治實録卷176　第8頁　176.7.3219）

688　七月己未　　命崇信伯費柱領五軍營大營，錦衣衛都指揮使王銘領神威營，各坐營管操。

（孝宗弘治實録卷176　第8頁　176.7.3219）

689　七月己未　　虜入薊州馬蘭谷境，殺百户一人，戍卒七人，虜三人以去。命逮問守備監丞羅觀養、孫敏，分守參將白琮、高瑛及把總指揮趙昶等十五人。其陣亡官軍之應給賞者，令其例以聞。

（孝宗弘治實録卷176　第9頁　176.7.3220）

690　七月庚申　　先是，永寧衛鴈尾山至居庸關之石縫山，東西四十餘里，南北七十餘里，火延燒七晝夜，風大火烈，焚林木畧盡。去皇陵禁山僅二十餘里。命逮問把總指揮孫衡等三人。罪其分守太監梁嵩去任。參將黄鎮，守備奉御張瓚，指揮王璽等姑宥之。

（孝宗弘治實録卷 176　第 9 頁　176.7.3220）

691　七月丙寅　　修造郊壇祭器。

（孝宗弘治實録卷 176　第 12 頁　176.10.3226）

692　七月甲戌　　詔福建守臣：今後琉球國進貢方物，除胡椒、蘇木每一百〔按:館本百作石〕斤准令加五十斤以備折耗，番錫不必加增外，其餘附帶物貨召商變賣者，不許勸借客商銀兩及夷商私出牙錢。其布政司等衙門、市舶太監等官，俱不許巧取以困夷人。違者罪之，著爲令。以琉球國使臣奏守臣需削故也。

（孝宗弘治實録卷 176　第 20 頁　176.17.3239）

693　七月甲戌　　修京地九門及社稷壇。

（孝宗弘治實録卷 176　第 20 頁　176.17.3239）

694　閏七月丁丑朔　　修濬九門城壕水關。

（孝宗弘治實録卷 177　第 1 頁　177.1.3241）

695　閏七月己卯　　修大理寺。

（孝宗弘治實録卷 177　第 2 頁　177.2.3243）

696　閏七月辛巳　　命協守密雲副總兵劉祥分守遼陽。

（孝宗弘治實録卷 177　第 2 頁　177.2.3243）

697　閏七月壬午　　撥三大營官軍三千人，錦衣衛并騰驤四衛各一千人，修社稷壇并午門等處。別撥團營八千，修九門城壕。

（孝宗弘治實録卷 177　第 3 頁　177.2.3244）

698　閏七月丁亥　　户科給事中蔚春等言五事：一，京營軍逃放數多，請令各衛别立簿籍，凡在營開逃、到衛逐名填註某營某把總管隊，下兵部先行議擬逃軍多寡，日月九（按：館本九作久）近，量行革罷降調，用憑考驗。其填註不以實，抵罪。一，驗軍委官之設，所以革私占之〔按:館本無之字〕弊。在京各衛所軍士餘丁，請照南京兵部五年一次差官勾考事例，凡餘丁空閑者（按：館本者下有抽補二字）雜差，正軍選送操備，審定雜差多寡并註由造册備者（按：館本者作考）。一，勳戚府部各衛所官軍伴，各有定額。近來撥補日繁，操兵益耗。請會（按：館本會作令）驗軍官以附近軍士先餘丁、次單丁、次正軍依額撥付，五年一更。如或逃故，附近易于勾補。其例外雜差，即以多占罪之。一，附近軍士，如騰驤等衛，該順天等府，京畿之内，五年間開除無慮二萬餘人，所司不行勾補。乞勅兵部將臣等勾考出各衛所逃故軍士附近地方，五年内者行文責限三月内聽其自守（按：館本守作首）歸衛，在外各衛，造册清勾。一、五陵軍士，所以防衛陵寢、保障地方。知（按：館本知作如）長陵一衛，原額七千八百餘名，今止二千二百人，而雜差居多。況五陵路接居庸、紫荆二関并黄花鎮邊塞，軍士尤宜操練。請通令操練如法。其巡山巡捕於見操内摘撥。附近有事故者，速令勾補。且神宫監買間（按：館本間作閒）數多，亦今照例選革。如違聽，巡撫、巡按官糾舉。兵部覆奏。從之。

（孝宗弘治實録卷 177　第 4 頁　177.3.3246）

699　閏七月戊子　　禮科給勢（按：館本勢作事）中倪議奏：近來虜寇猖獗，國用不充。乞將京師内外權豪勢要田園店房不當得而得者，取其數年所出爲供邊之需，以紓民困。户部覆議，謂其言可從，宜查近貴戚之家田園店房之數奏聞區處。上以窒礙難行，不允。

（孝宗弘治實録卷 177　第 6 頁　177.5.3249）

700　閏七月辛卯　　虜數入薊州駐操營等處，殺虜人畜。命逮問提調指揮張寅等二十一人，罪其守備監丞郭順、孫敏，分守参將白琮、高瑛等。命俟張寅等問結後聞奏處置。

（孝宗弘治實録卷 177　第 7 頁　177.6.3251）

701　闰七月辛卯　　兵科右給事中叢蘭奏：國初，諸軍皆在三大營，後選其精者爲十二團營，不許差役他用。既以邊方稍靖，凡土木之興，團營軍疲于就役，而不習操練。往歲調往大同，悉不可用，雖將領非人，亦教（按:館本教後有之字）無素也。臣頃者揀選諸營軍復命，許以團營軍用心簡教，不許差撥上工。命下月餘即復役之，何以示信於下？上以其議付所司。兵部奏以別營軍士既投他處，更無餘者，且今所修止外城及内府諸門而已。于是竟用團營軍上工。

（孝宗弘治實録卷 177　第 7 頁　177.6.3251）

702　閏七月辛丑　太監李興督修内府門并社稷壇等處，請添軍士六千以供役。兵部議：暫撥神機五千下軍一千人，俟秋班軍至日，仍代回操練。命特免之。

（孝宗弘治實録卷 177　第 13 頁　177.11.3261）

703　閏七月壬寅　户科給事中徐昂請修大通橋以東、張家灣以西一帶道路，以便糧運。改慶豐等閘閘夫爲路夫，專備修理。從之。

（孝宗弘治實録卷 177　第 13 頁　177.11.3262）

704　八月丙午朔　太監李興以修城軍夫不足，復請益軍。命發團營官軍二千供役。

（孝宗弘治實録卷 178　第 1 頁　178.1.3267）

705　八月壬子　司禮監太監李璋、工部右侍郎張達自潮河川勘事回言：都御史洪鐘，初欲鑿川報國，希成大功，然後所鑿石洞上寬下窄，僅泄小水。夏秋水溢石墮，仍遁（按：館本遁作循）故道。其稱得地數百頃，亦近邊牆，地多沙石，耕種匪宜。若其修築川内大小石城邊墩（按:館本邊後有牆字，墩作墩）堡并山海関一帶長城，俱有成績，鐘之用心，亦可嘉〔按：館本可嘉作喜〕也。仍列鐘所委修築城堡等官參將高瑛等二十六員，以憑旌賞。上命兵部尚書看詳以聞。

（孝宗弘治實録卷 178　第 4 頁　178.3.3272）

706　八月乙卯　兵科〔按：館本科作部，誤〕都給事中屈伸等奏：右副都御史洪鐘，本以小才，謬膺重寄，惟事巧詐，全無朴忠。頃因整飭薊州邊備，奏改潮河川水道，預誇後（按：館本後作役）功，上希天聽。且曰，半年之後事不能成、事成之後不爲經久〔校記:廣本久下有之字〕大利，則治臣之罪。今據其先後奏并工部侍郎張達勘報，反覆觀之，鐘欺罔之罪有三：前稱鑿山改水，建立重関，勝秦人之百二。後稱二道分流，用泄水勢，比壩閘之月河。今勘報云，鑿開石洞，上寬下窄，墜下（按：館本下作石）阻水不流，仍循故道，月河不可得。其欺罔一也。其稱水既改去，得地數百頃，撥軍承種。今勘報云，地雜山崗沙石，且近邊牆，用軍屯種，恐致疎虞、烏在其可耕乎〔按：館本乎作耶〕？其欺罔二也。率易告成，而勘報云徒費工夫，無益於事。所謂上可以紓九重之慮，次可以解朝士之憂，下可以紓人之患者，茫無微焉。其欺罔三也。加之壓死人命，多（按：館本無多字）其數不可（按：館本可作少）。濫鬻名器，所費無經，傷天地之和，賈軍民之怨。請逮治其罪。詔下所司知之。

（孝宗弘治實録卷 178　第 6 頁　178.5.3276）

707　八月甲子　　六科十三道劾奏都御史洪鐘修鑿潮河川無功妄引，前嘗修長城，冀以掩罪。而侍郎張達承命閲視，回護欺罔，請俱逮治，以爲人臣不忠者之戒。兵部尚書馬文升亦以爲言，且云鑿河之妄費不貲，人心之嗟怨已極，雖有他功，難以論贖。請逮鐘還，治以罪。詔罰鐘俸兩月，達姑宥之。

（孝宗弘治實録卷 178　第 8 頁　178.6.3278）

708　九月丙戌　　改漕運京倉米五十八萬石于通州倉收用，每石除正耗外加兑晒米四升，扣脚價銀五分。時夏秋多雨，其運至京者不得收受，而至張家灣者，阨于泥濘難行，又值親王之國，車價踴貴。且九月將終，天氣漸寒，運舡可爲凍阻。總督漕運都御史張敷華等以爲言。户部覆奏。從之。

（孝宗弘治實録卷 179　第 6 卷　179.5.3301）

709　九月辛卯　　修皇城四門紅舖及内府甎城周圍紅舖，共六十九座。

（孝宗弘治實録卷 179 第 8 頁 179.7.3305）

710 九月乙未 重鑄朝鐘。

（孝宗弘治實録卷 179 第 9 頁 179.7.3306）

711 九月丙申 朝鮮國王李㦕遣陪臣户曹參判宋軼等奉箋文方物來貢，賀皇太子千秋節。賜宴并綵段、衣服等物有差。

（孝宗弘治實録卷 179 第 9 頁 179.7.3306）

712 十月丁卯 傳旨：陞工部營繕司所副陳海等三十二人官各一級。以太監李興奏言海等修理午門等處有功也。吏部復言：前旨謂海等夤緣乞陞，宜送法司治罪。上命復已之。

（孝宗弘治實録卷 180 第 8 頁 180.6.3324）

713 十月甲戌 修内府外廣備庫。

（孝宗弘治實録卷 180 第 11 頁 180.9.3329）

714 十一月庚寅 大學士李東陽奏：先塋在京城西直門外，父母之地窄，不能合葬。邇者，累荷贈典而兆域未備，碑表末位（按：館本末位作未立），心竊不安。嘗買房山縣地（按：館本地下有一字）區，去城都九十餘里，欲相地勢改立坟塋，而職在禁密，不敢擅離。乞賜優假暫往其地相度，事畢即回。從之。

（孝宗弘治實録卷 181 第 4 頁 181.3.3336）

715 十一月辛丑 傳旨：陞大能仁寺右覺義麻的室哩、左覺義塔而麻拶耶俱爲權頂大國師。

（孝宗弘治實録卷 181 第 7 頁 181.6.3341）

716 十二月丁未 大慈恩寺灌頂國師班丹遠丹死，其徒爲乞祭葬，禮部執不可。命如著領占賜葬例，減半給予工價，不以爲例。

（孝宗弘治實録卷 182 第 1 頁 182.1.3346）

717 十二月癸丑 以水灾，免順天府所屬二十六州縣及直隸興州後屯等六十三衛所税粮子粒有差。

（孝宗弘治實録卷 182 第 2 頁 182.1.3346）

718　十二月癸丑　　先是，欽天監監正吴昊請改造觀象臺原製渾儀及修改簡儀，禮部請令監正張紳議之。議謂：原製渾儀時未經校勘，其黄赤二道相交于奎軫，不合今之四正陽經，故南北兩〔按：舘本兩作圓〕軸不合。兩極出入〔按：舘本入作于〕地度陰緯，而東西窺管又不與太陽出没想（按:舘本想作相）當，是以推騐無準。從前不用簡儀，雖用以推〔按:舘本推作測〕驗，然當時鑄造雲柱頗短小，亦稍不合天樞，故推測經星去極亦有差謬。今改造渾儀宜以赤黄〔按舘本宜作亦，黄作紅。三本作宜，紅作黄，是也〕二道交于壁〔校記:舊校改壁作璧〕軫,則與今之四正暘經正相合，而圓軸窺管亦無不相合相當者，簡儀柱則比舊少加高大足矣。禮部覆請紳等呈來木樣以聞。至是，木樣成。禮部議可謂施之永久，且請如昊等所奏，移文吏部，諒請陞授諸天文生之劾勞年深者。從之。

（孝宗弘治實録卷 182　第 2 頁　182.1.3346）

719　十二月丁巳　　傳旨：陞大隆善護國寺國師朶而只巴〔按：舘本梁而只也舊校改作朶而只巴〕爲西天佛子〔按：舘本兩天弗子，舊校改作西天佛子〕。

（孝宗弘治實録卷 182　第 4 頁　182.4.3351）

720　十二月壬戌　　大理寺右寺丞吴一貫，既得旨，許移粟二十餘萬以賑濟直隸并河南等處饑民。又言：大興、宛平二縣民居輦轂之下，而昌平縣陵寢之地，不可移使就食。請別發太倉粟二萬石濟之，至麥熟而至（按：舘本至作止）。從之。

（孝宗弘治實録卷 182　第 6 頁　182.5.3353）

721　十二月戊辰　　給居庸關守瞭官軍衣鞋之直各人一兩五錢。

（孝宗弘治實録卷 182　第 11 頁　182.9.3362）

722　十二月庚午　　朝鮮國王李㦕遣陪臣禮曹曹判李昌臣等奏奉表箋方物來貢正旦一節。賜宴并綵段、衣服等物如例。

賜朝鮮國弘治十五年《大統曆》一百本。

（孝宗弘治實録卷 182　第 12 頁　182.10.3363）

723　十二月庚午　命所司及時修築張家灣至京城一帶道路，以便糧運。從總督漕運都御史張敷華奏也。

（孝宗弘治實録卷 182　第 12 頁　182.10.3363）

724　十二月壬申　陞順天府府尹韓重爲都察院左副都御史，巡撫遼東。

（孝宗弘治實録卷 182　第 15 頁　182.12.3368）

725　十二月　是歲……儹運糧四百萬石，各處運納米麥共一千五百二萬一千七十五石。

（孝宗弘治實録卷 182　第 15 頁　182.13.3370）

弘治十五年（1502）

726　正月壬午　陞順天府府丞藺琦爲本府府尹。

（孝宗弘治實録卷 183　第 2 頁　183.2.3373）

727　正月壬辰　改太常寺少卿王佑（按：館本佑作佐，下同）爲順天府府丞。佑時丁憂服闋也。

（孝宗弘治實録卷 183　第 5 頁　183.4.3378）

728　正月乙未　雨霾。

（孝宗弘治實録卷 183　第 8 頁　183.7.3383）

729　二月己未　初，衛恭王瞻蜒以所賜順義縣地二十三頃有奇施入大慈恩寺。至是岐惠王祐棆〔按：館本作祐揄，閣本作祐棆〕墳成，適在界内，恭王墳司香奉御曹德請收，以奉香火。命議處以聞。户部議爲三，其二以奉二王香火，一仍留本寺。從之。

（孝宗弘治實録卷 184　第 6 頁　184.5.3396）

730　三月辛巳　調神機營坐營南寧伯毛良於三千營坐營（按：館本營作司）管操。

（孝宗弘治實録卷 185　第 4 頁　185.3.3408）

731　三月丁亥　上御奉天殿，會試中式舉人魯鐸等二百九十九人。

（孝宗弘治實録卷 185　第 5 頁　185.4.3410）

732　三月庚寅　上御奉天殿，賜康海等進士及第、出身有差。文武羣臣行慶賀禮。

（孝宗弘治實録卷 185　第 6 頁　185.5.3412）

733　三月癸巳　琉球國中山王尚真遣正議大夫程璉等來貢。回賜王錦段等物，賜璉等宴并綵段等物如例。

（孝宗弘治實録卷 185　第 8 頁　185.6.3414）

734　四月壬寅朔　命順天府賑恤都城内外民之孤寡殘疾及貧難無依者。從户部奏也。

（孝宗弘治實録卷 186　第 1 頁　186.1.3419）

735　四月己酉　改天壽山守備都指揮僉事王謹分守居庸關，分守居庸關指揮僉事王璽守備天壽山。以瑾堪治繁，璽堪治簡。從巡撫都御史洪鍾奏也。

（孝宗弘治實録卷 186　第 3 頁　186.3.3424）

736　四月庚戌　琉球國中山王尚真奏請自令本國使臣於福建地方補造海舡，以便往還。禮部覆奏。從〔按：館本從上有上字〕之。

（孝宗弘治實録卷 186　第 4 頁　186.3.3424）

737　四月壬子　虜密雲大角谷境，軍士被虜者一人，男婦傷者四人。命逮問把總指揮王振等三人，分守右監丞韋祥、右參將吴玉戴罪殺賊。

（孝宗弘治實録卷 186　第 5 頁　186.4.3425）

738　四月己未　增建國子監監生號房五十間。從掌監事禮部右侍郎謝鐸請也。

（孝宗弘治實録卷 186　第 7 頁　186.6.3430）

739　五月甲戌　户部主事劉乾奏：居庸等關官軍月粮，例以每歲冬三月支本色，餘月皆支折色。但冬月去秋收不遠，米價尚平，三月至五月，青黄不接，邊方艱〔按：舘本艱作難，三本難作艱〕糴。請以冬月該本色移於次年三四五月，餘月支閏月折色如故。從之。

（孝宗弘治實録卷 187　第 2 頁　187.2.3440）

740　五月丁丑　雨雹。

（孝宗弘治實録卷 187　第 4 頁　187.4.3443）

741　五月辛巳　舊例，國子監分撥各衙門辦事監生正歷以一年三月餘爲滿，寫本以一年爲滿，出差長差以三年爲滿。而近例，監生不許放回依親。至是，監生蕭昺等奏稱雍塞淹滯，請暫行疏通并行放回依親之例。禮部覆奏，請正歷者減歷三月，長差者減一年，寫本者仍舊，願告其依親者聽。從之。

（孝宗弘治實録卷 187　第 5 頁　187.4.3443）

742　五月己丑　光禄寺卿王珩等奉旨查具西華門等處各色牲口禽鳥及支用料石之數，乞量爲減省，以節財用。禮部覆奏：光禄寺費用浩繁，誠所當節。凡鳥獸之無益於用而有費於財者，乞或殺或縱，無奪民食。其有不可縱殺者，亦宜減其料食之半。并先次所查逐日用度，亦乞併爲裁處。時珩疏食（按：舘本食作失）報獅子食用，（按：舘本用後有因字）檢舉服罪。宥之。

（孝宗弘治實録卷 187　第 7 頁　187.6.3448）

743　六月癸卯　禮部以四川災異言五事：……一，闢異端。謂邇年在京寺觀，時有齋醮，動經旬日，費有用之財，爲無用之事。乞一切禁止。凡修建寺觀請賜額名者，即命拆毁，仍究問如律。……上曰：……闢異端一事，朕自有處。

（孝宗弘治實録卷 188　第 1 頁　188.1.3460）

744　六月甲辰　　户部以災異陳三事：一、謂京城九門所收商稅，宜專委部屬官主之。其守門内外官勿令干預。一，謂近年五府官授多撥置諸王奏求莊田、山場、湖泊之數。請勅諸王罪其輔導之官及引誘之人。一，謂光禄寺歲用物料已有常數。請罷齋醮，省宴賚無名之費。……從之。

（孝宗弘治實録卷 188　第 3 頁　188.2.3462）

745　六月癸丑　　内官監太監王庸於德勝門外創起寺宇，以寺額爲請。禮部議謂：私創〔按：舘本創作剏，三本作創〕寺宇，律有明條，先帝又有成命。況近日宗室以此請者已奉旨不允，今豈狥庸所請？乞毁其所創，以爲妄奏者戒。詔已之。

（孝宗弘治實録卷 188　第 7 頁　188.6.3470）

746　六月乙卯　　朝鮮國王李㦕遣陪臣工曹參判李洗榮等奉表文方物來賀萬壽聖節。賜宴并綵段、衣服等物有差。

（孝宗弘治實録卷 188　第 9 頁　188.7.3472）

747　六月乙丑　　兵部覆奏：監察御史車梁所言草場以興國利事，謂京營牧馬草場，近差官清查，退出牧馬地方廣濶，軍民雜處，第恐年久又有請求侵占如昔年之害者。請各營隨操指揮内選一人爲把總，專一巡視，責有攸歸。從之。

（孝宗弘治實録卷 188　第 13 頁　188.11.3480）

748　八月辛丑　　會昌侯孫銘奉命牧馬薊州草場，奏言牧地多爲人侵占，請于西山等處牧放。命兵部左侍郎熊翀會同點視，兵部給事中艾洪等覈勘以聞。

（孝宗弘治實録卷 190　第 1 頁　190.1.3500）

749　九月癸酉　　宣府懷來衛及隆慶右衛俱地震有聲。

（孝宗弘治實録卷 191　第 1 頁　191.1.3526）

750　九月丁亥　　朝鮮國王李㦕遣陪臣同知中樞府事金允濟等，奉箋文方物來賀皇太子千秋節。賜宴并綵段、衣服等物有差。

（孝宗弘治實録卷 191　第 4 頁　191.3.3530）

751　九月戊子　光禄寺具内外官員人等每日酒飯及西華門等處所畜鳥獸料食數目以聞。上卽其疏逐節御批其上，凡百二十餘事。有仍舊者，有減半者，有停止者，有減十之三四者，有事完停止者，有事完仍舊者。西華門鷹犬不堪者縱放之，御馬監山猴食減半，乾明門虎去之，雜鴿等食減三之一。山羊及綿羯羊減半，送外羊房，雜兔盡放之，南海子中貓之不堪者亦縱放之，西安門大鴿送雜鴿房，食亦減三之一。其仍舊存養者，食亦量減之。

（孝宗弘治實録卷 191　第 5 頁　191.4.3532）

752　十月癸卯　安南國王黎暉遣陪臣阮郁等來貢。回賜王錦段等物，仍賜阮郁等宴并錦段、衣服等物如例。

（孝宗弘治實録卷 192　第 1 頁　192.1.3538）

753　十月癸亥　安南國來貢陪臣阮郁死於京師。命賜之祭，仍令所司歸其喪於本國。

（孝宗弘治實録卷 192　第 11 頁　192.10.3555）

754　十一月丁亥　致仕太子太保工部尚書徐貫卒。貫字厚一，浙江淳安人，天順元年進士，授兵部主事……陞工部右侍郎，尋轉左，至尚書，加太子少保，以修清翠宫進太子太保。以疾乞致仕，許之，至是卒。

（孝宗弘治實録卷 193　第 4 頁　193.3.3562）

755　十二月癸卯　朝鮮國王李㦕遣陪臣吏曹判書姜龜孫等來貢。賜宴并綵段、衣服等物有差。

（孝宗弘治實録卷 194　第 2 頁　194.2.3571）

756　十二月己酉　纂修《大明會典》成。翰林院進呈。上御奉天殿受之。

（孝宗弘治實録卷 194　第 3 頁　194.3.3573）

757　十二月庚戌　命太監金輔充正使，李珍充副使，册封朝鮮國王李㦕之嫡長子顥爲世子，并賜世子織金紗羅、紵絲衣服各一襲。

（孝宗弘治實録卷194　第4頁　194.3.3574）

758　十二月己未　　以冬無雪，命順天府官祈禱。

（孝宗弘治實録卷194　第6頁　194.5.3577）

759　十二月癸亥　　朝鮮國王李㦕遣陪臣吏曹參判權柱等來貢，賀正旦節。賜宴并綵段、衣服等物有差。

（孝宗弘治實録卷194　第9頁　194.7.3582）

760　十二月　　是歲……儹運糧四百萬石，各處運納米麥共一千五百二萬一千七十五石四斗一合三勺四抄一撮七粟六粒。

（孝宗弘治實録卷194　第11頁　194.9.3585）

弘治十六年（1503）

761　二月己亥　　修北安門。

（孝宗弘治實録卷196　第5頁　196.5.3613）

762　二月乙巳　　户部右侍郎顧佐查處薊州牧馬〔按：館本馬下有草場還，上疏，言清出團營草場可牧馬十五字〕者計頃二千六百六十有奇，請照十二營分定界限，每馬千匹委把總官一員，管隊官二三員，統屬領勑官親詣提督，勿令攙越。仍修蓋官廳營房并挑掘馬〔按:館本馬作官，誤〕圈，栽種榆柳，俾可永守。又草場地界寬濶，請於巡□（按:館本□作青）百户外，令該營添差把總、隨操指揮各一員，輪流廵視，修封堆，治侵占，如期更代。

（孝宗弘治實録卷196　第6頁　196.5.3614）

763　二月乙丑　　修正陽門〔按：館本無門字〕宣課司。

（孝宗弘治實録卷196　第14頁　196.12.3628）

764　四月己酉　　修國子監、文廟樂器祭器。

（孝宗弘治實録卷198　第8頁　198.7.3667）

765　五月丙子　太子太保户部尚書兼謹身殿大學士李東陽奏：臣某劉氏以景泰七年卒，附葬於宛平縣香山鄉畏吾村之祖塋。臣父淳卒于成化二十二年，因舊塋狹窄，別葬于小西門外，相隔數里未得合葬。……今年二月內，買得舊塋傍地一段，於五月十九日遷臣父柩，開臣母壙……容臣給假安葬……從之。命有司諭祭，仍造壙安葬。

（孝宗弘治實録卷199　第5頁　199.4.3686）

766　五月丙子　修都察院。

（孝宗弘治實録卷199　第5頁　199.4.3686）

767　五月庚辰　太常寺卿崔志端奏：宣德間賜長生觀廢址八十七畝爲樂舞葬埋之處。成化初有司派徵馬草六十一束。今地盡爲葬所，草無所于〔按：館本于作以納〕辦。乞賜除豁。户部覆奏。從之。

（孝宗弘治實録卷199　第6頁　199.5.3688）

768　五月壬午　修内府司禮監新房。

（孝宗弘治實録卷199　第8頁　199.6.3690）

769　六月乙巳　朝鮮國王李㦕遣陪臣禮曹參將〔按：館本參將作僉判〕安潤得等，奉表文方物來賀萬壽聖節。賜宴并綵段、衣服等物有差。

（孝宗弘治實録卷200　第3頁　200.3.3705）

770　六月戊申　暹羅國遣正副使坤帖木兒的利來貢。回賜國王及王〔校記：廣本無及下王字〕妃錦緞等物，賜坤帖木的利等宴並衣服、綵緞等物有差。其所齎成化中勘合八十三道而移咨禮部，乃〔按：館本乃作訥，廣本作乃其，閣本作乃使〕内使部官菩巴剌智嗏所僉押。禮部謂：本部與暹羅國王凡有行移，各〔校記：廣本各作合〕用咨文，未有陪臣敢僭咨本部者。今宜移咨暹羅國王，以〔按：館本以作已〕後凡有行移，務遵舊制，仍用本國印信並國王親押方許齎至，不許再令内使部官犯分僭咨，以取罪戾。

從之。

（孝宗弘治實録卷200　第7頁　200.5.3710）

771　六月壬子　時勳戚之家大興土木，多市民者（按：館本者作居）或隙地，取土長（按:館本長下有或字）二三十丈，深或見〔按：館本見作及〕泉，已而復據附近街巷起土塞坑，致地形高下，溝渠雍塞。錦衣衛指揮余實以爲言。因命凡於京城穴地取土及街巷起〔按：館本無起字，三本有起字〕土填坑者，皆罪之。

（孝宗弘治實録卷200　第10頁　200.8.3716）

772　六月甲子　命保國公朱暉兼提督團營，豐城侯李璽總理三千營操練。

（孝宗弘治實録卷200　第15頁　200.12.3724）

773　七月乙亥　分守密雲古北口右監丞韋祥等（按：館本無等字）右參將署都指揮吴玉，守備遵化灤陽關〔按：館本關作等官。抱本無等官二字。閣本官作關〕右監丞羅觀養，守備薊州鮎魚石等關右監丞李富，守備山海等處左監丞邢〔校記：閣本邢作郭〕玉，分守燕河營等處右參將署都指揮高瑛，分守馬蘭峪等處右參將〔校記:指上有都字〕指揮白琮，各坐虜出境殺掠人畜、又奏報不實，下巡按〔校記：三本按下有監察二字〕御史逮問，贖杖還職。

（孝宗弘治實録卷201　第4頁　201.3.3730）

774　七月壬午　朝鮮國王李㦕遣陪臣工曹參〔按：館本參作僉，三本作參〕判鄭叔墀等，奉表箋方物來謝恩。賜宴並綵段、衣服等物有差。

（孝宗弘治實録卷201　第8頁　201.6.3736）

775　七月癸未　修山川壇祭器。

（孝宗弘治實録卷201　第8頁　201.7.3737）

776　七月辛卯　京師雨雹。

（孝宗弘治實録卷201　第13頁　201.11.3745）

777　八月己未　　命造申王墳於京西蘭山。

（孝宗弘治實録卷 202　第 10 頁　202.9.3765）

778　八月己未　　廣東儋州有番舟被風漂泊於新英港口，中有番人十餘輩，自陳爲安南國肇封府人。廣東守臣以聞。命所司優給，送還本國。

（孝宗弘治實録卷 202　第 10 頁　202.9.3766）

779　九月己巳　　吏科左給事中吴世忠言三事：一，謂近年西山岡隴坳災之間，或闢〔按：館本闢作避。三本作闢，是也〕土以建寺觀，或穴地以取土石，以致洩氣。乞相形勢，毀寺觀之所當毀，補窟穴之所當補。凡岡巒曲折磅礴之處，不得復取石鑿坑，以傷來脈。一，謂京師北去居庸、古北口等關，遠者不過二三百里，不可不預爲設備。乞大起官軍及近畿之民，於都城四外隨處舊蹟，增築外城，以固京師、備外寇。一，謂皇城之外街土太高，於相地爲凌犯之象；溝湖日壅，於刻應爲腸目之災；臭惡薰蒸，於醫家爲嘔痢之疾。乞將壕湖填窄者盡爲開闢，溝渠阻塞者盡爲淘濬，街巷堆積者盡爲鋤艾，及大街兩旁皆栽植槐柳，以蔭夏日。事下工部，覆奏，命姑置之。

（孝宗弘治實録卷 203　第 4 頁　203.4.3777）

780　九月辛巳　　朝鮮國王李㦕遣陪臣同知中樞府事韓偉等，奉箋文方物來賀皇太子千秋節。賜宴並綵段、衣服等物有差。

（孝宗弘治實録卷 203　第 7 頁　203.6.3782）

781　十月辛丑　　先是，琉球國王遣使人吴詩等乘舟之滿剌加國，遇風舟覆，詩等一百五十二人漂至海南登岸，爲邏卒所獲。廣東守臣以聞。上命送詩等於福建守臣處，給糧養贍，候本國使臣進貢去日，歸之。

（孝宗弘治實録卷 204　第 2 頁　204.2.3789）

782　十月丁未　　裁革順天府固安縣稅課驛（按：館本驛作局）大使一員。

（孝宗弘治實録卷 204　第 5 頁　204.4.3794）

783 十月壬戌 安南國王黎暉遣陪臣郭有嚴等，奉表箋並方物來謝恩。回賜暉錦緞等物，賜有嚴等宴並綵緞、衣服等物有差。

（孝宗弘治實録卷204 第13頁 204.11.3807）

784 十一月癸未 兵科都給事中屈伸等劾奏分守通州署都指揮僉事胡震貪緣幸進，請黜之。不允。

（孝宗弘治實録卷205 第5頁 205.4.3816）

785 十二月甲寅 朝鮮國王李㦕遣陪臣户曹參判柳順汀等，奉表箋方物來賀正旦節。賜宴並綵緞、衣服等物有差。

（孝宗弘治實録卷206 第7頁 206.6.3833）

786 十二月戊午 命平江伯陳熊五軍營左腋營操。

（孝宗弘治實録卷206 第8頁 206.7.3836）

787 十二月庚申 賜朝鮮國弘治十七年《大統曆》一百本。

（孝宗弘治實録卷206 第9頁 206.8.3837）

788 十二月 是歲……儹運糧四百萬石，各處運納米麥共一千五百二萬一千七十五石四斗一合三勺四抄一撮七粟六粒。

（孝宗弘治實録卷206 第10頁 206.9.3840）

弘治十七年（1504）

789 正月己巳 順天府儒學生員趙敷妻何氏一産三子。

（孝宗弘治實録卷207 第2頁 207.2.3846）

790 正月丙戌 以水災，免順天、保定、河間、大同中屯二衛弘治十六年糧草子粒有差。

（孝宗弘治實録卷207 第6頁 207.5.3852）

791 正月庚寅 改密雲中衛後所爲潮河川千户所，以便防禦，仍立（按：館本立作隸）原衛。從巡撫都御史洪鐘奏也。

（孝宗弘治實録卷207 第7頁 207.6.3853）

792　二月戊申　時有旨：朝陽門外修建延壽塔一座並殿宇、廊廡、牆垣，命内閣撰勅，司禮監太監李榮、内官監太監李興提督建造。内閣大學士劉健等言……時府部大臣及科道等官亦交章論奏，請罷其役。上曰，卿等言是，其即停止之。

（孝宗弘治實録卷208　第7頁　208.6.3866）

793　二月庚申　監察御史王士昭奏：京城設鋪甲火夫，以防火盗。比年以來，爲勢豪所役，財匱於供應，力疲於奔走。乞下所司痛革其弊。兵部覆奏。上曰：京城火甲實多，負累艱苦，敢有仍前借情私役、需索科擾者，法司具實以聞。

（孝宗弘治實録卷208　第12頁　208.10.3874）

794　三月壬戌朔　聖慈仁壽太皇太后崩。上卽日發喪，命禮部具儀以聞。

（孝宗弘治實録卷209　第1頁　209.1.3877）

795　三月癸酉　光禄寺卿趙竑卒。竑順天府大興縣人，父昂有詞學，善交結，仕至通政司參議。竑成化二十年進士，選刑科給事中，歷陞左右給事中，遷都給事中、光録寺少卿，至卿卒。賜葬祭如例。竑在諫所上十餘疏，多見採納，但爲人未免有都城儇薄之習，士論以是少之。

（孝宗弘治實録卷209　第6頁　209.5.3886）

796　三月壬午　上“孝肅貞順康懿光烈輔天成聖太皇太后”尊謚。

（孝宗弘治實録卷209　第10頁　209.8.3892）

797　三月壬午　以孝肅太皇太后將祔葬裕陵，山陵開土，遣駙馬都尉馬誠、黄鏞分告長陵、獻陵、景陵、裕陵、茂陵，遣工部左侍郎魯鑑告天壽山后土之神。

（孝宗弘治實録卷209　第10頁　209.8.3892）

798　三月甲申　命太監李興、保國公朱暉、工部右侍郎張達董山陵祔葬之役，賜之勅曰：今將奉大行聖慈仁壽太皇太后梓宮祔葬裕陵，特命爾等把總、提督興工。其早夜勤慎，戒諭用工軍夫匠作，各加敬謹，不許諠譁褻瀆。皇堂内不許閑襍人等擅入。近來作工官軍負累疲敝，爾等須嚴加禁約管工内使及頭目作頭人等，毋得肆爲凌虐，勒取財物，及擾害民，致生嗟怨，違者治罪。

（孝宗弘治實録卷 209　第 13 頁　209.11.3897）

799　四月甲午　命定西侯蔣驥神機營五千下坐營管操。

（孝宗弘治實録卷 210　第 3 頁　210.2.3904）

800　四月己亥　南京禮部主事王偉奏：天順七年會試，初場火，士之焚死者九十餘人，臣父照亦與其難。英宗皇帝命收骸骨，賜葬朝陽門外，爲六大塚，題曰"天下英才之墓"。仍遣官諭祭，授以職銜。緣官無主守，歲無祀事，各家子孫又以道遠不能〔按：館本能作得〕往來省視，以致居民歲侵，墓石毁棄，牆垣坍塌，今跬步之外已爲強暴蔬圃之地。乞令有司量爲修築處置，或立一祠，或設一壇，歲與二祭，使臣等枯骨及臣等九十餘家子孫，生死感恩，世世無窮。工部覆奏謂：宜令順天府照舊修築牆垣，題寫門扁，前立祭亭三間，石刻英宗皇帝御製祭文於中，令人看守，免其襍役。其襍基傍地土被人侵占者，重治其罪，以警將來。從之。

（孝宗弘治實録卷 210　第 4 頁　210.3.3906）

801　四月癸卯　陞伸威營坐營都指揮使王誥〔按：館本誥作銘〕爲後軍都督府署都督僉事，充總兵官，鎮守薊州等處。

（孝宗弘治實録卷 210　第 11 頁　210.9.3918）

802　四月丁未　是日孝肅太皇太后梓宫發引。

（孝宗弘治實宗卷 210　第 12 頁　210.10.3920）

803　四月己酉　梓宫葬裕陵，行遷奠及贈禮，遂題神主。遣工部右侍郎張達祭后土並天壽山，駙馬都尉馬誠、游泰以葬畢告長陵、獻陵、景陵、裕陵、茂陵。

（孝宗弘治實録卷 210　第 12 頁　210.11.3921）

804 四月甲寅 初，賜皇親會昌伯孫忠永清縣義河、寶坻縣把城門老鴉口田二千四百八十一頃。後孫氏寵衰，乃以把城門田一千二百頃賜太監辰保。久之，辰保卒，皇親慶雲侯周壽奏乞之。壽方貴幸，乃展改四至，益占孫氏田。忠曾孫銘襲侯爵，與叔指揮瓚等各分賜地，銘與其姪賢私以五百頃易壽銀四百五十兩。豐潤縣柳科港内有牧馬草場，歲徵銀市馬，玉田縣蘿蔔窩，香河縣横水三灣田共萬餘頃，皆辦納糧銀之數，銘等各佃其中。皇親建昌侯張延齡妻，瓚繼室周氏女也，瓚卒，周氏自陳無嗣，乃以義河、老鴉口兩處所有田四百餘頃，更援柳科港諸處孫氏田俱混作己業，辭異延齡。上不知而允之。其地與壽連者，稍侵壽界，毁其封堆。時壽寵漸衰，延齡方貴幸，壽心不平，兩家奴僕遂相掊擊。壽，延齡各奏其事。

（孝宗弘治實録卷 210　第 13 頁　210.11.3921）

805 閏四月乙丑 命巡撫直隸都御史洪鐘及管河郎中商良輔督理修濬薊州新港，已便漕運。

（孝宗弘治實録卷 211　第 4 頁　211.3.3931）

806 閏四月乙酉 初，果勇營把總指揮周方、武功左衛千户李紀同監薊州牧馬草場。率其徒數十人，以廵青爲名，羣遊村落間，居民受害不敢言。又擅作草票散民間而收其利。又禁民不得取魚，使出錢乃許。有傅安者不伏，方痛毆之，其人老，不能堪而死。知州馮琨以聞。下廵撫都御史洪鐘究問。方畏罪走，反奏琨黨比州民，及誣鐘他事。命錦衣衛官會廵按監察御史鞫之，盡得其罪狀。法司坐方以威力主使毆死人爲首，律絞，秋後處決。紀監守自盗，律准徒，發邊衛立功五年。餘論罪有差。從之。

（孝宗弘治實録卷 211　第 11 頁　211.10.3946）

807 閏四月丙戌 命懷寧侯孫應爵伸威營坐營管操。

（孝宗弘治實録卷 211　第 13 頁　211.11.3948）

808 五月辛卯 刑部奏上革弊弭災事宜：一，京城勢家或邀奪解户而兜攬錢糧，或威執小民而追逼私債，或受投獻地土，或用強平治墳塋，或乘勢侵奪田園，或低價強買物貨，或歐死平人而恣意焚燬，或窩藏盜賊而坐地分贓。至於事發，又抗拒官司，使受害之人，經年係累。今後有犯此者，令錦衣衛執送所司，從重究治。……議入。俱從之。

（孝宗弘治實實録卷 212　第 4 頁　212.4.3959）

809　五月癸巳　　正陽門内西廊房火，燔武功坊。

（孝宗弘治實録卷 212　第 7 頁　212.6.3963）

810　五月丁巳　　户部覆議提督户部右侍郎陳清所言革弊事宜：……一，通州倉近添海巡斗子三十餘名，運糧到倉，百計擾害。宜令革罷。上曰：卿所言弊政，爾等出榜禁治，犯者重罪之。今後，提督巡視倉場官員指實糾舉，狥情容隱者，連坐不貸。

（孝宗弘治實録卷 212　第 21 頁　212.17.3986）

811　六月庚申朔　　朝鮮國王李㦕遣陪臣禮曹參判申用漑，奉表文方物來貢，賀萬壽聖節。賜宴并織金衣，綵緞等物有差。

（孝宗弘治實録卷 213　第 1 頁　213.1.3993）

812　六月癸亥　　是是（按：館本後是作日）雨雪。

（孝宗弘治實録卷 213　第 3 頁　213.2.3996）

813　六月丙子　　裁革順天府管河通判一員。

（孝宗弘治實録卷 213　第 7 頁　213.6.4004）

814　六月丁丑　　虜數入薊州潘家口等處殺掠人畜。鎮巡等官奏其事。命把總指揮甘淋等待地方寧日逮問，副總兵白琮、左參將高瑛、守備監丞邢玉、羅觀養、奉御張謙等俱宥之，瑛仍罰俸一月。

（孝宗弘治實録卷 213　第 8 頁　213.6.4004）

815　六月丁亥　　兵部奏：密雲一帶切鄰虜境，而潮河川口寬漫，無險可守，山水不時潰決，難立垣堡，獨有設置車輛，可以制賊之衝。請行巡撫及兵備等官，考求制度，及時多製，以備防守。從之，命如法成造以聞。

（孝宗弘治實録卷 213　第 16 頁　213.13.4018）

816　七月癸巳　　命工部左侍郎李鐩、大理寺右少卿吴一貫、通政司左參議叢蘭經略邊關。鐩起山海關廟山口至密雲墓田谷關，一貫起黄花鎮桃峪村至居庸關白羊口堡堅子谷，蘭起紫荆關南山墩至倒馬關葦箔嶺口。鐩等陛辭。

（孝宗弘治實録卷 214　第 2 頁　214.2.4023）

817　七月丁酉　　命工部右侍郎張逵提督修理京通倉廒。

（孝宗弘治實録卷 214　第 5 頁　214.4.4028）

818　七月癸卯　　賊有王璽者，於昌平縣山中聚徒刼掠數年，無敢捕者，以其所居近山，因號靠山王。至是，並其黨五人，俱爲錦衣衛校尉所捕殺。命陞管衛事都指揮僉事葉廣爲都指揮同知，並陞千户侯能等五人官各一級，旗尉五十三人陞署一級者二十六人，給賞者二十七人。

（孝宗弘治實録卷 214　第 9 頁　214.7.4033）

819　七月乙巳　　選步隊官軍二千備禦密雲、喜峰口等處。從吏部尚書馬文昇〔校記：舊校改昇作升〕奏也。

（孝宗弘治實録卷 214　第 9 頁　214.8.4036）

820　七月丁未　　陞順天府府丞黄寶爲通政司右通政，提督謄黄。

（孝宗弘治實録卷 214　第 11 頁　214.9.4037）

821　七月丁未　　命户部運太倉銀五萬兩於密雲等處，以備邊儲。

（孝宗弘治實録卷 214　第 11 頁　214.9.4038）

822　八月辛未　　經略邊務工部左侍郎李燧奏：古北口邊方，西至墓田谷關，東至山海關廟山口，牆垣一千五百餘里，關寨〔按：館本寨作塞〕營堡二百四十餘〔校記：閣本餘作四〕處，俱坍塌損壞，宜從新修理，以圖經久。但今邊方多事，防守尚且不及，若又令赴工，未免重困。乞令順天、永平二府各於所屬輪班人匠摘撥〔按：館本撥作發〕四百五十名，其間精通藝業者起解，工不堪者照例納銀一兩八錢，解赴薊州官軍顧倩工役，與所在操守下班官軍并疏放農種協守舍餘，相兼修築。從之。

（孝宗弘治實録卷 215　第 7 頁　215.6.4053）

823　八月甲戌　經略邊務工部左侍郎李燧等〔校記：閣本無等字〕奏：山海關廟山口至密雲墓田谷關，勢皆單弱，而古北口潮河川等處所係尤急。今議修築牆墩壕窖，雖頗嚴密〔按：館本無嚴字，三本有嚴字〕，但防守乏人。乞將都指揮張澄、郭振所領京營官軍，分投布列。其原額逃故者仍照先年事例，召募充數，且以充實新立石匣等營。兵部覆奏。上命（按：館本無命字）從之，召（按：館本召上有命字）募軍士務在實劾（按：館本劾作核），毋容冒濫，虚費邊儲。

（孝宗弘治實録卷 215　第 8 頁　215.7.4055）

824　八月乙亥　陞守備黄花鎮指揮使羅傑爲署都指揮僉事。

（孝宗弘治實録卷 215　第 8 頁　215.7.4056）

825　八月辛巳　修西直門城垣鋪舍。

（孝宗弘治實録卷 215　第 10 頁　215.8.4058）

826　九月戊戌　以旱災，免順天、保定、河間、永平四府夏税有差。

（孝宗弘治實録卷 216　第 4 頁　216.4.4069）

827　九月癸卯　撒馬兒罕等地面使臣大（按：館本大作火）者法黑……等各來貢。賜宴並綵段、衣服等物有差。

（孝宗弘治實録卷 216　第 5 頁　216.4.4070）

828　九月己酉　朝鮮國王李㦕遣陪臣户曹參判許輯等，奉箋文方物來賀皇太子千秋節。賜宴並綵段、衣服等物有差。

（孝宗弘治實録卷 216　第 8 頁　216.7.4076）

829　十月壬戌　分守居庸關都指揮僉事吴琦與分守太監梁嵩争坐不協，嵩奏之。命調琦分守黄花鎮，以守備黄花鎮署都指揮僉事羅傑代之。

（孝宗弘治實録卷 217　第 1 頁　217.1.4080）

830　十月丙戌　户部會議各巡撫等都御史及漕運事宜：……一，順天府州縣折徵草束米五升，請減一升……從之。

（孝宗弘治實録卷 217　第 8 頁　217.7.4091）

831　十一月戊子　命備禦密雲都指揮僉事張澄、郭振各率原領兵馬回京。以邊情稍寧故也。

（孝宗弘治實録卷 218　第 1 頁　218.1.4093）

832　十一月丙申　賜仁和長公主武清縣利上屯地二百九十四頃。

（孝宗弘治實録卷 218　第 8 頁　218.7.4105）

833　十一月辛丑　修理西直門城垣工完。太監李興請陞諸官匠之有功者。吏部覆奏，謂止宜量給賞賜。從之。

（孝宗弘治實録卷 218　第 9 頁　218.7.4106）

834　十一月辛丑　命今後當三年朝覲之時，順天府堂上官免考察，巡撫巡按官不必開報賢否，俱待六年與京官一體考察。從治中吴麟等奏也。

（孝宗弘治實録卷 218　第 8 頁　218.7.4106）

835　十一月丁未　先是，琉球國遣人往滿剌加國收買貢物，遭風未回，致失二年一貢之期。至是，遣人補貢。福建等臣以聞。命如例納之。

（孝宗弘治實録卷 218　第 11 頁　218.9.4109）

836　十一月辛亥　賜朝鮮國弘治十八年《大統曆》一百本。

（孝宗弘治實録卷 218　第 11 頁　218.10.4111）

837　十二月乙丑　朝鮮國王李㦕遣陪臣同知中樞府事申叔根等，奉表文香帛詣闕奉慰。賜宴並綵段、衣服等物有差。

（孝宗弘治實録卷 219　第 3 頁　219.3.4119）

838　十二月丁卯　命都督僉事李杲舊（按：館本杲下有於字，舊作奮）武營，都指揮僉事張澄耀武營，都指揮同知陳雄揚威營，署指揮同知許泰鼓勇營，都指揮僉事劉祥振威營。會昌侯孫銘，彭城伯張信俱五軍營下坐營，廣寧伯劉佶、成安伯郭寧俱三千營下坐司，指揮僉事賈昂、莊鑒俱陞都指揮僉事，神機營下管操。

（孝宗弘治實録卷 219　第 4 頁　219.3.4120）

839　十二月庚辰　　朝鮮國王李㦕遣陪臣工曹判書閔效曾等，奏表箋方物來賀正旦節。賜宴並綵段、衣物等物有差。

（孝宗弘治實録卷 219　第 12 頁　219.10.4134）

840　十二月　　是歲……儧運糧四百萬石，各處運納米麥共一千五百二萬一千七十五石四斗一合三勺四抄一撮七粟六粒。

（孝宗弘治實録卷 219　第 15 頁　219.13.4140）

弘治十八年（1505）

841　二月甲子　　以旱災，免山西大同府、直隸隆慶、保安二州及萬全左等四十六衛所弘治十七年糧草子粒有差。

（孝宗弘治實録卷 221　第 2 頁　221.2.4158）

842　二月己巳　　改昌平縣白洋口廵檢司爲唐家嶺廵檢司。

（孝宗弘治實録卷 221　第 9 頁　221.8.4169）

843　二月己巳　　總督居庸關等處糧草通政使司右參議熊偉奏：居庸等關（按:館本關作官，誤）三路倉場，户部歲委官屬三人分管，而糧草例不查盤，怠玩多弊。乞增置郎中一員，設分司於易州，而居庸、紫荆、倒馬等官併保定唐縣，易、涿二州、良鄉等處屬之。其附近薊州、密雲、古北口、石匣堡等處，徑屬薊州郎中管理。户部三委官併裁革，更增置通、易、涿三州判官各一員，通州者專收放東路〔按:館本路作東，誤〕密雲、古北口、石匣堡等處糧草，涿州者收放西路居庸、紫荆關、黄花鎮等處糧草，易州者收放中路易州、良鄉等處糧草。繼此俱照邊關事例，三年一差官查盤。户部覆奏。從之。

（孝宗弘治實録卷 221　第 10 頁　221.9.4171）

844　二月甲申　經略邊務工部左侍郎李鐩奏：密雲縣山中舊有銀冶，産銀砂，百餘年來封閉不發。邇者，無籍軍民，百十成羣，大開礦場，晝夜竊發，軍衛有司畏不敢言。此山内拱皇陵，外逼胡虜，利之所在，易於生患。請令所司禁絶。兵部覆奏。上從之。命通行出榜曉諭禁約，敢有仍前不畏法度倡衆竊礦者，即擒解來京，治以重罪。

（孝宗弘治實録卷 221　第 14 頁　221.12.4177）

845　二月乙酉　命平江伯陳熊神機營五千下坐營管操。

（孝宗弘治實録卷 221　第 14 頁　221.12.4178）

846　三月庚子　上御奉天殿，策會試中式舉人董玘等三百三人。

（孝宗弘治實録卷 222　第 8 頁　222.7.4191）

847　三月癸卯　上御奉天殿，賜顧鼎臣等進士及第出身有差。文武羣臣行慶賀禮。

（孝宗弘治實録卷 222　第 10 頁　222.9.4195）

848　三月庚戌　户部議覆通政司參議熊偉所奏處置邊儲事，謂：沿邊關營費多儲少。請如偉所奏，行令管糧郎中稽查勘（按：館本勘作斟，是也）酌，或將官月糧改擬折銀，以爲存省之計，或將餘銀召商上納，以爲增益之圖。又薊州等衛積逋屯田糧草，自弘治十六年以前者，請令每米一石折銀四錢，以從輕省。又薊州倉歲收漕運糧米十萬石，近因各邊關營多以銀支折，以致倉滿粟陳。請自今以後三年，將漕運米每年折收銀五萬石，俾邊軍運軍兩得其便。從之。

（孝宗弘治實録卷 222　第 16 頁　222.13.4204）

849　四月丙子　造太廟社稷壇及神樂觀諸樂器。

（孝宗弘治實録卷 223　第 11 頁　223.10.4227）

850　四月戊寅　　户部主事劉乾以河南、山東歲解納米、麥、黑〔校記：三本黑下有豆字，是也〕於涿州、良鄉等處倉場，民既以遠輸爲難，至官軍交給又或不蒙實惠，請照保定府廣盈倉事例，米麥每石折收銀六錢，豆每石折五錢，貯之官，隨時價支與官軍。户部覆奏。從之。

（孝宗弘治實録卷 223　第 13 頁　223.11.4229）

851　五月己丑　　先是，太常寺奏鋪户關領物價中有洪武等錢，市不通行，負累未便。上令户部查究其故。户部言：本朝原鑄洪武等通寶，民間久未行用，而貯於官庫者甚多。今宜因公用關支時，盡發内帑所積，俾之流布，庶錢法自通。得旨：雖官庫貯多，須設法行用，其議處所以禁私鑄濫用之宜，並查"弘治通寶"已未鑄數目以聞。户部言：禁私鑄、發官帑、罪阻壞之法，前已具陳，請更申明處置惟是。各處所鑄"弘治通寶"，今所鑄者纔十之一二。上曰：洪武等錢行用，宜申禁約，敢有阻當及私鑄並知情買使者必罪之。"弘治通寶"鑄造已久，何爲止有此數？工部仍在看詳並查費過工料之數聞奏。

（孝宗弘治實録卷 224　第 3 頁　224.3.4241）

852　五月辛卯　　上崩。

是年六月庚申，上尊謚曰："建天明道誠純中正聖文神武至仁大德敬皇帝"，廟號"孝宗"。……上在位改元"弘治"，歷年十有八，壽三十六。

（孝宗弘治實録卷 224　第 5 頁　224.4.4244）